2025 年全国监理工程师（交通运输工程）职业资格考试参考用书

Jiaotong Yunshu Gongcheng Mubiao Kongzhi

交通运输工程目标控制

（Gonglu Gongcheng Zhuanye Zhishi Pian）

（公路工程专业知识篇）

交通运输部职业资格中心　组织编写

人民交通出版社

北京

内 容 提 要

《交通运输工程目标控制（公路工程专业知识篇）》为 2025 年全国监理工程师（交通运输工程专业）职业资格考试参考用书之一。本书主要介绍了公路工程监理工作阶段划分、工作原则、程序、内容和方式等知识；重点介绍了路基、路面、桥涵、隧道、交通安全设施、机电、绿化和环保设施监理等专业知识。同时，还介绍了施工安全生产和环境保护管理、概预算决算和工程计量规则等内容。

本书可供参加全国监理工程师（交通运输工程专业）职业资格考试的人员复习参考，也可作为建设、施工和项目管理（监理咨询）单位以及大中专院校师生的学习参考书。

图书在版编目（CIP）数据

交通运输工程目标控制. 公路工程专业知识篇／交通运输部职业资格中心组织编写. — 北京 ：人民交通出版社股份有限公司, 2025. 1. — ISBN 978-7-114-20124-0

Ⅰ. U；U49

中国国家版本馆 CIP 数据核字第 2025H8D883 号

2025 年全国监理工程师（交通运输工程）职业资格考试参考用书

书　　　名：	交通运输工程目标控制（公路工程专业知识篇）
著 作 者：	交通运输部职业资格中心
责任编辑：	黎小东　王海南
责任校对：	赵媛媛　卢　弦
责任印制：	刘高彤
出版发行：	人民交通出版社
地　　址：	(100011)北京市朝阳区安定门外外馆斜街 3 号
网　　址：	http://www.ccpcl.com.cn
销售电话：	(010)85285857
总 经 销：	人民交通出版社发行部
经　　销：	各地新华书店
印　　刷：	北京市密东印刷有限公司
开　　本：	787×1092　1/16
印　　张：	35.75
字　　数：	863 千
版　　次：	2025 年 1 月　第 1 版
印　　次：	2025 年 1 月　第 1 次印刷
书　　号：	ISBN 978-7-114-20124-0
定　　价：	140.00 元

（有印刷、装订质量问题的图书，由本社负责调换）

2025 年全国监理工程师（交通运输工程）职业资格考试参考用书

《交通运输工程目标控制（公路工程专业知识篇）》

编 写 人 员

主　编　章剑青

副主编　苑芳圻　顾新民　陈班雄

成　员　秦仁杰　单熠辉　秦志斌　黄汉昌

　　　　陈　鼎　杨玉胜　娄忠应　王京辉

　　　　张瑞坤

审 定 人 员

主　审　李明华

副主审　荆　雷

成　员　罗　娜　王　婧　邢　波　徐建军

　　　　于　凯　习明星　韩道森　黄崇葵

　　　　张　毅

前言 >>>

　　为满足广大工程技术人员复习参加监理工程师(交通运输工程专业)职业资格考试的需求,交通运输部职业资格中心依据《全国监理工程师职业资格考试交通运输工程专业科目考试大纲(2024年修订版)》,组织有关院校和企事业单位的资深专家,编写了这套全国监理工程师(交通运输工程专业)职业资格考试参考用书。全书共六册,包括《交通运输工程目标控制(基础知识篇)》《交通运输工程目标控制(公路工程专业知识篇)》《交通运输工程目标控制(水运工程专业知识篇)》《交通运输工程监理案例分析(公路工程专业篇)》《交通运输工程监理案例分析(水运工程专业篇)》《交通运输工程监理相关法规文件汇编(公路工程专业篇)》。本套参考用书由章剑青(江苏华宁工程咨询有限公司总经理、教授)和周河(广西交航工程技术有限公司董事长、高级工程师)主编,由李明华(中国交通建设监理协会名誉理事长)主审,由陈班雄(交通运输部职业资格中心公路处副处长)统筹组织编写和审定。

　　《交通运输工程目标控制(公路工程专业知识篇)》分为十章。其中,第一章由章剑青、苑芳圻、张瑞坤编写;第二章由苑芳圻编写;第三章由秦仁杰编写;第四章由单熠辉编写;第五章由苑芳圻、娄忠应、张瑞坤编写;第六章由王京辉编写;第七章由顾新民编写;第八章由黄汉昌、陈鼎编写;第九章由陈鼎、黄汉昌编写;第十章由苑芳圻、杨玉胜编写。

　　本书审定时,李明华、荆雷、罗娜、王婧、邢波、徐建军、于凯、习明星、韩道森、黄崇葵、张毅等专家学者提出了宝贵意见和建议,在此表示感谢!

　　本书在修订过程中,虽经反复推敲,仍难免纰漏,敬请广大读者批评指正。

交通运输部职业资格中心

2025年1月

目录 >>>

第一章 | 概述

学习备考要点 》》》

1. 监理工作依据、原则和阶段划分。
2. 监理工作总程序。
3. 监理工作内容及其工作方式。
4. 监理文件资料管理。
5. 公路工程质量检验评定(公路分级、农村公路建设标准、质量检验评定标准)。
6. 竣(交)工验收(交工验收的质量检验、质量评定,竣工验收)。

编学考主要参考资料 》》》

1.《公路工程施工监理规范》(JTG G10—2016)。
2.《公路工程标准施工招标文件》(2018 年版·第一册)。
3.《公路工程技术标准》(JTG B01—2014)。
4.《公路工程质量检验评定标准 第一册 土建工程》(JTG F80/1—2017)。
5.《交通运输部办公厅关于公路工程验收执行新版公路工程质量检验评定标准有关事宜的通知》(交办公路〔2018〕136 号)。

第一节 监理工作依据、原则和阶段划分

根据《公路工程施工监理规范》(JTG G10—2016),监理工作的依据、原则和监理工作阶段划分如下:

一、监理工作依据

(1)工程建设法律法规、技术标准、验收标准、监理规范;
(2)监理合同、施工合同、补充协议;
(3)工程设计文件、往来管理文件等。

二、监理工作原则

公路工程监理工作应遵循"公正、科学、诚信、自律"的原则。

在实施工程施工监理和相关服务时，工程监理单位、监理机构和监理人员应为建设单位提供守法、专业、敬业、增值的服务，维护建设单位合法权益的同时，不得损害施工单位和工程监理单位的合法利益。另外，还应掌握总监理工程师负责制原则、职责权限相一致原则、事前控制和主动控制原则、审慎决定和果断处置原则、严格履行合同和尽职免责原则。

三、监理工作阶段划分

（1）施工准备阶段。

监理合同签订之日至工程开工令确定的合同工程开工之日，为施工准备阶段。

（2）施工阶段。

合同工程开工之日至工程交工验收申请受理之日，为施工阶段。

（3）验收与缺陷责任期阶段。

合同工程交工验收申请受理之日至缺陷责任终止证书签发之日，为验收与缺陷责任期阶段。

第二节　监理工作总程序

根据《公路工程施工监理规范》（JTG G10—2016）和公路工程监理工作运行规律，以及交通运输部颁发的部门规章、规范性文件的规定，工程监理单位及其派驻工程施工现场的监理机构和监理人员在履行工程监理合同过程中应遵守以下监理工作总程序：

一、设置监理机构、配备监理人员

工程监理单位应在中标工程项目的现场设置履行监理合同和监理职责的组织机构，即监理机构，例如总监理工程师办公室（以下简称"总监办"）、驻地监理工程师办公室（以下简称"驻地办"）。工程监理单位应组织总监理工程师（以下简称"总监"）配备监理人员，必要时还应组织总监召开监理合同交底会议和监理人员进场会议。

1. 设置监理机构

（1）公路工程项目监理均应设总监办，100km以上的高速公路、一级公路工程可设驻地办。当不设驻地办时，总监办应同时履行监理规范规定的驻地办职责。

（2）监理机构内部的组织和规模，可根据工程特点和规模等因素确定。

（3）监理机构完成监理合同约定的任务并征得建设单位同意后，可撤离现场。

2. 任命总监、配备监理人员

工程监理单位应根据签订的监理合同及中标后进场前的合同谈判承诺（如有）派出总监，代表工程监理单位履行监理合同。

工程监理单位配备监理人员应符合下列规定：

（1）监理机构中的监理人员应由总监、监理工程师（各专业的）、试验检测人员和必要的监理员等组成。

（2）监理人员的数量和专业结构应根据监理内容、工程规模、合同工期和施工阶段等因素，按照保证有效监理的原则确定。

（3）高速公路、一级公路等宜按照每年每 7500 万元建安费配备监理工程师 1 名，并可根据工程特点和实际需要在 0.8～1.2 系数范围内调整。

（4）遇到重大工程变更等情况，应经建设单位同意后调整监理人员配备，并签订补充协议。

（5）工程监理单位计划更换总监或（其他）监理工程师时，应经建设单位书面同意。建设单位按合同约定或有理由证明现场监理人员不能满足监理工作需要，要求更换总监或其他监理工程师，工程监理单位应予配合。

根据《公路工程标准施工招标文件》（2018 年版）通用合同条款第 3.2 款规定，发包人应在发出开工通知前将总监的任命通知承包人。

3. 制定监理职责

总监及总监办应履行的主要职责如下：

(1) 确定监理机构岗位职责及人员，建立工地试验室；

(2) 主持编制监理计划，审批监理细则；

(3) 主持召开监理交底会议、第一次工地会议（例会）；

(4) 审批施工组织设计及总体进度计划，审验主要原材料和混合料；

(5) 签发工程开工令、支付证书、单位工程和合同段的停工令及复工令；

(6) 组织检查施工单位质量、安全和环保等管理体系的建立及运行情况；

(7) 审查交工验收申请，评定工程质量，参加交工、竣工验收；

(8) 审核工程分包、工程变更、工程延期和费用索赔等；

(9) 参与或配合工程质量、安全事故的调查和处理；

(10) 组织编写监理月报和监理工作报告，编制监理竣工资料；

(11) 提供建设单位委托的其他工程管理咨询服务。

驻地监理工程师及驻地办应履行的主要职责如下：

(1) 主持编制监理细则；

(2) 主持召开工地例会；

(3) 审批月进度计划，审查一般原材料和混合料；

(4) 审批分部分项工程开工申请，签发分部分项工程停工令及复工令；

(5) 核查施工单位测量、施工放线成果并进行复测；

(6) 采取巡视、旁站、抽检和验收等方式，检查施工质量、安全和环保等情况；

(7) 组织分项工程（中间）交工检验评定，进行分部工程质量评定；

(8) 核算工程量清单，对已完工程进行计量；

(9) 组织填写监理日志，编写监理工作报告，归集监理资料。

二、收集并熟悉监理文件资料

监理机构应收集与开展工程监理工作有关的资料，包括反映工程施工项目特征的有关资料,如工程建设项目的批文、工程项目地形图、路线图、工程地质勘察报告成果文件、工程施工的设计图纸以及工程招标文件、补遗书、答疑书;包括工程所在地的地方政府发布的工程建设政策、法规资料;包括工程所在地的气象资料、工程地质水文资料、交通运输能力价格等资料、建筑材料半成品的生产供应情况,以及供水、供电、供热、供燃气等情况;包括类似工程监理的资料等。

三、审批施工组织设计等方案性文件

审批施工单位提交的单位工程、分部工程、分项工程划分,并报送建设单位。

审批施工单位编写的总体施工组织设计,审批施工组织设计中的安全技术措施、危险性较大的分部分项工程(以下简称"危大工程")专项施工方案、生产安全事故应急预案。

审批临时用电施工组织设计(或方案)。

完成工程导线点、水准点测量和复测工作,以及成果审批。

检查施工单位的驻地建设和试验室建设、仪器标定等,检查主要施工机械、人员、材料等进场情况,审核开工预付款支付申请并编制开工预付款支付证书等。

四、编制监理计划

由总监主持编制、开展监理工作的指导性文件,称为监理计划。

监理机构应在施工准备阶段完成监理计划的编制、报审、报批、报送等工作。

监理计划应由总监主持编制,经工程监理单位审核后报建设单位批准。当工程监理实施情况发生重大变化时,应及时修订监理计划。

监理计划应包括下列主要内容:

(1)工程概况。

(2)监理工作的依据、范围、内容和目标。

(3)监理机构的组织形式、监理人员岗位职责、监理人员和设备配备及进退场计划。

(4)监理工作制度、监理程序及工作用表。

(5)监理工作方案,包括工程质量、安全、环保、费用和进度等监理工作方案,应明确巡视、旁站、抽检、验收等具体计划要求。

(6)合同事项管理和信息管理的工作方案。

(7)监理设施等。

五、召开监理交底会、第一次工地会议(例会)和下达开工令

1. 召开监理交底会

总监应在合同段工程开工前主持召开由施工单位项目经理和技术、质量、安全负责人,工地试验室负责人,其他主要管理人员以及主要监理人员等参加的监理交底会,重点介绍监理计划的相关内容。

监理交底会可以和第一次工地会议(例会)合并召开。

2.召开第一次工地会议(例会)、下达工程开工令

(1)召开第一次工地会议(例会)应具备的条件。

①工程监理单位派出的监理机构、施工单位派出的项目现场管理机构已经建立,主要负责人已经任命并常驻工地现场主持工作。

②监理计划编制完成并经工程监理单位审核、建设单位批准,施工安全风险评估报告已经评审,施工组织设计、应急预案和危大工程专项施工方案等已经总监审批。

③危大工程、超危大工程清单已经识别完成,工程划分已经监理机构审核和报送建设单位、质量安全监督部门备查。

④包括工地试验室在内的驻地建设已经完成并经验收核准。

⑤设计交底、工程交桩已经完成。

⑥原始基准点已经复测、平行复测,原始地面线高程测量已经完成并经监理抽测无误。

⑦包括路基土石方工程量复核在内的工程量清单复核工作已经开始。

⑧开工预付款支付证书已经总监签署并报建设单位核支等。

(2)第一次工地会议(例会)应按下列规定组织(主持)召开。

会议应在合同工程开工前召开。会议应由总监主持召开,设置两级监理机构时,总监办应组织各驻地办参加。

总监办应事先将会议议程及有关事项告知建设单位、施工单位及其他有关单位并做好会议准备,宜邀请工程质量安全监督部门参加。建设单位、施工单位的法定代表人或授权代表应出席,各方在工程项目中的主要管理、技术人员等必须参加。

(3)第一次工地会议(例会)的主要内容。

①各方应介绍各自的人员、组织机构、职责范围及联系方式。建设单位应宣布对总监的授权,施工单位应提交对项目经理的授权书。

②施工单位应陈述开工的各项准备工作情况。

③监理机构应说明监理工作准备情况。

④监理工程师应说明主要监理程序、质量和安全环保事故报告程序、文件往来程序,以及工地例会等要求。

⑤建设单位应说明工程占地、拆迁等与开工条件有关的事项。

⑥总监应进行会议总结,指出施工准备工作存在的主要问题并明确解决措施要求等。

(4)下达合同工程开工令。

在第一次工地会议(例会)上,经陈述、介绍和审查,具备开工条件的,总监可下达合同工程开工令。

(5)编写会议纪要并会签、印发。

监理机构应安排专人做好会议记录,编写的会议纪要由各参加单位签认并留存使用或备查。会议决定执行的事项,需要按合同规定的监理程序办理的从其规定。

六、编制监理细则并规范化地开展施工阶段的监理工作

1.编制监理细则

根据监理计划,针对技术复杂、专业性较强的工程或某一方面监理工作编制的操作性文

件,称为监理细则。

对技术复杂、专业性较强的、危险性较大的分部分项工程,尚应编制专项监理细则,并报总监审批。监理细则应根据工程实际变化情况进行补充、修改。

监理细则应包括的主要内容:

(1)工程内容和特点;

(2)监理工作流程;

(3)监理工作要点;

(4)监理工作方法和措施;

(5)巡视、旁站和抽检等计划。

2. 规范化地开展施工阶段的监理工作

规范化地开展施工阶段的监理工作是指监理机构应按照监理合同的约定,依据批准的监理计划、监理细则等规范监理人员的工作行为,规范化地开展施工准备阶段、施工阶段、验收与缺陷责任期阶段的监理工作。监理工作的规范化应体现在以下几个方面:

(1)工程目标的坚定性。在明确并坚定完成监理合同约定的监理工作总目标的前提下,将监理工作总目标分解到每一项具体的监理工作,明确责任人、目标和目标值、工作方法、工作流程和完成的时间限定,以便于监理工作质量的检查和考核。

(2)监理岗位职责分工的严密性。在总监负责制、监理人员岗位职责分工明确的基础上,促成不同阶段、不同专业、不同层级的监理人员既要独立完成监理工作,又要团结协作。总监有权根据工程进展及监理工作情况调配监理人员和检查监理人员的工作质量、工作进度、工作记录等。

《公路工程标准施工招标文件》(2018年版)通用合同条款第3.2款规定:"发包人应在发出开工通知前将总监理工程师的任命通知承包人,总监理工程师短期离开施工场地的,应委派代表代行其职责并通知承包人。"第3.3款规定:"总监理工程师不得将约定的应由总监理工程师作出确定的权力授权或委托给其他监理人员,总监理工程师可以授权其他监理人员负责执行一项或多项监理工作;当承包人对总监理工程师授权的监理人员发出的指示有疑问时,可向总监理工程师提出书面异议,总监理工程师有权对该指示予以确认、更改或撤销。"

(3)遵守监理程序原则、审慎决定的原则。规范化地开展监理工作要求按照监理工作程序,以书面为准的原则,在对合同管理事项进行商定或确定时,应当平等地、主动地、实事求是地与合同当事人协商,尽量达成一致;不能达成一致的,总监应认真研究、综合判断、公正地进行审慎确定。

(4)规范监理行为。规范监理行为就是要求监理人员按照《中华人民共和国建筑法》《中华人民共和国公路法》《建设工程质量管理条例》《建设工程安全生产管理条例》《生产安全事故调查和报告处理条例》《公路水运工程安全生产监督管理办法》以及公路工程施工技术规范、公路工程安全施工技术规范、公路工程施工监理规范等法律法规、部门规章、规范性文件给出的"规定监理动作"开展监理工作,做好监理旁站、巡视、抽检、见证取样、试验检测、质量验收、工程计量支付和监理会议、监理记录、监理报告等监理工作。

根据《公路工程标准施工招标文件》(2018年版)通用合同条款第1.7条的规定,与合同有关的通知、批准、证明、证书、指示、要求、请求、同意、意见、确定和决定等均采用书面形式,来往函件均应在合同约定的期限内送达指定地点和接收人并办理签收手续。

七、参加交工验收

交工验收是公路工程质量验收过程中特有的阶段性验收工作,公路建设项目交工验收合格后即可开放交通。监理机构应该参加建设单位组织的交工验收工作,应完成的监理工作包括:

(1)监理机构应按照规定审查施工单位提出的合同段交工验收申请并签署意见。

(2)监理机构应完成合同段工程质量评定、归集整理工程监理资料、编写监理工作报告并提交建设单位。

(3)监理机构应参加交工验收工作,签署交工验收证书,协助建设单位检查施工合同执行情况,并接受建设单位对监理合同执行情况的检查。

(4)合同段交工验收证书签发后,监理机构应审核施工单位提交的交工结账单,并签认合同段交工结账证书,报建设单位审批。

八、开展缺陷责任期阶段的监理工作、参加竣工验收

从公路工程交工验收申请受理之日起即进入验收和缺陷责任期阶段。《公路工程竣(交)工验收办法》规定,通车运营 2 年后由交通运输主管部门组织竣工验收。监理机构应该参加竣工验收工作,提交监理工作报告和工程监理资料,配合竣工验收检查。

监理机构应完成缺陷责任期内的监理工作,包括:

(1)在缺陷责任期内,监理机构应检查施工单位遗留问题的整改情况;检查工程质量,对出现的工程质量缺陷问题,及时要求施工单位修复,并调查缺陷产生的原因,确认责任归属和修复费用。

(2)在合同段缺陷责任期结束、收到施工单位向建设单位提交的终止缺陷责任申请后,监理机构应进行审查。对符合合同约定的,总监办应在规定期限内签署合同段缺陷责任终止证书,并向建设单位提交缺陷责任期监理工作总结。

《公路工程施工标准招标文件》(2018 年版)通用合同条款规定,签发缺陷责任期终止证书后,监理人应审核承包人提交的最终结清申请单,并向发包人出具最终结清证书。

九、整理和移交监理文件资料

在公路工程的竣(交)工验收阶段,监理机构应完成监理文件资料的收集、整理、归档工作,并向建设单位移交全部监理文件资料,包括监理工作(总结)报告。

第三节　监理工作内容及其工作方式

根据《公路工程施工监理规范》(JTG G10—2016),工程监理单位和监理机构应予开展或完成的主要工作内容及其工作方式如下:

一、施工准备阶段的主要监理工作

1. 编制监理计划

监理计划应由总监主持编制，经工程监理单位（技术负责人）审核后报建设单位批准。

公路工程监理工作应在监理计划的指导下进行，公路工程施工质量监理工作应在监理计划或监理细则的指导下进行，不论监理合同是否签署、合同工程开工令是否已经下达。

2. 参加设计交底

监理工程师应参加建设单位组织的设计交底，掌握工程设计意图、设计标准和要点，了解对施工质量、安全和环保控制的要求，澄清有关问题。

设计交底会议的会议纪要一般由设计单位或施工单位编写，监理机构参加人员与建设单位、设计单位、施工单位共同签认。

3. 参加工程交桩，核查工程量清单

监理工程师应参加工程交桩，对施工单位提交的原始基准点的复测结果进行核查和平行复测，对工程量清单复核结果及土石方工程量计算资料进行核查。

原始基准点、基准线、基准高程是决定公路工程平面位置和高程的基础，设计单位应进行现场交桩，施工单位和监理机构应进行复测检查。原始地面线是影响路基土石方工程量的计量、容易出现争议的因素，需要现场测定和联合确认，若施工单位擅自开工而扰动了原始地面线，监理工程师需要根据设计文件按照相对施工单位最不利的结果进行认定。工程量清单是计量支付的重要依据，清单管理也是费用监理的主要手段，监理工程师需要按照有关法规、计量规则、施工合同、技术规范等规定的计量规则进行工程量核算。

4. 填写工程质量责任登记表，审核施工单位的工程质量责任登记表

监理机构应填写工程质量责任登记表，如实登记监理人员。

监理机构应对施工单位的工程质量责任登记表进行初审，对施工单位的技术、质量、安全、环保等保证体系的建立情况进行检查。

5. 参加施工安全风险评估报告的评审和危大工程专项施工方案的论证

根据《公路水运工程施工安全风险评估指南 第 1 部分：总体要求》（JT/T 1375.1—2022），监理机构应参加施工安全总体风险评估报告、专项风险评估报告的评审工作，并提出监理机构的评审意见。总监应参加危大工程专项施工方案的论证。

6. 审查危大工程专项施工方案，参加超危大工程专项施工方案论证

根据《建设工程安全生产管理条例》第二十六条，对于达到一定规模的危险性较大的分部分项工程应编制专项施工方案，并附具安全验算结果，经施工单位技术负责人、总监理工程师签字后实施。

根据《公路水运危险性较大工程专项施工方案编制审查规程》（JT/T 1495—2024），对于不需要专家论证的危大工程专项施工方案，应由总监理工程师审查签字并加盖监理机构公章后方可实施。对于超危大工程或未达到超危大工程要求但参建方认为有必要的，施工单位应组织专家对专项施工方案进行论证；实行施工总承包的，由施工总承包单位组织召开专家论证

会;专家论证前,专项施工方案应通过施工单位的审核签字和项目总监的审查签字。同时,总监及监理机构的相关人员应参加专家论证会,总监应在论证报告上签字,施工单位根据论证报告修改完善后,总监应审核签字。

监理机构审查的主要内容包括:危大工程专项施工方案编审程序及内容是否符合《公路水运危险性较大工程专项施工方案编制审查规程》(JT/T 1495—2024)的要求;技术措施是否符合工程建设标准;是否按照专家论证意见修改完善。

7. 审批施工组织设计、方案性文件

监理机构对施工单位报审的施工组织设计进行审查,并在规定的期限内批复。审查应包括下列基本内容:

(1)施工组织设计的编审程序。

(2)质量、安全、环保、进度和费用等目标。

(3)技术、质量、安全和环保等保证体系。

(4)安全技术措施、专项施工方案和施工现场临时用电方案。

(5)桥梁和隧道施工安全风险评估的工程项目清单。

(6)施工人员、资金、主要材料和机械设备等施工资源供应计划。

(7)施工总平面布置、交通导改方案、事故应急救援预案。

(8)平安百年品质工程创建方案。

(9)缺陷责任期、质量保修期的服务措施等。

安全监理工程师应审查施工组织设计中的安全技术措施或专项施工方案是否符合工程建设强制性标准,应同时审查应急预案以及桥梁和隧道、高速公路路堑高边坡工程施工安全风险评估报告。对于需要专家论证、审查的危大工程专项施工方案,安全监理工程师应检查施工单位是否组织了专家论证会及其审查情况。监理机构还应根据现行《公路水运工程临时用电技术规程》(JT/T 1499)规定的有关内容审批临时用电施工组织设计(或方案)。

监理机构还应审批其他报告类、方案性文件(见有关章节的内容)。

8. 审核工程划分

总监办应审批施工单位划分的单位、分部、分项工程,并报送建设单位。

9. 召开监理交底会

总监应在合同段开工前主持召开由施工单位项目经理和技术、质量、安全负责人,工地试验室负责人,其他主要管理人员及主要监理人员等参加的监理交底会,介绍监理计划的相关内容。

10. 召开第一次工地会议(例会)

在合同工程正式开工前,施工组织设计审批后等召开会议的条件满足时,总监应主持召开第一次工地会议(例会)。

11. 签发合同工程开工令

总监办收到施工单位提交的合同段开工申请后,应对合同段的开工条件进行核查。

具备开工条件的,总监应签发合同工程开工令,并报送建设单位。

12.编制监理细则

对技术复杂、专业性较强、危险性较大的分部分项工程,尚应编制专项监理细则,并报总监审批。

驻地监理工程师及驻地办监理机构主持编制监理细则。在监理计划已经批准,合同工程开工令签发后,相应的分部分项工程尚未开工之前或有关监理工作事项尚未实施之前,监理机构应完成监理细则的编制、审批、下发、归档等工作。监理过程中,监理细则应根据工程实际变化情况进行补充、修改。

二、施工阶段的主要监理工作

1.审批分部工程、主要分项工程的开工申请

监理机构应对施工单位提交的分部工程、主要分项工程的开工申请进行审查,并在规定期限内批复。审查应包括下列基本内容:

(1)施工方案及主要施工工艺控制要点等是否符合有关技术标准。

(2)技术、质量、安全管理人员及主要操作人员等的配备是否满足施工合同要求和施工需要。

对于危险性较大的分部分项工程,开工前监理机构应按照《公路水运工程平安工地建设考核评价指导性标准》的要求审核安全生产条件,并将审核结果报建设单位;根据《公路水运工程施工安全风险评估指南 第1部分:总体要求》(JT/T 1375.1—2022)第6.1.3条的规定,施工前监理机构应完成专项风险评估报告的评审。

2.监督检查质量安全保证体系

在施工过程中,监理机构应对施工单位主体责任落实情况、施工合同执行情况和质量安全等保证体系的运行情况进行监督检查。

3."试验段(首件工程)"的审批、旁站和总结

现场监理过程中,监理机构应审批"首件工程"的开工报审表,明确"试验段(首件工程)"的施工目标和目的,现场旁站并见证"试验段(首件工程)"的施工过程、施工资源投入、施工进度、质量检验等,督促施工单位及时总结"试验段(首件工程)"的施工参数,及时审批施工单位提交的"试验段(首件工程)"施工总结。

4.巡视监理

监理工程师应采取以巡视为主的监理方式进行施工现场监理,按计划定期或不定期地对施工现场进行巡回检查,对施工的主要工程每天不少于1次巡视,并填写巡视记录。巡视记录应经驻地监理工程师审核,即每天(次)的巡视都要填写巡视记录,按月进行整理装订,驻地办的监理工程师应在次月上旬报请驻地监理工程师审核签认,总监办的监理工程师应在次月上旬报请总监理工程师审核签认。

巡视监理的主要内容:

(1)施工现场管理人员是否到位,特别是质量、安全管理人员;特种作业人员是否持证上岗。

(2)使用的原材料、混合料、构配件、主要施工机械设备等是否与批准的一致。

(3)是否按技术标准、工程设计文件、批准的施工组织设计和方案施工。

（4）质量、安全、环保水保和施工标准化等措施是否落实,施工自检和工序交接是否符合规定等。

巡视监理记录的主要内容:

（1）巡视人姓名、巡视合同段、巡视时间。

（2）巡视的范围。

（3）主要施工情况,如是否批准开工、施工工艺、施工顺序、主要施工机械投入情况等。

（4）质量、安全、环保水保和施工标准化等情况。

（5）发现的问题及处理意见。

监理巡视记录格式见表1-1。

巡视记录
表1-1

工程名称:　　　　　　　　　　　　　　　　　　　　　　编号:

施工单位		合同段	
巡视人		巡视时间	20 年 月 日
巡视的范围			
主要施工情况			
质量、安全、环保等情况			
发现的问题及处理意见			

5. 旁站监理

监理机构应安排监理人员对表1-2所列的旁站项目的施工过程进行旁站,对主要工程的关键项目进行检测见证,并填写旁站记录、签认检测见证结果。

监理旁站项目
表1-2

单位工程	分部工程		分项工程	旁站项目
路基工程	土石方工程		土方路基、石方路基	试验段
			软土地基处治、土工合成材料处治层	试验段
路面工程	路面工程		基层、底基层	试验段
			沥青面层	试验段
			水泥混凝土面层	试验段、摊铺
桥梁工程	基础及下部结构		桩基	试桩、钢筋笼安放、首盘混凝土浇筑
			地下连续墙	首盘混凝土浇筑
			沉井	定位、下沉、浇筑封底混凝土
	上部结构	预制和安装	预应力筋加工和张拉	试验工程,首次张拉、首次压浆
			转体施工梁、拱	桥体预制、接头混凝土浇筑
			吊杆安装和制作	穿吊杆、预应力束张拉、首次压浆
		现场浇筑	预应力筋加工和张拉	张拉、首次压浆
			悬臂浇筑梁、主要构件浇筑	主梁段混凝土浇筑、首次压浆
			劲性骨架混凝土拱、钢管混凝土拱	混凝土浇筑

续上表

单位工程	分部工程	分项工程	旁站项目
桥梁工程	桥面系及附属工程	桥面铺装	试验段
		钢桥面上沥青混凝土铺装	试验段,沥青混凝土摊铺
		大型伸缩装置安装	首件安装
隧道工程	洞身衬砌	支护、钢支撑	试验段
		混凝土衬砌	试验段
	路面	面层	同路面工程
交通安全设施	护栏	混凝土护栏	首段混凝土浇筑
机电工程	监控、通信、收费、配电、隧道机电设施的主要分项工程		首件施工
附属设施	服务区、收费站等建筑工程的地基与基础、主体结构		首件施工

注:该表为《公路工程施工监理规范》(JTG G10—2016)附录 A 的内容。

监理旁站记录格式见表1-3。

旁站记录　　　　　　　　　　表1-3

工程名称：　　　　　　　　　　　　　　　　　　　　　　编号：

施工单位		合同段	
旁站人		旁站时间	20　年　月　日
旁站的项目			
施工过程简述			
旁站工作情况			
主要数据记录			
发现的问题及处理结果			

旁站监理记录的主要内容：

(1)旁站的基本情况。填写旁站人姓名、旁站项目名称、旁站起止时间。

(2)施工过程情况。填写施工工艺(及其工艺流程),以及是否按照强制性标准、监理机构批准的施工方案进行施工,填写主要机械设备名称、主要施工技术人员是否持证上岗,填写施工过程是否符合技术规范的规定等。

(3)旁站工作情况。填写检查或检测的内容,整改要求、协调内容,有无需要报告的事项及其报告情况等。

(4)主要数据记录。填写检测结果数据、施工进度等。

(5)发现的问题及处理结果。填写施工过程中发现的问题、督促施工单位整改的事项,对于危及工程质量、安全环保的事件及时向上一级监理人员报告直至报告总监、建设单位,记录发现的或报告的问题的整改、最终整改结果等,使之闭合。

旁站监理人员应重点对规定的旁站项目施工工艺、施工方案、施工过程控制措施的合理性进行监督检查,对发现的问题立即责令施工单位整改;当可能危及工程质量、安全、环保时,应予制止并及时向监理工程师、驻地监理工程师或总监理工程师报告。

6. 监理抽检

监理机构应在施工单位自检合格的基础上按照下列规定进行抽检,并填写抽检记录:

(1)对钢筋、水泥、沥青、石灰和碎石等原材料,以及水泥混凝土、沥青混合料和无机结合料等混合料,抽检频率按批次应不低于规定施工检验频率的10%。

(2)对分项工程中的关键项目和结构主要尺寸,抽检频率不低于规定施工检验频率的20%。

(3)当监理工程师对工程材料或实体质量有疑问时,应进行抽检。

(4)对施工单位外部采购和委托制作的主要工程构配件或设备,监理工程师应核查产品合格证明文件和施工单位的自检报告,进场后应对关键项目进行抽检,验收合格后方可使用。对在施工现场不具备检测条件的,监理工程师应按合同约定到厂监督检验。

可见,监理抽检行为的主体是监理机构,行为人包括实施监理抽检的抽检人、审核人(即非个人独立行为,是有组织的集体行为),行为的依据和对象是施工自检合格的项目,行为的方式和频次是按规定频率进行抽样检测,行为的结果是填写抽检记录。

监理抽检记录格式见表1-4。抽检记录需由专业监理工程师或驻地监理工程师或总监进行审核签认。

抽检记录表　　　　　　　　　　　　　　表1-4

工程名称:　　　　　　　　　　　　　　　　　　　　　　　　编号:

施工单位		合同段	
抽检人		抽检时间	20　年　月　日
工程部位			
抽检的项目			
检查结果			
检查结论			
处理意见			
审核人		审核日期	20　年　月　日

监理抽检记录表的主要内容:

(1)抽检人、抽检合同段、抽检时间等基本情况。

(2)抽检的工程部位、项目及其指标。

(3)检测、检查的结果、结论。

(4)处理意见。

(5)审核人审核认可后的签字等。

7. 签发监理指令单和监理指令回复单

在监理工作过程中,监理机构发现工程施工不符合法律法规、技术标准、技术规范及施工合同约定的,应当要求施工单位改正,并符合下列规定:

(1)质量不合格的材料、构配件不得在工程上使用。

(2)对工程质量缺陷,监理机构应签发监理指令单,要求施工单位整改。

(3)对质量不合格的工程,监理机构应签发监理指令单,要求施工单位返工处理。

（4）对可能危及结构安全或存在重大隐患的质量问题,应签发停工令并向建设单位报告。

（5）当发生质量事故时,监理机构应依法按有关规定报告和处理。

（6）监理机构应建立质量问题处理台账。

监理机构应检查施工单位危险性较大工程的专项施工方案的实施情况,发现未按专项施工方案实施的,应签发监理指令单,要求施工单位整改。

监理机构发现存在安全事故隐患的,应要求施工单位整改。

监理机构发现施工违反有关环保法律法规、未按合同要求落实环保措施的,应要求施工单位整改。这里,要求施工单位整改的监理工作方式（手段）应是签发监理指令单。

对总体进度起控制作用的分项工程的实际施工进度严重滞后时,监理机构应签发监理指令单,要求施工单位采取措施保证工程进度,并向建设单位报告工期延误的风险。

监理指令单的格式见表1-5。

监理指令单

表1-5

工程名称：　　　　　　　　　　　　　　　　　　　　　　　　　编号：

施工单位		合同段	
监理机构			
签发人		日期	20　年　月　日
致＿＿＿＿＿＿＿＿＿： （说明监理指令的依据、施工单位不符合规定的事实及整改要求等内容） 请于20　年　月　日　时前回复。 抄送单位：			
签收人		日期	20　年　月　日

《中华人民共和国标准施工招标文件》（2007年版）和《公路工程标准施工招标文件》（2018年版）中给出了"监理人的指示"的称谓。

《公路工程标准施工招标文件》（2018年版）中第3.1、3.3、3.4、4.4款给出了"监理人的指示"的有关规定：

（1）监理人发出的任何监理指示,应视为已取得发包人的批准。

（2）被授权的监理人员发出的指示,视为已取得总监的同意,与总监发出的指示具有同等效力。

（3）承包人对总监授权的监理人员发出的指示有疑问的,可向总监提出书面异议,总监应在48小时内对该指示予以确认、更改或撤销。

（4）监理人应按第3.1款的约定向承包人发出指示,监理人的指示应盖有监理人授权的施工现场机构章,并由总监或总监授权的监理人员签字。

（5）监理人发出的监理指示,承包人应签收,并遵照执行。

（6）在紧急情况下,总监或被授权的监理人员可以当场签发临时书面指示,承包人在收到上述临时书面指示后24小时内向监理人发出书面确认函,监理人在收到书面确认函后24小时内未予答复的,该书面确认函应被视为监理人的正式指示。

(7)由于监理人未能按合同约定发出指示、指示延误或指示错误而导致承包人费用增加或工期延误的,由发包人承担赔偿责任。

(8)如工程施工承包采用联合体模式,联合体牵头人负责与发包人、监理人联系,并接受指示。

需要监理人员注意的是,监理工程师签发监理指令单后,监理机构应注意督促施工单位执行指令和回复指令。施工单位对监理指令单执行完毕后应进行书面回复,填写监理指令回复单,监理机构收到后应进行现场检查验收其执行情况,并视情况决定签认回复单,做到监理指令单与监理指令回复单的一一对应和闭合。

8. 签发停工令

对可能危及结构安全或存在重大隐患的质量问题,监理机构应签发停工令,并向建设单位报告。当发生工程质量事故时,监理机构应依法按照有关规定报告和处理。

监理机构发现存在安全事故隐患,情况严重的,应要求施工单位停止施工并报告建设单位。施工单位拒不整改或拒不停止施工的,监理机构应及时向有关监管部门报告。

监理机构发现施工违反有关环保水保法律法规、未按合同要求落实环保水保措施时,情况严重的,应签发停工令要求施工单位停工,并向建设单位报告。

监理机构应按下列规定处理工程停工及复工:监理机构签发停工令时,应根据停工原因的影响范围和程度,明确停工范围、期限及停工期间施工单位应做的工作等,并报建设单位;因施工单位原因停工时,监理机构应对施工单位的停工整改过程和结果进行检查验收;监理机构应审查施工单位的复工申请,当具备复工条件时签发复工令,并报建设单位。

需要监理人员注意的是,监理工程师应根据建设单位的授权或者经过建设单位的批准后方可签发工程暂停令。总监理工程师签发工程暂停令后,应注意督促施工单位执行指令。施工单位对暂停令执行完毕后应进行申请复工,总监理工程师审核批准后应签发工程复工令,做到工程暂停令与工程复工令的一一对应和闭合。

《建设工程监理规范》(GB/T 50319—2013)给出了监理报告的格式,见表1-6。《水运工程施工监理规范》(JTS 252—2015)给出了重大安全/质量隐患报告书的格式,与表1-6基本一致。

监理报告单   表1-6

工程名称: 编号:

致(主管部门):
由 __(施工单位)__ 施工的 ___(工程部位)___,存在安全事故隐患。
我方已于20 年 月 日发出编号为_____的《监理指令单》/《停工令》,但施工单位未进行整改/停工。

特此报告。
附件:1. 监理指令单。
     2. 停工令。
     3. 其他证明文件资料。

监理机构(盖章)
总监理工程师(签字)
20 年 月 日 时

这里的"监理报告"是指针对某一特定事件而专题编写的、随时报送的专题性质的监理事项报告,而非监理月报式的常规性监理报告,是根据《建设工程安全生产管理条例》的规定而由监理机构即时编写报送的。《建设工程安全生产管理条例》第十四条规定,工程监理单位在实施监理过程中,发现存在安全事故隐患的,应当要求施工单位整改;情况严重的,应当要求施工单位暂时停止施工,并及时报告建设单位。施工单位拒不整改或者不停止施工的,工程监理单位应当及时向有关主管部门报告。

9. 评定工程质量、签发分项工程(中间)交工证书

监理机构在收到施工单位提交的分项工程交工或中间交工验收申请后,应检查施工单位的检验评定资料,组织施工单位在监理抽检、检测见证和隐蔽工程验收的基础上进行质量评定,对评定合格的签发分项工程(中间)交工证书。同一个分项工程中间验收不宜超过2次。

驻地办应对已完成的分部工程进行质量评定,总监办应对单位工程和合同段工程进行质量评定。

分项工程交验时,安全事故的现场处理未完成的,监理工程师不得签发分项工程(中间)交工证书。

分项工程(中间)交工证书的格式,见表1-7。

分项工程(中间)交工证书 表1-7

工程名称： 编号：

施工单位		合同段	
监理机构			
分项工程		单位、分部工程	
中间交工内容及工程数量等			
施工自检结果			
施工负责人		申请日期	20　年　月　日
监理接收人		接收日期	20　年　月　日
质量保证资料及检评资料情况			
监理抽检情况及评述意见和结论			
监理工程师		批准日期	20　年　月　日
施工负责人		签收日期	20　年　月　日

10. 计量与支付

监理机构应以质量合格、手续齐全且符合结构安全和环保要求作为计量支付的先决条件。

监理机构应及时审核施工单位提交的支付申请,编制支付证书,经总监审核签发后报送建设单位。监理机构编制的支付证书,未经总监签字,建设单位不得向施工单位支付工程款。

11. 审批进度计划、检查进度计划的执行情况

监理机构应审批施工单位提交的进度计划。其中,总体进度计划由总监审批,月进度计划等应由驻地监理工程师审批并报总监办。

施工进度计划审查的主要内容:

(1)是否符合施工合同工期管理约定,阶段性施工进度计划是否满足总体进度目标控制要求;

(2)主要工程项目是否有遗漏,劳动力、材料、机械设备等是否满足进度需要;

(3)是否适合建设单位提供的资金、施工场地等条件。

监理机构应检查施工进度计划的执行情况,按月通过实际进度与计划进度比较进行分析评价,主要结论应写入监理月报。

12.建立监理工作台账

监理机构应建立质量问题处理台账、安全监理台账、环保水保监理台账和计量支付台账。

13.填写监理日志

总监应安排专人负责填写监理机构的监理日志。监理日志为监理机构每日对监理工作及施工情况所做的记录。

监理日志应按表1-8所式的格式填写,并经合同段驻地监理工程师或总监审核、签认。

监理日志　　　　　　　　　　　　　　　　　　　表1-8

工程名称:　　　　　　　　　　　　　　　　　　　编号:

监理机构			
记录人		日期	20 　年　月　日
审核人		天气情况	
主要施工情况			
监理主要工作			
问题及处理情况			

在《公路工程施工监理规范》(JTG G10—2016)的条文说明中指出:

(1)监理日志是反映监理机构履行监理职责重要的过程记录资料。

(2)驻地办或总监办应安排专人负责汇总、整理、填写,分别由总监、驻地监理工程师或其授权人负责审核。

(3)工程监理过程中将监理日志打印整理或编印成"监理日志本"的形式,在封面统一填写工程项目名称、监理机构名称等,是允许的。

(4)监理日记是监理人员个人化的、非规范的资料,经审核确认有效的属于对监理日志的补充。

鉴于监理日志是监理机构中集体的、汇总编写的而非个人的、分散的监理记录,它与巡视记录、旁站记录、抽检记录、监理指令、监理报告、监理会议纪要等文件资料之间的关系是互补关系、互证关系,每一项监理记录都应实事求是,不得虚构、造假和恶意修改。

14.编写监理月报

监理机构应编写监理月报,并给出了监理月报应包括的主要内容。

监理机构编写的监理月报应按时报送建设单位、工程监理单位。驻地办编写的监理月报还应报送总监办。

15.召开工地例会和专题会议

施工准备阶段召开的第一次工地会议(或称第一次工地例会)必须由总监主持,施工期间的工地例会应由总监或驻地监理工程师主持,宜每月组织召开一次,建设单位代表、施工单位项目经理、技术负责人及有关人员应参加。会议应检查上次例会中议定事项的落实情况,并对工程质量、安全、环保水保、费用、进度和合同管理的其他事项等情况进行讨论,提出解决问题的措施并确定下一步工作安排。

施工期间的专题会议可由监理工程师主持,建设单位、施工单位代表及有关人员参加,必要时可邀请有关专家参加。会议应对工程技术、质量、安全、环保水保、费用、进度和合同管理的其他事项等方面的重点、难点及需要协调的问题进行讨论,提出解决方案并形成意见。

三、竣（交）工验收和缺陷责任期阶段的监理工作

监理机构在公路工程交工、竣工验收与缺陷责任期阶段的监理工作包括下列内容:

（1）监理机构应按规定审查施工单位提交的合同段交工验收申请、审核施工单位编制的竣工图,应根据监理工作情况及工作质量评定结果,对是否同意交工验收进行审查并签署意见。

（2）监理机构应依据现行《公路工程质量检验评定标准　第一册　土建工程》（JTG F80/1）,结合交通运输部办公厅印发的《交通运输部办公厅关于公路工程验收执行新版公路工程质量检验评定标准有关事宜的通知》（交办公路〔2018〕136号）的规定,从工程项目各合同段的分部工程开始进行工程质量评定,依次进行并完成分部工程、单位工程、合同段工程的质量检验评定工作。

监理机构根据独立抽检资料对工程质量进行评定,当监理按规定完成的独立抽检资料不能满足评定要求时,可以采用经监理确认的施工自检资料。合同段所含全部单位工程质量评定为合格,该合同段质量评定为合格;建设项目所含全部合同段的工程质量评定为合格,该建设项目工程质量评定为合格。

（3）监理机构应归集整理工程监理资料、编写监理工作报告,并提交建设单位。

（4）监理机构应参加交工验收工作,协助建设单位检查施工合同执行情况,并接受对监理合同执行情况的检查。

（5）合同段交工验收证书签发后,监理机构应审核施工单位提交的合同段交工结算账单,并在规定期限内签认合同段交工结账证书,报建设单位审批。

（6）在缺陷责任期内,监理机构应检查施工单位遗留问题的整改情况;应检查工程质量,并要求施工单位修复工程质量缺陷,并调查缺陷产生的原因,确认责任和修复费用。

在合同段缺陷责任期结束,收到施工单位向建设单位提交的终止缺陷责任申请后,监理机构应进行审查。对符合合同约定的,总监办应在规定期限内签发合同段缺陷责任终止证书,并向建设单位提交缺陷责任期监理工作总结。

（7）监理机构应参加竣工验收工作,向建设单位提交监理工作报告和工程监理资料,配合竣工验收检查工作,签署公路工程竣工验收鉴定书。

第四节　监理文件资料管理

公路工程监理工作的成果及服务质量,体现在两个方面,一是工程产品,即具备通车条件

的公路工程或独立的桥梁、隧道等工程实体;二是监理文件资料。

一、《公路工程施工监理规范》给出的监理工作用表

《公路工程施工监理规范》(JTG G10—2016)给出了监理机构开展监理工作应规范使用的监理工作基本表式,共6个表式,包括巡视记录、旁站记录、抽检记录、监理日志、分项工程(中间)交工证书和监理指令单。

二、监理文件资料管理的一般规定

《公路工程施工监理规范》(JTG G10—2016)第9.1节给出了监理资料管理的一般规定,明确指出监理资料包括监理管理文件、质量监理文件、安全监理文件、环保水保监理文件、费用监理文件、进度监理文件、合同事项管理文件,以及监理日志、旁站记录、巡视记录、监理月报、监理工作报告等其他监理文件和影像资料。

监理资料应齐全、真实、准确、完整。

监理机构应建立健全监理资料管理制度,宜采用信息化手段进行管理。

除了人员签字部分和现场抽检记录外,监理资料可打印。现场原始记录应留存备查。

三、监理文件资料的主要内容

《公路工程施工监理规范》(JTG G10—2016)第9.2节给出了监理资料的主要内容。

(1)监理管理文件应包括监理合同,监理计划、监理细则,会议记录、会议纪要,综合性往来文件等。

(2)质量监理文件应包括质量监理要求和往来文件,测量、材料等审查、试验资料,抽检记录,隐蔽工程验收和工程质量检验评定资料,质量问题处理资料等。

(3)安全、环保水保监理文件应包括安全、环保水保管理制度、监理要求和往来文件,检查记录,生产安全事故、环保水保事件处理资料等。

(4)费用、进度监理文件应包括费用、进度计划文件,监理要求和往来文件,工程计量、支付文件,工程开工令,进度检查文件等。

(5)合同事项管理文件应包括工程分包、履约检查文件,停工令及复工令,工程变更、延期、索赔、违约和争端处理文件,价格调整文件等。

(6)巡视记录应按规定的格式填写,并应经驻地监理工程师审核。监理日志应按规定的格式填写,并应经驻地监理工程师或总监审核。

(7)监理月报应包括下列主要内容:

①当月工程实施情况。

②当月监理工作情况。

③当月工程质量、安全、环保水保、费用、进度监理和合同事项管理等情况。

④发现施工存在的主要问题及处理情况。

⑤下月监理工作重点。

(8)监理工作报告应包括下列主要内容:

①工程概况。

②监理工作情况,包括组织机构、人员、设备和设施情况等。

③监理工作成效,包括质量、安全、环保水保、费用、进度监理和合同事项管理等措施,施工过程中检查情况,工程质量评定情况及问题处理、事故处理情况等。

④交工验收时存在的问题及处理情况。

⑤监理工作体会、说明和建议。

(9)归档。

①监理资料应随监理过程及时归集,系统化排列,按规定组卷、编列案卷目录。

②监理档案应妥善存放和保管,按时移交建设单位。

③监理单位对未列入监理资料归档的其他监理文件也应分类整理,与工程直接相关的在竣工验收前提交建设单位。

第五节　公路工程质量检验评定

一、公路技术等级(公路分级)

1. 公路技术等级的划分

根据《公路工程技术标准》(JTG B01—2014)第3.1.1条的规定,公路分为高速公路、一级公路、二级公路、三级公路及四级公路等五个技术等级。

(1)高速公路为专供汽车分方向、分车道行驶,全部控制出入的多车道公路。高速公路的年平均日设计交通量宜在15000辆小客车以上。

(2)一级公路为供汽车分方向、分车道行驶,可根据需要控制出入的多车道公路。一级公路的年平均日设计交通量宜在15000辆小客车以上。

(3)二级公路为供汽车行驶的双车道公路。二级公路的年平均日设计交通量宜为2000~15000辆小客车。

(4)三级公路为供汽车、非汽车交通混合行驶的双车道公路。三级公路的年平均日设计交通量宜为2000~6000辆小客车。

(5)四级公路为供汽车、非汽车交通混合行驶的双车道或单车道公路。双车道四级公路的年平均日设计交通量宜在2000辆小客车以下;单车道四级公路的年平均日设计交通量宜在400辆小客车以下。

2. 公路技术等级的选用原则

《公路工程技术标准》(JTG B01—2014)第3.1.2条规定,公路技术等级的选用应遵循下列原则:

(1)公路技术等级选用应根据路网规划、公路功能,并结合交通量论证确定。

(2)主要干线公路应选用高速公路。

(3)次要干线公路应选用二级及二级以上公路。

(4)主要集散公路宜选用一、二级公路。

（5）次要集散公路宜选用二、三级公路。

（6）支线公路宜选用三、四级公路。

二、公路分级标准与公路工程质量检验评定标准的对应关系

从《公路工程质量检验评定标准　第一册　土建工程》(JTG F80/1—2017)给出的路基土石方工程实测项目中的压实度、纵断高程、中线偏位、平整度、横坡，以及路面基层工程、路面工程实测项目中的压实度、纵断高程、中线偏位、平整度、横坡、厚度、强度的"规定值或允许偏差"分档数值看，公路工程质量检验评定标准是根据公路分级而给出的，且因公路分级的不同而不同。例如，《公路工程质量检验评定标准　第一册　土建工程》(JTG F80/1—2017)表4.2.2土方路基实测项目中的压实度与《公路工程技术标准》(JTG B01—2014)中表5.0.4路基压实度，根据公路技术等级、填挖深度、交通荷载等级和填料特点等因素确定的路基路床压实度规定值见表1-9。其中的公路技术等级均分为三个组别，即高速公路、一级公路，二级公路，三级公路、四级公路。

路基路床压实度规定值

表1-9

路基部位		路床顶面以下深度 (m)	压实度(%)		
			高速公路、一级公路	二级公路	三级公路、四级公路
上路床		0 ~ 0.3	≥96	≥95	≥94
下路床	轻、中及重交通荷载等级	0.3 ~ 0.8	≥96	≥95	≥94
	特重、极重交通荷载等级	0.3 ~ 1.2	≥96	≥95	—

三、农村公路建设标准与"四好农村路"建设简介

农村公路是广大农村地区生产生活的先导性、基础性、服务性设施，是我国公路网的主要组成部分。农村公路与公路分级密切相关，农村公路多为等级公路，如三级公路或四级公路，满足其标准断面和路面结构要求，东部经济发达地区的部分农村公路路基宽度标准甚至达到二级公路的路基宽度标准。

交通运输部办公厅《关于进一步加强农村公路建设和质量管理的通知》(交办公路〔2019〕97号)指出农村公路建设工程质量是"四好(建好、管好、护好、运营好)农村路"的基础，要求树立"高品质建设就是最好的养护"理念，按照《农村公路建设管理办法》(交通运输部令2018年第4号)、《农村公路建设质量管理办法》(交安监发〔2018〕152号)、现行《小交通量农村公路工程技术标准》(JTG 2111)等要求切实强化农村公路建设和质量管理。

（1）合理确定建设标准。农村公路建设标准按照"因地制宜、实事求是、量力而行"的原则，结合农村地区生产生活、农业经营开发、客货运输、城乡一体化建设等因素合理确定，对交通量增长快的地区应适当考虑提高建设标准，预留发展空间。东中部地区县道、重要的乡道和西部地区的县道新改建工程宜采用三级及以上公路标准，西部地区通乡公路宜采用四级(双车道)以上公路标准。通村油(水泥)路除受到地形、地质等自然条件和经济条件限制外，应采用等级公路标准。

（2）规范建设管理程序。合理确定公路技术等级，合理确定重要农村公路建设项目和一

般农村公路建设项目的具体划分标准,符合法定招标条件的,应依法进行招标,重点项目应单独招标,一般农村公路建设项目可以多个项目一并招标。为便于施工组织和减少招标工作量,对工程规模不大、技术相对简单的同区域或邻近项目,可采用多项目捆绑式招标。鼓励在施工和监理单位中开展"优质优价""优监优酬"活动,发挥激励引导作用。

（3）严格落实工程质量责任。一是严格落实农村公路工程质量责任终身制,项目业主、勘察、设计、施工、监理、试验检测等单位应当明确相应的项目负责人和质量负责人,按照国家法律法规和有关规定在工程合理使用年限内承担相应的质量责任。二是严格落实项目业主责任制,制定工程项目管理制度,明确质量目标,落实专人负责质量管理,加强对关键人员、施工设备等履约管理,组织开展质量检查,督促有关单位及时整改质量问题。三是严格落实合同管理制,项目业主应当与勘察、设计、施工、监理等从业单位签订合同,按照有关规定在合同中约定工程质量等相关条款,并签订质量责任书等,确保农村公路项目高质量完成。

（4）强化项目监管能力。一是强化基层质量监督能力建设。地方各级交通运输主管部门要建立完善农村公路质量监督机制,落实机构和人员,按照分级负责的原则履行农村公路建设质量监管职责。二是强化质量关键环节管控。按照《交通运输部办公厅关于提升农村公路工程质量耐久性的实施意见》（交办安监〔2018〕139号）要求,重点把控设计关、开工关、公示关、技术交底关、原材料质量关、验收关、考核关、信用关等"八大关",提升质量把控能力。三是强化社会监督。鼓励聘请技术专家,组织当地群众代表参与农村公路建设质量监督和项目验收,交通运输主管部门应当加强对群众质量监督员的技术指导和业务培训。

（5）强化质量监管。坚持和完善农村公路"政府监督,专群结合"的质量监督模式,县道、乡道建设以交通运输主管部门和质量监督机构的政府监督为主,村道建设继续坚持"专群结合"模式,在政府监督的基础上发挥社会监督和群众监督的作用,形成重点突出、控制有效、全面覆盖的质量监督机制。每个县级单位宜建立或指定一个具有相应资格的工程试验室,开展工程质量抽检和检验评定工作,使质量监督工作专业化、制度化、规范化。加强建设过程中的质量监管,强化巡查和重点抽检,严格原材料质量控制,发现问题及时整改。

（6）加强项目验收。农村公路建设项目交付使用前应履行验收程序,验收不合格的项目不得开放交通。县道和投资额较大的乡道原则上按项目进行验收,其他项目可通过以乡（镇）为单位分批捆绑验收,技术简单的小型农村公路项目可将交工验收和竣工验收合并进行。地市级和县级交通运输主管部门应通过验收工作认真总结项目建设的经验和不足,落实管养主体的责任。验收不合格的项目应责令整改。技术简单的小型农村公路项目的具体标准由省级交通运输主管部门结合本地情况研究提出。

（7）管理目标。提高通达深度和通畅程度,增强网络覆盖能力。提高建设管理能力,改善工程质量状况,使用政府投资的农村公路项目质量监督覆盖率达到100%,工程实体总体合格率稳定在95%以上,县道、乡道建设项目优良率稳定在85%以上。

（8）推进"四好农村路"建设。根据交通运输部《关于推进"四好农村路"建设的意见》（交公路发〔2015〕73号）,"四好农村路"是指"建好、管好、护好、运营好"农村公路。推进"四好农村路"建设,着力从"会战式"建设向集中攻坚转变,从注重连通向提升质量安全水平转变,从以建设为主向建管养运协调发展转变,从适应发展向引领发展转变。

新改建农村公路应满足等级公路技术标准:四级公路宜采用双车道标准,交通量小或困难路段可采用单车道,但应按规定设置错车道。受地形、地质等自然条件限制的村道局部路段,经技术安全论证,可适当降低技术指标,但要完善相关设施,确保安全。按照保障畅通的要求,同步建设交通安全、排水和生命安全防护设施,改造危桥,确保"建成一条、达标一条"。

新改建农村公路一次交工验收合格率达到98%以上,重大及以上安全责任事故得到有效遏制,较大和一般事故明显下降。

四、《公路工程质量检验评定标准 第一册 土建工程》(JTG F80/1—2017)中的"总则"

《公路工程质量检验评定标准 第一册 土建工程》(JTG F80/1—2017)的"总则"部分强调:

(1)本标准适用于各等级公路新建与改扩建工程施工质量的检验评定;

(2)本标准是公路工程施工质量的最低限制标准,公路工程施工质量检验评定应以本标准为准;

(3)对特殊地区或采用新材料、新结构、新技术的工程,当本标准中缺乏适宜的质量检验标准时,可参照相关技术标准或根据实际情况制定相应的质量检验标准,并报主管部门批准;

(4)公路工程质量检验评定除应符合本标准的规定外,尚应符合国家和行业现行有关标准的规定。

五、《公路工程质量检验评定标准 第一册 土建工程》(JTG F80/1—2017)中的"一般规定"

1. 公路工程划分

公路工程质量检验评定应按分项工程、分部工程、单位工程逐级进行,并应符合下列规定:

(1)在合同段中,具有独立施工条件和结构功能的工程为单位工程。

(2)在单位工程中,按路段长度、结构部位及施工特点等划分的工程为分部工程。

(3)在分部工程中,根据施工工序、工艺或材料等划分的工程为分项工程。

单位工程、分部工程应在施工准备阶段按《公路工程质量检验评定标准 第一册 土建工程》(JTG F80/1—2017)、《公路工程质量检验评定标准 第二册 机电工程》(JTG 2182—2020)附录 A 的规定由施工单位进行划分,并报监理机构审核批准后报送建设单位。施工单位、监理单位和建设单位应按相同的工程项目划分进行工程质量的检验和评定。

2. 公路工程质量检验评定应符合下列规定

(1)分项工程完工后,应对工程质量进行检验评定。隐蔽工程在隐蔽前应检查合格。

(2)分部工程、单位工程完工后,应汇总评定所属分项工程、分部工程质量资料,检查外观质量,对工程质量进行评定。

六、公路工程质量检验

根据《公路工程质量检验评定标准 第一册 土建工程》(JTG F80/1—2017),公路工程质量检验的规定内容如下：

1. 检验的主要内容

公路工程质量检验评定以分项工程为单元，应按基本要求、实测项目、外观质量和质量保证资料等四个检验项目分别检查。实测项目采用合格率法进行质量评定。

2. 分项工程质量检验评定的条件

分项工程质量应在所使用的原材料、半成品、成品及施工控制要点等符合基本要求的规定，无外观质量缺陷且质量保证资料真实齐全时，方可进行检验评定。

3. 基本要求检查应符合的规定

（1）分项工程应对所列基本要求逐项检查，经检查不符合规定时，不得进行工程质量的检验评定。

（2）分项工程所用的各种原材料的品种、规格、质量及混合料配合比和半成品、成品应符合有关技术标准规定并满足设计要求。

4. 实测项目检验应符合的规定

（1）对检查项目按规定的检查方法和频率进行随机抽样检验并计算合格率。

（2）以《公路工程质量检验评定标准　第一册　土建工程》（JTG F80/1—2017）规定的检查方法为标准方法，采用其他高效检测方法应经比对确认。

（3）以路段长度规定的检查频率为双车道路段的最低检查频率，对多车道应按车道数与双车道之比相应增加检查数量。

（4）应按下式计算检查项目的合格率。

$$检查项目合格率 = \frac{合格的点（组）数}{该检查项目的全部检查点（组）数} \times 100\%$$

5. 检查项目合格判定应符合的规定

检查项目的合格判定应在区分关键项目和一般项目的基础上进行。

关键项目是指分项工程中对结构安全、耐久性和主要使用功能起决定作用的检查项目（以"△"标识的项次所指项目，例，1△，压实度）。

一般项目是指分项工程中除关键项目以外的检查项目。

（1）关键项目的合格率，应不低于95%（机电工程为100%），否则该检查项目为不合格。

（2）一般项目的合格率，应不低于80%，否则该检查项目为不合格。

（3）有规定极值的检查项目，任一单个检测值都不应突破规定极值，否则该检查项目为不合格。

（4）采用《公路工程质量检验评定标准　第一册　土建工程》（JTG F80/1—2017）附录 B 至附录 S 所列方法进行检验评定的检查项目，不满足要求时，检查项目判定为不合格。

6. 外观质量检查

外观质量应进行全面检查，并满足规定要求，否则该检查项目为不合格。

7. 质量保证资料检查

工程应有真实、准确、齐全、完整的施工原始记录、试验检测数据、质量检验结果等质量保

证资料。质量保证资料应包括下列内容:

(1)所用原材料、半成品和成品质量检验结果。

(2)材料配合比、拌和加工控制检验和试验数据。

(3)地基处理、隐蔽工程施工记录和桥梁、隧道施工监控资料。

(4)质量控制指标的试验记录和质量检验汇总图表。

(5)施工过程中遇到的非正常情况记录及其对工程质量影响分析评价资料。

(6)施工过程中如发生质量事故,经处理补救后,达到设计要求的认可证明文件等。

8. 检验项目评定不合格的处理

检验项目评定为不合格的,应进行整修或返工处理直至合格。

七、公路工程质量评定

1. 工程质量等级划分

公路工程质量等级应分为合格和不合格。

2. 工程质量评定资料

分项工程、分部工程、单位工程质量评定应有符合《公路工程质量检验评定标准　第一册　土建工程》(JTG F80/1—2017)附录 K 及《公路工程质量检验评定标准　第二册　机电工程》(JTG 2182—2020)附录 B 规定的资料。

3. 分项工程质量评定为合格的规定

(1)检验记录应完整。

(2)实测项目应合格。

(3)外观质量应满足要求。

4. 分部工程质量评定为合格的规定

(1)评定资料应完整。

(2)所含分项工程及实测项目应合格。

(3)外观质量应满足要求。

5. 单位工程质量评定为合格的规定

(1)评定资料应完整。

(2)所含分部工程应合格。

(3)外观质量应满足要求。

6. 评定为不合格工程的处理

评定为不合格的分项工程、分部工程,经返工、加固、补强或调测,满足设计要求后,可重新进行检验评定。

7. 合同段评定为合格、建设项目评定为合格的规定

所含单位工程合格,该合同段评定为合格;所含合同段合格,该建设项目评定为合格。

第六节　竣(交)工验收

一、交工验收

1. 交工验收应具备的条件

(1)合同约定的合同段的各项内容已全部完成。

(2)施工单位按现行《公路工程质量检验评定标准　第一册　土建工程》(JTG F80/1)及相关规定对工程质量自检合格。

(3)监理工程师对工程质量评定合格。

(4)质量监督机构按交通运输部规定的公路工程质量鉴定办法对工程质量进行检测(必要时可委托有相应资质的检测机构承担检测任务)，并出具检测意见。检测意见中需整改的问题已处理完毕。

(5)竣工文件已按交通运输部规定的内容编制完成。

(6)施工单位、监理单位已完成本合同段的工作总结。

2. 交工验收程序

(1)施工单位完成合同约定的全部工程内容，且经施工自检和监理检验评定均合格后，提出合同段交工验收申请报监理单位审查。交工验收申请应附自检评定资料和施工总结报告。

(2)监理单位根据工程实际情况、抽检资料以及对合同段工程质量的评定结果，对施工单位交工验收申请及其所附资料进行审查并签署意见。监理单位审查同意后，应同时向项目法人提交独立抽检资料、质量评定资料和监理工作报告。

(3)项目法人对施工单位的交工验收申请、监理单位的质量评定资料进行核查，必要时可委托有相应资质的检测机构进行重点抽查检测，认为合同段满足交工验收条件时应及时组织交工验收。

(4)对若干合同段完工时间相近的，项目法人可合并组织交工验收。对分段通车的项目，项目法人可按合同约定分段组织交工验收。

(5)通过交工验收的合同段，项目法人应及时颁发公路工程交工验收证书。

(6)各合同段全部验收合格后，项目法人应及时完成公路工程交工验收报告。

3. 交工验收的主要工作内容

(1)检查合同执行情况。

(2)检查施工自检报告、施工总结报告及施工资料。

(3)检查监理单位独立抽检资料、监理工作报告及质量评定资料。

(4)检查工程实体，审查有关资料，包括主要产品的质量抽(检)测报告。

(5)核查工程完工数量是否与批准的设计文件相符，是否与工程计量数量一致。

(6)对合同是否全面执行、工程质量是否合格做出结论，按交通运输主管部门规定的格式签署合同段交工验收证书，见表1-10。

公路工程交工验收证书 表 1-10

交工验收时间： 合同段交工验收证书 第 号

工程名称		合同段名称及编号	
项目法人		设计单位	
施工单位		监理单位	
本合同段主要工程量			
本合同段价款	原合同	实际	

对工程质量、合同执行情况的评价、遗留问题、缺陷的处理意见及有关决定(内容较多时,可用附件)

施工单位的意见

施工单位法人代表或授权人(签字) 单位盖章
年 月 日

监理单位的意见

监理单位法人代表或授权人(签字) 单位盖章
年 月 日

设计单位的意见

设计单位法人代表或授权人(签字) 单位盖章
年 月 日

项目法人的意见

项目法人单位法人代表或授权人(签字) 单位盖章
年 月 日

(7)按交通运输部规定的办法对设计、监理、施工等单位的工作进行初步评价。

4.参加交工验收工作的有关单位

各合同段的设计、施工、监理等单位参加交工验收工作,由项目法人负责组织。路基工程作为单独合同段进行交工验收时,应邀请路面施工单位参加。拟交付使用的工程,应邀请运营、养护管理等相关单位参加。交通运输主管部门、公路管理机构、质量监督机构视情况参加交工验收。

5.工程质量评分的加权平均值

合同段工程质量评分采用所含各单位工程质量评分的加权平均值。即工程各合同段交工验收结束后,由项目法人对整个工程项目进行工程质量评定,工程质量评分采用各合同段工程质量评分的加权平均值。工程质量等级评定分为合格和不合格,工程质量评分值大于或等于75分的为合格,小于75分的为不合格。

6. 交工验收备案、试运营期

各合同段验收合格后，项目法人应按交通运输部规定的要求及时完成项目交工验收报告，并向交通运输主管部门备案。国家、部重点公路工程项目中100km以上的高速公路、独立特大型桥梁和特长隧道工程向省级人民政府交通运输主管部门备案，其他公路工程按省级人民政府交通运输主管部门的规定向相应的交通运输主管部门备案。

公路工程各合同段验收合格后，质量监督机构应向交通运输主管部门提交项目的检测报告。交通运输主管部门在15天内未对备案的项目交工验收报告提出异议，项目法人可开放交通进入试运营期。试运营期不得超过3年。

7. 交工验收不合格工程的处理

交工验收不合格的工程，应返工整改，直至合格。

交工验收提出的工程质量缺陷等遗留问题，由施工单位完成。

8. 执行现行《公路工程质量检验评定标准　第一册　土建工程》（JTG F80/1）的有关事宜

根据《交通运输部办公厅关于公路工程验收执行新版公路工程质量检验评定标准有关事宜的通知》（交办公路〔2018〕136号）的规定，各分项工程评定合格后，在交工验收过程中，监理机构应按照以下方法进行工程交工验收的质量评定和计算。

1）分部工程

（1）实测得分计算。

采用以检查项目合格率为基础、加权平均计算的评分法，满分为100分，存在外观缺陷或资料不全等问题时应予扣分。

$$分部工程实测得分 = \frac{\sum（检查项目合格率 \times 检查项目权值）}{\sum 检查项权值} \times 100$$

检查项目为分部工程中所有分项工程的实测项，其中关键检查项目权值为2，一般检查项目权值为1。

（2）评分计算。

分部工程评分 = 分部工程实测得分 - 外观缺陷扣分 - 资料扣分

外观缺陷扣分：工程外观质量应符合现行《公路工程质量检验评定标准　第一册　土建工程》（JTG F80/1）的要求，外观质量存在问题时应予扣分，外观检查内容及扣分标准参照《公路工程竣（交）工验收办法实施细则》（交公路发〔2010〕65号）所附《公路工程质量鉴定办法》执行，累计扣分不超过15分。

资料扣分：按照《公路工程质量检验评定标准　第一册　土建工程》（JTG F80/1—2017）第3.2.7条规定，对质量保证资料进行检查，资料不符合真实、准确、齐全、完整的要求时应予扣分，每项内容对应扣分不超过3分，累计扣分不超过10分。施工资料和图表残缺，缺乏最基本的数据，或有伪造涂改的，不予检验和评定，应进行整改。

（3）分部工程质量评定的计算示例。

某高速公路项目中分部工程A1中包含的分项工程、实测项目及其权值、合格率等相关信息见表1-11、表1-12。

分部工程 A1 中包含的分项工程、实测项目及其权值、合格率信息　　表 1-11

分部工程	分项工程	实测项目	合格率(%)	权值
A1	B1	C1△	d_1	2
		C2	d_2	1
		C3	d_3	1
	B2	C4△	d_4	2
		C5	d_5	1
	B3	C6△	d_6	2
	……	……	……	……
……	……	……	……	……

路面分部工程检查项目的权值、合格率　　表 1-12

分部工程	分项工程	序号	实测项目	实测合格率(%)	权值
K0 +000 ~ K1 +000 路面工程	沥青混凝土面层	1	压实度	100	2
		2	厚度	95	2
		3	宽度	90	1
		4	矿料级配	100	2
		5	沥青含量	100	2
	水稳基层	6	压实度	100	2
		7	厚度	100	2
		8	强度	100	2

分部工程 A1 的实测得分为：

$$A1\ 实测得分 = \frac{d_1 \times 2 + d_2 \times 1 + d_3 \times 1 + d_4 \times 2 + d_5 \times 1 + d_6 \times 2 + \cdots}{2 + 1 + 2 + 1 + 2 + 1 + \cdots} \times 100$$

则该分部工程实测得分为：

$$\frac{100\% \times 2 + 95\% \times 2 + 90\% \times 1 + 100\% \times 2 + 100\% \times 2 + 100\% \times 2 + 100\% \times 2 + 100\% \times 2}{2 + 2 + 1 + 2 + 2 + 2 + 2 + 2} \times 100 = 98.67$$

2）单位工程

单位工程评分由相应分部工程评分和分部工程权值加权平均计算,各分部工程权值见表 1-13、表 1-14。

一般公路建设项目分部工程权值　　表 1-13

单位工程	分部工程	权值
路基工程 （每 10km 或每标段）	路基土石方工程(1 ~3km 路段)[①]	2
	排水工程(1 ~3km 路段)[①]	1
	小桥及符合小桥标准的通道	2
	人行天桥,渡槽(每座)	1
	涵洞、通道(1 ~3km 路段)[①]	1
	防护支挡工程(1 ~3km 路段)[①]	1
	大型挡土墙、组合挡土墙(每处)	2

续上表

单位工程	分部工程	权值
路面工程（每10km或每标段）	路面工程（1~3km路段）①	2
桥梁工程②（每座或每合同段）	基础及下部构造（1~3墩台）③	2
	上部构造预制和安装（1~3跨）③	2
	上部构造现场浇筑（1~3跨）③	2
	桥面系、附属工程及桥梁总体	1
	防护工程	1
	引道工程	1
隧道工程④（每座或每合同段）	总体及装饰装修（每座或每合同段）	1
	洞口工程（每个洞口）	1
	洞身开挖（100延米）	2
	洞身衬砌（100延米）	2
	防排水（100延米）	1
	路面（1~3km路段）①	2
	辅助通道⑤（100延米）	1
绿化工程（每合同段）	分隔带绿地、边坡绿地、护坡道绿地、碎落台绿地、平台绿地（每2km路段）；互通立交区与环岛绿地，管理养护设施区绿地，服务设施区绿地和取、弃土场绿地（每处）	1
声屏障工程（每合同段）	声屏障工程（每处）	1
交通安全设施（每20km或每标段）	标志、标线、突起路标、轮廓标（5~10km路段）	1
	护栏（5~10km路段）①	2
	防眩设施、隔离栅、防落网（5~10km路段）①	1
	里程碑和百米桩（5km路段）	1
	避险车道（每处）	1
交通机电工程	其分部、分项工程划分见《公路工程质量检验评定标准 第二册 机电工程》（JTG 2182—2020）	
附属设施	管理中心、服务区、房屋建筑、收费站、养护工区等设施 / 按其专业工程质量检验评定标准评定	

注：①按路段长度划分的分部工程，高速公路、一级公路宜取低值，二级及二级以下公路可取高值。
②分幅桥梁按照单幅划分，特大斜拉桥和悬索桥按表1-14进行划分，其他斜拉桥和悬索桥可作为一个单位工程参照表1-14进行划分。
③按单孔跨径确定的特大桥取1，其余根据规模取2或3。
④每座双洞隧道每单洞作为一个单位工程，划分为多个合同段的同一座特长隧道、长隧道每个合同段划分为一个单位工程。
⑤辅助通道包括竖井、斜井、平行导坑、横通道、风道、地下风机房等。

斜拉桥、悬索桥分部工程权值　　　　　　　　表 1-14

单位工程	分部工程	权值
塔及辅助、过渡墩(每个)	塔基础	2
	塔承台	2
	索塔	2
	辅助墩	1
	过渡墩	1
锚碇(每个)	锚碇基础	2
	锚体	2
上部钢结构制作与防护	主缆	2
	索鞍	2
	索夹	1
	吊索	1
	加劲梁	2
上部结构浇筑与安装	加劲梁浇筑	2
	安装	2
桥面系、附属工程及桥梁总体	桥面系	1
	附属工程及桥梁总体	1

$$单位工程评分 = \frac{\sum(分部工程评分 \times 分部工程权值)}{\sum 分部工程权值}$$

3)合同段

公路工程交工验收时,由项目法人组织监理单位依据新标准对各合同段的工程质量进行评定。合同段评分由单位工程评分和投资额加权平均计算。

$$合同段评分 = \frac{\sum(单位工程评分 \times 单位工程投资额)}{\sum 单位工程投资额}$$

4)工程项目

工程各合同段交工验收结束后,项目法人对整个工程项目进行质量评定,由合同段评分和合同段投资额加权平均计算。

$$建设项目工程评分 = \frac{\sum(合同段评分 \times 合同段投资额)}{\sum 合同段投资额}$$

单位工程、合同段投资额原则上使用结算价,当结算价暂时无法确定时,可使用招标合同价,但各合同段均应统一。

二、竣工验收

1.竣工验收应具备的条件

(1)交工验收合格、通车试运营 2 年以上。

(2)交工验收提出的工程质量缺陷等遗留问题已全部处理完毕,并经项目法人验收合格。

（3）工程决算已按交通运输部规定的办法编制完成，竣工决算已经审计，并经交通运输主管部门或其授权单位认定。

（4）竣工文件已按相关规定完成。

（5）对需进行档案、环保等单项验收的项目，已经有关部门验收合格。

（6）各参建单位已按交通运输部规定的内容完成各自的工作报告。

（7）质量监督机构已按交通运输部规定的公路工程质量鉴定办法对工程质量检测鉴定合格，并形成工程质量鉴定报告。

2. 竣工验收准备工作程序

（1）公路工程符合竣工验收条件后，项目法人应按照公路工程管理权限及时向相关交通运输主管部门提出验收申请，其主要内容包括：

①交工验收报告。

②项目执行报告、设计工作报告、施工总结报告和监理工作报告。

③项目基本建设程序的有关批复文件。

④档案、环保等单项验收意见。

⑤土地使用证或建设用地批复文件。

⑥竣工决算的核备意见、审计报告及认定意见。

（2）相关交通运输主管部门对验收申请进行审查，必要时可组织现场核查。审查同意后报负责竣工验收的交通运输主管部门。

（3）以上文件齐全且符合条件的项目，由负责竣工验收的交通运输主管部门通知所属的质量监督机构开展质量鉴定工作。

（4）质量监督机构按要求完成质量鉴定工作，出具工程质量鉴定报告，并审核交工验收对设计、施工、监理初步评价结果，报送交通运输主管部门。

（5）工程质量鉴定等级为合格及以上的项目，负责竣工验收的交通运输主管部门及时组织竣工验收。

3. 竣工验收主要工作内容

（1）成立竣工验收委员会。

（2）听取项目法人、设计单位、施工单位、监理单位的工作报告。

（3）听取质量监督机构的工作报告及工程质量鉴定报告。

（4）检查工程实体质量、审查有关资料。

（5）按交通运输部规定的办法对工程质量进行评分，并确定工程质量等级。

4. 验收委员会的组成

验收委员会由交通运输主管部门、公路管理机构、质量监督机构、造价管理机构等单位代表组成。大中型项目及技术复杂工程，应邀请有关专家参加。国防公路应邀请军队代表参加。

项目法人，设计、施工、监理、接管养护等单位应参加竣工验收工作，配合竣工验收检查。

5. 参加竣工验收工作各方的主要职责

（1）竣工验收委员会负责对工程实体质量及建设情况进行全面检查。按交通运输部规定的办法对工程质量进行评分，对各参建单位进行综合评价，对建设项目进行综合评价，确定工程质量和建设项目等级,形成工程竣工验收鉴定书。

(2)项目法人负责提交项目执行报告及验收工作所需资料,协助竣工验收委员会开展工作。

(3)设计单位负责提交设计工作报告,配合竣工验收检查工作。

(4)监理单位负责提交监理工作报告,提供工程监理资料,配合竣工验收检查工作。

(5)施工单位负责提交施工总结报告,提供各种资料,配合竣工验收检查工作。

6.竣工验收工程质量评分采取的方法及权值分配

竣工验收工程质量评分采取加权平均法计算,其中交工验收工程质量得分权值为0.2,质量监督机构工程质量鉴定得分权值为0.6,竣工验收委员会对工程质量的评分权值为0.2。

对于交工、竣工验收合并进行的小型项目,质量监督机构工程质量鉴定得分权值为0.6,监理单位对工程质量评定得分权值为0.1,竣工验收委员会对工程质量的评分权值为0.3。

工程质量评分大于或等于90分为优良,小于90分且大于或等于75分为合格,小于75分为不合格。

7.质量等级直接确定为合格的情形

对建设项目出现以下特别严重问题的合同段,整改合格后,合同段工程质量不得评为优良,质量鉴定得分按照整改前的鉴定得分,超出75分的按75分计算,不足75分的按原得分,建设项目竣工验收工程质量等级和综合评定等级直接确定为合格:

(1)路基工程的大段落路基沉陷、大面积高边坡失稳。

(2)路面工程车辙深度大于10mm的路段累计长度超过该合同段车道总长度的5%。

(3)特大桥梁主要受力结构需要或进行过加固、补强。

(4)隧道工程渗漏水经处治效果不明显,衬砌出现影响结构安全的裂缝,衬砌厚度合格率小于90%或有小于设计厚度1/2的部位,空洞累计长度超过隧道长度的3%或单个空洞面积大于$3m^2$。

(5)出现重大质量事故或严重质量缺陷,造成历史性缺陷的工程。

8.质量等级不得评为优良的情形

对建设项目出现以下严重问题的合同段,整改合格后,合同段工程质量不得评为优良,质量鉴定得分按75分计算;并视对建设项目的影响,由竣工验收委员会决定建设项目工程质量是否评为优良。

(1)路基工程的重要支挡工程严重变形。

(2)路面工程出现修补、唧浆、推移、网裂等病害路段累计长度超过路线的3%或累计面积大于总面积的1.5%,竣工验收复测路面弯沉合格率小于90%。

(3)大桥、中桥主要受力结构需要或进行过加固、补强。

9.对项目法人及设计、施工、监理单位工作的综合评价

竣工验收委员会对项目法人及设计、施工、监理单位工作进行综合评价。评定得分大于或等于90分且工程质量等级优良的为好,小于90分且大于或等于75分为中,小于75分为差。

10.竣工验收建设项目综合评分采取加权平均法计算

竣工验收建设项目综合评分采取加权平均法计算,其中竣工验收工程质量得分权值为

0.7,参建单位工作评价得分权值为0.3(项目法人占0.15,设计、施工、监理各占0.05)。

评定得分大于或等于90分且工程质量等级优良的为优良,小于90分且大于或等于75分为合格,小于75分为不合格。

11. 综合评定等级不得评为优良的情形

发生过重大及以上生产安全事故的建设项目,其综合评定等级不得评为优良。

第二章 ┃ 路基工程质量监理

学习备考要点 ≫

1.基础知识(路基的分类、路基应满足的基本要求、路基土的分类及其工程特性等)。

2.施工准备(控制测量和施工放样、地表清理和填前压实、路基工程划分、试验路段等)。

3.一般路基(挖方路基、填土路堤、填石路堤和土石路堤的填筑,台背与背墙后的路基填筑、路堤沉降观测、特殊填料路堤,施工过程质量监理、质量检验标准和实测项目等)。

4.特殊地区路基(软土地区、红黏土与高液限土地区、膨胀土地区、黄土地区、盐渍土地区、采空区路基等)。

5.路基排水和防护支挡工程(施工过程质量监理、质量检验标准和实测项目等)。

6.涵洞、通道和小桥、人行天桥工程等(基坑开挖、基底检验、预制安装或就地浇筑、施工过程质量监理、质量检验标准和实测项目等)。

7.改扩建施工。

8.冬雨期施工。

9.路基整修和验收交接。

编学考主要参考资料 ≫

1.《公路路基施工技术规范》(JTG/T 3610—2019)。

2.《公路工程标准施工招标文件》(2018年版·第二册)。

3.《公路工程质量检验评定标准 第一册 土建工程》(JTG F80/1—2017)。

第一节 基础知识

一、路基的分类

路基是按照公路路线位置和一定的技术要求在天然地面开挖或填筑而成的带状的岩土构造物。路基是路面的基础,承受由路面传来的行车荷载。路基贯穿公路全线,并与沿线的桥涵、隧道等构造物相连接。

1.路基的分类

（1）根据填方、挖方的不同，可分为路堤、路堑，介于两者之间的路基又分为半填半挖路基和零填路基。

①填方路基。公路纵断面设计高程高于原地面的填方路基称为路堤。在结构上，路堤分为上路堤、下路堤，上路堤是指路床以下 0.7m 厚度范围内的填方部分，下路堤是指上路堤以下的填方部分。

路床是指路面结构层以下 0.8m 或 1.2m 范围内的路基部分，分为上路床和下路床两层。上路床厚度为 0.3m；下路床厚度在轻、中及重交通公路为 0.5m，特重、极重交通公路为 0.9m。

②挖方路基。公路纵断面设计高程低于原地面的挖方路基称为路堑。

（2）根据路基的填筑高度、挖方深度不同，可分为高路堤、陡坡路堤和深挖路堑。

由于原地面横向往往有倾斜，在路基宽度范围内，两侧的相对高差常有不同。通常，路基高度是指路中心线处的设计高程与该处原地面高程之差，但对路基边坡高度来说，则指坡脚或坡顶边缘高程与路肩边缘高程之差。所以，路基高度有中心高度与边坡高度之分。

①高路堤，是指路基填土最大边坡高度大于 20m 的路堤。

②陡坡路堤，是指地面斜坡陡于 1:2.5 的路堤。

③深挖路堑，是指边坡高度超过 20m 的土质路堑或边坡高度超过 30m 的岩石路堑。

（3）根据填筑材料不同，可分为填石路堤、土石路堤和填土路堤。

①填石路堤，是指用粒径大于 40mm 且含量超过总质量 70% 的石料填筑的路堤。

②土石路堤，是指用石料含量占总质量 30% ~70% 的土石混合材料填筑的路堤。

③填土路堤，是指用石方材料含量占总质量 30% 以下甚至纯土方材料填筑的路堤。

（4）特殊路基的分类。

位于特殊土地段、不良地质地段，受水、气候等自然因素影响强烈的路基，被称为特殊路基。特殊路基分为若干种，主要包括沿河地段路基、滑坡地段路基、崩塌地段路基、雪害地段路基、涎流冰地段路基和黄土地区路基、膨胀土地区路基、风沙地区路基、泥石流地区路基、采空区路基、软土地区路基、岩溶地区路基、红黏土与高液限土地区路基、多年冻土地区路基、季节性冻土地区路基等。

2.路基的干湿类型划分

路基在最不利季节的干湿状态，被称为路基的干湿类型。共分为四类，即干燥、中湿、潮湿和过湿。原有路基的干湿类型可根据路基的分界相对含水率或分界稠度划分；新建公路路基的干湿类型可用路基临界高度来判别。

高速公路的路基应保持干燥或中湿的状态，不得处于潮湿和过湿状态。

3.表征路基抗变形能力的参数

路基作为路面的基础，它抵抗车辆荷载能力的大小，主要取决于路基顶面在一定应力级位下抵抗变形的能力，用于表征路基抗变形能力的参数有路基回弹模量（E_0）、路基反应模量和加州承载比（CBR）等。

我国的公路沥青路面、水泥混凝土路面的设计方法中，都是以路基回弹模量作为路基的刚度指标。

二、路基应满足的基本要求

1. 足够的强度

路基强度是指在行车荷载作用下,路基抵抗变形的能力。行车荷载及路基路面自重同时对路基下层及地基形成一定压力,这些压力都可能使路基产生变形,直接影响路面结构的使用性能。为保证路基在外力及自重作用下,不致产生超过容许范围的变形,要求路基具有足够的强度。

2. 足够的整体稳定性

路基是在天然地面上填筑或挖去一部分而建成的工程构造物。路基修建后,改变了原地面的天然平衡状态,当地质不良时,修建路基可能加剧原地面的不平衡状态而发生沉陷、滑塌、崩塌等病害,造成路基损害。为防止路基在行车荷载及自然因素作用下发生较大的变形或破坏,必须因地制宜采取一定措施来保证路基的整体稳定性。

3. 足够的水稳定性

水稳定性差的路基在地面水及地下水的作用下,其强度将会显著降低。特别是在冰冻地区,由于水温的变化,路基发生周期性冻融作用,形成冻胀与翻浆,路基的强度急剧下降。因此,不仅要求路基有足够的强度,还应采取措施确保路基在不利的水状况下强度不致过度降低,这就要求路基应具有一定的水稳定性。

三、路基横断面的组成

构成路基横断面的主要几何要素包括路基宽度、高度和边坡坡度。

1. 路基宽度

路基宽度指路基某一横断面上两路肩外缘之间的距离,路基宽度沿横断面方向由行车道、中间带、硬路肩和土路基组成。当设有变速车道、爬坡车道、紧急停车带、超车道、非机动车道、人行道时,尚应包括这部分的宽度。公路等级越高,路基的宽度越宽。

2. 路基高度

路基高度是指路堤的填筑高度或路堑的开挖深度,是路基设计高程与原地面高程之差。路基中心高度是指路中线设计高程与原地面高程之差,路基两侧边坡的高度是指填方坡脚或挖方坡顶与路基边缘的相对高差。

3. 路基边坡坡度

路基边坡有直线、折线和台阶等形式。边坡坡度是指边坡高度(h)与边坡宽度(b)的比值,即 $h:b$,通常用 $1:X$ 表示,也称边坡坡率。例如,边坡坡率 $1:2.5$,即斜坡角 α 的 $\tan\alpha = \dfrac{h}{b} = \dfrac{1}{2.5} = 0.4$,可以表示为边坡坡度 $i = 0.4$,或坡度为 40%。

路基边坡坡度对路基的稳定十分重要,边坡坡度的大小取决于边坡的土质、岩石的性质及水文地质条件等自然因素和边坡的高度。

四、路基附属设施

路基附属设施主要有取土坑、弃土堆、护坡道、碎落台等。需要集中取土填筑路基时，应设置取土坑。为了妥善堆放开挖路堑的废土方，应设置弃土堆。为了保护边坡稳定，在路基边坡上或路堤坡脚外设置平台，称为护坡道。为了防止路堑边坡上碎落的土石阻塞边沟，在挖方边坡坡脚处所设置的临时堆积碎落物的平台，称为碎落台。

五、路基的排水、防护与支挡设施

路基地面排水设施包括边沟、截水沟、排水沟、跌水与急流槽、蒸发池、油水分离池、排水泵站等。

路基地下排水设施包括排水垫层、隔离层、暗沟（管）、渗沟、仰斜式排水孔、渗井、排水隧洞、检查井与疏通井等。

路基坡面防护工程应设置在稳定的边坡上，包括植物防护、骨架植物防护、工程防护等方式。

当路基边坡稳定性不足时，应设置必要的支挡结构，如挡土墙、抗滑桩和预应力锚索等支撑和锚固结构。

六、路基土的分类及其工程特性

1. 路基土的分类

根据《公路土工试验规程》（JTG 3430—2020）中土的工程分类方法，依据土的颗粒组成特征、土的塑性指标和土的有机质含量的情况，可将土分为巨粒土、粗粒土、细粒土和特殊土等4大类，并进一步细分为13种土。

巨粒土分为漂石土、卵石土；粗粒土分为砾类土、砂类土；细粒土分为粉质土、黏质土、有机质土；特殊土分为黄土、膨胀土、红黏土、盐渍土、冻土、软土。

土是由土颗粒（固相）、水（液相）及气体（气相）三种物质组成的集合体。反映土的物理性质的指标有密度、比重、含水率、干密度、饱和密度、浮密度、孔隙比、饱和度等。

饱和度（S_r）用来描述土中水充满孔隙的程度，当 $S_r=0$ 时，土是完全干燥的；当 $S_r=1$ 时，土是完全饱和的；当 $0.5<S_r\leq0.8$ 时，土处于潮湿状态。

2. 路基土的工程性质

各类工程用土具有不同的工程性质，在选择路基填料以及修筑稳定路面结构层时，应根据不同的土类分别采取不同的工程技术措施。

（1）巨粒土具有很高的强度和稳定性，是良好的填筑路基的材料。

（2）砾类土级配良好时，密实程度好，强度和稳定性均能满足要求。

（3）砂类土无塑性，透水性强，毛细水上升高度小，具有较大的内摩擦角，强度和水稳定性均好，但砂类土黏结性小，易于松散，压实困难。经充分压实的砂类土路基，压缩变形小，稳定性好。为了加强压实和提高稳定性，可以采用振动法压实，并可掺加少量黏土，以改善级配组成。砂类土级配较好时,既含有一定数量的粗颗粒,又含有一定数量的细颗粒,强度、稳定性等都能满足要求,是理想的路基填筑材料。

(4)粉质土含有较多的粉土颗粒,干时虽有黏性,但易于破碎,浸水时容易成为流动状态。粉土毛细作用强烈,毛细水上升高度大(可达到1.5m)。在季节性冰冻地区容易造成冻胀、翻浆等病害。粉质土属于不良的公路用土,如必须用粉质土填筑路基,则应采取技术措施改良土质并加强排水或隔离水等。

(5)黏质土中细颗粒含量多,土的内摩擦系数小而黏聚力大,透水性小而吸水能力强,毛细现象显著,有较大的可塑性。黏质土干燥时较坚硬,施工时不易破碎。浸湿后能长期保持水分,不易挥发,因而承载力小。对于黏质土,如在适当含水率时加以充分压实,并设置良好的排水设施,筑成的路基也能获得稳定。

(6)高液限黏土。在工程中判别高液限土的指标是小于0.075mm的颗粒含量大于50%、液限 W_L 大于50%、塑性指数大于26。高液限黏土工程性质与黏质土相似,但其含黏土矿物成分不同时,性质有很大差别。黏土矿物主要包括蒙脱土、伊利土、高岭土。蒙脱土主要分布在东北地区,其塑性大,吸湿后膨胀强烈,干燥时收缩大、透水性极低、压缩性大、抗剪强度低。高岭土分布在南方地区,其塑性较低,有较高的抗剪强度和透水性,吸水和膨胀量较小。伊利土分布在华中和华北地区,性质介于上述两者之间。高液限黏土不透水,黏聚力特别强,塑性很大,干燥时很坚硬,难以挖掘与破碎。

土作为路基建筑材料,砂类土最优,黏质土次之,粉质土属不良材料,最容易引起路基病害。高液限黏土特别是蒙脱土也是不良的路基用土。

(7)黄土属大孔和多孔结构,具有湿陷性特点,在自重或一定压力下受水浸湿后,土体结构迅速破坏并产生显著下沉现象。膨胀土是指含亲水性矿物并具有明显的吸水膨胀与失水收缩特性的高塑性黏土。红黏土失水后体积收缩量较大;盐渍土潮湿时承载力很低。因此,这几种土如用于填筑路基,必须采取相应的技术措施加以改善。

第二节 施 工 准 备

一、一般规定

(1)路基工程施工前应熟悉设计文件、领会设计意图。

(2)应进行施工调查及现场核对,在路基工程开工之前,监理机构应与施工单位一起详细调查、核对施工用地范围内的地形地貌、地质土质、水文、沟渠塘坝水井坟穴等障碍物或结构物、文物古迹、垃圾以及各种青苗、管线,并绘制图表,形成书面记录,为制定专项施工方案服务必要时报告建设单位或设计单位。

(3)路基开工前,应建立健全质量、环境、职业健康安全管理体系,对各类施工人员进行岗前培训和技术、安全交底。

(4)临时工程应满足正常施工需要,临时工程宜与永久工程相结合。

二、施工测量与放样

1. 平面控制测量应符合的规定

（1）平面控制测量应采用卫星定位测量、导线测量、三角测量或三边测量方法进行。

（2）平面控制测量等级与技术要求应符合现行《公路路基施工技术规范》（JTG/T 3610）的规定。

（3）卫星定位测量、导线测量、三角测量或三边测量的主要技术指标应符合相关规定。

2. 高程控制测量应符合的规定

（1）高程控制测量应采用水准测量或三角高程测量的方法进行。

（2）高程控制测量等级与技术要求应符合相关规定。

（3）水准测量、光电测距三角高程测量的主要技术要求应符合相关规定。

在施工期间，施工单位应保护好所有控制桩点，及时恢复被破坏的桩点，根据情况和需要对控制桩点进行复测。

3. 导线复测应符合的规定

（1）导线测量精度应符合相关要求。

（2）原有导线点不能满足施工需要时，应增设满足相应精度要求的附合导线点。

（3）同一建设项目内相邻施工段的导线应闭合，并满足同等级精度要求。

（4）可能受施工影响的导线点，施工前应加固或改移，并应保持其精度。

（5）监理工程师应要求施工单位对导线桩点进行不定期检查和定期复测，复测周期应不超过 6 个月，并做好抽检工作。

4. 水准点复测与加密应符合的规定

（1）水准点精度应符合要求。

（2）同一建设项目应采用同一高程系统，并应与相邻项目高程系统相接。

（3）公路沿线每 500m 宜有 1 个水准点。高速公路、一级公路宜加密，每 200m 设置 1 个水准点。在结构物附近、高填深挖路段、工程量集中及地形复杂路段，宜增设水准点。临时水准点应符合相应等级的精度要求，并与相邻水准点闭合。

（4）对可能受施工影响的水准点，要求施工前应加固或改移，并应保持其精度。

（5）水准点应进行不定期检查和定期复测，复测周期应不超过 6 个月，监理工程师应做好抽检。

5. 路基中线放样应符合的规定

（1）路基开工前，施工单位应进行全段中线放样并应固定路线主要控制桩，宜采用坐标法进行测量放样。

（2）中线放样时，应注意路线中线与结构物中心、相邻施工段的中线闭合，发现问题应及时查明原因，进行处理。

（3）发现实际放样与设计图纸不符时，应查明原因后进行处理。

6. 路基施工放样应符合的规定

(1)施工前应对原地面进行复测,核对或补充横断面。经过复测,对持有异议的原地面高程,施工单位应向监理机构提交一份列出有误的高程和相应的修正高程表,经监理机构和建设单位、设计单位确定出正确的高程之后方可扰动原地面。

(2)施工前应设置标识桩,将路基用地界、路堤坡脚、路堑坡顶、取土坑、护坡道、弃土堆等的具体位置标识清楚。

(3)对于深挖或高填路段,每挖填一个边坡平台或者 3~5m 应复测一次中线和横断面。

三、施工便道

1. 确定施工便道修建方案

在路基工程开工之前,施工单位应根据工程需要、运输车辆、交通量和现场状况,确定运输路线、社会车辆临时交通疏导、施工便道修建等方案,报送监理机构后,监理机构应进行审批。

2. 检查施工便道的修建、维护情况

施工单位应根据工程特点、使用功能、车辆荷载、环境条件等因素修建施工便道,监理人员应检查是否符合下列规定:

(1)施工便道应平整、坚实,能满足运输安全要求。施工便道不得破坏原有水系和降低原有河道的泄洪能力。

(2)施工主便道应设置为双车道,路基宽度宜不小于 7.5m,路面宽度宜不小于 6.5m。单车道施工便道的路基宽度宜不小于 4.5m,并适当设置错车道。错车道应设置在视野良好的地段,间距不宜大于 300m;设置错车道的路段,其施工便道的路面宽度宜不小于 6.5m,有效长度宜不小于 20m。

(3)施工便道上应设置必要的警示标志,如:限速标志、危险路段的警示标志、临河和悬崖峭壁一侧设置的安全标志、夜间施工的警示灯、限高和限宽标志等。

(4)对于施工便桥,应设置限载、限宽、限速标志,验收后方可使用。

(5)利用既有道路桥涵时,路基土石方运输前应对既有道路的桥涵、地下管线、构筑物等的承载力进行调查、检测和验算,以确认其满足运输要求和安全。验收后方可使用。

四、路基土工试验

(1)路基施工前,监理机构应根据监理合同约定建立监理机构的中心试验室。

(2)路基施工前,监理机构应督促施工单位建立具备现场试验检测能力的工地试验室。监理机构应在施工准备阶段核查施工单位工地试验室的人员、仪器设备、试验检测能力是否满足施工合同要求及工程施工管理需要,管理制度是否健全。

(3)路基清表后填筑前,监理机构应督促施工单位对路基基底的原状土进行取样试验。取样试验的频率是每公里应至少取 2 个点,并应根据土质变化增加取样点数。

(4)施工单位应及时对拟作为路堤填料的材料进行取样试验,每 5000m³ 或土质发生变化时进行取样试验。土样试验项目包括天然含水率,液限(W_L)、塑限(W_p)、塑性指数(I_p),颗粒分析,击实(确定最大干密度、最佳含水率)、承载比(CBR 值)试验等。对于高速公路、一级公路还应做相对密度、有机质含量、易溶盐含量、冻胀和膨胀量等试验。

（5）施工单位拟使用特殊材料作为填料时,应按相关标准进行相应试验检验,经监理工程师批准后方可使用。其中,利用工业废渣等填筑材料前,应进行环境影响评估,并报地方政府和建设单位同意后,经监理批准后才能使用。

五、地表清理与填前压实

1. 地表清理和填前压实技术规定

路基的原地表清理工作包括公路用地范围及借土场范围内的施工场地清理、拆除、挖掘以及必要的平整场地等作业。

（1）路基用地范围内的树木、灌木、竹林等均应在施工前砍伐和挖除树根,并将坑穴填平夯实。

（2）清除场地表面层(0～30cm 范围内)的垃圾、废料、表土(腐殖土)、石头、草皮。

（3）路基用地范围内的旧桥梁、旧涵洞、旧路面和其他障碍物等应予拆除,并对拆除后的坑、洞、穴井等用合格填料回填和压实。原有结构物的地下部分,其挖除深度和范围应符合设计图纸或按照监理工程师的指示进行。拆除工作需要进行爆破作业的,应按专项施工方案进行并在新工程开工之前完成。

（4）地表清理完成后,可进行填前碾压。填前压实后,应测量新的地面高程,以便于绘制填挖横断面图、计算土石方工程量、绘制土石方工程量调配图,报经监理机构审核批准和签字认可后报送建设单位核查。

（5）地表清理完成后,应全面进行填前碾压。

地基表面碾压处理的压实度控制标准为:二级及二级以上公路,一般土质应不小于90%;三、四级公路应不小于85%。

（6）低路堤应对地基表层土进行超挖、分层回填和压实,其处理深度应不小于路床厚度,必要时进行翻拌晾晒或者洒水湿润。

2. 特殊地表的处理技术规定

（1）原地面坑、洞、穴等,应在清除沉积物后,用合格填料分层回填、分层压实,压实度应符合地基表面碾压处理的压实度控制标准的规定。对可能存在空洞隐患的,应结合具体情况采取相应的处置措施。

（2）泉眼或露头地下水,应按设计要求采取有效导排措施,将地下水引离路基外之后方可填筑路堤。

（3）地基为耕地、松散土质、水稻田、湖塘、软土、过湿土等的,应按设计要求进行处理,局部软弹的部分应采取有效的处理措施。

（4）陡坡地段、填挖结合部、土石混合地段、高填方地段地基等应按设计要求进行处理。

（5）地下水位较高时,应按设计要求进行处理。

（6）特殊地段路基应先核对地质勘查资料,确定设计资料与实际的符合性、处理方法的适用性,必要时重新补勘地质、水文资料,根据结果重新确定处理方案。

六、路基工程划分

根据《公路工程质量检验评定标准　第一册　土建工程》(JTG F80/1—2017)附录 A,路基工程的单位工程、分部分项工程划分见表2-1。

路基工程的单位工程、分部分项工程划分　　　　　　　　　　　表2-1

	分部工程	分项工程
单位工程 (每10km 或每标段)	路基土石方工程(1~3km 路段)	土方路基,填石路基,软土地基处治,土工合成材料处治层等
	排水工程(1~3km 路段)	管节预制,混凝土排水管施工,检查(雨水)井砌筑,土沟,浆砌水沟,盲沟,跌水,急流槽,水簸箕,排水泵站沉井、沉淀池等
	小桥及符合小桥标准的通道,人行天桥,渡槽(每座)	钢筋加工及安装,砌体,混凝土扩大基础,钻孔灌注桩,混凝土墩、台,墩、台身安装,台背填土,就地浇筑梁、板,预制安装梁、板,就地浇筑拱圈,混凝土桥面板桥面防水层,支座垫石和挡块,支座安装,伸缩装置安装,栏杆安装,混凝土护栏,桥头搭板,砌体坡面防护,混凝土构件表面防护,桥梁总体等
	涵洞、通道(1~3km 路段)	钢筋加工及安装,涵台,管节预制,管座及涵管安装,波形钢管涵安装,盖板预制,盖板安装,箱涵浇筑,拱涵浇(砌)筑,倒虹吸竖井、集水井砌筑,一字墙和八字墙,涵洞填土,顶进施工的涵洞,砌体坡面防护,涵洞总体等
	防护支挡工程(1~3km 路段)	砌体挡土墙,墙背填土,边坡锚固防护,土钉支护,砌体坡面防护,石笼防护,导流工程等
	大型挡土墙、组合挡土墙(每处)	钢筋加工及安装,砌体挡土墙,悬臂式挡土墙,扶壁式挡土墙,锚杆、锚定板和加筋土挡土墙,墙背填土等

七、路基填筑试验路段

1.路基填筑需要进行试验路段的情形

(1)二级及二级以上公路的路堤(即高速公路和一级、二级公路的路堤填筑);

(2)填石路堤、土石路堤;

(3)特殊填料路堤;

(4)特殊路基;

(5)拟采用新技术、新工艺、新材料、新设备的路基填筑。

2.试验路段的目的

(1)确定压路机型号以及各种机械的使用最佳配合;

(2)确定松铺厚度、压实厚度;

(3)确定压实工艺、碾压遍数;

(4)确定不同含水率的压实工艺;

(5)检验施工组织管理和相关人员的配合情况。

3.试验路段的长度

试验路段应在路基主线上选择地质条件、路基断面形式等具有代表性的地段,长度宜不小于200m。

4.试验路段应具备的开工条件

(1)路基试验路段中线已经放样并设置标识桩,将路基用地界、路堤坡脚、护坡道等具体位置标识清楚;

(2)拟做试验路段的路基范围内的场地清理、临时防排水边沟等已经开挖完成;

(3)路基填筑用土的土场已经确定并完成了土样试验,最佳含水率、最大干重度(击实曲线)等指标已经监理机构批准;

(4)单位工程、分部工程、分项工程已经划分完成并经监理机构审批;

(5)施工技术人员、管理人员履约到位,岗前安全、技术培训合格,安全、技术交底已经完成;

(6)第一次工地会议已经召开,总监已经下达了合同工程开工令;

(7)主要施工机械已经到位,特别是运输车、装载机、平地机、压路机、洒水车等已经到位且数量、型号吨位等能够满足施工质量要求,满足开工要求;

(8)试验路段的开工申请报告或施工专项方案已经监理机构审批。

5.旁站、检测试验路段的施工情况,督促施工单位总结并审批

路堤填方试验路段施工总结应包括的内容有:试验路段的基本情况;填料试验、检测报告;压实工艺主要参数;过程工艺控制方法;质量控制标准;施工组织方案及工艺的优化;原始记录、过程记录;对施工图的修改建议;安全保证措施;环保措施等。其中,需要注意的是:

(1)试验路段的基本情况应包括试验路段的施工时间、施工队伍名称以及试验路段的位置、起止桩号、长度等。

(2)压实工艺主要参数包括压实机械组合与压实机械规格、松铺厚度与压实厚度、碾压遍数及其碾压速度、最佳含水率与碾压时含水率范围等。

(3)试验路段属于监理机构的旁站监理项目,监理机构应安排监理人员进行全过程旁站并填写旁站记录,对工程质量进行抽检(抽检频率应提高,特别是压实度检测的频率),做好抽检记录、质量评定。

(4)督促施工单位编写施工试验路段的总结,监理机构审核批准后应报送建设单位。监理工程师认为必要时可在就近召开的工地例会上进行总结或召开专题会议进行总结,并对下一阶段进入路基填筑分项工程的开工、施工的有关问题进行研讨和提示。

第三节　一般路基

一、一般规定

1.路基填料的选择

(1)宜选用级配好的砾类土、砂类土等粗粒土作为填料。

（2）含草皮、生活垃圾、树根、腐殖质的土,严禁作为填料。

（3）泥炭土、淤泥、冻土、沼泽土、强膨胀土、有机质土及易溶盐超过允许含量的土,以及含水率超过规定的土,不得直接用于路基填筑;确需使用时,应采用图纸要求的技术措施进行处理,经检验满足要求后方可使用。

（4）粉质土不宜直接填筑二级及二级以上公路的路床,不得直接用于填筑冰冻地区的路床及浸水部分的路堤。

（5）通常情况下,有机质含量大于5%的土,液限大于50%、塑性指数大于26的土,不适合作为路基填料。

2. 路基填料的最小承载比和最大粒径应符合规定

路基填料的最小承载比和最大粒径应符合的规定见表2-2。

路基填料的最小承载比和最大粒径要求 表2-2

填料的使用部位（路面地面以下的深度）（m）				填料最小承载比 CBR（%）			填料最大粒径（mm）
				高速、一级公路	二级公路	三、四级公路	
填方路基	上路床		0~0.30	8	6	5	100
	下路床	轻、中及重交通	0.30~0.80	5	4	3	100
		特重、极重交通	0.30~1.20				
	上路堤	轻、中及重交通	0.8~1.5	4	3	3	150
		特重、极重交通	1.2~1.9				
	下路堤	轻、中及重交通	>1.5	3	2	2	150
		特重、极重交通	>1.9				
零填及挖方路基	上路床		0~0.30	8	6	5	100
	下路床	轻、中及重交通	0.30~0.80	5	4	3	100
		特重、极重交通	0.30~1.20				

注:1. 承载比是根据路基不同的填筑部位压实度标准的不同,按照现行《公路土工试验规程》(JTG E40)试验法规定浸水96h确定的CBR值。

2. 当三、四级公路铺筑沥青混凝土或水泥混凝土路面时,应采用二级公路的规定值。

3. 表中上、下路堤填料最大粒径150mm的规定,不适用于填石路堤、土石路堤。

二、路床填料的选择

1. 路床填料应符合的规定

（1）路床填料应符合表2-2的规定。

（2）高速公路、一级公路路床填料宜采用砂砾、碎石等水稳性好的粗粒料,也可采用级配好的碎石土、砾石土等;粗粒料缺乏时,可采用无机结合料改良细粒土。

2. 零填、挖方路段的路床施工技术规定

（1）路床范围原状土符合要求的,可直接进行成形施工。

（2）路床范围为过湿土时,应进行换填处理。设计有规定时按设计厚度换填,设计未规定时按以下要求换填:高速公路、一级公路换填厚度宜为0.8～1.2m,若过湿土的总厚度小于1.5m,则宜全部换填;二级公路的填厚度宜为0.5～0.8m。

(3)高速公路、一级公路路床范围为崩解性岩石或强风化软岩时,应进行换填处理,设计有规定时按设计厚度换填,设计未规定时换填厚度宜为0.3～0.5m。

(4)路床土含水率高或为含水层时,应采取设置渗沟、换填、改良土质、土工织物等处理措施。

3.路床填筑质量控制要求

路床填筑,每层最大压实厚度宜不大于300mm,路床顶面最后一层压实后的厚度应不小于100mm。路床底面以下400mm范围内的填料粒径应小于150mm。

三、路基取土与弃土

1.路基取土应符合的规定

(1)取土应根据设计要求,结合路基排水和土地规划、环境保护、公路建设要求进行,并要做好土石综合调配方案,经监理工程师和环境保护部门批准。

(2)取土应不占或少占耕地,取土深度应结合地下水等因素综合考虑,原地面耕植土应先集中存放。取土应随时检查土质情况,必要时进行质量检验和试验,根据情况随时调整土的最大干密度等指标。

(3)桥头两侧不宜设置取土场。

(4)取土场与路基之间的距离,应满足路基边坡稳定的要求。

(5)线外取土场与排水沟、鱼塘、水库等设施连接时,应采取防冲刷、防污染措施。

(6)取土场周边坡度应满足稳定性要求。

(7)对取土造成的裸露面,应采取整治或防护措施。

2.路基弃土应符合的规定

(1)施工前应对设计提供的弃土方案进行现场核对,如有问题应及时反馈处理,并应满足环境保护和安全防护要求。

(2)弃土宜集中堆放,并与周边环境相协调。

(3)严禁在贴近桥梁墩台、涵洞口处弃土。

(4)不得向水库、湖泊、岩溶漏斗及暗河口处弃土。

(5)弃土宜分层填筑,分层压实,弃土场的边坡不得陡于1:1.5,顶面宜设置不小于2%的排水坡。

(6)弃土作为路基反压护道时,宜与路基同步填筑。

(7)在地面横坡陡于1:5的路段,路堑顶部高侧不得设置弃土场。

(8)弃土场应及时施作防护和排水工程,坡脚应按设计要求进行加固。

四、挖方路基施工质量监理

1.施工工艺流程

路基中线和坡顶边线测量放样→开挖路基坡顶截水沟→路基清表并确认清表后、填筑前的纵断高程→选择适用的方法开挖→土(石)方外运→路床土挖松晾晒和分层压实→开挖路基排水边沟→路床质量检验,直至路基整修、验收和移交。

2. 土方开挖技术规定

(1)土方开挖应自上而下逐级进行,不得超挖或乱挖,严禁掏底开挖。如土层发生变化,应修改施工方案及挖方边坡,并经监理机构批准。

(2)开挖至边坡线前,应预留一定宽度,预留的宽度应保证刷坡过程中设计边坡线外的土层不受到扰动。

(3)拟用作路基填料的土方,应分类开挖、分类使用。非适用材料作为弃方时,应按规范规定处理。

(4)开挖至零填、路堑路床部分后,应及时进行路床施工;如不能及时进行,宜在设计路床顶高程以上预留至少 300mm 厚的保护层。

(5)应采取临时排水措施,施工作业面不得积水。

3. 土方开挖遇到地下水时的处理规定

(1)应采取排导措施,将水引入路基排水系统,不得随意堵塞泉眼。

(2)路床土含水率高或为含水层时,应采取设置渗沟、换填、改良土质等处理措施。路床填料应具有好的透水性和水稳定性。

4. 石方开挖的常用方法

(1)直接用机械开挖法。使用带有破碎锤的挖掘机开挖,一次性破碎深度 0.6 ～ 1.0m,适用于场地开阔、大方量的软岩石。

(2)钻爆开挖法。此方法为当前广泛采用的开挖施工方法。爆破是石质路基施工最有效的施工方法,亦可用以爆松冻土、炸除软土、淤泥,开采石料等。

路基施工爆破的方法有光面爆破、预裂爆破以及微差爆破、定向爆破和峒室爆破等。

光面爆破是指沿开挖边界布置密集炮孔,采取不耦合装药(不耦合系数大于 2)或装填低威力炸药,在主爆区之后起爆,以形成平整轮廓的爆破作业方法。光面爆破目的是使开挖断面尽可能地符合设计轮廓线,减轻对围岩的扰动,减少超挖或欠挖。

预裂爆破是指沿开挖边界布置密集炮孔,采取不耦合装药或装填低威力炸药,在主爆区之前起爆,从而在爆破区与保留区之间形成预裂缝,以减弱主爆区爆破时对保留岩体的破坏并形成平整轮廓面的爆破技术。

光面爆破与预裂爆破的相同点:两者均属于控制爆破;采取不耦合装药或装填低威力炸药;目的都是使开挖轮廓线光滑、平整,减少超欠挖和对围岩的扰动;影响爆破的主要参数有炮眼间距 E、周边眼密集系数 m、最小抵抗线 W、装药不耦合系数 D 和装药集中度 q 等。

光面爆破与预裂爆破的不同点:光面爆破适用于硬岩,预裂爆破适用于软岩;炮眼的起爆顺序不同,光面爆破是先引爆掏槽眼,再引爆辅助眼,最后引爆周边眼,达到的爆破质量效果应是开挖轮廓成形规则,岩面平整,围岩壁上保存有 50% 以上的半面炮眼痕迹,无明显的爆破裂缝,超欠挖符合规定要求,围岩壁上无危石等;而预裂爆破是首先引爆周边眼,沿周边眼的连心线炸出平顺的预裂面,之后依次引爆掏槽眼、辅助眼,可以减轻爆轰波对围岩的破坏影响。光面爆破的壁面质量优于预裂爆破。

（3）静力爆破法。将膨胀剂放入钻好的孔内，利用化学膨胀产生的力，缓慢作用孔周围土石方，使周围土石破裂破碎。

（4）岩石劈裂机法（胀裂器法）。

5. 石方开挖施工技术规定

（1）应根据岩石的类别、风化程度、岩层产状、岩体断裂构造、施工环境等因素确定开挖方案。

（2）应逐级开挖，逐级按设计要求进行防护。

（3）施工过程中，每挖深 3～5m 应进行边坡边线和坡率的复测。

（4）爆破作业应符合现行《爆破安全规程》（GB 6722）的有关规定。

（5）严禁采用硐室爆破，靠近边坡部位的硬质岩应采用光面爆破或预裂爆破。

（6）爆破法开挖石方，应先查明空中缆线、地下管线的位置，开挖边界线外可能受爆破影响的建筑物结构类型、居民居住情况等。对不能满足安全距离的石方宜采用化学静态爆破或机械开挖。

（7）边坡应逐级进行整修，同时清除危石及松动石块。

6. 石质路床清理技术规定

（1）欠挖部分应予凿除，超挖部分应采用强度高的砂砾、碎石进行找平处理，不得采用细粒土找平。

（2）路床底面有地下水时，可设置渗沟进行排导，渗沟应按设计图纸施工或采用硬质碎石回填。

（3）路床的边沟应与路床同步施工。

7. 深挖路堑施工技术规定

（1）应根据地形特征设置边坡观测点，施工过程中应对深挖路堑的稳定性进行监测。

（2）施工过程中，应核查地质情况，如与设计不符应及时反馈处理。

（3）每挖深 3～5m 应复测一次边坡。

五、填土路堤施工质量监理

1. 施工工艺流程

路基中线和边线测量放样→开挖路基排水沟→路基清表并确认清表后、填筑前的压实质量→选择并挖运适宜的路基填料→分层铺土、整平→分层碾压、局部翻浆（松散）处理→分层质量检验，直至路基整修、验收和移交。

2. 选择合适的填料

（参见本节"一、一般规定"之"1. 路基填料的选择"）

3. 零填挖路基的施工技术规定

零填挖及挖方路床顶面以下 0～800（或 1200）mm 范围内的压实度，对于高速公路和一级公路不应小于 96%；对于二级公路，不应小于 95%。对于三、四级公路，零填挖及挖方路床顶面以下 0～300mm 范围内的压实度，不应小于 94%，但当三、四级公路采用沥青混凝土或水泥混凝土路面时，其路床顶面以下 0～800mm 范围内的压实度不应小于 95%。如果达不到上述要求,应翻松后再压实,使压实度达到规定的要求。特殊路基土层上的零填挖路床面,应按图纸或监理工程师的要求进行换填、改善或翻拌晾晒。

4. 填土路堤的填筑技术规定

填方路堤施工前应对原地面进行清理,清理后的路堤基底应在填筑前进行压实,施工单位应将压实后重新测绘的填方工程断面图提交监理机构核准,未经核准不得填筑。

填方路堤必须按路面平行线分层控制填土高程;填方作业应分层平行摊铺,以保证路基压实度。每层填料铺设宽度应超出每层路堤的设计宽度300mm,以保证完工后的路堤边缘有足够的压实度。路堤填筑时应从最低处起分层填筑,性质不同的填料,应水平分层、分段铺填、分段整平、分层压实。同一水平层路基的全宽应采用同一种填料,不得混合填筑。每种填料的填筑层压实后的连续厚度宜不小于500mm。填筑路床顶最后一层时,压实后的厚度应不小于100mm。路基上部宜采用水稳性好或冻胀敏感性小的填料。每种填料的松铺厚度应通过试验确定。

路堤填土高度小于800mm时,对于原地面清理与挖除后的土质路基基底,应将表面翻松深300mm后整平压实。

含水率适宜或冻融敏感性小的填料应填筑在路基上层,强度较小的填料应填筑在下层。

路堤填筑应从最低处分层填筑、逐层压实。地面自然横坡陡于1:5时或纵坡陡于12%时,应将原地面挖成台阶,台阶宽度应满足摊铺和压实设备的操作需要,且不得小于2m。台阶顶面应做成向内并大于4%的内倾斜坡。砂类土上不挖台阶,但将原地面以下200~300mm的表土翻松。

填方作业分段施工时,如两个相邻段接头部位不能在同一时间填筑(即不能交替填筑),则先填筑路段应按1:1~1:1.2的坡度分层预留台阶;如能交替填筑,应分层相互搭接,搭接长度应不小于2m。

5. 湿黏土路堤施工技术规定

应按设计要求对路堤基底湿黏土层进行处理。湿黏土填料宜采用石灰进行改良。石灰宜采用消石灰或磨细生石灰粉。石灰粒径应不大于20mm,质量宜符合三级及三级以上标准。施工前应取现场有代表性的土作石灰掺配试验,确定石灰用量。灰土拌和可采用路拌法,翻拌后填料的块状粒径超过15mm的含量宜小于15%,填筑层厚度宜不超过200mm。改良后的湿黏土路堤质量应采用灰剂量与压实度两个指标控制,灰剂量应不低于设计掺量,压实度应符合表2-3的规定。采用设计灰剂量的击实试验确定最大干密度。

6. 土质路基的压实原则

填土方路基的碾压原则为"由低到高,先慢后快,先静压后振动"。直线段由两侧向中心碾压;超高段由内侧向外侧碾压。第一遍静压,然后先慢、后快,由弱振至强振,由外向内、纵向进退式进行。现场施工技术员应跟随压路机随时检查,并做好记录,确保无漏压,无死角,压实的表面做到平整密实,无松散、无"翻浆"现象。

碾压前,监理人员应督促施工技术人员向压路机驾驶员进行技术交底和安全交底,内容包括碾压范围、压实遍数、行驶速度、碾压顺序等。

7. 土质路基的压实度控制标准

《公路工程技术标准》(JTG B01—2014)第5.0.4条规定,路基压实度应根据公路技术等级、填挖深度、交通荷载等级和填料特点等因素确定,并符合表2-3的规定。

路基压实度控制标准　　　　　　　　表 2-3

路基部位			路床顶面以下深度（m）	压实度（%）		
				高速公路、一级公路	二级公路	三级、四级公路
填方路堤		上路床	0~0.3	≥96	≥95	≥94
	下路床	轻、中及重交通荷载等级	0.3~0.8	≥96	≥95	≥94
		特重、极重交通荷载等级	0.3~1.2			—
	上路堤	轻、中及重交通荷载等级	0.8~1.5	≥94	≥94	≥93
		特重、极重交通荷载等级	1.2~1.9			—
	下路堤	轻、中及重交通荷载等级	>1.5	≥93	≥92	≥90
		特重、极重交通荷载等级	>1.9			
零填及挖方路基		上路床	0~0.3	≥96	≥95	≥94
	下路床	轻、中及重交通荷载等级	0.3~0.8	≥96	≥95	—
		特重、极重交通荷载等级	0.3~1.2			

注:1.表列压实度以《公路土工试验规程》(JTG 3430—2020)重型击实试验法为准。

　　2.三级、四级公路铺筑水泥混凝土路面或沥青混凝土路面时,其压实度应采用二级公路的规定值。

　　3.路基采用特殊填料或处于特殊气候地区时,压实度标准在保证路基强度要求的前提下根据试验路段和当地工程经验确定。

　　4.特殊干旱地区的压实度标准可降低 2~3 个百分点。

土质路基应分层填筑和压实,压实度应分层检测,压实度应按高速公路和一级公路、二级公路、三四级公路等三档确定。

8.路基压实度的常见检验方法

(1)挖坑灌砂测试压实度法。本方法适用于现场测试路基结构和路面基层或底基层、砂石路面的压实度,以评价结构层的压实质量。本方法不适用于填石路堤等有大孔洞或大空隙的结构层压实度测试。

常用的仪具与材料的技术要求如下:

①灌砂设备与工具:包括灌砂筒、标定罐和基板。灌砂设备的主要尺寸见表 2-4。测试前,应根据填料粒径及测试厚度选择不同尺寸的灌砂筒,并符合表 2-5 的规定。

灌砂设备的主要尺寸　　　　　　　　表 2-4

灌砂设备类型			小型灌砂设备	中型灌砂设备	大型灌砂设备
灌砂筒	储砂筒	直径(mm)	100	150	200
		容积(cm³)	2121	4771	8482
	流砂孔	直径(mm)	10	15	20
标定罐	金属标定罐	内径(mm)	100	150	200
		外经(mm)	150	200	250
基板	金属方盘基板	边长(mm)	350	400	450
		深(mm)	40	50	60
	中孔	直径(mm)	100	150	200

灌砂筒类型（mm）　　　　　　　　　表 2-5

灌砂筒类型	填料最大粒径	适宜的测试层厚度
φ100	<13.2	≤150
φ150	<31.5	≤200
φ200	<63	≤300
φ250 及以上	≤100	≤400

注：路基填料最大粒径超过100mm的，应采用其他方法测试压实度；当挖坑过程中存在超过规范粒径的10%的填料时，应另在附近选点重做。

②玻璃板：边长约为 500～600mm 的方形板。

③试样盘和铝盒。

④电子秤：分度值不大于 1g。

⑤电子天平：用于含水量测试时，对细粒土、中粒土、粗粒土的分度值分别为 0.01g、0.1g、1.0g。

⑥含水率测试设备：铝盒、烘箱、微波炉等。

⑦量砂：粒径 0.3～0.6mm 清洁干燥的砂，约为 20～40kg。使用前应洗净、烘干，筛分至符合要求并放置 24h 以上，使其与空气的湿度达到平衡。

⑧盛砂的容器。

⑨温度计：分度值不大于 1℃。

⑩其他：凿子、改锥、铁锤、长把勺子、长把小簸箕、毛刷等。

（2）核子密湿度仪测试压实度法。本方法适用于用核子密湿度仪测试路基、路面材料的密度和含水率，并计算施工压实度，以评价结构层的压实质量。本方法可采用散射和直接透射两种方式进行。其中，散射方式宜用于测试沥青混合料面层的压实密度或硬化混凝土等难以打孔材料的密度。直接透射方式宜用于测试厚度不大于 30cm 的土基、基层材料或非硬化水泥混凝土等可以打孔材料的密度和含水率。

核子密湿度仪（简称核子仪）应符合现行《核子密湿度仪》（JT/T 658）的要求，满足国家规定的关于健康保护和安全使用要求。核子仪应每 12 个月进行一次校验。密度的测试范围为 1.12～2.73kg。

核子仪在使用前应在试验路段上确定与标准方法的相关性，其相关系数 R 应不小于 0.95。

（3）环刀测试压实度法。本方法适用于现场测试细粒土路基及龄期不超过 2d 的无机结合料稳定细粒土路面基层结构的密度，并计算施工压实度，以评价结构层的压实质量。

（4）钻芯测试路面压实度法。本方法适用于测试从压实的沥青路面上钻取沥青混合料芯样的密度，并计算施工压实度，以评价结构层的压实质量。

（5）无核密度仪测试压实度法。本方法适用于现场无核密度仪快速测试当日铺筑且未开放交通的沥青路面各层沥青混合料的密度，并计算压实度。测试结果不宜用于评定验收。

（6）土石路堤或填石路堤压实沉降差测试方法。本方法适用于通过测量土石路堤或填石路堤碾压过程中的沉降变化量，结合施工工艺参数，测试土石路堤或填石路堤的压实程度。

（7）地质雷达法，是利用探地雷达仪的反射波检测压实度的一种先进方法。地质雷达法可用于土方路基等均质材料压实后的压实度检测。

9. 质量检验标准和实测项目

《公路工程质量检验评定标准 第一册 土建工程》(JTG F80/1—2017)给定的路堤施工质量检验标准和实测项目见表 2-6(表中注有"△"标识的项次所指的检查项目为关键项目,下同)。

土质路堤、土石路堤的质量检验标准和实测项目 表 2-6

项次	检查项目	规定值或允许偏差			检验方法和频率
		高速公路、一级公路	二级公路	三、四级公路	
1△	压实度	符合表 2-4 规定			密度法:每200m 每压实层测2处
2△	弯沉(0.01mm)	满足设计要求			—
3	纵断高程(mm)	+10,−15	+10,−20	+10,−20	水准仪:每200m 测2点
4	中线偏位(mm)	50	100	100	全站仪:每200m 测2点,弯道加测HY、YH 两点
5	宽度(mm)	≥满足设计要求			尺量:每200m 测4处
6	平整度(mm)	≤15	≤20	≤20	3m 直尺:每200m 测2处×5尺
7	横坡(%)	±0.3	±0.5	±0.5	水准仪:每200m 测2个断面
8	边坡坡度	满足设计要求			每200m 测4点

六、土石路堤施工质量监理

1. 施工工艺流程

同填土路堤的施工工艺流程。

2. 选择合适的填料

膨胀岩石、易溶性岩石等不宜直接用于路基填筑,崩解性岩石和盐化岩石等不得用于路基填筑。

天然土石混合填料中,中硬、硬质石料的最大粒径不得大于压实层厚的 2/3;石料为强风化石料或软质石料时,其 CBR 值应符合规定,石料最大粒径不得大于压实层厚。

3. 土石路堤填筑技术规定

(1)压实机械宜选用自重不小于 18t 的振动压路机。

(2)应分层填筑压实,不得采用倾填法施工。

(3)应使大粒径石料均匀分散在填料中,石料间孔隙应填充小粒径石料和土。

(4)土石混合料来自不同料场,其岩性或土石比例相差大时,宜分层或分段填筑。

(5)填料由土石混合材料变化为其他填料时,土石混合材料最后一层的压实厚度应小于 300mm,该层填料最大粒径宜小于 150mm,压实后表面应无孔洞。

(6)中硬、硬质石料填筑土石路堤时,宜进行边坡码砌,码砌与路堤填筑宜同步进行,软质石料土石路堤的边坡按土质路堤边坡处理。

(7)采用强夯、冲击压路机进行补压时,应避免对附近构造物造成影响。

4.质量控制标准和实测项目

(1)中硬及硬质岩石的土石路堤填筑施工过程中每一压实层,应采用试验路段确定的工艺流程、工艺参数,压实质量可采用沉降差指标进行检测。

(2)软质石料的土石路堤填筑质量标准应符合规范规定。

(3)施工过程中,每填筑3m高宜检测路线中线和宽度。

对于土石混填路堤,还应特别注意外观质量检查,检查是否达到规定的标准,包括路基表面无明显孔洞;大粒径填石应不松动;中硬、硬质石料土石路基边坡应码砌紧贴、密实无松动,砌块间承接面应向内倾斜,坡面平顺等。

土石路基成形后的质量检验标准和实测项目如土方路基,应符合表2-6的规定。

七、填石路堤施工质量监理

1.施工工艺流程

同填土路堤的施工工艺流程。

2.选择合适的填料

根据《公路工程标准施工招标文件》(2018年版·第二册)的规定,在公路路基土石挖方中,如用不小于112.5kW推土机单齿松动器无法松动,须用爆破或钢镶大锤或气钻方法开挖的,以及体积大于或等于1m³的孤石为石方,余为土方。

当出现石方时,承包人应测量土石分界线,经监理人鉴定、发包人认可后方可分层开挖。

(1)硬质岩石、中硬岩石可用于路堤和路床填筑;软质岩石可用于路堤填筑,不得用于路床填筑;膨胀岩石、易溶性岩石和盐化岩石不得用于路基填筑。

(2)路基的浸水部位,应采用稳定性好、不易膨胀崩解的石料填筑。

(3)填石路堤填料中的石块最大粒径应不大于500mm,并不宜超过层厚的2/3,不均匀系数宜为15~20。路床底面以下400mm范围内,填料最大粒径不得大于150mm,其中小于5mm的细料含量应不小于30%。

3.填石路堤施工技术规定

(1)填石路堤应分层填筑压实。在陡峻山坡地段施工特别困难时,三级及三级以下砂石路面公路的下路堤可采用倾填方式填筑。路基的填筑方案必须上报监理工程师审批。

(2)岩性相差大的填料应分层或分段填筑,软质石料与硬质石料不得混合使用。

(3)填石路堤顶面与细粒土填土层之间应填筑过渡层或铺设无纺土工布隔离层。

(4)压实机械宜选用自重不小于18t的振动压路机。

(5)填石路堤采用强夯、冲击压路机进行补压时,应避免对附近构造物造成影响。

(6)中硬、硬质石料填筑路堤时,应进行边坡码砌。码砌防护的石料强度、尺寸应满足设计要求。边坡码砌与路基填筑应基本同步进行。

(7)采用易风化岩石或软质岩石石料填筑时,应按设计要求采取边坡封闭和底部设置排水垫层、顶部设置防渗层等措施。

4. 压实度控制标准

填石路堤的压实质量控制标准应符合表2-7的规定。

填石路堤压实质量控制标准 表2-7

分区	路床顶面以下深度（m）	硬质石料孔隙率（%）	中硬石料孔隙率（%）	软质石料孔隙率（%）
上路堤	0.8～1.50	≤23	≤22	≤20
下路堤	>1.50	≤25	≤24	≤22

5. 质量检验标准和实测项目

（1）施工过程中每一压实层，应采用试验路段确定的工艺流程、工艺参数控制，压实质量可采用沉降差指标进行检测。

（2）施工过程中，每填高3m宜检测路基中线和宽度。

（3）《公路工程质量检验评定标准 第一册 土建工程》（JTG F80/1—2017）给定的质量检验标准和实测项目见表2-8。

填石路堤的质量检验标准和实测项目 表2-8

项次	检查项目		规定值或允许偏差		检查方法和频率
			高速公路、一级公路	其他公路	
1△	压实		孔隙率满足设计要求		密度法：每200m每压实层测1处
			沉降差≤试验路段确定的沉降差		精密水准仪：每50m检测1个断面，每个断面检测5点
2	纵段高程（mm）		+10，-20	+10，-30	水准仪：每200m测2点
3△	弯沉（0.01mm）		满足设计要求		—
4	中线偏位（mm）		≤50	≤100	全站仪：每200m测2点，弯道加HY、YH两点
5	宽度（mm）		满足设计要求		尺量：每200m测4处
6	平整度（mm）		≤20	≤30	3m直尺：每200m测4处点×5尺
7	坡度（%）		±0.3	±0.5	水准仪：每200m测2个断面
8	边坡	坡度	满足设计要求		尺量：每200m抽查4点
		平顺度	满足设计要求		

对于填石路堤，还应特别注意外观质量检查，检查是否达到规定的标准，包括路堤表面应无明显凹洞；大粒径石料应不松动；边坡码砌紧贴、密实无松动，砌块间承接面向内倾斜，坡面平顺；路基边线与边坡不应出现单向累计长度超过50m的弯折；上边坡不得有危石等。

八、高路堤和陡坡路堤施工质量监理

高路堤的路段应优先安排施工，宜预留1个雨季或6个月以上的沉降期。

1. 施工工艺流程

同填土路堤的施工工艺流程。

2. 选择合适的填料

高路堤的填料应优先选用强度高、水稳性好的材料或采用轻质材料。

3.施工技术规定

(1)基底承载力应满足图纸要求或按设计图纸进行处理。对于覆盖层较浅的岩石地基,应对覆盖层进行清除。

(2)高路堤施工中应按设计要求预留高度与宽度,并进行动态监控。

(3)高路堤宜每填筑 2m 冲击补压一次,或每填筑 4～6m 强夯补压一次。

(4)高路堤填筑过程中应进行沉降和稳定性观测。控制填筑速率可延长地基固结时间,有效提高路基的整体稳定性,防止路基填筑速率过快导致路基整体失稳。

(5)在不良地质路段的高路堤与陡坡路堤填筑,应控制填筑速率,并进行地表水平位移监测,必要时应进行地下土体分层水平位移监测。

(6)地面自然横坡度陡于 1:5 时,或纵坡陡于 12% 时,应将原地面挖成台阶,台阶的宽度应满足摊铺和压实设备的操作需要,且不得小于 2m。台阶应做成向内并大于 4% 的内倾斜坡。砂类土上则不挖台阶,但应将原地面以下 200～300mm 的表土翻松。

九、台背与墙背后的路基填筑质量监理

根据《公路路基施工技术规范》(JTG/T 3610—2019)第 4.8 节的规定,桥涵工程的台背与挡土墙等构造物的墙背后的路基回填,应选择合适的填料、严格回填范围,并按第 4.8 节规定的施工技术要求、质量控制标准进行施工和质量控制、质量检验,主要内容如下:

1.选择合适的填料

填料宜采用透水性材料、轻质材料、无机结合料稳定材料等。不得采用非透水性材料、崩解性岩石、膨胀土回填。填料粒径宜小于 100mm,涵洞两侧的回填填料粒径宜小于 50mm。

2.审查开工条件

(1)对于桥涵工程,桥台背墙施工已经完成,梁板已经架设完成,或者现浇完成并达到一定强度。

对于预制箱形构造物,已经安装完成。对于现浇式箱形构造物,其基础、背墙施工已经完成,顶板混凝土已经浇筑闭合并达到一定强度。

(2)砌筑式桥台的台身砌筑砂浆强度达到设计强度的 85% 以上,浇筑式桥台的混凝土强度达到设计强度的 85% 以上,且背墙的防、排水满足设计要求。

对于防护支挡工程(如挡土墙等),结构物已经完成,墙身砌筑砂浆强度达到设计强度的 75% 以上且背墙反滤层的材料、铺设范围满足设计要求。

(3)台背或墙背的基坑,基底已经清理完毕并进行了填前压实(夯实)或换填处理,基坑的回填已经完成并检验合格等。

3.台背回填的范围

台背回填的范围应符合图纸要求。当设计未规定时,顺路方向的长度,底部距基础内缘不小于 2m,顶部距离翼墙尾端不小于台高加 2m。

对于拱形桥涵，台背回填长度不应小于台高的 3 ~ 4 倍。对于涵洞回填长度，每侧不应小于 2 倍孔径长度。

4. 施工技术规定

根据《公路路基施工技术规范》（JTG/T 3610—2019）第 4.8 节，台背与背墙施工应符合下列规定：

（1）二级及二级以上公路应按设计做好过渡段，过渡段路堤压实度应不小于 96%；二级以下公路的路堤与回填的联结部，应预留台阶。

（2）台背和锥坡的回填宜同步进行。

（3）台背与墙背 1.0m 范围内的回填，宜采用小型夯实机具压实。

（4）分层压实厚度宜不大于 150mm，填料粒径宜小于 100mm，涵洞两侧回填填料粒径宜小于 50mm，压实度应不小于 96%。

（5）部位狭窄时，可采用低强度等级混凝土、浆砌片石等材料回填。

（6）涵洞两侧应对称分层回填压实。

（7）回填部分的路床宜与路堤路床同步填筑。

（8）台背和背墙回填，应在结构物强度达到设计强度的 75% 以上时进行。

（9）在压实过程中，应避免振动压实，应注意压路机的碾压行进方向尽量垂直于台背与墙面方向，减少平行于台背与墙面方向的振动力和推力。

5. 质量控制标准

（1）对于桥涵构造物的台背回填，其实测项目包括压实度和回填范围（长度、宽度）。分层压实厚度宜不大于 150mm，每一层的压实度应不小于 96%。

（2）对于加筋挡土墙等防护支挡工程的墙背回填，其实测项目包括距面板 1m 范围内的压实度和反滤层厚度。每一层的压实度应不小于 96%，反滤层厚度应不小于设计厚度。

十、路堤沉降观测

高路堤段应优先安排施工，宜预留 1 个雨季或 6 个月以上的沉降期。

拓宽路基应进行沉降观测。高路堤和陡坡路堤路段尚应进行稳定性监测。

高速公路、一级公路和二级公路的设计车速高，对路面平整性要求高，因此，路基施工过程中需要进行沉降和稳定性观测，一方面保证路堤在施工中的安全和稳定，一方面应正确预测工后沉降，使工后沉降控制在设计允许范围内。一般路基和特殊地区路基，特别是软土地基上修筑的路堤，应进行施工后沉降和稳定性观测。

路堤施工后沉降和稳定性观测应符合下列规定：

（1）二级及二级以上公路路堤施工，应进行沉降和稳定的动态观测。观测项目、内容和频率应满足设计要求，动态观测方案要经过监理机构审批。

（2）应观测地表沉降与地表水平位移，土体深层水平位移可根据工程需要确定是否观测，观测要求应符合表 2-9 的规定。

沉降和稳定动态观测 表 2-9

观测项目	常用仪器	观测内容及目的
地表沉降量	沉降板	根据测定数据调整填土速率;预测沉降趋势,确定预压卸载时间和结构物及路面施工时间;提供施工期间沉降土方量的计算依据
地表水平位移量及隆起量	地表水平位移桩	监测地表水平位移及隆起,确保路堤施工的安全和稳定
土体深层水平位移	测斜仪	监测土体深层水平位移,推定土体剪切破坏的位置

(3)观测仪器应在软土地基处理后埋设,并在观测到稳定的初始值后再进行路堤填筑。

(4)地基条件差、地形变化大、差异变形大的部位应设置观测点。同一路段不同观测项目的测点宜布置在同一横断面上。

(5)如地基稳定出现异常,应立即停止加载,分析原因并采取处理措施,待路堤恢复稳定后,方可继续填筑。

(6)施工期间,应按设计要求进行沉降和稳定跟踪观测,观测频率应与路基(包括地基)变形速率相适应,变形大时应加密,反之亦然。填筑期每填一层应观测一次。两次填筑间隔时间长时,每 3～5d 观测一次。路堤填筑完成后,堆载预压期间第一个月宜每 3d 观测一次,第二、第三个月宜每 7d 观测一次,从第四个月起宜每 15d 观测一次,直至预压期结束。

(7)各类观测点、基准点在观测期均应采取有效措施加以保护,并在标杆上涂设醒目的警示标志。

十一、特殊填料的路堤施工质量监理

(一)粉煤灰路堤

1. 填料的选择

粉煤灰可用于各级公路路堤填筑,不得用于高速公路、一级公路的路床和二级公路的上路床。用于路基填筑的粉煤灰的烧失量应不大于 20% ,SO_3 含量宜不大于 3%。粉煤灰中不得含团块、腐殖质及其他杂质。

储运粉煤灰时应符合下列规定:

(1)调节粉煤灰含水率宜在储灰场或灰池中进行。

(2)粉煤灰的装卸、运输和堆放,应采取洒水封盖等防止扬尘的措施。

(3)粉煤灰填料宜从厂家或渣场直接运输至施工作业面使用。

2. 施工技术规定

(1)大风或气温低于 0℃ 时,不宜施工。

(2)有显著差别的灰源应分别堆放,分段填筑。

(3)路堤高度超过 4m 时,可在路堤中部设置土质夹层。

(4)粉煤灰路堤应进行包边防护,包边土应与粉煤灰同步施工,宽度宜不小于 2m。包边土和顶面封层土,应采用塑性指数不小于 12 的黏性土。

(5)施工过程中,作业面应及时洒水润湿,并应合理设置行车便道。

（6）施工间歇期,作业面应洒水润湿,并应封闭交通;间隙期长时,应在粉煤灰压实层顶面覆盖封闭土层。

3.压实度控制标准

粉煤灰摊铺后必须及时碾压,做到当天摊铺当天碾压完成。粉煤灰路堤的压实应遵循"先轻后重、先低后高"的原则。

粉煤灰路堤压实度标准应通过试验路段确定,并应符合表2-10的规定。包边土和顶面封层土的压实度应符合现行《公路路基施工技术规范》（JTG/T 3610）的规定。粉煤灰路堤压实度可采用填上层检下层的方式进行检测。

粉煤灰路堤的压实度控制标准 表2-10

填料应用部位（路面底以下深度）（m）		压实度（%）	
		高速公路、一级公路	二级及二级以下公路
下路床	0.30～0.80	—	≥92
上路堤	0.80～1.50	≥92	≥90
下路堤	>1.50	≥90	≥88

注:表列压实度以《公路土工试验规程》（JTG 3430—2020）重型击实试验法为准。

（二）土工泡沫塑料路堤

1.填料的选择

土工泡沫塑料可用于软土地基上路堤、桥涵与挡土墙构造物台背路堤、拓宽路堤和修复失稳路堤等。

土工泡沫材料的密度宜不小于20kg/m³,10%应变的抗压强度宜不小于110kPa,抗弯强度宜不小于150MPa,压缩模量宜不小于3.5MPa,7d体积吸水率宜不大于1.5%。

土工泡沫塑料块体在工地堆放时,应采取防火、防风、防鼠、防雨水滞留、防有机溶剂及石油类油剂的侵蚀等保护措施,并应采取措施避免阳光直接照射。

2.施工技术规定

（1）铺筑前应对材料进行检测。

（2）非标准尺寸土工泡沫塑料块体宜在生产车间加工。现场加工时,宜用电热丝进行切割。

（3）铺筑前应设置垫层,垫层宽度宜超过路基边缘0.5～1.0m,垫层顶面应保持干燥。

（4）最底层块体与垫层之间、同一层块体侧面联结、不同层块体之间的联结应牢固,联结件应进行防锈处理。

（5）应逐层错缝铺设,缝隙或高差可用砂或无收缩水泥砂浆找平。

（6）严禁重型机械直接在土工泡沫塑料块体上行驶。

（7）与其他填料路堤或旧路基的接头处,土工泡沫塑料块体应呈台阶铺设,台阶宽度与坡度应满足设计要求或监理工程师的指示。

（8）顶面的钢筋混凝土薄板、土工膜或土工织物等,应覆盖全部土工泡沫塑料块体,并向土质护坡延伸0.5～1.0m。

(9)土工泡沫塑料路堤两边应进行土质包边,包边法向厚度应不小于0.25m,并应分层夯实,防渗土工膜宜分级回包。

(三)泡沫轻质土路堤

1.填料的选择

(1)泡沫轻质土施工湿重度应符合设计要求,设计未规定时泡沫轻质土施工最小湿重度应不小于5.0kN/m³,施工最大湿重度宜不大于11.0kN/m³。

(2)泡沫轻质土施工流动度宜为170~190mm。特重、极重交通高速公路及一级公路路床部位的泡沫轻质土配合比宜采用掺砂配合比,流动度宜为150~170mm,且砂与水泥的质量比宜控制在0.5~2.0。

(3)泡沫轻质土的原材料,应符合下列规定:

①水泥应符合现行《通用硅酸盐水泥》(GB 175)的规定,其强度等级宜为42.5级。

②用水应符合现行《混凝土用水标准》(JGJ 63)的规定,且温度应不低于5℃。

③泡沫剂应符合现行《泡沫混凝土用泡沫剂》(JC/T 2199)的规定。

④外加剂、掺合料应符合相关规范要求,使用前应进行效果试验,确认对泡沫轻质土无不良影响。

(4)泡沫轻质土的无侧限抗压强度。

用于公路路基的泡沫轻质土的无侧限抗压强度应满足设计要求,设计未规定时应符合表2-11的规定。

泡沫轻质土无侧限抗压强度控制标准　　　　　　　　表2-11

路基部位		无侧限抗压强度(MPa)	
		高速公路、一级公路	二级及二级以下公路
路床	轻、中及重交通	≥0.8	≥0.6
	特重、极重交通	≥1.0	
上路堤、下路堤		≥0.6	≥0.5
地基置换		>0.4	

注:无侧限抗压强度为龄期28d、边长100mm的立方体抗压强度。

(5)泡沫轻质土的施工设备,应符合下列规定:

①水泥浆拌和设备应具有配合比自动配置及记录功能,且单台套产能宜不低于35m³/h。

②泡沫轻质土拌和设备应具有配合比自动配置及记录功能,且单台套产能宜不低于90m³/h。

2.施工技术规定

(1)泡沫轻质土路堤地基应按设计高程和尺寸进行开挖、清理、整平、压实,设置排水沟或其他排水设施。当在地下水位以下浇筑时,应有降水措施,不得在基底有水的状态下浇筑。

(2)泡沫轻质土路堤施工前,应将路基划分为面积不大于400m²、长轴不超过30m的浇筑区,每个浇筑区单层浇筑厚度宜为0.3~1.0m。轻质土路堤每隔10~15m应设置一道变形缝。

（3）泡沫宜采用压缩空气与发泡剂水溶液混合的方式生产,不得采用搅拌发泡法生产泡沫。

（4）原材料配合比计量应采用电子计量,泡沫剂、水泥、水、外加剂和外掺料计量精度均为±2%。

（5）用于制备泡沫轻质土的料浆在储料装置中的停滞时间宜不超过1.5h。

（6）泡沫轻质土应在出料软管的前端直接浇筑,出料口宜埋入泡沫轻质土中。

（7）单个浇筑区浇筑层的浇筑时间不得超过水泥浆的初凝时间。上下相邻两层浇筑间隔时间宜不少于8h。

（8）泡沫轻质土不得在雨天施工。已施工尚未硬化的轻质土,在雨天应采取遮雨措施。

（9）泡沫轻质土浇筑至设计厚度后,应覆盖塑料膜或无纺土工布进行保湿养护,养护时间宜不少于7d。

（10）不宜在气温低于5℃时浇筑,否则应采取保温措施。

（11）泡沫轻质土顶层铺筑过渡层之前,不得直接在填筑表面进行机械或车辆作业。

（12）旧路加宽老路堤与泡沫轻质土交界的坡面,清理厚度宜不小于0.3m,从老路堤坡脚向上按设计要求挖台阶。土体台阶必须密实、无松散物。泡沫轻质土浇筑应采用分层分块方式,不宜沿公路横向分块浇筑。纵向填挖结合段,应合理设置台阶。

（13）泡沫轻质土分区施工时,分区模板应安装拼接紧密,不漏浆。宜在分区浇筑施工缝处设置变形缝。变形缝宜采用18mm胶合板或20～30mm聚苯乙烯板,上下可不贯通。

（14）泡沫轻质土路基路床强度应符合表2-8的规定,对CBR值、弯沉值可不作要求。

（15）泡沫轻质土在浇筑过程中应做湿重度现场检测,检测方法应采用容量筒法,每一浇筑区浇筑层检测次数应不低于6次。

（16）泡沫轻质土应在固化后28d进行无侧限抗压强度和密度检测。抗压强度和密度应按现行《公路工程水泥及水泥混凝土试验规程》(JTG 3420)进行检测,并满足一般路基设计要求。

(四) 煤矸石路堤

1. 填料的选择

煤矸石可用于公路路堤填筑,不宜用于高速公路、一级公路上路堤,不得用于路床。需要保护的水源地区域不宜采用煤矸石进行路堤填筑。

用于路堤填筑的煤矸石填料应符合下列规定:

（1）经过充分氧化或存放3年以上的煤矸石可直接用于路堤填筑。

（2）煤矸石填料CBR值应大于8%,耐崩解性指数应大于60%,硫化铁含量宜小于3%。

（3）遇水崩解的软质煤矸石,不得用于路堤浸水部位的填筑。

2. 施工技术规定

（1）来源不同的煤矸石填料,性能相差大时,应分段填筑。

（2）未经充分氧化与陈化的煤矸石用于路堤填筑时应采取封闭措施,并应符合下列规定:

①每填筑2～3m应设置300mm厚的细粒土隔离层,路堤顶面应进行封闭处理。

②应采用细粒土进行包边防护,包边土应与煤矸石同步施工,宽度宜不小于2m,包边土底

部0.5m范围宜采用透水性填料。

③煤矸石路堤发生自燃时可灌注石灰浆、水泥浆进行封闭处理。

3.压实度控制标准

煤矸石路堤及包边土的压实度标准应符合表2-3的规定。当煤矸石填料粒径大时,施工控制及压实质量标准可参照填石路堤。

(五)工业废渣路堤

1.填料的选择

工业废渣可用于公路路堤填筑,不得用于高速公路、一级公路路床和路堤浸水部位。

工业废渣填料用于路堤填筑时,必须符合国家现行环境保护等的有关规定,严禁采用有害物质超标的工业废渣作为路堤填料。储运工业废渣应符合下列规定:

(1)调节工业废渣含水率应在渣场中进行。

(2)工业废渣的装卸、运输和堆放,应采取洒水封盖等防止扬尘措施。

(3)工业废渣填料宜从厂家或渣场直接运输至施工作业面使用。

2.施工技术规定

(1)有显著差别的填料应分段填筑。

(2)应采用细粒土进行包边防护,包边土应与工业废渣同步施工,宽度宜不小于2m,包边土底部0.5m范围宜采用透水性填料。

(3)每填筑2~3m应设置300mm厚的细粒土隔离层,路堤顶面应进行封闭处理。

(4)施工间歇期作业面应封闭交通,洒水润湿。施工间隔长时,应在工业废渣压实层顶面覆盖封闭土层。

3.压实度控制标准

工业废渣路堤压实度标准应通过试验路段确定,并应符合表2-12的规定。工业废渣路堤压实度可采用填上层检下层的方式进行检测。

工业废渣路堤压实度控制标准　　　　　　　　　　表2-12

填料应用部位	压实度(%)	
	高速公路、一级公路	二级及二级以下公路
下路床	—	≥93
上路堤	≥93	≥90
下路堤	≥90	≥88

注:表列压实度以《公路土工试验规程》(JTG 3430—2020)重型击实试验法为准。

(六)填砂路堤

1.填料的选择

砂料可用于公路路堤填筑,不宜直接用于路床填筑。

含有草皮、生活垃圾、树根、腐殖质的砂料不得作为路基填料,砂料中有机质含量应不超过5%。

2. 施工技术规定

（1）在填筑前先填筑黏土或石灰改良土下封层，下封层厚度宜不小于400mm，应分两层施工。

（2）应全断面分层填筑和压实，最大松铺厚度宜不超过400mm，施工作业段长度宜为400～500m，超填宽度每侧宜不小于500mm。

（3）不得土砂夹层混填。

（4）宜采用洒水压实法或水沉法逐层密实。受条件限制只能采用小型压实机具时，最大松铺厚度应不大于150mm，并充分灌水后压实。

（5）应经常洒水，保持表层湿润，形成的车辙应及时整平、碾压。

3. 压实度控制标准

填砂路基的压实度控制标准应符合表2-3的规定。

4. 填砂路基的边坡防护技术规定

（1）边坡防护可采用包边土，包边土宽度宜为3m，应先填筑包边土，与填砂交错进行。

（2）应考虑坡面排水能力、整体抗冲刷能力，以及与周边环境的协调性。路基坡脚应设干砌片石护脚。

（3）雨季施工边坡防护不能及时完成时，宜采取油毛毡或塑料薄膜覆盖等临时防护措施。

第四节　特殊路基

根据《公路路基施工技术规范》（JTG/T 3610—2019）"术语"的规定，特殊路基是指位于特殊土地段、不良地质地段，受水、气候等自然因素影响强烈的路基。

一、一般规定

（1）特殊路基施工前，应进行必要的基础试验，核对地质资料、设计处理范围、设计参数等，编制专项施工方案，并经过监理工程师批准后实施。不同类型的地基处理前，应先铺筑长度不小于100m的试验路段或进行成桩试验。

（2）实际施工中如地质状况与设计不符或设计处置方案因故不能实施，应及时反馈监理工程师，采取进一步的处理措施批准后处理。

（3）特殊路基施工宜进行动态监测，并编制监控方案。软土地区路基施工计划中宜考虑地基固结的工期。

（4）采用新技术、新工艺、新设备、新材料时，必须制定相应的工艺、质量标准。存在多种特殊土（岩）或特殊地质条件路基的工点应进行综合设计。

二、特殊路基施工质量监理

常见的特殊地区或特殊地段路基包括软土地区、滑坡地段、崩塌与岩堆地段、泥石流地区、岩溶地区、红黏土与高液限土地区、膨胀土地区、黄土地区、盐渍土地区、采空区、滨海地区、季节性冻土地区、沿河地段路基等。

1. 软土地区路基

软土地基的处理方法包括挖除换填、抛石挤淤、设置垫层、超载预压、袋装砂井、塑料排水板、粉喷桩、碎石桩、水泥粉煤灰碎石桩(CFG 桩)、砂桩、强夯、铺设土工织物等。施工时应考虑地基固结工期,应进行路堤沉降观测。

(1)软土地基处置前,应了解工程地质、地下管线、构造物等情况,进行必要的土工试验,复核设计处置方案的可行性,督促施工单位编制专项施工方案并及时进行审批。

(2)软土地基处置应因地制宜、就地取材。

(3)浅层置换施工应符合的规定

厚度小于 3.0m 的软土宜采用浅层置换。置换宜选用强度高的砂砾、碎石土等水稳性和透水性好的材料。施工时,应分层填筑、分层压实。

(4)浅层改良施工应符合的规定

①对非饱和黏质土的软弱表层,可添加石灰、水泥等进行改良处置。

②施工前应先完善排水设施,施工期间不得积水。

③石灰、水泥等应与土拌和均匀,严格控制含水率。施工时,应分层填筑、压实。

(5)抛石挤淤施工应符合的规定:

①应采用不易风化的片石、块石,石料直径宜不小于 300mm。

②当软土地层平坦、横坡缓于 1:10 时,应沿路线中线向前呈等腰三角形抛填,渐次向两侧对称抛填至全宽,将淤泥挤向两侧;当横坡陡于 1:10 时,应自高侧向低侧渐次抛填,并在低侧边部多抛投形成不小于 2m 宽的平台。

③当抛石高出水面后,应采用重型机具碾压密实。

(6)爆炸挤淤施工应符合的规定:

①宜采用布药机进行布药。当淤泥顶面高、露出水面时间长,且装药深度小于 2.0m 时,可采用人工简易布药法。

②爆炸挤淤施工应采取控制噪声、有害气体和飞石,减少粉尘、冲击波等环境保护措施。

③爆炸挤淤后应采用钻孔或物探方法探测检查置换层厚度、残留混合层厚度。置换层底面和下卧地基层设计顶面之间的残留淤泥碎石混合层厚度应不大于 1m。

(7)砂砾、碎石垫层施工应符合的规定:

①砂砾、碎石垫层宜采用级配好的中、粗砂,砂砾或碎石,含泥量应不大于 5%,最大粒径宜小于 50mm。

②垫层应水平铺筑,分层铺筑、压实。可采用振动法(平振、插振、夯实等)、碾压法、水撼法。当地形有起伏时,应开挖台阶,台阶宽度宜为 0.5 ~ 1m。

③垫层宽度应宽出路基坡脚 0.5 ~ 1m,两侧宜用片石护砌或采用其他方式防护。

(8)铺设土工合成材料应符合的规定:

①土工合成材料技术指标应满足设计要求。土工合成材料在存放及铺设过程中不得在阳光下长时间暴露。与土工合成材料直接接触的填料中不得含强酸性、强碱性物质。

②施工中应采取措施防止土工合成材料受损,出现破损时应及时修补或更换。

(9)袋装砂井施工应符合的规定:

①宜采用中、粗砂,粒径大于 0.5mm 颗粒的含量宜大于 50% ,含泥量应小于 3% ,渗透系数应大于 5×10^{-2} mm/s。

②套管起拔时应垂直起吊,防止带出或损坏砂袋。发生砂袋带出或损坏时,应在原孔位边缘重打。

③砂袋在孔口外的长度应不小于 300mm,并顺直伸入砂砾垫层。

《公路工程质量检验评定标准 第一册 土建工程》(JTG F80/1—2017)给定的袋装砂井施工质量检验标准和实测项目见表 2-13。

袋装砂井的质量检验标准和实测项目　　　　　　表 2-13

项次	检查项目	规定值或允许偏差	检查方法和频率
1	井距(mm)	±150	抽查 2% 且不少于 5 点
2△	井长(mm)	≥设计值	查施工记录
3	井径(mm)	+10,0	挖验 2% 且不少于 5 点
4	灌砂率(%)	−5	查施工记录

(10)塑料排水板施工应符合的规定:

①塑料排水板技术指标应满足设计要求,露天堆放时应有遮盖。

②施工中应防止泥土等杂物进入套管内。

③塑料排水板不得搭接,预留长度应不小于 500mm,并及时弯折埋设于砂垫层中。

《公路工程质量检验评定标准 第一册 土建工程》(JTG F80/1—2017)给定的质量检验标准和实测项目见表 2-14。

塑料排水板的质量检验标准和实测项目　　　　　　表 2-14

项次	检查项目	规定值或允许偏差	检查方法和频率
1	板距(mm)	±150	抽查 2% 且不少于 5 点
2△	板长(mm)	不小于设计值	查施工记录
3	井径(mm)	+10,0	挖验 2% 且不少于 5 点
4	灌砂率(%)	−5	查施工记录

(11)真空预压、真空堆载联合预压施工应符合的规定:

①密封膜应采用抗老化性能好、韧性好、抗穿刺能力强的不透气材料。

②密封膜连接宜采用热合黏结缝平搭接,搭接宽度应不小于 15mm。

③滤管应不透砂。滤管距泥面、砂垫层顶面的距离均应大于 50mm。滤管周围应采用砂填实,不得架空、漏填。

④密封膜的周边应埋入密封沟内。密封沟的宽度宜为 0.6~0.8m,深度宜为 1.2~1.5m。

⑤真空表测头应埋设于砂垫层中间,每块加固区应不少于 2 个真空度测点。

⑥真空预压施工应按排水系统施工、抽真空系统施工、密封系统施工及抽气的顺序进行。

⑦采用真空堆载联合预压时,应先抽真空,当真空压力达到设计要求并稳定后,再进行堆载,并继续抽气。堆载时应在膜上铺设土工布等保护材料。

⑧施工监测,预压过程中,应进行膜下真空度、孔隙水压力、表面沉降、深层沉降及水平位移等预压参数的监测。膜下真空度每隔 4h 测一次,表面沉降每 2d 测一次。当连续五昼夜实

测地面沉降小于 0.5mm/d,地基固结度已达到设计要求的 80% 时,经验收,即可终止抽真空。停泵卸荷后 24h,应测量地表回弹值。

(12)粒料桩施工应符合的规定:

①施工前应进行成桩工艺和成桩挤密试验,试桩数量不应小于 5 根。

②砂桩宜采用中、粗砂,粒径大于 0.5mm 颗粒含量宜占总质量的 50% 以上,含泥量应小于 3%,渗透系数应大于 5×10^{-2}mm/s;也可使用砂砾混合料,含泥量应小于 5%。

③碎石桩宜采用级配好、不易风化的碎石或砾石,最大粒径宜不大于 50mm,含泥量应小于 5%。

④粒料桩可采用振冲置换法或振动沉管法,宜从中间向外围或间隔跳打。邻近结构物施工时,应沿背离结构物的方向施工。

⑤碎石桩密实度抽查频率应为 2%,用重型(Ⅱ)动力触探测试,贯入量为 100mm 时,击数应大于 5 次。

《公路工程质量检验评定标准 第一册 土建工程》(JTG F80/1—2017)给定的质量检验标准和实测项目见表 2-15。其中,桩长为关键项目。

粒料桩的质量检验标准和实测项目

表 2-15

项次	检查项目	规定值或允许偏差	检查方法和频率
1	桩距(mm)	±150	抽查桩数的 2% 且不少于 5 点
2△	桩长(m)	≥设计值	查施工记录
3	桩径(mm)	≥设计值	抽查 2%
4	粒料灌入率	≥设计值	查施工记录
5	地基承载力	满足设计要求	抽查桩数的 0.1% 不少于 3 处

(13)加固土桩施工应符合的规定:

①加固土桩的固化剂宜采用生石灰或水泥。生石灰应采用磨细Ⅰ级生石灰,应无杂质,最大粒径应小于 2mm。水泥宜采用强度等级不低于 32.5 级的普通硅酸盐水泥。

②加固土桩施工前应进行成桩试验,桩数宜不少于 5 根,且应满足下列要求:应取得满足设计喷入量的各种技术参数,如钻进速度、提升速度、搅拌速度、喷气压力、单位时间喷入量等。应确定采用能保证胶结料与加固软土拌和均匀性的工艺。掌握下钻和提升的阻力情况,选择合理的技术措施。根据地层、地质情况确定复喷范围。

③施工中发现喷粉量或喷浆量不足,应整桩复打,复打的量应不小于设计用量。中断施工时,应及时记录深度,并在 12h 内进行复打,复打重叠长度应大于 1m;超过 12h,应采取补桩措施。

《公路工程质量检验评定标准 第一册 土建工程》(JTG F80/1—2017)给定的质量检验标准和实测项目见表 2-16。

加固土桩的质量检验标准和实测项目

表 2-16

项次	检查项目	规定值或允许偏差	检查方法和频率
1	桩距(mm)	±100	尺量:抽查桩数的 2% 且不少于 5 点
2	桩径(mm)	≥设计值	尺量:抽查桩数的 2% 且不少于 5 点

续上表

项次	检查项目	规定值或允许偏差	检查方法和频率
3△	桩长(m)	≥设计值	查施工记录
4	单桩每延米喷粉(浆)量	≥设计值	查施工记录
5△	强度(MPa)	≥设计值	取芯法：抽查桩数的0.5%且不少于3根
6	地基承载力	满足设计要求	抽查桩数的0.1%不少于3处

(14)水泥粉煤灰碎石桩(CFG桩)施工应符合的规定：

①集料可采用碎石或砾石，泵送混合料时砾石最大粒径宜不大于25mm，碎石最大粒径宜不大于20mm；振动沉管灌注混合料时，集料最大粒径宜不大于50mm。水泥宜选用32.5级普通硅酸盐水泥。粉煤灰宜选用袋装Ⅱ、Ⅲ级粉煤灰。

②施工前应进行成桩试验，试桩数量宜为5~7根。成桩试验需要确定施工工艺、速度、投料数量和质量标准。

③群桩施工，应合理设计打桩顺序、控制打桩速度，宜采用隔行隔桩跳打的打桩顺序，相邻桩打桩间隔时间应不小于7d。桩顶设500mm保护桩长，施工完成7d后方可开挖至设计高程，截去保护桩长，施工28d后方可填筑路基。

④冬季施工时，混合料入孔温度不得低于5℃，对桩头和桩间土应采取保温措施。

《公路工程质量检验评定标准　第一册　土建工程》(JTG F80/1—2017)给定的质量检验标准和实测项目见表2-17。

水泥粉煤灰碎石桩的质量检验标准和实测项目　　　　　表2-17

项次	检查项目	规定值或允许偏差	检查方法和频率
1	桩距(mm)	±100	尺量：抽查桩数的2%且不少于5点
2	桩径(mm)	≥设计值	尺量：抽查桩数的2%且不少于5点
3△	桩长(m)	≥设计值	查施工记录
4△	强度(MPa)	≥设计值	取芯法：抽查桩数的0.5%且不少于3根
5	复合地基承载力	≥设计值	抽查桩数的0.1%不少于3处

(15)现浇混凝土大直径管桩(刚性桩)施工应符合的规定：

①粗集料宜优先选用卵石。采用碎石时，宜适当增加含砂率。集料最大粒径宜不大于63mm。混凝土坍落度宜为80~100mm，在运输和灌注过程中无离析、泌水。

②桩尖、桩帽混凝土强度等级宜不低于C30。桩尖表面应平整、密实，桩尖内外面圆度偏差不得大于1%，桩尖端头支承面应平整。

③邻近有建筑物或构造物时，应采取有效的隔振措施。

④群桩施工，应合理设计打桩顺序、控制打桩速度，防止影响邻桩成桩质量。

《公路工程质量检验评定标准　第一册　土建工程》(JTG F80/1—2017)给定的质量检验标准和实测项目见表2-18。

大直径管桩的质量检验标准和实测项目 表2-18

项次	检查项目	规定值或允许偏差	检查方法和频率
1△	混凝土强度(MPa)	在合格标准内	每根桩2组,每台班至少2组
2	桩距(mm)	±100	尺量:抽查桩数的2%且不少于5点
3	桩径(mm)	≥设计值	尺量:抽查桩数的2%
4△	桩长(m)	≥设计值	查成孔记录
5	单桩承载力	满足设计要求	抽查桩数的0.1%且不少于3根

(16)预制管桩施工应符合的规定:

①管桩堆放场地应平整、坚实,应有排水措施,不得产生不均匀沉陷。

②管桩进场后要先进行检验和检查,包括质保材料、外观检查、现场检测,先张法薄壁预应力混凝土管桩应符合现行《先张法预应力混凝土管桩》(GB 13476)、《先张法预应力混凝土薄壁管桩》(JC/T 888)的规定。

③预制管桩宜采用静压方式施工,也可采用锤击沉桩方式施工。

④桩的打设次序宜由路基中心线向两侧打设,由结构物向路堤方向打设。

⑤沉桩过程中应严格控制桩身的垂直度。

⑥每根桩宜一次性连续沉至设计高程。

⑦中止沉桩宜采用贯入度控制。

⑧桩帽钢筋笼应插入管桩内,连接混凝土应与桩帽混凝土一起灌注。

《公路路基施工技术规范》(JTG/T 3610—2019)第7.6.16条给定的质量检验标准和实测项目见表2-19。

预制管桩施工的质量检验标准和实测项目 表2-19

项次	检查项目	规定值或允许偏差	检查方法和额率
1	桩距(mm)	±100	尺量:抽查桩数的2%且不少于5点
2	桩长(m)	≥设计值	尺量:抽查桩数的2%且不少于5点
3	竖直度(%)	1	抽查桩数的2%
4	单桩承载力	满足设计要求	抽查桩数的0.1%且不少于3根
5	桩帽高度(mm)	+20,-10	尺量:抽查桩数的2%
6	桩帽长度和宽度(mm)	+30,-20	尺量:抽查桩数的2%
7	桩帽位置(mm)	50	尺量:抽查桩数的2%

(17)强夯与强夯置换施工。

强夯与强夯置换施工应符合下列规定:

①强夯置换材料应采用级配好的片石、碎石、矿渣等坚硬的粗颗粒材料,粒径宜不大于夯锤底面直径的0.2倍,含泥量宜不大于10%,粒径大于300mm的颗粒含量宜不大于总质量的30%。

②应采取隔振、防振措施消除强夯对邻近建筑物的有害影响。

③施工前应选择有代表性并不小于500m²的路段进行试夯,确定最佳夯击能、间歇时间、夯间距等参数。

④夯点可采用正方形或等边三角形布置，间距宜为 5 ~ 7m。在强夯能级不变的条件下，宜采用重锤、低落距。

⑤强夯和强夯置换施工前应在地表铺设一定厚度的垫层。强夯施工垫层材料宜采用透水性好的砂、砂砾、石屑、碎石土等，强夯置换施工垫层材料宜与桩体材料相同。垫层宜分层摊铺压实。

⑥施工前应检查锤重和落距，单击夯击能量应满足设计要求。

⑦强夯施工结束 30d 后，应通过标准贯入、静力触探等原位测试，测量地基的夯后承载能力是否达到设计要求。

⑧强夯置换施工结束 30d 后，宜采用动力触探试验检查置换墩着底情况及承载力，检验数量不少于墩点数的 1%，且不少于 3 点。检查置换墩直径与深度，应满足设计要求。

(18)软土地区路堤施工应符合的规定：

①软土地区路堤施工应尽早安排，施工计划中应考虑地基所需固结时间。

②填筑过程中，应严格控制填筑速率，并应进行动态观测。

③施工期间，路堤中心线地面沉降速率 24h 应不大于 10 ~ 15mm，坡脚水平位移速率 24h 应不大于 5mm。应结合沉降和位移观测结果综合分析地基稳定性。填筑速率应以水平位移控制为主，超过标准应立即停止填筑。

④桥台、涵洞、通道以及加固工程应在预压沉降完成后再进行施工。

⑤应按设计要求的预压荷载、预压时间进行预压。堆载预压的填料宜采用上路床填料，并分层填筑压实。

⑥在软土地基上直接填筑路堤时，水面以下部分应选择透水性好的填料，水面以上可用一般土或轻质材料填筑。填筑路基的土宜从取土场取用。在两侧取土时，取土坑距路堤坡脚的距离应满足路堤稳定的要求。反压护道宜与路堤同时填筑。分开填筑时，应在路堤达到临界高度前完成反压护道施工。

(19)旧路加宽软基处理应符合的规定：

①软基路段路基加宽台阶应开挖一层、填筑一层，上层台阶应在下层填筑完成后再开挖，台阶开挖应满足台阶宽度和新老路基处理设计要求。

②确定加宽软基处理施工工艺和方案时，应考虑软基处理时挤土、振动对老路堤或邻近构筑物的影响。

③施工期间应对旧路开挖边坡进行覆盖，并设置必要的临时排水设施。

④旧路加宽路段应同步进行拼宽路基和老路基的沉降观测，观测点宜布置在同一断面上。观测点设置宜为老路路中、老路路肩、拼宽部分中部、拼宽部分外侧。老路路中、老路路肩沉降观测点设置可采用在路表埋设观测点的方法，拼宽部分宜采用埋设沉降板的方法。

2. 滑坡地段路基

(1)滑坡整治施工应符合的规定：

①施工前，应核查滑坡区段的地形、地貌、地质、滑坡性质、成因类型和规模，应编制滑坡段的专项施工方案和应急预案，并报监理工程师审批，必要时要经过论证通过。

②滑坡整治措施实施前，严禁在滑坡体抗滑段减载、下滑段加载。

③滑坡整治不宜在雨期施工。

④施工时,应进行稳定监测、地质编录并核查实际地质情况,发现地质与设计不符、有滑坡迹象或其他异常情况时,应及时反馈处理。滑坡发生时应立即采取应急措施。

⑤滑坡整治施工时,应对滑坡影响区内的其他工程和设施进行保护。

⑥降雨期间及雨后,应加强滑坡区段的巡查工作,发现问题及时采取措施。

(2)滑坡整治措施:

应采取截水、排水、减载、反压与支挡等措施进行滑坡整治,整治措施可单独使用,也可综合使用。滑坡整治应先施工截水、排水设施,减载、反压与支挡措施的施工顺序应结合滑坡具体情况予以确定。

(3)截水、排水施工应符合的规定:

①应在滑坡后缘的稳定地层上,修筑具有防渗功能的环形截水沟、排水沟。

②滑坡体上的裂隙和裂缝应采取灌浆、开挖回填夯实等措施予以封闭,滑坡体的洼地及松散坡面应平整夯实。

③滑坡范围大时,应在滑坡坡面上修筑具有防渗功能的临时或永久排水沟。

④有地下水时,应设置截水渗沟。反滤材料采用碎石时,碎石粒径应符合要求,含泥量应小于3%。

(4)削坡减载施工应符合的规定:

①应自上而下逐级开挖,严禁采用爆破法施工。

②开挖坡面不得超挖,开挖面上有裂缝时应采取灌浆封闭等措施。

③支挡及排水工程在边坡上分级实施时,宜开挖一级、实施一级。

(5)填筑反压施工应符合的规定:

①反压措施应在滑坡体前缘抗滑段实施。

②反压填料不得堵塞地下水出口,地下排水设施应在填筑反压前完成。反压填料宜予以压实。

③应采取措施使受影响的天然河沟保持排水顺畅。

(6)抗滑支挡工程施工应符合的规定:

①抗滑支挡工程施工应符合现行《公路路基施工技术规范》(JTG/T 3610)有关规定。

②应在滑坡体处于相对稳定的状态下施工,滑坡体具有滑动迹象或已经发生滑动时,应采取反压填筑等措施。

③抗滑桩与挡土墙共同支挡时,应先施作抗滑桩。挡土墙后有支撑渗沟及其他排水工程时应先施工。

④抗滑桩、锚索施工应从两端向滑坡主轴方向逐步推进。

⑤采取微型钢管桩、山体注浆等加固措施或注浆作为其他处置方案的配套措施时,应采用相应的成孔设备和注浆方式。

⑥各种支挡结构的基底应置于滑动面以下,并应嵌入稳定地层。

(7)滑坡区段的路基施工应在支挡工程完成后进行,开挖工程可结合减载措施进行施工,填筑工程可结合反压措施进行施工。路基的排水及防护工程应及时施工。

(8)大型滑坡段应进行山体和边坡的稳定性监测。监测点、网的布置,监测内容及监测精度应符合现行《工程测量规范》(GB 50026)的有关规定。施工完成后宜进行长期监测。

3. 崩塌与岩堆地段路基

（1）施工前应核查崩塌地段地形、地貌、地质情况，查明危岩、崩塌的类型、范围及危害程度，查明岩堆的物质组成、类型、分布范围、物质来源、成因，分析崩塌体与岩堆的稳定性，复查设计处置方案的可行性并编制专项施工方案，监理工程师应及时审批。

（2）施工时应做好崩塌与岩堆地段渗入水及地下水的截水、排水及防渗设施。

（3）岩堆地区路基施工，应进行动态监控和巡视。填筑路基时，不宜使用振动碾压设备。

（4）危岩崩塌体的处置措施：

①应根据地形和岩层情况对单个危岩采取处置措施。地面坡度陡于 1∶1.5 时，应对孤石进行处理。

②有岩块零星坠落的边坡或自然坡面，宜进行坡面防护。

③危岩崩塌体小时，可采取清除、支挡、挂网喷锚、柔性防护等措施，或采取拦石墙、落石槽等拦截措施。拦石墙与落石槽宜配合使用，设置位置可根据地形确定，拦石墙墙背应设置缓冲层。

④对路基有危害的危岩体，应清除或采取支撑、预应力锚固等措施。在破碎带或节理发育的高陡山坡上不宜刷坡。

⑤当崩塌体大、发生频繁且距离路线近，而设拦截构造物有困难时，应按设计要求采用明洞、棚洞等遮挡构造物，洞顶应有缓冲层。

（5）处于发展中的岩堆地段路基，应减少开挖，并按设计要求采取挡土墙、坡面封闭等防护措施，也可设置拦石墙与落石槽或修建明洞、棚洞等遮挡构造物。

（6）稳定的岩堆地段路基，宜采取的处置措施：

①位于岩堆上部时，宜沿基岩面清除路基上方的岩堆堆积物。

②位于岩堆中部时，挖方边坡宜按设计要求设置挡土墙等支挡构造物。

③在岩堆上进行路堤施工，宜清除表层堆积物并挖台阶，宜控制填筑速率并进行稳定观测。

（7）对大而稳定性差的岩堆，应按设计要求采取综合治理措施。应先进行抗滑挡土墙或抗滑桩等支挡工程施工，再分阶梯形修筑边坡或护面墙，然后在岩堆体内分段注入水泥砂浆。

4. 泥石流地区路基

（1）施工前应结合设计，详细调查泥石流的成因、规模、特征、活动规律、危害程度等相关情况，核实泥石流形成区、流动区和堆积区，编制专项施工方案，监理工程师批准方可实施。

（2）泥石流地区路基施工，应采取措施加强监测，遇有异常情况及时处理，确保施工安全。

（3）采用桥梁形式跨越泥石流地段时，应按设计要求及时完成防护加固设施。

（4）排导构造物应符合的规定：

采用排泄道、排导沟、明洞、涵洞、渡槽等排导功能为主的构造物进行泥石流处置时，排导构造物应符合下列规定：

①构造物基础应牢固，强度、断面与高度应满足设计要求。

②构造物平面线形应圆滑、渐变，上下游应有足够长的衔接段，行进段沟槽不宜过分压缩，出口不宜突然放宽。流向改变处的转折角不宜超过 15°，避免因急弯突然收缩和扩大而造成

淤塞。

③构造物通流段和出口段的纵坡应满足设计要求或大于沟槽的淤积平衡坡度。

(5)永久性调治构造物采用浆砌片石时,应采用质地坚硬、不易风化的片石,基础应置于设计要求的深度,强度应满足设计要求。

(6)利用植被治理泥石流时,植物物种应选择生长期短、见效快、根须发达、适宜本地区生长的品种。

5. 岩溶地区路基

(1)施工前应核查岩溶分布、地形、地表水、地下水活动规律,编制专项施工方案。

(2)岩溶水的疏导、引排措施应符合的规定:

不得堵塞与地下河连通的岩溶漏斗、冒水洞、溶洞等地下通道。对影响路基稳定的岩溶水的疏导、引排措施,应符合下列规定。

①对路基上方的岩溶泉和冒水洞,应采用排水沟将水截流至路基外。

②对出水点多、水流分散的岩溶水,可设置渗沟、截水墙与截水洞等截流设施。截流位置应设置得当,截排顺畅。

③对水流集中的长流或间歇性岩溶水,可设置明沟、涵管与泄水洞等排水设施。过水断面应设置合理,引排顺畅。

④对路基基底处的岩溶泉和冒水洞,宜设置桥涵等排水设施将水排出路基外。

⑤截流和引流后需在洼地排水时,应设置排水沟涵将水引至洼地的消水洞,若无明显的消水洞,应排至洼地最低处。不得随意改变洼地的汇雨面积,若需改变洼地消水量,应专题论证。

(3)对路基基底下的干溶洞处置应采取的措施:

①应铲除溶洞石笋、石牙、孤石以及不规则的碳酸钙沉积物,整平基底,并应采用一定级配的砂砾石、碎石、片块石等渗水性好的填料回填。

②应挖除石林、石牙、溶槽、溶沟间、洼地内的湿软细粒土。

③对失去排水功能的浅层漏斗、落水洞、土洞以及规模小且无地下溶水联系的溶沟、溶槽等干溶洞,可采用片碎石、混凝土等填塞。

④位于路基基底的裸露和埋藏浅的溶洞,可采取回填封闭、钢筋混凝土盖板跨越、支撑加固或结构物跨越等处理措施。

⑤对有充填物的溶洞,可采取注浆法、旋喷法等加固措施。不能满足要求时,宜采用结构物跨越。

⑥覆盖层中土洞埋藏浅时,可采取回填夯实或强夯等处理措施;覆盖层中土洞埋藏深时,宜采取注浆、复合地基等处理措施。

(4)在溶蚀洼地填筑路基时,应采用渗水性好的砂砾、碎石土等材料填筑,并应高出积水位 0.5m。

(5)对岩溶洼地或地下水丰富处的软土地基,软土厚度小时可采用片石、碎石或砾石等换填处理;软土厚度大时可采取旋喷桩、CFG 桩、粉喷桩等其他软基处理措施。

(6)当路基跨越具有顶板的溶洞时,应根据设计要求确定处理方案。

(7)对岩溶地段的边坡处置应采取的措施:

①对土石相间的石牙、石林边坡以及开挖覆盖层与基岩交界的溶蚀破碎带形成的土夹石

边坡,应清除石牙、石林间溶槽溶沟内的充填土壤及坡面上的孤石,清除至坡体自然稳定坡度,保留露出坡面的石林、石牙的自然形态。

②对未严重风化、节理发育、破碎但稳定性好的岩溶岩石边坡,宜采取喷浆、喷射混凝土等措施。

③对岩溶路堑开挖后有潜在滑动危险的岩质边坡,应采取支挡或锚固措施。

④对路堑边坡上的干溶洞和洞穴,宜清除洞内沉积物,宜采用干砌或浆砌片石、钢筋混凝土板封堵。当干溶洞和洞穴影响到边坡的稳定性时,应采取浆砌片石、混凝土支柱支顶等加固措施。

⑤对边坡陡、裂隙发育、易风化、剥落破碎的岩溶边坡,或规模大的土夹石岩溶边坡,应采取浆砌片石护面墙等防护措施。

⑥开挖整体稳定性好的硬质岩溶岩石边坡时,宜采用光面爆破或预裂爆破。

6. 红黏土与高液限土地区路基

(1)红黏土与高液限土具有膨胀性时,应按膨胀土路基施工要求控制。

(2)红黏土与高液限土的适用范围应符合表 2-20 的规定。高填方、陡坡路基不宜采用红黏土与高液限土填筑;路基浸水部分、桥台背、挡土墙背、涵洞背等部位不得采用红黏土与高液限土填筑。

红黏土与高液限土的适用范围　　表 2-20

高速公路、一级公路			二级公路			三级、四级公路		
路床	上路堤	下路堤	路床	上路堤	下路堤	路床	上路堤	下路堤
×	×	○	×	○	○	×	○	○
×	×	○	×	○	○	×	○	○

注:表中"○"为可用,"×"为不可用。

(3)红黏土与高液限土路基宜在旱季施工。路基填筑宜连续施工,碾压完一层经检测合格后随即进行下一层的摊铺,以防止路基表面因水分蒸发而开裂。路基填筑施工间歇期长时,可采取顶层掺配不少于30%的碎石后碾压成形等防裂措施。顶层开裂明显的路基应重新翻拌碾压。

(4)路基底部采用填石路堤基底时,填石料应水稳性好。填石料应从最低处开始沿路基横向水平分层填筑。

(5)红黏土与高液限土的击实、CBR 试验应采用湿法试验。

(6)红黏土与高液限土路基填筑前,应先铺筑试验路段,确定相应的施工工艺与压实标准。

(7)红黏土与高液限土路堤宜采用轻型压路机碾压,压实标准应由试验路段结合工程经验确定,且满足压实度不得低于重型压实标准的90%。

(8)红黏土与高液限土路堤边坡防护可采用拱形护坡等常规的防护方式。

(9)高速公路、一级公路红黏土与高液限土零填及挖方段可按下列方式换填处理:

①宜将地表下 1.5m 范围内的石柱、石笋予以清除。

②红黏土与高液限土厚度不大于 1.5m 时,应将红黏土与高液限土全部清除并换填。

③红黏土与高液限土厚度大于 1.5m 时,应将路床范围内的红黏土与高液限土挖除并换填。

④换填材料应采用砂砾、碎石等水稳性好的材料,填料粒径应符合表 2-2 规定。

⑤路堑路段开挖至底部后,应及时进行换填施工,否则宜在底面高程以上预留 300mm 的土层。

(10)路堑边坡应按设计要求及时进行防护和综合排水施工。工程防护与生物防护相结合时坡率宜为 1∶1.25～1∶1.5;工程防护时坡率宜为 1∶1～1∶1.25;采用生物防护时坡率宜为 1∶1.75～1∶2。

(11)路堑边坡开挖后应及时进行防护,不得长时间暴露。坡脚应按设计要求及时施工支挡结构物。

(12)施工期间坍塌的路堑边坡宜采用清方放坡或设置挡土墙进行处理。

7. 膨胀土地区路基

(1)膨胀土地区路基施工应符合的规定:

①宜在旱季施工,要加强现场排水,基底和已填筑的路基不得被水浸泡。

②路堑施工前,应先施工截水、排水设施,将水引至路幅以外。

③应分段施工,各道工序应紧密衔接,连续施工,完成一段封闭一段。

④大规模施工前应核实膨胀土的分布、数量与膨胀等级,明确其路用性能,施工过程中应及时关注膨胀土的变化。

⑤膨胀土的击实、CBR 试验应采用湿法试验。

(2)膨胀土的分级应符合表 2-21 的规定。

膨胀土分级标准   表 2-21

项次	分级指标	弱膨胀土	中等膨胀土	强膨胀土
1	自由膨胀率 F_s(40%)	$40 \leq F_s < 60$	$60 \leq F_s < 90$	$F_s \geq 90$
2	塑性指数 I_p	$15 \leq I_p < 28$	$28 \leq I_p < 40$	$I_p \geq 40$
3	标准吸湿含水率 w_f(%)	$2.5 \leq w_f < 4.8$	$4.8 \leq w_f < 6.8$	$w_f \geq 6.8$

注:标准吸湿含水率指在标准温度(通常 25℃)和标准相对湿度(通常为 60%)时,膨胀土试样恒重后的含水率。

(3)膨胀土作为路基填料时应符合的规定:

①中等膨胀土、弱膨胀土的适用范围应符合表 2-22 规定。膨胀土掺拌石灰改良后可用作路基填料,掺灰处置后的膨胀土不宜用于高速公路、一级公路的路床和二级公路的上路床。

中等膨胀土、弱膨胀土的适用范围   表 2-22

位置	高速公路、一级公路	二级公路	三级公路
上路床	—	—	—
下路床	—	—	弱
上路堤	—	中、弱	中、弱
下路堤	中、弱	中、弱	中、弱

②高填方、陡坡路基不宜采用膨胀土填筑。

③强膨胀土不得作为路基填料。

④路基浸水部分不得用膨胀土填筑。

⑤桥台背、挡土墙背、涵洞背等部位严禁采用膨胀土填筑。

（4）二级及二级以上公路路堤填土高度小于路床厚度时，应按路床要求进行处理。

（5）物理改良的膨胀土路基填筑工艺应符合的规定：

①位于斜坡路段的膨胀土路基应从最低处开始逐层填筑。当沟底有涵洞等结构物时，应在结构物两侧对称进行填筑。

②碾压时填料的含水率应符合试验段确定的范围，稠度宜控制在 1.0～1.3 之间。

③每层厚度不得大于 300mm。

④采取包边处理时，应先填筑非膨胀性包边土或石灰处置后的膨胀土，然后再填筑膨胀土，两者交替进行。包边土的宽度宜不小于 2m，以一个压路机宽度为宜。

⑤路床采用粗粒料填筑时，应在膨胀土顶面设置 3%～4% 的横坡，并采取防水隔离措施。

（6）掺灰处理膨胀土时，若土的天然含水率偏高，宜采用生石灰粉处置，掺石灰宜分两次进行。拌和深度应达到该层底部，拌和后的土块粒径应小于 37.5mm。

（7）路基完成后，应做封层，其厚度应不小于 200mm，横坡应不小于 2%。

（8）物理处置的膨胀土填筑时的压实度标准应根据试验路段与各地的工程经验确定，且压实度应满足不低于重型压实标准的 90%。化学处置后填筑的中等膨胀土、弱膨胀土路基的压实度应符合表 2-3 的规定。

（9）填筑膨胀土路堤时，应及时对路堤边坡及顶面进行防护。

（10）零填和挖方路段路床应符合的规定：

①高速公路、一级公路零填和挖方路段路床 0.8～1.2m 范围的膨胀土应进行换填处理，对强膨胀土路堑，路床换填深度宜加深到 1.2～1.5m。在 1.5m 范围内可见基岩时，应清除至基岩。

②二级公路、三级公路的零填和挖方路段路床 0.3m 范围的膨胀土应进行换填处理。换填材料为透水性材料时，底部应设置防渗层。二级公路强膨胀土路堑的路床换填深度宜加深至 0.5m。

③路堑超挖后应及时进行换填，不得长时间暴露。

8. 黄土地区路基

（1）施工前应核对湿陷性黄土的分类区段、基底处理种类并进行确认与标识，编制专项施工方案。

（2）路基边坡坡率应符合要求，坡面应顺适平整，防护及支挡工程施工应与路堤填筑和路堑开挖施工合理衔接。排水沟渠铺砌加固时，应对基底采用夯实或掺石灰夯实的方法进行处理，压实度应达到 90% 以上。

（3）湿陷性黄土地基处理应符合的规定：

①湿陷性黄土地基处理前，应完成截水及临时排水设施，并应完成路堤基底的坑洞和陷穴回填。低洼积水地段或灌溉区的路堤两侧坡脚外 5～10m 范围内，应采用素土或石灰土填平并压实，并应高出原地表 200mm 以上，路基两侧不得积水。

②地基处理前均应进行试验段施工。基底处理场地附近有结构物时，场地边缘与结构物的最小水平安全距离应满足规定要求。冲击碾压或强夯处理段，地基土的压实度、压缩系数和

湿陷系数应在施工结束 7d 后进行检测,强度检验应在 15d 后进行。

③地基处理所用原材料应满足设计要求。石灰宜采用Ⅲ级及以上等级的消石灰;水泥宜选用 32.5 级以上的普通硅酸盐水泥;土料宜采用塑性指数为 7～15 的不含有机质的黏质土,土块粒径宜不大于 15mm。

④换填法处理湿陷性黄土地基时,宜采用石灰土垫层或水泥土垫层,也可采用素土垫层。垫层应分层摊铺碾压,每层厚度宜不大于 300mm,压实度应符合所在部位的标准要求。

⑤冲击碾压法处理湿陷性黄土地基时,冲压处理的施工长度应不小于 100m;与结构物的安全距离不满足要求时宜开挖隔振沟;地基土的含水率应控制在最佳含水率 ±3% 范围内;应采用排压法进行冲压;过程中应对地基的沉降值、压实度进行检测。

⑥强夯法处理湿陷性黄土地基时,同一强夯能级宜采用重锤、低落距的方式进行;地基土的含水率宜控制在 8%～24% 之间;宜分主夯、副夯、满夯三遍实施,两遍夯击之间宜有一定的时间间歇;夯点的夯击次数应按试夯得到的夯击次数和夯沉量关系曲线确定;与结构物安全距离不满足要求时应开挖隔振沟。

⑦挤密桩法处理湿陷性黄土地基,深度在 12m 之内时,宜采用沉管法成孔;超过 12m 时,可采用预钻孔法进行成孔。石灰土挤密桩不得采用生石灰。干拌水泥碎石挤密桩所用石屑粒径宜为 0～5mm,碎石粒径宜为 5～20mm,含泥量应不大于 5%。填料前应夯实孔底。成桩回填应分层投料分层夯击,填料的压实度宜不小于 93%。挤密桩完成后,应及时进行桩顶石灰土垫层的施工。

⑧采用桩基础法进行湿陷性黄土地基处理时,桩顶的桩帽应采用水泥混凝土现场浇筑,桩顶进入桩帽的长度宜不小于 50mm;桩帽顶的加筋石灰土垫层应及时施工,土工格栅应采用绑扎连接,铺设时应拉紧并锚固,铺设后应及时用石灰土覆盖;过程中应对桩位偏差、桩体质量、桩帽质量、土工格栅的原材料及铺设质量、垫层的质量进行检验;有要求时应进行单桩承载力试验,预制桩应在成桩 15d 后进行,灌注桩应在成桩 28d 后进行。

(4)黄土陷穴处理应符合的规定:

①路堤坡脚线或路堑坡顶线之外,原地表高侧 80m 范围内、低侧 50m 范围内存在的黄土陷穴宜进行处理,对串珠状陷穴与路堑边坡出露陷穴应进行处理,对规定距离以外倾向路基的陷穴宜进行处理。

②陷穴处理前,应对流向陷穴的地表水和地下水采取拦截引排措施。

③采用灌砂法处理的陷穴,地表下 0.5m 范围内应采用 6%～8% 的石灰土进行封填并压实。

④对危及路基安全的黄土陷穴,应根据其埋藏深度和大小选用适当的方法进行处理,陷穴处理方法见表 2-23。

陷穴处理方法　　　　　　　　　　　　　　　　　表 2-23

处理方法	回填夯实	明挖回填夯实	开挖导洞或竖井回填夯实	实注浆或爆破回填	灌砂
适用条件	明陷穴	陷穴埋藏深度≤3m	3m < 陷穴埋藏深度≤6m	陷穴埋藏深度>6m	陷穴埋藏深度≤3m,直径≤2m,洞身较直

⑤处理后仍暴露在外的陷穴口,应采用石灰土等不透水材料进行防渗处理,防渗层厚度应不小于 500mm,穴口表面应高于周围地面。

（5）黄土路堤填筑应符合的规定:

①当 CBR 值不满足要求时,可掺石灰进行改良。

②黄土不得用于路基的浸水部位,老黄土不宜用作路床填料。

③填挖结合处应清除表层土和松散土层,顶部宜开挖成高度不大于 2m、宽度不小于 2m 的多层台阶,并应对台阶进行压实处理。

④黄土碾压时的含水率宜控制在最佳含水率 ±2% 范围内。

⑤雨水导致的边坡冲沟应挖台阶夯实处理。

⑥高路堤应采用冲击碾压或强夯方式进行补充压实。

（6）黄土路堑施工应符合的规定:

①施工前应对路堑顶两侧有危害的黄土陷穴进行处理,堑顶的裂缝和积水洼地应填平夯实,地表平坦或自然坡倾向路基时应在堑顶设置防渗截水沟或拦水埂。

②接近路床高程时宜顺坡开挖。路床需要处理时,应在处理后进行成形层施工。

③施工中应记录坡面的地层产状及地下水出露情况,存在不利于边坡稳定的状况或发现边坡有变形加剧迹象时,应及时反馈处理。

④路基边沟宜在基底处理后、路床成形层施工前完成。

（7）黄土填筑的高路堤、陡斜坡地段的路堤、湿陷性黄土地基上的路堤、深路堑段的边坡及坡顶宜进行沉降及位移监测。监测点的布置、观测频率及监测期应符合要求。

9. 盐渍土地区路基

（1）原地面和基底处理应符合的规定:

①路基填筑前应对照设计资料,复测基底表土的含盐量和含水率,明确地下水位,与设计资料不符时应反馈处理。

②应将浅层地表盐壳清除干净,并碾压密实。

③过湿或积水的洼地、软弱地基,应做好排水,进行清淤换填、强夯置换、碎石桩等地基处理。

④干涸盐湖地段填筑路堤可利用岩盐作为填料。发育有溶洞、溶塘、溶沟的地段应换填砂砾、风积沙、片卵石或盐盖等材料。

（2）盐渍土路堤填料应符合的规定:

①填料不得夹有草根、盐块及其他杂物,有机质含量宜不大于 1%。

②同一料源时,路床填料每 5000m³、路堤填料每 10000m³ 应做一组含盐量测试,不同料源应分别测试。

③利用石膏土作填料时,应先破坏其蜂窝状结构,石膏含量一般不予限制,但应确保压实度。

（3）路堤填筑应符合的规定:

①沿线路侧取土坑应按设计要求做好排水,并符合环保要求。

②盐渍土路堤应分层填筑压实,松铺厚度宜不超过 300mm,碾压时宜按最佳含水率 ±2% 控制。粗粒土的压实层厚宜不超过 300mm,风积沙的压实层厚宜不超过 400mm。雨天不宜

施工。

③桥、涵两侧台背不宜采用盐渍土填筑。

④盐渍土的压实标准应符合表 2-3 的规定。

⑤盐渍土路堤的施工,应从基底处理开始连续施工。在设置隔断层的地段,宜连续填筑到隔断层的顶部。

⑥地下水位高的黏性盐渍土地区,宜在夏季施工;砂性盐渍土地区,宜在春季和夏初施工;强盐渍土地区,宜在表层含盐量低的春季施工。

⑦设有护坡道的路段,护坡道也宜分层填筑,压实度应不小于 90%。

(4)土工合成材料隔断层应符合的规定:

①土工合成材料应符合设计的有关规定。

②路基表面平整度与横坡应符合要求。路基表面不得有尖硬棱角的碎、砾石块凸出,以免扎破土工膜。

③土工合成材料应按路基横断面的宽度全断面铺设,铺设平展紧贴下承层,不得有褶皱。铺筑后应检查破损状况,对破损处应在上面加铺大小能防止破损处漏水的土工合成材料进行补强。

④土工合成材料铺设完成后,严禁行人、牲畜和各种车辆通行,并应及时填筑上层路基,避免阳光暴晒。

⑤在土工膜上填筑粗粒土的路段,应设上保护层,上保护层厚度宜不小于 200mm。保护层摊平后先碾压 2～3 遍,再铺一层粗粒土,与上保护层一起碾压,两者的厚度之和应不超过 400mm。

(5)砂砾、碎石隔断层应符合的规定:

①反滤层宜采用具有渗透功能的土工织物。

②砂砾、碎石隔断层应先铺设包边砂砾土,再全层一次铺填,路拱横坡应为 2%～5%。

③砂砾、碎石隔断层压实应由路基两侧向中间碾压。

(6)风积沙隔断层应符合的规定:

①厚度宜不小于 400mm,粉黏粒含量应在 5% 以下。

②填筑与压实可采用干压实工艺。

③设计厚度大于 600mm 时,应采用分层填筑,每层松铺厚度宜为 300～400mm;设计厚度不大于 600mm 时,可一次全厚度填筑。

10. 采空区路基

(1)施工准备应符合的规定:

①应核查矿山采空区埋深、覆岩的岩性、厚度及完整程度,冒落带和裂隙带的发育程度,裂隙的连通性等情况,确认并标识路基范围内采空区的类型、处置方式及相应的范围边界或支撑位置,编制专项施工方案。

②测量控制点应设置在采空区影响范围之外,并加以防护。

③地表有出露渗水时,应设置暗沟或截水渗沟将水流引离路基。

(2)采空区的处置方式、长度、宽度及深度应满足设计要求,处理后的地基强度及稳定性应满足设计要求。

（3）注浆法处理采空区时应符合的规定：

①施工前应在典型地段进行试验路段施工,试验注浆孔数应不小于总孔数的3%。成孔钻机、压浆设备、试验检测设备、成孔和注浆工艺、浆液的各种参数应通过试验路段选择确定。

②注浆区邻近巷道时,应按设计要求在巷道内修建止浆墙。

③采空区呈大体水平状况时,同一地段的成孔和注浆,应按先帷幕孔、后注浆孔的顺序进行施工;采空区呈倾斜状况时,应按先深层部位、后浅层部位的顺序进行施工。帷幕注浆应分序间隔进行。

④钻孔的孔径、孔深、垂直度及孔位偏差应符合要求;钻孔至裂隙带及冒落带时应清水钻进;容易塌孔的区域宜跟管钻进;成孔后应对钻孔进行冲洗;不易软化岩层中的空隙和裂隙,注浆前应采用压力水进行冲洗;钻孔未注浆前,孔口应加盖防护。

⑤处理区宜分2~3个批次进行间隔成孔和注浆。孔壁稳定时宜分批成孔、分批注浆,孔壁难以稳定时宜逐孔注浆。

⑥注浆浆液宜采用水泥、粉煤灰、黏土等材料加水拌和而成,浆液应在集中搅拌站机械拌和。浆液的水固比、外加剂的种类及加入量,应通过现场试验确定。

⑦单层采空区或层间间隔小且已坍塌无明显分界的多层采空区,宜采用一次成孔、自下而上、一次灌注的方式注浆;层次分明、层间距大的多层采空区,宜采用分段成孔、自上而下、分段注浆的方式注浆;当采空区空洞大、裂隙发育或采空区充水且水的流速大时,宜先灌注砂、石屑等集料进行填充,再进行间歇式注浆,注浆浆液宜掺加水玻璃等添加剂。

⑧注浆时应采取止浆措施。注浆过程中发生冒浆或相邻孔串浆时,应进行处理。注浆达到结束条件后方可终止注浆并封孔。

⑨处理结束后,应检测岩体原有空洞及裂隙内浆液的充填情况、岩体注浆后的完整程度、浆液结石体的抗压强度等;宜采用取芯钻机进行钻探检测,钻探孔径应不小于91mm;当采空区埋深小于30m时,宜采用开挖探井、探坑方式进行检测。检测钻探及岩土测试应在采空区处置施工结束一段时间后进行。

（4）干砌片石或浆砌片石支撑法处理采空区时应符合的规定：

①施工时应采取通风措施,并按从里到外的顺序进行。

②片石的最小尺寸应不小于100mm,母岩抗压强度应不小于30MPa,砌筑所用砂浆的强度等级应满足设计要求。

③应分段、分层台阶式砌筑,砌体顶面应填塞紧密。

（5）强夯法处理采空区时应符合的规定：

①施工前应在典型地段进行试夯,经检测满足要求后方可正式施工。施工时应按要求的夯点间距、夯击能、点夯次数、夯击遍数进行控制。

②施工过程中的各项测试数据应符合要求,否则应进行补夯或采取其他有效措施进行处理。

③处理完成并放置一段时间后,应对地基深部的松散体密实程度及处理效果进行检测。

（6）开挖回填法处理采空区时,基坑应按要求坡率进行放坡开挖,回填料应分层压实。

（7）衬砌加固法处理巷道时,应符合现行《公路隧道施工技术规范》(JTG/T 3660)有关规定。

(8)处理效果应按要求进行检测,检测指标达不到规定要求的,应分析原因并反馈处理。

(9)施工期间及完工后,处理区段宜进行水平位移和沉降监测。监测点布置和监测精度应符合设计和现行《工程测量规范》(GB 50026)的有关要求。

一般情况下,采空区处理期间及路基正常施工期间,半年内每周监测一次;半年后至交工验收前每月监测一次;通车两年内,每两个月监测一次;变形显著时,增加监测频次。

(10)采空区路基基底采用砂砾石、碎石、片石等回填时,填料质量和填筑压实度应满足设计要求。

第五节　路基排水与防护支挡工程

一、一般规定

1. 路基排水工程

(1)施工前要根据路基施工的现场情况核对路基排水设计,设计与现场情况相符时,应检查各类排水设施的位置、断面、尺寸、坡度、高程。路堤施工前应先做好临时防水、排水系统。全线的沟渠、桥涵等应形成完整的排水系统。

(2)路堤段落设计有涵洞时,宜安排涵洞先行施工。

(3)路堤填筑期间,作业面应设2%~4%的排水横坡,表面不得积水。边坡应采取临时排水措施。

(4)路堑施工时应及时排除地表水。

2. 路基防护与支挡工程

(1)路基防护工程施工前,应对边坡进行整修,清除边坡上的危石及松土。修整后的坡面应大面平整、排水顺畅,与周围自然地形相协调。

(2)路基防护工程应与路基挖填方工程紧密、合理衔接,应开挖一级防护一级。

(3)施工过程中,应加强安全防护,严禁大爆破、大开挖。

(4)各类防护工程应置于稳定的基础或坡体上,坡面防护层应与坡面密贴结合,不得留有空隙。

二、地表排水工程质量监理

1. 截水沟施工

(1)截水沟先行施工,与其他排水设施衔接平顺,纵坡宜不小于0.3%。

(2)不良地质路段、土质松软路段、透水性大或岩石裂隙多地段的截水沟沟底、沟壁、出水口应检查防渗处理。

2. 排水沟施工

排水沟线形应平顺,转弯处宜为弧线形。排水沟的出水口应设置跌水或急流槽,水流应引出路基或引入排水系统。

3.急流槽施工

（1）基础应嵌入稳固的基面内，底面应按设计要求砌筑抗滑平台或凸榫，对超挖、局部坑洞应采用相同材料与急流槽同时施工。

（2）浆砌片石的砂浆应饱满，切缝应不大于40mm，槽底表面应粗糙。

（3）急流槽应分节砌筑，分节长度宜为5～10m，接头处应采用防水材料填缝。混凝土预制块急流槽的分节长度宜为2.5～5m，接头应采用榫节。

（4）急流槽进水口的喇叭口应与排水设施衔接平顺，汇集的水簸箕底口不得高于接门的路肩表面。

4.跌水池施工

（1）跌水池的施工应参照急流槽施工。

（2）无消力池的跌水池，其台阶高度应小于600mm，每个台阶高度与长度之比应与原地面坡度相协调。

（3）消力池的基底应检查防渗措施。

5.蒸发池施工

（1）蒸发池与路基之间的距离应满足路基稳定要求。

（2）底面和侧面应检查防渗措施。

（3）池底宜设0.5%的横坡，入口处应与排水沟连接平顺。

（4）蒸发池应远离村镇等人口密集区，四周应采用隔离栅进行防护，高度应不低于1.8m，并设置警示牌。

三、地下排水工程质量监理

1.排水垫层施工

（1）排水垫层的厚度宜不小于300mm，垫层材料应采用天然砂砾或中粗砂，含泥量应不大于5%。垫层宜分层摊铺压实或夯实。垫层的两侧已采用浆砌片石或其他防护方式。

（2）隔离工程应符合设计及规范要求，其采用的土工合成材料应符合要求。

（3）暗沟、暗管施工应符合下列要求：沟底应埋入不透水层内，沟壁最低一排渗水孔高出沟底200mm以上，进口采取截水措施。设置在路基侧时，宜沿路线方向布置。设在低洼地带或天然沟谷时，宜沿沟谷走向布置。寒冷地区的暗沟应检查保温处理，出水口坡度宜不小于5%。暗沟顶面应设置混凝土盖板或石料盖板，板顶填土厚度应不小于500mm。

施工时应严格检查暗管所用材料，设置的渗水孔及反滤层，对回填施工应检查是否为透水性材料，分层填筑厚度不大于150mm，材料粒径不大于50mm。

（4）渗沟施工应检查设置的排水层、反滤层和封闭层。渗水材料应采用洁净的砂砾、粗砂、碎石、片石，其中粒径小于2mm的颗粒含量不大于5%。渗沟宜从下游向上游分段开挖。透水材料的顶面不得低于原地下水位。渗沟基底应埋入不透水层内不小于0.5m。粒料反滤层应分层填筑，渗沟顶部封闭层应采用干砌片石或浆砌片石。

（5）渗井施工应检查渗井的开挖支撑，以及采取的照明通风、排水设施。填充料应在开挖后及时回填,不同区域的填充料应采用单一粒径分层填筑,填筑料和反滤层要同步施工。渗井顶部四周要用黏土围护,并加盖封闭。

(6)中央分隔带采用铺面封闭时,铺面层下应采取防水措施,铺面层的横坡与道路横坡一致。中央分隔带未采用铺面封闭时,施工时排水管应采用反挖法。应检查铺设高度、横坡及防水布的铺设,不得破坏漏水。沟槽回填应采用种植土,施工中应做好临时排水。

2.质量检验标准和实测项目

(1)《公路工程质量检验评定标准　第一册　土建工程》(JTG F80/1—2017)给定的质量检验标准和实测项目见表2-24。

土沟的质量检验标准和实测项目　　　　　　表2-24

项次	检查项目	规定值或允许偏差	检查方法和频率
1	沟底高程(mm)	+0, −30	水准仪:每200m测4点,且不少于5点
2	断面尺寸(mm)	≥设计值	尺量:每200m测2点,且不少于5点
3	边坡坡度	不陡于设计要求	尺量:每200m测2点,且不少于5点
4	边棱顺直度(mm)	50	20m拉线:每200m测2点,且不少于5点

(2)《公路工程质量检验评定标准　第一册　土建工程》(JTG F80/1—2017)给定的质量检验标准和实测项目见表2-25。

浆砌水沟的质量检验标准和实测项目　　　　　　表2-25

项次	检查项目	规定值或允许偏差	检查方法和频率
1△	砂浆强度(MPa)	在合格标准内	按JTG F80/1—2017附录F检查
2	轴线偏位(mm)	50	全站仪或尺量:每200m测5点
3	沟底高程(mm)	±15	水准仪:每200m测5点
4	断面尺寸(mm)	±30	尺量:每200m测2个断面,且不少于5个断面
5	坡度	满足设计要求	坡度尺:每200m测2点
6	墙面直顺度(mm)	30	20m拉线:每200m测2点
7	铺砌厚度	≥设计值	尺量:每200m测4处
8	基础垫层宽度、厚度	≥设计值	尺量:每200m测4处

四、防护与支挡工程质量监理

(一)路基防护工程

路基防护工程包括植物防护、坡面工程防护、沿河路基防护等形式。

1.路基植物防护

路基植物防护包括坡面植物防护、湿法客土喷播防护、三维植物网防护、水泥混凝土骨架防护、水泥混凝土空心预制块骨架防护等形式。

(1)检查坡面植物防护是否符合下列规定:

植物防护前应清理坡面。回填土宜采用土、肥料及腐殖土的混合物,种植厚度应根据植被类型不同确定不同的厚度。

种草施工时，草籽应撒布均匀。草皮应使用带状或块状的，草皮厚度宜为 100mm，铺设时应由坡脚自下向上铺设。

养护用水不得含油、酸、碱、盐等有碍草木生长的成分。

（2）检查湿法客土喷播是否符合下列规定：

喷播前应浇水湿润坡面。喷播植草混合料植生土、土壤稳定剂、水泥、肥料、混合草籽、水等应按配合比组成。

喷播混合材料的厚度应为 20～80mm，种子喷播应均匀。

客土喷播施工锚杆和锚钉应按 1m 间距呈梅花形布置，挂网施工时应自上而下放卷，锚钉每平方米不少于 5 个。

喷播施工后应及时进行补种、洒水、施肥、除杂草等养护管理，成活率应达到 90% 以上。

（3）检查三维植物防护网施工是否符合下列规定：

施工前应清除杂草、石块、树根等杂物，坡面土质疏松的应进行夯实。

铺设三维网应自上而下平铺到坡脚，并向坡顶、坡脚各延伸 500mm。

三维网搭接长度应满足设计要求且应不小于 100mm，三维网应紧贴坡面，四周应以 U 形钉固定，无皱褶和悬空现象。

（4）检查水泥混凝土骨架及植物防护施工是否符合下列规定：

骨架施工前应整修坡面，混凝土浇筑应从护脚开始，由下而上进行浇筑和振捣。

骨架应完全嵌入坡面内，防止产生变形或破坏。

混凝土骨架浇筑完成后，应及时进行养护，养护时间不得少于 14d。

植物应以乡土植物为主、外来植物为辅，植草皮时宜铺设 50～100mm 厚的种植土。铺设草皮后应及时进行养护。

2. 路基坡面防护

坡面工程防护包括坡面喷浆、坡面喷射混凝土、锚杆挂网喷射混凝土、干砌片石护坡、浆砌片石护坡、水泥混凝土预制块护坡、浆砌片石护面墙等形式。

（1）检查坡面喷浆、坡面喷射混凝土是否符合下列规定：

喷射顺序均应自下而上进行。

喷射混凝土的厚度应符合设计规定且永久支护厚度不小于 80mm。永久支护面钢筋的喷射混凝土保护层厚度不得小于 50mm。当喷射混凝土的厚度大于 100mm 时，应分两次喷射。

喷射混凝土面层的长度方向，应每隔 30m 设一道伸缩缝，缝宽 10～20mm。

喷射混凝土的养护时间不得少于 7d。

（2）检查浆砌片石护坡、护面墙是否符合下列规定：

宜在路堤沉降稳定后施工，砌筑前应整修坡面，按设计完成垫层施工，厚度一般不小于 10mm。

应分层砌筑，2～3 层组成的工作面应大致找平。所有石块均应坐于新拌砂浆之上。

每砌筑 10～15m 应设置一道伸缩缝，缝宽宜为 20～30mm。伸缩缝和沉降缝可合并设置。

砂浆终凝前，应将砌体覆盖养护。

泄水孔应按设计进行施工，间距宜为 2～3m，上下泄水孔应交错布置。

（3）质量检验标准和实测项目。

《公路工程质量检验评定标准　第一册　土建工程》（JTG F80/1—2017）给定的质量检验标准和实测项目见表2-26。

砌体坡面防护的质量检验标准和实测项目　　　　　　表2-26

项次	检查项目		规定值或允许偏差	检查方法和频率
1△	砂浆强度（MPa）		在合格标准内	按 JTG F80/1—2017 附录 F 检查
2	顶面高程 （mm）	料、块石	±30	水准仪：长度不大于30m时测5点，每增加10m增加1点
		片石	±50	
3	表面平整度 （mm）	料、块石	≤25	2m 直尺：除锥坡外每50m测3处，每处纵、横向各1尺；锥坡处顺坡测3尺
		片石	≤35	
4	坡度		≤设计值	坡度尺：长度不大于30m时测5处，每增加10m增加1处
5△	厚度或断面尺寸（mm）		≥设计值	尺量：长度不大于50m时测10个断面，每增加10m增加1个断面
6	框格间距（mm）		±150	尺量：抽查10%

（二）路基边坡支挡工程

路基边坡支护工程包括边坡锚固、重力式挡土墙、石笼式挡土墙、锚杆挡土墙、锚定板挡土墙、加筋土挡土墙、悬臂式和扶壁式挡土墙、抗滑桩、土钉支护、柔性防护网系统等形式。支挡及石砌防护构造物施工一般分为基坑开挖及其地基承载力检验、构造物砌筑和墙背回填等工序。以下重点介绍挡土墙工程。

1. 挡土墙的基坑开挖

（1）重力式挡土墙的基坑开挖宜分段跳槽进行，分段位置宜结合伸缩缝、沉降缝等设置进行确定。

（2）应严格控制基底高程，不得超挖填补，特别是设计的挡土墙基底为倾斜面时。

（3）对于土质或易风化软质岩石，在雨季开挖基坑时应在基坑挖好后及时封闭坑底。

2. 挡土墙的基础砌筑

（1）施工前应检查基础底面，清除基底表面风化、松软的土石和杂物。

（2）在硬质岩石上的浆砌片石基础宜满坑砌筑。浆砌片石底面应卧浆铺砌，立缝要填浆补实，不得有空隙和立缝贯通现象。

（3）对于台阶式基础，宜与墙体连续砌筑，基底及墙趾台阶转折处不得砌成垂直通缝，砌体与台阶壁间的缝隙砂浆应饱满。

（4）基础周边应在基础砂浆强度达到设计强度的75%后及时分层回填夯实。回填应在表面预留3%的向外斜坡。

3. 挡土墙的墙身施工

1）墙身施工应符合下列规定：

（1）砌石墙身应分层错缝砌筑，咬缝应不小于砌块长度的1/4且不得出现贯通竖缝。

（2）片石、砌块应大面朝下砌筑，砌块不应直接接触，间距宜不小于20mm。

（3）混凝土墙身应水平分层浇筑、分层振捣。分层厚度应不超过300mm。

（4）混凝土浇筑应连续进行。如间断，间断时间应小于前层混凝土的初凝时间，否则，应按施工缝处理。浇筑过程中应专人检查模板、支撑情况。

（5）挡土墙端部伸入路堤或嵌入挖方部分应与墙体同时砌筑。挡土墙顶应找平抹面或勾缝。

（6）墙身施工完毕应及时进行养护。

2）质量检验标准和实测项目

《公路工程质量检验评定标准　第一册　土建工程》（JTG F80/1—2017）给定的质量检验标准和实测项目见表2-27。

浆砌挡土墙的质量检验标准和实测项目 表2-27

项次	检查项目		规定值或允许偏差	检查方法和频率
1△	砂浆强度（MPa）		在合格标准内	按 JTG F80/1—2017 附录 F 检查
2	平面位置（mm）		≤50	全站仪：测墙顶外边线，长度不大于30m 时测5点，每增加10m增加1点
3	墙面坡度（%）		≤0.5	铅锤法：长度不大于30m 时测5处，每增加10m增加1处
4△	断面尺寸（mm）		≥设计值	尺量：长度不大于50m 时测10个断面，每增加10m增加1个断面
5	顶面高程（mm）		±20	水准仪：长度不大于30m 时测5点，每增加10m增加1点
6	表面平整度（mm）	块石	≤20	2m 直尺：每20m 测3处，每处测竖直、墙长两个方向
		片石	≤30	
		混凝土预制块、料石	≤10	

4.挡土墙的墙背回填

挡土墙砂浆强度或混凝土强度达到设计强度的75%以上时，方可进行墙背回填。距墙背0.5～1.0m 内不得使用重型振动压路机进行碾压。

墙背填土应与挖方路基、填方路基相搭接，并应满足设计要求。应分层填筑和压实，每层表面平整，顶层路拱合适。

墙背填料应符合下列规定：

（1）宜采用设计要求的填料。设计未规定时，选用砂性土、卵石土、砾石土或块石土等透水性好、抗剪强度高的材料。

（2）采用黏质土作为填料时，应在墙背设置厚度不小于300mm 的砂砾或其他透水性材料排水层。排水层顶部应采用黏质土层封闭，土层厚度宜不小于500mm。

（3）填料中不得含有机物、冰块、草皮、树根等杂物或生活垃圾。不得使用膨胀土、高液限黏土、腐殖土、盐渍土、淤泥、冻土块、白垩土、硅藻土、生活垃圾、有机质等作为墙背填料。

第六节 涵洞、通道和小桥、人行天桥工程

一、一般规定

(1)涵洞在开工前应根据设计文件进行现场核对。当设计文件与现场实际情况差别较大,需变更时,应及时办理设计变更手续。对地形复杂处、斜交、平曲线和纵坡上的涵洞,应先绘出定位详图,再依图放样施工。

(2)除设置在岩石地基上的涵洞外,涵洞的洞身及基础应根据地基土质的情况,按设计要求设置沉降缝,且沉降缝处的两端面应竖直、平整,上下不得交错。填缝料应具有弹性和不透水性,并应填塞紧密。预制圆管涵的沉降缝应设在管节接缝处,预制盖板涵的沉降缝应设在盖板接缝处,沉降缝应贯穿整个洞身断面。波形钢管涵可不设沉降缝。

(3)涵洞进出水口的沟床应整理顺应,与上下游导流、排水设施的连接应圆顺、稳固,并应保证流水顺畅。

二、扩大基础的基坑开挖和基底检验

1. 基坑开挖

(1)基坑边缘的顶面应设置防止地面水流入基坑的设施。基坑开挖时,应对基坑边缘顶面的各种荷载进行严格限制,并应在基坑边缘与荷载之间设置护道,基坑深度小于或等于4m时护道的宽度应不小于1m;基坑深度大于4m时护道的宽度应按边坡稳定计算的结果进行适当加宽。水文地质条件较差时,应采取加固措施。

(2)基坑开挖应符合下列规定:

①基坑开挖施工宜安排在枯水或少雨季节进行。基坑的开挖应连续施工,对有支护的基坑应采取防碰撞的措施,不得损坏或碰撞支护。基坑附近有其他结构物时,应有可靠的防护措施,避免对其产生安全及稳定性影响。

②在开挖过程中进行排水时,应保证基坑的安全,在确认基坑坑壁稳定的情况下,方可进行基坑内的排水。排水困难时,宜采用水下基坑开挖方法,但应保持基坑中的原有水位高程。

③采用机械开挖时应避免超挖,宜在挖至基底前预留一定厚度,再由人工开挖至设计高程;如超挖,则应将松动部分清除,并应对基底进行处理。地基超挖后严禁回填虚土。

④基坑开挖施工完成后不得长时间暴露,《公路工程标准施工招标文件》(2018年版·第二册)第404节规定,基坑开挖的进度安排应使坑壁的暴露时间不超过30d。被水浸泡或被扰动,应及时检验其尺寸、高程和基底承载力,检验合格后应立即进行基础工程的施工。对于长时间暴露的基底,在下次施工前要进行基底承载力检测,合格后方可继续施工,否则,要进行处理,合格后才可进行下步工序。

(3)对坑壁采取不支护措施(不支护坑壁)进行基坑开挖施工时应符合下列规定:

①基坑坑壁的坡度宜根据地质条件、基坑深度、施工方法等情况确定。当为无水基坑且土层构造均匀时,基坑坑壁的坡度可按稳定性要求设置。

②当基坑有地下水时，地下水位以上部分可放坡开挖；地下水位以下部分，若土质易坍塌或水位在基坑底以上较高时，应采用加固土体或降低地下水位等方法后，再进行开挖。

③基坑为渗水性的土质基底时，坑底的平面尺寸应根据排水要求（包括排水沟、集水井、排水管网等）和基础模板所需基坑大小确定。

（4）对坑壁采取支护措施进行基坑开挖施工时，应符合下列规定：

①基坑较浅且渗水量不大时，可采用竹排、木板、混凝土板或钢板等对坑壁进行支护；基坑深度小于或等于4m且渗水量不大时，可采用槽钢、H型钢或工字钢等进行支护；地下水位较高，基坑开挖深度大于4m时，宜采用锁口钢板桩或锁口钢管桩围堰进行支护；在条件允许时亦可采用水泥土墙、混凝土围圈或桩板墙等支护方式。

②对支护结构应进行设计计算，当支护结构受力过大时应加设临时支撑，支护结构和临时支撑的强度、刚度及稳定性应满足基坑开挖施工的要求。

③基坑坑壁可采用喷射混凝土、锚杆喷射混凝土、预应力锚索和土钉支护等方式进行加固。加固施工时应符合技术规定。

（5）基坑开挖的质量检验标准和实测项目见表2-28。

基坑开挖检验标准和实测项目 表2-28

项次	检查项目		规定值或允许偏差	检查方法和频率
1	平面周线位置（mm）		不小于图纸要求	经纬仪：纵、横向各测2点
2	基底高程（mm）	土质	±50	水准仪：测5处
		石质	+50，−200	水准仪：测5处
3	基坑尺寸（mm）		不小于图纸尺寸	尺量：长、宽各测3处

2. 基坑降排水

基坑的降排水可采用集水坑排水法、井点降水法、止水帷幕防渗法等方法。

井点降水法宜用于粉砂、细砂、地下水位较高、有承压水、基坑开挖较深、坑壁不易稳定的土质基坑，在无砂的黏质土中不宜采用。井点降水曲线应低于基底设计高程或开挖高程至少0.5m。应做好沉降及边坡位移监测。

止水帷幕是通过减少渗流水量，减小地下水水力坡度，防止流沙、管涌、潜蚀等，在基坑边线外设置的隔水结构。采用止水围幕防渗方法施工时，应进行施工设计，帷幕防渗层的厚度应满足基坑防渗的要求，止水帷幕的渗透系数宜小于10×10^{-6}mm/s。

3. 基底处理

（1）对符合设计要求的细粒土、特殊土等基底，经修整完成后，应尽快进行基础的施工，不得使基底浸水或长期暴露；基坑开挖后，如基底的地质情况与设计不符，应按程序进行设计变更处理。地基处理应根据地基土的种类、强度和密度，按照设计要求，并结合现场情况，采取相应的处理方法。地基处理的范围应宽出基础之外不小于0.5m。

（2）对强度低、稳定性差的细粒土及特殊土地基，如饱和软弱黏土层、粉砂土层、湿陷性黄土、膨胀土、季节性冻土等，处理时应视该类土的处治深度和含水率等情况，采取固结、换填等措施，使之满足设计要求。

（3）对于强度和稳定性满足设计要求的粗粒土及巨粒土基底，应将其承重面平整夯实，其范围应满足基础的要求。基底有水不能彻底排干时,应设置集水井将水引至排水沟,然后修筑基础。

（4）岩层基底的处理。对风化的岩层,应挖至设计高程并满足地基承载力要求后尽快进行封闭,防止其继续风化;在未风化的平整岩层上,基础施工前应先将淤泥、苔藓、松动的石块、杂物等清除干净,并凿除新鲜岩面;坚硬的倾斜岩层,应将岩层面凿平。倾斜度较大,无法凿平时,应凿成多级台阶。台阶的宽度宜不小于 0.3m。

（5）多年冻土地基的处理。基础不应置于季节性冻融土层上,并不得直接与冻土接触;基础的基底修筑在多年冻土层（即永冻土）上时,基底上应设置隔温层或保温层材料,且铺筑宽度应在基础外缘加宽 1m。按保持冻结的原则设计的明挖基础,其多年平均地温等于或高于 -3℃时,应于冬季施工;多年平均地温低于 -3℃时,可在其他季节施工,但应避开高温季节。

施工时,明水应在距坑顶 10m 之外修排水沟。排水沟中水应引流远离坑顶并及时排出融化水。

（6）溶洞地基的处理。影响基底稳定的溶洞,不得堵塞溶洞水路;干溶洞可用砂砾石、碎石、干砌或浆砌片石及灰土等回填密实;基底干溶洞较大,回填处理有困难时,可采用桩基处理,桩基应进行设计,并经监理工程师和设计单位批准。

（7）泉眼地基的处理。可将有螺口的钢管紧紧打入泉眼,盖上螺帽并拧紧,阻止泉水流出,或向泉眼内压注速凝的水泥砂浆,再打入木塞堵眼;堵眼有困难时,可采用引流,将水引流至集水坑排出或在基底下设盲沟引流至集水坑排出,待基础圬工完成后,再向盲沟压注水泥浆堵塞。不论采用何种方法处理,都不应使基底饱水。

4. 基底检验

（1）地基基底的检验,应包括下列内容:

①基底的平面位置、尺寸和基底高程;

②基底的地质情况和基底的承载力;

③基底处理和排水情况;

④施工记录及有关试验资料等。

（2）特大桥或特殊结构桥梁的地基检验应符合设计规定。其他可按桥涵大小、地基土质复杂情况及结构对地基有无特殊要求等采用以下检验方法:

①小桥涵的地基检验可采用直观或触探方法,必要时可进行土质试验。

②大、中桥和地基土质复杂、结构对地基有特殊要求的地基检验,宜采用触探和钻探（钻深至少 4m）取样做土工试验,或按设计的特殊要求进行荷载试验。

5. 基坑回填

根据《公路桥涵施工技术规范》（JTG/T 3650—2020）第 24 章的规定,涵洞、通道等扩大基础施工完成后,砌体砂浆或混凝土强度达到设计强度的 85% 时,方可进行涵洞、通道和小桥的基坑回填及其洞身两侧的墙背回填。涵洞、通道和小桥墙背两侧紧靠涵台部分的回填土不宜采用大型机械进行压实施工,宜采用人工配合小型机械的方法夯填密实。填土的每侧长度均应符合设计规定;设计未规定时,应不小于洞身填土高度的 1 倍。填筑应在两侧同时对称、均衡地分层进行,填筑的压实度应不小于 96%。涵洞顶部的填土厚度必须大于 0.5m 后方可通行车辆和筑路机械。

根据《公路工程标准施工招标文件》(2018年版·第二册)第404节基坑开挖及回填的规定,扩大基础的基坑回填应达到下列要求:

(1)所有结构物基坑的回填前必须首先进行基坑清理和夯实(压实),经监理人检查验收合格后方可回填。

(2)必须采用监理人批准的能够充分压实的材料进行回填,不得采用草皮土、垃圾和有机土等回填。严禁超挖回填虚土。

(3)未经监理人许可,不得对结构物基坑回填。一般应到结构物的拆模期终了3d之后进行回填。如果混凝土养护条件不正常,应按监理人的指示延长时间。

(4)涵洞、通道、桥台和桥墩基坑等周围的回填,应同时在两侧及基本相同的高程上进行,特别要防止对结构物形成单侧受压。必要时,挖方内的边坡应修成台阶形。

(5)需要回填的基坑应及时排水,若无法排除基坑积水时,应采用砂砾材料回填并在水中分薄层铺筑,直到回填进展到该处的水全部被回填的砂砾材料所淹盖并达到能充分压实的程度时再进行充分夯实。

(6)其他要求应符合本章第三节一般路基中"九、台背与墙背的路基填筑"的规定,其中,部位狭窄时可采用低强度等级混凝土、浆砌片石等材料回填。

三、混凝土管涵质量监理

(1)施工工艺流程:施工准备→测量放样→基槽开挖→下承面准备→垫层施工→基础施工→管节安装→沉降缝处理→养生→基坑回填。

(2)管节宜在工厂内集中预制,仅当不具备集中预制的环境和条件时,方可在工地设置预制场进行制作。管节可采用现场振动制管法制作,或工厂内集中制作的方法,如离心法、悬辊法或立式挤压法等方法制作。在工地现场采用振动法制作管节时,应采取有效措施防止内外模板产生移位,以保证管壁的厚度均匀。

(3)制作完成的管节,内外侧表面应平直圆滑,端面应平整并与其轴线垂直;斜交管涵进出水口管节的外端面,应按斜交角度进行处理。管节尺寸允许偏差为:长度−5mm,0mm;内径不少于设计值;管节厚度不小于−3mm;顺直度的矢度不大于0.2%管节长。

(4)管节在运输、装卸、安装过程中,应采取防止管节碰撞损坏的措施。管涵安装时应对接缝进行防水、防裂处置。

(5)管涵基础的顶面应设置混凝土管座,管座的弧形面应与管身紧密贴合,使管节受力均匀。当管节直接放置在天然地基上时,应按照设计要求将管底的土层夯压密实或设置砂垫层,并做成与管身弧度密贴的弧形管座。

(6)基槽开挖后应连续施工,紧接着铺设垫层、敷设涵管及基槽回填。砂砾垫层应为压实的连续材料层,其压实度应在95%以上(按重型击实法试验测定),不得有离析现象,否则应重新拌和铺筑。当用石灰土作垫层时,混合料的配合比设计应报经监理人批准,施工中应拌和均匀,分层摊铺,分层压实,其压实度应在90%以上(按重型击实法试验测定)。

(7)管节的安装要求:

①管节预制完成后要进行检验,合格后方可使用。

②管节安装应从下游开始,使接头面向上游;每节涵管应紧贴于垫层或基座上,使涵管受力均匀,所有管节应按正确的轴线和图纸所示坡度敷设。当管壁厚度不一致时,应调整高度使下部内壁齐平;管节应垫稳坐实,安装完成后管内不得遗留泥土等杂物。

(8)管节的接缝要求:

对于承插式接缝,在承口端应先坐以干硬性水泥砂浆,在管节套接以后再在承口端的环形空隙内塞以砂浆,以使接头部位紧密吻合,并将内壁表面抹平。

对于套环接缝,应按接缝形式安装特制的胶圈或采用沥青麻絮、水泥砂浆、沥青砂紧密填塞所有接缝,使其稳固、耐久和不漏水。涵管安装的接缝宽度宜为 10~20mm,不得采用加大接缝宽度的方式满足涵洞长度。

管节的接缝不得有间断、裂缝、空鼓和漏水等现象。

(9)《公路工程质量检验评定标准　第一册　土建工程》(JTG F80/1—2017)给定的混凝土排水管管节预制质量检验标准和实测项目见表2-29。

混凝土排水管管节预制的质量检验标准和实测项目　　　　　　　　　　表2-29

项次	检查项目	规定值或允许偏差	检查方法和频率
1△	混凝土强度(MPa)	在合格标准内	按 JTG F80/1—2017 附录 D 检查
2	内径(mm)	不小于设计值	尺量:抽查 10% 的管节,每管节测 2 个断面且不少于 5 个断面
3	壁厚(mm)	−3	尺量:抽查 10% 的管节,每管节测 2 个断面且不少于 5 个断面
4	顺直度(mm)	矢度不大于 0.2% 管节长	抽查 10% 的管节,沿管节拉线量,取最大矢高
5	长度(mm)	+5,0	尺量:抽查 10% 的管节,每管节测 1 点且不少于 5 点

《公路工程质量检验评定标准　第一册　土建工程》(JTG F80/1—2017)给定的混凝土排水管安装质量检验标准和实测项目见表2-30。

混凝土排水管安装的质量检验标准和实测项目　　　　　　　　　　表2-30

项次	检查项目	规定值或允许偏差	检查方法和频率
1△	混凝土抗压强度或砂浆强度(MPa)	在合格标准内	按 JTG F80/1—2017 附录 D、附录 F 检查
2	管轴线偏位(mm)	15	全站仪或尺量:每两井间测 3 处
3	流水面高程(mm)	±10	水准仪、尺量:每两井间进出水口各 1 处,中间 1~2 处
4	基础厚度(mm)	不小于设计值	尺量:每两井间测 3 处
5	管座肩宽(mm)	+10,−5	尺量:每两井间测 2 处
5	管座肩高(mm)	±10	尺量:每两井间测 2 处
6	抹带宽度(mm)	不小于设计值	尺量:按 10% 抽检
6	抹带厚度(mm)	不小于设计值	尺量:按 10% 抽检

四、拱涵、盖板涵质量监理

（1）施工工艺流程：施工准备→测量放样→基坑开挖→下承面准备→垫层施工→基础施工→涵身混凝土浇筑（或砌筑墙身）→拱顶（盖板）浇筑、砌筑或安装→沉降缝处理→养生→基坑回填。

（2）拱涵、盖板涵的施工除应符合相关规定外，对钢筋、模板支架、混凝土、砌体等的施工尚应符合有关规定。

（3）拱圈和出入口拱上端墙的砌筑施工，应由两侧向中间同时对称进行。

（4）拱涵、盖板涵混凝土的现场浇筑施工在涵长方向宜连续进行；当涵身较长不能一次连续完成时，可沿长度方向分段进行浇筑，施工缝应设在涵身的沉降缝处。现浇混凝土拱圈时，应对称浇筑，最后浇筑拱顶，或在拱顶预留合龙段最后浇筑并合龙。

（5）就地浇筑的拱涵和盖板涵，宜采用钢模板或胶合板模板。

（6）拱圈、盖板的预制施工除应符合混凝土预制施工的相关规定外，尚应注意检查盖板上下面的方向，对斜交涵洞应注意斜交角的方向。

（7）预制拱圈和盖板的安装，应符合下列规定：

①预制构件的混凝土强度应达到设计强度的85%后，方可搬运安装，设计有规定时应从其规定。

②安装前，应检查构件及拱座、涵台的尺寸；安装后，拱圈和盖板上的吊装孔，应以砂浆填塞密实。

③拱座与拱圈、拱圈与拱圈的拼装接触面，应先拉毛或凿毛（沉降缝处除外），安装前应浇水湿润，再以 M10 水泥砂浆砌筑。

（8）对于砌筑的墙身或拱涵，砌筑的石料、预制块、砂浆等要符合规范及设计要求，要做好检查和验收。

（9）基坑回填（参见本节混凝土管涵的基坑回填）。

（10）《公路工程质量检验评定标准　第一册　土建工程》（JTG F80/1—2017）给定的质量检验标准和实测项目见表 2-31、表 2-32。

拱涵浇（砌）筑的质量检验标准和实测项目　　　　　　表 2-31

项次	检查项目		规定值或允许偏差	检查方法和频率
1△	混凝土或砂浆强度（MPa）		在合格标准内	按 JTG F80/1—2017 附录 D、附录 F 检查
2△	拱圈厚度（mm）	砌体	+50，-20	尺量：测拱脚、1/4 跨、3/4 跨、拱顶 5 处两侧
		混凝土	+30，-15	
3	内弧线偏离设计弧线（mm）		±20	样板：测拱圈 1/4 跨、3/4 跨、拱顶 3 处两侧

盖板安装的质量检验标准和实测项目　　　　　　表 2-32

项次	检查项目	规定值或允许偏差	检查方法和频率
1	支承中心偏位（mm）	≤10	尺量：每孔抽查 3 块板
2	相邻板最大高差（mm）	≤10	尺量：抽查20%，且不少于 6 块板，测相邻板高差最大处

五、箱涵、箱通质量监理

（1）施工工艺流程：施工准备→测量放样→基坑开挖→下承面准备→垫层施工→基础施工→涵身混凝土→沉降缝处理→养生→基坑回填。

（2）预制混凝土施工应符合混凝土预制施工的相关规定，箱节完成后要进行验收和试拼装。预制钢筋混凝土箱涵（箱通）节段拼装时，接缝两侧的混凝土表面应采用清水冲洗干净，再按设计要求进行拼接施工。设计未规定时，预制构件的混凝土强度应达到设计强度的85%，方可吊运、安装。构件安装前，应完成地基、定位测量等验收工作。

（3）就地浇筑的箱涵（箱通）可视具体情况分阶段施工，且宜先进行底板和梗肋的混凝土浇筑，然后再完成剩余部分的混凝土浇筑。本阶段施工时前一阶段的混凝土强度要求以及施工缝的处理，应符合有关规定。

（4）采用支架施工时，混凝土强度达到设计强度的85%时，方可拆除支架。

（5）基坑回填（参见本节混凝土管涵的基坑回填）。

（6）混凝土达到设计强度的100%后，方可进行涵侧、涵顶回填土。

（7）《公路工程质量检验评定标准　第一册　土建工程》（JTG F80/1—2017）给定的质量检验标准和实测项目见表2-33。

箱涵、箱通浇（砌）筑的质量检验标准和实测项目　　　　　　表2-33

项次	检查项目		规定值或允许偏差	检查方法和频率
1△	混凝土强度（MPa）		在合格标准内	按 JTG F80/1—2017 附录 D 检查
2	净高、宽度（mm）	高度	+5, -10	尺量：测 3 个断面
		宽度	±30	
3△	顶板厚（mm）	明涵	+10,0	尺量：测 5 处
		暗涵	≥设计值	
4	侧墙和底板厚（mm）		≥设计值	尺量：各墙、板测 5 处
5	平整度（mm）		≤8	2m 直尺：每侧每面 10m 测 2 处，每处测竖直及水平 2 个方向

六、小桥及符合小桥标准的通道、人行天桥、渡槽工程

属于路基单位工程中的小桥及符合小桥标准的通道、人行天桥、渡槽等分部工程，包括的分项工程有钢筋加工及安装，砌体、混凝土扩大基础，钻孔灌注桩，混凝土墩台，台背填土，就地浇筑梁板，预制安装梁板，桥面系铺装，支座、伸缩缝、护栏、桥头搭板，砌体坡面护坡，桥梁总体等。其具体的施工技术规定、施工过程质量监理、质量检验标准和实测项目等内容，参见本书第四章桥涵工程。

第七节　改扩建施工

公路路基改扩建工程包括整体式（一体式）路基和分离式路基两种改扩建方式。

整体式路基改扩建施工方式为加宽拼接,分为一侧加宽和两侧同时加宽方式。

分离式路基改扩建施工,属于与既有路基并行新建,可称为新建路基或增建路基。

根据《公路路基施工技术规范》(JTG/T 3610—2019)第4.16节"路基拓宽改建",公路路基拓宽改建工程施工质量管理(监理)应符合以下规定。

一、一般规定

(1)路基拓宽施工,在不中断交通时应采取交通管制和安全防护措施。施工单位应编制交通组织方案、组织专家评审并经交通管理部门批准后方可开工。监理机构应审核交通组织方案并参加论证评审工作。

(2)高速公路路堑拓宽施工,应对高边坡工程施工安全风险进行评估,包括施工前专项评估和施工过程专项评估。

(3)施工前应截断流向拓宽作业区的水源,开挖临时排水沟。

(4)施工期间应在水流汇集的路肩外侧设置拦水带,根据水流情况在拓宽路基中合理设置临时急流槽与泄水口。

(5)拓宽路堤的填料宜与老路基相同,或选用水稳性好的砂砾、碎石等填料。

(6)路床应采用水稳性好的粗粒土或无机结合料稳定材料填筑。

(7)拓宽路基应进行沉降观测,观测点应按设计要求设置。

(8)高路堤和陡坡路堤路段,尚应进行稳定性监测。

二、一般路堤拓宽改建质量监理

(1)拓宽路堤填筑前,应拆除原有排水沟、隔离栅等设施。拓宽部分的基底清除厚度自原地表以下应不小于0.3m,淤泥应全部清除,清理后的场地应进行平整压实。老路堤坡面,清除的法向厚度应不小于0.3m。

(2)拓宽路基的地基处理应符合设计和有关规定,包括地基含水率、地基承载力检测等。

(3)上边坡的既有防护工程宜与路基开挖同步拆除,下边坡的防护工程拆除时应采取措施保证既有路堤的稳定。

(4)既有路堤的护脚挡土墙及抗滑桩可不拆除。路肩式挡土墙路基拼接时,上部支挡结构物应予拆除,宜拆除至路床底面以下。

(5)既有路基有包边土时,宜去除包边土后再进行拼接。

(6)从老路堤坡脚向上开挖台阶时,应随挖随填,台阶高度应不大于1.0m,宽度应不小于1.0m。

(7)拼接宽度小于0.75m时,可采取超宽填筑再削坡或翻挖既有路堤等措施。

(8)宜在新、老路基结合部铺设土工合成材料。

(9)路基拼接施工应将拼接结合部作为施工控制重点,拼接部位可采用高吨位压路机碾压、采用重夯夯实,或采用冲击碾压压实。逐层填筑时应加强拼接台阶结合处的碾压,宜采用高吨位的静力压路机进行碾压,同时应较普通路段多碾压3~4遍;应达到无漏压、无死角,确保碾压均匀。重型压路机压不到的施工作业面边角部位,需采用小型振动夯夯压密实。拼接结合部位还可以采用重夯夯实或采用冲击碾压压实。

(10)消除和减小新旧路基不均匀沉降,可适当将拼宽路基压实度提高。

三、高路堤与陡坡路堤拓宽改建质量监理

(1)原坡脚支挡结构不宜拆除,结构物邻近处可用小型机具薄层夯实。

(2)老路堤底部设置有渗沟或盲沟时,应做好排水通道的衔接施工。

(3)高路堤和陡坡路堤拓宽施工时,边坡应满足稳定性要求,做好边坡的削坡与台阶设置、防护加固。

四、挖方路基拓宽改建质量监理

(1)应进行边坡稳定性评估(含临时加固措施),做好高边坡监测,选择开挖方式。

(2)应在既有路基边缘设置防止飞石或落石的安全防护措施,并应设置警示标志。

(3)边通车边施工时,宜采用机械开挖或静力爆破方式进行开挖。

(4)采用爆破方式时,应按爆破施工单位上报方案组织施工,宜统一规定爆破时间段,爆破时应临时封闭交通。

(5)拓宽施工中的挖方路基施工,尚应执行相关规定。

第八节 冬雨期施工

一、冬期施工界定及其施工规定

1.冬期施工界定

根据《公路路基施工技术规范》(JTG/T 3610—2019)第8.2.1条,在反复冻融地区,当昼夜平均温度连续10d以上在 −3℃以下时,或者昼夜平均温度虽在 −3℃以上但冻土没有完全融化时,均应按季节性冻土地区的规定进行冬期施工。

监理人员应督促施工单位按照《公路路基施工技术规范》(JTG/T 3610—2019)中有关季节性冻土地区路基施工的规定执行,监理机构应审批施工单位编制的包括计划安排冬期施工的分项工程项目及其路段、填筑层次等内容的冬期路基填筑(开挖)专项施工方案。

2.冬期不得施工的路基工程情形

高速公路、一级公路的土质路堤,不宜在冬期施工,地质不良地区的公路路基不宜在冬期施工。土质路堤路床以下1m范围内,不得进行冬期施工。半填半挖地段、填挖交界处不得在冬期施工。这些情形下,一般由总监理工程师在征得建设单位的同意后,针对全线各施工合同段的路基填筑施工工作,下达冬季停工指令,待气温回升适宜路基填筑施工时,总监理工程师应再及时下达复工指令,恢复路基填筑施工。

路基防护工程不得在昼夜平均气温低于 +5℃或石料受冻的情况下进行浆砌砌体的施工。

3. 检查冬期来临前施工路基的基底处理是否符合下列规定

（1）冻结前应完成表层处理，挖好台阶，并应采取保温措施防止冻结。

（2）填筑前应将基底范围内的积雪和冰块清除干净。

（3）对需要换填土地段或坑洼处需要补土的基底，应选用适宜的填料回填，并及时整平压实。

（4）基底处理后应立即采取保温措施防止冻结。

4. 检查冬期允许施工的填方路堤是否符合下列规定

冬期的前期允许填筑路堤时，一般采用薄层、快填、快压、连续作业的施工方法，迅速填完每一层，争取使土不冻。

（1）路堤填料应选择未冻结的砂类土、碎石、卵石土、石渣等透水性好的材料，不得用含水率大的黏质土。

（2）填筑路堤应按横断面全宽平填，每层松铺厚度比正常施工减少 20% ~ 30%。且松铺厚度不得超过 300mm。当天填土应当天完成碾压。

（3）中途停止填筑时，应整平填层和边坡，并进行覆盖防冻。恢复施工时应将表层冰雪清除并补充压实。

（4）当填筑高程距路床底面 1m 时，碾压密实后应停止填筑。在顶面覆盖防冻保温层，待冬期过后整理复压，再分层填至设计高程。

（5）冬期过后应对填方路堤进行补充压实。

5. 检查冬期允许的路基挖方施工是否符合下列规定

（1）挖方的边坡，不得一次挖到设计线，应预留一定厚度的覆盖层，待到正常施工季节再修整到设计线。

（2）路基挖至路床顶面以上 1m 时，完成临时排水沟后应停止开挖，待冬期过后再施工。

（3）应进行挖方边坡稳定性检测及冻土处理的检查。

二、雨期施工规定

雨期施工前，监理人员应督促施工单位根据现场具体情况确定可进行雨季施工的路基路段，按照《公路路基施工技术规范》（JTG/T 3610—2019）第 8.3 节有关雨期路基施工的规定执行。监理机构应审批施工单位编制的包括计划安排雨期施工的分项工程项目及其路段、填筑层次等内容的雨期路基填筑（开挖）专项施工方案。

（1）雨期来临前，应督促施工单位尽量将路基填筑出高于原地面 0.5m 以上。

（2）检查路基排水处理是否符合下列规定：

①雨期施工应综合规划，合理设置防排水系统，及时引出、排除地面水，把水引入沿线桥涵及排水沟渠，保证雨期施工场地不被淹没、不积水。

②路堤填筑的每一层表面，应设置 2% ~ 4% 的排水横坡。

③在已经填筑的路堤路肩外，应设置临时的纵向挡水土埝、每隔一定距离设出水口和排水槽，将雨水引排至排水系统。

④雨期路堑开挖施工，应分层开挖，每开挖一层均应设置纵横向排水坡及临时排水沟，使

水排放畅通。

（3）检查路基基底处理是否符合下列规定：

①应在雨期前将基底处理好，孔洞、坑洼处应填平夯实，整平基底并设置纵横向排水坡。

②对于低洼地段，在雨期前应将原地面处理好，并将填筑作业面填筑到可能的最高积水位0.5m以上。

（4）检查路堤填筑施工是否符合下列规定：

①填料应选用透水性好的碎石土、卵石土、砂砾、石渣和砂类土等。利用挖方土作填料，含水率符合要求时，应随挖随填，及时压实。含水率过大、难以晾晒的土，不得用作雨期施工填料。

②每一填筑层表面应做成2%～4%双向路拱横坡，以利于排水。低洼地段或高出设计洪水位0.5m以下部位应选用透水性好、饱水强度高的填料分层填筑，并及时施作护坡、护脚等防护工程。

③雨期填筑路基需要借土施工时，取土坑的设置应满足路基稳定的要求。

④路堤应分层填筑，并及时碾压。

（5）检查挖方路基施工是否符合下列规定：

①对于挖方边坡，不宜一次挖到设计坡面，应预留一定厚度的覆盖层，待雨期过后再修整至设计坡面，目的是防止地面水冲坏已成形的边坡。

②对于路堑开挖，当挖至路床顶面以上300～500mm时应停止开挖，并在两侧挖好临时排水沟，待雨期过后再施工，目的是防止地面水破坏路床。

③雨期开挖岩石路基，宜水平设置炮眼。

（6）检查结构物基坑开挖是否符合规定。

对于结构物的基坑，应避免在雨季开挖。雨期开挖后不能继续施工的，应采取措施防止雨水浸泡基坑、冲刷基坑壁。

在雨后继续施工前，监理工程师认为必要时有权要求施工单位重新检测地基承载力。

第九节 路基工程整修和验收、交接

一、路基工程整修

（1）路基工程完工交接验收前，应对外观质量进行整修，对局部缺陷进行处理。

（2）路基整修工作包括施工单位自检后的整修和交接验收后的整修。

（3）路基整修应使路基工程达到设计文件及现行《公路路基施工技术规范》（JTG/T 3610）、《公路工程质量检验评定标准 第一册 土建工程》（JTG F80/1）的技术标准和质量标准。

（4）路基表面的整修，应根据质量缺陷的具体情况采用合理的施工方案与工艺。补填的土层，压实厚度应不小于100mm，压实后的表面应平整，不得有松散、起皮现象。整修后的坡面应顺适、美观、牢固，坡度应满足设计要求。

（5）防护与支挡工程应检查泄水孔是否有遗漏和是否通畅,结构物是否有变形位移等。

（6）排水系统的沟、槽表面应整齐,沟底应平整,排水应畅通不渗漏。

二、路基工程质量检验评定

路基工程整修完成后,应按照《公路工程质量检验评定标准　第一册　土建工程》（JTG F80/1—2017）第4章以及附录B、附录J的规定进行质量检验、计算和评定。

三、路基工程验收和交接

路基工程的交接验收主要是指路基工程（也可能包括桥涵、隧道）施工单位向路面工程施工单位的交接验收。因公路工程施工招标合同段的划分的不同而存在不同的情形。

1. 验收交接的情形

第一种情形是路基工程（也可能包括桥涵、隧道）与路面工程（也可能包括交安设施、机电工程）分两阶段招标、分阶段施工、分别由不同的施工单位中标施工。

这种情形下,路基交接验收工作就是前一家施工单位（路基、桥涵、隧道等土建工程）向另外一家施工单位（路面工程）进行的“合同工程交接”工作。这时,监理机构应负责两个合同包之间的交接验收的组织协调工作,或者一次性将验收合格的整个合同段的路床（也称路槽、成品路基）移交给路面工程施工承包单位,或者分多次将验收合格的一定长度的（如1km以上、能够保证连续铺筑路面工程）路床移交给路面工程施工承包单位。

第二种情形是路基工程（也可能包括桥涵、隧道）与路面工程（也可能包括交安设施、机电工程）合并在一个合同包内进行一阶段招标、分阶段施工、由同一家施工单位中标施工。这种情形下,路基交接验收工作就是同一家施工单位的前一施工阶段（路基、桥涵、隧道等土建工程）向后一施工阶段（路面工程）进行的“内部阶段交接”工作。这时,监理机构应负责合同段内部的交接验收的组织工作,或者一次性将验收合格的整个合同段的路床移交给路面工程施工阶段,或者分多次将验收合格的一定长度的（如1km以上、能够保证连续铺筑路面工程）路床移交给路面工程施工阶段。

路床的验收,总监理工程师（或驻地监理工程师）应邀请建设单位参加,或者是在建设单位的组织、指导下进行。

2. 路基工程交接验收的监理工作

路基工程交接验收前,监理机构应督促施工单位恢复施工合同段内的导线点、水准点,以及验收中要求和可能需要的其他标志桩。督促施工单位按现行《公路工程质量检验评定标准　第一册　土建工程》（JTG F80/1）、《交通运输部办公厅关于公路工程验收执行新版公路工程质量检验评定标准有关事宜的通知》（交办公路〔2018〕136号）的规定进行合同段的自检自评。施工单位自评合格后,应编制符合要求的交接资料,向监理机构提交交接验收申请文件。

监理机构应按工程验收评定办法等规定完成监理工程师对相应路基工程合同段的质量评定工作,根据监理工作情况和评定结果决定是否同意交接验收。总监或驻地监理工程师同意验收且验收合格的,应会同施工单位一起签署"路基分项工程交工证书",作为合同工程交接或内部阶段交接的依据文件,以便转入路面工程施工阶段。

转入路面工程施工阶段的验收交接工作,监理机构或监理工程师不仅要做好路基工程验收交接工作,还应做好桥涵工程的桥面验收交接工作。

第三章 路面工程质量监理

学习备考要点

1. 基础知识(路面的分类、路面应满足的基本要求、构成路面的结构层等)。
2. 施工准备(材料选择、路面工程划分等)。
3. 路面基层(基层混合料配合比设计、试验路段、施工过程质量监理、质量检验标准和实测项目等)。
4. 沥青路面(沥青路面结构类型、混合料配合比设计、试验路段、施工过程质量监理、质量检验标准和实测项目等)。
5. 水泥混凝土路面(水泥混凝土路面的分类、混合料配合比设计、试验路段、不同的施工工艺及其施工过程质量监理、质量检验标准和实测项目等)。
6. 路面附属工程(排水设施、路缘石、路肩、中央分隔带回填土等)。
7. 改扩建施工。
8. 冬雨期施工。

编学考主要参考资料

1.《公路路面基层施工技术细则》(JTG/T F20—2015)。
2.《公路沥青路面基层施工技术规范》(JTG F40—2004)。
3.《公路水泥混凝土路面施工技术细则》(JTG/T F30—2014)。
4.《公路工程标准施工招标文件》(2018 年版·第二册)。
5.《公路工程质量检验评定标准 第一册 土建工程》(JTG F80/1—2017)。

第一节 基础知识

一、路面的分类

路面类型一般按面层所用的材料划分,如水泥混凝土路面、沥青路面、砂石路面等。但是在工程设计中,主要从路面结构的力学特性和设计方法的相似性出发,将路面划分为柔性路面、刚性路面和半刚性路面三类。

1. 柔性路面

柔性路面的总体结构刚度较小,在车辆荷载作用下产生较大的弯沉变形,路面结构本身的抗弯拉强度较低,通过各结构层将车辆荷载传递给土基,使土基承受较大的单位压力。路面结构主要靠抗压强度和抗剪强度承受车辆荷载的作用。柔性路面主要包括各种未经处理的粒料基层和各类沥青面层、碎(砾)石面层或块石面层组成的路面结构。

2. 刚性路面

刚性路面主要指用水泥混凝土作面层的路面结构。水泥混凝土的强度高,与其他筑路材料比较,它的抗弯拉强度高,并且有较高的弹性模量,故呈现出较大的刚性。在车辆荷载作用下,水泥混凝土结构层处于板体工作状态,竖向弯沉较小,路面结构主要靠水泥混凝土板的抗弯拉强度承受车辆荷载,通过板体的扩散分布作用,传递给基础上的单位压力较柔性路面小得多。

3. 半刚性路面

用水泥、石灰等无机结合料处治的土或碎(砾)石及含有水硬性结合料的工业废渣修筑的基层,在前期具有柔性路面的力学性质,后期的强度和刚度均有较大幅度的增长,但是最终的强度和刚度仍远小于水泥混凝土。由于这种材料的刚性处于柔性路面与刚性路面之间,因此把这种基层和铺筑在它上面的沥青面层统称为半刚性路面,这种基层称为半刚性基层。

刚性路面、柔性路面和半刚性路面,这种以力学特性为标准的分类方法主要是为了便于从功能原理和设计方法出发进行分区,并没有绝对的定量分界界线。

二、路面应满足的基本要求

(1)强度和刚度。指路面整体结构能够抵抗各种外力综合作用,而不发生破坏和过大变形的性能。

(2)稳定性。指路面在日光、大气、温度、湿度等自然因素影响下,其整体强度不致迅速降低的性能。

(3)耐久性。指路面在自然因素和行车荷载多次重复作用下,材料不致迅速衰变、结构不致因疲劳而破坏的性能。

(4)表面性能。指路面表面的平整度和粗糙度,平整度用路面纵向凹凸量的偏差值表示,而粗糙度则用路面与轮胎的摩擦系数和路表纹理深度表示。

三、构成路面的结构层

路面结构层自上而下可分为面层、基层、功能层,有时在面层之下还设有联结层。

1. 面层

面层是直接同行车和大气接触的表面层次,它承受较大的行车荷载的垂直力、水平力和冲击力作用,同时还受到降水的侵蚀和气温变化的影响。因此,同其他层次相比,面层应具备较高的结构强度,抗变形能力好,较好的水稳定性和温度稳定性,而且应当耐磨,不透水,其表面还应有良好的抗滑性和平整度。

修筑面层所用的材料主要有:水泥混凝土、沥青混凝土、沥青碎(砾)石混合料、砂砾或碎石掺土或不掺土的混合料以及块料等。

2. 基层

基层主要承受由面层传来的车辆荷载的垂直力,并扩散到下面的功能层(垫层)和土基中。基层是路面结构中的承重层,它应具有足够的强度和刚度,并具有良好的扩散应力的能力。基层遭受大气因素的影响虽然比面层小,但是仍然有可能经受地下水和通过面层渗入雨水的浸湿,所以基层结构应具有足够的水稳定性。基层表面虽然不直接供车辆行驶,但仍然要求有较好的平整度,这是保证面层平整度的基本条件。

修筑基层的材料主要有各种结合料(如石灰、水泥或沥青等)稳定土或稳定碎(砾)石、贫水泥混凝土、天然砂砾、各种碎石或砾石、片石、块石或圆石,各种工业废渣(如煤渣、粉煤灰、矿渣、石灰渣等)和土、砂、石所组成的混合料等。

3. 功能层(垫层)

它的功能一方面是改善土基的湿度和温度状况,以保证面层及基层的强度、刚度和稳定性不受土基水文状况变化所造成的不良影响。另一方面的功能是将基层传下的车辆荷载应力加以扩散,以减小土基产生的应力和变形。同时也能阻止路基土挤入基层中,影响基层结构的性能。

修筑功能层(垫层)的材料,强度要求不一定高,但水稳定性和隔温性能要好。常用的功能层(垫层)材料分为两类:一类是由松散粒料,如砂、砾石、炉渣等组成的透水性垫层;另一类是用水泥或石灰稳定土等修筑的稳定类垫层。

第二节 施 工 准 备

一、材料选择

(一)路面基层(底基层)工程材料选择

《公路路面基层施工技术细则》(JTG/T F20—2015)规定,本细则标题中的路面基层概念泛指一般公路工程中的基层、底基层,本书按实际工程的基层、底基层结构分别阐述。路面基层与底基层主要承受由面层传来的车辆荷载的垂直力,并扩散到下面的垫层(功能层)和路基中去。实际上,基层与底基层是路面结构中的承重层,一般应有足够的强度和刚度、有足够的水稳定性和冰冻稳定性、有足够的抗冲刷能力、收缩性小、有足够的平整度、与面层结合良好等。

1. 用于路面基层材料土的一般定义

按照土中单个颗粒(指碎石、砾石和砂颗粒)的粒径大小和组成,将土分为细粒土、中粒土和粗粒土。

(1)细粒土:颗粒的最大粒径小于10mm,且其中小于2mm的颗粒含量不少于90%。

(2)中粒土:颗粒的最大粒径小于30mm,且其中小于20mm的颗粒含量不少于85%。

（3）粗粒土：颗粒的最大粒径小于50mm，且其中小于40mm的颗粒含量不少于85%。

2. 基层（底基层）原材料要求

1）水泥及添加剂

强度等级为32.5或42.5级，且满足《公路路面基层施工技术细则》（JTG/T F20—2015）要求的普通硅酸盐水泥等均可使用。所用水泥初凝时间应大于3h，终凝时间应大于6h且小于10h。

在水泥稳定材料中掺加缓凝剂或早强剂时，应对混合料进行试验验证。缓凝剂和早强剂的技术要求应符合现行《公路水泥混凝土路面施工技术细则》（JTG/T F30）的规定。

2）石灰

石灰的技术要求应符合《公路路面基层施工技术细则》（JTG/T F20—2015）的相关规定，见表3-1、表3-2。

生石灰技术要求   表3-1

指标	钙质生石灰			镁质生石灰			试验方法
	Ⅰ	Ⅱ	Ⅲ	Ⅰ	Ⅱ	Ⅲ	
有效氧化钙氧化镁含量(%)	≥85	≥80	≥70	≥80	≥75	≥65	T 0813
未消化残渣含量(%)	≤7	≤11	≤17	≤10	≤14	≤20	T 0815
钙镁石灰的分类界限，氧化镁含量(%)	≤5			>5			T 0812

消石灰技术要求   表3-2

指标		钙质生石灰			镁质生石灰			试验方法
		Ⅰ	Ⅱ	Ⅲ	Ⅰ	Ⅱ	Ⅲ	
有效氧化钙氧化镁含量(%)		≥65	≥60	≥55	≥60	≥55	≥50	T 0813
含水率(%)		≤4	≤4	≤4	≤4	≤4	≤4	T 0801
细度	0.60mm方孔筛的筛余(%)	0	≤1	≤1	0	≤1	≤1	T 0814
	0.15mm方孔筛的筛余(%)	≤13	≤20	—	≤13	≤20	—	T 0814
钙镁石灰的分类界限，氧化镁含量(%)		≤4			>4			T 0812

高速公路和一级公路用石灰应不低于Ⅱ级技术要求，二级以下公路宜不低于Ⅲ级技术要求。高速公路和一级公路的基层，宜采用磨细消石灰。二级以下公路使用等外石灰时，有效氧化钙含量应在20%以上，且混合料强度应满足要求。

3）粉煤灰等工业废渣

干排或湿排的硅铝粉煤灰和高钙粉煤灰等均可用作基层或底基层的结合料。粉煤灰技术要求应符合《公路路面基层施工技术细则》（JTG/T F20—2015）的相关规定，见表3-3。

粉煤灰技术要求   表3-3

检测项目	技术要求	试验方法
SiO_2、Al_2O_3和Fe_2O_3总含量(%)	>70	T 0816
烧失量(%)	≤20	T 0817

续上表

检测项目	技术要求	试验方法
比表面积(cm²/g)	>2500	T 0820
0.3mm 筛孔的通过率(%)	≥90	T 0818
0.075mm 筛孔的通过率(%)	≥70	T 0818
湿粉煤灰含水率(%)	≤35	T 0801

各等级公路的底基层、二级及二级以下公路的基层使用的粉煤灰,通过率指标不满足表 3-3 要求时,应进行混合料强度试验,达到要求的强度指标时,方可使用。

煤矸石、煤渣、高炉矿渣、钢渣及其他冶金矿渣等工业废渣可用于修筑基层或底基层,使用前应崩解稳定,且宜通过不同龄期条件下的强度和模量试验以及温度收缩和干湿收缩试验等评价混合料性能。

水泥稳定煤矸石不宜用于高速公路和一级公路。

工业废渣类作为集料使用时,公称最大粒径应不大于 31.5mm,颗粒组成宜有一定的级配,且不宜含杂质。

4）水

符合现行《生活饮用水卫生标准》(GB 5749)的饮用水可直接作为基层、底基层材料拌和与养护用水。拌和使用的非饮用水应进行水质检验,技术要求符合《公路路面基层施工技术细则》(JTG/T F20—2015)的相关规定。

养护用水可不检验不溶物含量,其他指标应符合《公路路面基层施工技术细则》(JTG/T F20—2015)的相关规定。

5）粗集料

用作被稳定材料的粗集料宜采用各种硬质岩石或砾石加工成的碎石,也可直接采用天然砾石。粗集料应符合表 3-18 中 Ⅰ 类规定,用作级配碎石的粗集料应符合表 3-4 中 Ⅱ 类的规定。

粗集料技术要求 表 3-4

指标	层位	高速公路和一级公路				二级及二级以下公路		试验方法
		极重、特重交通		重、中、轻交通				
		Ⅰ	Ⅱ	Ⅰ	Ⅱ	Ⅰ	Ⅱ	
压碎值(%)	基层	≤22	≤22	≤26	≤26	≤35	≤30	T 0316
	底基层	≤30	≤26	≤30	≤26	≤40	≤35	T 0316
针片状颗粒含量(%)	基层	≤18	≤18	≤22	≤18	—	≤20	T 0312
	底基层	≤20	—	≤20	—	—	≤20	T 0312
0.075mm 以下粉尘含量(%)	基层	≤1.2	≤1.2	≤2	≤2	—	—	T 0310
	底基层	—	—	—	—	—	—	T 0310
软石含量(%)	基层	≤3	≤3	≤5	≤5	—	—	T 0320
	底基层	—	—	—	—	—	—	T 0320

高速公路和一级公路极重、特重交通荷载等级基层的 4.75mm 以上粗集料应采用单一粒径的规格料。作为高速公路、一级公路底基层和二级及二级以下公路基层、底基层被稳定材料的天然砾石材料宜满足《公路路面基层施工技术细则》(JTG/T F20—2015)的要求,并应级配稳定、塑性指数不大于 9。

应选择适当的碎石加工工艺,用于破碎的原石粒径应为破碎后碎石公称最大粒径的 3 倍以上。高速公路基层用碎石,应采用反击破碎的加工工艺。碎石加工中,根据筛网放置的倾斜角度和工程经验,应选择合理的筛孔尺寸。

用作级配碎石或砾石的粗集料应采用具有一定级配的硬质石料,且不应含有黏土块、有机物等。

级配碎石或砾石用作基层时,高速公路和一级公路公称最大粒径应不大于 26.5mm,二级及二级以下公路公称最大粒径应不大于 31.5mm;用作底基层时,公称最大粒径应不大于 37.5mm。

6)细集料

细集料应洁净、干燥、无风化、无杂质,并有适当的颗粒级配。

细集料规格要求应符合《公路路面基层施工技术细则》(JTG/T F20—2015)的规定。对 0～3mm 和 0～5mm 的细集料应分别严格控制大于 2.36mm 和 4.75mm 的颗粒含量。对 3～5mm 的细集料应严格控制小于 2.36mm 的颗粒含量。高速公路和一级公路,细集料中小于 0.075mm 的颗粒含量应不大于 15%;二级及二级以下公路,细集料中小于 0.075mm 的颗粒含量应不大于 20%。

级配碎石或砾石中的细集料可使用细筛余料,或专门轧制的细碎石集料。天然砾石或粗砂作为细集料时,其颗粒尺寸应满足工程需要,且级配稳定,超尺寸颗粒含量超过《公路路面基层施工技术细则》(JTG/T F20—2015)或实际工程的规定时应筛除。

材料分档与掺配应符合规定。级配碎石或砾石细集料的塑性指数应不大于 12,不满足要求时可掺配石灰、无塑性的砂或石屑。

3. 基层(底基层)强度标准

(1)水泥稳定类、石灰稳定类、石灰粉煤灰稳定类的无机结合料稳定土强度标准见表 3-5。表 3-5 中所列数值为 7d(湿养 6d、浸水 1d)的无侧限抗压强度。

无侧限抗压强度标准(MPa)　　　　　　　　　　　　　　　　表 3-5

水泥稳定类								
层位	稳定材料类型	高速公路及一级公路				二级及二级以下公路		
		压实度(%)	抗压强度(MPa)			压实度(%)	抗压强度(MPa)		
			极重、特重	重	中、轻		极重、特重	重	中、轻
基层	集料	≥98	5.0～7.0	4.0～6.0	3.0～5.0	≥97	4.0～6.0	3.0～5.0	2.0～4.0
	细粒土	—	—	—	—	≥95			
底基层	集料	≥97	3.0～5.0	2.5～4.5	2.0～4.0	≥95	2.5～4.5	2.0～4.0	1.0～3.0
	细粒土	≥95				≥93			

续上表

石灰稳定类								
层位	稳定材料类型	高速公路及一级公路				二级及二级以下公路		
		压实度（%）	抗压强度（MPa）			压实度（%）	抗压强度（MPa）	
			极重、特重	重	中、轻		极重、特重	重	中、轻
基层	集料	—	—			≥97	≥0.8	
	细粒土	—				≥95		
底基层	集料	≥97	≥0.8			≥95	0.5~0.7	
	细粒土	≥95				≥93		

石灰粉煤灰稳定类								
层位	稳定材料类型	高速公路及一级公路				二级及二级以下公路		
		压实度（%）	抗压强度（MPa）			压实度（%）	抗压强度（MPa）	
			极重、特重	重	中、轻		极重、特重	重	中、轻
基层	集料	≥98	≥1.1	≥1.0	≥0.9	≥97	≥0.9	≥0.8	≥0.7
	细粒土	—	—	—	—	≥95			
底基层	集料	≥97	≥0.8	≥0.7	≥0.6	≥95	≥0.7	≥0.6	≥0.5
	细粒土	≥95				≥93			

（2）碾压贫混凝土应符合下列规定：

①7d 龄期无侧限抗压强度应不低于 7MPa,且宜不高于 10MPa。

②水泥剂量宜不大于 13%。

③需要提高材料强度时,应优化混合料级配,并验证混合料收缩性能、弯拉强度和模量等指标。

（二）沥青路面工程材料选择

1. 沥青

沥青材料是由一些极其复杂的高分子碳氢化物和这些碳氢化物的非金属（O、S、N 等）衍生物所组成的混合物,其中 C 占比 80%~87%,H 占比 10%~15%,O、S、N 占比小于 3%,此外还有少量的金属元素。石油沥青的化学组分按三组分法分为油分、树脂和沥青质;按四组分法分为饱和分、芳香分、胶质和沥青质。

沥青路面采用的沥青结合料,主要有两大类:一类来源于石油系统,或天然存在,或经人工提炼而得到,称为地沥青;另一类为各种有机物干馏的焦油,经过再加工而得到,称为焦油沥青。

地沥青按其产源又可分为天然沥青和石油沥青。天然沥青是天然条件下,地球物理因素作用而形成的产物,其中又包括以湖状、泉状等存在的纯地沥青,渗透于岩石中的岩地沥青,与岩石和砂石相混的地沥青岩等。石油沥青是指石油经过精制加工成油品后,最后加工而得到的产品。

焦油沥青按其为获得焦油所加工的有机物的名称而命名,如煤焦油获得的沥青称为煤焦油沥青,其他还有木沥青、泥炭沥青等。我国常用的焦油沥青是煤沥青。

石油沥青的性质不仅与产源有关,而且与制造沥青的石油基属有关。据此,可将石油沥青分为石蜡基沥青、中间基沥青和环烷基沥青。

按状态可分为液体沥青和黏稠沥青。

按照交通标准分,可分为重交通沥青、轻交通沥青和中交通沥青。

按照使用的道路等级和层位,可分为 A 级沥青、B 级沥青和 C 级沥青。

目前,我国在炼油厂中生产沥青的主要工艺方法有:蒸馏法、氧化法、半氧化法、溶剂脱沥青法和调配法等,由于制造方法不同,沥青性质亦产生很大差异。

根据《公路沥青路面施工技术规范》(JTG F40—2004)表 4.2.1-1 的规定,A 级沥青适用于各个等级的公路和各个层次;B 级沥青适用于高速公路、一级公路沥青的下面层及以下的层次,二级及二级以下公路的各个层次;C 级沥青适用于三级及三级以下公路的各个层次。

沥青路面采用的沥青标号(针入度分级),宜按照公路等级、气候条件、交通条件、路面类型及在结构层中的层位及受力特点、施工方法等,结合当地的使用经验,经过技术认证后确定。

(1)按照沥青路面气候分区的条件综合选择沥青的标号。对夏季温度高、高温时间长的地区,宜采用黏度大的沥青,也可提高一个高温气候分区选用沥青等级;对冬季寒冷的地区,宜选用黏度小、低温延度大的沥青;对温度日温差、年温差大的地区应选用针入度指数大的沥青。

(2)根据交通条件调整选择的沥青标号。对重载交通量路段、高速公路等实行渠化交通的路段、山区及丘陵区上坡路段、服务区、停车场等行车速度慢的路段,宜采用黏度大的沥青,也可提高一个高温气候分区选用沥青等级,同时炎热地区可以提高两个气候分区选择沥青等级;对交通量小、公路等级低,混合交通的路段选用黏度较小的沥青等级;对旅游公路应选用黏度较小的沥青等级。

(3)根据沥青路面的类型及施工工艺选择沥青的标号,对于热拌沥青混合料使用的沥青的标号根据气候分区及交通条件选用,不满足要求时宜采用改性沥青;对于 SMA(沥青玛𬃟脂碎石)结构的沥青黏度应较普通热沥青混合料黏度大一个等级或采用改性沥青。

2. 粗集料

沥青混合料用的粗集料,可以采用碎石、破碎砾石和矿渣等。所用粗集料应该洁净、干燥、无风化、不含杂质。在力学性质方面,压碎值和洛杉矶磨耗率应符合道路等级的要求。

对于用于抗滑表层的沥青混合料中的粗集料,应该选用坚硬、耐磨、韧性好的碎石或碎砾石,矿渣及软质集料不得用于防滑表层。在坚硬石料来源缺乏的情况下,允许掺加一定比例普通集料作为中等或小颗粒的粗集料,但掺加比例不应超过粗集料总质量 40%。

破碎砾石的技术要求与碎石相同。但破碎砾石用于高速公路、一级公路、城市快速路、主干路沥青混合料时,5mm 以上的颗粒拥有一个以上破碎面的含量不得少于 100%(质量)。

钢渣作为粗集料时,应经过试验论证取得许可后使用。钢渣应有 6 个月以上的存放期,质量应符合表 3-6 的要求。

经检验,属于酸性岩石的石料如花岗岩、石英岩等用于高速公路、一级公路、城市快速路、主干路时,宜使用针入度较小的沥青,并采用下列抗剥离措施,使其对沥青的黏附性符合要求:

(1)用干燥的生石灰或消石灰粉、水泥作为填料的一部分,其用量宜为矿料总量的 1% ~2%。

（2）在沥青中掺加抗剥离剂。

（3）将粗集料用石灰浆处理后使用。

沥青混合料用粗集料质量技术要求　　　　　　表 3-6

指标	单位	高速公路及一级公路		其他等级公路	试验方法
		表面层	其他层次		
石料压碎机，不大于	%	26	28	30	T 0316
洛杉矶磨耗损失，不大于	%	28	30	35	T 0317
表观相对密度，不小于	—	2.60	2.50	2.45	T 0304
吸水率，不大于	%	2.0	3.0	3.0	T 0304
坚固性，不大于	%	12	12	—	T 0314
针片状颗粒含量（混合料），不大于 其中粒径大于 9.5mm，不大于 其中粒径小于 9.5mm，不大于	% % %	15 12 18	18 15 20	20 — —	T 0312
水洗法 <0.075mm 颗粒含量，不大于	%	1	1	1	T 0310
软石含量，不大于	%	3	5	5	T 0320

3. 细集料

用于拌制沥青混合料的细集料，可以采用天然砂、人工砂或石屑。

细集料应洁净、干燥、无风化、不含杂质，并有适当的级配范围。对于细集料的技术要求见表 3-7。

沥青混合料用细集料质量要求　　　　　　表 3-7

项目	单位	高速公路、一级公路	其他等级公路	试验方法
表观相对密度，不小于	—	2.50	2.45	T 0328
坚固性（ >0.3mm 部分），不小于	%	12	—	T 0340
含泥量（ <0.075mm 的含量），不大于	%	3	5	T 0333
砂当量，不小于	%	60	50	T 0334
亚甲蓝值，不大于	g/kg	25	—	T 0349
棱角性（流动时间），不小于	s	30	—	T 0345

热拌沥青混合料的细集料宜采用优质的天然砂或人工砂，在缺砂地区，也可使用石屑，但用于高速公路、一级公路、城市快速路、主干路沥青混凝土面层及抗滑表层的石屑用量不得超过砂的用量。

细集料应与沥青有良好的黏结能力，高速公路、一级公路、城市快速路、主干路沥青面层使用与沥青黏结性能差的天然砂及用花岗岩、石英岩等酸性岩石破碎的人工砂或石屑时，应采用前述的粗集料的抗剥离措施。

细集料的级配,天然砂宜按表 3-8 中的粗砂、中砂或细砂的规格选用,机制砂或石屑宜按表 3-9 的规格选用。但集料的级配在沥青混合料中的适用性,应以其与粗集料和填料配制成砂制混合料后,判定其是否符合矿质混合料的级配要求来决定。当一种细集料不能满足级配要求时,可采用两种或两种以上的细集料掺和使用。

沥青混合料用天然砂规格　　　　　　　　　　　　　　表 3-8

筛孔尺寸 （mm）	通过各筛孔的质量百分率（%）		
	粗砂	中砂	细砂
9.5	100	100	100
4.75	90 ~ 100	90 ~ 100	90 ~ 100
2.36	65 ~ 95	75 ~ 90	85 ~ 100
1.18	35 ~ 65	50 ~ 90	75 ~ 100
0.6	15 ~ 30	30 ~ 60	60 ~ 84
0.3	5 ~ 20	8 ~ 30	15 ~ 45
0.15	0 ~ 10	0 ~ 10	0 ~ 10
0.075	0 ~ 5	0 ~ 5	0 ~ 5

沥青混合料用机制砂或石屑规格　　　　　　　　　　　　表 3-9

规格	公称粒径 （mm）	水洗法通过下列筛孔（mm）的质量百分率（%）							
		9.5	4.75	2.36	1.18	0.6	0.3	0.15	0.075
S15	0 ~ 5	100	90 ~ 100	60 ~ 90	40 ~ 75	20 ~ 55	7 ~ 40	2 ~ 20	0 ~ 10
S16	0 ~ 3	—	100	80 ~ 100	50 ~ 80	25 ~ 60	8 ~ 45	0 ~ 25	0 ~ 15

4. 填料

沥青混合料的矿粉必须采用石灰岩或岩浆岩中的强基性岩石(憎水性石料)经磨细得到,原石料中泥土杂质应除净。矿粉应干燥、洁净,其质量应符合表 3-10 的技术要求。

沥青混合料用矿粉质量要求　　　　　　　　　　　　表 3-10

项目	单位	高速公路、一级公路	其他等级公路	试验方法
表观密度,不小于	t/m³	2.50	2.45	T 0352
含水率,不大于	%	1	1	T 0103 烘干法
粒度范围 <0.6mm	%	100	100	
<0.15mm	%	90 ~ 100	90 ~ 100	T 0351
<0.075mm	%	75 ~ 100	70 ~ 100	
外观	—	无团粒结块	—	—
亲水系数	—	< 1	—	T 0353
塑性指数	—	< 4	—	T 0354
加热安定性	—	实测记录	—	T 0355

拌和机采用干法除尘,石粉尘可作为矿粉的一部分回收使用。湿法除尘、石粉尘回收使用时应注意干燥粉尘处理,且不得含有杂质、回收粉尘的用量不得超过填料总量的 25% ,掺入粉尘填料的塑性指数不得大于 4% ,其余质量要求与矿粉相同。

由粗集料、细集料和填料组成的矿质混合料,应保证具有足够的密实度和高的初始内摩擦角,其组成级配应符合现行《公路沥青路面施工技术规范》(JTG F40)的规定。密级配沥青混合料宜根据公路等级、气候及交通条件按表 3-11 选择采用粗型(C 型)或细型(F 型)混合料,并在表 3-12 范围内确定工程设计级配范围,通常情况下,工程设计级配范围不宜超出表 3-12 的要求。其他类型的混合料宜直接以表 3-13 ~ 表 3-17 作为工程设计级配范围。

粗型和细型密集配沥青混凝土粗级配和细级配的关键性筛孔通过率　　　　　　表 3-11

混合料类型	公称最大粒径（mm）	用以分类的关键性筛孔（mm）	粗型密级配		细型密级配	
			名称	关键性筛孔通过率(%)	名称	关键性筛孔通过率(%)
AC-25	26.5	4.75	AC-25C	<40	AC-25F	>40
AC-20	19	4.75	AC-20C	<45	AC-20F	>45
AC-16	16	2.36	AC-16C	<38	AC-16F	>38
AC-13	13.2	2.36	AC-13C	<40	AC-13F	>40
AC-10	9.5	2.36	AC-10C	<45	AC-10F	>45

密集配沥青混凝土混合料矿料级配范围　　　　　　表 3-12

级配类型		通过下列筛孔(mm)的质量百分率(%)												
		31.5	26.5	19	16	13.2	9.5	4.75	2.36	1.18	0.6	0.3	0.15	0.075
粗粒式	AC-25	100	90~100	75~90	65~83	57~76	45~65	24~52	16~42	12~33	8~24	5~17	4~13	3~7
中粒式	AC-20		100	90~100	78~92	62~80	50~72	26~56	16~44	12~33	8~24	5~17	4~13	3~7
	AC-16			100	90~100	76~92	60~80	34~62	20~48	13~36	9~26	7~18	5~14	4~8
细粒式	AC-13				100	90~100	68~85	38~68	24~50	15~38	10~28	7~20	5~15	4~8
	AC-10					100	90~100	45~75	30~58	20~44	13~32	9~23	6~16	4~8
砂粒式	AC-5						100	90~100	55~75	35~55	20~40	12~28	7~18	5~10

沥青玛蹄脂碎石混合料矿料级配范围　　　　　　表 3-13

级配类型		通过下列筛孔(mm)的质量百分率(%)											
		26.5	19	16	13.2	9.5	4.75	2.36	1.18	0.6	0.3	0.15	0.075
中粒式	SMA-20	100	90~100	72~92	62~82	40~55	18~30	13~22	12~20	10~16	9~14	8~13	8~12
	SMA-16		100	90~100	65~85	45~65	20~32	15~24	14~22	12~18	10~15	9~14	8~12
细粒式	SMA-13			100	90~100	50~75	20~34	15~26	14~24	12~18	10~16	9~15	8~12
	SMA-10				100	90~100	28~60	20~32	14~26	12~22	10~16	9~16	8~13

开级配排水式沥青磨耗层混合料矿料级配范围　　表3-14

级配类型		通过下列筛孔(mm)的质量百分率(%)										
		19	16	13.2	9.5	4.75	2.36	1.18	0.6	0.3	0.15	0.075
中粒式	OGFC-16	100	90~100	70~90	45~70	12~30	10~22	6~18	4~15	3~12	3~8	2~6
	OGFC-13		100	90~100	60~80	12~30	10~22	6~18	4~15	3~12	3~8	2~6
细粒式	OGFC-10			100	90~100	50~70	10~22	6~18	4~15	3~12	3~8	2~6

密级配沥青稳定碎石混合料矿料级配范围　　表3-15

级配类型		通过下列筛孔(mm)的质量百分率(%)													
		53	37.5	31.5	26.5	19	16	13.2	9.5	4.75	2.36	1.18	0.6	0.3	0.15	0.075
特粗式	ATB-40	100	90~100	75~92	65~85	49~71	43~63	37~57	30~50	20~40	15~32	10~25	8~18	5~14	3~10	2~6
	ATB-30		100	90~100	70~90	53~72	44~66	39~60	31~51	20~40	15~32	10~25	8~18	5~14	3~10	2~6
粗粒式	ATB-25			100	90~100	60~80	48~68	42~62	32~52	20~40	15~32	10~25	8~18	5~14	3~10	2~6

半开级配沥青碎石混合料矿料级配范围　　表3-16

级配类型		通过下列筛孔(mm)的质量百分率(%)										
		26.5	19	16	13.2	9.5	4.75	2.36	1.18	0.6	0.3	0.15	0.075
中粒式	AM-20	100	90~100	60~85	50~75	40~65	15~40	5~22	2~16	1~12	0~10	0~8	0~5
	AM-16		100	90~100	60~85	45~68	18~40	6~25	3~18	1~14	0~10	0~8	0~5
细粒式	AM-13			100	90~100	50~80	20~45	8~28	4~20	2~16	0~10	0~8	0~6
	AM-10				100	90~100	35~65	10~35	5~22	2~16	0~12	0~9	0~6

开级配排水式沥青碎石混合料矿料级配范围　　表3-17

级配类型		通过下列筛孔(mm)的质量百分率(%)													
		53	37.5	31.5	26.5	19	16	13.2	9.5	4.75	2.36	1.18	0.6	0.3	0.15	0.075
特粗式	ATPB-40	100	70~100	65~90	55~85	43~75	32~70	20~65	12~50	0~3	0~3	0~3	0~3	0~3	0~3	0~3
	ATPB-30		100	80~100	70~95	53~85	36~80	26~75	14~60	0~3	0~3	0~3	0~3	0~3	0~3	0~3
粗粒式	ATPB-25			100	80~100	60~100	45~90	30~82	16~70	0~3	0~3	0~3	0~3	0~3	0~3	0~3

5. 沥青改性剂的性能和要求

改性沥青可单独或复合采用高分子聚合物、天然沥青或其他改性材料制作。各类聚合物改性沥青的质量应符合表3-18的技术要求。当使用表列以外的聚合物及复合改性沥青时,可通过试验研究制定相应的技术要求。

聚合物改性沥青技术要求 表3-18

指标	SBS类（Ⅰ类）				SBR类（Ⅱ类）			PE、EVA类（Ⅲ类）			
	Ⅰ-A	Ⅰ-B	Ⅰ-C	Ⅰ-D	Ⅱ-A	Ⅱ-B	Ⅱ-C	Ⅲ-A	Ⅲ-B	Ⅲ-C	Ⅲ-D
针入度（25℃，100g，5s）（0.1mm）	>100	80~100	60~80	30~60	>100	80~100	60~80	>80	60~80	40~60	30~40
针入度指数 PI，不小于	−1.2	−0.8	−0.4	0	−1.0	−0.8	−0.6	−1.0	−0.8	−0.6	−0.4
延度（5℃，5cm/min）（cm），不小于	50	40	30	20	60	50	40	—	—	—	—
软化点 $T_{R\&B}$（℃），不小于	45	50	55	60	45	48	50	48	52	56	60
运动黏度（135℃）（Pa·s），不大于	3										
闪点（%），不小于	230				230			230			
溶解度（℃），不小于	99				99			—			
离析，48h软化点差（℃），不大于	2.5				—			无改性剂明显析出、凝聚			
弹性恢复（25℃）（%），不小于	55	60	65	70	—			—			
黏韧性（N·m），不小于	—				5			—			
韧性（N·m），不小于	—				2.5			—			
TFOT（或RTFOT）后残留物											
质量损失（%），不大于	1.0				1.0			1.0			
针入度比（25℃）（%），不小于	50	55	60	65	50	55	60	50	55	58	60
延度（5℃）（cm），不小于	30	25	20	15	30	20	10	—			

天然沥青可以单独与石油沥青混合使用或与其他改性沥青混融后使用。天然沥青的质量要求宜根据其品种参照相关标准和成功的经验执行。

用作改性剂的 SBR 乳胶中的固体物含量不宜少于 45%，使用中严禁长时间暴晒或遭冰冻。

改性沥青宜在固定式工厂或在现场设厂集中制作，也可在拌和厂现场边制作边使用，改性沥青的加工温度不宜超过 180℃。胶乳类改性剂和制成颗粒的改性剂可直接投入拌和缸中生成改性沥青混合料。

采用溶剂法生产改性沥青母液时，挥发性溶剂回收后的残留量不得超过 5%。

现场制作的改性沥青宜随配随用，需做短时间保存，或运送到附近的工地时，使用前必须搅拌均匀，在不发生离析的状态下使用。改性沥青制作设备必须设有随机采样的取样口，采集的试样宜立即在现场灌模。

工厂制作的成品改性沥青到达施工现场后存储在改性沥青罐中，改性沥青罐中必须加设搅拌设备并进行搅拌，使用前改性沥青必须搅拌均匀。在施工过程中应定期取样检验产品质量，发现离析等质量不符合要求的改性沥青不得使用。

(三)水泥路面工程材料选择

参见本章第五节"水泥混凝土路面"

二、路面工程划分

根据《公路工程质量检验评定标准　第一册　土建工程》(JTG F80/1—2017)附录 A 的规定,路面工程的单位、分部及分项工程划分见表 3-19。

路基工程的单位、分部及分项工程划分表　　　　表 3-19

单位工程	分部工程	分项工程
路面工程(每 10km 或每标段)	路面工程(每 1~3km 路段)	垫层、底基层,基层,面层,路缘石,路肩等

三、试验路段

1. 路面基层(底基层)试验路段

(1)基层和底基层正式施工前,均应铺筑试验段。

(2)试验段应设置在生产路段上,长度宜为 200~300m。

(3)试验段开工前,应符合下列规定:提交完整的目标配合比报告和生产配合比报告。正常施工时所配备的施工机械完全进场,且调试完毕。全部施工人员到位。

(4)在试验段施工期间,应及时检测下列技术项目:

①施工所用原材料的全部技术指标。

②混合料拌和时的结合料剂量,应不少于 4 个样本。

③混合料拌和时的含水率,应不少于 4 个样本。

④混合料拌和时的级配,应不少于 4 个样本。

⑤不同松铺系数条件下的实际压实厚度,宜设定 2~3 个松铺系数。

⑥不同碾压工艺下的混合料压实度,宜设定 2~3 种压实工艺,每种压实工艺的压实度检测样本应不少于 4 个。

⑦混合料压实后的含水率,应不少于 6 个样本。

⑧混合料击实试验,测定干密度和含水率,应不少于 3 个样本。

⑨7d 龄期无侧限抗压强度试件成型,样本量应符合要求。

(5)养护 7d 后,无机结合料稳定材料的试验段应及时检测下列技术项目:

①标准养护试件的 7d 无侧限抗压强度。

②水泥稳定材料钻芯取样,评价芯样外观,取芯样本数量应不少于 9 个。

③将完整芯样切割成标准试件,测定强度。

④按车道每 10m 一点测定弯沉指标,并按《公路路面基层施工技术细则》(JTG/T F20—2015)附录 C 计算回弹弯沉值。

⑤按车道每 50m 一点测定承载比。

(6)对非整体性材料结构层,试验段铺筑完成后应及时进行承载板试验,按车道每 50m 一点。

（7）试验段铺筑阶段应对下列关键工序、工艺进行评价：

①拌和设备各档材料的进料比例、速度及精度。

②结合料的进料比例和精度。

③含水率的控制精度。

④松铺系数合理值。

⑤拌和、运输、摊铺和碾压机械的协调和配合。

⑥压实机械的选择和组合，压实的顺序、速度和遍数。

⑦对人工拌和工艺，应确定合适的拌和设备、方法、深度和遍数。

⑧对人工摊铺碾压工艺，应确定适宜的整平和整形机具和方法。

（8）试验段施工后，应及时总结，总结报告应包括下列内容：

①试验段检测报告。

②试验段总体效果评价。

③施工关键参数的推荐值，包括配合比、含水率、松铺系数、碾压工艺等。

④确定每一作业段的合适长度。

（9）试验段不满足技术要求时，应重新铺设试验段。试验段各项指标合格后，方可正式施工。

2. 沥青路面试验路段

（1）在铺筑试验路段之前，施工单位应安装好与本项工程有关的全部试验仪器和设备（包括沥青、石料、混合料等以及多项室内外试验的配套仪器、设备及取芯机等），配备足够数量的熟练试验技术人员，并报请监理工程师审查批准。

（2）在工程开工前，施工单位应在监理工程师批准的现场并在监理工程师的监督下，采用备齐并投入该项工程的全部机械设备及每种沥青混合料各铺筑一段长约 100～200m（单幅）的试验路段。

（3）试验段的目的是证实混合料的稳定性，拌和、摊铺和压实设备的效率以及施工方法、施工组织的适应性。

（4）热拌热铺沥青混合料路面试验段包括试拌、试铺两个阶段，具体包括下列试验内容：

①检验各种施工机械的类型、数量及组合方式是否匹配。

②通过试拌确定拌和机的操作工艺，考察计算机打印装置的可信度。

③通过试铺确定透层油的喷洒方式和效果、摊铺、压实工艺，确定松铺系数等。

④验证沥青混合料生产配合比设计，提出生产用的标准配合比和最佳沥青用量。

⑤建立用钻孔法与核子密度仪无破损检测路面密度的对比关系。确定压实度的标准检测方法。核子仪等无破损检测在碾压成型后热态测定，取 13 个测点的平均值为 1 组数据，一个试验段的数据不得少于 3 组。钻孔法在第 2 天或第 3 天以后测定，钻孔数不少于 12 个。

⑥检测试验段的渗水系数。

（5）沥青混合料压实 12h 以后，应对其厚度、密实度进行抽样试验。抽样试验的频度应满足规范要求。

（6）试验段铺筑应由有关各方共同参加，及时商定有关事项，明确试验结论。铺筑结束后，施工单位应就各项试验内容提出完整的试验路施工、检测报告，取得监理机构的批复。如未能取得监理机构的批准,施工单位应破碎清除该试验路,重新铺筑试验路,并承担其费用。

(7)经监理工程师批准的试验路应成为比较的标准,正式工程应按批准的同一方法和同一标准施工。

3.水泥路面试验路段

参见本章第五节"水泥混凝土路面"。

第三节 路面基层

一、路面基层混合料配合比设计

(一)一般规定

(1)应按设计要求选择技术经济合理的混合料类型和配合比。

(2)应根据公路等级、交通荷载等级、结构形式、材料类型等因素,确定材料技术要求。

(3)混合料组成设计应包括原材料试验、混合料的目标配合比设计、混合料的生产配合比设计和施工参数确定四部分。

(4)原材料检验应包括结合料、被稳定材料及其他相关材料的试验。

(5)目标配合比设计应包括下列技术内容:①选择级配范围;②确定结合料类型及掺配比例;③验证混合料相关的设计及施工技术指标。

(6)生产配合比设计应包括下列技术内容:①确定料仓供料比例;②确定水泥稳定材料的容许延迟时间;③确定结合料剂量的标定曲线;④确定混合料的最佳含水率、最大干密度。

(7)施工参数确定应包括下列技术内容:①确定施工中结合料的剂量;②确定施工合理含水率及最大干密度;③验证混合料强度技术指标。

(8)确定无机结合料稳定材料最大干密度指标时宜采用重型击实方法,也可采用振动压实方法。

(9)应根据当地材料的特点和混合料设计要求,通过配合比设计选择最优的工程级配。

(10)用于基层的无机结合料稳定材料,强度满足要求时,尚宜检验其抗冲刷和抗裂性能。

(11)在施工过程中,材料品质或规格发生变化、结合料品种发生变化时,应重新进行材料组成设计。

(二)混合料配合比设计的一般方法

1.半刚性基层配合比设计方法

混合料配合比设计的主要内容是根据表3-5的强度标准值,通过试验选取适宜于稳定的材料,确定材料的配比及最大干密度和最佳含水率。

具体设计步骤如下:

(1)制备同一种土样、不同结合料剂量的混合料,水泥和石灰的剂量可参考表3-20、表3-21所列数值。

水泥剂量参考值　　　　表 3-20

土类	层位	水泥剂量（%）				
中粒土和粗粒土	基层	3	4	5	6	7
	底基层	3	4	5	6	7
塑性指数小于 12 的土	基层	5	7	8	9	11
	底基层	4	5	6	7	9
其他细粒土	基层	8	10	12	14	16
	底基层	6	8	9	10	12

石灰剂量参考值　　　　表 3-21

土类	层位	石灰剂量（%）				
砂砾土和碎石土	基层	3	4	5	6	7
塑性指数小于 12 的黏性土	基层	10	12	13	14	16
	底基层	8	10	11	12	14
塑性指数大于 12 的黏性土	基层	5	7	9	11	13
	底基层	5	7	8	9	11

二灰稳定类混合料试件的制备可根据不同情况进行。对于石灰粉煤灰，采用石灰粉煤灰作基层或底基层时，石灰与粉煤灰之比可以是 1:2 ～ 1:9。采用石灰粉煤灰土作基层或底基层时，石灰与粉煤灰之比常用 1:2 ～ 1:4（对于粉土，以 1:2 为宜）。石灰粉煤灰与细粒土的比例可以是 30:70 ～ 90:100。采用石灰粉煤灰粒料作基层或底基层时，石灰与粉煤灰的配比常用 1:2 ～ 1:4，石灰粉煤灰与级配粒料（中粒土和粗粒土）的配比可以是 1:4 ～ 1:6，石灰粉煤灰与粒料的配比也可以用 1:1 左右，但后者可能强度较低，裂缝较多。

（2）采用重型击实试验确定各种混合料的最佳含水率和最大干密度。至少做 3 个不同水泥或石灰剂量混合料的击实试验，即最小剂量、中间剂量和最大剂量。其他剂量混合料的最佳含水率和最大干密度用内插法确定。

（3）按工地预定达到的压实度，分别计算不同结合料剂量时试件应有的干密度。

（4）按最佳含水率和计算得到的干密度制备试件，进行强度试验。作为平行试验的试件数量应符合表 3-22 中的规定。如试验结果的偏差系数大于表中规定的值，则应重做试验，并找出原因，加以解决。如不能降低偏差系数，则应增加试验数量。

最少的试验数量　　　　表 3-22

稳定土类型	下列偏差系数时的试验数量		
	小于 10%	10% ～ 15%	15% ～ 20%
细粒土	6	9	
中粒土	6	9	13
粗粒土		9	13

（5）试件在规定温度下保湿养护 6d，浸水 1d，进行无侧限抗压强度试验，试验温度为：冰冻地区 20℃ ±2℃，非冰冻地区 25℃ ±2℃。计算试验结果的平均值和偏差系数。

(6)根据强度标准,选定合适的结合料剂量。计算强度代表值应满足式(3-1)的要求:

$$R_d^0 = \bar{R}(1 - C_V Z_\alpha) \tag{3-1}$$

式中:$\bar{R}$——一组试验的强度平均值;

C_V——一组试验的强度变异系数;

Z_α——标准正态分布表中随保证率或置信度 α 而变的系数,高速公路和一级公路应取保证率95%,即 $Z_\alpha = 1.645$;二级及二级以下公路应取保证率90%,即 $Z_\alpha = 1.282$。

强度数据处理时,宜按3倍标准差的标准剔除异常数值,且同一组试验样本异常值剔除应不多于2个。

强度代表值 R_d^0 应不小于强度标准值 R_d;当 $R_d^0 < R_d$ 时,应重新进行配合比试验。

工地实际采用的石灰或水泥剂量应较室内试验确定的剂量多0.5%~1.0%。

石灰土稳定碎石和石灰土稳定砂砾,仅对其中的石灰土进行组成设计,对碎石和砂砾,只要求其具有较好的级配。石灰土与碎石砂砾的质量比宜为1:4。二灰稳定粒料的组成设计,则应包括全部混合料(或25mm以下的粒料)。条件不具备时,可仅对二灰进行组成设计,确定二灰的配合比后,在二灰中掺入一定比例的粒料。

2. 级配碎石配合比设计方法

(1)用于不同公路等级、交通荷载等级和结构层位的级配碎石,CBR强度标准应满足现行《公路路面基层施工技术细则》(JTG/T F20)的要求。

(2)应以实际工程使用的材料为对象,根据《公路路面基层施工技术细则》(JTG/T F20—2015)推荐的级配范围和以往工程经验或按该细则附录A的方法,构造3~4条试验级配曲线,通过配合比试验,优化级配。

(3)混合料配合比应采用重型击实或振动成型试验方法,确定最佳含水率和最大干密度。

(4)应按试验确定的级配和最佳含水率,以及现场施工的压实标准成型标准试件,进行CBR强度试验和模量试验。

(5)应选择CBR强度最高的级配作为工程使用的目标级配,并确定相应的最佳含水率。

(6)选定目标级配曲线后,应针对各档材料进行筛分,确定各档材料的平均筛分曲线以及相应的变异系数,并按2倍标准差计算各档材料筛分级配的波动范围。

(7)应按下列步骤合成目标级配曲线并验证性能:

①按确定的目标级配,根据各档材料的平均筛分曲线,确定其使用比例,得到混合料的合成级配。

②根据合成级配进行混合料的CBR或模量试验,验证混合料性能。

(8)应根据已确定的各档材料使用比例和各档材料级配的波动范围,计算实际生产中混合料的级配波动范围,并应针对这个波动范围的上、下限验证性能。

(9)应根据目标配合比确定的各档材料比例,调试和标定拌和设备,确保生产出的混合料满足目标级配的要求。

(10)拌和设备的调试和标定应包括料斗称量精度的标定、设备加水量的控制等内容,并应符合下列规定:

①按各档材料的比例关系,设定相应的称量装置,调整拌和设备各个料仓的进料速度。

②按设定好的施工参数进行第一阶段试生产,验证生产级配。不满足要求时,应进一步调整施工参数。

（11）应在第一阶段试生产试验的基础上进行第二阶段试验。按不同含水率试拌混合料,并取样、试验。试验应符合下列规定:

①通过混合料中实际含水率的测定,确定施工过程中水流量计的设定范围。

②通过击实试验,确定含水率变化对混合料最大干密度的影响。

③通过 CBR 试验,确定材料的实际强度水平和拌和工艺的变异水平。

（12）混合料生产含水率应依据配合比设计结果确定,可根据施工因素和气候条件增加0.5～1.5 个百分点。

二、基层施工质量监理

（一）混合料的拌和与运输

1. 一般规定

（1）根据公路等级的不同,宜按现行《公路路面基层施工技术细则》（JTG/T F20）的推荐选择基层、底基层的材料施工工艺措施。对于边角部位施工,混合料拌和方式应与主线相同,可采用推土机摊平、平地机整平的人工方式摊铺,并与主线同步碾压成型。

（2）稳定材料层宽 11～12m 时,每一流水作业段长度以 500m 为宜;稳定材料层宽大于12m 时,作业段宜相应缩短。宜综合考虑下列因素,合理确定每日施工作业段长度:施工机械和运输车辆的生产效率和数量;施工人员数量及操作熟练程度;施工季节和气候条件;水泥的初凝时间和延迟时间;减少施工接缝的数量。

（3）对水泥稳定材料或水泥粉煤灰稳定材料,宜在 2h 之内完成碾压成型,应取混合料的初凝时间与容许延迟时间二者较短的时间作为施工控制时间。

（4）石灰稳定材料或石灰粉煤灰稳定材料层宜在当天碾压完成,最长不应超过 4d。

（5）无机结合料稳定材料在过分潮湿路段上施工时应采取措施,降低潮湿程度、消除积水。

（6）无机结合料稳定材料结构层施工应选择适宜的气候环境,针对当地气候环境的变化制订相应的处置预案。宜避免在雨季施工,且不应在雨天施工。

（7）应将室内重型击实试验确定的干密度作为压实度评价的标准密度。

（8）无机结合料稳定材料基层、底基层压实度控制标准应符合表 3-23、表 3-24 的规定。

基层材料压实度标准（%） 表 3-23

公路等级		水泥稳定材料	石灰粉煤灰稳定材料	水泥粉煤灰稳定材料	石灰稳定材料
高速公路和一级公路		≥98	≥98	≥98	—
二级及二级以下公路	稳定中、粗粒材料	≥97	≥97	≥97	≥97
	稳定细粒材料	≥95	≥95	≥95	≥95

底基层材料压实标准(%)　　　　　　　　　　　　　　　　表 3-24

公路等级		水泥稳定材料	石灰粉煤灰稳定材料	水泥粉煤灰稳定材料	石灰稳定材料
高速公路和一级公路	稳定中、粗粒材料	≥97	≥97	≥97	≥97
	稳定细粒材料	≥95	≥95	≥95	≥95
二级及二级以下公路	稳定中、粗粒材料	≥95	≥95	≥95	≥95
	稳定细粒材料	≥93	≥93	≥93	≥93

(9)对级配碎石材料,基层压实度应不小于99%,底基层压实度应不小于97%。

(10)高速公路和一级公路在极重、特重交通荷载等级下,基层和底基层的压实标准可提高 1~2 个百分点。

2. 混合料集中厂拌与运输

(1)混合料的拌和能力与混合料摊铺能力应相匹配。

(2)拌和厂应安置在地势相对较高的位置,并做好排水设施。

(3)拌和厂场地应平整并具有足够的承载能力。高速公路和一级公路的拌和厂,场地应采用水泥混凝土硬化,水泥混凝土强度等级应不低于 C15,厚度应不小于 200mm。

(4)工程所需的原材料严禁混杂,应分档隔仓堆放,并有明显的标志。

(5)细集料、水泥、石灰、粉煤灰等原材料应有覆盖。对高速公路和一级公路,上述材料严禁露天堆放,应放置于专门搭建的防雨棚内或库房内。

(6)对高速公路和一级公路,应采用专用稳定材料拌和设备拌制混合料。稳定细粒材料集中拌和时,土块应粉碎,最大尺寸应不大于 15mm。

(7)无机结合料稳定中、粗粒材料的拌和生产设备应满足下列要求:对高速公路和一级公路,混合料拌和设备的产量宜大于 500t/h。拌和设备的料仓数目应与规定的备料档数相匹配,宜较规定的备料档数增加 1 个。各个料仓之间的挡板高度应不小于 1m。高速公路的基层施工时,每个料斗与料仓下面应安装称量精度达到 ±0.5% 的电子秤。

(8)装水泥的料仓应密闭、干燥,同时内部应装有破拱装置。对高速公路,水泥料仓应配备计重装置,不宜通过电机转速计量水泥的添加量。

(9)气温高于30℃时,水泥进入拌缸温度宜不高于50℃;高于50℃时应采取降温措施。气温低于15℃时,水泥进入拌缸温度应不低于10℃。

(10)加水量的计量应采用流量计的方式。对高速公路和一级公路,水的流量数值应在中央控制室的控制面板上显示。

(11)在正式拌制混合料之前,应先调试所用的设备,使混合料的级配组成和含水率都达到配合比设计的规定要求。原材料的颗粒组成发生变化时,应重新调试设备。

(12)在稳定中、粗粒材料生产过程中,应按配合比设计确定的材料规格及数量拌和。

(13)高速公路基层的混合料拌和时,宜采用两次拌和的生产工艺,也可采用间歇式拌和生产工艺,拌和时间应不少于 15s。

(14)在拌和过程中,应实时监测各个料仓的生产计量,对高速公路和一级公路,应每10min 打印各档料仓的使用量。某档材料的实际掺加量与设计要求值相差超过10%时,应立即停机检查原因,正常后方可继续生产。

(15)天气炎热或运距较远时,无机结合料稳定材料拌和时宜适当增加含水率。对稳定中、粗粒材料,混合料的含水率可高于最佳含水率0.5~1个百分点;对稳定细粒材料,含水率可高于最佳含水率1~2个百分点。

(16)对高速公路和一级公路,应从拌和厂取料,每隔2h测定一次含水率,每隔4h测定一次结合料的剂量,并做好记录。

(17)应根据工程量的大小和运距的长短,配备足够数量的混合料运输车。

(18)混合料运输车装料前应清理干净车厢,不得存有杂物。

(19)混合料运输车装好料后,应用篷布将厢体覆盖严密,直到摊铺机前准备卸料时方可打开。

(20)对高速公路和一级公路,水泥稳定材料从装车到运输到现场,时间不宜超过1h,超过2h应作为废料处理。

(21)对无机结合料稳定中、粗粒材料,在装料过程中应采取措施减小混合料的离析。

3. 混合料人工拌和

(1)三、四级公路的底基层、基层混合料,可以采用人工路拌法进行拌和。

(2)混合料人工拌和工艺应包括现场准备、布料和拌和等流程。

(3)下承层表面应平整、坚实,具有规定的路拱,下承层的平整度和压实度应符合规范规定。

(4)下承层为路基时,宜用12~15t的三轮压路机或等效的碾压机械碾压3~4遍,并符合下列规定:在碾压过程中,发现表面松散时,宜适当洒水;发现"弹簧"现象时,宜采取挖开晾晒、换土、掺石灰或水泥等措施处理。

(5)下承层为粒料类底基层时,应检测弯沉值。不符合设计要求时,应根据具体情况采取措施,使之达到规定的标准。

(6)下承层为原路面时,应检查其材料是否符合底基层材料的技术要求,不符合要求时,应翻松原路面并采取必要的处理措施。

(7)底基层或原路面上存在低洼和坑洞时,应补填及压实;对搓板及辙槽应刮除,对松散应耙松洒水并重新碾压,达到平整密实。

(8)新完成的底基层或路基,应按相关标准的规定验收,验收合格后方可铺筑上层稳定材料层。

(9)在槽式断面的路段,宜在两侧路肩上每隔5~10m交错开挖泄水沟。

(10)应在底基层或原路面或路基上恢复中线,直线段应每15~20m设一桩,平曲线段应每10~15m设一桩,并应在两侧路肩边缘外设指示桩。

(11)在两侧指示桩上采用明显标记标出稳定材料层边缘的设计高程。

(12)使用原路面或路基上部材料备料时,应符合下列规定:

①清除原路面上或路基表面的石块等杂物。

②每隔10~20m挖一小洞,使洞底高程与预定的无机结合料稳定材料层的底面高程相同,并在洞底做一标记,控制翻松及粉碎的深度。

③用犁、松土机或装有强固齿的平地机或推土机将原路面或路基的上部翻松到预定的深

度,土块应粉碎到符合要求。

④用犁将土向路中心翻松,使预定处治层的边部呈一个垂直面。

⑤用专用机械粉碎黏性土。无专用机械时,也可用旋转耕作机、圆盘耙等设备粉碎塑性指数不大的土。

(13)使用料场的材料备料时,应符合下列规定:

①采集材料前,应将树木、草皮和杂土清除干净。

②应筛除材料中的超尺寸颗粒。

③应在预定的深度范围内采集材料,不宜分层采集,不应将不合格的材料与合格的材料一起采集。

④对塑性指数大于 12 的黏性土,可视土质和机械性能确定是否需要过筛。

(14)应按下列方法计算现场拌和时的工程数量:

①根据各路段无机结合料稳定材料层的宽度、厚度及预定的干密度,计算各路段需要的干燥材料的数量。

②根据料场材料的含水率和所用运料车辆的吨位,计算每车料的堆放距离。

③根据无机结合料稳定材料层的厚度和预定的干密度及水泥剂量,计算每平方米无机结合料的用量,并确定摆放的纵横间距。

(15)堆料前应用两轮压路机碾压 1 ~ 2 遍,整平表面,并在预定堆料的路段上洒水,使其表面湿润,但不宜过分潮湿。

(16)材料装车时,应控制每车料的质量基本一致。

(17)在同一料场供料的路段内,宜由远到近将料按相应的规定计算距离卸置于下承层表面的中间或两侧。应严格掌握卸料距离。

(18)材料在下承层上的堆置时间不宜过长。材料运送宜比摊铺工序提前 1 ~ 2d。

(19)路肩用料与稳定材料层用料不同时,应先将两侧路肩培好。路肩料层的压实厚度应与稳定材料层的压实厚度相同。在两侧路肩上,宜每隔 5 ~ 10m 交错开挖临时泄水沟。

(20)石灰稳定材料除应满足前述的规定外,尚应符合下列规定:

①分层采集材料时,应将不同层位材料混合装车运送到现场。

②对塑性指数小于 15 的黏性土,可视土质和机械性能确定是否需要过筛。

③石灰应选择邻近水源、地势较高且宽敞的场地集中覆盖封存堆放。

④生石灰块应在使用前 7 ~ 10d 充分消解,消解后的石灰应保持一定的湿度,不得产生扬尘,也不可过湿成团。

⑤消石灰宜过 9.5mm 筛,并尽快使用。

⑥材料组成设计与现场实际施工的时间间隔长时,应重新进行材料组成设计。

⑦被稳定材料宜先摊平并用两轮压路机碾压 1 ~ 2 遍,再人工摊铺石灰。

⑧按计算的每车石灰的纵横间距,在被稳定材料层上做标记,并画出边线。

⑨用刮板将石灰均匀摊开,表面应没有空白位置。

⑩应量测石灰的松铺厚度,校核石灰用量。

(21)石灰粉煤灰稳定材料除应满足前述的规定外,尚应符合下列规定:

①粉煤灰在场地集中堆放时,应覆盖,避免雨淋。在堆放过程中粉煤灰凝结成块时,使用

前应打碎。

②运到现场的粉煤灰应含有足够的水分,在干燥和多风季节,应采取措施保持表面湿润。

③采用石灰粉煤灰时,应先将粉煤灰运到现场。

④每种材料摊铺均匀后,宜先用两轮压路机碾1~2遍,再运送并摊铺下一种材料。

(22)水泥稳定材料应符合下列规定:

①被稳定材料应在摊铺水泥的前一天摊铺,雨季施工期间,预计第二天有雨时,不宜提前摊铺材料。

②摊铺长度应按日进度的需要量控制。

③摊铺材料过程中,应将土块、超尺寸颗粒及其他杂物拣除。土中有较多土块时,应粉碎。

④按计算的每袋水泥摆放的纵横间距,在被稳定材料层上做标记,将当日施工用水泥卸在做标记的地点,并检查有无遗漏和多余。

⑤用刮板将水泥均匀摊开,路段表面应没有空白位置,也没有水泥过分集中的区域,每袋水泥的摊铺面积应相等。

(23)混合料松铺系数可按现行《公路路面基层施工技术细则》(JTG/T F20)的推荐值或通过试验确定。

(24)应检验松铺土层的厚度,其厚度应满足预定的要求。

(25)人工摊铺的土层整平后,应采用两轮压路机碾压1~2遍,使其表面平整,并有一定的压实度。

(26)已整平材料含水率过小时,应在土层上洒水闷料,且应符合下列规定:

①洒水应均匀。

②严禁洒水车在洒水段内停留和掉头。

③采用高效率的路拌机械时,闷料时宜一次将水洒够。

④采用普通路拌机械时,闷料时所洒水量宜较最佳含水率低2~3个百分点。

⑤细粒材料应经一夜闷料,中粒和粗粒材料可视其中细粒材料的含量,缩短闷料时间。

⑥对综合稳定材料,应先将石灰和土拌和后一起闷料。

⑦对水泥稳定材料,应在摊铺水泥前闷料。

(27)级配碎石或砾石施工应符合下列规定:

①用平地机或其他合适的机具将材料均匀地摊铺在预定的宽度上,表面应平整,并具有规定的路拱。

②采用不同粒级的碎石和石屑时,宜将大粒径碎石铺在下层,中粒径碎石铺在中层,小粒径碎石铺在上层,洒水使碎石湿润后,再摊铺石屑。

③对未筛分碎石,摊铺平整后,应在其较湿润的情况下,将石屑卸置其上,用平地机并辅以人工将石屑均匀摊铺在碎石层上。

④检查材料层的松铺厚度,必要时应进行减料或补料工作。

⑤同时摊铺路肩用料。

(28)严禁在拌和层底部留有素土夹层,并应符合下列规定:

①采用专用的稳定材料拌和设备拌和时,设专人随时检查拌和深度,并配合拌和设备操作员调整拌和深度。

②拌和深度应达稳定层底并应侵入下承层不小于 5mm。

(29)二级以下公路在没有专用拌和设备时,可用农用旋转耕作机与多铧犁或平地机相配合拌和,拌和时间不可过长。

(30)对石灰稳定材料,在拌和时应符合下列规定:

①对石灰稳定碎石或砾石,先将石灰和需添加的黏性土拌和均匀,然后均匀地摊铺在碎石或砾石层上,再一起拌和。

②对石灰稳定塑性指数大的黏土,宜先加 70% ~ 100% 预定剂量的石灰拌和,闷放 1 ~ 2d,再补足需用的石灰,进行第二次拌和。

(31)对石灰粉煤灰稳定中、粗粒材料,应先将石灰和粉煤灰拌和均匀,然后均匀地摊铺在材料层上,再一起拌和。

(32)拌和过程结束时,应及时检测含水率,含水率宜略大于最佳值。含水率不足时,宜用喷管式洒水车补充洒水。洒水车不应在正拌和以及当天计划拌和的路段上掉头和停留。

(33)洒水后,应及时再次拌和。

(34)混合料拌和均匀后应色泽一致,没有灰条、灰团和花面,以及无明显粗细集料离析现象。

(35)对二级以下公路的级配碎石,可采用平地机或多铧犁与缺口圆盘耙相配合拌和,应符合下列规定:

①用稳定材料拌和设备时,应拌和两遍以上,拌和深度应直到级配碎石层底。

②用平地机拌和时,宜翻拌 5 ~ 6 遍,使石屑均匀分布于碎石料中。平地机拌和的作业长度,每段宜为 300 ~ 500m。

③用缺口圆盘耙与多铧犁相配合拌和级配碎石时,多铧犁在前面翻拌,圆盘耙紧跟在后面拌和,共翻耙 4 ~ 6 遍,应随时检查调整翻耙的深度。

④拌和结束时,混合料的含水率和均匀性应符合现行《公路路面基层施工技术细则》(JTG/T F20)的要求。

(36)使用在料场已拌和均匀的级配碎石或砾石混合料,摊铺后有粗细颗粒离析现象时,应使用平地机补充拌和。

(二)摊铺与碾压

1.摊铺机摊铺与碾压

(1)混合料摊铺应保证足够的厚度,碾压成型后每层的摊铺厚度宜不小于 160mm,最大厚度宜不大于 200mm。

(2)具有足够的摊铺能力和压实功率时,可增加碾压厚度,具体的摊铺厚度应根据试验结果确定。大厚度的摊铺施工时,应增加相应的拌和能力。

(3)应在下承层施工质量检测合格后,开始摊铺上面结构层。采用两层连续摊铺时、下层质量出现问题时,上层应同时处理。

(4)下承层是稳定细粒材料时,宜先将下承层顶面拉毛或采用凸块式压路机碾压,再摊铺上层混合料;下承层是稳定中、粗粒材料时,应先将下承层清理干净,并洒铺水泥净浆,再摊铺上层混合料。

（5）应采用摊铺功率不低于120kW的沥青混凝土摊铺机或稳定材料摊铺机摊铺混合料。

（6）采用两台摊铺机并排摊铺时，两台摊铺机的型号及磨损程度宜相同。在施工期间，两台摊铺机的前后间距宜不大于10m，且两个施工断面纵向应有300~400mm的重叠。

（7）对无法使用机械摊铺的超宽路段，应采用人工同步摊铺、修整，同时碾压成型。

（8）摊铺机前宜增设橡胶挡板，橡胶挡板底部距下承层距离宜不大于100mm。

（9）在摊铺机后面应设专人消除粗细集料离析现象，及时铲除局部粗集料堆积或离析的部位，并用新拌混合料填补。

（10）对高速公路和一级公路，在摊铺过程中宜设立纵向模板。

（11）二级以下公路没有摊铺机时，可采用摊铺箱摊铺混合料。

（12）水泥稳定材料结构层施工时，应在混合料处于或略大于最佳含水率的状态下碾压。气候炎热干燥时，碾压时的含水率可比最佳含水率增加0.5~1.5个百分点。

（13）石灰稳定材料和石灰粉煤灰稳定材料碾压时，应处于最佳含水率或略大于最佳含水率状态，含水率宜增加1~2个百分点。

（14）应根据施工情况配备足够的碾压设备，并应符合下列规定：

①对双向四车道高速公路或一级公路的半幅摊铺，应配备不少于4台重型压路机。

②对于双向六车道的半幅摊铺，应配备不少于5台重型压路机。

（15）应安排专人负责指挥碾压，严禁漏压和产生轮迹。

（16）采用钢轮压路机初压时，宜采用双钢轮压路机稳压2~3遍，再用激振力大于35t的重型振动压路机、18~21t三轮压路机或25t以上的轮胎压路机继续碾压密实，最后采用双钢轮压路机碾压，消除轮迹。

（17）采用胶轮压路机初压时，应采用25t以上的重胶轮压路机稳压1~2遍，错轮不超过1/3的轮迹带宽度，再采用重型振动压路机碾压密实，最后采用双钢轮压路机碾压，消除轮迹。

（18）对稳定细粒材料，在采用上述碾压工艺时，最后的碾压收面可采用凸块式压路机碾压。

（19）在碾压过程中出现软弹现象时，应及时将该路段混合料挖出，重新换填新料碾压。

（20）碾压成型后的表面应平整、无轮迹。

（21）碾压过程中，压路机严禁随意停放，应停放在已碾压完成的路段。

（22）混合料摊铺时，应保持连续。对水泥稳定材料，因故中断时间大于2h时，应设置横向接缝，并应符合下列规定：

①人工将末端含水率合适的混合料整齐，紧靠混合料末端放两根方木，方木的高度应与混合料的压实厚度相同，整平紧靠方木的混合料。

②方木的另一侧用砾石或碎石回填约3m长，其高度应高出方木2~3cm，并碾压密实。

③在重新开始摊铺混合料之前，应将砾石或碎石和方木除去，并将下承层顶面清扫干净。

④摊铺机应返回到已经压实层的末端，重新开始摊铺混合料。

⑤摊铺中断大于2h且未按上述方法处理横向接缝时，应将摊铺机附近及其下面未经压实的混合料铲除，并将已经碾压密实且高程和平整度符合要求的末端挖成与路中心线垂直并向下的断面，再摊铺新的混合料。

（23）摊铺时宜避免纵向接缝，分两幅摊铺时，纵向接缝处应加强碾压，存在纵向接缝时，纵缝应垂直相接,严禁斜接,并应符合下列规定:在前一幅摊铺时,宜在靠中央的一侧用方木或钢模板做支撑,方木或钢模板的高度应与稳定材料层的压实厚度相同。应在摊铺另一幅之前拆除支撑。

(24)碾压贫混凝土等强度较高的基层材料成型后可采取预切缝措施,应符合下列规定:预切缝的间距宜为8~15m。宜在养护的3~5d内切缝。切缝深度宜为基层厚度的1/2~1/3,切缝宽度约5mm。切缝后应及时清理缝隙,并用热沥青填满。

2. 人工摊铺与碾压

(1)混合料拌和均匀后,应及时用平地机初步整形。

(2)在初平的路段上,应用拖拉机、平地机或轮胎压路机快速碾压一遍。

(3)整形前,对局部低洼处应用齿耙将其表层50mm以上的材料耙松,并用新拌的混合料找平,再碾压一遍。

(4)应用平地机再整形一次,应将高处直接刮出路外,严禁形成薄层贴补现象。

(5)反复整形,直至满足技术要求,每次整形都应达到规定的坡度和路拱。

(6)人工整形时,应用锹和耙先将混合料摊平,用路拱板整形。用拖拉机初压1~2遍后,应根据实测松铺系数,确定纵横断面高程,并设置标记和挂线。

(7)在整形过程中,严禁任何车辆通行,并应保持无明显的粗细集料离析现象。

(8)应根据路宽、压路机的轮宽和轮距的不同,制订碾压方案,使各部分碾压到的次数尽量相同,路面的两侧宜多压2~3遍。

(9)整形后,混合料的含水率满足要求时,应立即对结构层进行全宽碾压。在直线段和不设超高的平曲线段,宜从两侧路肩向路中心碾压,且轮迹应重叠1/2轮宽,后轮应超过两段的接缝处。碾压次数宜为6~8遍。

(10)压路机前两遍的碾压速度宜为1.5~1.7km/h,以后宜为2.0~2.5km/h。

(11)采用人工摊铺和整形的稳定材料层,宜先用拖拉机或6~8t两轮压路机或轮胎压路机碾压1~2遍,再用重型压路机碾压。

(12)严禁压路机在已完成的或正在碾压的路段上掉头或紧急制动。

(13)碾压过程中,无机结合料稳定材料的表面应始终保持湿润,水分蒸发过快时,宜及时补洒少量的水,严禁大量洒水。

(14)碾压过程中,有"弹簧"、松散、起皮等现象时,应及时翻开重新拌和或用其他方法处理。

(15)在碾压结束前,应用平地机终平一次,纵坡、路拱和超高应符合设计要求。终平时,应将局部高出部分刮除并扫出路外;对局部低洼之处,不再找补。

(16)碾压应达到要求的压实度,并没有明显的轮迹。

(17)级配碎石施工,应符合下列规定:用平地机按规定的路拱整平和整形。在整形过程中,应消除粗细集料离析。用拖拉机、平地机或轮胎压路机在已初平的路段上快速碾压一遍,再用平地机整平和整形。

(18)同日施工的两工作段的衔接处理应符合下列规定:前一段拌和整形后,留5~8m不碾压。后一段施工时,在前一段的未压部分再加部分水泥重新拌和,并与后一段一起碾压。

(19)应做好每天最后一段的施工缝,并应符合下列规定:

①在已碾压完成的无机结合料稳定材料层末端,挖一条横贯铺筑层全宽的宽约 300mm 的槽,直至下承层顶面。形成与路的中心线垂直并垂直向下的断面,并放两根与压实厚度等厚、长为全宽一半的方木紧贴垂直面。

②用原挖出的材料回填槽内其余部分。

③第二天邻接作业段拌和后除去方木,用混合料回填。

④靠近方木未能拌和的一小段,应人工补充拌和。

⑤整平时,接缝处的稳定材料应较已完成断面高出约 50mm。

⑥新混合料碾压过程中,应将接缝修整平顺。

(20)施工机械掉头处应符合下列规定:

①在准备用于掉头的 8 ~ 10m 长的稳定材料层上,覆盖一张厚塑料布或油毡纸,再铺上约 100mm 厚的土、砂或砾石。

②整平时,宜用平地机将塑料布或油毡纸上大部分材料除去,再人工除去余下的材料,并收起塑料布或油毡纸。

(21)水泥稳定材料层的施工应避免纵向接缝。分两幅施工时,纵缝应垂直相接,并应符合下列规定:

①前一幅施工时,在靠中央一侧应用与稳定材料层的压实厚度相同的方木或钢模板作支撑。

②混合料拌和结束后,靠近支撑的部分,应人工补充拌和,再整形和碾压。

③应在铺筑后一幅之前拆除支撑。

④后一幅混合料拌和结束后,靠近前一幅的部分,宜人工补充拌和,再整形和碾压。

(22)级配碎石施工的接缝处理应符合下列规定:

①两作业段的衔接处应搭接拌和、整平和碾压。

②宜避免纵向接缝。在分两幅铺筑时,纵缝应搭接拌和、整平和碾压,搭接宽度宜不小于 300mm。

(三) 养护和交通管制

1. 一般规定

(1)无机结合料稳定材料层碾压完成并经压实度检测合格后,应及时养护。

(2)无机结合料稳定材料的养护期宜不少于 7d,养护期宜延长至上层结构开始施工的前 2d。

(3)养护可采用洒水养护、薄膜覆盖养护、土工布覆盖养护、铺设湿砂养护、草帘覆盖养护、洒铺乳化沥青养护等方式,宜结合工程实际情况选择适宜的方式。

(4)养护期间应封闭交通,除洒水车和小型通勤车辆外,严禁其他车辆通行。

(5)无机结合稳定材料层过冬时,应采取必要的保护措施。

(6)根据结构层位的不同和施工工序的要求,应择机进行层间处理。

2. 养护方式

(1)洒水养护宜作为水泥稳定材料的基本养护方式,并应符合下列规定:每天洒水次数应视气候而定。高温期施工,宜上、下午各洒水 2 次。养护期间,稳定材料层表面应始终保持湿润。对于石灰稳定或石灰粉煤灰稳定材料层应注意表层情况,必要时,可用两轮压路机补充压实。

(2)薄膜覆盖养护应符合下列规定:混合料摊铺碾压成型后,可覆盖薄膜,薄膜厚度宜不小于1mm。薄膜之间应搭接完整,避免漏缝,薄膜覆盖后应用砂土等材料呈网格状堆填,局部薄膜破损时,应及时更换。养护至上层结构层施工前1~2d,方可将薄膜掀开。对蒸发量较大的地区或养护时间大于15d的工程,在养护过程中应适当补水。

(3)土工布养护应符合下列规定:宜采用透水式土工布全断面覆盖,也可铺设防水土工布。铺设过程中应注意缝之间的搭接,不应留有间隙。铺设土工布后,应注意洒水,每天洒水次数应视气候而定。高温期施工,上、下午宜各洒水一次。养护至上层结构层施工前1~2d,方可将土工布掀开。在养护过程中应采取有效措施防止土工布破损。

(4)铺设湿砂养护应符合下列规定:砂层厚度宜为70~100mm。砂铺匀后,宜立即洒水,并在整个养护期间保持砂的潮湿状态,不得用湿黏性土养护结束后,应将覆盖物清除干净。

(5)草帘覆盖养护应符合下列规定:全断面铺设草帘,草帘铺设后应注意洒水,每天洒水的次数应视气候而定。高温期施工,上、下午宜各洒水一次,每次洒水应将草帘浸湿。必要时可采用土工布与草帘双层覆盖养护。

(6)对沥青面层厚度大于20cm的结构或二级及二级以下公路的无机结合料稳定材料的基层,可采用洒铺乳化沥青方式养护,并应符合下列规定:

①表面干燥时,宜先喷洒少量水,再喷洒沥青乳液。

②采用稀释沥青时,宜待表面略干时再喷洒沥青。

③在用乳液养护前,应将基层清扫干净。

④沥青乳液的沥青用量宜采用0.8~1.0kg/m²,分两次喷洒。

⑤第一次喷洒时,宜采用沥青含量约35%的慢裂沥青乳液,第二次宜喷洒浓度较大的沥青乳液。

⑥不能避免施工车辆通行时,应在乳液破乳后撒布粒径4.75~9.5mm的小碎石,做成下封层。

3.交通管制

(1)正式施工前宜建好施工便道。对高速公路和一级公路,无施工便道时不应施工。

(2)无机结合料稳定材料养护期间,小型车辆和洒水车的行驶速度应小于40km/h。

(3)无机结合料稳定材料养护7d后,施工需要通行重型货车时,应有专人指挥,按规定的车道行驶,且车速应不大于30km/h。

(4)级配碎石、级配砾石基层未做透层沥青或铺设封层前,严禁开放交通。

(5)无法安排施工便道而需要车辆通行时,应符合下列规定:合理安排施工工序,保障7~15d的养护期。宜在硬路肩或临时停车带的位置划出专门车道,专人指挥车辆通行。无机结合料稳定材料应适当提高早期强度。限定载重车辆的轴载,应不大于13t。

(四)层间处理及其他

1.无机结合料稳定材料层之间的处理

(1)在上层结构施工前,应将下层养护用材料彻底清理干净。

（2）应采用人工、小型清扫车及洒水冲刷的方式将下层表面的浮浆清理干净，下承层局部存在松散现象时，也应彻底清理干净。

（3）下承层清理后应封闭交通。在上层施工前 1～2h，宜撒布水泥或洒铺水泥净浆。

（4）可采用上下结构层连续摊铺施工的方式，每层施工应配备独立的摊铺和碾压设备，不得采用一套设备在上下层来回施工。

（5）稳定细粒材料结构层施工时，根据土质情况，最后一道碾压工艺可采用凸块式压路机碾压。

2. 无机结合料稳定材料基层与沥青面层之间的处理

（1）在沥青面层施工前 1～2d 内，应清理基层顶面。

（2）应彻底清除基层顶面养护期间的覆盖物。

（3）应采用人工清扫、小型清扫车、空压机以及洒水冲刷等方式将基层表面的浮浆清理干净，并应符合下列规定：基层表面达到无浮尘、无松动状态。清理出小坑槽时，不得用原有基层材料找补。清理出较大范围松散时，应重新评定基层质量，必要时宜返工处理。

（4）在基层表面干燥的状态下，可洒铺透层油。透层油宜采用稀释沥青、煤沥青或乳化沥青，沥青洒铺量宜为 0.3～0.6kg/m^2。

（5）透层油施工后严禁一切车辆通行，直至上层施工。

（6）下封层或黏层应在透层油挥发、破乳完成后施工，并封闭交通。

（7）对极重、特重交通荷载等级或较薄的沥青面层，基层顶面应采用热洒沥青的方式加强层间结合，并应符合下列规定：

①根据工程情况，热洒沥青可以采用普通沥青、改性沥青或橡胶沥青，对高速公路和一级公路的极重、特重交通荷载等级，或沥青层厚度小于 150mm 时，宜选择 SBS 改性沥青或橡胶沥青。

②普通沥青的洒布量宜为 1.8～2.2kg/m^2，SBS 改性沥青宜为 2.0～2.4kg/m^2，橡胶沥青宜为 2.2～2.6kg/m^2。

③沥青洒布时应均匀，避免漏洒。纵向接缝应重叠 2/3 单一喷口的洒布范围，横向接缝应齐整，不应重叠。

④撒布的碎石宜选择洁净、干燥、单一粒径的石灰岩石料，超粒径含量宜不大于 10%，粒径范围宜为 13.2～19mm。

⑤碎石撒布前应通过拌和设备加热、除尘、筛分，碎石撒布到路面前的温度应不低于 80℃。

⑥碎石撒布量应为满铺面积的 60%～70%，不应重叠。

⑦高速公路和一级公路，不宜采用同步碎石封层设备，应采用分离式的施工设备。

⑧沥青洒铺车的容量宜不小于 10t，1 台沥青洒铺车应配备 2 台碎石撒布车。

3. 基层收缩裂缝的处理

基层在养护过程中出现裂缝，经过弯沉检测，结构层的承载能力满足设计要求时，可继续铺筑上面的沥青面层，也可采取下列措施处理裂缝：在裂缝位置灌缝；在裂缝位置铺设玻璃纤维格栅；洒铺热改性沥青。

三、质量检验标准和实测项目

1. 施工过程的质量检查

路面基层、底基层施工质量控制标准与检测控制应按照《公路路面基层施工技术细则》（JTG/T F20—2015）第 8 章的规定执行。

施工过程中应检查原材料、外形尺寸和内在质量。其中，外形尺寸检查项目、频率和质量标准应符合其规定要求，压实度检测应采用整层灌砂试验方法，灌砂深度应与现场实际摊铺厚度一致。

（1）无机结合料稳定材料应钻取芯样检验其整体性，并应符合下列规定。

①无机结合料稳定细粒材料的芯样直径宜为 100mm，无机结合料稳定中、粗粒材料的芯样直径应为 150mm。

②采用随机取样方式，不得在现场人为挑选位置；否则，评价结果无效。

③芯样顶面、四周应均匀、致密。

④芯样的高度应不小于实际摊铺厚度的 90%。

⑤取不出完整芯样时，应找出实际路段相应的范围，返工处理。

（2）无机结合料稳定材料应在下列规定的龄期内取芯：

①用于基层的水泥稳定中、粗粒材料，龄期 7d。

②用于基层的水泥、粉煤灰稳定的中、粗粒材料，龄期 10 ~ 14d。

③用于底基层的水泥稳定材料、水泥粉煤灰稳定材料，龄期 10 ~ 14d。

④用于基层的石灰粉煤灰稳定材料，龄期 14 ~ 20d。

⑤用于底基层的石灰粉煤灰稳定材料，龄期 20 ~ 28d。

2. 质量检验标准和实测项目

工程完工后的检查包括实体质量和外观质量检查两个方面，宜以 1km 长的路段为单位评定路面结构层质量。

《公路工程质量检验评定标准 第一册 土建工程》（JTG F80/1—2017）给定的质量检验标准和实测项目见表 3-25 ~ 表 3-27。

稳定土基层和底基层的质量检验标准和实测项目 表 3-25

项次	检查项目		规定值或允许偏差				检查方法和频率
			基层		底基层		
			高速公路一级公路	其他公路	高速公路一级公路	其他公路	
1△	压实度（%）	代表值	—	≥95	≥95	≥93	按 JTG F80/1—2017 附录 B 检查每 200m 测 2 点
		极值	—	≥91	≥91	≥89	
2	平整度（mm）		—	≤12	≤12	≤15	3m 直尺；每 200m 测 2 处×5 尺
3	纵断高程（mm）		—	+5，−15	+5，−15	+5，−20	水准仪；每 200m 测 2 个断面
4	宽度（mm）		满足设计要求		满足设计要求		尺量；每 200m 测 4 个断面

续上表

项次	检查项目		规定值或允许偏差				检查方法和频率
			基层		底基层		
			高速公路一级公路	其他公路	高速公路一级公路	其他公路	
5△	厚度(mm)	代表值	—	−10	−10	−12	按 JTG F80/1—2017 附录 H 检查，每200m测2点
		合格值	—	−20	−25	−30	
6	横坡(%)		—	±0.5	±0.3	±0.5	水准仪：每200m测2个断面
7△	强度(MPa)		满足设计要求		满足设计要求		按 JTG F80/1—2017 附录 G 检查

稳定粒料基层和底基层的质量检验标准和实测项目 表 3-26

项次	检查项目		规定值或允许偏差				检查方法和频率
			基层		底基层		
			高速公路一级公路	其他公路	高速公路一级公路	其他公路	
1△	压实度(%)	代表值	≥98	≥97	≥96	≥95	按 JTG F80/1—2017 附录 B 检查，每200m测2点
		极值	≥94	≥93	≥92	≥91	
2	平整度(mm)		≤8	≤12	≤12	≤15	3m 直尺：每200m测2处×5尺
3	纵断高程(mm)		+5，−10	+5，−15	+5，−15	+5，−20	水准仪：每200m测2个断面
4	宽度(mm)		满足设计要求		满足设计要求		尺量：每200m测4点
5△	厚度(mm)	代表值	−8	−10	−10	−12	按 JTG F80/1—2017 附录 H 检查，每200m测2点
		合格值	−10	−20	−25	−30	
6	横坡(%)		±0.3	±0.5	±0.3	±0.5	水准仪：每200m测2个断面
7△	强度(MPa)		满足设计要求		满足设计要求		按 JTG F80/1—2017 附录 G 检查

级配碎(砾)石基层和底基层的质量检验标准和实测项目 表 3-27

项次	检查项目		规定值或允许偏差				检查方法和频率
			基层		底基层		
			高速公路一级公路	其他公路	高速公路一级公路	其他公路	
1△	压实度(%)	代表值	≥98		≥96		按 JTG F80/1—2017 附录 B 检查，每200m测2点
		极值	≥94		≥92		
2	弯沉值(0.01mm)		满足设计要求		满足设计要求		按 JTG F80/1—2017 附录 J 检查
3	平整度(mm)		≤8	≤12	≤12	≤15	3m 直尺：每200m测2处×5尺
4	纵断高程(mm)		+5，−10	+5，−15	+5，−15	+5，−20	水准仪：每200m测2个断面
5	宽度(mm)		满足设计要求		满足设计要求		尺量：每200m测4点
6△	厚度(mm)	代表值	−8	−10	−10	−12	按 JTG F80/1—2017 附录 H 检查，每200m测2点
		合格值	−10	−20	−25	−30	
7	横坡(%)		±0.3	±0.5	±0.3	±0.5	水准仪：每200m测2个断面

第四节　沥　青　路　面

一、沥青混合料的分类与组成结构类型

1. 沥青混合料的分类

根据《公路沥青路面施工技术规范》(JTG F40—2004)第 2 章"术语、符号、代号"中的规定,沥青混合料是由矿料与沥青结合料拌和而成的混合料的总称。

按材料组成及结构分为连续级配、间断级配混合料;按矿料级配组成及空隙率大小分为密级配、半开级配、开级配混合料;按公称最大粒径的大小分为特粗式、粗粒式、中粒式、细粒式、砂粒式沥青混合料;按制造工艺分为热拌沥青混合料、冷拌沥青混合料、再生沥青混合料。

1) 按密实类型分

(1) 密级配沥青混合料是指按密实级配原理组成的各种粒径颗粒的矿料与沥青结合料拌和而成,设计空隙率较小的密实式沥青混凝土混合料(以 AC 表示)和密实式沥青稳定碎石混合料(以 ATB 表示)。按关键性筛孔通过率的不同又可分为细型、粗型密级配沥青混合料等。粗集料嵌挤作用较好的也称嵌挤密实型沥青混合料。

经马歇尔标准击实成型试件的剩余空隙率为 3% ~5% (对重载道路为 4% ~6% ,对人行道路为 2% ~5%)。

(2) 开级配沥青混合料是指矿料级配主要由粗集料嵌挤组成,细集料及填料较少,设计空隙率为 18% 的混合料。

代表性结构有铺筑于沥青层表面的排水式大孔隙沥青混合料磨耗层,如 OGFC、PEM、PAC 等,以及铺筑在沥青层底部的排水式沥青稳定基层(ATPB)。

(3) 半开级配沥青碎石混合料是指由适当比例的粗集料、细集料及少量填料(或不加填料)与沥青结合料拌和而成,经马歇尔标准击实成型试件的剩余空隙率在 6% ~12% 的半开式沥青碎石混合料(以 AM 表示)。

(4) 间断级配沥青混合料是指矿料级配组成中缺少 1 个或几个粒径档次(或用量很少)而形成的级配曲线不连续的沥青混合料。

根据混合料的空隙率不同,间断级配混合料可以是密级配或非密级配的混合料。密级配间断级配混合料的代表性结构是沥青玛琉脂碎石混合料(SMA)。

(5) 沥青稳定碎石混合料(简称沥青碎石)是指由矿料和沥青组成具有一定级配要求的混合料,按空隙率、集料最大粒径、添加矿粉数量的多少,分为密级配沥青稳定碎石(ATB)、开级配沥青碎石(OGFC 表面层及 ATPB 基层)、半开级配沥青碎石(AM)。

2) 按沥青结合料分

(1) 普通沥青和改性沥青混合料。

(2) 乳化沥青碎石混合料。采用乳化沥青与矿料在常温状态下拌和而成,压实后剩余空隙率在 10% 以上的常温沥青混合料。

(3) 沥青玛琉脂碎石混合料。由沥青结合料与少量的纤维稳定剂、细集料以及较多量的

填料(矿粉)组成的沥青玛蹄脂,填充于间断级配的粗集料骨架的间隙,组成一体而形成的沥青混合料,简称 SMA。

(4)沥青玛蹄脂。由沥青结合料与少量的纤维稳定剂、细集料及较多量的填料(矿粉)组成的混合料。

(5)沥青胶浆。由沥青结合料、矿粉,或掺加部分纤维组成的混合料。

3)按颗粒最大粒径和级配分

(1)砂粒式沥青混合料。公称最大集料粒径小于或等于 4.75mm 的沥青混合料,也称为沥青石屑或沥青砂。

(2)细粒式沥青混合料。公称最大集料粒径为 9.5mm 或 13.2mm 的沥青混合料。

(3)中粒式沥青混合料。公称最大集料粒径为 16mm 或 19mm 的沥青混合料。

(4)粗粒式沥青混合料。公称最大集料粒径为 26.5mm 或 31.5mm 的沥青混合料。

(5)特粗式沥青混合料。公称最大粒径为大于或等于 37.5mm 的沥青混合料。

4)按沥青生产工艺分

(1)热拌热铺沥青混合料。沥青与矿料在热态下拌和、热态下铺筑的沥青路面混合料。

(2)再生沥青混合料。采用适当的工艺,将已破坏的旧沥青路面混合料进行再生处理,或与新沥青混合料混合得到的沥青混合料。

5)按强度构成原则分

(1)按嵌挤原则构成的沥青混合料的结构强度,是以矿料颗粒之间的内摩阻力为主,沥青结合料的黏附作用为辅而构成的。沥青贯入式路面、沥青表面处治、沥青碎石路面均属此类结构。这一类路面是以颗粒较粗的、尺寸较均匀的矿料构成骨架,沥青混合料填充其空隙,并把矿料黏成一个整体。这种混合料的强度受自然因素(温度、水)的影响较小。

(2)按密实级配原则构成的沥青混合料的结构强度,是以沥青与矿料之间的黏结力为主,矿质颗粒之间的嵌挤力和内摩阻力为辅而构成的。沥青混凝土路面属于此类。这类的沥青混合料的结构强度受温度影响较大。

2. 沥青混合料的组成结构类型

按照沥青混合料网格结构中"嵌挤成分"和"密实成分"所占比例的不同,沥青混合料的组成结构类型包括密实悬浮结构、骨架空隙结构和密实骨架结构。

(1)密实悬浮结构。这种结构的沥青混合料,通常采用连续型密级配,集料的颗粒尺寸由大到小连续存在。这种材料中含有大量细集料,而粗集料数量较少,且相互间没有接触,不能形成骨架,粗集料犹如"悬浮"于细集料之中。这种沥青混合料的黏结力较高,而内摩阻力较小。用这种沥青混合料修筑的路面,受沥青材料性质的影响较大。

(2)骨架空隙结构。采用连续开级配的沥青混合料属于这一结构类型。在这种沥青混合料中,粗集料较多,而细集料较少,因此,虽然能够形成骨架,但其残余空隙较大。这种材料的内摩阻力较大,而黏结力较小。用这种沥青混合料修筑的路面,受沥青材料性质的影响较小。

(3)密实骨架结构。这种结构是综合以上两种结构类型组成的一种结构。混合料中既有一定数量的粗集料形成骨架,又根据残余空隙的多少加入细集料,从而形成较高的密实度。这种沥青混合料同时具有较高的黏结力和内摩阻力。间断级配即是按此原理构成的。

3.沥青混合料的使用范围

热拌沥青混合料(HMA)适用于各个等级公路的沥青面层。其种类按集料公称最大粒径、矿料级配、空隙率划分,集料规格以方孔筛为准,并按表3-28选用。

热拌沥青混合料种类　　表3-28

混合料类型	密级配			开级配		半开级配	公称最大粒径(mm)	最大粒径(mm)
	连续级配		间断级配	间断级配		沥青碎石		
	沥青混凝土	沥青稳定碎石	沥青玛蹄脂碎石	排水式沥青磨耗层	排水式沥青碎石基层			
特粗式	—	ATB-40	—	ATPB-40		—	37.5	53.0
粗粒式	—	ATB-30	—	ATPB-30		—	31.5	37.5
	AC-25	ATB-25	—	ATPB-25		—	26.5	31.5
中粒式	AC-20	—	SMA-20	—	—	AM-20	19.0	26.5
	AC-16	—	SMA-16	OGFC-16	—	AM-16	16.0	19.0
细粒式	AC-13	—	SMA-13	OGFC-13	—	AM-13	13.2	16.0
	AC-10	—	SMA-10	OGFC-10	—	AM-10	9.5	13.2
砂粒式	AC-5	—	—	—	—	—	4.75	9.5
设计空隙率(%)	3~5	3~6	3~4	>18	>18	6~12	—	—

注:设计空隙率可按配合比设计要求适当调整。

各类沥青混合料的使用范围应遵循以下规定:

(1)密级配沥青混凝土混合料(AC)适用于各级公路沥青面层的任何层次。

(2)沥青玛蹄脂碎石混合料(SMA)适用于铺筑新建公路的表面层、中面层或旧路面加铺磨耗层使用。

(3)设计空隙率为6%~12%的半开级配的沥青碎石混合料(AM)仅适用于三级及三级以下公路、乡村公路,且沥青混合料拌和设备缺乏添加矿粉的装置和人工炒拌的情况。

(4)设计空隙率为3%~6%的粗粒式及特粗式的密级配沥青稳定碎石混合料(ATB)适用于基层。

(5)设计空隙率大于18%的粗集料及特粗式排水式沥青稳定碎石混合料(ATPB)适用于基层。

(6)设计空隙率大于18%的细粒式排水式沥青稳定碎石混合料(OGFC、PAC)适用于高速行车、多雨潮湿、不宜被尘土污染、非冰冻地区铺筑排水式沥青路面磨耗层。

4.沥青面层的混合料类型结构组合原则

沥青面层的混合料类型根据公路等级及所处层位的功能性要求选择,从表3-28中选择适当的结构组合,并应遵循以下原则:

(1)沥青面层宜采用双层或三层式结构,各层之间应联结成为整体,为此,在沥青层下必须浇洒透层沥青,沥青层与沥青层之间必须喷洒黏层沥青。

（2）沥青路面应满足耐久性、抗车辙、抗裂、密水、抗滑等多方面性能要求，便于施工，并应根据施工机械、工程造价等实际情况选择沥青混合料的种类。

（3）对高速公路、一级公路，为提高沥青混合料的使用性能和延长沥青路面的使用寿命，或采用普通的道路沥青不能满足使用要求时，宜对上面层或中面层沥青结合料采用改性措施，或采用 SMA 等特殊的矿料级配。如果需要，二级公路也可采用改性沥青或 SMA 结构。

（4）对沥青层较厚的高速公路、一级公路，在选择级配类型、确定矿料级配和最佳沥青用量时，应首先保证各层的组合不发生早期破坏。并在此基础上优先或侧重考虑各层的服务功能，进而做出选择：

①表面层应具有良好的表面功能、密水、耐久、抗车辙、抗裂等多方面性能要求，潮湿地区和湿润地区的路面上面层应符合潮湿条件下的抗滑性能，如不符合要求，宜铺筑抗滑磨耗层。在寒冷地区，表面层应考虑抗裂性能的要求。

②三层式路面的中面层或双层式路面的下面层应重点满足混合料的高温抗车辙性能。

③下面层应在满足高温抗车辙性能基础上，重点考虑抗疲劳性能及抗裂性能的要求。

④除排水式沥青混合料外，每一层都应考虑密水性，当上层为渗水性结构层时，层间或下层应采取防渗水或排水措施。

（5）高速公路的紧急停车带（硬路肩）沥青面层宜采用与车行道相同的结构，但表面层宜采用密级配沥青混凝土铺筑。

（6）沥青面层集料的最大粒径宜从上至下逐渐增大，并应与压实层厚度相匹配。对热拌热铺密级配沥青混合料，沥青层一层的压实厚度不宜小于集料公称最大粒径的 2.5~3 倍，SMA、OGFC 等嵌挤型混合料的厚度不宜小于公称最大粒径的 2~2.5 倍，以减少离析，便于施工和压实。

（7）热拌热铺沥青混合料路面必须采用机械化连续施工。

5. 沥青路面必须满足的使用性能

（1）沥青路面的高温稳定性。车辙、推移、拥包、搓板等现象均为沥青路面高温稳定性不足的表现。

（2）沥青路面的低温抗裂性。表现为气温骤降使面层收缩开裂和长时间的温度升降循环而形成的温度疲劳裂缝。

（3）沥青路面的水稳定性。水损坏发生后使得沥青与集料脱离，从而使沥青路面出现松散、剥离、坑洞等病害。

（4）沥青路面的抗老化性能。沥青材料在沥青混合料的拌和、摊铺、碾压过程中以及沥青路面的使用过程中都存在老化问题。

（5）沥青路面的抗疲劳性能。

二、沥青混合料的配合比设计

（一）沥青混合料的组成及参数

沥青混合料是具有空间网络结构的分散体系，客观上讲沥青混合料是由沥青、矿质集料和部分空隙组成的三相体系，沥青混合料物理力学性质取决于组成材料本身的性质以及它们之间的配比。对沥青混合料进行物理力学性质分析时,常用到下列一些概念。

(1)集料毛体积密度。在规定温度下单位体积(含集料的实体成分及不吸收水分的闭口孔隙、能吸收水分的开口孔隙等颗粒表面轮廓线所包围的全部毛体积)集料在空气中的质量,单位为 g/cm^3。表干法测定的毛体积密度,又称饱和面干毛体积密度,是集料在常温条件下的干燥质量与表干状态下的毛体积(指饱和面干状态下的实体体积与闭口孔隙、开口孔隙之和)的比值,它适用于吸水较小的粗集料。

(2)视密度。在规定温度下单位体积(包括封闭空隙)集料在空气中的质量。

(3)有效密度。在规定温度下单位体积(不包括被沥青渗入的空隙)集料在空气中的质量。

(4)沥青混合料的密度。指压实沥青混合料常温条件下单位体积的干燥质量,单位为 g/cm^3。

(5)沥青混合料的相对密度。同温度条件下压实沥青混合料试件密度与水的密度的比值,单位无量纲。

(6)沥青混合料的理论最大密度。为计算沥青混合料空隙率,假设压实沥青混合料试件全部为矿料(包括矿料自身内部的孔隙)及沥青所占有,空隙率为零的理想状态下的最大密度,单位为 g/cm^3。

(7)沥青混合料的理论最大相对密度。同温度条件下沥青混合料的理论最大密度和水的密度的比值,单位无量纲。

(8)沥青混合料的表观密度。单位体积(含混合料实体体积与不吸收水分的内部闭口孔隙之和)压实沥青混合料的干质量,又称视密度,由水中重法测定(仅仅适用于几乎不吸水的密实试件),单位为 g/cm^3。

(9)沥青混合料的表观相对密度。又称视比重,是表观密度和同温度水的密度的比值,单位无量纲。

(10)沥青混合料的毛体积密度。单位体积(含混合料的实体矿物成分及不吸收水分的闭口孔隙、能吸收水分的开口孔隙等颗粒表面轮廓线所包围的全部毛体积)压实沥青混合料的干质量,由表干法、蜡封法或体积法测定,单位为 g/cm^3。

(11)表干法测定的毛体积密度。又称饱和面干毛体积密度,是压实沥青混合料试件常温条件下的干燥质量与表干状态下的毛体积(指饱和面干状态下的实体体积与闭口孔隙、开口孔隙之和)的比值,它适用于较密实且吸水很少的试件。

(12)蜡封法测定的毛体积密度。是压实沥青混合料试件常温条件下的干燥质量与蜡封条件的毛体积(指混合料蜡封状态下实体体积与闭口孔隙、开口孔隙之和,但不计蜡被吸入混合料的部分)的比值,它适用于吸水较多且不能由表干法测定的试件。

(13)体积法测定的毛体积密度。是压实沥青混合料试件的干质量与直接用卡尺测量的试件毛体积(指用卡尺测量的试件名义表面以内,包括凹陷在内的全部毛体积)的比值,它适用于吸水严重至完全透水,不能由表干或蜡封法测定的试件。

(14)有效沥青含量(P_{be})。沥青总含量减去被集料吸收的沥青量。

(15)空隙率(VV)。压实后的沥青混合料中被沥青包裹的粒料之间的空隙占总体积的百分比。

（16）粗集料松装间隙率。干燥粗集料（通常指 4.75mm 或 2.36mm 以上的集料）在标准量筒中经捣实形成的粗集料骨架部分以外的体积占容量筒总体积的百分率，以 VCA_{DRC} 表示。

（17）沥青混合料试件的粗集料间隙率。压实沥青混合料试件内粗集料骨架部分以外的体积占试件总体积的百分率，以 VCA_{mix} 表示。

（18）沥青含量。沥青混合料中沥青质量与沥青混合料总质量的比值，以百分率计。

（19）油石比。沥青混合料中沥青质量与矿料总质量的比值，以百分率计。

（二）沥青混合料的参数计算

（1）矿料混合料的合成毛体积相对密度 γ_{sb}。

（2）计算矿料混合料的合成表观相对密度 γ_{sa}。

（3）确定矿料的有效相对密度。

（4）确定沥青混合料的最大理论相对密度。

（5）计算沥青混合料试件的孔隙率、矿料间隙率（VMA）、有效沥青的饱和度（VFA）等体积指标，取 1 位小数，进行体积组成分析。

（6）计算沥青结合料被集料吸收的比例及有效沥青含量。

（7）检验最佳沥青用量时的粉胶比和有效沥青膜厚度。

（三）沥青混合料的配合比设计阶段和设计方法

热拌沥青混合料配合比设计采用沥青混合料马歇尔试验方法。根据现行《公路沥青路面施工技术规范》（JTG F40）的规定，对于高速公路、一级公路沥青混合料的配合比设计，应在调查以往同类材料的配合比设计经验和使用效果的基础上，按照以下四个阶段进行：

（1）目标配合比设计阶段。

（2）生产配合比设计阶段。

（3）生产配合比验证阶段。

（4）确定施工级配允许波动范围。

对于二级及二级以下其他等级公路热拌沥青混合料的配合比设计，可按上述步骤进行。当材料与同类道路完全相同时，也可直接引用成功的经验。

1. 材料准备

按相关试验规程规定的方法，取足够数量的具有代表性的沥青及矿料试样。按《公路沥青路面施工技术规范》（JTG F40—2004）材料质量的技术要求对材料各项性能进行试验，当检验不合格时，不得用于试验。

2. 矿质混合料的配合比组成设计

沥青与矿料级配选定之后，如何确定沥青混合料配合比，目前大多数国家仍采用马歇尔法。矿质混合料的配合比组成设计主要包括以下步骤：

（1）确定沥青混合料类型

沥青混合料类型根据道路等级、路面类型、所处的结构层位和设计厚度综合确定，公称最大粒径根据设计层厚确定，各国对沥青混合料的公称最大粒径（D）同路面结构层最小厚度（h）的关系均有规定，除其他国家规定矿料公称最大粒径分别为面层厚度的 0.6 倍与底基层厚度的0.7倍外,一般均规定为0.5倍以下。我国研究表明:随h/D的增大,耐疲劳性提高,但车辙量增大。相反,随h/D的减少,车辙量也减少但耐久性降低,特别是在$h/D<2$时,疲劳耐久性急剧下降。为此建议结构层厚度h与最大粒径D之比应控制在$h/D \geqslant 2.5 \sim 3$,对SMA和OGFC等嵌挤型混合料,$h/D \geqslant 2 \sim 2.5$。只有控制了结构层厚度与最大公称粒径之比,才能保证摊铺的沥青混合料拌和均匀,使其易于达到要求的密实度和平整度,保证施工质量。

（2）确定矿质混合料的级配范围

沥青混合料的设计级配范围按工程设计文件或招标文件的规定执行。当无明确规定时,工程单位应根据工程所在地的气候条件、交通条件、公路等级、路面类型、混合料所处的层次,按照下述原则对规定的矿料级配范围进行调整,确定设计级配范围。

①根据公路等级和施工设备的控制水平确定设计级配范围上限和下限的差值,通常情况下4.75mm和2.36mm通过率的上下限差值宜小于12%。

②确定设计级配范围时应特别重视实践经验,通过对条件大体相当的工程使用情况进行调查研究,证明选择的级配范围能适用于使用需要。

③对温度炎热、夏季持续时间长,但冬季不太寒冷的地区,或者重载路段,应重视考虑抗车辙能力的需要,降低4.75mm和2.36mm通过率,采用较粗的级配,适当提高VMA,选用较高的设计空隙率。

④对温度寒冷、夏季高温持续时间短的北方地区,或者非重载路段,应在保证抗车辙能力的前提下,充分考虑提高低温抗裂性能,适当增大4.75mm和2.36mm通过率,采用较细的级配,适当减少VMA,选用较小设计空隙率。

⑤对我国许多地区,夏季温度炎热,高温持续时间长,冬季又十分寒冷,年温差特别大,且属于重载路段的工程,高温要求和低温要求发生矛盾时,应以提高高温抗车辙能力为主,兼顾提高低温抗裂性能的需要,在减少4.75mm和2.36mm通过率的同时,适当增加0.075mm通过率,使规范级配范围成S形,并取中等或偏高水平的设计空隙率。

⑥在潮湿区和湿润区等雨水、冰雪融化水对路面有严重危险的地区,在考虑抗车辙能力的同时,还应重视密水性的需要,减少水损害破坏,宜适当减少设计空隙率,应保持良好的雨天抗滑性能。对干旱地区的混合料,受水的影响很小,对密水性及抗滑性能的要求可放宽。

⑦对等级较高的公路,沥青层厚度较厚时,可采用较粗的级配范围;反之,对等级较低的公路,沥青层厚度较薄时,宜采用较细的级配范围。

⑧对重点考虑高抗车辙能力、设计空隙率较高的混合料,细集料宜采用较多的石屑（机制砂）;对更需要低温抗裂性能、较小设计空隙率的混合料,细集料宜采用较多的天然砂。

⑨确定沥青混合料设计级配范围时应考虑不同层次的功能需要。对沥青面层较厚的三层式面层,表面层应综合考虑满足高温抗车辙能力、低温抗裂性能及抗滑的需要,中面层应考虑高温抗车辙能力,底面层应重点考虑抗疲劳开裂性能、密水性等。对沥青面层较薄时或双层式路面的下面层,底面层应在满足密水性能的同时,提高高温抗车辙能力,并满足抗疲劳开裂性能。

⑩对交通量大、轴载重的道路,宜偏向级配范围的下（粗）限;对中小交通量或人行道路等,宜偏向级配范围的上（细）限。可根据实践经验选用连续级配或间断级配,当无成功的经验或不能确保施工中不产生严重的离析时,宜采用通常的连续级配沥青混凝土。在通常情况

下,连续级配宜成为 S 形的级配范围,即适当减少公称最大粒径附近的粗集料通过率,减少 0.6mm 以下部分细粉的用量,使用中等粒径粗集料(如 5mm、10mm)材料较多的级配曲线。

（3）级配曲线确定的示例

按照《公路工程沥青及沥青混合料试验规程》（JTG E20—2011）的方法,采用泰勒曲线的指数 $n = 0.45$,横坐标按公式 $y = 10^{0.45 \lg d_i}$ 计算（表 3-29）,纵坐标为普通坐标,利用计算机的电子表格功能或其他文字处理功能绘制,绘制级配曲线图。以原点（零点）与通过集料最大粒径 100% 的点的连线作为最大密度线,在级配曲线图上绘制设计级配范围及中值级配,其示例如图 3-1 所示,图中的级配范围见表 3-30。

泰勒曲线的横坐标 表 3-29

d_i	0.075	0.15	0.3	0.6	1.18	2.36	4.75
y	0.312	0.426	0.582	0.795	1.077	1.472	2.016
d_i	9.5	13.2	16	19	26.5	31.5	37.5
y	2.745	3.193	3.482	3.762	4.370	4.723	5.109

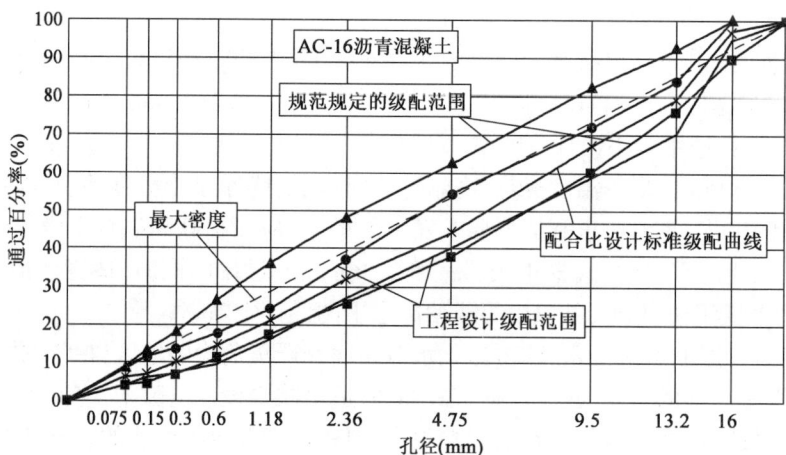

图 3-1 级配曲线标准画法示例（AC-16）

矿料级配范围与级配曲线示例 表 3-30

级配类型	通过下列筛孔（方孔筛,mm）的质量百分率（%）										
粒径（mm）	19	16	13.2	9.5	4.75	2.36	1.18	0.6	0.3	0.15	0.075
规范级配范围	100	90~100	76~92	60~80	34~62	20~48	13~36	9~26	7~18	5~14	4~8
工程设计级配范围	100	95~100	70~84	59~72	40~54	27~37	16~24	10~18	7~14	6~12	4~8
标准级配曲线	100	97	79	67	44	32	21	14	10	7	6
施工控制级配范围（高速公路、一级公路）	100	97±6	79±6	67±6	44±6	32±5	21±5	14±5	10±5	7±5	6±2

注:其他等级公路的质量要求或允许偏差是 0.075mm 为 ±2%,≤2.36mm 为 ±6%,≥4.75mm 为 ±7%。

根据已确定的沥青混合料类型,查阅推荐(规范或设计)的矿质混合料级配范围。

3.矿质混合料配合比计算

(1)组成材料的原始数据测定。根据现场取样,对粗集料、细集料和矿粉进行水筛,按筛分结果分别绘出各组成材料的筛分曲线,同时测出各组成材料的相对密度,以供计算物理常数。

(2)各种矿料的配合比宜采用试配法进行计算,也可用图解法或其他计算进行。设计的合成级配应符合下列要求:

①合成矿料级配必须符合设计级配范围的要求。

②合成的级配曲线,不得有太多的锯齿形交错。当反复调整,仍有两个以上的筛孔超出设计级配范围时,应更换原材料重新设计。

(3)根据需要,可在确定的设计级配范围内,计算 1~3 组粗细不同的配比,使包括 0.075mm、2.36mm、4.75mm 筛孔在内的较多筛孔的通过量分别接近设计级配范围的上限、中限及下限。但应避免 0.3~0.6mm 范围内出现驼峰。

(4)在级配曲线上绘制配制的几组设计级配曲线。查看其与最大密度线的接近程度,估计设计级配的 VMA 值。如果过分接近,VMA 可能太小,宜调节设计级配(尤其是 0.075mm、2.36mm、4.75mm 筛孔),使之稍稍偏离最大密度线的两侧,达到适宜的 VMA 值。最小 VMA 值按表 3-31 由集料的公称最大粒径确定。

最小 VMA 值　　　　　　　　　　　　　　　　　　　　　　表 3-31

	设计空隙率（%）	相应于以下公称最大粒径(mm)的最小 VMA 技术要求(%)					
		26.5	19	16	13.2	9.5	4.75
密级配沥青混凝土混合料马歇尔试验矿料间隙率（VMA）（%），不小于	2	10	11	11.5	12	13	15
	3	11	12	12.5	13	14	16
	4	12	13	13.5	14	15	17
	5	13	14	14.5	15	16	18
	6	14	15	15.5	16	17	19
沥青稳定碎石混合料马歇尔试验配合比设计密级配基层 ATB 的矿料间隙率（VMA）（%），不小于	设计空隙率(%)	ATB-40		ATB-30		ATB-25	
	4	11		11.5		12	
	5	12		12.5		13	
	6	13		13.5		14	
SMA 混合料马歇尔试验配合比设计矿料间隙率（VMA）（%），不小于		17					

(5)根据当地实践经验选择一个沥青用量,对每一组配比分别进行马歇尔试验,计算 VMA 等体积指标。选择符合要求的级配作为设计级配。但如果有两种以上的级配符合要求,则选择较细的一组为设计级配。通常情况下,择优确定设计级配中小于 4.75mm 的部分宜在最大密度线的下方通过。

(6)矿料级配设计时应符合施工需要,尽量考虑各种材料在供料时各料仓之间的平衡,减少废弃料。

4.马歇尔试验

(1)配合比设计各阶段都应进行马歇尔试验。

（2）沥青混合料的试件的制作温度及试验温度,通常应通过沥青结合料在135℃及175℃条件下测定的黏度-温度曲线按表3-32的规定确定。缺乏黏温曲线数据时,可按表3-33和表3-34规定的范围选择,但应得到主管部门的批准。

确定沥青混合料拌和及压实温度的适宜温度　　　表3-32

黏度	适宜于拌和的沥青结合料黏度	适宜于压实的沥青结合料黏度	测定方法
表观黏度	(0.17 ± 0.02) Pa·s	(0.28 ± 0.03) Pa·s	T 0625
运动黏度	(170 ± 20) mm²/s	(280 ± 30) mm²/s	T 0619
赛波特黏度	(85 ± 10) s	(140 ± 15) s	T 0623

热拌沥青混合料的施工温度（℃）　　　表3-33

施工工序		石油沥青的标号			
		50号	70号	90号	110号
沥青加热温度		160~170	155~165	150~160	145~155
矿料加热温度	间隙式拌和机	集料加热温度比沥青温度高10~30			
	连续式拌和机	矿料加热温度比沥青温度高5~10			
沥青混合料出料温度		150~170	145~165	140~160	135~155
混合料储料仓储存温度		储料过程中温度降低不超过10			
混合料废弃温度,高于		200	195	190	185
运输到现场温度,不低于		150	145	140	135
混合料摊铺温度,不低于	正常施工	140	135	130	125
	低温施工	160	150	140	135
开始碾压的混合料内部温度,不低于	正常施工	135	130	125	120
	低温施工	150	145	135	130
碾压终了的表面温度,不低于	钢轮压路机	80	70	65	60
	轮胎压路机	85	80	75	70
	振动压路机	75	70	60	55
开放交通的路表温度,不高于		50	50	50	45

聚合物改性沥青混合料的正常施工温度范围（℃）　　　表3-34

施工工序	聚合物改性沥青品种		
	SBS类	SBR胶乳类	EVA、PE类
沥青加热温度	160~165		
改性沥青现场制作温度	165~170	—	165~170
成品改性沥青加热温度,不高于	175	—	175
集料加热温度	190~220	200~210	185~195
改性沥青SMA混合料出厂温度	170~185	160~180	165~180
混合料最高温度（废弃温度）	195		

施工工序	聚合物改性沥青品种		
	SBS 类	SBR 胶乳类	EVA、PE 类
混合料储存温度	拌和出料后降低不超过 10		
摊铺温度,不低于	160		
初压开始温度,不低于	150		
碾压终了的表面温度,不低于	90		
开放交通时的路表温度,不高于	50		

（3）根据以往工程的实践经验,预估适宜的沥青用量（或油石比）。当工程使用的材料密度不同,原工程矿料的合成相对密度为 D_1,使用的最佳沥青用量为 a_1,新工程矿料的合成相对密度为 D_2 时,预估需要的沥青用量 a_2 可按式（3-2）换算预估。以此沥青用量 a_2 为中值,按 0.5% 间隔,取 5 个不同的沥青用量,每一组的试样数不少于 6 个。其中按规范规定的击实次数和试验温度成型的马歇尔试件不少于 4 个;用于测定理论最大相对密度的试样不少于 2 个。

$$a_2 = \frac{a_1}{\frac{100 - a_1}{D_1} \times D_2 + a_2} \tag{3-2}$$

（4）按现行试验规程用真空法测定不同沥青用量的试件的理论最大相对密度,取 2 个以上试样的平均值。对改性沥青混合料和 SMA 混合料,如混合料分散操作难以进行时,可采用按试验规范方法计算最大理论相对密度。

（5）测定试件的毛体积相对密度和吸水率,取 4 个以上试件的平均值。

（6）计算各组成的空隙率、矿料间隙率、沥青结合料的体积百分率、沥青饱和度等体积指标,取 1 位小数,进行体积组成分析。

5. 确定沥青最佳用量

以沥青含量为横坐标,沥青混合料的密度、稳定度、流值、空隙率及矿料间隙率为纵坐标,绘制如图 3-2 所示的关系曲线,选择的沥青用量范围应尽可能使密度及稳定度曲线出现峰值。

要求在 OAC 的基础上减少 0.1% ~ 0.2% 作为设计沥青用量,或提高设计孔隙率至 4% ~ 6%。同时必须要求在施工时加强碾压,提高压实标准,使路面的空隙率达到没有减少沥青用量条件下施工得到的沥青路面的空隙率。对寒区公路、旅游公路,最佳沥青用量可以将中限值 OAC 加 0.1% ~ 0.3% 作为设计沥青用量,或减少设计孔隙率至 2% ~ 4%,但不得降低施工压实度。

若所设计的沥青混合料不能满足热拌沥青混合料马歇尔试验技术标准的规定,应进行调整。如果设计的沥青混合料空隙率低于规定值,可通过增大矿质集料中粗集料或细集料的含量,为沥青提供足够的集料空隙。当沥青含量过高时,供集料吸收的沥青有富余,需占据一定的空隙。因此,剔除多余的沥青、降低沥青含量即可提高空隙率。采用上述措施提高空隙率可能降低稳定度;若稳定度不符合要求,应更换集料级配。

6. 其他性能检验

按照马歇尔试验方法确定最佳沥青用量后,依据规范或设计要求尚需进行水稳定性检验、高温稳定性检验、低温抗裂性能检验和钢渣活性检验。

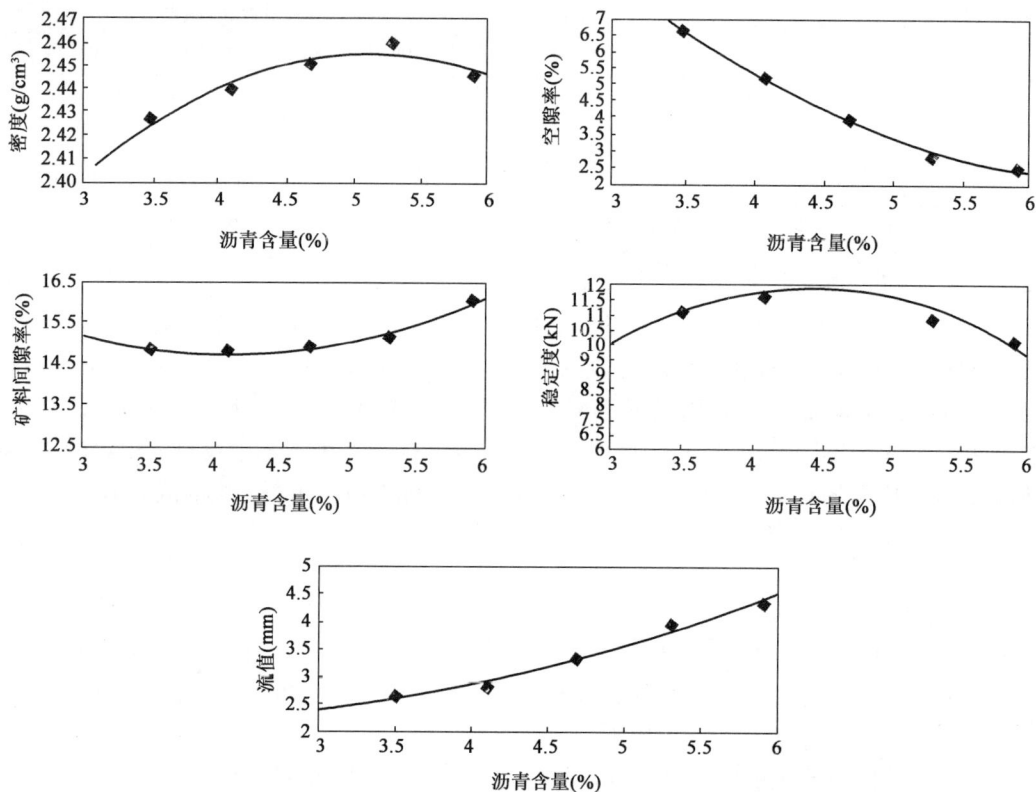

图 3-2　沥青混合料技术指标与沥青含量的关系曲线

三、沥青路面施工质量监理

(一) 热拌沥青混合料面层

1. 施工设备

（1）拌和及运料设备

①拌和厂应在其设计、协调配合和操作方面，都能使生产的混合料符合工地配合比设计要求。拌和厂必须配备足够试验设备的试验室，并能及时提供符合规定的试验资料。

②拌和机应能按用量（以质量计）分批配料，并有装有温度计及示温的成品储料仓和二次除尘设置，拌和设备的产量应和生产进度相匹配，在安装完成后应按批准的配合比进行试拌调试，直到符合要求。

③拌和场地布置应远离居民区，其距离不少于 1km。

④运料设备应采用干净、有金属底板的自卸槽斗车辆运送混合料，车槽内不得沾有有机物质。为了防止尘埃污染和热量过分损失，运输车辆应备有覆盖设备，车槽四角应密封坚固。

（2）摊铺及压实设备

①沥青混合料摊铺机应是自动式摊铺设备，安装有可调的活动整平板或整平组件。整平

板在需要时可以加热,能按照规定的典型横断面和图纸所示的厚度在车道宽度内摊铺,并备有修边的套筒,摊铺机应有一套夯板和可调整振幅的振动整平板的组合装置,夯板与振动整平板的频率,应能随意变化,并能各自单独进行调整。

②摊铺混合料时,摊铺机应能按照与摊铺混合料相协调的前进速度运行。

③摊铺机应配备整平板自控装置,其一侧或双侧装有传感器,可通过基准线探出纵坡和整平板的横坡,并能自动发出信号来操纵整平板,使摊铺机能铺筑出理想的纵横坡度和平整度。

④压实设备应配有钢轮式、轮胎式及振动压路机,并能按合理的压实工艺进行组合压实。还应备有监理工程师认可的小型振动压(夯)实机具,以用于压路机不便压实的地方。

2. 混合料的拌制

(1)沥青混合料必须在沥青拌和场(厂、站)采用拌和机械拌制。可以采用间歇式或连续式拌和机械拌制。高速公路和一级公路宜采用间歇式拌和机拌和。连续式拌和机使用的集料必须稳定不变,一个工程从多处进料、料源或质量不稳定时,不得采用连续式拌和机。

(2)沥青混合料拌和设备的各种传感器必须定期检定,周期不少于每年一次。冷料供料装置需要标定得出集料供料曲线。

(3)间歇式拌和机应符合下列要求:

①总拌和能力满足施工进度要求。拌和机除尘设备完好,能达到环保要求。

②冷料仓的数量满足配合比需要,通常不宜少于 5~6 个。具有添加纤维、消石灰等外掺剂的设备。

(4)集料与沥青混合料取样应符合试验规程的要求。从沥青混合料运料车上取样时必须在设置的取样台分几处采集一定深度下的样品。

(5)集料进场宜在料堆顶部平台卸料,经推土机推平后,铲运机从底部按顺序竖直装料,减小集料离析。

(6)高速公路和一级公路施工用的间歇式拌和机必须配备计算机设备,拌和过程中逐盘采集并打印各个传感器测定的材料用量和沥青混合料拌和量、拌和温度等参数。

(7)沥青混合料的生产温度应符合规定。每天开始几盘集料应提高加热温度,并干拌几锅集料废弃掉,再正式加沥青拌和混合料。

(8)添加消石灰、水泥等外掺剂时,宜增加粉料仓,也可由专用管线和螺旋升送器直接加入拌和锅。

(9)拌和机必须设有二级除尘装置,经一级除尘部分可直接回收使用,二级除尘部分可进入回收粉仓使用(或废弃)。对因除尘造成的粉料损失,应补充等量的新矿粉。

(10)沥青混合料的拌和时间应根据试拌确定,以沥青均匀裹覆集料为度。间歇式拌和机每盘的生产周期不宜少于 45s,其中干拌时间不少于 5~10s。改性沥青和 SMA 混合料的拌和时间应适当延长。

(11)间歇式拌和机宜备有保温性能好的成品储料仓,储存过程中混合料温降不得大于10℃且不能有沥青滴漏。普通沥青混合料的储存时间不得超过 72h;改性沥青混合料(SMA 沥青混合料、SBS 沥青混合料)的储存时间不宜超过 24h,只限当天使用;OGFC 混合料宜随拌随用。

(12)使用改性沥青时,应随时检查沥青泵、管道、计量器是否受堵,堵塞时应及时清洗。

（13）沥青混合料出厂时应逐车检测沥青混合料的质量、温度,记录出厂时间,签发运料单。

3. 混合料的运输

（1）热拌沥青混合料宜采用较大吨位的运料车运输,但不得超载、急制动、急弯掉头,使得透层、封层造成损伤。运料车的运力应稍有富余,施工过程中摊铺机前方应有运料车等候。对于高速公路和一级公路,宜待等候的运料车多于 5 辆后开始摊铺。

（2）运料车每次使用前后必须清扫干净,在车厢板上涂一薄层防止沥青黏结的隔离剂或防黏剂。从拌和机向运料车上装料时,应多次挪动汽车位置,平衡装料,以减少混合料离析。运料车宜用覆盖保温、防雨、防污染。

（3）运料车进入摊铺现场时,轮胎上不得沾有泥土等可能污染路面的脏物。沥青混合料在摊铺地凭运料单接收。若混合料低于规定铺筑温度,或已经离析、结成团块,或在运料车辆卸料时滞留于车内的混合料,以及被雨水淋湿的混合料都应废弃。

（4）摊铺过程中运料车应在摊铺机前 100～300m 处停住,空挡等候,由摊铺机推动前进并开始缓缓卸料,避免撞击摊铺机。运料车每次卸料必须倒净,尤其是对改性沥青或 SMA 混合料,如有剩余,应及时清除,防止硬结。

4. 混合料的摊铺

（1）热拌沥青混合料应采用沥青摊铺机摊铺。在喷洒有黏层油的路面上铺筑改性沥青混合料或 SMA 时,宜采用履带式摊铺机。摊铺机的受料斗应涂刷薄层隔离剂或防黏结剂。

（2）摊铺机开工前应提前 0.5～1h 预热熨平板不低于 100℃。

（3）摊铺机必须缓慢、均匀、连续不断地摊铺,不得随意变速或中途停顿,以提高平整度,减少混合料的离析。摊铺速度宜控制在 2～6m/min 的范围内,对改性沥青混合料及 SMA 混合料宜放慢至 1～3m/min。

（4）摊铺机应采用自动找平方式,下面层或基层宜采用基准钢丝法,即钢丝绳引导的高程控制方式,上面层宜采用非接触平衡梁法,即利用超声波测距原理,采用平衡梁或雪橇式摊铺厚度控制方式,中面层根据情况选用找平方式。直接接触式平衡梁的轮子不得黏附沥青。摊铺改性沥青或 SMA 路面时,宜采用非接触式平衡梁。

（5）沥青路面不得在气温低于 10℃（高速公路和一级公路）或 5℃（其他等级公路）,以及雨天、路面潮湿的情况下施工。寒冷季节遇到大风降温,不能保证迅速压实时,不得铺筑沥青混合料。沥青混合料的最低摊铺温度根据沥青标号及黏度、铺筑层厚度、气候条件（气温、风速）及下卧层表面温度确定,且不得低于表 3-35 的规定。每天施工开始阶段以采用较高温度的混合料。

沥青混合料的最低摊铺温度 表 3-35

下卧层的表面温度（℃）	相应于下列不同摊铺层厚度的最低摊铺温度（℃）					
	普通沥青混合料			改性沥青混合料或 SMA 沥青混合料		
	<50mm	50～80mm	>80mm	<50mm	50～80mm	>80mm
<5	不允许	不允许	140	不允许	不允许	不允许
5～10	不允许	140	135	不允许	不允许	不允许

续上表

下卧层的表面温度(℃)	相应于下列不同摊铺层厚度的最低摊铺温度(℃)					
	普通沥青混合料			改性沥青混合料或SMA沥青混合料		
	<50mm	50~80mm	>80mm	<50mm	50~80mm	>80mm
10~15	145	138	132	165	155	150
15~20	140	135	130	158	150	145
20~25	138	132	128	153	147	143
25~30	132	130	126	147	145	141
>30	130	125	124	145	140	139

(6)摊铺机应以均匀的速度行驶。其铺筑速度根据拌和能力、摊铺厚度、摊铺宽度及连续摊铺的长度确定。摊铺机的输出量和沥青混合料的运送量相匹配,以保证混合料均匀、不间断地摊铺。摊铺过程中不得随意变换速度,避免中途停顿,影响施工质量。

(7)沥青混合料的松铺系数应根据混合料类型由试铺试压确定。沥青混合料摊铺过程中应随时检查温度、厚度、宽度及横坡度、平整度,并按照规定方法由使用的混合料总量与面积校验平均厚度。

(8)用机械摊铺的混合料,不宜用人工反复修整。

(9)在路面狭窄部分、平曲线半径过小的匝道或加宽部分,以及小规模工程不能采用摊铺机铺筑时,经监理工程师批准可以采用人工铺筑混合料。

5. 沥青路面的压实及成型

(1)压实成型的沥青路面应符合压实度和平整度的要求。

(2)沥青混凝土的压实层最大厚度不宜大于100mm,沥青碎石混合料的压实层厚度不宜大于120mm,但采用大功率压路机且经试验证明能达到压实度时允许增大到150mm。

(3)应配备足够数量的压路机,选择合理的压路机组合方式,采用初压、复压、终压(包括成型)的碾压步骤,以达到最佳碾压效果。高速公路铺筑双车道沥青路面的压路机数量不宜少于5台。施工气温低、风大、碾压薄层时应适当增加压路机数量。

(4)压路机应以慢而均匀的速度碾压,压路机的碾压速度应符合表3-36的规定。压路机的碾压路线及碾压方向不得突然改变,碾压长度大致稳定,两端折返位置应随摊铺机前进而前进,横向不得在同一断面上。

压路机碾压速度(km/h)   表3-36

压路机类型	初压		复压		终压	
	适宜	最大	适宜	最大	适宜	最大
钢轮压路机	2~3	4	3~5	6	3~6	6
轮胎压路机	2~3	4	3~5	6	4~6	8
振动压路机	2~3 (静压或振动)	3 (静压或振动)	3~4.5 (振动)	5 (振动)	3~6 (静压)	6 (静压)

(5)碾压温度应符合规范的规定,并根据混合料种类、压路机、气温、层厚等情况经试压确定。在不产生严重推移和裂缝的前提下,初压、复压、终压均应在尽可能高的温度下进行,混合

料在低温状态下不得反复碾压，以防止石料棱角磨损、压碎、破坏集料嵌挤。

（6）沥青混合料压实度控制应按试验室标准密度和最大理论密度双控指标进行控制，即压实度应大于试验室标准密度的97%，并大于最大理论密度的93%（空隙率4%~7%）。

（7）桥面铺装不得采用振动碾压方式。OGFC混合料宜采用小于12t的钢筒式压路机碾压。

（8）沥青混合料的初压。

①初压应紧跟摊铺机后碾压，并保持较短的初压区长度，以尽快使表面压实，减少热量散失。摊铺后初始压实度较大，经实践证明，采用振动压路机或轮胎压路机直接碾压无严重推移且有良好效果时，可免去初压，直接进入复压工序。

②通常宜采用钢轮压路机静压1~2遍。应将压路机的驱动轮面向摊铺机，从外侧向中心碾压，在超高路段则由低向高碾压，在坡道上应将驱动轮从低处向高处碾压。

③初压后应检查平整度、路拱，有严重缺陷时进行修整乃至返工。

（9）沥青混合料的复压。

①复压应紧跟在初压后进行，且不得随意停顿。压路机碾压段的总长度应尽量缩短，通常不超过60~80m。

②密级配沥青混凝土的复压宜优先采用重型的轮胎压路机进行搓揉碾压，以增加密水性，其总质量不宜小于25t，吨位不足时宜附加重物，使每一个轮胎的压力不小于15kN。相邻碾压带应重叠1/3~1/2的碾压轮宽度，碾压至要求的压实度为止。

③大粒径沥青稳定碎石基层，宜优先采用振动压路机复压。厚度小于30mm的薄层沥青层不宜采用振动压路机碾压。振动压路机的振动频率宜为35~50Hz，振幅宜为0.3~08mm。层厚较大时选用高频率大振幅，以产生较大的激振力，厚度较薄时采用高频率低振幅，以防止集料破碎。相邻碾压带重叠宽度为100~200mm。振动压路机折返时应先停止振动。

④当采用三轮钢筒式压路机时，总质量不宜小于12t，相邻碾压带宜重叠后轮的1/2宽度，并不应少于200mm。

（10）沥青混合料的终压。

终压应紧跟在复压后进行，如经复压后已无明显轮迹时可免去终压。终压可选用双轮钢筒式压路机或关闭振动的振动压路机碾压不宜少于2遍，至无明显轮迹为止。

（11）压路机不得在未碾压成型路段上转向、调头、加水或停留。在当天成型的路面上，不得停放各种机械设备或车辆，不得散落矿料、油料等杂物。

其中，AC型沥青混合料推荐的碾压方式见表3-37。

AC型沥青混合料推荐的碾压方式 表3-37

碾压阶段	压路机类型	碾压模式
初压	双钢轮振动压路机或振荡压路机	前静后振，1遍
复压	25t及以上轮胎压路机	组合碾压4~6遍
	双钢轮振动压路机或振荡压路机	
终压	双钢轮振动压路机	静压2遍，消除轮迹

6.接缝处理

（1）沥青路面的施工必须接缝紧密、连接平顺，不得产生明显的接缝离析。上、下层的纵缝应错开 150mm(热接缝)或 300~400mm(冷接缝)以上。相邻两幅及上、下层的横向接缝均应错位 1m 以上。接缝施工应用 3m 直尺检查,确保平整度符合要求。

(2)纵缝接缝部位的施工应符合下列要求:

①采用梯队作业的纵缝应采用热接缝,将已铺筑部分留下 100~200mm 宽暂不碾压,作为后续部分的基准面,然后作跨缝碾压以消除缝迹。

②当半幅施工或因其他原因而产生纵向冷接缝时,宜加设挡板或加设切刀切齐,也可在混合料尚未完全冷却前用镐刨除边缘留下毛茬的方式,但不宜在冷却后采用切割机作纵向切缝。

(3)高速公路和一级公路的表面层横向接缝应采用垂直的平接缝,以下各层可采用自然碾压的斜接缝,沥青层较厚时也可作阶梯形接缝。其他等级公路的各层均可采用斜接缝。

(4)斜接缝的搭接长度与层厚有关,宜为 0.4~0.8m。搭接处应洒少量沥青。阶梯形接缝的台阶经铣刨而成,并洒黏层沥青,搭接长度不宜小于 3m。

(5)平接缝宜在沥青混合料未冷透时用凿岩机或人工方式垂直刨除端部层厚不足部分,使工作缝成直角连接;当采用切割机制作平接缝时,宜在铺筑当天混合料冷却但尚未结硬时进行,切割时的泥水必须冲洗干净,待干燥后涂刷黏层油。铺筑新混合料接头应使接茬软化,压路机先进行横向碾压,再纵向碾压成为一体,充分压实,连接平顺。

7. 取样和检验

沥青混合料的质量检测样品的取样应按数理统计法随机选点取样。

测定集料级配的取样地点应在沥青掺入前的热拌设备旁;测定沥青含量的取样应在摊铺机后面及压路机前面,从已摊铺的混合料中取样,每天进行一次,或拌 500t 混合料取一次;测定压实度的试验应在碾压结束、路面完全冷却后在路面上钻取试样,对普通沥青路面通常在第 2 天取样,对改性沥青及 SMA 路面宜在第 3 天以后取样,检验和评定方法应按《公路沥青路面施工技术规范》(JTG F40—2004)附录 E 的规定执行。

8. 开放交通及其他

热拌沥青混合料路面应待摊铺层完全自然冷却,混合料表面温度低于 50℃后,方可开放交通。需要提前开放交通的,可洒水冷却降低混合料表面温度。

沥青层分下面层、中面层和上面层等多层铺筑时,已经铺筑好的下层沥青应严格控制交通,保持整洁,不得造成污染,严禁在沥青层上堆放施工产生的土或杂物,严禁在已铺的沥青层上制作水泥砂浆等。

9. 改性沥青 SMA 混合料和 SBS 混合料

(1)制造改性沥青的基质沥青应与改性剂有良好的配伍性,其质量应符合 A 级或 B 级道路石油沥青的技术要求。改性剂宜选用热塑性橡胶类、橡胶类或热塑性树脂类改性剂及辅助外掺剂。在沥青混合料中掺加的纤维稳定剂宜选用木质素纤维、矿物纤维或聚合物纤维。成品改性沥青的储存时间不得超过保质期,不得使用已经离析的改性沥青。

(2)改性沥青混合料的拌和过程中,回收的粉尘不得利用;应严格控制拌和温度,不得超过 195℃;拌和时间应经试拌确定,以沥青均匀裹覆集料为度;改性沥青混合料储存时间不应超过 24h。拌和场应逐盘打印各种材料用量及预热温度、拌和温度与时间、沥青混合料质量与出厂时间等数据资料,并及时报告监理人。

（3）改性沥青混合料的运输宜采用较大吨位的运料车,进入摊铺现场时轮胎上不得粘有泥土等可能污染路面的异物。

（4）铺筑改性沥青路面时宜采用非接触式平衡梁,做到匀速、连续不停地摊铺,应将熨平板的振频振幅调整到85%且以高频低幅为宜。

（5）改性沥青混合料的碾压应采用双钢轮压路机,应遵循"高温、紧跟、匀速、慢压、高频、低幅、先边后中"的原则,即紧跟在摊铺机后面,采取高频率、低振幅的方式慢速碾压。改性沥青混合料一般应在混合料温度降至120℃前结束碾压作业。在初压和复压过程中宜采用同型号压路机并列呈梯队碾压,不宜采用首尾相接的纵列方式。采用振动压路机碾压改性沥青混合料时,压路机的轮迹重叠宽度不应大于200mm。SMA沥青混合料不宜采用轮胎压路机碾压,以防将沥青结合料搓揉挤压上浮。桥面铺装采用SMA沥青混合料时,宜采用振荡压路机压实。SMA沥青混合料推荐的碾压方式见表3-38。

SMA沥青混合料推荐的碾压方式
表3-38

碾压阶段	压路机类型	碾压模式
初压	双钢轮振动压路机或振荡压路机	前静后振,1遍
复压	双钢轮振动压路机或振荡压路机	前后振压各3~4遍
终压	双钢轮振动压路机	静压2遍,消除轮迹

（6）根据加工方式的不同,SBS改性沥青分为干法SBS改性沥青和湿法SBS改性沥青两种。

湿法加工SBS改性沥青是以基质沥青为原料,加入一定比例的SBS改性剂,通过剪切、搅拌等方法使SBS均匀地分散于沥青中,同时,加入一定比例的专属稳定剂（纤维材料）,形成SBS共混材料,利用SBS良好的物理性能对沥青做改性处理。改性沥青中SBS的比例（含量C_{SBS}）按下式计算:

$$C_{SBS} = M_{SBS}/(M_{SBS} + M_{BIT} + M_{ADD})$$

式中:C_{SBS}——SBS的含量（%）,一般为3%~5%。

M_{SBS}——改性沥青总量中SBS的质量（g）。

M_{BIT}——改性沥青总量中普通沥青的质量（g）。

M_{ADD}——改性沥青总量中稳定剂的质量（g）。

干法加工无须预先制备成品改性沥青,在拌和时直接将SBS改性剂与基质沥青、集料一起投入拌和楼,因此,干法工艺实际是生产改性沥青混合料而非生产改性沥青。

湿法加工SBS改性沥青又分为工厂化加工、现场加工两种方式。近年来,母液法也得到了应用,该方法是在工厂预先制备高浓度的改性沥青母液,将母液运至工地现场与基质沥青混合后使用。

湿法SBS改性沥青混合料的拌制应采用间歇式拌和机,配有自动记录和纤维添加设备。施工前调试设备,保证矿料进料等装置正常运行,不得随意调整矿料比例,按设计要求控制冷、热料仓进料速度及振动筛参数。拌和流程是集料与木质纤维干拌5~10s,再加入矿粉和沥青（8~10s内加完）,从加料到干拌结束时长20~25s,湿拌40~45s,总时长60~65s,SBS改性沥青混合料比普通沥青拌和时长略长。

SBS 改性沥青混合料的温度控制：矿料加热温度 190～200℃，混合料出厂温度 170～180℃，超过 195℃的混合料不能用于施工，同时注意检查是否有冒白烟、青烟及花白料、结团等问题。

SBS 改性沥青混合料的碾压应遵循"高温、紧跟、匀速、慢压、高频、低幅、先边后中"的原则，初压、复压宜控制在 30m 范围内，压路机以缓慢而均匀的速度碾压。初压应在混合料不产生推移、开裂等情况下尽量在较高温度下进行，复压温度不低于 130℃。SBS 改性沥青混合料推荐的碾压方式见表 3-39。

SBS 改性沥青混合料推荐的碾压方式 表 3-39

碾压阶段	压路机类型	碾压模式
初压	双钢轮振动压路机或振荡压路机	前静后振，1 遍
复压	25t 及以上轮胎压路机	组合碾压 4～6 遍
	双钢轮振动压路机或振荡压路机	
终压	双钢轮振动压路机	静压 2 遍，消除轮迹

（二）沥青表面处治

1. 一般规定

根据《公路沥青路面施工技术规范》（JTG F40—2004）第 6 章的规定，沥青表面处治施工应符合下列规定：

（1）沥青表面处治适用于三级及三级以下公路的沥青面层。各种封层适用于加铺薄层罩面、磨耗层、水泥混凝土路面上的应力缓冲层、各种防水和密水层、预防性养护罩面层。

（2）沥青表面处治与封层宜选择在干燥和较热的季节施工，并在日最高温度低于 15℃时期到来之前半个月及雨季前结束。

2. 沥青表面处治的层铺法施工

（1）施工设备

沥青表面处治应采用沥青洒布机喷洒沥青，洒布机应能在控制的速度和确定的用油量中稳定工作，并能在整个洒布宽度内均匀洒布沥青。

应采用一台自行式的集料撒布机，并配有可靠的控制系统，把所需的集料均匀撒铺到沥青材料的整个宽度上。

沥青表面处治宜采用轮胎式光面钢筒压冷机，压路机的吨位应能使集料嵌挤紧密又不致使石料有较多的压碎为准。通常采用 6～8t 及 10～12t 压路机进行碾压，乳化沥青表面处治宜采用较轻的压路机进行碾压。

（2）表面准备

沥青表面处治层的表面应平整、清洁、无松散，并应符合图纸所示或监理工程师确定的典型断面。

（3）层铺法施工

沥青表面处治宜采用层铺法施工，厚度不宜大于 3cm，可采用沥青洒布机及集料撒铺机联合作业。三层式沥青表面处治的施工工艺应按下列步骤进行：

①清扫基层,洒布第一层沥青。

沥青材料的加热温度应满足规范要求,石油沥青宜为 $130 \sim 170℃$,煤沥青宜为 $80 \sim 120℃$,乳化沥青可在常温下洒布,加温洒布的乳液温度不得超过 $60℃$。

②洒布主层沥青后应立即用集料撒布机或人工撒布第一层主集料。撒布后及时扫匀,达到全面覆盖、厚度一致、集料不重叠也不露出沥青的要求。

③碾压应在沥青和集料撒铺后立即进行,并在当日完成。撒铺一段集料后即用 $6 \sim 8t$ 轮胎或钢筒双轮压路机碾压,每层集料应按集料撒铺的全宽初压　遍,并应按需要进行补充碾压以使盖面集料适当就位,碾压时每次轮迹重叠约 $30cm$,从路边逐渐移向路中心,然后再从另一边开始移向路中心,以此作为一遍,一般全宽的碾压不少于 $3 \sim 4$ 遍,以不大于 $2km/h$ 的速度进行碾压。

④第二、三层的施工方法和要求应与第一层相同,但可以采用 $8t$ 以上的压路机碾压。

⑤养护。沥青表面处治应注意初期养护,当发现泛油时,应在泛油处撒布与最后一层石料规格相同的嵌缝料并扫匀。

对于双层或单层式的沥青表面处治,施工时浇洒沥青及撒布集料的次数相应减少,其他施工工序要求同三层式。

⑥开放交通。除乳化沥青表面处治应待破乳、水分蒸发并基本成型后方可开放交通外,沥青表面处治在碾压结束后即可开放交通。

(三)封层(上封层、下封层)

封层是指为封闭表面空隙、防止水分侵入而在沥青表面层或基层上铺筑的有一定厚度的沥青混合料薄层。铺筑在沥青面层表面的称为上封层;铺筑在沥青面层下面、基层表面的称为下封层。

(1)上封层可选用乳化沥青稀浆封层、微表处、改性沥青集料封层、薄层磨耗层或其他适宜的材料。铺设上封层的下卧层必须清扫干净,对裂缝、坑槽等进行处理或挖补。

(2)多雨潮湿地区的高速公路、一级公路的沥青面层空隙率较大,有严重渗水可能,或铺筑基层不能及时铺筑沥青面层而需要通行车辆时,宜在喷洒透层油后铺筑下封层。下封层宜采用层铺法表面处治或稀浆封层法施工。下封层的厚度不宜小于 $6mm$ 且做到完全密水。以层铺法沥青表面处治铺筑下封层时,通常采用单层式,矿料用量宜为 $5 \sim 8m^3/1000m^2$,沥青用量可采用要求范围的中高限。

(四)稀浆封层和微表处

稀浆封层是指采用适当级配的石屑或砂、填料(水泥、石灰、粉煤灰、石粉等)与乳化沥青、外掺剂和水,按一定比例拌和而成的流动状态的沥青混合料,将其均匀地摊铺在路面上形成的沥青封层。稀浆封层一般用于二级及二级以下公路的预防性养护,也适用于新建公路的下封层。

微表处是指采用适当级配的石屑或砂、填料(水泥、石灰、粉煤灰、石粉等)与聚合物改性乳化沥青、外掺剂和水,按一定比例拌和而成的流动状态的沥青混合料,将其均匀地摊铺在路面上形成的沥青封层。微表处主要用于高速公路和一级公路的预防性养护以及填补轻度车辙,也适用于新建公路的抗滑磨耗层。

（1）稀浆封层和微表处必须使用专用的摊铺机进行摊铺。

（2）微表处必须采用改性乳化沥青,稀浆封层可采用普通乳化沥青或改性乳化沥青,其品种和质量应符合规范的要求。

（3）稀浆封层和微表处应选择坚硬、粗糙、耐磨、洁净的集料。各项性能应符合前述沥青混合料用粗集料和细集料的技术指标要求。其中稀浆封层用通过4.75mm筛的合成矿料的砂当量不得低于50%。当用于抗滑表层时,还应符合规范中有关磨光值的要求。细集料宜采用碱性石料生产的机制砂或洁净的石屑。集料中的超粒径颗粒必须筛除。

（4）稀浆封层和微表处的矿料级配根据铺筑厚度、处治目的、公路等级条件选择。

（5）稀浆封层和微表处的混合料中乳化沥青及改性乳化沥青的用量应通过配合比设计确定。混合料的质量应符合技术要求。

（6）稀浆封层和微表处施工前,应彻底清除原路面的泥土、杂物,修补坑槽、凹陷,较宽的裂缝宜清理灌缝。在水泥混凝土路面上铺筑微表处时宜洒布黏层油,过于光滑的表面需拉毛处理。

（7）稀浆封层和微表处的最低施工温度不得低于10℃,严禁在雨天施工,摊铺后尚未成型的混合料遇雨时应予铲除。

（8）稀浆封层和微表处两幅纵缝搭接宽度不宜超过80mm,横向接缝宜做成对接缝。分两层摊铺时,第一层摊铺后至少应开放交通24h后方可进行第二层摊铺。

（9）稀浆封层和微表处铺筑后的表面不得有超粒径料拖拉的严重划痕,横向接缝和纵向接缝处不得出现余料堆积或缺料现象,用3m直尺测量接缝处的不平整度不得大于6mm。微表处不得有横向波浪和深度超过6mm的纵向条纹。经养护和初期交通碾压稳定的稀浆封层和微表处,在行车作用下应不飞散且完全密水。

(五) 透层和黏层

透层是指为使沥青面层与非沥青材料基层结合良好,在基层上喷洒液体石油沥青、乳化沥青、煤沥青而形成的透入基层表面一定深度的薄层。

黏层是指为加强沥青层与沥青层之间、沥青层与水泥混凝土路面之间的黏结而洒布的沥青材料薄层。

1.透层施工

（1）沥青路面各类基层都必须喷洒透层油,沥青层必须在透层油完全渗透入基层后方可铺筑。基层上设置下封层时,透层油不宜省略。

（2）根据基层类型选择渗透性好的液体沥青、乳化沥青、煤沥青。乳化沥青透层的规格和质量应符合规范的要求。

（3）各种透层沥青的品种和用量应根据基层的种类通过试洒确定。喷洒后通过钻孔或挖掘确认透层油渗透入基层的深度宜不小于5mm(无机结合料稳定集料基层)、10mm(无结合料基层),并能与基层联结成一体。

（4）用于半刚性基层的透层油宜紧接在基层碾压成型后表面稍变干燥,但尚未硬化的情况下浇洒。当基层完工后时间较长、表面过于干燥时,应对基层进行清扫,并在基层表面少量洒水,等表面稍干后浇洒透层沥青。

（5）透层沥青宜采用沥青洒布车一次喷洒均匀。

（6）喷洒透层沥青应符合下列要求：

①喷洒透层前，路面应清扫干净，并采取防止污染路缘石及人工构造物的设施。

②洒布的透层沥青应渗入基层一定深度，不应在表面流淌，且不得形成油膜。

③如遇大风或即将降雨，不得喷洒透层沥青。

④气温低于10℃时，不宜喷洒透层沥青。

⑤应按沥青用量一次喷洒均匀，当有遗漏时，应采用人工补洒。

⑥喷洒透层沥青后，严禁车辆、行人通过。

（7）在铺筑沥青面层前，当局部有多余的透层沥青未渗入基层时，应予清除。

（8）在无结合料粒料基层上洒布透层油时，宜在铺筑沥青层前1～2d洒布。

2. 黏层施工

（1）必须喷洒黏层油的情形：双层式或三层式热拌热铺沥青混合料路面的沥青层之间；水泥混凝土路面、沥青稳定碎石基层或旧沥青路面层上加铺沥青层；路缘石、雨水口、检查井等构造物与新铺沥青混合料接触的侧面。

（2）黏层油宜采用快裂或中裂乳化沥青或改性乳化沥青，也可采用快、中凝液体石油沥青，其规格和质量应符合规范的要求。

（3）各种黏层沥青品种和用量应根据下卧层的种类通过试洒确定，并符合现行《公路沥青路面施工技术规范》（JTG F40）的要求。

（4）黏层沥青应采用沥青洒布车喷洒，洒布车应符合规范要求。在路缘石、雨水进水口、检查井等局部应用刷子进行人工涂刷。

（5）喷洒黏层沥青应符合下列要求：

①施工准备工作。准备喷洒沥青的工作面，应整洁无尘土。路面有脏物时应清除干净。当粘有土块时应用水刷净，待表面干燥后喷洒。

②气候条件。气温低于10℃时不得喷洒。路面潮湿时不得喷洒。寒冷季节施工不得不喷洒时，可以分成两次喷洒。

③喷洒温度。液体石油沥青和乳化沥青在正常温度下洒布，如气温较低，黏度较大的可适当加热。重交通沥青和改性沥青应在规范要求的温度下喷洒。

④喷洒。黏层沥青应均匀洒布或涂刷，喷洒过量处，应予刮除。按《公路路基路面现场测试规程》（JTG 3450—2019）中有关要求和方法检测洒布量，每次检测不少于3处。

沥青洒布设备应配备有适用于不同黏度沥青喷洒用的喷嘴，在沥青洒布机喷洒不到的地方可采用手工洒布。喷洒超量、漏洒或少洒的地方应予纠正。

喷洒黏层油时，喷油管宜与路表面形成约30°角，并有适当高度，以使路面上喷洒的透层油或黏层油形成重叠。

喷洒区附近的结构物和树木表面应加以保护，以免溅上沥青受到污染。

黏层沥青应在铺筑覆盖层之前24h内洒布或涂刷。

⑤养护。喷洒黏层沥青后严禁除沥青混合料运输车外的其他车辆、行人通过。黏层沥青洒布后应紧接铺筑沥青层。当使用乳化沥青作黏层时，应待破乳、水分蒸发完后铺筑。

(六) 同步碎石封层

1. 下承层准备

在下承层上标记封层的起讫线和边线。上封层施工前,应对原路面坑槽、车辙、沉陷、拥包、大于 5mm 的裂缝等病害,按照现行规范的要求进行处理,对强度不满足现行规范要求的路段,应进行补强。平整度较差路段及陡坡、急弯路段,应对原路面铣刨拉毛。原路面 5mm 以下的微小裂缝,可不处理。

下封层施工前,应对下承层表面进行拉毛和清扫处理。

2. 起讫点施工

根据路幅宽度,调整封层车喷洒宽度,并在起讫点位置放置宽于洒布宽度 50~100cm、长度不小于 1m 的油毛毡或隔离布。

起点洒布完成后,人工将油毛毡或隔离布取掉,清扫多余松散的碎石。

当车内任一材料将用完时,应先关闭胶结料阀门,再关闭碎石阀门。然后将封层车按前进方向开出施工作业段。

3. 洒(撒)布

(1)应将胶结料从罐体到喷洒管道至罐体循环 10min,将管道及喷嘴内较低温度的胶结料喷到配置的专用油槽内,使喷嘴与罐体胶结料温度一致,待所有喷嘴形成统一的扇形面后方可洒布胶结料。

(2)洒布设备的喷嘴应确保胶结料形成雾状喷洒,喷嘴与洒布杆成 15°~25°夹角,洒布杆的高度应使同一地点被 2~3 个喷油嘴喷洒的胶结料所覆盖,施工中不得出现花白条。

(3)根据试验段得到的洒布参数,按照预定的路线和洒(撒)布量进行喷洒。

(4)洒(撒)布过程中应保证封层车按照试验段确定的车速匀速行驶。

(5)每台同步碎石封层车后宜配备 1~2 名清洁工,随时清扫散落的碎石。

4. 碾压及成型

(1)应采用 26t 以上的轮胎压路机紧跟同步碎石封层车进行碾压,碾压应在胶结料变冷或太黏之前完成。

(2)非乳液型胶结料封层,通过试验段最终确定碾压工艺。

(3)乳液型胶结料封层在乳液破乳前用轮胎压路机碾压 1 遍。

(4)碾压效果应使沥青和碎石充分黏结。

(5)碾压成型后应及时清除表面的浮石。

5. 接缝处理

(1)横向接缝按起讫点处施工工艺进行处理。严禁出现重复洒油和撒料现象。

(2)纵向接缝采用对接法处理,接缝胶结料重叠部分不得超过 5cm。

(3)当两幅施工间隔较长时,应在先做封层一侧暂留 10cm 不撒布碎石,待另一侧封层施工时沿预留沥青边缘进行同步碎石撒布。

6. 缺陷修复

碎石撒布重叠时应及时清扫浮石。胶结料漏洒时应及时人工补洒,胶结料积聚时应及时刮除。泛油时应及时均匀补撒碎石。

7.清洗设备

将封层车驶入指定地点停放进行清洗，清洗过程中不得污染环境。

8.开放交通

上封层施工结束后即可通车，但在12～24h之内应设专人控制车辆匀速行驶，且车速不得超过20km/h，严禁紧急制动。

下封层施工结束后应立即封闭交通，严禁行人和车辆进入。

（七）其他沥青铺筑工程

高速公路服务区停车场的沥青铺装层、水泥混凝土桥面上的沥青铺装层、钢桥面上的沥青铺装层、隧道内沥青路面铺装等特殊场合，应根据其使用部位及功能要求等采取相应的措施，有关技术要求和质量控制措施应按《公路沥青路面施工技术规范》（JTG F40—2004）第10章的条文规定执行。

（八）质量检验标准和实测项目

《公路工程质量检验评定标准　第一册　土建工程》（JTG F80/1—2017）给定的沥青混凝土面层和沥青碎（砾）石面层施工质量检验标准和实测项目，见表3-40。

沥青混凝土面层和沥青碎（砾）石面层的质量检验标准和实测项目　　　表3-40

项次	检查项目		规定值或允许偏差		检查方法和频率
			高速公路 一级公路	其他公路	
1△	压实度[a]　（%）		≥试验室标准密度的96%（*98%） ≥最大理论密度的92%（*94%） ≥试验段密度的98%（*99%）		按 JTG F80/1—2017 附录 B 检查，每200m 测1点。核子（无核）密度仪每200m 测1处，每处5点
2	平整度	σ(mm)	≤1.2	≤2.5	平整度仪:全线每车道连续检测，按每100m 计算 IRI 或 σ
		IRI(m/km)	≤2.0	≤4.2	
		最大间隙 h(mm)	—	≤5	3m 直尺:每200m 测2处×5尺
3	弯沉值(0.01mm)		不大于设计验收弯沉值		按 JTG F80/1—2017 附录 J 检查
4	渗水系数 （mL/min）	SMA 路面	≤120	—	渗水试验仪:每200m 测1处
		其他沥青混凝土路面	≤200		
5	摩擦系数		满足设计要求	—	摆式仪:每200m 测1处 横向力系数测定车:全线连续检测，按 JTG F80/1—2017 附录 L 评定
6	构造深度		满足设计要求	—	铺砂法:每200m 测1处
7△	厚度[b] （mm）	代表值	总厚度: -5%H 上面层: -10%h	-8%H	按 JTG F80/1—2017 附录 H 检查，每200m 测1点

续上表

项次	检查项目		规定值或允许偏差		检查方法和频率
			高速公路 一级公路	其他公路	
7△	厚度b （mm）	合格值	总厚度：−10%H 上面层：−20%h	−15%H	按 JTG F80/1—2017 附录 H 检查， 每200m 测 1 点
8	中线平面偏位（mm）		20	30	全站仪：每200m 测 2 点
9	纵断高程（mm）		±15	±20	水准仪：每200m 测 2 断面
10	宽度 （mm）	有侧石	±20	±30	尺量：每200m 测 4 个断面
		无侧石	不小于设计值		
11	横坡（%）		±0.3	±0.5	水准仪：每200m 测 2 个断面
12△	矿料级配		满足生产配合比要求		T 0725，每台班 1 次
13△	沥青含量		满足生产配合比要求		T 0722、T 0721、T 0735，每台班 1 次
14	马歇尔稳定度		满足生产配合比要求		T 0709，每台班 1 次

注：a　表内压实度，高速公路、一级公路应选用 2 个标准评定，以合格率低的作为评定结果；其他公路选用 1 个标准进行评定。带 * 号者是指 SMA 路面。

　　b　表列沥青厚度仅规定负允许偏差。H 为沥青层总厚度，h 为沥青上面层厚度；其他公路的厚度代表值和合格值允许偏差按总厚度计，当 $H \leqslant 60mm$ 时，允许偏差分别为 −5mm 和 −10mm；当 $H > 60mm$ 时，允许偏差分别为 −8%H 和 −15%H。

《公路工程质量检验评定标准　第一册　土建工程》（JTG F80/1—2017）给定的沥青表面处治面层施工质量检验标准和实测项目，见表3-41。

沥青表面处置面层的质量检验标准和实测项目　　　　表3-41

项次	检查项目		规定值或允许偏差	检查方法和频率
1	平整度	σ（mm）	≤4.5	平整度仪：全线每车道连续按每 100m 计算 IRI 或 σ
		IRI（m/km）	≤7.5	
		最大间隙 h（mm）	≤10	3m 直尺：每200m 测 2 处×5 尺
2	弯沉值（0.01mm）		不小于设计验收弯沉值	按 JTG F80/1—2017 附录 J 检查
3△	厚度 （mm）	代表值	−5	按 JTG F80/1—2017 附录 H 检 查，每200m 每车道测 1 点
		合格值	−10	
4	沥青用量		±0.5%	每工作日每层洒布查 1 次
5	中线平面偏位（mm）		30	全站仪：每200m 测 2 点
6	纵断高程（mm）		±20	水准仪：每200m 测 2 个断面
7	宽度 （mm）	有侧石	±30	尺量：每200m 测 4 处
		无侧石	不小于设计值	
8	横坡（%）		±0.5	水准仪：每200m 测 2 个断面

第五节　水泥混凝土路面

一、水泥混凝土路面的分类和铺筑工艺

1. 水泥混凝土路面的分类

（1）按照使用的材料不同划分，可分为普通水泥混凝土面层、钢筋混凝土面层、连续配筋混凝土面层和钢纤维混凝土面层。

（2）按照铺筑施工方式不同划分，可分为铺筑型、碾压型和预制混凝土块的砌块型。

（3）按照所使用的施工机械、机具（或施工工艺）不同划分，可分为滑模摊铺机法、三辊轴机组法和小型机具法。

桥面铺装，多用复合式面层，即下层使用水泥混凝土（钢筋混凝土）铺装，上层使用沥青混凝土铺装，其铺装施工材料、摊铺振实（压实）工艺、质量标准与实测项目应分别进行控制。

2. 水泥混凝土路面的铺筑工艺

水泥混凝土路面可分为机铺型、碾压型、砌块型混凝土路面。

按照施工工艺的不同，可分为滑模摊铺机、三辊轴机组和小型机具铺筑工艺。

（1）滑模摊铺机铺筑工艺是指采用滑模摊铺机铺筑水泥混凝土面层的施工工艺，其特点是不需要另外架设轨道和边缘固定模板，布料、摊铺、振捣密实、挤压成型、抹面修饰等施工流程在摊铺机行进过程中连续完成。

采用滑模摊铺机铺筑工艺时，横向缩缝、施工缝及胀缝处的传力杆钢筋、纵向（侧向）缩缝、施工缝的拉杆钢筋，宜优先采用前置支架法施工，也可使用滑模摊铺机配备的自动插入装置（DBI）施作传力杆，侧向拉杆自动穿杆装置（IDBI）施作拉杆。

（2）三辊轴机组铺筑工艺是指采用振捣机具和三辊轴整平机配合铺筑水泥混凝土面层的施工工艺，其特点是需要架设边缘固定模板，模板同时兼具三辊轴整平机轨道的功能。采用三辊轴机组铺筑工艺时，横向缩缝及胀缝处的传力杆钢筋、侧向缩缝或施工缝的拉杆钢筋优先采用前置支架法施工。

（3）小型机具铺筑工艺是指采用振捣机具和整平梁铺筑水泥混凝土面层的施工工艺，其特点是需要架设边缘固定模板。

铺筑不同等级公路水泥混凝土路面时，应参考选用的施工设备（工艺），见表3-42。

不同等级公路铺筑水泥混凝土路面可选用的施工设备（工艺）参考表　　表3-42

铺筑工艺、设备	高速公路	一级公路	二级公路	三级公路	四级公路
计算机自动控制强制式拌和楼（机）	√	√	√	△	▽
强制式搅拌站（机）	×	▽	△	√	√
滑模摊铺机施工工艺	√	√	√	△	▽
三辊轴机组施工工艺	▽	▽	√	√	√
小型机具施工工艺	×	×	△	√	√

注：√为应选用；△为有条件时使用；▽为不宜使用；×为不得使用。

二、水泥混凝土路面的材料选择

1. 水泥

（1）极重、特重、重交通荷载等级公路面层水泥混凝土应采用旋窑生产的道路硅酸盐水泥、硅酸盐水泥、普通硅酸盐水泥。中、轻交通荷载等级公路面层水泥混凝土可采用矿渣硅酸盐水泥。高温期施工宜采用普通型水泥，低温期施工宜采用早强型水泥。

（2）面层水泥混凝土所用水泥的技术要求，除满足现行《道路硅酸盐水泥》（GB 13693）或《通用硅酸盐水泥》（GB 175）的规定外，各龄期的实测抗折强度、抗压强度尚应符合现行《公路水泥混凝土路面施工技术细则》（JTG/T F30）的规定。

（3）选用面层水泥混凝土的水泥时，应根据所配制的混凝土弯拉强度、耐久性、工作性指标选择适宜的水泥品种和强度等级。

（4）采用滑模摊铺机铺筑时，宜选用散装水泥。高温期施工时，散装水泥的入罐最高温度不宜高于60℃；低温施工时，水泥进入搅拌缸前的温度不宜低于10℃。

（5）检测项目及频率。

①抗折强度、抗压强度和安定性。对于高速公路、一级公路，机铺每1500t一批；对于其他等级公路，机铺每1500t、小型机具每500t一批。

②凝结时间、需水量、细度。对于高速公路、一级公路，机铺每2000t一批；对于其他等级公路，机铺每3000t、小型机具每500t一批。

③有效钙镁含量，铝酸三钙、铁铝酸四钙含量，干缩率、耐磨性、碱度等。每合同段不少于3次，进场前必测。

④温度。冬、夏季施工时，随时检测。

2. 掺合料

（1）面层水泥混凝土可掺用合格的粉状低钙粉煤灰、矿渣粉、硅灰等掺合料，不得掺用结块的或潮湿的粉煤灰、矿渣粉和硅灰。

（2）粉煤灰不应低于Ⅱ级粉煤灰的要求。不得掺用高钙粉煤灰或Ⅲ级、Ⅲ级以下的低钙粉煤灰。粉煤灰进货时，应检验其等级检验报告。

（3）检测项目及频率。

①活性指数、细度、烧失量。对于高速公路、一级公路，机铺每1500t一批；对于其他等级公路，机铺每1500t、小型机具每500t一批。

②需水量比、SO_3含量。每合同段不少于3次，进场前必测。

3. 粗集料

（1）粗集料应使用质地坚硬、耐久、干净的碎石、破碎卵石或卵石。

（2）极重、特重、重交通荷载等级公路面层水泥混凝土用的粗集料质量标准不应低于Ⅱ级要求，即碎石的压碎值应不大于25%、卵石的压碎值应不大于23%，坚固性应不大于8%，针片状颗粒含量应不大于15%，含泥量应不大于1%等。

（3）中、轻交通荷载等级公路面层水泥混凝土可使用Ⅲ级粗集料。

（4）检测项目及频率。

①级配，针片状、超粒径颗粒含量，表观密度，堆积密度，空隙率。对于高速公路、一级公路，机铺每 2500m³ 一批；对于其他等级公路，机铺每 5000m³、小型机具每 1500m³ 一批。

②含泥量，泥块含量。对于高速公路、一级公路，机铺每 1000m³ 一批；对于其他等级公路，机铺每 2000m³、小型机具每 1000m³ 一批。

③压碎值、岩石抗压强度。每种粗集料每合同段不少于 2 次。

④含水率。降雨或湿度变化随时观测，且每日不少于 2 次。

4. 细集料

（1）细集料应使用质地坚硬、耐久、洁净的天然砂或机制砂，不宜使用再生细集料。面层水泥混凝土使用的天然砂的细度模数宜在 2.0 ~ 3.7。面层水泥混凝土使用的机制砂的细度模数宜在 2.3 ~ 3.1。细度模数差值超过 0.3 的砂应分别堆放、分别进行配合比设计。

（2）极重、特重、重交通荷载等级公路面层水泥混凝土用的天然砂质量标准不应低于 Ⅱ 级要求，即坚固性应不大于 8%，含泥量应不大于 2% 等。

（3）中、轻交通荷载等级公路面层水泥混凝土可使用 Ⅲ 级天然砂。

（4）检测项目及频率。

①细度模数、级配，表观密度，空隙率。对于高速公路、一级公路，机铺每 2000m³ 一批；对于其他等级公路，机铺每 4000m³、小型机具每 1500m³ 一批。

②含泥量，泥块，石粉含量。对于高速公路、一级公路，机铺每 1000m³ 一批；对于其他等级公路，机铺每 2000m³、小型机具每 500m³ 一批。

③坚固性。每种砂每合同段不少于 3 次。

④含水率。降雨或湿度变化随时观测，且每日不少于 4 次。

5. 水

（1）符合现行《生活饮用水卫生标准》（GB 5749）规定的饮用水可直接作为面层水泥混凝土的搅拌和养护用水。

（2）非饮用水应进行水质检验，符合有关要求，还应与蒸馏水进行水泥凝结时间与水泥胶砂强度的对比试验。

（3）根据《公路水泥混凝土路面施工技术细则》（JTG/T F30—2014）表 5.4.1 的规定，水的检测项目及频率包括：pH 值、含盐量、硫酸根及杂质含量，并应在开工前和水源有变化时检测。

6. 外加剂

（1）面层水泥混凝土外加剂的质量应符合现行《混凝土外加剂》（GB 8076）的规定。外加剂应经有相应资质的检测机构检验合格并提供检验报告后方可使用。采用非水溶性的粉状外加剂时，应保证其分散均匀、搅拌充分，不得结块。

采用机制砂时，外加剂宜采用引气高效减水剂或聚羧酸高性能减水剂。

（2）滑模摊铺施工的水泥混凝土面层宜采用引气高效减水剂；高温施工混凝土拌合物的初凝时间短于 3h 时，宜采用缓凝引气高效减水剂；低温施工混凝土拌合物终凝时间长于 10h 时，宜采用早强高效减水剂。

（3）有抗冰冻、抗盐冻要求时，各级公路水泥混凝土面层及暴露结构物混凝土应掺入引气剂。

(4)沿海地区或冬季撒除冰盐的路面或桥面中可掺入或复配阻锈剂。

(5)检测项目及频率。

①减水率、缓凝时间,液体外加剂含固量和相对密度,粉状外加剂的不溶物量。对于高速公路、一级公路,机铺每 5t 一批;对于其他等级公路,机铺每 5t、小型机具每 3t 一批。

②引气剂含量、气泡密度程度和稳定性。对于高速公路、一级公路,机铺每 2t 一批;对于其他等级公路,机铺每 3t、小型机具每 1t 一批。

7. 钢筋

钢筋不得有裂纹、断伤、刻痕、油污和锈蚀。配筋混凝土路面与桥面所用钢筋宜采用环氧树脂涂层或防锈漆涂层等保护措施。

(1)传力杆钢筋应使用光圆钢筋(HPB300),应无毛刺,两端应加工成圆锥形或半径为 2 ~ 3mm 的圆倒角。胀缝传力杆应在一端设置镀锌钢管帽或塑料套筒,套帽厚度不应小于 2.0mm,并应密封不透水,套帽长度宜为 100mm,套帽内活动空隙的长度宜为 30mm。传力杆钢筋应采用喷塑、镀锌、电镀、涂防锈漆等防锈措施。

(2)拉杆钢筋应使用螺纹钢筋(如 HRB400),应在杆中部位置不小于 100mm 范围内采取涂防锈漆等措施防锈。

8. 钢纤维

用于路面、桥面水泥混凝土的钢纤维质量除应符合现行《纤维混凝土应用技术规程》(JGJ/T 221)等标准的规定外,还应符合下列规定:钢纤维抗拉强度等级不应低于 600 级,钢纤维应进行有效的防锈蚀处理,钢纤维的几何参数及形状精度应满足现行《公路水泥混凝土路面施工技术细则》(JTG/T F30)的要求。

9. 接缝填缝材料

水泥混凝土路面的接缝材料包括胀缝板、填缝料、填缝背衬垫条等。

(1)胀缝板的种类包括塑胶板、橡胶(泡沫)板、沥青纤维板、浸油木板等。高速公路、一级公路的胀缝板宜采用塑胶板、橡胶(泡沫)板、沥青纤维板。

(2)填缝料的种类包括聚氨酯类常温施工式填缝料、硅酮类常温施工式填缝料、加热施工式橡胶沥青填缝料。硅酮类、聚氨酯类常温施工式填缝料可用于各等级公路水泥混凝土路面;橡胶沥青、改性沥青类填缝料可用于二级及二级以下公路;道路石油沥青类填缝料可用于三、四级公路。

(3)填缝背衬垫条应具有弹性良好、柔韧性好、不吸水、耐酸碱腐蚀及高温不软化等性能。填缝背衬垫条可采用橡胶条、发泡聚氨酯、微孔泡沫塑料等制成,其形状宜为可压缩的圆柱形,直径宜比接缝宽度大 2 ~ 5mm。

10. 养护材料

水泥混凝土面层的养护剂应采用由石蜡、适宜高分子聚合物与适量稳定剂、增白剂经胶体磨制成的水乳液,不得使用以水玻璃为主要成分的养护剂。

养护剂宜为白色胶体乳液,不宜为无色透明的乳液。养护剂的质量标准应符合表3-43的规定。使用养护剂时,高速公路、一级公路的水泥混凝土面层应使用满足一级品要求的养护剂。

养护剂的质量标准

表 3-43

项目		一级品	合格品	试验方法
有效保水率(%)，≥		90	75	JT/T 522
抗压强度比或弯拉强度比(%)，≥	7d	95	90	
	28d	95	90	
干燥时间(h)，≥		4	4	
成膜后浸水溶解性		养护期内部应溶解	养护期内部应溶解	
成膜耐热性		合格	合格	

水泥混凝土面层养护材料也可使用节水保湿养护膜，节水保湿养护膜应由高分子吸水保水树脂和不透水塑料面膜制成，其质量应符合有关规定。高温期施工时，宜选用白色反光面膜的节水保湿养护膜；低温期施工时，宜选用黑色或蓝色吸热面膜的产品。

三、水泥混凝土路面的配合比设计

1. 配合比设计

（1）对于滑模摊铺机、三辊轴机组、小型机具施工的水泥混凝土、钢筋混凝土、连续配筋混凝土路面面层的水泥混凝土目标配合比设计，应按照路面水泥混凝土配制 28d 的弯拉强度均值的计算公式确定，即按式(3-3)计算确定。

$$f_c = \frac{f_r}{1 - 1.04C_v} + ts \tag{3-3}$$

式中：f_c——面层水泥混凝土配制 28d 的弯拉强度均值(MPa)；

$\quad\quad f_r$——设计弯拉强度标准值(MPa)；

$\quad\quad t$——保证率系数；

$\quad\quad s$——弯拉强度试验样本的标准差(MPa)；

$\quad\quad C_v$——弯拉强度变异系数。

（2）对于钢纤维混凝土目标配合比设计，钢纤维混凝土的钢纤维体积率应根据设计弯拉强度标准值确定。

（3）对于碾压混凝土路面面层的水泥混凝土目标配合比设计，应按照碾压混凝土配制 28d 的弯拉强度均值的计算公式确定。

2. 水泥混凝土拌合物工作性能

水泥混凝土拌合物工作性能应符合下列规定：

（1）碎石混凝土滑模摊铺时的坍落度宜为 10 ~ 30mm，卵石混凝土滑模摊铺时的坍落度宜为 5 ~ 20mm；振动黏度系数宜为 200 ~ 500N·s/m²。

（2）三辊轴机组摊铺时，拌合物的现场坍落度宜为 20 ~ 40mm。

（3）小型机具摊铺时，拌合物的现场坍落度宜为 5 ~ 20mm。

（4）拌和楼(机)出口处拌合物的坍落度值，应根据不同工艺摊铺时的坍落度值加上运输过程中坍落度的损失值。

3. 最大水灰比、最大单位水泥用量

各级公路面层水泥混凝土的最大水灰比和最小单位水泥用量,应符合《公路水泥混凝土路面施工技术细则》(JTG/T F30—2014)表 4.2.4 的规定。

最大单位水泥用量不宜大于 420kg/m³;使用掺合料时,最大单位胶材总量不宜大于 450kg/m³。

4. 配合比检验、验证与施工控制

(1)应检验混凝土拌合物的工作性是否满足相应摊铺工艺的要求,检验项目包括含气量、坍落度及经时损失、振动黏度系数,碾压混凝土还应检验碾压混凝土的改进 VC 值。

(2)采用密度法计算的配合比应实测拌合物的视密度,并应按视密度调整配合比。调整时,水灰比不得增大,单位水泥用量、各种纤维掺量不得减少。调整后的拌合物视密度允许偏差应达到调整前的 ±2.0% 之内。

(3)各种混凝土应实测 7d 和 28d 配制弯拉强度均值。掺粉煤灰的水泥混凝土,还应实测 56d 配制弯拉强度均值。

(4)耐久性检验应实测耐磨性。有抗冰冻(抗盐冻)要求时,应实测拌合物含气量、硬化混凝土最大气泡间距系数和抗冻性(抗盐冻性)。

(5)施工期间,应实测料堆的粗、细集料的实际含水率并对粗、细集料的称重和加水量做出调整,以保证基准配合比不变。

四、水泥混凝土路面的试验路段

1. 铺筑试验路段应符合的规定

根据《公路水泥混凝土路面施工技术细则》(JTG/T F30—2014)第 5.7 节的规定,二级及二级以上公路水泥混凝土路面面层施工前,应制订试验路段的施工方案和质量检测计划,并应及时铺筑试验路段。试验路段的长度不应短于100m,高速公路、一级公路宜在主线以外进行试铺。

2. 试验路段铺筑应达到的目的

(1)确定拌和楼的拌和参数、实际生产能力和配料精度。

(2)检验混凝土的施工性能、技术参数和实测强度。

(3)检验铺筑机械、工艺参数及与拌和能力的匹配情况。

(4)检验施工组织方式、质量控制水平和人员配备等。

3. 旁站、见证试拌、试铺过程中应确定的内容

拌和楼应通过动态、静态标定检验合格后方可试拌,试拌合格后方可铺筑试验路段。

(1)旁站、检测见证试拌过程中应确定下列内容:

①拌和楼的生产能力、施工配合比的配料精度,以及全部拌和楼的总产量。

②计算机拌和程序及粗细集料含水率的反馈控制系统是否满足要求。

③合理的投料顺序和时间、纯拌和时间、总拌和时间。

④拌合物的坍落度、VC 值、含气量等工艺参数。

⑤检验混凝土试件的弯拉强度是否满足要求等。

（2）旁站、检测见证试铺过程中应确定下列内容：

①主要铺筑设备的工艺性能、质量指标和生产能力是否满足要求；辅助设备的配备是否合理、适用；模板架设固定方式能否保住高程和厚度控制要求。

②实测试验路段的松铺系数、摊铺速度、振捣时间与频率、滚压遍数，拉杆与传力杆的置入方式、精度，抗滑构造深度、摩擦系数、接缝直顺度等是否达到质量标准。

③验证施工各工艺环节的操作要领，确定各关键岗位的作业指导书。

④检验施工组织形式和人员编制是否合理。

⑤通信联络、生产调度指挥及应急管理系统是否满足施工组织要求等。

4. 审核试验路段总结报告，报送建设单位批准

试验路段铺筑后，应进行全面质量检查、评定。

（1）施工单位应编写总结报告。报告中应包括铺筑路段所采用的施工工艺、工艺参数、质量检验结果、存在的问题、改进的措施等。

（2）监理机构应进行全过程旁站、检测，并评定工程质量，审核试验路段的总结报告，提出是否同意的审核意见报送建设单位审批。

试验路段属于监理机构的旁站监理项目，监理机构应安排监理人员对试验路段进行全过程旁站，并做好抽检、质量数据分析、质量评定，形成的监理记录包括旁站记录、抽检记录和质量检测试验记录等。

（3）《公路水泥混凝土路面施工技术细则》（JTG/T F30—2014）第5.7.6条规定，水泥混凝土路面试验路段应经建设单位组织的对各项施工质量指标的复检和验收，合格后经批准方可投入正式铺筑施工。

五、水泥混凝土路面施工质量监理

（一）路面基层、封层或夹层的验收、移交

试验路段铺筑后、正式施工前，施工单位和监理机构应共同检查、验收路面的基层、封层或夹层或滑动层、应力吸收层的质量，验收合格并应测量校核平面、高程控制桩，恢复路面中心、边缘等全部基本标桩，测量精度应满足技术细则的规定。

面层施工前，监理机构应监督并督促路面基层施工单位向水泥混凝土面层施工单位移交足够连续施工7d以上的合格基层，并应严格控制其高程、宽度、横坡度和稳定性。

面层施工前，水泥混凝土面层施工单位应对路面基层进行清扫、洒水，使基层顶面保持洁净、湿润，或者按照设计图纸铺筑封层或夹层或滑动层、应力吸收层。

（二）水泥混凝土拌合物的搅拌与运输

1. 搅拌设备应满足的要求

（1）应根据工程规模、施工工艺、日进度要求等合理配备拌和设备，即拌和楼或拌和机。拌和站的搅拌能力配置包括最小生产能力、总设计标称搅拌能力两个指标。拌和站的最小生产能力应满足表3-44的规定。

拌和站的最小生产能力配置(m³/h)　　　　　　　　表 3-44

摊铺宽度	机铺方式			碾压方式
	滑模摊铺	三辊轴机组摊铺	小型机具摊铺	碾压混凝土
单车道 3.75~4.5m	≥150	≥75	≥50	≥100
双车道 7.5~9m	≥300	≥100	≥75	≥200
整幅宽≥12.5m	≥400	—	—	≥300

(2)同一个拌和站的拌和楼(机)的规格宜统一,而且宜采用同一个厂家的设备。每座拌和楼(机)的分仓应根据粗集料级配数加细集料进行,各级集料不得混仓。储存水泥的罐仓应不少于 2 个,每种掺合料应单独设置储存料仓。

(3)水泥混凝土的拌和楼(机)应优先采用间歇式的拌和楼(机),或配料计量精度满足要求的连续式的拌和楼(机),不宜使用自落式滚筒搅拌机。高速公路、一级和二级公路水泥混凝土面层施工时,应采用配备计算机自动控制的间歇式强制拌和楼(机)。

2. 混凝土拌和的技术规定

(1)拌和楼(机)的计量精度应满足技术规范规定的允许偏差要求,施工过程中应每 15d 校验一次计量精度。在标定有效期满或拌和楼(机)拆迁安装后,应重新标定。

(2)搅拌时间应根据拌合物的黏聚性、匀质性及搅拌机类型,经试拌后确定,并应符合下列规定:

①对于单立轴式的搅拌机,总搅拌时间宜为 80~120s,纯搅拌时间不应短于 40s。

②对于行星立轴、双卧轴式的搅拌机,总搅拌时间宜为 60~90s,纯搅拌时间不应短于 35s。

③对于连续双卧轴式的拌和楼(机),总搅拌时间宜为 80~120s,纯搅拌时间不应短于 40s。

为提高水泥混凝土的拌和质量、加快工程施工进度,混凝土拌和站应优先选用行星立轴、双卧轴式的搅拌机。

(3)可溶解的外加剂应充分溶解、搅拌均匀后加入搅拌锅,并扣除溶液中的加水量。有沉淀的外加剂溶液,应每天清除一次沉淀物。

(4)不可溶解的粉末外加剂,加入前应过 0.30mm 筛,可与集料同时加入,但应适当延长纯搅拌时间。

(5)混凝土中掺有引气剂时,拌和楼(机)的一次搅拌量不得大于其额定搅拌量的 90%。

(6)粉煤灰或其他掺合料,应采用与水泥相同的输送、计量方式加入。加入粉煤灰的水泥混凝土拌合物的纯搅拌时间应比不掺加的延长 15~25s。

(7)拌和楼(机)卸料时,自卸车每装载一盘拌合物应挪动一次车位,搅拌锅出口与车厢底板之间的卸料落差不应大于 2.0m。

3. 混凝土拌合物的质量检验与控制

(1)拌合物出料温度宜控制在 10~35℃。

(2)水灰比及其稳定性,每5000m³ 抽检一次,有变化随时测。

(3)坍落度及其损失率,每工班测 3 次,有变化随时测。

(4)拌合物应均匀一致。生料、干料、严重离析的拌合物或有外加剂团块、掺合料团块的拌合物不得用于路面摊铺。

（5）其他指标应符合技术细则的规定。

4.混凝土拌合物的运输技术规定

（1）应选配车况优良、载质量 2～20t 的自卸车，自卸车的后挡板应关闭紧密，运输时不漏浆撒料，车厢底板应平整光滑。

（2）运输车辆的数量应根据产量、运距等计算，且不应少于 3 辆，高速公路和一级公路施工时不得少于 5 辆。

（3）混凝土的运输应保证运到现场的拌合物具有适宜摊铺的工作性。运输过程中应防止漏浆、漏料和污染，防止拌合物离析。

（4）混凝土拌合物从搅拌机出料到运抵现场的允许最长时间应符合规定。不满足时，可调整缓凝剂的剂量。

（三）滑模摊铺机法摊铺

滑模摊铺机铺筑工艺是指采用滑模摊铺机铺筑水泥混凝土面层的施工工艺，其特点是不架设边缘固定模板，布料、摊铺、振捣密实、挤压成型、抹面修饰等施工流程在摊铺机行进过程中连续完成。

1.滑模摊铺机法适用的工程范围

滑模摊铺工艺宜用于高速公路和一级、二级公路的普通水泥混凝土面层、配筋或纤维混凝土面层、钢筋混凝土桥面、隧道混凝土路面和混凝土路缘石、路肩石、护栏等滑模施工。

路线上坡的纵坡大于 5%、下坡的纵坡大于 6% 的路段以及半径小于 50m 或超高超过 7% 的路段，不宜采用滑模摊铺机进行摊铺。

2.滑模摊铺机的设备选择

滑模摊铺机的发动机最小功率、摊铺宽度范围、摊铺最大厚度、履带个数等技术指标宜符合规定的基本技术参数要求。高速公路、一级公路宜选用能一次摊铺不少于 2 个车道宽度的滑模摊铺机。

滑模摊铺机应配备自动抹平装置、传力杆和拉杆自动插入装置（DBI）等。

3.滑模摊铺前的准备工作

（1）摊铺前的路面基层、夹层或封层等工程质量应检验合格。应检查滑模摊铺机的履带行走区是否坚实、平整。行走区如有湿陷会陷机，行走区如有石块、废弃混凝土块等会瞬间跳机导致路面出现棱槽。

（2）摊铺机在路面基层上行走时，基层侧边缘到滑模摊铺面层边缘的宽度不宜小于 650mm。

（3）摊铺机首次作业前，应挂线对其铺筑位置、几何参数和机架水平进行设置、调整、校准，满足要求后方可用于摊铺施工。

（4）滑模摊铺水泥混凝土面层前，应准确架设基准线。滑模摊铺高速公路、一级公路时，应用单向坡双线基准线。横向连接摊铺时，连接一侧可依托已铺成的路面，另一侧设置单线基准线。基准线桩纵向间距直线段不宜大于 10m。基层顶面到夹线臂的高度宜为 450～750mm。单根基准线的最大长度不宜大于450m。基准线的设置精度应符合技术细则的规定要求。

（5）当面层缩缝传力杆、施工缝传力杆、胀缝传力杆钢筋采用前置支架法施工时,应在路面基层表面先准确安装和固定支架,保证传力杆的中部对中缩缝切割位置。

（6）边缘补强钢筋的安装、角隅钢筋的安装应符合技术细则的规定。如边缘补强钢筋两端弯起处的锚固钢筋各不少于2根且与支架相焊接;角隅钢筋片与基层的锚固点不少于5个等。

4.普通水泥混凝土面层的滑模铺筑施工技术规定

（1）施工工艺流程。

水泥混凝土拌合物搅拌→运输→布料→摊铺→振捣密实、挤压成型→抹面修饰→养护→切缝和灌缝→硬刻槽→继续养护→开放交通。

（2）滑模摊铺机的施工参数设定。

①滑模摊铺机的施工参数设定、校准应符合《公路水泥混凝土路面施工技术细则》（JTG/T F30—2014）表7.2.1的规定。滑模摊铺机应配备自动抹平板装置、传力杆插入装置（DBI）、侧向拉杆插入装置（IDBI）等。

②滑模摊铺机械系统应配套齐全,辅助设备的数量及生产能力应满足铺筑进度的要求,如配备侧向上料的布料机或供料机,硬刻槽的刻槽机,面层切缝的普通锯缝机、软锯缝机或支架式硬锯缝机等。

③振捣棒应排列均匀,间距宜为300～450mm,振捣棒下缘位置应位于挤压底板最低点以上。挤压板前倾角宜设置为3°。提浆夯板位置宜在挤压底板前缘以下5～10mm。边缘超铺高度宜为3～8mm。搓平梁的前沿（或后沿）高程调整到与挤压底板后沿高程相同（或略低1～2mm）。

（3）传力杆、拉杆的加工和安装固定。

①传力杆钢筋应使用Ⅰ级钢筋,即热轧光圆钢筋,应无毛刺,两端应加工成圆锥形或半径为2～3mm的圆倒角。胀缝传力杆应在一端设置镀锌钢管帽或塑料套筒,套帽厚度不应小于2.0mm,并应密封不透水,套帽长度宜为100mm,套帽内活动空隙的长度宜为30mm。

传力杆钢筋应采用喷塑、镀锌、电镀、涂防锈漆等防锈措施。

②拉杆钢筋应使用Ⅱ级钢筋,即热轧带肋钢筋,应在杆中部位置不小于100mm范围内采取涂防锈漆等措施防锈。

③传力杆钢筋、拉杆钢筋的安装固定,优先采用前置支架法施工,也可以采用滑模摊铺机自身配备的传力杆自动插入装置（DBI）、侧向拉杆自动插入装置（IDBI）施工,应一次插入到位。

所谓前置钢筋支架法,是指预先在路面基层的顶面,人工安装和固定精度符合要求的胀缝传力杆、缩缝传力杆与侧向拉杆等钢筋支架的一种施工方法。

（4）布料。

滑模摊铺机前的布料,应采用机械完成,布料高度应均匀一致,不得采用翻斗车直接卸料的方式。布料还应符合下列规定:

①卸料、布料速度应与摊铺速度协调一致,不得局部或全断面缺料。

②布料机与滑模摊铺机之间的施工距离宜为5～10m。

③当坍落度为10～30mm时,布料松铺系数宜为1.08～1.15。

④应保证滑模摊铺机前的料位高度位于螺旋布料器叶片最高点以下,最高料位不得高于松方控制板上缘。

⑤采用前置支架法施工时，不得在支架顶面直接卸料，传力杆以下的混凝土宜在摊铺机跟进前采用手持振捣棒振实。

（5）摊铺。

①摊铺过程中应控制摊铺机进料，保证进料充足。滑模摊铺应缓慢、匀速、连续作业。摊铺速度可在0.75~2.5m/min选择，宜采用1m/min。

②严禁快速推进、随意停机和间歇摊铺。每天摊铺结束时应设置横向施工缝。因故停工30min以上时、拌合物严重离析或离散时、更换振捣棒时、天气条件不允许摊铺时，应停止摊铺并设置横向施工缝，不能被振实的拌合物应予铲除废弃。

③当滑模摊铺机停机等料时间预计会超过运至现场混凝土的初凝时间，致使拌合物不能振实时，应将滑模摊铺机迅速开出摊铺工作面，及时制作横向施工缝。横向施工缝可采用架设端模板的方法施作，并应与胀缝或隔离缝合并设置；不能与胀缝合并设置时，应与缩缝合并设置。横向施工缝部位应满足面层平整度、高程、横坡度的质量标准。

（6）振捣。

①滑模摊铺机起步时，应先开启振捣棒，调整振捣频率使进入挤压板前缘的拌合物振捣密实，无大气泡冒出破灭，方可开动滑模摊铺机平稳进行摊铺。

②振捣频率可在100~183Hz调整，宜为150Hz，以保证拌合物不过振、欠振和漏振。

③摊铺过程中，应经常检查振捣棒的工作状况和位置。摊铺面层上出现条带麻面现象时，应停机检查振捣棒是否有损坏；出现发亮的砂浆条带时，应检查振捣棒的位置是否正常。

（7）搓平、整修。

①滑模摊铺机配备自动搓平梁时，摊铺过程中搓平梁前方的砂浆卷直径宜控制在100mm±30mm范围内，应避免砂浆卷中断、散开或摊展。

②滑模摊铺时，应保证自动抹平装置始终处于正常工作状态。应通过控制抹平板压力的方法，使其底部不小于85%的长度接触新铺混凝土表面。滑出挤压底板或搓平梁的拌合物表面应平整、无缺陷，两侧边角应为90°，确保光滑规则，无倒边、无塌边、无溜肩现象，且表层砂浆厚度不宜大于3mm。

③面层纵缝边缘如出现局部的倒边、塌边、溜肩现象，或表面局部存在小缺陷时，可以用人工进行局部整修。

（8）制作抗滑构造。

抗滑纹理包括细观纹理和宏观抗滑纹理两种。

细观纹理和宏观抗滑纹理的施工，参见本节"（七）抗滑构造施工"。

（9）养护。

抗滑纹理做毕，应立即开始保湿养护。养护龄期不少于5d，且混凝土强度满足要求后方可铺筑相邻车道面板，参见本节"（八）面层养护与开放交通条件"。

5.钢筋混凝土、连续配筋混凝土面层的滑模铺筑施工技术规定

（1）施工工艺流程。

钢筋、钢筋骨架加工与安装、地锚梁施工→水泥混凝土拌合物搅拌→运输→布料→摊铺→振捣密实、挤压成型→抹面修饰→养护→切缝和灌缝→硬刻槽→继续养护→开放交通。

（2）放样。

铺筑前,应按设计图纸准确放样,标示出路面钢筋、路面板块、地锚梁和接缝等位置。

(3)钢筋的加工与安装。

钢筋的焊接、绑扎等加工应符合国家相关技术标准的规定。

钢筋的安装宜采用预先架设的方式进行安装,并应符合下列规定:

①钢筋的安装高度应符合设计要求。

②设置双层钢筋时,应严格控制钢筋保护层的厚度和架立钢筋的支撑牢固性。应严格控制传力杆的位置,其端部不得顶推钢筋。

③钢筋网应采用钢筋支架进行架设,不得使用垫块架设,防止因拌合物堆压而下陷、移位,数量宜为 $4 \sim 6$ 个$/m^2$。

④两端采用地锚梁的单、双层连续配筋混凝土面层,钢筋支架应采用钻孔锚固的方式与基层锚固,支架钢筋锚入基层的深度不宜小于 70mm。

⑤钢筋、钢筋骨架的安装位置的允许偏差应符合技术细则的规定。

(4)布料。

摊铺前,应确认钢筋加工合格,安设位置符合要求,架设牢固,无贴地、无隆起、无变形、无移位、无松脱等现象后方可开始滑模铺筑施工。

①对于单层钢筋的钢筋混凝土面层,可采用两次布料的方式在两次布料间隙安装钢筋网。对于连续配筋混凝土面层,可采用预设钢筋支架法进行安装,整体一次布料。

②对于钢筋混凝土面层、连续配筋混凝土面层的滑模摊铺,振捣棒的横向间距宜为 $250 \sim 350mm$。振捣频率不宜低于 167Hz。施工缝应设在横缝位置或连续配筋端部处。

连续配筋混凝土面层宜整体布料和摊铺施工,按车道宽度切纵缝。

(5)地锚梁的施工。

连续配筋混凝土路面地锚梁的施工,除应符合《公路桥涵施工技术规范》(JTG/T 3650—2020)的规定外,尚应符合下列规定:

①应按设计位置、尺寸、数量等开挖地锚梁槽。

②地锚梁中伸出的钢筋应与面层钢筋相焊接,地锚梁混凝土应采用振捣棒分层振实,并与面层浇筑成整体。

③地锚梁与面层混凝土的合龙温度宜为 $20 \sim 25℃$,或在年平均气温时进行合龙。

(6)宽翼缘工字钢梁的施工。

连续配筋混凝土路面宽翼缘工字钢梁的施工,除应符合《公路桥涵施工技术规范》(JTG/T 3650—2020)的规定外,尚应符合下列规定:

①应按设计的枕垫板尺寸在基层上挖槽,按照钢筋骨架,浇筑钢筋混凝土枕垫。

②安装并焊接宽翼缘工字钢后,方可摊铺两侧的混凝土面层。

③面板端部与工字钢槽内连接部位应以胀缝填缝料进行填塞。

(7)缩缝施工。

连续配筋混凝土路面的缩缝施工,可使用软做法、硬切法、预留间隙法进行施工。缩缝施工应符合技术细则的规定。

6.桥面混凝土面层的滑模铺筑施工技术规定

(1)巡视检查滑模铺筑前的准备工作。

桥面混凝土可以使用滑模摊铺机进行铺筑，必要时，应对滑模摊铺机过桥的结构安全性进行验算。

桥梁护栏应在桥面滑模铺筑前安装或浇筑完成。

待铺筑的裸梁或防水找平层表面应凿毛，或进行表面缓凝露石粗糙处理。粗糙处理后的表面应清洗干净，洒水湿润，不得积水。

（2）运料、布料。

运输车辆应在铺装区域以外行进并由专人指挥卸料。拌合物可利用挖掘机或输送机跨越护栏进行布料。

混凝土的摊铺速度宜控制在 0.75～1.0m/min 范围内。对于分幅施工的桥梁滑模铺筑桥面混凝土时，可将滑模摊铺机其中一侧的履带延伸至另一幅桥面上行走，以减少桥面纵缝。

（3）振捣。

桥面铺筑水泥混凝土时，振捣频率应加大到 167Hz 以上。铺筑钢筋纤维混凝土桥面时，振捣频率宜不低于 183Hz。

（四）三辊轴机组法铺筑

1. 三辊轴机组法适用的工程范围

三辊轴机组铺筑工艺是指采用振捣机具和三辊轴整平机配合铺筑水泥混凝土面层的施工工艺，其特点是需要架设边缘固定模板，模板同时兼具三辊轴整平机轨道的功能。

三辊轴机组铺筑工艺可用于二级及二级以下的公路水泥混凝土路面的面层施工、隧道水泥混凝土面层施工、桥面铺装的施工，也可用于高速公路、一级公路的硬路肩、匝道、收费广场边板、封闭式中央分隔带、弯道超高加宽段硬路肩及局部异形面板等处的施工。

2. 三辊轴机组法的施工工艺流程

水泥混凝土拌合物搅拌→运输→支模、安装钢筋→布料→振捣、三辊轴整平、精平成型→养护→刻槽（拉毛）→切缝和填缝→继续养护→开放交通。

3. 三辊轴整平机组的组成

（1）三辊轴整平机由振动辊、整平辊组成。整平辊为两根等长同心钢辊，一根为能高速转动的甩浆辊，一根为能匀速推进并挤压成型的驱动辊。

三根钢辊的材质均为等长度、同直径的无缝钢管，并具有足够的刚度和耐磨性。

（2）三辊轴整平机的使用功能应符合下列规定：三辊轴整平机的辊轴长度应比拟铺筑的面层宽度至少长出 0.6m，两端应搭在两侧模板顶面。振动辊应有偏心振捣装置，偏心距由密实成型所需振幅决定，宜为 3mm。振动辊应安装在整平机前侧，由单独的动力驱动；而甩浆辊的转动方向应与铺筑前进方向相反，不振动时可提离模板顶面。

（3）三辊轴机组铺筑面层时，应配备振捣机。振捣机应由机架、行走机构和一排振捣棒组成，并配备螺旋布料器和松方控制刮板，具备自行或推行功能。振捣机的直径宜为 80～100mm，振动频率宜为 100～200Hz，工作长度宜为 400～500mm，振动棒之间的间距宜为 350～500mm。

连续式振捣机的振捣棒组宜水平或小角度布置。间歇式振捣机的振捣棒组可垂直或大角度布置。

振捣梁应设置在三辊轴整平机的前方。

4.三辊轴机组铺筑施工技术规定

(1)模板架设与拆除。

模板应采用钢材、槽钢或方木制成。模板的高度应与混凝土面板设计厚度相符,直线段模板长度不宜小于3m。

①纵向施工缝侧模,应按设计的拉杆直径、间距设置插入孔,模板的支撑固定装置每米长度应设置不少于1处。

②横向工作缝端模板,应按设计的传力杆直径、间距设置插入孔和定位套管。两边缘传力杆到自由边的距离不宜小于150mm。端模板每米长度应设置1个垂直固定孔套。

模板数量应满足拆模周期周转需要,模板总量不宜少于两次周转的需要。

③模板安装前,应进行测量放样,并核对路面高程、面板分块、胀缝和构造物位置。模板应固定牢固,在振捣机、三辊轴整平机、滚杠等设备、机具往复作用下不得出现推移、变形、跑模等现象。模板固定后应满足封模砂浆固化要求,不得漏浆,不得出现错茬和错台。

模板安装精度应符合规定。混凝土拌合物摊铺前,应对模板的间隔、高度、润滑、支撑稳定情况和基层的平整、润湿情况,以及钢筋的位置和传力杆装置等进行全面检查。检验合格后,方可开始铺筑混凝土。

④模板拆除时的面层混凝土的抗压强度不应小于8.0MPa。拆模应使用专用工具,不得损坏板边、板角,不得造成传力杆和拉杆松动或变形。

(2)拉杆、传力杆的安装。

纵缝处的拉杆,应在边缘模板上预留孔插入,并振实粘牢。松动的拉杆,在连接摊铺前应重新植入。

横缝处的传力杆,应采用预设钢筋支架法安装并使之牢固,不得手工设置。支架范围内的混凝土宜早铺筑和早振实,可用手持振捣棒专门振实。

(3)布料、振捣。

三辊轴机组、小型机具铺筑工艺的混凝土均应采用集中搅拌,严禁人工拌和。铺筑长度不足10m时,可使用小型搅拌机现场搅拌。

应全断面布料,松铺高度符合要求后再使用振捣机开始振捣。振捣机应匀速缓慢、连续地行进作业。纵坡路段宜向上坡方向铺筑。

振捣机振实后,料位应高于模板顶面5~15mm。

振捣密实与成型饰面所需要的时间不得超过拌合物的初凝时间。

(4)三辊轴整平、精平成型。

三辊轴整平机应按作业单元分段整平,作业单元长度宜为10~30m。振捣机振实与三辊轴整平两道工序之间的间隔时间不宜超过15min。

在作业单元长度内,三辊轴整平机应采用前进振动、后退静滚的方式作业。

三辊轴整平机的滚压遍数可根据拌合物坍落度初步确定,并根据试铺效果最终确定。

①整平作业时,应处理整平轴前料位的高低情况,过高时应铲除,轴下如有间隙应采用混凝土补平。

②滚压完成后,应升起振动辊,用甩浆辊抛浆整平一遍,再用整平轴前、后静滚整平,直至

平整度符合要求、表面砂浆厚度均匀为止。表层砂浆的厚度宜控制为 4mm ± 1mm。

③三辊轴整平机整平后，应采用 3 ~ 5m 长的刮尺，纵、横两个方向进行精平饰面，纵向不少于 3 遍，横向不少于 2 遍，也可采用旋转抹面机进行密实精平饰面 2 遍，直至平整度符合要求。

（5）养护。

三辊轴整平、精平、饰面完成后，应立即开始保湿养护或保湿保温双重养护。

（五）小型机具法铺筑

1. 小型机具法适用的工程范围

小型机具铺筑工艺可用于三级、四级公路水泥混凝土路面的面层施工，不得用于隧道水泥混凝土面层、桥面铺装的施工。

2. 小型机具法的施工工艺流程

水泥混凝土拌合物搅拌→运输→支模、安装钢筋→混凝土卸料→振捣、整平成型→养护→拉毛（刻槽）→切缝和填缝→继续养护→开放交通。

3. 小型机具法铺筑施工技术规定

（1）巡视检查施工准备工作。

混凝土拌合物摊铺前，应检查模板的架设位置、精度、支撑牢固情况，检查传力杆、拉杆的安装情况，检查基层表面的清扫洁净情况、洒水湿润情况；采用厚度标尺板检查板厚，与设计值相符方可开始摊铺。

（2）混凝土的拌和、运输。

小型机具铺筑工艺的混凝土均应集中搅拌，严禁人工拌和。铺筑长度不足 10m 时，可以使用小型搅拌机现场搅拌。拌合物的坍落度宜控制在 5 ~ 20mm，松铺系数宜控制在 1.10 ~ 1.25。

（3）摊铺、整平。

运至施工现场的混凝土，应均匀卸料。采用人工布料时，应使铁锹反扣，不得抛掷和搂耙。小型机具铺筑宽度不大于 4.5m 时，铺筑能力不宜小于 20m/h。

（4）巡视检查插入式振捣棒振捣施工是否符合规定。

①混凝土铺筑整平后，应依次使用振捣棒、振动板、振动梁进行三遍振捣，使之密实。

②插入式振捣棒的振实应符合的规定：每车道应配备不少于 3 根振捣棒，沿横断面连续振捣密实，板底处、内部和边角处不得欠振和漏振。振捣棒应轻插慢提，不得平推或拖拉振捣，不得碰撞模板。振捣棒移动距离不应大于有效作用半径的 1.5 倍，并不大于 500mm，每处振动时间不宜短于 30s。

③振捣时，应辅以人工补料找平，并随时检查振实效果，及时纠正模板、拉杆、传力杆和其他钢筋的移位、变形、松动、漏浆等情况。

④振捣密实与成型饰面所需要的时间，不得超过拌合物的初凝时间。

（5）巡视检查振动板振实施工是否符合下列规定：

①每车道应配备不少于 2 台振动板，振动板的功率不应小于 2.2kW。

②每个振动板应由两名工人提拉振动，不得自由放置或持续振动，振动板移位时应重叠 100 ~ 200mm，每处提振时间不应少于 15s。

③应纵、横向交错振动两遍,不得过振或漏振,应控制振动板板底泛浆厚度为 4mm ±1mm。缺料的部位,在振动的同时应辅以人工补料找平。

(6)巡视检查振动梁振实施工是否符合下列规定:

①应配备 1 根振动梁,长度应比每侧路面宽度宽出 300 ~ 500mm。

②振动梁上应安装 2 台附着式表面振动器,振动器的功率不应小于 1.1kW。振动板振实长度达到 10m 后,可垂直路面中心线纵向人工拖动振动梁,在模板顶面往复拖行 2 ~ 3 遍,使表面泛浆均匀平整。

③振动梁下间隙缺料的部位,应及时人工补料找平,不得使用纯砂浆填平。

(7)巡视检查滚杠整平施工是否符合下列规定:

①整平应采用滚杠、整平尺或抹面机进行三遍整平,直至面层无任何缺陷,平整度符合要求。

②每个作业面应配备 2 根整平滚杠,一根用于施工,一根浸泡清洗备用。滚杠应使用直径为 100mm 或 125mm 的无缝钢管制成。

③滚杠应支撑在模板顶面,用人工往返拖滚,拖滚遍数宜为 2 ~ 3 遍,将水泥浆赶在滚杠前方。滚杠下有间隙缺料的部位应及时补料找平,多余的水泥浆应铲除。

(8)巡视检查整平饰面施工是否符合下列规定:

应待混凝土表面泌水基本完成后可采用 3m 刮尺进行收浆饰面,纵、横向各 2 ~ 3 遍抄平饰面,直至平整度符合要求,表面收浆厚度均匀。也可采用叶片式或圆盘式抹面机进行,每车道不少于 1 台抹面机,饰面遍数往返 1 ~ 2 遍。

(9)巡视检查精平饰面施工是否符合下列规定:

在抹面机完成作业后,应使用抹刀进行精平饰面,包括清边整缝,清除黏浆,修补缺边、掉角等工作。精平饰面宜在防雨篷下进行。精平饰面后的面层表面应致密均匀,无抹面印痕,无露骨,平整度应达到要求,并应立即进行保湿养护。

(六)面层接缝施工

面层接缝包括施工缝、缩缝和胀缝。施工缝、缩缝均为纵、横向设置。横向施工缝应尽量设置在缩缝或胀缝位置上。

胀缝用于释放水泥混凝土面层累积的膨胀隆起变形量。胀缝的膨胀量取决于面层混凝土粗集料温缩系数、施工当时气温与来年最高温度的温差值,以及面层底部摩擦约束阻力三个因素。

胀缝处应设置钢筋支架和胀缝板;胀缝的间距,一般 100 ~ 200m 设置一条,桥梁构造物两端各设置一条;缝深,上下贯穿面板(属于真接缝);缝宽约 15 ~ 25mm。

缩缝用于防止冬季低温时,面板表面收缩而无序开裂。缩缝处应设置传力杆;缩缝的间距服从面层板块划分,一般为 5m 设置一条;缝深浅,不上下贯穿面板(属于假接缝),约为板厚的 1/3,最浅为 80mm;缝宽约 5mm。

1. 横向施工缝

每天摊铺施工结束收工时或摊铺中断时间超过 30min 时,应设置横向施工缝。

横向施工缝应尽量设置在缩缝位置,可采用平缝加传力杆型。缩缝传力杆应优先使用前置支架法设置。

横向施工缝与胀缝重合时,应按胀缝施工,胀缝两侧补强钢筋笼宜分两次安装。

2. 胀缝

胀缝板应与路线中心线垂直,并连续贯通整个面板宽度,缝中完全不连浆。

春秋季施工时,两端构造物间距大于 500m 时宜在顺直路段中间设 1 道或若干道胀缝。

低温期施工时,两端构造物间距大于 350m 时宜设置顺直路段胀缝。

高温期施工时,顺直路段中可根据设计要求减少胀缝的设置。

采用前置钢筋支架法施工时,应预先安装和固定胀缝钢筋支架,并使用手持振捣棒振实胀缝板两侧的混凝土后再摊铺。

应在混凝土未硬化时,剔除胀缝板上部的混凝土,按设计嵌入方木条(如 20mm × 20mm 的木条),整平表面。填缝前,再剔除木条,然后塞入胀缝多孔橡胶条或填缝。

胀缝板应连续完整、顺直,其两侧的混凝土不得相粘连。

3. 纵向施工缝

当一次摊铺宽度小于面层加硬路肩总宽度时,应按设计图纸设置纵向施工缝。纵向施工缝宜采用平缝加拉杆型。

4. 纵向缩缝

采用滑模摊铺机施工时,纵向施工缝的拉杆宜优先采用支架法安设,也可以采用侧向拉杆液压装置一次推入。

采用固定模板施工时,应从侧模预留孔中插入拉杆并振实。插入的拉杆应牢固,避免松动,避免漏插。

应按《公路水泥混凝土路面施工技术细则》(JTG/T F30—2014)附录 G 的试验方法实测混凝土与钢筋拉杆握裹力。

面层接缝涉及的拉杆、胀缝板、传力杆及其套帽的设置精度应符合表 3-45 的规定。

拉杆、胀缝板、传力杆及其套帽设置精度允许偏差表 表 3-45

检查项目		允许偏差(mm)	测量位置
传力杆	传力杆端上下左右偏斜情况	10	在传力杆两端测量
	传力杆的深度及左右位置偏差	20	以板面为基准测量
	传力杆沿路面纵向前后偏位	30	以缝中心线为准
拉杆	拉杆端及在板中上下左右偏斜情况	20	杆两端和板面测量
	拉杆沿路面纵向前后偏位	30	纵向测量
胀缝	胀缝传力杆套帽偏差(长度≥100mm)	10	从封堵帽端起测
	胀缝板倾斜偏差	20	以板底为准
	胀缝板的弯曲和位移偏差	10	以缝中心线为准

5. 缩缝的切缝

缩缝的切缝方式分为硬切缝、硬软结合切缝、软切缝三种。

应安排专业队伍或人员负责切缝施工,并及时切缝,切缝结束后应将切缝泥浆冲洗干净,并恢复表面养护覆盖。

切缝应根据当地昼夜温差,参考表3-46选用适宜的切缝方式进行切缝,并达到切缝深度要求。

当地昼夜温差与缩缝切割方式、时间与深度参考表　　　　　　　　　表3-46

昼夜温差(℃)	缩缝的切缝方式与时间	缩缝切割深度
<10	硬切缝:以切缝时不啃边为最佳开始时机,纵缝略晚于横缝。所有纵横缩缝最晚切缝时间均不得超过24h	缝中无拉杆、传力杆时,深度为1/3～1/4板厚,最浅60mm; 缝中有拉杆、传力杆时,深度为1/3～2/5板厚,最浅80mm
10～15	软硬结合切缝:每隔12条提前软切缝,其余用硬切缝补切	硬切缝深度同上。软切深度不应小于60mm;不足者应硬切补深到1/3板厚,已断开的缝不再补切
>15	软切缝:抗压强度为1～1.5MPa,人可行走时开始软切。软切缝时间不得超过6h	软切缝深度不应小于60mm。未断开的接缝,应硬切补深到≥2/5板厚

面层开始切缝的时间,应以切缝时不啃边、铺筑后的温度小时不超过250℃·h,并以第二天或施工初期不出现断板为控制原则。

纵、横缩缝的切割顺直度应小于10mm。相邻板的纵、横缩缝切口应接顺。弯道与匝道面层的横缝应垂直于设计中心线。

分幅铺筑面层时,应在先摊铺的面板已断开的横缩缝处做出标记,后摊铺面层上应与其对齐,采用软切缝的工艺提前切缝。

切缝时,不得切到钢筋。

6. 缩缝的灌缝

灌缝前应清洁接缝,宜采用飞缝机清除接缝中夹杂的砂石、凝结的泥浆等杂物。灌缝前缝内及缝壁应清洁、干燥,以擦不出水、泥浆或灰尘为可灌缝标准。

水泥混凝土面板缩缝的灌缝形状系数宜为1.5,钢筋混凝土、连续配筋混凝土面板以及过渡板、搭板与桥面的灌缝形状系数宜为1.0。

灌缝应饱满、均匀、厚度一致并连续贯通,填缝料不得缺失、开裂和渗水。灌缝料的养护期应符合规定。在灌缝料固化期间应封闭交通。

7. 胀缝的填缝

胀缝在填缝前,应凿除胀缝板顶部的木条,并清理干净,涂黏结剂后,嵌入专用多孔橡胶条或灌进适宜的填缝料。

(七)抗滑构造施工

1. 细观纹理施工

细观纹理宜在精平后的湿软表面使用钢支架拖挂1～3层叠合麻布、帆布等布片拖出。布片接触路面的长度宜为0.7～1.5m。细度模数较大的粗砂,接触长度宜取小值;细度模数较小的细砂,接触长度宜取大值。

用抹面机修整过的较干硬的光面,可采用较硬的竹扫帚扫出细观纹理。

已经硬化后的光滑表面,可采用钢刷刷毛、喷砂打毛、抛钢丸打毛、稀盐酸腐蚀、高压水射流等方式制作细观纹理。

2. 宏观抗滑构造施工

极重、特重和重交通荷载等级公路的水泥混凝土面层应采用刻槽法制作宏观抗滑构造。中、轻交通荷载等级公路的水泥混凝土面层可采用拉槽法制作宏观抗滑构造。

采用刻槽法制作宏观构造时，刻槽机最小刻槽宽度不应小于500mm。衔接距离与刻槽间距相同。应避免槽口边角损坏，中途不得改变刻槽方向。刻槽不得刻穿纵、横向缩缝。

刻槽后表面应立即冲洗干净，并恢复路面的养护。

软拉宏观构造时，待面层混凝土泌水后应及时采用齿耙拉槽。软拉后的表面砂浆应清洗干净。

（八）面层养护与开放交通条件

1. 面层养护

高速公路、一级公路的面层宜采用养护剂加覆膜养护。

现场养护用水充足的情况下，可采用节水保湿养护膜、土工毡、土工布、麻袋、草袋、草帘等养护，并及时洒水保湿养护。

缺水条件下，宜采用覆盖节水保湿养护膜养护，并应洒透第一遍养护水。

2. 喷洒养护剂

现场平均喷洒剂量在试验室测试剂量的基础上，对于一等品再增加40%以上，对于合格品再增加60%以上。不得使用阳光暴晒可融化的或引起表面开裂、卷起薄壳的，以及易被雨水冲刷掉的养护剂。

表面抗滑纹理做完后应即刻喷洒养护剂。刚铺筑的、呈湿软状态的面层，遇到刮风或暴晒天气、现场水分蒸发率接近 $0.50kg/(h \cdot m^2)$、开裂风险较大时，可提前喷洒。

应采用全断面喷洒机均匀喷洒，喷洒后的表面不得有颜色差异。成膜厚度应满足产品要求，并足以形成完全密闭水分的薄膜。

喷洒高度宜控制在 $0.10 \sim 0.30m$，现场风力较大时，可采用全断面喷洒机贴近面层喷洒。

3. 覆盖保湿养护膜

覆盖养护的初始时间，应为不压坏表面细观抗滑纹理的最短时间。

养护膜材料的宽幅，最窄不宜小于2m。两条膜层对接时，纵向搭接宽度不宜小于400mm，横向搭接长度不宜小于200mm。

养护期间应始终保持薄膜完整覆盖，且应设专人巡查。发现被掀起或撕破的养护膜、养护片材时，均应及时洒水，补足水分并覆盖完整。

当施工现场瞬间风力大于4级时，宜在养护膜表面罩上绳网或土工格栅，并栓压牢固。

4. 保温保湿双重养护措施

低温期或夏季夜间气温有可能低于0℃的高原、山区，水泥混凝土路面或桥面的养护应采取保温保湿的双重养护措施。

保温材料可选用干燥的泡沫塑料垫、棉絮片、苇片、草帘等。

养护期间遭遇降雨时，应在保温片材上、下表面采取包覆隔水膜层等防水措施。

5. 养护龄期

实测混凝土抗压强度，大于设计抗压强度的80%后方可停止养护。

不同气温条件、不同路面形式的最短养护龄期可参照表 3-47 确定。当面层混凝土中掺加粉煤灰时,最短养护期应再延长 7d。低温季(日平均气温 5~9℃)养护时,应采取双重(保温保湿)覆盖养护措施,至少养护 21d。

不同气温条件下最短养护龄期　　　　　　　　　表 3-47

养护期间 日平均气温 (℃)	水泥混凝土、碾压混凝土、 配筋混凝土、纤维混凝土 面层及隔离式加铺层	钢筋混凝土、钢筋纤维 混凝土桥面、结合式加铺层	隧道内水泥混凝土 与纤维混凝土面层
5~9	21	24	21
10~19	14	21	14
20~29	10	14	12
30~35	7	10	8

6. 开放交通的条件

面层养护初期,人、畜、车辆不得通行,达到设计弯拉强度的 40% 后可允许与工程施工有关的行人通行。平交道口处,应搭建临时便桥等措施保护养护期的混凝土面层。

检查面层的切缝、灌缝、刻槽等工序均已完成,检测见证面层混凝土的实际弯拉强度达到设计弯拉强度的 100% 之后,方可同意施工单位或建设单位开放交通的要求。

(九) 施工过程中的质量缺陷检验

水泥混凝土面层铺筑施工过程中的质量缺陷检验项目、标准、频率和方法,见表 3-48。

水泥混凝土面层铺筑的质量缺陷检验项目、标准、频率和方法　　　　表 3-48

项次	检查项目	检查标准		检查频率		检查方法
		高速公路 一级公路	其他公路	高速公路、一级公路	其他公路	
1	断板率[a](%),≤	0.2	0.4	数断板面板块数占总块数比例	数断板面板块数占总块数比例	数断板
2	断角率[a](%),≤	0.1	0.2	数断角板块数占总块数比例	数断角板块数占总块数比例	数断角
3	破损率[b](%),≤	0.2	0.3	计算破损面积占板块面积百分率	计算破损面积占板块面积百分率	尺测面积
4	路表面和接缝缺陷	不应有	不应有	每块面板坑穴、鼓包和每条接缝啃边、掉角及填缝料缺失、开裂	每块面板坑穴、鼓包和每条接缝啃边、掉角及填缝料缺失、开裂	眼睛观察
5	胀缝板倾斜(mm),≤	20	25	每块胀缝板两侧	每块胀缝板两侧	垂线加尺测
	胀缝板弯曲 和位移(mm),≤	10	15	每块胀缝板 3 处	每块胀缝板 3 处	拉线加尺测
	胀缝板连浆(mm)	不允许	不允许	每块胀缝板	每块胀缝板	安装前检查

续上表

项次	检查项目	检查标准		检查频率		检查方法
		高速公路、一级公路	其他公路	高速公路、一级公路	其他公路	
6	传力杆偏斜(mm)，≤	10	13	每车道每公里测4条缩缝，每条测1根	测设传力杆缩缝1条，每条测3根	钢筋保护层仪

注：a 断板率中包含断角率，应统计行车道与超车道面板，不计硬路肩板，不计入修复后的面板。
　　b 破损率指水泥混凝土面层施工期发生的脱皮、印痕、露石、缺边、掉角、微裂纹等缺陷实测面积与总面积之比的百分率。

（十）质量检验标准和实测项目

《公路工程质量检验评定标准　第一册　土建工程》（JTG F80/1—2017）给定的水泥混凝土路面面层的质量检验标准和实测项目见表3-49。

水泥混凝土面层的质量检验标准和实测项目　　　　　　　表3-49

项次	检查项目		规定值或允许偏差		检查方法和频率
			高速公路、一级公路	其他公路	
1△	弯拉强度(MPa)		在合格标准内		按JTG F80/1—2017附录C检查
2△	板厚度(mm)	代表值	−5		按JTG F80/1—2017附录H检查：每200m测2点
		合格值	−10		
		极值	−15		
3	平整度a	σ(mm)	≤1.32	≤2.0	平整度仪：全线每车道连续检测，每100m计算σ、IRI
		IRI(m/km)	≤2.2	≤3.3	
		最大间隙h(mm)	3	5	3m直尺：每半幅车道每200m测2处×5尺
4	抗滑构造深度(mm)	一般路段	0.7~1.1	0.5~1.0	铺砂法：每200m测1处
		特殊路段b	0.8~1.2	0.6~1.1	
5	横向力系数SFC	一般路段	≥50	—	按JTG F80/1—2017附录L检查：每20m测1点
		特殊路段b	≥55	≥50	
6	相邻板高差(mm)		≤2	≤3	尺量：胀缝每条测2点；纵、横缝每200m抽查2条、每条测2点
7	纵、横缝顺直度(mm)		≤10		纵缝20m拉线尺量：每200m测4处；横缝沿板宽拉线尺量：每200m测4条
8	中线平面偏位(mm)		20		全站仪：每200m测2点
9	路面宽度(mm)		±20		尺量：每200m测4点

项次	检查项目	规定值或允许偏差		检查方法和频率
		高速公路、一级公路	其他公路	
10	纵断高程(mm)	±10	±15	水准仪:每200m测2个断面
11	横坡(%)	±0.15	±0.25	水准仪:每200m测2个断面
12	断板率c(%)	≤0.2	≤0.4	目测:全部检查,数断板面板块数占总块数比例

注:a 表中 σ 为平整度仪测定的标准差;IRI 为国际平整度指数;h 为3m 直尺与面层的最大间隙。
　　b 特殊路段:高速公路、一级公路特殊路段包括立体交叉匝道、平面交叉口、弯道、变速车道、组合坡度不小于3%坡度段、桥面、隧道路面及收费站广场等处;其他公路特殊路段包括设超高路段、组合坡度大于或等于4%坡度段、交叉口路段、桥面及其上下坡段、隧道路面及集镇附近路段等处。
　　c 断板率中包含断角率,应统计行车道与超车道面板,不计入硬路肩板,不计入修复后的面板。

第六节　路面附属工程

一、一般规定

(1)路面附属工程包括路面排水设施、路缘石、路肩工程等,各种材料应符合相关规范的规定。

(2)路缘石、排水设施等附属工程设施应预先安装,防止对沥青路面造成污染。

(3)喷洒沥青或铺筑混合料前,应采取措施防止污染附属工程设施。

(4)横向 PVC 排水管及超高段横向钢筋混凝土圆管埋设过程中,管道内应始终保持洁净,埋设完毕后,进出水口宜采取有效措施,防止泥沙等进入管道,影响排水功能。当横向排水有困难时,宜适当调整出水口位置。

(5)路缘石安装应稳固,表面应平整,不应有坍塌、裂缝现象,应与路线线性一致。

(6)路缘石采用混凝土预制,混凝土应按试验确定的配合比进行拌制和预制,路缘石的质量应符合设计要求。

二、路面排水设施施工质量监理

1.原材料及模板

(1)应采用钢模,表面应无锈并满足刚度指标。

(2)PVC 排水管、钢筋混凝土圆管等产品应附有各项规定指标检测合格的质保单,并统一保管,预制过程中加强抽检工作。PVC 排水管、钢筋混凝土圆管质量应符合《公路工程标准施工招标文件》(2018 年版)的规定。

(3)对集料、黄砂、拌和用水等进行规定指标检测,不合格的材料不应进场。

2.施工技术规定

1)横向 PVC 排水管
路基横向开挖(外侧有砌石的开孔,从护坡向路基方向打孔,留有预留孔的尽可能利用)→

埋设 PVC 排水管→拌和混凝土→运输到现场→浇筑混凝土包封 PVC 管→待混凝土有一定强度后方可行车。

2）超高段横向钢筋混凝土圆管

路基横向开挖→底部整平→铺筑碎石垫层→夯击密实→拌和混凝土→运输到现场→进口部分浇筑混凝土管基→埋设、拼接钢筋混凝土圆管→进口部分圆管四周及顶面浇筑混凝土→回填宕渣后进行压实。

3）超高段集水井

（1）预制集水井盖板：预制场地平整、硬化→钢筋网制作→拌和混凝土→预制集水井盖板→预制件用土工布覆盖保湿养生。

（2）集水井现浇：根据集水井通用图纸现场对集水井进行放样、做好保护桩→安装模板并清洁、抹油→拌和、运输混凝土→现场浇筑混凝土→待终凝后 20h 以上混凝土达到一定强度拆模→保湿养生。

4）中央分隔带及土路肩内纵向盲沟

（1）中央分隔带：在全线路基中央分隔带位置开槽，全槽贴边铺设防渗土工布，纵向铺设双壁打孔波纹管，并做好与横向波纹管的三通，回填开级配碎石。

（2）土路肩位置：填方路段土路肩宜设碎石盲沟，间隔一定距离设横向 PVC 管；挖方路段土路肩宜设土工布砂砾盲沟。

（3）严格遵守机械安全操作规程，在挖掘过程中禁止人员靠近挖掘半径，施工人员应戴好安全帽，辅助做好清理及整平工作。

（4）开挖完毕后，在所开挖范围设醒目的危险标志标牌，禁止人员、机械进入。

（5）养生期间，始终保持混凝土充分湿润，养生期至少 7d，避免撞击、破坏。

三、路缘石安装施工质量监理

1. 施工技术规定

（1）按照路缘石埋设的平面位置进行放样，用石灰洒出内侧边线，线形应美观、圆顺。

（2）对路缘石位置进行开挖，挖至设计高程并进行整平，用砂浆进行坐浆。

（3）每间隔 5m 打钢钎、拉线，确定路缘石顶面高程。

（4）根据放好的石灰线和沿线高度埋设路缘石，纵向相邻两块之间预留 1cm 接缝，用水泥砂浆灌注勾缝。

（5）安装过程中不应对沥青面层造成污染，随时进行直顺度、相邻两块高差、相邻两块缝宽、顶面高程等指标进行检测、调整、再检测。

（6）安装应砌筑稳固，顶面平整，缝宽均匀，勾缝密实，线条直顺。

（7）槽底基础和后背填料应夯打密实。

2. 质量检验标准和实测项目

《公路工程质量检验评定标准　第一册　土建工程》（JTG F80/1—2017）给定的质量检验标准和实测项目见表 3-50。

路缘石铺设的质量检验标准和实测项目　　　　　　　表 3-50

项次	检查项目		规定值或允许偏差	检测方法和频率
1	直顺度（mm）		15	20m 拉线尺量：每 200m 测 4 处
2	预制铺设	相邻两块高差（mm）	3	水平尺量：每 200m 测 4 点
		相邻两块缝宽（mm）	±3	尺量：每 200m 测 4 点
	现浇	宽度（mm）	±5	尺量：每 200m 测 4 点
3	顶面高程（mm）		±10	水准仪：每 200m 测 4 点

四、路肩施工质量监理

1. 施工技术规定

（1）路面底基层施工前应铺筑路肩。路肩用料与稳定材料层用料不同时，应先将两侧路肩土培好。路肩料层的压实厚度应与稳定材料层的压实厚度相同。在两侧路肩上，每隔 5～10m 交错开挖临时泄水沟槽。

（2）根据《公路工程标准施工招标文件》（2018 年·第二册）第七章技术规范第 313 节的规定，土路肩施工前应按图纸逐桩测量其施工高程及应有宽度，当不符合图纸规定时，应进行整修；二级及二级以上公路的土路肩压实度应不小于 95%，二级以下公路的土路肩压实度应不小于 94%。

对于混凝土预制块加固土路肩，铺砌预制块时，应首先按图纸要求设置垫层或整平，然后将块件接缝处用水湿润，并在侧面涂抹水泥砂浆；砌块落座时应位置正确、灰缝挤紧，灰缝宽度不大于 10mm；铺砌完成后应进行养护。

对于现浇混凝土加固土路肩，模板应采用钢板材料制作并应有足够强度来承受混凝土压力而不变形；所有模板应处理干净，并涂抹经批准的脱模剂，按图纸尺寸对混凝土全深立模，然后浇筑混凝土，做好振捣和养护工作。

2. 质量检验标准和实测项目

《公路工程质量检验评定标准　第一册　土建工程》（JTG F80/1—2017）给定的质量检验标准和实测项目见表 3-51。

路肩铺设的质量检验标准和实测项目　　　　　　　表 3-51

项次	检查项目		规定值或允许偏差	检测方法和频率
1	压实度（%）		不小于设计值，设计未规定时不小于 90%	按 JTG F80/1—2017 附录 B 检查：每 200m 测 1 点
2	平整度（mm）	土路肩	≤20	3m 直尺：每 200m 测 2 处×5 尺
		硬路肩	≤10	
3	宽度（mm）		满足设计要求	尺量：每 200m 测 2 点
4	横坡（%）		±1.0	水准仪：每 200m 测 2 个断面

五、中央分隔带回填土施工质量监理

中央分隔带回填土的施工工艺及要求，应参照路基填土的有关规定，同时符合图纸要求和监理工程师指示。

中央分隔带内表层应回填种植土。

中央分隔带排水工程包括纵、横、竖向的排水管，以及渗沟、纵向雨水管、集水井等，其施工技术规定和质量控制标准应符合《公路工程标准施工招标文件》(2018 年·第二册)的有关规定。

第七节　改扩建施工

公路路面工程的改扩建方式有多种，包括路面改造提升和因路基加宽新建一起进行的路基路面改造提升方式。

路面改扩建可分为沥青路面、水泥混凝土路面的改造提升，例如由旧水泥混凝土路面改建为新沥青路面(去"白"改"黑"方式、或"白加黑"方式)；也分为"黑加黑"旧沥青路面再生补强或加铺补强方式，拆除旧路面，铺筑新路面的改扩建方式；还可分为拆除路面面层及其下的基层、底基层，之后重新铺筑新的路面底基层、基层、面层的改扩建方式等。

目前出版的公路工程有关施工技术规范中，未见路面改扩建工程的版本或条文。但是，广大公路工程建设者在国省道、一般路网改扩建以及高速公路改扩建工程实践中，探索并总结出了路面改扩建工程的设计、施工、管理经验，甚至出版了路面改扩建工程建设管理指南类书籍，工程监理人员可根据具体工程项目的工程施工设计文件、建设单位管理要求等做好路面改扩建工程施工监理工作。

1. 铣刨前准备工作

(1)移除护栏、标牌等交通安全设施。

(2)清除老路土路肩及路肩边坡的覆盖土、硬化的水泥混凝土块、路肩盲沟等杂物，露出老路路面结构层。

(3)复测硬路肩标线处高程，根据复测高程，推算不同结构层的铣刨深度，确定硬路肩铣刨施工方案。

2. 硬路肩铣刨施工

(1)铣刨机必须带自动找平装置，铣刨宽度 1.9～2.1m，铣刨最大深度≥30cm，铣刨深度误差 ±1.0cm。

(2)铣刨前调查统计明、暗构造物位置，避免铣刨机在铣刨时对构造物造成破坏。

(3)严格按照设计文件要求，分层进行硬路肩铣刨施工，并严控新旧路面拼接台阶的高度。

(4)铣刨速度宜控制在 3～5m/min，速度过慢则容易导致铣刨用水量过大，给清扫工作造成障碍。

(5)铣刨过程中设专人严格控制铣刨深度，避免出现夹层、超铣现象，如出现小面积夹层，可采用人工配合空压机进行凿除，大面积夹层则需进行二次补铣。

(6)运输车辆保持一定距离在铣刨机前面等候。为避免出现压车、堵车等问题，每台铣刨机前的运输车辆不宜超过 5 台。

(7)铣刨施工结束后，采用机械和人工相结合的方法对铣刨台阶进行清扫，检查台阶是否存在夹层和松散等缺陷。

(8)拼接台阶点状小面积的损坏由人工修成规整形状，连续大面积松散、强度不足的则要直接挖除,待基层摊铺施工时,回填水泥稳定碎石混合料。

3. 硬路肩路床加固

(1)按设计文件要求进行加固施工。

(2)碾压时适量洒水,按试验段确定的碾压方案进行压实,确保充分压实。边缘和转角处应用小型打夯机补夯密实。

(3)施工时应分层找平,碾压密实。下层合格后,方可进行上层施工。最后一层压完成后,表面应拉线找平,并且要符合设计规定的高程。

4. 铣刨与路床加固施工注意事项

(1)铣刨作业时应保证拼接台阶线形顺直,不得出现明显的啃边现象。

(2)铣刨作业应与施工路段的车辆通行密切协调,防止因车辆磕碰对拼接台阶造成损坏,影响新老路面拼接质量。

(3)铣刨完成的路槽,要加强监管,并尽快进行路床加固,避免雨水浸泡、车辆碾压。

(4)严控路床换填碾压施工,路床加固处理后顶面回弹弯沉值不得低于设计值。

(5)铣刨与路床加固不得影响原有路基、路面质量。

第八节　冬雨期施工

一、冬季施工界定及其施工规定

1. 路面基层

《公路路面基层施工技术规范》(JTG/T F20—2015)第5.1.6条规定,无机结合料稳定材料结构层应选择适宜的气候环境进行施工,针对当地气候变化制定相应的处置预案,并应符合下列规定:

宜在气温较高的季节组织施工。无机结合料稳定材料施工期的日最低气温应在5℃以上。有冰冻的地区,应在第一次重冰冻到来的15~30d之前完成(重冰冻的标准,一般是指气温达到-3~-5℃)。

2. 沥青路面

《公路沥青路面施工技术规范》(JTG F40—2004)第1.0.4条规定,沥青路面施工必须有施工组织设计,并保证合理的施工工期。沥青路面不得在气温低于10℃(高速公路和一级公路)或5℃(其他等级公路)的情况下施工。

第6.5.9条规定,稀浆封层和微表处的最低施工温度不得低于10℃。

第9.1节规定,透层油不得在气温低于10℃或大风天气条件下喷洒。

第9.2.4条规定,黏层油不得在气温低于10℃以下的天气条件下喷洒。寒冷季节施工不得不喷洒时,应分成两次喷洒。

3. 水泥混凝土路面

根据《公路水泥混凝土路面施工技术细则》(JTG/T F30—2014)第12.5节的规定,当铺筑现场连续5昼夜的平均气温高于5℃,夜间最低气温在-3~-5℃之间时,水泥混凝土路面施工应执行低温期施工规定：

（1）拌合物中宜加入早强剂、防冻剂或促凝剂。应选用 R 型水泥。配合比中可掺矿渣粉、硅灰，不宜掺粉煤灰。

（2）拌合物出搅拌机的温度不得低于 10℃，摊铺混凝土温度不得低于 5℃。可采用热水或加热集料搅拌混凝土，热水温度不得高于 80℃，集料温度不得高于 50℃。

（3）应采取覆盖保温保湿养生的方法进行养生。保温垫上、下表面均宜采取隔水措施。

（4）拌合物及面层温度至少实测 3 次/工作班。养生期间，应始终保持混凝土板内最低温度不低于 10℃。

（5）低温施工期间，各级公路水泥混凝土路面、桥面覆盖保温保湿养生龄期不得短于 21d，其中钢筋混凝土、钢筋纤维混凝土桥面、结合式加铺层的养生，不得最短于 24d。

（6）水泥混凝土面层弯拉强度未达到 1.0MPa 前，混凝土桥面抗压强度未达到 5.0MPa 前，应严防路面受冻。

二、雨季施工规定

1. 路面基层

《公路路面基层施工技术规范》（JTG/T F20—2015）第 5.1.6 条规定，无机结合料稳定材料结构层施工应选择适宜的气候环境，针对当地气候变化制定相应的处置预案，并应符合下列规定：

（1）混合料集中厂拌时，当气温高于 30℃ 时，水泥进入拌缸的温度宜不高于 50℃；高于 50℃ 时应采取降温措施。气温低于 15℃ 时，水泥进缸温度应不低于 10℃。

（2）天气炎热或运距较远时，无机结合料稳定材料拌和时宜适当增加含水率，对稳定中、粗粒材料，可高于最佳含水率 0.5 ~ 1 个百分点，对稳定细粒材料，可高于最佳含水率 1 ~ 2 个百分点。

（3）宜避免在雨季施工，且不应在雨天施工。

2. 沥青路面

《公路沥青路面施工技术规范》（JTG F40—2004）第 1.0.4 条规定，沥青路面施工必须有施工组织设计，并保证合理的施工工期。沥青路面不得在雨天、路面潮湿的情况下施工。

第 5.9.2 条规定，沥青路面雨季施工应符合下列要求：

（1）注意气象预报，加强工地现场、沥青拌和厂及气象台站之间的联系，控制施工长度，各项工序紧密衔接。

（2）运料车和工地应备有防雨设施，并做好基层及路肩排水。

第 6.5.9 条规定，稀浆封层和微表处严禁在雨天施工，摊铺后尚未成型混合料遇雨时应予铲除。

第 9.1 节规定，雨天和即将降雨时不得喷洒透层油。

第 9.2.4 条规定，路面潮湿时不得喷洒黏层油。

3. 水泥混凝土路面

（1）必须停止施工的天气情况

根据《公路水泥混凝土路面施工技术细则》（JTG/T F30—2014）第 12.1.2 条的规定，水泥混凝土面层施工期间，如遇到下列天气情况之一的，必须停止施工：

①风力达到 6 级以及 6 级以上的强风天气，或瞬间强风。

②现场气温高于 40℃，或拌合物摊铺温度高于 35℃。

③现场连续 5 昼夜的平均气温低于 5℃,或夜间最低气温低于 -3℃。

④现场降雨、雷阵雨、冰雹或降雪。

(2)雨期施工规定

根据《公路水泥混凝土路面施工技术细则》(JTG/T F30—2014)第 12.2 节的规定,雨期施工时,应备足防雨篷、帆布和塑料布或塑料薄膜等。防雨篷的支架宜采用可推行的焊接钢结构,其高度应满足人工饰面、拉槽的需要。

应加强混凝土拌和站内粗、细集料的覆盖,并经常或及时检测其含水率,必要时微调拌和用水量。

开工前,应排除现场、车厢内、设备内、拌和站、集料堆场内的积水或泥浆。摊铺前,应清扫干净基层、夹层、封层上面的积水,并保持表面处于湿润状态。

摊铺过程中遭遇阵雨时,应立即停止混凝土拌和、摊铺工作,并及时覆盖尚未硬化的水泥混凝土面层。被暴雨冲刷、路面或桥面局部成坑的部位或边部被冲毁的,应铲除重铺。

(3)刮风天施工规定

根据《公路水泥混凝土路面施工技术细则》(JTG/T F30—2014)第 12.3 节的规定,宜采用风速计在摊铺现场测量风速,或根据经验确定风力等级,以便于采取措施防止塑性收缩开裂。

应加强混凝土拌和站内粗、细集料的覆盖,并经常或及时检测其含水率,必要时微调拌和用水量。

当在现场持续刮 4 ~ 5 级风的天气下施工时,应采取防裂措施:尽快喷洒足量养护剂;尽早覆盖节水保湿养护材料并栓压牢固,防止被大风吹破或鼓起、掀起。

施工单位应设专人巡回检查覆盖养护情况,被大风掀起或撕破的养护膜、养护片材均应及时洒水,补足水分并恢复覆盖,覆盖完整。

三、高温期施工规定

根据《公路水泥混凝土路面施工技术细则》(JTG/T F30—2014)第 12.4 节的规定,当铺筑现场连续 4h 的平均气温高于 30℃或日间最高气温高于 35℃时,应按照高温期施工的技术要求进行水泥混凝土面层施工。

高温期施工应符合下列规定:

(1)高温期施工应避开中午高温时段,夜间施工应具有良好的照明灯具。

(2)拌和站的集料堆应设置遮阳棚。搅拌用水宜采用新抽取的地下水或在水中加冰屑降温。水泥应选用中、低热普通型水泥,不宜使用 R 型高热水泥。

(3)高温期施工的水泥混凝土配合比,可掺适量的粉煤灰,不得掺加硅灰。可采用适当的缓凝剂,以延长混凝土的凝结时间。应控制混凝土拌合物的出料温度,使其必须低于 35℃。

(4)运输车辆应加遮盖,避免阳光直射。

(5)应随时观测气温,随时检测水泥、搅拌用水、拌合物的温度,监控水泥混凝土面层的温度,温度过高时应及时采取措施。必要时,可增加对混凝土水化热的检测。

(6)采用洒水覆盖保湿养护时,应控制养护水温与混凝土面层表面的温差不得大于 12℃,与混凝土桥面的温差不得大于 10℃,不得采用冷水、冰水养护,防止表面开裂。

(7)高温期的切缝施工,宜较常温施工期间早切缝;在夜间降温幅度较大或风雨后,均应提早切缝,以防止或减少断板。

第四章 | 桥涵工程质量监理

>>> 学习备考要点 >>>

1.基础知识(桥涵的分类、桥涵工程的基本组成、桥涵工程的有关术语等)。

2.施工准备(施工测量、材料选择、模板和支架、混凝土配合比设计、桥涵工程划分等)。

3.混凝土工程(混凝土的拌制、运输、浇筑、振捣、养护,大体积混凝土等)。

4.基础工程(浅基础、承台、桩基础、沉井基础、地下连续墙,施工过程质量监理、质量检验标准和实测项目等)。

5.下部构造(桥台和墩台身、盖梁、浆砌工程,施工过程质量监理、质量检验标准和实测项目等)。

6.上部构造(预应力混凝土,先张法和后张法,梁式桥、拱桥、钢管拱桥、钢结构、钢混组合结构、斜拉桥,施工过程质量监理、质量检验标准和实测项目等)。

7.桥面系和附属工程(施工过程质量监理、质量检验标准和实测项目等)。

8.改扩建施工。

9.冬雨期施工。

>>> 编学考主要参考资料 >>>

1.《公路桥涵施工技术规范》(JTG/T 3650—2020)。

2.《公路工程标准施工招标文件》(2018 年版·第二册)。

3.《公路工程质量检验评定标准 第一册 土建工程》(JTG F80/1—2017)。

第一节 基础知识

一、桥涵的分类

桥梁是供人、车辆、渠道、管线等跨越河流、山谷或其他交通线路的架空构筑物。为适应现代高速发展的交通行业,桥梁亦引申为跨越山涧、不良地质或满足其他交通需要而架设的使通行更加便捷的建筑物。随着全世界桥梁的发展,桥梁工程已经发展成融理论分析、设计、施工控制及管理于一体的系统性学科,属于土木工程的一个重要分支。

1. 按承重构件受力体系分

按照受力体系分类,桥梁有梁、拱、索三大基本体系,其中梁式桥以受弯为主,拱桥以受压为主,悬索桥以受拉为主。随着建造技术的发展和实际需要,由三大基本体系的相互组合衍生出在受力上也具有组合特征的多种桥型,如刚架桥(刚构桥)、斜拉桥等组合体系桥。

(1)梁式桥:梁式桥的主要承重结构是以受弯为主的梁或板,是一种在竖向荷载作用下无水平反力的结构。与承重结构的轴线接近垂直,故与同样跨径的其他结构体系相比,梁内产生的弯矩最大,通常用抗弯能力强的材料来建造。这种桥梁结构简单、施工方便,施工方法有预制装配和现浇两种。

(2)拱桥:拱桥的主要承重结构是拱圈或拱肋,这种结构在竖向荷载作用下,桥墩或桥台承受水平推力。同时,这种水平推力能显著抵消荷载引起的拱圈内弯矩。因此,与同跨径的梁相比,拱的弯矩和变形要小很多。由于拱桥的承重结构以受压为主,通常就可用抗压能力强的圬工材料和钢筋混凝土等材料来建造。按行车道处于主拱圈的不同位置分为上承式拱桥、中承式拱桥和下承式拱桥三种。按拱圈施工的拱架(支撑方式)分为支架法、少支架法和无支架法,其中无支架施工包括缆索吊装、转体安装、劲性骨架、悬臂浇筑和悬臂安装以及由以上两种或几种施工方法的组合。

(3)刚架桥(刚构桥):刚架桥的主要承重结构是梁(或板)和立柱(或竖墙)整体结合在一起的刚架结构,梁和柱的连接处具有刚性,以承担负弯矩的作用。

在竖向荷载作用下,梁部主要受弯,而在柱脚处也具有水平反力,其受力状态介于梁桥和拱桥之间。因此,对于同样的跨径,在相同的荷载作用下,刚架桥的跨中正弯矩要比一般梁桥小。根据这一特点,刚架桥跨中的建筑高度可以做得较小。

(4)悬索桥(吊桥):悬索桥是通过索塔悬挂,将锚固于两岸(两端)的强大缆索作为上部结构并以其为主要承重构件的桥梁。在桥面系竖向荷载作用下,通过吊杆使缆索承受很大的拉力,缆索锚于悬索桥两端巨大的锚碇结构中。悬索桥(吊桥)也是具有水平反力的结构。现代的悬索桥(吊桥)广泛采用高强度钢丝编制的钢缆,以充分发挥其优异的抗拉性能,因此结构自重较轻。相较于其他桥型,吊桥能以较小的建筑高度跨越其他任何桥型无法达到的特大跨度。悬索桥的承载系统包括缆索、塔柱和锚碇三部分。在所有桥梁体系中,悬索桥的刚度最小,属于柔性结构,在车辆荷载作用下,悬索桥会产生较大的变形。

(5)组合体系:根据结构的受力特点,由两个及两个以上不同体系的结构组合而成的桥梁称为组合体系桥。组合体系桥实质是利用梁、拱、吊的不同组合,上吊下撑以形成新的结构。组合体系可以是静定结构,也可以是超静定结构;可以是无推力结构,也可以是有推力结构。结构构件可以用同一种材料,也可以用不同的材料制成。

2. 按跨径大小和桥梁总长分

桥涵工程按总长和跨径可分为特大桥、大桥、中桥和小桥,见表4-1。

桥涵工程按总长和跨径分类 表 4-1

桥涵分类	特大桥	大桥	中桥	小桥	涵洞
多孔跨径总长 L	$L > 1000$	$100 \leq L \leq 1000$	$30 < L < 100$	$8 \leq L \leq 30$	—
单孔跨径 L_K (m)	$L_K > 150$	$40 \leq L_K \leq 150$	$20 \leq L_K < 40$	$5 \leq L_K < 20$	$L_K < 5$

注:1. 单孔跨径指标准跨径。
　　2. 梁式桥的多孔跨径总长为多孔标准跨径的总长;拱桥为两岸桥台内起拱线间的距离;其他形式桥梁为桥面系车道长度。
　　3. 管涵及箱涵不论管径或跨径大小、孔数多少,均称为涵洞。
　　4. 标准跨径:梁式桥、板式桥以两桥墩中线间距离或桥墩中线与台背前缘间距为准;拱式桥和涵洞以净跨径为准。

3. 按行车道位置分

桥梁按行车道位置可分为上承式桥、中承式桥和下承式桥等。

4. 按桥梁的可移动性分

桥梁按桥梁的可移动性可分为固定桥和活动桥。活动桥又分为开启桥、升降桥、旋转桥和浮桥等。

二、桥涵工程的基本组成

根据《公路工程质量检验评定标准　第一册　土建工程》(JTG F80/1—2017)单位工程、分部及分项工程的划分,桥梁工程一般划分为:

1. 基础及下部构造

包括扩大基础、桩基础,钢筋加工及安装,承台,桥墩、台身,支座垫石和挡块,台背填土等分项工程。

2. 上部构造(上部构造预制和安装、上部构造现场浇筑)

包括钢筋加工及安装,预应力筋加工和张拉,预应力管道压浆,梁板预制和安装,就地浇筑梁板等分项工程。

3. 桥面系、附属工程及桥梁总体

包括钢筋加工及安装,桥面防水层,桥面铺筑,支座安装,伸缩缝安装,混凝土护栏,桥头搭板,砌体坡面护坡,桥梁总体等分项工程。

4. 防护工程

包括砌体坡面护坡,护岸,导流工程等分项工程。

5. 引道工程

(参见路基、路面工程的分项工程)

三、桥涵工程的有关术语

根据《公路桥涵施工技术规范》(JTG/T 3650—2020)第 2 章的规定,桥涵工程的主要"术语"如下:

(1)止水帷幕:用以减少渗流水量,减少地下水水力坡度,防止流沙、管涌、潜蚀等,在基坑边线外设置的隔水结构。

（2）大直径灌注桩：直径大于或等于 2.5m 的灌注桩。

（3）超长灌注桩：桩长大于或等于 90m 的灌注桩。

（4）高强混凝土：强度等级 C60 及以上的混凝土。

（5）高性能混凝土：采用混凝土的常规材料、常规工艺，在常温下以低水胶比、大掺量优质掺合料和严格的质量控制措施制作的，具有良好的施工工作性能且硬化后具有高耐久性、高尺寸稳定性及较高强度的混凝土。

（6）大体积混凝土：体积较大的、可能由胶凝材料水化热引起的温度应力导致有害裂缝的结构混凝土。

（7）结构物的表面系数：结构物冷却面积与结构体积的比值。

（8）高墩：高度大于或等于 40m 的桥墩。

（9）大节段钢箱梁：整跨安装或节段安装长度不小于 50m 的钢箱梁。

（10）预拱度：为抵消梁、拱、桁架等结构在设计荷载及施工荷载作用下产生的位移（挠度），在施工或制造时预留的与位移方向相反的校正量。

（11）移动模架逐跨现浇法：采用可在墩台上纵向移动的支架及模板，在其上逐跨现浇梁体混凝土，并逐跨施加预应力的施工方法。

（12）悬臂浇筑法：在以桥墩为中心的顺桥向两侧，采用专用设备对称平衡地逐段向跨中浇筑混凝土梁体，并逐段施加预应力的施工方法。

（13）悬臂拼装法：在以桥墩为中心的顺桥向两侧，采用专用设备对称平衡地逐段向跨中拼装混凝土梁体预制块件，并逐段施加预应力的施工方法。

（14）预制节段逐跨拼装法：将预制好的梁体混凝土块件利用专用设备逐跨进行拼装，并逐跨施加预应力的施工方法。

（15）顶推施工法：梁体逐段浇筑或拼装，在梁前端安装导梁，采用专用设备纵向顶推或牵引，使梁体到达各墩顶设计位置的施工方法。

（16）顶进施工法：利用千斤顶等设备将预制的箱形或圆管形构造物逐渐顶入路基，以构成立体交叉通道或涵洞的施工方法。

（17）转体施工法：利用地形地貌预制两个半孔的桥跨结构，在桥墩或桥台上旋转就位、跨中合龙的施工方法。

第二节　施　工　准　备

一、施工测量

1. 一般规定

（1）桥涵工程施工前应根据其结构形式、跨径及精度要求等编制施工测量方案，选定控制测量等级，确定测量方法，监理工程师要做好方案的审核和批准。

（2）施工前应由勘察设计单位对控制性桩点进行现场交桩，施工单位应在复测原控制网的基础上,根据施工需要适当加密、优化,建立施工测量控制网。监理工程师要做好抽检、审查。

（3）对测量控制点,应编号绘于施工总平面图上,并应采取有效措施妥善保护。施工过程中,应对控制网(点)进行不定期的检测和定期复测,定期复测周期不应超过6个月。当发现控制点的稳定性有问题时,应立即进行局部或全面复测。

2. 桥涵工程施工的平面控制测量

（1）各等级平面控制测量,其最弱点点位中误差为±50mm,最弱相邻点间相对点位中误差为±30mm,最弱相邻点边长相对中误差不得大于表4-2的规定。

平面控制测量精度要求　　　　　　　　　　　　表4-2

测量等级	最弱相邻点边长相对中误差	测量等级	最弱相邻点边长相对中误差
二等	1/100000	四等	1/35000
三等	1/70000	一级	1/20000

（2）桥涵工程平面控制测量的等级不得低于表4-3的规定,同时桥梁轴线精度尚应符合表4-4的规定。对特大跨径及特殊结构桥梁,应根据其施工允许误差,确定控制测量的精度和等级。

平面控制测量等级　　　　　　　　　　　　　　表4-3

多跨桥梁总长 L(m)	单跨桥梁跨径 L_k(m)	其他构造物	测量等级
$L \geqslant 3000$	$L_k \geqslant 500$	—	二等
$2000 \leqslant L < 3000$	$300 \leqslant L_k < 500$	—	三等
$1000 \leqslant L < 2000$	$150 \leqslant L_k < 300$	高架桥	四等
$L < 1000$	$L_k < 150$	—	一级

桥梁轴线相对中误差　　　　　　　　　　　　　表4-4

测量等级	桥梁轴线相对中误差	测量等级	桥梁轴线相对中误差
二等	$\leqslant 1/150000$	四等	$\leqslant 1/60000$
三等	$\leqslant 1/100000$	一级	$\leqslant 1/40000$

（3）大桥、特大桥以及特殊结构桥梁的平面控制测量坐标系,其投影长度变形值不应大于10mm/km,投影分带位置不得选在桥址处。

（4）当采用独立坐标系、抵偿坐标系时,应确认与国家坐标系的转换关系。

（5）在布设面控制点时,四等及四等以上平面控制网中相邻点之间的距离不得小于500m;一级平面控制网中相邻点之间的距离在平原、微丘区不得小于200m,重丘、山岭区不得小于100m;最大距离不应大于平均边长的2倍。特大桥及特殊结构桥梁的每一端应至少埋设3个平面控制点。

（6）平面控制测量应采用卫星定位、导线测量、三角测量或三边测量等方法进行。

3. 桥涵工程施工的高程控制测量

（1）同一工程项目应采用同一高程系统,并应与相邻工程项目的高程系统相衔接。桥位水准点的高程测量应与路线控制高程联测。

（2）用于跨越水域或深谷的大桥、特大桥的高程控制网最弱点高程中误差为 ±10mm。

（3）高程控制网每千米观测高差中误差和附合（环线）水准路线长度应小于表 4-5 的规定。

高程控制测量的技术要求
表 4-5

测量等级	每千米高差中数中误差（mm）		附合或环线水准路线长度（km）
	偶然中误差 M_Δ	全中误差 M_W	
二等	±1	±2	100
三等	±3	±6	10
四等	±5	±10	4

注：控制网节点间的长度不应大于表中长度的 0.7 倍。

（4）桥涵工程的高程控制测量等级不得低于表 4-6 的规定。

高程控制测量等级
表 4-6

多跨桥梁总长 L（m）	单跨桥梁跨径 L_k（m）	其他构造物	测量等级
$L \geqslant 3000$	$L_k \geqslant 500$	—	二等
$1000 \leqslant L < 3000$	$150 \leqslant L_k < 500$	—	三等
$L < 1000$	$L_k < 150$	高架桥	四等

（5）高程控制测量应采用水准测量或三角高程测量。施工水准网中的各水准点，对于大桥和特大桥应构成连续闭合水准环。大桥和特大桥的每端应至少设置 2 个水准点，并将其作为水准网的控制点。

（6）对与相邻工程项目接合处的平面位置和高程，应在施工前进行联测，发现问题应查明原因，及时处理。

（7）宽阔水域和海上桥涵工程的施工测量宜采用卫星定位测量，且宜在水域和海上建立专门的测量平台。

（8）宽阔水域和海上桥涵工程的卫星定位测量平面控制网宜分为首级网、首级加密网、一级加密网和二级加密网 4 个等级，首级和首级加密网宜由勘察设计单位布设，一级和二级加密网宜由施工单位布设。

（9）宽阔水域和海上桥涵工程的高程控制网应采用全桥统一的高程基准。对首级网点、首级加密网点和全桥高程贯通测量，应采用不低于国家二等水准测量的精度进行联测；对一级和二级加密网点，应采用不低于国家三等水准测量的精度进行联测。先行施工桥墩的高程控制宜采用卫星定位测量，其间的其他桥墩、桥塔及上部结构可根据跨海贯通测量的成果，采用常规的高程测量方法进行测量。

（10）采用卫星定位测量实时动态测量系统进行宽阔水域、海上桥涵工程的定测和施工放样测量时，基准站的设置及测量方法宜符合所用产品的相应技术规定，测量精度应满足测量的要求。

（11）桥涵工程施工放样测量时，应对桥涵各墩台的控制性里程桩号、基础坐标、设计高程等数据进行复核计算，确认无误后再施测。

（12）施工放样测量需设置临时控制点时，其精度应符合相应等级的精度要求，并应与相邻控制点闭合。

（13）特大桥以及特殊结构的桥梁，在施工过程中宜对主要墩、台（或索塔、锚碇）的沉降变形、倾斜度等进行监测。

（14）桥涵工程完工后，应配合交（竣）工验收进行交（竣）工测量。

二、原材料的选择

（一）钢筋

1. 钢筋的选择

（1）钢筋应具有出厂质量证明书和试验报告单，进场时除应检查其外观和标志外，尚应按不同的钢种、等级、牌号、规格及生产厂家分批抽取试样进行力学性能检验，检验试验方法应符合国家和行业现行标准的规定。钢筋经进场检验合格后方可使用。

（2）钢筋分批检验时，可由同一牌号、同一炉罐号、同一尺寸的钢筋进行组批，每批的质量不宜大于 60t，超过 60t 的部分，每增加 40t（或不足 40t 的余数）应增加一个拉伸和一个弯曲试验试样；钢筋的进场检验亦可由同一牌号、同一冶炼方法、同一浇筑方法的不同炉罐号组成混合批进行，但各炉罐号的含碳量之差应不大于 0.02%，含锰量之差应不大于 0.15%。

（3）钢筋在运输过程中应避免锈蚀、污染或被压弯或变形；在工地存放时，应按不同品种、规格，分批分别堆置整齐，不得混杂，并应设立识别标志，存放的时间不宜超过 6 个月。存放场地应有防水、排水设施，且应垫高或堆置在台座上，顶部应采用合适的材料予以覆盖，防止水浸和雨淋，具备条件的要设置钢筋存放棚，以达到标准化施工的要求。

（4）在工程施工过程中，应采取适当的措施，防止钢筋产生锈蚀。对设置在结构或构件中的预留钢筋的外露部分，当外露时间较长且环境湿度较大时，宜采取包裹、涂刷防锈材料或其他有效方式进行临时性防护。

（5）钢筋的级别、种类和直径应按设计规定采用。当需要代换时，应得到设计单位（设计代表）的书面认可。

2. 钢筋的加工与连接

（1）钢筋的加工，应采用数控化机械设备在专用厂房中集中下料和加工，其形状、尺寸应符合设计规定，加工后的钢筋表面不应有削弱钢筋截面的伤痕。钢筋应平直无弯折。根据《公路水运工程淘汰危及产生安全施工工艺、设备和材料目录》的规定，禁止利用卷扬机拉直钢筋。

钢筋的弯制和端部的弯钩应符合设计要求。箍筋的末端应做弯钩，弯钩的形状应符合设计要求。弯钩的弯曲直径应大于被箍受力主钢筋的直径，且 HPB300 钢筋应不小于箍筋直径的 2.5 倍，HRB400 钢筋应不小于箍筋直径的 5 倍（HRB 代表热轧带肋钢筋）。

（2）钢筋的连接，宜采用焊接接头或机械连接接头。绑扎接头仅当钢筋构造复杂施工困难时方可采用，绑扎接头的钢筋直径宜不大于 28mm，轴心受拉和小偏心受拉构件不应采用绑扎接头。

配置在接头长度区段内的受力钢筋，其接头的截面积占总截面积的百分率应符合表 4-7

的规定。

接头长度区段内的受力钢筋接头面积的百分率　　　　　　表4-7

接头形式	接头面积的百分率(%)	
	受拉区	受压区
主钢筋绑扎接头	≤25	≤50
主钢筋焊接接头	≤50	不限制

（3）钢筋的焊接接头,应符合下列规定：

①钢筋的焊接接头可采用电弧焊、电渣压力焊、气压焊、闪光对焊等,但电渣压力焊仅可用于竖向钢筋的连接,不得用作水平钢筋和斜筋的连接。钢筋焊接的接头形式、焊接方法和焊接材料应符合现行《钢筋焊接及验收规程》(JGJ 18)的规定。监理工程师要做好焊接质量的检查,对焊接人员和焊接设备、焊接条件的合规性进行查验。

②每批钢筋焊接前,应先选定焊接工艺和焊接参数,按实际条件进行试焊,并检验接头外观质量及规定的力学性能,试焊质量经检验合格后方可正式施焊。焊接时,对施焊场地应有适当的防风、雨、雪、严寒的设施。

③电弧焊宜采用双面焊缝,仅在双面焊无法施焊时,方可采用单面焊缝。采用搭接电弧焊时,两钢筋搭接端部应预折一定角度和长度,保证两连接钢筋的轴线保持一致。采用帮条电弧焊时,帮条应采用与主筋相同的钢筋,其总截面积不应小于被焊接钢筋的截面积。电弧焊接头的焊缝长度,双面焊缝应不小于5d(d为钢筋直径)、单面焊缝应不小于10d。

（4）钢筋的机械连接,应符合下列规定：

①钢筋的机械连接宜采用镦粗直螺纹、滚轧直螺纹或套筒挤压连接接头,且适用于HRB400、HRBF400、HRB500和RRB400热轧带肋钢筋。

②钢筋机械连接接头的等级应选用Ⅰ级或Ⅱ级,接头的性能指标应符合规范规定。

③钢筋机械连接接头的材料、制作、安装施工及质量检验和验收,应符合行业标准的规定。

④钢筋机械连接件的最小混凝土保护层厚度,应符合设计受力主筋混凝土保护层厚度的规定,且不得小于20mm;连接件之间或连接件与钢筋之间的横向净距不宜小于25mm。

⑤连接套筒、锁母、丝头在运输和储存过程中应采取防护措施,防止雨淋、沾污和损伤。

（5）钢筋机械连接接头在施工现场的检验与验收应符合《公路桥涵施工技术规范》(JTG/T 3650—2020)第4.3.5条给出的规定,即现场检验应进行外观质量检查和单向拉伸强度试验等规定。

（6）钢筋直螺纹接头的连接安装完成后应检查最小拧紧扭矩值是否符合《公路桥涵施工技术规范》(JTG/T 3650—2020)的规定。

（7）钢筋套筒挤压接头的连接安装应从套筒中心开始依次向两端挤压,挤压后、挤压连接后的检查应符合《公路桥涵施工技术规范》(JTG/T 3650—2020)的规定。

（8）钢筋的绑扎,应符合下列规定：

①钢筋的交叉点宜采用铁丝扎牢,必要时可采用点焊焊牢。对于直径25mm及25mm以上的钢筋,宜采取双对角线的十字形方式扎结。

②结构或构件拐角处的钢筋交叉点应全部绑扎;中间平直部分的交叉点可交错绑扎,但绑

扎的交叉点宜占全部交叉点的 40% 以上。

③钢筋绑扎时,除设计有特殊规定外,箍筋应与主筋垂直。

④绑扎钢筋的铁丝丝头不应进入混凝土保护层内。

(9)安装钢筋时,应符合下列规定:

①钢筋的级别、直径、根数、间距等应符合设计规定。

②对多层多排钢筋,宜根据安装需要在其间隔处设立一定数量的架立钢筋或短钢筋,但架立钢筋或短钢筋的端头不得伸入混凝土保护层内。

③半成品钢筋和钢筋骨架采用整体方式安装时,宜设置专用胎架或卡具等进行辅助定位。安装过程应采取保证整体刚度及变形的措施。

④当钢筋过密影响到混凝土浇筑质量时,应及时与设计单位协商解决。

(10)钢筋与模板之间应设置垫块。垫块的制作、设置和固定应符合下列规定:

①混凝土垫块应具有不低于本体混凝土的强度和足够的密实性;采用其他材料垫块时,除应满足使用强度的要求外,其材料中不应含有对混凝土产生不利影响的成分。

②用于重要工程或有防腐蚀要求的混凝土结构或构件中的垫块,宜采用专门制作的定型产品。

③垫块设置应相互错开、分散在钢筋与模板之间,但不应横贯混凝土保护层的全部截面。垫块在结构或构件侧面和底面所布设的数量应不少于 4 个/m^2,重要部位宜适当加密。

④垫块应与钢筋绑扎牢固,其绑丝的丝头不应进入混凝土保护层内。

⑤混凝土浇筑前,应对垫块的位置、数量和紧固程度进行检查,不符合要求时应及时处理。

(11)钢筋骨架的焊接拼装应在坚固的工作台上进行,操作时应符合下列规定:

①拼装前应按设计图纸放大样,放样时应考虑焊接变形的预留拱度。拼装时,在需要焊接的位置宜采用楔形卡卡紧,防止焊接时变形。

②骨架焊接时,要保证不同直径钢筋的中心线在同一平面上。施焊顺序宜由中到边对称地向两端进行,先焊骨架下部,后焊骨架上部。相邻焊缝应采用分区对称跳焊,不得顺方向一次焊成。

(12)钻孔灌注桩钢筋骨架的制作、运输与安装,应符合下列规定:

①制作时应采取必要措施,保证骨架的刚度,主筋的接头应错开布置。大直径长桩的钢筋骨架宜在胎架上分段制作并编号,安装时应按顺序连接。

②应在骨架外侧设置控制混凝土保护层厚度的垫块,垫块的间距在竖向应不大于 2m,在横向圆周应不少于 4 处。

③钢筋骨架在运输过程中,应采取适当的措施防止其变形。骨架安装顶端或合适位置应设置吊环,保证吊装过程中骨架不产生变形和损坏。

(二)水泥

1.水泥的选择

桥涵工程采用的水泥应符合现行《通用硅酸盐水泥》(GB 175)的规定,水泥的品种和强度等级应通过混凝土配合比试验选定,且其特性应不会对混凝土的强度、耐久性和工作性能产生不利影响。当混凝土中采用碱活性集料时,宜选用含碱量不大于 0.6% 的低碱水泥。

公路桥涵混凝土工程宜采用散装水泥,散装水泥在工地应采用专用水泥罐储存。采用袋装水泥时,在运输和储存过程中应防止受潮,且不得长时间露天堆放,临时露天堆放时应设支垫并覆盖。不同品种、强度等级和出厂日期的水泥应分别按批存放。

2. 水泥进场时的检验

水泥进场时,应附有生产厂的品质试验检验报告等合格证明文件,并应按批次对同一生产厂、同一品种、同一强度等级及同一出厂日期的水泥进行强度、细度、安定性和凝结时间等性能的检验。散装水泥应以每500t为一批,袋装水泥应以每200t为一批,不足500t或200t时,也按一批计。当对水泥质量有怀疑或受潮或存放时间超过3个月时,应重新取样复验,监理工程师审批后,应按其复验结果使用。

(三)细集料

1. 细集料的选择

砂按产源地分为天然砂、机制砂;按技术要求分为Ⅰ类、Ⅱ类、Ⅲ类。

细集料宜采用级配良好、质地坚硬、颗粒洁净的河砂;当河砂不易得到时,可采用符合规定的其他天然砂或机制砂;细集料不得采用海砂。

2. 细集料的检验

(1)细集料宜按同产地、同规格、连续进场数量不超过400m³或600t为一验收批,小批量进场的宜以不超过200m³或300t为一验收批进行检验;当质量稳定且进料量较大时,可以1000t为一验收批。检验内容应包括外观、筛分、细度模数、有机物含量、含泥量、泥块含量及机制砂的石粉含量等;必要时尚应对坚固性、有害物质含量、氯离子含量、碱活性及放射性等指标进行检验。

(2)砂的分类。根据细度模数可分为粗砂(细度模数3.7~3.1)、中砂(细度模数3.0~2.3)、细沙(细度模数2.2~1.6)。细集料技术指标见表4-8。

细集料技术指标　　　　　　　表4-8

项目		技术要求		
		Ⅰ类	Ⅱ类	Ⅲ类
有害物质限量	云母(按质量计,%)	≤1.0	≤2.0	
	轻物质(按质量计,%)	≤1.0		
	有机物	合格		
	硫化物及硫酸盐(按SO₃质量计,%)	≤0.5		
	氯化物(以氯离子质量计,%)	≤0.01	≤0.02	≤0.06
天然砂	含泥量(按质量计,%)	≤1.0	≤3.0	≤5.0
	泥块含量(按质量计,%)	≤0.5	≤1.0	≤2.0
机制砂	MB值≤1.4或快速法试验合格　MB值	≤5.0	≤7.0	≤0.0
	石粉含量(按质量计,%)	≤10.0		
	泥块含量(按质量计,%)	0	≤1.0	≤2.0
	MB值≤1.4或快速法试验不合格　石粉含量(按质量计,%)	≤1.0	≤3.0	≤5.0
	泥块含量(按质量计,%)	0	≤1.0	≤2.0

续上表

项目		技术要求		
		Ⅰ类	Ⅱ类	Ⅲ类
坚固性	硫酸钠溶液法试验，砂的质量损失(%)	≤8		≤10
	机制砂单级最大压碎指标(%)	≤20	≤25	≤30
表观密度(kg/m³)		≥2500		
松散堆积密度(kg/m³)		≥1400		
空隙率(%)		≤44		
碱集料反应		经碱集料反应试验后，试件应无裂缝、酥裂、胶体外溢现象，在规定试验龄期的膨胀率应小于0.10%		

（四）粗集料

1. 粗集料的选择

粗集料宜采用质地坚硬、洁净、级配合理、粒形良好、吸水率小的碎石或卵石；宜根据混凝土最大粒径采用连续两级配或连续多级配；单粒粒级宜组合成满足要求的连续粒级。

2. 粗集料的检验

（1）粗集料最大粒径宜按混凝土结构情况及施工方法选取，但最大粒径不得超过结构最小边尺寸的1/4和钢筋最小净距的3/4；在两层或多层密布钢筋结构中，最大粒径不得超过钢筋最小净距的1/2，同时不得超过75.0mm。混凝土实心板的粗集料最大粒径不宜超过板厚的1/3且不得超过37.5mm。泵送混凝土的粗集料最大粒径，除应符合上述规定外，碎石不宜超过输送管径的1/3，卵石不宜超过输送管径的1/2.5。

（2）施工前应对所用粗集料进行碱活性检验，在条件许可时宜避免采用有碱活性反应的粗集料，必须采用时应采取必要的抑制措施。

（3）粗集料的进场检验组批与细集料相同。检验内容应包括外观、颗粒级配、针片状颗粒含量、含泥量、泥块含量、压碎值指标等，检验方法应符合现行《公路工程集料试验规程》(JTG E42)的规定。粗集料技术指标见表4-9。

粗集料技术指标 表4-9

项目	技术要求		
	Ⅰ类	Ⅱ类	Ⅲ类
碎石压碎指标(%)	≤10	≤20	≤30
卵石压碎指标(%)	≤12	≤14	≤16
坚固性(硫酸钠溶液法试验质量损失值,%)	≤5	≤8	≤12
吸水率(%)	≤1.0	≤2.0	
针片状颗粒含量(按质量计,%)	≤5	≤10	≤15
含泥量(按质量计,%)	≤0.5	≤1.0	≤1.5
泥块含量(按质量计,%)	0	≤0.2	≤0.5

续上表

项目		技术要求		
		I 类	II 类	III 类
有害物质限量	有机物	合格		
	硫化物及硫酸盐(按 SO_3 质量计,%)	≤0.5	≤1.0	
岩石抗压强度(水饱和状态,MPa)		火成岩≥80;变质岩≥60;水成岩≥30		
表观密度(kg/m³)		≥2600		
连续级配松散堆积密度(kg/m³)		≤43	≤45	≤47
碱集料反应		经碱集料反应试验后,试件无裂缝、酥裂、胶体外溢等现象,在规定试验龄期的膨胀率小于0.10%		

(五)水

混凝土的用水,要保证干净、无影响混凝土性质的杂质或有害物质。符合国家标准的饮用水,可直接作为水泥混凝土的拌制和养护用水。当采用其他水源或对水质有疑问时,应对水质进行检验。

水的品质指标应符合技术规定。严禁使用海水拌制和养护结构混凝土。

(六)外加剂

公路桥涵工程使用的外加剂,与水泥、矿物掺合料之间应具有良好的相容性。

所采用的外加剂应是经过具备相关资质的检测机构检验并附有检验合格证明的产品,且其质量应符合现行《混凝土外加剂》(GB 8076)的规定。外加剂使用前应进行复验,复验结果满足要求后方可使用。

外加剂的品种和掺量应根据使用要求、施工条件、混凝土原材料的变化等通过试验确定。混凝土用的其他材料发生变化时,要对外加剂的性能重新进行适配,满足要求后方可继续使用。

(七)掺合料

掺合料应保证其产品品质稳定,来料均匀。掺合料应由生产单位专门加工,进行产品检验,并出具产品合格证明。

混凝土中需要掺用粉煤灰、粒化高炉矿渣粉、硅灰等掺合料时,其掺入量应在使用前通过试验确定,严禁不经试配使用。

掺合料在运输和储存中,应有明显标识,严禁与水泥等其他粉状材料混淆。存放过程中要有防潮、防雨、防污染的措施。

(八)石料、预制块

(1)石料应符合设计规定的类别和强度,石质应均匀、不易风化、无裂纹。

(2)片石的厚度不应小于150mm(卵形和薄片者不得使用)。用作镶面的片石,应选择表面较平整、尺寸较大者,并应稍加修整。

(3)块石应形状大致方正,上下面大致平整,厚度200～300mm,宽度为厚度的1.0～1.5

倍,长度为厚度的 1.5～3.0 倍。如有锋棱锐角,应敲除修整。块石用作镶面时,应由外露面四周向内稍加修凿;后部可不修凿,但应略小于修凿部分。

（4）粗料石应外形方正,成六面体,厚度为 200～300mm,宽度为厚度的 1.0～1.5 倍,长度为厚度的 2.5～4.0 倍,表面凹陷深度不大于 20mm。加工镶面粗料石时,丁石长度应比相邻顺石宽度至少大 150mm,修凿面每 100mm 长须有錾路 4～5 条,侧面修凿面应与外露面垂直,正面凹陷深度不应超过 15mm。外露面带细凿边缘时,细凿边缘的宽度应为 30～50mm。

（5）混凝土预制块的规格、形状和尺寸应统一,表面平整,其强度应符合设计规定,养生合格后方可用于工程。

（九）其他材料

桥梁工程施工需要的原材料还有预应力筋、锚具、橡胶伸缩装置、板式橡胶支座、四氟板式橡胶支座、盆式橡胶支座、盆式四氟板式橡胶支座、预应力锚具、夹具、连接器等,其均应符合设计和规范规定,施工单位做好自检,监理工程师要做好检查和审批。

三、模板和支架的设计、制作、安装与拆除

1. 一般规定

模板宜采用钢材、胶合板或其他适宜的材料制作,支架宜采用钢材或常备式定型钢构件等材料制作。

模板和支架应符合下列规定:

（1）模板和支架应具有足够的强度、刚度和稳定性,应能承受施工过程中产生的各种荷载。

（2）模板支架的构造应简单、合理,结构受力应明确、稳定,安装、拆除应方便。

（3）模板应能与混凝土结构或构件的特征、施工条件和浇筑方法相适应,应保证结构物各部位形状和相互位置准确。

（4）模板板面应平整,接缝处应严密,保证不漏浆。模板和混凝土的接触面应涂刷隔离剂或脱模剂。模板支设应符合结构尺寸、线形及外形要求,并且有足够的刚度。

（5）支架应稳定、坚固,应能抵抗在施工过程中可能发生的振动和偶然撞击。

（6）支架不得与应急通道相连接。

（7）模板和支架均应进行施工图设计,且经批准后方可用于施工。

（8）施工图设计应包括的内容:工程概况和工程结构简图;结构设计的依据和设计计算书;总装图和细部构造图;制作、安装质量及精度要求;安装、拆除时的安全技术措施及注意事项;材料的性能质量要求及材料数量表;设计说明书和使用说明书。

（9）在模板上设置的吊环,应采用 HPB300 钢筋（未经冷拉的热轧光圆钢筋）制作,严禁采用冷加工钢筋制作。每个吊环应按两肢截面计算,在模板自重标准值作用下,吊环的拉应力应不大于 65MPa。

2. 模板、支架的设计

（1）施工单位在制作模板、支架前,应提交模板、支架的施工图、内力及预计挠度计算书,

经监理工程师批准后才能制作和架设,施工过程中要加强监控、巡视。

在模板上设置的吊环应采用 HPB300 钢筋,严禁采用冷加工钢筋制作。每个吊环应按两肢截面计算,在模板自重标准值作用下,吊环的拉应力应不大于 65MPa。

(2)模板、支架的设计应根据工程结构形式、荷载情况、地基土类别、施工设备和材料性能等条件进行,宜优先采用标准化、定型化构件。钢模板和钢支架的设计应符合标准规定。

(3)支架的地基与基础设计应符合行业标准的规定,并应对地基承载力进行检测和计算,监理工程师要做好复核。

(4)模板的构造要求,应符合下列规定:

①模板背面应设置主肋和次肋作为其支承系统,主肋和次肋的布置应根据模板的荷载和刚度要求进行。次肋的配置方向应与模板的长度方向相垂直,应能直接承受模板传递的荷载,其间距应按荷载数值和模板的力学性能计算确定;主肋应承受次肋传递的荷载,且应能起到加强模板结构的整体刚度和调整平直度的作用,支架或支撑的着力点应设置在主肋上。

②模板的配板应根据配模面的形状、几何尺寸及支撑形式决定。配板时宜选用大规格的模板为主板,其他规格的模板作为补充;配板后的板缝应规则、平整。

③对在墩柱、梁、板的转角处使用的模板及各种模板面的交接部分,应采用连接简便、结构牢固、易于拆除的专用模板。

④当设置对拉螺杆或其他拉筋,需要在模板上钻孔时,应使钻孔的模板能多次周转使用,并应采取措施减少或避免在模板上钻孔。

(5)支架的构造要求,应符合下列规定:

①支架的总体构造形式应综合考虑所采用的材料类别、所支持的结构及荷载、地形及环境条件、地基情况等因素确定。

②支架的立杆之间应根据其受力要求和结构特点设置水平和斜向等支撑连接杆件,增强支架的整体刚度和稳定性。

③托架结构宜设置成三角形,与预埋件的连接固定方式要可靠。

④采用定型碗扣式、盘扣式等钢管脚手架材料作支架时,其构造应符合相应技术规范的规定。

(6)设计模板、支架时,应考虑下列荷载:

①模板、支架的自重。

②新浇筑混凝土、钢筋、预应力筋或其他圬工结构物的重力。

③施工人员及施工设备、施工材料等荷载。

④振捣混凝土时产生的振动荷载。

⑤新浇筑混凝土对模板侧面的压力。

⑥混凝土入模时产生的冲击荷载。

⑦设于水中的支架所承受的水流压力、波浪力、流冰压力、船只及其他漂浮物的撞击力。

⑧其他可能产生的荷载,如风荷载、雪荷载、冬季保温设施荷载等。

(7)验算模板、支架的刚度,应符合下列规定:

结构外露表面的模板,其挠度不应超过跨径的 1/400。结构隐蔽表面的模板,不应超过跨径的 1/250。支架受载后挠曲的杆件,其弹性挠度为相应结构计算跨径的 1/400。钢模板的面板变形为1.5mm,钢棱和柱箍的变形为$L/500$和$B/500$。验算抗倾覆稳定性时,抗倾覆系数不小于1.3。

3.模板的制作和安装

(1)模板应按批准的施工图进行制作,成品经检验合格后方可使用。组装前应对零部件的几何尺寸和焊缝进行全面检查,合格后方可进行组装。

(2)模板应按设计要求准确就位,且不宜与脚手架直接连接。安装侧模板时,支撑应牢固,应防止模板在浇筑混凝土时产生移位和变形。模板在安装过程中,必须设置防倾覆的临时固定设施。模板安装完成后,其尺寸、平面位置和顶部高程等应符合设计要求,节点联系应牢固。梁、板等结构的底模板应设置预拱度。固定在模板上的预埋件和预留孔洞均不得遗漏,要仔细检查,安装应牢固,位置应准确。

(3)采用提升模板施工时,应设置脚手平台、接料平台、挂吊脚手及安全网等辅助设施。

(4)采用翻转模板和爬升模板施工时,其结构应满足强度、刚度和稳定性要求。液压爬模应由专业单位设计和制造,并应有检验合格证明及操作说明书。施工应符合下列规定:

混凝土的强度应达到规定的数值后方可拆模并进行模板的翻转或爬架爬升。

模板沿墩身周边方向应始终保持顺向搭接。在施工过程中应随时检查爬模的中线、水平位置和高程等,发现问题及时纠正。

(5)采用滑升模板时,除应符合现行《滑动模板工程技术标准》(GB/T 50113)的规定外,尚应符合下列规定:

模板的高度应根据结构物的实际情况确定;模板的结构应具有足够的强度、刚度和稳定性;支承杆及提升设备应能保证模板竖直均衡上升。组装完毕经全面检验合格后方可投入使用。

模板的滑升速度宜不大于250mm/h,滑升时应检测并控制其位置。滑升模板的施工宜连续进行,因故中断的,宜在中断前将混凝土浇筑齐平,中断期间模板仍应继续缓慢地滑升,直到混凝土与模板不致粘住时为止。

4.支架的制作和安装

(1)支架主要有满布式支架、梁式支架和特殊支架等。支架和拱架宜采用标准化、系列化、通用化的钢构件制作拼装,便于安装和拆卸。

(2)支架和拱架的安装应符合下列规定:应按施工图设计的要求进行安装。立柱应垂直,节点连接应可靠。支架在纵桥向和横桥向应加强水平、斜向连接,增强整体稳定。高支架应设置足够的斜向连接、扣件或缆风绳,横向稳定应有保证措施。

对位于软土地基或软硬不均地基上的支架,宜通过预压的方式,消除地基的不均匀沉降和支架的非弹性变形。预压荷载宜为支架需承受全部荷载的1.05~1.10倍,预压荷载的分布应模拟需承受的结构荷载及施工荷载。

对位于刚性地基上的刚度较大且非弹性变形可确定控制在一定范围内的支架,经过计算确认满足强度、刚度、稳定性等要求时,经过监理工程师审核批准,可不进行预压。

(3)支架应结合模板的安装一并考虑设置预拱度和卸落装置。

设置的预拱度值,应包括结构本身需要的预拱度和施工需要的预拱度两部分。

　　设置施工预拱度应考虑的因素:模板、支架承受施工荷载引起的弹性变形;受载后由于杆件接头的挤压和卸落装置压缩而产生的非弹性变形;支架地基在受载后的沉降变形。

　　自行设计的普通支架应在适当部位设置相应的木楔、木马、砂筒或千斤顶等卸落模板的装置,并应根据结构形式、承受的荷载大小确定卸落量。

　　(4)支架在安装完成后,应对其平面位置、顶部高程、节点连接及纵、横向稳定性进行全面检查,符合要求后,方可进行下一工序。

　　(5)浇筑混凝土前,要做好检查和清理,应保证模板内无污物、砂浆及其他杂物。后期需要拆除的模板,应在使用前彻底涂刷脱模剂,涂刷时要保证均匀,局部没有积液。脱模剂或其他相当的脱模用品,应使其易于脱模,不得含有危害混凝土的成分,使混凝土不变色,并保证不污染。

　　5.模板、支架的拆除

　　(1)模板、支架的拆除期限和拆除程序等应严格按施工图设计或施工方案的要求进行,当设计未要求时,应根据结构物特点、模板部位和混凝土应达到的强度要求决定,并应经监理工程师批准。

　　(2)非承重侧模板应在混凝土抗压强度达到2.5MPa且能保证其表面及棱角不致因拆模而受损坏时,方可拆除。

　　(3)芯模和预留孔道的内模,应在混凝土强度能保证其表面不发生塌陷或出现裂缝,方可拆除。

　　(4)承重模板、拱架和支架,应在混凝土强度能承受其自重荷载及其他可能的叠加荷载时,方可拆除。

　　(5)对预应力混凝土结构,在混凝土抗压强度达到2.5MPa的条件下,其侧模应在预应力钢束张拉前拆除;底模及支架应在结构建立预应力后方可拆除。

　　(6)模板、支架的拆除应遵循的原则是后支先拆、先支后拆。墩、台的模板宜在其上部结构施工前拆除。

　　(7)拆除梁、板等结构的承重模板时,在横向应同时卸落,在纵向应对称均衡卸落。简支梁、连续梁结构的模板,宜从跨中向支座方向依次循环卸落;悬臂梁结构的模板宜从悬臂端开始顺序卸落。

　　(8)在低温、干燥或大风环境下拆除模板时,应采取必要措施,防止混凝土表面产生裂纹。

　　(9)拆除模板、支架时,应采取有效的保护措施,不得损伤混凝土结构,保证结构安全。

四、混凝土配合比设计

　　1.一般规定

　　(1)水泥混凝土的配合比应以质量比表示,以抗压强度为标准,并通过计算和试配选定。试配时应使用施工实际采用的材料,配制的混凝土拌合物应满足和易性、凝结时间等施工技术条件;制成的混凝土应满足强度、工作性能、耐久性(抗冻、抗渗、抗侵蚀)等质量要求。

　　(2)普通混凝土的配合比、混凝土的试配强度,应根据设计强度等级,并考虑施工条件的差异和变化以及原材料质量可能的波动,按照《公路桥涵施工技术规范》(JTG/T 3650—2020)

的要求计算确定。混凝土的坍落度等工作性能宜根据结构物情况和施工工艺要求确定,在满足工艺要求的前提下,宜采用低坍落度的混凝土施工。通过设计和试配确定的配合比,应在混凝土拌制前将理论配合比换算为施工配合比。

(3)混凝土进行耐久性设计时,环境类别和作用等级、原材料的选用、配合比设计均应符合设计及规范要求。

(4)在进行试配和质量检验时,混凝土的抗压强度应以边长为150mm的立方体标准试件测定,且应取其保证率为95%。试件应以同龄期者3个为一组,每组试件的抗压强度以3个试件测值的算术平均值(计算精确至0.1MPa)为测定值。当有一个测值与中间值的差值超过中间值的15%时,取中间值为测定值;当有2个测值与中间值的差值均超过15%时,该组试件无效。

(5)混凝土的抗压强度应以标准方式成型后,按《公路工程水泥及水泥混凝土试验规程》(JTG 3420—2020)第5.1节规定,用湿布覆盖表面(或其他保湿办法,如不透水的薄膜),在室温20℃±5℃、相对湿度大于50%的情况下,静置1~2个昼夜。随后,编号拆模并作第一次外观检查、编号后立即放入标准养护温度为20℃±2℃、相对湿度95%以上(或水中)的标准养护室中养护28d所测得的抗压强度值(MPa)进行评定。

(6)同条件试块拆模、编号后与结构(构件)同条件养护。

(7)对采用蒸汽养护的混凝土,其测试抗压强度的试件应先随构件同条件蒸汽养护,再转入标准条件下养护,累计养护时间应为28d。

2. 混凝土中掺入的外加剂

混凝土中掺入的外加剂应符合下列规定:

(1)在钢筋混凝土和预应力混凝土中,均不得掺用氯化钙、氯化钠等氯盐成分超标的材料。

(2)减水剂宜采用聚羧酸类减水剂。

(3)各种外加剂中的氯离子总含量宜不大于混凝土中胶凝材料总量的0.02%,硫酸钠含量宜不大于减水剂干重的15%。

(4)掺入引气剂的混凝土,其含气量应按不同环境类别和作用等级确定。

3. 混凝土中的碱含量控制

除应对由各种组成材料带入混凝土中的碱含量进行控制外,尚应控制混凝土的总碱含量。每立方米混凝土的总碱含量,对一般桥涵不宜大于$3.0kg/m^3$,对特大桥、大桥和重要桥梁不宜大于$2.1kg/m^3$;当混凝土结构处于受严重侵蚀的环境时,不得使用有碱活性反应的集料。

4. 有抗冻性要求的混凝土

有抗冻要求的混凝土应符合下列规定:

(1)宜选用硅酸盐水泥或普通硅酸盐水泥,不宜使用火山灰质硅酸盐水泥。粗集料宜选用连续级配,并应进行坚固性试验。

(2)抗冻混凝土的配合比设计应符合规定,同时应进行抗冻融性能试验。混凝土抗冻性试验方法应符合现行《公路工程水泥及水泥混凝土试验规程》(JTG 3420)的规定。

(3)位于水位变动区有抗冻要求的混凝土,其抗冻等级指标不应低于表4-10的规定。

水位变动区混凝土抗冻等级选定标准　　表 4-10

结构物所在地区	海水环境	淡水环境
严重受冻地区(最冷月的月平均气温低于 -8℃)	F350	F250
受冻地区(最冷月的月平均气温在 -4 ~ -8℃之间)	F300	F200
微冻地区(最冷月的月平均气温在 0 ~ -4℃之间)	F250	F150

注:试验过程中试件所接触的介质应与结构物实际接触的介质相近。

(4)有抗冻性要求的混凝土宜掺入适量引气剂,同时宜掺入减水剂,其拌合物的含气量应在表 4-11 范围内选择。

有抗冻性要求的混凝土拌合物含气量控制范围　　表 4-11

集料最大粒径(mm)	含气量范围(%)	集料最大粒径(mm)	含气量范围(%)
10.0	5.0 ~ 8.0	31.5	3.5 ~ 6.5
20.0	4.0 ~ 7.0	37.5	3.0 ~ 6.0
25.0	3.5 ~ 7.0		

注:当要求的含气量为某一定值时,其检测结果与要求值的允许偏差范围应为 ±1.0%;当含气量要求值为某一范围时,检测结果应满足规定范围的要求。

5. 有抗渗性要求的混凝土

有抗渗性要求的混凝土应符合下列规定:

(1)混凝土的抗渗等级应符合设计要求。

(2)水泥宜选用普通硅酸盐水泥;粗集料宜采用连续级配,其最大粒径不宜大于 40mm;细集料宜采用中砂。宜掺用外加剂和矿物掺合料;粉煤灰应采用 F 类,并不低于 Ⅱ 级。

(3)胶凝材料总量不宜小于 320kg/m³;砂率宜为 35% ~ 45%;最大水胶比应符合表 4-12 的规定。

抗渗混凝土最大水胶比　　表 4-12

抗渗等级	最大水胶比	
	C20 ~ C30 混凝土	C30 以上混凝土
P6	0.60	0.55
P8 ~ P12	0.55	0.50
P12 以上	0.50	0.45

(4)掺引气剂的抗渗混凝土,应做含气量试验,其含气量宜控制在 3% ~ 5% 之间。

(5)混凝土抗渗性试验方法应符合现行《公路工程水泥及水泥混凝土试验规程》(JTG 3420)的规定。试配时要求的抗渗水压值应比设计值提高 0.2MPa。

6. 泵送混凝土

(1)胶凝材料的用量宜不少于 300kg/m³。水泥宜选用硅酸盐水泥、普通硅酸盐水泥、矿渣硅酸盐水泥或粉煤灰硅酸盐水泥;细集料宜采用中砂,通过 0.3mm 筛孔的砂不宜少于 15%,砂率宜控制在 35% ~ 45% 范围内;粗集料宜采用连续级配,其针片状含量不大于 10%。应考虑粗集料的最大公称粒径与输送管道的管径比例符合规定。

（2）试配时考虑坍落度经时损失。

（3）宜通过试验掺加适量的减水剂、泵送剂和掺合料，原材料变化时要及时进行配合比的调整。

7. 大体积混凝土

根据《公路桥涵施工技术规范》(JTG/T 3650—2020)第2.0.6条的规定，大体积混凝土是指体积较大的、可能由胶凝材料水化热引起的温度应力导致有害裂缝的结构混凝土。[在《大体积混凝土施工标准》(GB 50496—2018)中，大体积混凝土的定义是：混凝土结构物实体最小几何尺寸不小于1m的大体量混凝土，或预计会因混凝土中胶凝材料水化引起的温度变化和收缩而导致有害裂缝产生的混凝土。]

根据《公路桥涵施工技术规范》(JTG/T 3650—2020)，大体积混凝土在选用原材料和进行配合比设计时，应按照降低水化热温升的原则进行，并应符合下列规定：

（1）宜选用低水化热和凝结时间长的水泥品种。粗集料宜采用连续级配，细集料宜采用中砂。宜掺用可降低混凝土早期水化热的外加剂和掺合料，外加剂宜采用缓凝剂、减水剂；掺合料宜采用粉煤灰、粒化高炉矿渣粉等。

（2）进行配合比设计时，在保证混凝土强度、和易性及坍落度要求的前提下，宜采取改善粗集料级配、提高掺合料和粗集料的含量、降低水胶比等措施，减少单方混凝土的水泥用量。

（3）大体积混凝土进行配合比设计和质量评定时，可按60d龄期的抗压强度控制。

8. 高强度混凝土

高强混凝土是指强度等级C60及以上的混凝土。

（1）高强度混凝土原材料的选用。

高强度混凝土原材料的选用应符合下列规定：

①水泥宜选用硅酸盐水泥和普通硅酸盐水泥。

②细集料宜选用质地坚硬、级配良好的中砂，细度模数应为2.6～3.0，含泥量应不大于2.0%，泥块含量不大于0.5%；配制C70及以上等级混凝土时，含泥量应不大于1.5%，且不应有泥块存在，必要时应冲洗后使用。

③粗集料宜选用质地坚硬、级配良好、无风化颗粒的碎石。粗集料的最大粒径不宜大于25mm，含泥量不应大于0.5%，泥块含量不大于0.2%，针片状颗粒含量不宜大于5%；配制C80及以上等级混凝土时，最大粒径不宜大于20mm。

④所采用的减水剂应为高效减水剂或高性能减水剂，其掺量应根据试验确定。

⑤掺合料可选用粉煤灰、粒化高炉矿渣粉和硅灰等，粉煤灰等级应不低于Ⅱ级，掺量应根据试验确定。

⑥拌制与养护用水应符合要求。

（2）高强度混凝土配合比设计。

高强度混凝土的配合比应有利于减少温度收缩、干燥收缩和自身收缩引起的体积变形，避免早期开裂。高强度混凝土配合比设计，除符合普通混凝土配合比设计要求外，还应符合下列规定：

①配制高强度混凝土所用砂率、外加剂、矿物掺合料的品种、掺量等，均应通过试验确定。

②高强度混凝土的水泥用量宜不大于 500kg/m³,胶凝材料总量宜不大于 600kg/m³。

③高强度混凝土的设计配合比确定后,尚应采用该配合比进行不少于 6 次的重复试验进行论证,其平均值应不低于配制强度。

(3)高强度混凝土的施工技术要求。

高强度混凝土的施工技术,除应符合普通混凝土的规定外,还应符合下列规定:

①混凝土应采用强制式搅拌机拌制,不得采用自落式搅拌机搅拌。

②应准确控制用水量,粗、细集料的含水率应及时测定,并应按测定值调整用水量和集料用量,不得在拌合物出机后再加水。

③搅拌混凝土时高效减水剂或高性能减水剂宜采用后掺法,且宜制成溶液后再加入,并在混凝土用水量中扣除溶液用水量。加入减水剂后,混凝土拌和料在搅拌机中继续搅拌的时间宜不少于 30s。

④高强度混凝土的入模温度应根据环境状况和结构所受的内、外约束程度加以限制。保湿养护的时间应不少于 7d。

9. 高性能混凝土

高性能混凝土是指采用混凝土的常规材料、常规工艺,在常温下以低水胶比、大掺量优质掺合料和严格的质量控制措施制作的,具有良好的施工工作性能且硬化后具有高耐久性、高尺寸稳定性及较高强度的混凝土。

(1)高性能混凝土的原材料和配合比除应符合普通混凝土的有关规定外,还应符合现行《公路工程混凝土结构耐久性设计规范》(JTG/T 3310)的规定。

(2)配制高性能混凝土时,应选用优质水泥和级配良好的优质集料,同时应掺加与水泥相匹配的高效减水剂或高性能减水剂及优质掺合料。

(3)水泥宜选用品质稳定、标准稠度需水量低、强度等级不低于 42.5 的硅酸盐水泥或普通硅酸盐水泥,不宜采用矿渣硅酸盐水泥、火山灰质硅酸盐水泥及粉煤灰硅酸盐水泥或复合硅酸盐水泥,不宜采用早强水泥。水泥的技术要求除应符合现行《通用硅酸盐水泥》(GB 175)的规定外,尚应符合表 4-13 的规定。

水泥技术要求　　　　　　　　　　　　　　　　表 4-13

项目	技术要求	检验标准
比表面积(m²/kg)	≤350(硅酸盐水泥、抗硫酸盐硅酸盐水泥)	现行《水泥比表面积测定方法　勃氏法》(GB/T 8074)
游离氧化钙含量(%)	≤1.5	现行《水泥化学分析方法》(GB/T 176)
碱含量(%)	≤0.60	现行《水泥化学分析方法》(GB/T 176)检验后计算求得
熟料中的 C_3A 含量(%)	≤8;海水环境下≤10	
氯离子含量(%)	≤0.03	现行《水泥化学分析方法》(GB/T 176)

(4)细集料宜选用级配良好、质地均匀坚固、吸水率低、空隙小、细度模数 2.6 ~ 3.2 的洁净天然中粗河砂,或符合要求的机制砂,不得使用山砂和海砂。细集料中有害物质含量的限值尚应符合表 4-14 的规定。

细集料有害物质含量限值　　　　　　　　　　表 4-14

项目	混凝土强度等级		
	< C30	C30 ~ C45	≥ C50
含泥量(%)	≤3.0	≤2.5	≤2.0
泥块含量(%)	≤0.5		
云母含量(%)	≤0.5		
轻物质含量(%)	≤0.5		
氯离子含量(%)	<0.02		
有机物含量	合格		
硫化物及硫酸盐含量(按 SO_3 质量计)(%)	≤0.5		

注：对可能处于干湿循环、冻融循环下的混凝土，细集料的含泥量应小于 1.0%。

(5)粗集料宜选用质地均匀坚硬、粒形良好、级配合理、线胀系数小的洁净碎石或卵石，不宜采用砂岩加工成的碎石，且应采用连续两级配或连续多级配。粗集料的压碎指标应不大于10%；坚固性试验结果失重率对钢筋混凝土结构应小于8%，对预应力混凝土结构应小于5%。吸水率应小于2%，当用于干湿循环、冻融循环下的混凝土时应小于1%。粗集料的最大粒径不宜超过26.5mm(大体积混凝土除外)，且不得超过保护层厚度的2/3。粗集料中有害物质含量的限值应符合表4-15的规定。

粗集料有害物质含量限值　　　　　　　　　　表 4-15

项目	混凝土强度等级		
	< C30	C30 ~ C45	≥ C50
含泥量(%)	≤1.0		≤5
泥块含量(%)	≤0.25		
针片状颗粒含量(%)	≤7		
硫化物及硫酸盐含量(按 SO_3 质量计)(%)	≤0.5		
氯离子含量(%)	<0.02		
有机物含量(比色法)	合格		

(6)外加剂应选用高效减水剂、高性能减水剂或复合减水剂，并应选择减水率高、坍落度损失小、适量引气、与水泥之间具有良好的相容性、能明显改善或提高混凝土耐久性能且质量稳定的产品；引气剂或引气型外加剂应有良好的气泡稳定性。用于提高混凝土抗冻性的引气剂、减水剂和复合外加剂中均不得掺有木质磺酸盐组分，并不得采用含有氯盐的防冻剂。外加剂性能指标应符合表4-16的规定。

外加剂性能指标　　　　　　　　　　表 4-16

项目	指标	检验标准
硫酸钠含量(%)	≤5.0	《混凝土外加剂匀质性试验方法》(GB/T 8077)
碱含量($Na_2O + 0.658K_2O$)(%)	≤10.0	
氯离子含量(%)	≤0.02	《混凝土外加剂》(GB 8076)

续上表

项目		指标	检验标准
减水率(%)		≥25	《混凝土外加剂》(GB 8076)
常压泌水率比(%)		≤20	
压力泌水率比(%)		≤90	《普通混凝土拌合物性能试验方法标准》(GB/T 50080)
抗压强度比(%)	3d	≥160	《混凝土外加剂》(GB 8076)
	7d	≥150	
	28d	≥140	
收缩率比(%)		≤135	
相对耐久性指标(200 次)(%)		≥80	

(7)矿物掺合料应选用品质稳定、来料均匀的粉煤灰、粒化高炉矿渣粉和硅灰等,应分别符合表 4-17 ~ 表 4-19 的规定。

粉煤灰技术要求　　　　　　　　　　　　　　　　　　　　　　表 4-17

项目	技术要求		检验标准
	C50 以下混凝土(二级粉煤灰)	C50 及以上混凝土(一级粉煤灰)	
细度(%)	≤25	≤12	《用于水泥和混凝土中的粉煤灰》(GB/T 1596)
需水量比(%)	≤105	≤95	
含水率(%)	≤1.0		
烧失量(%)	≤8.0	≤5.0	
SO_3 含量(%)	≤3.0		《水泥化学分析方法》(GB/T 176)
CaO 含量(%)	≤10		
游离 CaO 含量(%)	F 类粉煤灰:≤1.0 C 类粉煤灰:<4.0		
氯离子含量(%)	≤0.06		
安定性(雷氏夹沸煮后增加距离)(mm)	C 类粉煤灰:≤5.0		《水泥标准稠度用水量、凝结时间、安定性检验方法》(GB/T 1346)
活性指数	7d	≥75	≥80	《水泥化学分析方法》(GB/T 176)
	28d	≥85	≥90	

粒化高炉矿渣粉技术要求　　　　　　　　　　　　　　　　　表 4-18

项目	技术要求	检验标准
比表面积(m^2/kg)	350 ~ 450	《水泥比表面积测定方法　勃氏法》(GB/T 8074)
需水量比(%)	≤100	《高强高性能混凝土用矿物外加剂》(GB/T 18736)
含水率(%)	≤1.0	《用于水泥、砂浆和混凝土中的粒化高炉矿渣粉》(GB/T 18046)
烧失量(%)	≤3.0	《水泥化学分析方法》(GB/T 176)
SO_3 含量(%)	≤4.0	
MgO 含量(%)	≤14	

续上表

项目	技术要求	检验标准
氯离子含量(%)	≤0.06	《水泥化学分析方法》(GB/T 176)
28d 活性指数(%)	≥95	《用于水泥、砂浆和混凝土中的粒化高炉矿渣粉》(GB/T 18046)

硅灰技术要求   表 4-19

项目		技术要求	检验标准
比表面积(m²/kg)		≥15000	《高强高性能混凝土用矿物外加剂》(GB/T 18736)
需水量比(%)		≤125	
含水率(%)		≤3.0	—
烧失量(%)		≤6.0	《水泥化学分析方法》(GB/T 176)
氯离子含量(%)		≤0.02	
SiO₂ 含量(%)		≥85	《高强高性能混凝土用矿物外加剂》(GB/T 18736)
28d 活性指数(%)	3d	≥90	
	7d	≥95	
	28d	≥115	

（8）高性能混凝土的配合比应根据原材料品质、设计强度等级、耐久性以及施工工艺对工作性能的要求，通过计算、试配和调整等步骤确定。进行配合比设计时应符合下列规定：

①对不同强度等级混凝土的胶凝材料总量应进行控制，C40 以下不宜大于 $400kg/m^3$；C40 ~ C50 不宜大于 $450kg/m^3$；C60 及以上的非泵送混凝土不宜大于 $500kg/m^3$，泵送混凝土不宜大于 $530kg/m^3$。胶凝材料浆体体积宜不大于混凝土体积的 35%。水胶比应根据混凝土的配制强度、抗氯离子渗透性能和抗冻性能等要求确定。

②混凝土中宜适量掺加优质的粉煤灰、粒化高炉矿渣粉或硅灰等矿物掺合料，用以提高其耐久性，改善其施工性能和抗裂性能，其掺量宜根据混凝土的性能要求通过试验确定，且不宜小于胶凝材料总量的 20%。当混凝土中粉煤灰掺量大于 30% 时，混凝土的水胶比不得大于 0.45；在预应力混凝土及处于冻融环境的混凝土中，粉煤灰的掺量不宜大于 30%，且粉煤灰的含碳量不宜大于 2%。对暴露于空气中的一般构件混凝土，粉煤灰的掺量不宜大于 20%，且单方混凝土胶凝材料中的硅酸盐水泥用量不宜小于 240kg。

③对耐久性有较高要求的混凝土结构，试配时应进行混凝土和胶凝材料抗裂性能的对比试验，并从中优选抗裂性能良好的混凝土原材料和配合比。

④混凝土中宜适量掺加符合规定的外加剂，且宜选用质量可靠、稳定的多功能复合外加剂。

⑤冻融环境下的混凝土宜采用引气混凝土。冻融环境作用等级 D 级及以上的混凝土必须掺用引气剂；对处于其他环境作用等级的混凝土，也可通过掺加引气剂(含气量不小于 4%)提高其耐久性。混凝土抗冻性的耐久性指数应符合现行《公路工程混凝土结构耐久性设计规范》(JTG/T 3310)的规定。

⑥对混凝土中总碱含量的控制，应符合普通混凝土规定。对混凝土中游离氯离子的总含

量控制应符合规定。

⑦混凝土的坍落度宜根据施工工艺的要求确定,条件允许时宜选用低坍落度的混凝土施工。对于混凝土中游离氯离子的总含量控制要符合要求。

五、桥涵工程划分

根据《公路工程质量检验评定标准 第一册 土建工程》(JTG F80/1—2017)附录 A 的规定,桥涵工程的单位工程、分部工程、分项工程划分见表4-20。

桥涵工程的单位工程、分部工程、分项工程划分 表4-20

单位工程	分部工程	分项工程
桥梁工程（每座或每合同段）	基础及下部构造（1~3墩台）	钢筋加工及安装,预应力筋加工和张拉,预应力管道压浆,混凝土扩大基础,钻孔灌注桩,挖孔桩,沉入桩,灌注桩桩底压浆,地下连续墙,沉井,沉井、钢围堰的混凝土封底,承台等大体积混凝土结构,砌体,混凝土墩台,墩台身安装,支座垫石和挡块,拱桥组合桥台,台背填土等
	上部构造预制和安装（1~3跨）	钢筋加工及安装,预应力筋加工和张拉,预应力管道压浆,预制安装梁、板,悬臂施工梁,转体施工梁,拱圈节段预制,拱的安装,中下承式拱吊杆和柔性系杆,刚性系杆,钢梁制作,钢梁安装,钢梁防护等
	上部构造现场浇筑（1~3跨）	钢筋加工及安装,预应力筋加工和张拉,预应力管道压浆,就地浇筑梁、板,悬臂施工梁,就地浇筑拱圈,劲性骨架混凝土拱,钢管混凝土拱,中、下承式拱吊杆和柔性系杆,刚性系杆等
	桥面系、附属工程及桥梁总体	钢筋加工及安装,混凝土桥面板桥面防水层,钢桥面板上防水黏结层,混凝土桥面板桥面铺装,钢桥面板上沥青混凝土铺筑,支座安装,伸缩装置安装,人行道铺设,栏杆安装,混凝土护栏,钢桥上钢护栏安装,桥头搭板,混凝土小型构件预制,砌体坡面护坡,混凝土构件表面防护,桥梁总体等
	防护工程	砌体坡面防护,护岸,导流工程等
	引道工程	见路基工程、路面工程的分项工程

第三节 混凝土工程

一、混凝土的拌制

(1)混凝土的配料宜采用自动计量装置,各种衡器的精度应符合要求,计量应准确。计量器具在拌和站安装完成后使用前要标定,使用过程中应定期标定,迁移后应重新进行标定,在发现异常后怀疑为计量器具问题时也要标定。拌制混凝土所用的各项固体原材料应按质量进行计量投料,水和液体外加剂可按体积进行计量投料,配料数量的允许质量偏差应符合规定。施工前要做好检查。

(2)外加剂宜以稀释溶液加入,其稀释用水和原液中的水量,应从拌和加水量中扣除。外加剂使用前要保证溶液均匀,不得离析。加入搅拌筒的外加剂溶液应保证充分溶解,搅拌均匀。掺合料应采用与水泥相同的输送剂量、方式加入。

（3）混凝土应采用机械拌制，搅拌机的生产能力要与需求混凝土的方量适应，宜选用强制性拌和机。拌制时，自全部材料装入搅拌筒开始搅拌至开始出料的最短搅拌时间，应按照搅拌机产品说明书的要求及混凝土搅拌技术要求经试验确定，参数确定后不得随意更改。

（4）混凝土拌合物应搅拌均匀、颜色一致，不得有离析和泌水现象，对在施工现场集中拌制的混凝土，应检测其拌合物的均匀性。检测时，应在搅拌机的卸料过程中，从卸料流的1/4～3/4之间部位取试样进行试验，试验结果应符合规定：混凝土中砂浆密度两次测值的相对误差应不大于0.8%，单位体积混凝土中粗集料含量两次测值的相对误差应不大于5%。

（5）混凝土搅拌完毕后，应检测混凝土拌合物的各项性能。混凝土拌合物的坍落度及其损失，宜在搅拌地点和浇筑地点分别取样检测，每一工作班或每一单元结构物不应少于两次，评定时应以浇筑地点的测值为准。当混凝土拌合物从搅拌机出料起至浇筑入模的时间不超过15min时，其坍落度可仅在搅拌地点取样检测。必要时，尚宜对工作性能、泌水率及含气量等混凝土拌合物的其他指标进行检测。

二、混凝土的运输

（1）运输能力应与混凝土的凝结速度和浇筑速度、浇筑方量相适应，应使浇筑工作不间断，且混凝土运到浇筑地点时仍能保持其均匀性和设计的坍落度。混凝土的运输宜采用搅拌运输车，或在条件允许时采用泵送方式输送；采用吊斗或其他方式运输时，运距不宜超过100m且不得使混凝土产生离析。

（2）一般采用搅拌运输车，运输混凝土时，途中应以2～4r/min慢速进行搅动，卸料前应采用快挡旋转搅拌罐不少于20s。混凝土运至浇筑地点后发生离析、泌水或坍落度不符合要求时，应进行第二次搅拌，二次搅拌时不宜加水，确有必要时，可同时加水、相应的胶凝材料和外加剂并保持其原水胶比不变，添加的材料不得超过有关规定；二次搅拌仍不符合要求时，不得使用。弃置的混凝土要妥善处置，不得随意丢弃，更不得污染环境。

（3）混凝土采用泵送方式时，应符合下列规定：

①混凝土的供应宜使输送混凝土的泵能连续工作，泵送的间歇时间不宜超过15min。在泵送过程中，受料斗内应具有足够的混凝土，应防止吸入空气产生阻塞。采用泵送混凝土时要对混凝土进行专门配合比设计。

②输送管应顺直，转弯处应圆缓，接头应严密不漏气。输送管使用前宜进行打压试验，首盘混凝土使用前要用同性能的砂浆湿匀。

③向低处泵送混凝土时，应采取必要措施，防止混凝土离析或堵塞输送管。混凝土输送超高时，可采用分级输送。

三、混凝土的浇筑、振捣

（1）浇筑混凝土前，应进行下列准备工作：

①应根据待浇筑结构物的情况、环境条件及浇筑量等制订合理的浇筑工艺方案，应对施工缝设置、浇筑顺序、浇筑工具、防裂措施、保护层的控制等作出明确规定。

②应对支架、模板、钢筋和预埋件等进行检查,模板内的杂物、积水及钢筋上的污物应清理干净。模板有缝隙或孔洞时,应堵塞严密且不漏浆。

③应对混凝土的均匀性和坍落度等性能进行检测。

(2)自高处向模板内倾卸混凝土时,应防止混凝土离析。直接倾卸时,其自由倾落高度不宜超过 2m;超过 2m 时,应通过串筒、溜管(槽)或振动溜管(槽)等设施下落;倾落高度超过 10m 时,应设置减速装置。

(3)混凝土应按一定的厚度、顺序和方向分层浇筑,且应在下层混凝土初凝或能重塑前浇筑完成上层混凝土;上下层同时浇筑时,上层与下层的前后浇筑距离应保持 1.5m 以上;在倾斜面上浇筑混凝土时,应从低处开始逐层扩展升高,并保持水平分层。混凝土分层浇筑的厚度视振捣方式的不同确定,但均不得超过 300mm,并与振捣设备相适应。

(4)混凝土的浇筑宜连续进行,因故中断间歇时,其间歇时间应小于前层混凝土的初凝时间或能重塑时间。混凝土的运输、浇筑及间歇的全部时间不宜超出有关规定;当超出时应按浇筑中断处理,并应留置施工缝,要留在合适的位置,不得随意设置,同时应记录。

(5)采用振动器振捣混凝土时,应符合下列规定:

①插入式振动器的移位间距应不超过振动器作用半径的 1.5 倍,与侧模应保持 50 ~ 100mm 的距离,且插入下层混凝土中的深度宜为 50 ~ 100mm。

②表面振动器的移位间距应使振动器平板能覆盖已振实部分不小于 100mm。

③附着式振动器的布置距离,应根据结构物形状和振动器的性能通过试验确定,保证各部振捣密实。

④每一振点的振捣延续时间宜为 20 ~ 30s,以混凝土停止下沉、不出现气泡、表面呈现浮浆为度。

对于结构复杂不易振捣的混凝土构件,可采用以上两种及两种以上的组合方式进行振捣。

(6)施工缝及其处理。施工缝的位置应在混凝土浇筑之前确定,且宜留置在结构受剪力和弯矩较小、便于施工的部位,施工缝宜设置成水平面或垂直面。施工缝的处理应符合下列规定:

①施工缝处的混凝土表面光滑表层、松弱层应予以凿除。凿毛的最小深度应不小于 8mm。对施工缝处混凝土的强度,当采用水冲洗凿毛时,应达到 0.5MPa;人工凿毛时,应达到 2.5MPa;采用风动机凿毛时,应达到 10MPa。

②经凿毛处理后的混凝土面,应采用洁净水冲洗干净。混凝土施工前要进行湿润,并不得有积液。

③重要部位及有抗震要求的混凝土结构,或钢筋稀疏的钢筋混凝土结构,宜在施工缝处补插锚固钢筋;有抗渗要求的混凝土,其施工缝宜做成凹形、凸形或设置止水带;施工缝为斜面时宜浇筑或凿成台阶状。

(7)在环境相对湿度较小、风速较大的条件下浇筑混凝土时,应采取适当措施防止混凝土表面过快失水。浇筑混凝土期间,应随时检查支架、模板、钢筋、预应力管道和预埋件等的稳固情况,并应及时填写混凝土施工记录。

新浇筑混凝土的强度达到 2.5MPa 之前,不得使其承受行人、运输工具、模板、支架及脚手架等荷载。

四、混凝土的养护

（1）对新浇筑混凝土的养护,应满足其对温度、湿度和时间的要求。应根据施工对象、环境条件、水泥品种、外加剂或掺合料以及混凝土性能等因素,制订具体的养护方案,并严格实施,严禁失养。

（2）混凝土浇筑完成,应在其收浆后,尽快予以覆盖并洒水保湿养护。对干硬性混凝土、高强度和高性能混凝土、炎热天气浇筑的混凝土以及桥面等大面积裸露的混凝土,应加强初始保湿养护,具备条件的可在浇筑完成后立即加设棚罩,待收浆后再予以覆盖和洒水养护,覆盖时不得损伤或污染混凝土的表面。混凝土表面有模板覆盖时,应在养护期间使模板保持湿润。模板拆除后,仍应对混凝土进行覆盖和洒水养护,直至达到规定的养护期限。

（3）混凝土的养护不得采用海水或含有害物质的水。混凝土的洒水保湿养护时间应不少于7d,对重要工程或有特殊要求的混凝土,应根据环境湿度、温度、水泥品种,以及掺用的外加剂和掺合料等情况,酌情延长养护时间,并应使混凝土表面始终保持湿润状态。当气温低于5℃时,应采取保温养护的措施,不得向混凝土表面洒水。当采用喷洒养护剂对混凝土进行养护时,所使用的养护剂应不会对混凝土产生不利影响,且应通过试验验证其养护效果。

（4）新浇筑的混凝土与流动的地表水或地下水接触时,应采取临时防护措施,保证混凝土在7d以内且强度达到设计强度的50%以前,不受水的冲刷侵袭;当环境水具有侵蚀作用时,应保证混凝土在10d以内且强度达到设计强度的70%以前,不受水的侵袭。混凝土处于冻融循环作用的环境时,宜在结冰期到来4周前完成浇筑施工,且在混凝土强度未达到设计强度等级的80%前不得受冻,否则应采取技术措施,防止发生冻害。

（5）混凝土的养护要专人负责,加强监督检查,做好记录。推广采用智能、自动模式下的覆盖、喷淋、保湿、保温养护。

五、大体积混凝土的浇筑、养护和温度控制措施

对于大体积混凝土的施工,施工单位应编制专项施工方案,并应对混凝土采取温度控制措施。大体积混凝土的浇筑、养护和温度控制措施应符合《公路桥涵施工技术规范》（JTG/T 3650—2020）第6.13.2条的规定:

（1）施工前应根据原材料、配合比、环境条件、施工方案和施工工艺等因素进行温控设计和温控监测设计,并应在浇筑后按该设计要求对混凝土内部和表面的温度实施监测和控制。对大体积混凝土进行温度控制时,应使其内部最高温度不高于75℃,内表温差不大于25℃,混凝土表面与大气温差不大于20℃。

（2）大体积混凝土可分层、分块浇筑,分层、分块的尺寸宜根据温控设计的要求及浇筑能力合理确定;当结构尺寸相对较小或能满足温控要求时,可全断面一次浇筑。

（3）分层浇筑时,在上层混凝土浇筑之前应对下层混凝土的顶面进行凿毛,且新浇混凝土与下层混凝土的温差宜小于20℃,并应采取措施将各层间的浇筑间歇期控制在7d以内。

（4）分块浇筑时,块与块之间的竖向接缝面有平行于结构物的短边,并应在浇筑完成拆模后按施工缝的要求进行凿毛处理。分块施工所形成的后浇段,应在对大体积混凝土实施温度

控制且其温度场趋于稳定后方可浇筑;后浇段宜采用微膨胀混凝土,并应一次浇筑完成。

(5)大体积混凝土的浇筑宜在气温较低时进行,但混凝土的入模温度应不低于5℃;热期施工时宜采取措施降低混凝土的入模温度,且其入模温度宜不高于28℃。

(6)大体积混凝土的温度控制宜按照"内降外保"的原则,对混凝土内部采取设置冷却水管通循环水冷却、对混凝土外部采取覆盖蓄热或蓄水保温等措施进行。在混凝土内部通水降温时,进出口水的温差宜小于或等于10℃,且水温与内部混凝土的温差宜不大于20℃,降温速率宜不大于2℃/d;利用冷却水管中排出的降温用水在混凝土顶面蓄水保温养护时,养护水温度与混凝土表面温度的差值应不大于15℃。

(7)大体积混凝土采用硅酸盐水泥或普通硅酸盐水泥时,其浇筑后的养护时间宜不少于14d,采用其他品种的水泥时宜不少于21d。在寒冷天气或遇到气温骤降天气时浇筑的混凝土,除应对其外部加强覆盖保温外,尚宜适当延长养护时间。

六、其他混凝土

(1)有抗冻性要求的混凝土,应符合《公路桥涵施工技术规范》(JTG/T 3650—2020)第6.13.3条的规定。

(2)有抗渗要求的混凝土,应符合《公路桥涵施工技术规范》(JTG/T 3650—2020)第6.13.4条的规定。

(3)对于自密实混凝土,应符合《公路桥涵施工技术规范》(JTG/T 3650—2020)第6.13.5条的规定。

(4)对于高强度混凝土,应符合《公路桥涵施工技术规范》(JTG/T 3650—2020)第6.14节的规定。

(5)对于高性能混凝土,应符合《公路桥涵施工技术规范》(JTG/T 3650—2020)第6.15节的规定。

第四节　基　础　工　程

一、一般规定

1.灌注桩基础

(1)灌注桩基础可以采用钻机机械成孔、人工开挖成孔的方法进行施工。

存在下列情况之一的区域不得采用人工开挖成孔工艺:①地下水丰富、孔内空气污染物超标准、软弱土层等不良地质条件区域;②机械成孔设备能够正常作业的区域。

(2)施工前应编制专项施工方案、环境保护方案。

(3)施工至一定深度但暂时不进行作业的桩孔,应对其孔口进行遮蔽防护,防止人员或物件坠入孔内。

(4)钻孔或挖孔时,相邻两桩孔不得同时施工,应间隔交错进行作业。

2. 基坑

（1）基坑施工前应确定开挖方式，应根据《公路水运危险性较大工程专项施工方案编制审查规程》（JT/T 1495—2024）的规定[详见本套监理工程师考试参考用书之《交通运输工程目标控制（通用知识篇）》第五章]识别是否属于危大工程或超危大工程，进而编制专项施工方案或进一步进行论证审查。

（2）基坑开挖前，应根据水文、地质、开挖方式及施工环境条件等因素验算基坑边坡的稳定性，确定是否对坑壁采取支护措施。当基坑开挖深度较小且坑壁土层稳定时，可直接放坡开挖；坑壁土层不易稳定且有地下水影响，或放坡开挖场地受限，或放坡开挖工程量过大时，应按设计要求对坑壁进行支护，设计未要求时，应结合实际情况选择适宜的坑壁支护方案并应进行支护的专项设计。

（3）基坑开挖时，应根据其等级和规模，对基坑结构的受力、变形、稳定性、坑外重要构筑物和地下管线的位移变形进行监测控制，以保证施工安全以及周边重要构筑物和地下管线的安全。对危险性较大的基坑，除应按"边开挖、边支护"的原则进行施工外，还应建立信息化实时监控系统，以指导施工。

（4）基坑的开挖施工如需要爆破，爆破作业应按照现行《爆破安全规程》（GB 6722）的规定进行管理和施工。

（5）开挖基坑所产生的弃土，应妥善处置，不得阻塞河道等，以免影响泄洪、污染环境。

（6）基坑边缘的顶面应设置防止水流进入基坑的设施。在基坑较深影响安全时，要在四周设置安全护栏，必要时在夜间设置警示灯。

（7）基坑开挖时，应对基坑边缘顶面的各种荷载进行严格控制，并应在基坑边缘与荷载之间设置护道。

二、围堰

1. 围堰的分类

（1）土围堰适用于水深在 1.5m 以内、流速不大于 0.5m/s 的河道，河床土质渗水性较小且满足泄洪要求。堰顶宽度要根据施工需要确定，满足安全要求。

（2）土袋围堰适用于水深在 3.0m 以内、流速不大于 1.5m/s 的河道，河床土质渗水性较小且满足泄洪要求。

（3）竹笼、木笼、铅丝适用于水深在 4m 以内、流速较大且满足泄洪要求的河道，水深超过 4m 时可用钢笼围堰。笼体宽度宜为水深的 1.0～1.5 倍。

（4）膜袋围堰适用于水深在 5m 以内、流速不大于 3.0m/s 且河床较平缓的河道。

（5）钢板桩、钢管桩围堰适用于深水或深基坑，流水较大的砂类土，黏性土、碎石及风化岩等坚硬河床。

（6）钢筋混凝土板桩围堰适用于深水或深基坑，流水较大的砂类土，黏性土、碎石土河床等。

（7）钢套箱围堰适用于大型深水桥梁基础。

2. 堰顶的要求

堰顶应高出施工期间可能出现的最高水位(包括浪高)一定高度;围堰外形应符合设计及施工要求,堰内面积应满足基础施工的需要;围堰断面应满足堰身强度和稳定性的要求。

围堰要求防水严密,尽量减少渗漏,以减轻排水工作,并保证施工安全。

三、基坑开挖、基底检验和基坑回填

参见本书第二章第六节涵洞、通道和小桥、人行天桥工程。

四、浅基础、承台质量监理

1. 浅基础

(1)浅基础的分类。

浅基础可分为扩大基础、单独基础或联合基础、条形基础、筏板基础和箱形基础、壳体基础等。

(2)浅基础的施工工艺流程:测量放样→围堰施工→基坑开挖→检验地基承载力→基底处理和基底检验→基础施工(钢筋加工和绑扎、模板支立、混凝土浇筑等)→基础养护→基坑回填。

(3)浅基础的基底为非黏性土或干土时,在施工前应将其润湿,并应按设计要求浇筑混凝土垫层,垫层顶面不得高于基础底面设计高程;地基为淤泥或承载力不足时,应按设计要求处理后方可进行基础的施工;基底为岩石时,应采用水冲洗干净,且在基础施工前应铺设一层强度等级不低于基础混凝土的水泥砂浆,然后进行混凝土的施工。

(4)浅基础的施工宜采用钢模板。混凝土宜在全平截面范围内水平分层进行浇筑,且机械设备的能力应满足混凝土浇筑施工的要求。一般基础宜在整个平截面范围水平分层进行浇筑,当浇筑量过大或大体积混凝土有温控需要时,可分块分层进行浇筑。

(5)对于砌石基础,石料规格应符合要求,砂浆标号应符合规定,分层砌筑,砂浆饱满,缝宽符合规定,沉降缝设置符合规定。

(6)基础养护。混凝土或砌石基础均应进行养护,要求覆盖洒水,养护时间7d以上。

(7)基础养护完成或满足强度施工需要时,要及时进行基础的验收,合格后应尽早进行基坑回填。(参见第二章第六节涵洞、通道和小桥、人行天桥工程的基坑回填)。

(8)《公路工程质量检验评定标准　第一册　土建工程》(JTG F80/1—2017)给定的砌体、混凝土扩大基础的质量检验标准和实测项目见表4-21。

砌体、混凝土扩大基础的质量检验标准和实测项目　　　　表4-21

项次	检查项目		规定值或允许偏差	检查方法和频率
1△	砂浆或混凝土强度(MPa)		在合格标准内	按JTG F80/1—2017附录F或附录D检查
2	轴线偏位(mm)		≤25	全站仪:纵横向各测2点
3	平面尺寸(mm)		±50	尺量:长度、宽度各测3处
4	基础底面高程(mm)	土质	±50	水准仪:测5处
		石质	+50,-200	
5	基础顶面高程(mm)		±30	水准仪:测5处

2. 承台

（1）承台的施工工艺流程：测量放样→围堰施工（如有）→基坑开挖→桩基检验→基底处理→测量放样→钢筋绑扎→模板支立→混凝土浇筑施工→承台养护→基坑回填。

（2）承台施工采取围堰作为挡水（土）设施时，应符合下列要求：

①应根据承台的结构特点、水文、地质和施工条件等因素确定适宜的围堰形式，并应对围堰进行专项设计。围堰的设计与施工应根据承台的结构尺寸、安装及放样误差等确定，且宜满足承台施工操作空间的需要，围堰内侧距承台边缘的净距不宜小于1m。

②围堰设计除应满足自身的强度、刚度和稳定性要求外，还应考虑河床断面被压缩后，流速增大导致的河床冲刷和对通航、导流等的影响。

③对围堰结构进行计算时，除应考虑施工荷载及结构重力、水流力、浮力、土压力等荷载外，尚应根据现场的具体情况考虑可能出现的冲刷、风力、波浪力、流冰压力、船舶或漂浮物撞击力等作用。

④围堰结构应根据施工过程中的各种工况，按最不利荷载组合进行强度、刚度及稳定性计算。

⑤钢围拆除时，应按照设计要求按步骤进行。除应采取措施防止撞击墩身外，对水下按设计规定可不拆除的结构，尚应保证其不会对通航产生不利影响。一般要求按原样恢复地貌。

（3）承台施工前应进行桩基等隐蔽工程的质量验收，桩顶的混凝土面应按水平施工缝的要求凿毛，桩头预留钢筋上的泥土及鳞锈等应清理干净。承台基底为软弱土层时，应按设计要求采取措施，避免在浇筑承台混凝土过程中产生不均匀沉降。

（4）模板宜用钢模，模板的加工要符合要求，支立后要进行验收，保证稳定、安全和强度。浇筑混凝土时要进行观测，出现胀模、漏浆等问题时应及时采取措施，保证浇筑安全。混凝土施工要满足施工要求。

（5）钢筋和混凝土应在无水条件下进行施工，施工时应根据地质、地下水位和基坑内的积水等情况采取防水或排水措施。应采取有效措施，使承台钢筋的混凝土保护层厚度符合设计规定。桩伸入承台的长度以及边桩外侧与承台边缘的净距应不小于设计规定值。

（6）承台混凝土施工完成后，要进行覆盖养护。

（7）《公路工程质量检验评定标准　第一册　土建工程》（JTG F80/1—2017）给定的质量检验标准和实测项目见表4-22。

承台等大体积混凝土的质量检验标准和实测项目　　　　　　表4-22

项次	检查项目		规定值或允许偏差	检查方法和频率
1△	混凝土强度（MPa）		在合格标准内	按 JTG F80/1—2017 附录 D 检查
2	平面尺寸（mm）	$B < 30m$	±30	尺量：测2个断面
		$B \geq 30m$	±$B/1000$	
3	结构高度（mm）		±30	尺量：测5处
4	顶面高程（mm）		±20	水准仪：测5处
5	轴线偏位（mm）		≤15	全站仪：纵横向各测2点
6	平整度（mm）		≤8	2m 直尺：每侧面每20m^2 测 1 处且不少于 3 处，每处测竖直、水平 2 个方向

五、桩基础质量监理

(一)钻孔灌注桩

1. 施工工艺流程

施工准备→桩位测量放样→搭建工作平台和埋设护筒→钻机就位→钻孔→清孔→成孔检查→安放钢筋笼→灌注混凝土→凿桩头。

2. 施工前工作

钻孔灌注桩施工应熟悉工程地质和水文地质资料。施工前应制订专项施工技术方案和安全技术方案、环境保护方案。对工程地质、水文地质或技术条件特别复杂的灌注桩,宜在施工前进行工艺试桩,包括施工工艺、机械设备、工程进度、质量控制等内容,并编写试桩总结,经监理工程师旁站、检查、验收批准后方可展开钻孔灌注桩的大面积施工。

3. 平台搭建

桩位处于旱地时,可在原地适当平整并填土压实形成工作平台;位于浅水区时,宜采用筑岛法形成平台施工;位于深水区时,宜搭设钢制平台,当水位变动不大时可采用浮式工作平台;在水流急或潮位涨落较大的水域,应搭设固定平台。平台应进行专项设计,并应符合有关规定。

4. 埋设护筒

钻孔应采用埋设护筒的方法,对钻机进行导引和固定孔口、保持泥浆水头。桩位处于旱地或位于浅水区时,做好定位;在深水区设置护筒时,要确保护筒埋设后的稳定,四周宜用黏土围护,防止漏跑浆。

护筒的设置应符合下列规定:

(1)护筒宜采用钢板卷制。在陆上或浅水区筑岛处的护筒,其内径应大于桩径至少200mm,壁厚应能使护筒保持圆筒状且不变形;在水中以机械沉设的护筒,其内径和壁厚的大小,应根据护筒的平面、垂直度偏差要求及长度等因素确定;对参与结构受力的护筒,其内径、壁厚及长度应符合设计规定。

(2)护筒在埋设定位时,除设计另有规定外,护筒中心与桩中心的平面位置偏差应不大于50mm,护筒在竖直方向的倾斜度应不大于1%;对深水基础中的护筒,在竖直方向的倾斜度应不大于1/150,平面位置的偏差可适当放宽,但不应大于80mm。在旱地和筑岛处设置护筒时,可采用挖坑埋设法实测定位,且护筒的底部和外侧四周应采用黏质土回填并分层夯实,使护筒底口处不致漏失泥浆;在水中沉设护筒时,宜采用导向架定位,并应采取有效措施保证其平面位置、倾斜度的准确,以及护筒接长连接处的焊接质量,焊接连接处的内壁应无凸出物,且应耐拉、耐压,不漏水。

(3)护筒顶宜高于地面0.3m或水面1.0~2.0m,同时应高于桩顶设计高程1m。在有潮汐影响的水域,护筒顶应高出施工期最高潮水位1.5~2.0m,并应在施工期间采取稳定孔内水头的措施;当孔内有承压水时,护筒顶应高于稳定后的承压水位2.0m以上。

(4)护筒的埋置深度在旱地或筑岛处宜为2~4m,在水中或特殊情况下应根据设计要求或桩位的水文、地质情况经计算确定。对有冲刷影响的河床，护筒宜沉入施工期局部冲刷线以下 1.0～1.5m，且宜采取防止河床在施工期过度冲刷的防护措施。

（5）护筒宜在混凝土浇筑完成后拔出，有留置护筒要求的除外。

5. 钻孔用泥浆

（1）泥浆的配合比和配制方法宜通过试验确定，其性能应与钻孔方法、土层情况相适应。

（2）钻孔过程中，应随时对孔内泥浆的性能进行检测，不符合要求时应及时调整。

（3）钻孔泥浆宜进行循环处理后重复使用，减少排放量。对重要工程的钻孔桩施工，宜采用泥浆处理器进行泥浆的循环。

（4）施工完成后废弃的泥浆应采取先集中沉淀再处理的措施，严禁随意排放，污染环境和水域。

6. 钻孔

（1）钻机的选型宜根据孔径、孔深、桩位处的水文和地质情况、施工环境条件等因素综合确定，所选用的钻机及钻孔方法应能满足施工质量和施工安全的要求。

（2）钻机就位前，应对钻孔的各项准备工作进行检查；钻机安装后，其底座和顶端应平稳。不论采用何种方法钻孔，开孔的孔位均必须准确；开钻时应慢速钻进，待导向部位或钻头全部进入地层后，方可正常钻进。钻机在钻进施工时不应产生位移或沉陷，否则应及时处理。分级扩孔钻进施工时，应保持桩轴线一致。

（3）采用正、反循环回旋钻机(含潜水钻)钻孔时，宜根据成孔的不同阶段、不同地层及岩层坡面等情况，采取不同的钻进工艺。减压钻进时，钻机的主吊钩始终应承受部分钻具的重力，孔底承受的钻压不应超过钻具重力之和(扣除浮力)的80%。

（4）采用冲击钻机冲击成孔时，应小冲程开孔，并应使初成孔的孔壁坚实、竖直、圆顺，能起到导向的作用。待钻进深度超过钻头全高加冲程后，方可进行正常的冲击。冲击钻进过程中，应采取有效措施防止塌孔。掏取钻渣和停钻时，应及时向孔内补浆，保持水头高度。

（5）采用全护筒法钻进时，钻机应安装平正，压进的首节护筒应竖直。钻孔开始后应随时检测护筒的水平位置和竖直线，如发现偏移超出允许范围，应将护筒拔出，调整后重新压入钻进。

（6）采用旋挖钻机钻孔时，应根据不同的地质条件选用相应的钻头。钻进过程中应采取有效措施严格控制钻进速度，避免进尺过快造成塌孔埋钻事故。钻头的升降速度宜控制在 0.75～0.80m/s，在粉砂层或亚砂土层中，升降速度应更加缓慢。泥浆初次注入时，应垂直向桩孔中间进行注浆。

（7）在钻孔排渣、提钻头除土或因故停钻时，应保持孔内具有规定的水位及要求的泥浆相对密度和黏度。处理孔内事故或因故停钻时，必须将钻头提出孔外。

7. 清孔

（1）钻孔深度达到设计高程后，应对孔径、孔深和孔的倾斜度进行检验，符合设计要求或监理工程师要求后，方可进行清孔。清孔的方法应根据设计要求、钻孔方法、机具设备条件、地层情况决定。不论采用何种清孔方法，在清孔排渣时，必须保持孔内水头，以防止坍孔。

（2）清孔后，泥浆的相对密度宜控制在 1.03～1.10，对于冲击成孔的桩，可适当提高，但不超过 1.15。黏度宜为 17 ~ 20Pa·s；含砂率小于 2%；胶体率宜大于 98%。清孔后的泥浆指标，一般是从桩孔的顶、中、底部分别取样进行检测并取其平均值。

清孔后，孔底沉淀厚度不得超过设计规定。设计未规定时，对桩径小于或等于 1.5m 的摩擦桩宜不大于 200mm；对桩径大于 1.5m，或桩长大于 40m 以及土质较差的摩擦桩宜不大于 300mm；对于支承桩宜不大于 50mm。

（3）在吊入钢筋骨架后，灌注水下混凝土之前，应再次检查孔内泥浆的性能指标和孔底沉淀厚度，如超过上述规定，应进行第二次清孔，符合要求后方可灌注水下混凝土。

（4）不得采用加深钻孔深度的方式代替清孔。

8. 钢筋笼的制作、安放

钢筋笼的加工宜集中进行，采用数值化控制工艺。钢筋笼的运输要保证不得损坏钢筋骨架，吊装布置要合理，确保运输、吊装不变形。安装钢筋骨架，应将其吊挂在孔口的钢护筒上，或在孔口地面上设置扩大受力面积的装置进行吊挂，不得直接将钢筋骨架支承在孔底。安装时应采取有效的定位、固定措施，减少钢筋骨架中心与桩中心的偏位，保证混凝土浇筑时不得上浮和偏移。

9. 灌注水下混凝土

（1）灌注水下混凝土前的准备工作应符合下列规定：

应按水下混凝土灌注数量和灌注速度的要求配齐施工机具、设备，设备的能力应满足桩孔在规定时间内灌注完毕的要求，且应保证其完好率，对主要设备应有备用。水下混凝土宜采用钢导管灌注，导管的内径宜为 200 ~ 350mm。导管使用前应进行水密承压和接头抗拉试验，严禁采用压气试压法。进行水密试验的水压应不小于孔内水深 1.3 倍的压力，也不应小于导管壁和焊缝可能承受灌注混凝土时最大内压力的 1.3 倍。

（2）灌注水下混凝土应符合下列规定：

①水下混凝土的灌注时间不得超过首批混凝土的初凝时间。混凝土运至灌注地点时，应检查其均匀性和坍落度等，不符合要求时不得使用。

②首批灌注混凝土的数量应能满足导管首次埋置深度 1.0m 以上的需要，所需混凝土数量可根据需要计算。首批混凝土入孔后，混凝土应连续灌注，不得中断。

③在灌注过程中，应保持孔内的水头高度；导管的埋置深度宜控制在 2 ~ 6m，并应随时测探桩孔内混凝土面的位置，及时调整导管埋深；在确保能将导管顺利提升的前提下，方可根据现场实际情况适当放宽导管的埋深，但最大埋深应不超过 9m。应将桩孔内溢出的水或泥浆引流至适当地点处理，不得随意排放。

④灌注时应采取措施防止钢筋骨架上浮。当灌注的混凝土顶面距钢筋骨架底部 1m 左右时，宜降低灌注速度；混凝土顶面上升到距骨架底部 4m 以上时，宜提升导管，使其底口高于骨架底部 2m 以上后再恢复正常灌注速度。

⑤对变截面桩，应在灌注过程中采取措施，保证变截面处的水下混凝土灌注密实。

⑥采用全护筒钻机施工的桩在灌注水下混凝土时，护筒应随导管的提升逐步上拔，上拔过程中除应保证导管的埋置深度外，同时应使护筒底口始终保持在混凝土面以下。施工时应边灌注、边排水，并应保持护筒内的水位稳定。

⑦混凝土灌注至桩顶部位时，应采取措施保持导管内的混凝土压力，避免桩顶泥浆密度过大而产生泥团或桩顶混凝土不密实、松散等现象；在灌注将近结束时，应核对混凝土的灌入数量，确定所测混凝土的灌注高度是否正确。灌注的桩顶高程应比设计高程高出不小于0.5m，当存在地质较差、孔内泥浆密度过大、桩径较大等情况时，应适当提高其超灌高度；超灌的多余部分在承台施工前或接桩前应凿除，凿除后的桩头应密实、无松散层。

⑧混凝土灌注的过程要做好灌注记录，核对有关数据。

10. 桩的检验

钻孔灌注桩在终孔后，应对桩孔的孔位、孔径、孔形、孔深和倾斜度进行检验，清孔后，应对孔底的沉淀厚度等进行检验。《公路工程质量检验评定标准　第一册　土建工程》(JTG F80/1—2017)给定的质量检验标准和实测项目见表4-23。

钻孔灌注桩的质量检验标准和实测项目　　　　　　　　　　　　　表4-23

项次	检查项目		规定值或允许偏差	检查方法和频率
1△	混凝土强度（MPa）		在合格标准内	按JTG F80/1—2017附录D检查
2	桩位（mm）	群桩	≤100	全站仪：每桩测中心坐标
		排架桩	≤50	
3	孔深（m）		≥设计值	测绳：每桩测量
4	孔径（mm）		≥设计值	探孔器或超声法成孔检测仪：每桩测量
5	钻孔倾斜度（mm）		≤1%S，H≤500	钻杆垂线法或超声法成孔检测仪：每桩测量
6	沉淀厚度（mm）		满足设计要求	沉淀盒或测渣仪：每桩测量
7△	桩身完整性		每桩均满足设计要求；设计未要求时每桩不低于Ⅱ类	满足设计要求；设计未要求时，采用低应变反射波法或超声波透射法：每桩检测

注：表中S为桩长。其中，挖孔桩不检测沉淀层厚度。

（二）挖孔灌注桩

1. 挖孔桩的适用情形

根据《公路桥涵施工技术规范》(JTG/T 3650—2020)的规定，在无地下水或有少量地下水且较密实的土层或风化岩层中，或无法采用机械成孔或机械成孔非常困难且水文、地质条件允许的地区，可以采用人工挖孔施工。在岩溶地区、采空区，不宜采用人工挖孔施工；孔内空气污染物超过《环境空气质量标准》(GB 3095—2012)规定的三级标准浓度限值且无通风措施时，不得采用人工挖孔施工；桩径或最小边宽度小于1200mm时，不得采用人工挖孔施工。

根据《公路水运工程淘汰危及生产安全施工工艺、设备和材料目录》的规定，存在下列情况之一的区域不得使用人工开挖基桩成孔工艺：①地下水丰富、孔内空气污染物超标准、软弱土层等不良地质条件的区域；②机械成孔设备能够正常作业的区域。

2. 施工工艺流程

施工准备→桩位测量放样→平整场地→浇筑垫层→挖第一节桩土、支模、浇筑护壁混凝土→检查桩位轴线→架设垂直运输、照明、通风等设备→挖第二节桩土、支模、浇筑混凝土→依次开挖、护壁直至设计高程→成孔检查→安放钢筋笼→灌注混凝土。

3. 人工挖孔的施工安全应符合的规定

(1)施工前应督促施工单位编制专项施工方案,监理工程师应审批该专项施工方案,并监督检查施工单位对作业人员进行安全技术交底的情况。

(2)桩孔内的作业人员必须戴安全帽、系安全带,人员上下时必须系安全绳。

(3)桩孔内应设防水带罩灯泡照明,电压应为安全电压,电缆应为防水绝缘电缆并应设置漏电保护器。设置的水泵、电钻等动力设备应严格接地。

(4)人工挖孔作业时,应始终保持孔内空气质量符合要求。孔深大于 10m 或空气质量不符合要求时,孔内作业必须采取机械强制通风措施。

(5)桩孔内遇到岩层需要爆破作业时,应进行爆破的专项设计,且宜采用浅眼松动爆破法。孔深大于 5m 时,必须采用导爆索或电雷管引爆。桩孔内爆破后应先通风排烟 15min 并检查无有害气体后,方可进入孔内继续作业。

4. 挖孔桩施工应符合的规定

(1)应因地制宜选择孔壁的支护方式。

(2)孔口处应设置高出地面不小于 300mm 的护圈,并应设置临时排水沟,防止地表水流入孔内。

(3)相邻两桩孔不得同时开挖,应间隔交错跳挖。

(4)采用混凝土护壁支护的桩孔,护壁混凝土的强度等级,当桩径不大于 1.5m 时应不低于 C25,桩径大于 1.5m 时应不低于 C30。挖孔作业时,必须挖一节浇筑一节护壁,护壁的节段高度必须严格按照专项方案执行。护壁外侧与孔壁间应保证密实。

(5)挖孔桩径应符合设计规定,孔壁支护不得占用桩径尺寸。

(6)挖孔的弃土应及时转运,妥善处置,孔口四周不得堆积弃土和其他杂物。

(7)挖孔达到设计高程并经确认后,应将孔底的松渣、杂物和沉淀泥土等清除干净。

(8)孔内无积水时,混凝土的灌注可进行干法施工;孔内有积水且无法排净时,宜按照水下混凝土的要求施工。

(三)沉入桩

(1)施工工艺流程:施工准备→桩位测量放样→桩基就位→起吊插桩→沉桩→接桩→沉桩→到位验收。

(2)沉桩施工前应熟悉工程地质、水文等资料,并应制订专项施工技术方案,配置合理的沉桩设备;施工单位在沉桩之前,应做好检查、测量。

(3)沉桩主要有钢筋混凝土桩、预应力混凝土桩、钢管桩等,其预制和制作质量要符合规范及设计要求,外购或自行制作的成品桩,均应有出厂合格证明、质量检验等资料。

(4)试桩。沉桩工程应在施工前进行工艺试桩和承载力试桩,确定沉桩的施工工艺、技术参数和检验桩的承载力。

(5)沉桩。沉桩根据施工方法可分为锤击沉桩、振动沉桩、射水沉桩等,要根据不同的设计、地质、技术、环境等条件选用。

沉桩前应在陆域或水域建立平面测量与高程测量的控制网点,桩基础轴线的测量定位点应设置在不受沉桩作业影响处;应根据桩的类型、地质条件、水文条件及施工环境条件等确定沉桩的方法和机具，并应对地上和地下的障碍物进行妥善处理。

沉桩顺序宜由一端向另一端进行，当基础尺寸较大时，宜由中间向两端或四周进行；如桩埋置有深浅，宜先沉深的，后沉浅的；在斜坡地带，应先沉坡顶的，后沉坡脚的。在桩的沉入过程中，应始终保持锤、桩帽和桩身在同一轴线上。

桩的连接应符合设计要求，并应符合下列规定：

①在同一墩、台的桩基中，同一水平面内的桩接头数不得超过基桩总数的1/4，但采用法兰盘按等强度设计的接头，可不受此限制。

②接桩时，应保持各节桩的轴线在同一直线上，接好后应进行检查，符合要求方可进行下道工序。

③接桩可采用焊接或法兰盘连接。当采用焊接连接时，焊接应牢固，位置应准确；采用法兰盘接桩时，法兰盘的结合处应密贴，法兰螺栓应对称逐个拧紧，并加设弹簧垫圈或加焊，锤击时应采取有效措施防止螺栓松动。

④在宽阔水域沉设的大直径管桩和钢管桩，宜在厂（场）内制作时按设计桩长拼接成整根，不宜在现场连接接长；必须在现场连接时，每根桩的接头数不得超过1个。

（6）承载力检验。特大桥和地质复杂的大、中桥，宜采用静压试验方法确定单桩容许承载力；一般大、中桥的试桩，可采用静载试验法，在条件适宜时，亦可采用可靠的动力检测法；锤击沉入的中、小桥试桩，在缺乏上述试验条件时，可结合具体情况，选用适当的动力公式计算单桩容许承载力。当确定的单桩容许承载力不能满足设计要求时，监理工程师应会同施工单位和设计单位研究处理。

六、沉井基础质量监理

1. 施工工艺流程

施工准备→工程测量定位、放线→基坑开挖或筑岛→刃脚垫层施工→分节制作沉井→第一次下沉→分节接高沉井→第二节下沉→……→沉井封底→井内填充、盖板施工→质量验收。

2. 沉井基础的施工应满足下列要求

（1）沉井施工前，应熟悉设计文件提供的工程地质和水文地质资料及现场的实际情况，必要时补充地质钻探，并应对洪汛、凌汛、河床冲淤变化、通航及漂流物等进行调查，制订专项施工方案，并报监理工程师审批。需要在施工中度汛、度凌的沉井，应制订防护措施，保证安全。对水中特大沉井的施工，应在施工前进行河床冲淤变化和防护的数学模型分析计算，必要时应进行物理模型的模拟试验。沉井下沉前，应对周边的堤防、建筑物和施工设备采取有效的防护措施，并应在下沉过程中，对其沉降及位移进行监测。

（2）沉井位于浅水或可能被水淹没的岸滩上时，宜就地筑岛制作。位于无水的陆地时，若地基承载力满足设计要求，可就地整平夯实形成平台制作，地基承载力不足时应对地基采取加固措施。在地下水位较低的岸滩，若土质较好，可在开挖后的基坑内制作。制作沉井的岛面、平台面和开挖基坑的坑底高程，应比施工期可能的最高水位（包括波浪影响）高出 0.5 ～ 0.7m。有流冰时，应再适当加高。

（3）钢沉井宜在工厂加工,并应根据设计文件编制制造工艺,绘制加工图和拼装图。钢沉井的分段、分块吊装单元应在胎架上组装、施焊。首节钢沉井应在坚固的台座上或支垫上进行整体拼装,台座表面的高度误差应小于4mm,并应有足够的承载能力,在拼装过程中不得发生不均匀沉降。

（4）沉井的浮运宜在气象和水文条件有利于施工时,以拖轮拖运或绞车牵引进行。对水深和流速大的河流,可在沉井两侧设置导向船增加其稳定性。在浮运、就位的任何时间内,沉井露出水面的高度均不应小于1.5m,并应考虑预留防浪高度或采取防浪措施。

（5）就位前应对所有缆绳、锚链、锚碇和导向设备进行检查调整,使就位施作能顺利进行,并应考虑水位涨落对锚碇的影响。布置锚碇体系时,应使锚绳受力均匀,并应采取适当措施避免导向船和沉井产生过大摆动或折断锚绳。

（6）沉井下沉与着床应根据水文、地质情况和沉井的结构特点确定其下沉的施工方法,并应按照下沉的不同工况进行必要的验算。正常下沉时,应自井孔中间向刃脚处均匀对称除土。沉井下沉过程中,应随时进行纠偏,保证竖直下沉,并做好观测记录,发现偏位或倾斜应及时纠正。

（7）沉井接高时,各节的竖向中轴线与第一节竖向中轴线应重合,接高加重应均匀、对称地进行,并应采取措施防止下沉或在接高过程中发生倾斜。

（8）当沉井下沉至设计高程后,应检查基底情况是否符合设计要求,井壁隔墙及刃脚与封底混凝土接触面处的泥污应清除干净。对下沉至设计高程后的沉井尚应进行沉降观测,沉降稳定且满足设计要求后方可封底。

（9）沉井的水下混凝土封底宜全断面一次连续灌注完成;对特大型沉井,可划分区域进行封底,但任一区域的封底工作均应一次连续灌注完成。

（10）井孔填充时,所采用的材料、数量及填充顺序等应符合设计规定。沉井顶部钢筋混凝土顶板的浇筑施工应符合设计要求及规范规定。

七、地下连续墙基础质量监理

1. 施工工艺流程

施工准备→测量定位、放线→修筑平台、导墙→挖槽→清槽及清刷→下放钢筋笼→吊放接头管→浇筑混凝土→拔出接头管。

2. 地下连续墙基础的施工应符合下列要求

（1）地下连续墙工程施工前,应熟悉水文、地质、区域内障碍物和有关试验等资料,必要时应补充地质勘察,并应制订专项施工技术方案,报监理工程师审批。在堤防等水利、防洪设施及其他既有构筑物周边进行地下连续墙工程施工时,应就施工可能导致的不利影响进行评估,必要时应采取有效措施进行保护。

（2）施工平台应坚固、平整,适合于重型设备和运输车辆行走,平面尺寸及高度应满足施工要求。采用泥浆护壁挖槽构成的地下连续墙应先构筑导墙。导墙的材料、平面位置、形式、埋置深度、墙体厚度、顶面高程应符合设计要求。

（3）导墙分段施工时，段落的划分应与地下连续墙划分的节段错开，安装预制导墙块时，应按照设计要求施工，并应保证连接处的质量，防止渗漏。施工过程中，应对导墙的沉降和位移进行监测。导墙平面轴线与地下连续墙平面轴线的偏差不应大于10mm；导墙内墙面应竖直，顶面应水平，墙后填土应与墙顶齐平；两导墙内墙面的距离允许偏差为 −5 ~ 20mm，导墙顶面高程的允许偏差为 ±10mm。

（4）地下连续墙的槽孔施工，应根据水文、地质情况和施工条件选择能满足成槽要求的机械与设备，必要时可选用多种设备组合施工。

①槽壁式地下连续墙的沟槽开挖宜分段施工，开挖前应按已划分的单元槽段，决定各段开挖的先后次序，相邻槽孔之间留有足够的安全距离。挖槽施工开始后应连续进行，直到槽段完成。槽壁式地下连续墙的施工要求：

成槽机械开挖一定深度后，应立即输入调制好的泥浆，并宜保持槽内的泥浆面不低于导墙顶面300mm，挖掘的槽壁及接头处应保持竖直，其倾斜率应不大于0.5%。接头处相邻两槽段的挖槽中心线在任一深度的偏差值均不得大于墙厚的1/3。槽底高程不得高于墙底的设计高程。

挖槽时应加强观测，如遇槽壁发生坍塌或槽孔偏斜超过允许偏差，应查明原因，采取相应措施后方可继续施工。槽段开挖达到槽底设计高程后，应对成槽质量进行检验，合格后方可进行下一工序。

②槽孔的清底工作应在吊放接头装置之前进行。清底工序应包括清除槽底沉淀的泥渣和置换槽中的泥浆。清底的施工要求：

清底之前应检测槽段的平面位置、横截面和竖面；当槽壁的竖向倾斜、弯曲和宽度超过允许偏差时，应进行修槽工作，使其符合要求。修槽后的槽段接头处应进行清理。

清底的方法宜根据槽孔的形状、尺寸、施工环境条件及设备条件等确定。

清理槽底和置换泥浆工作结束1h后，应进行检验，槽底以上200mm处的泥浆相对密度不应大于1.15，槽底沉淀物厚度应符合设计要求。

（5）接头的结构形式应符合设计要求，施工时要分不同接头形式采取不同的方式。

（6）钢筋骨架的制作和吊放应符合下列规定：

钢筋骨架应根据设计图和单元槽段的划分长度制作，并宜在胎架上试装配成型；骨架主筋的接长宜采用机械连接，骨架中间应留出上下贯通的导管位置。

吊放钢筋骨架时，应使其中心对准单元槽段中心。钢筋骨架应竖直、不变形并能顺利地下放插入槽内，下放时不得使骨架发生摆动。

全部钢筋骨架入槽后，应固定在导墙上，并应使骨架顶端高程符合设计要求。

（7）水下混凝土应采用导管法灌注。单元槽段长度小于4m时，可采用1根导管灌注；单元槽段长度超过4m时，宜采用2根或3根导管同时灌注；采用多根导管灌注时，导管间净距不宜大于3m，导管距节段端部不宜大于1.5m；各导管灌注的混凝土表面高差不宜大于0.3m；导管内径不宜小于200mm。

第五节 下 部 构 造

一、现浇混凝土桥墩台质量监理

1. 施工工艺流程

施工准备→测量放样→下承面准备→钢筋绑扎→模板安装→混凝土浇筑→养生。

2. 现浇混凝土墩、台身施工质量要求

(1)墩、台身施工前,应对其施工范围内基础顶面的混凝土进行凿毛处理,并应将表面的松散层、石屑等清理干净;对分节段施工的墩、台身,其接缝也应做相同的凿毛和清洁处理。在混凝土浇筑时应对结合面进行湿匀,并不得积水。

(2)墩、台身高度超过10m时,可分节段施工,节段的高度宜根据混凝土施工条件和钢筋定尺长度等因素确定。上一节段施工时,已浇节段的混凝土强度应不低于2.5MPa。各阶段浇筑混凝土施工的间歇时间宜控制在7d以内。

(3)在模板安装前,应在基础顶面放出墩、台身的轴线及边缘线;对分节段施工的墩、台身,其首节模板安装的平面位置和垂直度应严格控制。模板在安装过程中应通过测量监控措施保证墩、台身的垂直度,并应有防倾覆的临时措施;对高墩且风力较大地区的墩身模板,应考虑其抗风稳定性。

(4)应采取措施缩短墩、台身与承台之间浇筑混凝土的间隔时间,间歇期不宜大于10d。

(5)桥墩的钢筋可分阶段制作和安装,应保证其精度。有条件的最好整体制作和安装,推荐采用自动化制造,在制作、存放、运输、安装时应采取有效的保护措施保证其刚度。

(6)浇筑混凝土时,串筒、溜槽等的布置应方便摊铺和振捣,并应明确划分工作区域。混凝土浇筑完成后,应及时进行养护,养护时间不得少于7d。

(7)《公路工程质量检验评定标准 第一册 土建工程》(JTG F80/1—2017)给定的质量检验标准和实测项目见表4-24。

现浇墩、台身混凝土的质量检验标准和实测项目 表4-24

项次	检查项目		规定值或允许偏差	检查方法和频率
1△	混凝土强度(MPa)		在合格标准内	按 JTG F80/1—2017 附录 D 检查
2	断面尺寸(mm)		±20	尺量:每施工节段测1个断面。不分节段施工的测2个断面
3	全高竖直度(mm)	$H \leqslant 5m$	≤5	全站仪或垂线法:纵横向各测2处
		$5m < H \leqslant 60m$	≤H/1000,且≤20	全站仪:纵横向各测2处
		$H > 60m$	≤H/3000,且≤30	全站仪:纵横向各测2处
4	顶面高程(mm)		±10	水准仪:测3处
5△	轴线偏位(mm)	$H \leqslant 60m$	10,且相对前一节段≤8	全站仪:每施工节段测顶面边线与两轴线交点
		$H > 60m$	≤15,且相对前一节段≤8	

续上表

项次	检查项目	规定值或允许偏差	检查方法和频率
6	节段间错台(mm)	≤5	尺量：测每节每侧面
7	平整度(mm)	≤8	2m 直尺：每侧面每 20m² 测 1 处且不少于 3 处，每处测竖直、水平 2 个方向
8	预埋件位置(mm)	满足设计要求，设计未要求时≤5	尺量：每件测

注：*H* 为墩、台身高度。

3. 现浇混凝土墩、台帽或盖梁

（1）墩台帽的施工应在墩、台身质量检验合格后进行。

（2）对墩台帽施工所采用的托架、支架或抱箍等临时结构，应进行受力分析、计算与验算，必要时进行预压。支架宜直接支承在承台顶部，当必须支承在承台以外的承载力不足的地基上时，应对地基进行妥善加固处理，并应对支架进行预压。

（3）墩台帽、盖梁的模板宜采用大型钢模，使用前要进行试拼，合格后方可使用。在墩台帽与墩身的连接处，支立的模板与墩台身之间应密贴，不得出现空隙，防止漏浆现象。

（4）钢筋的加工宜使用自动化设备，钢筋骨架宜在台架上进行，严格控制制作精度。钢筋安装施工时，应避免在钢筋的接头处起弯，并应保证钢筋的混凝土保护层厚度。支座垫石的预埋钢筋及上部结构所需要的预埋件，其位置应准确。

（5）施工过程中应采取措施防止对墩、台身成品造成损伤和污染。混凝土浇筑应符合相关规定，完成后进行养生。达到设计强度或规范要求后方可拆除支架，拆除时按照设计方案进行。

（6）《公路工程质量检验评定标准 第一册 土建工程》(JTG F80/1—2017)给定的质量检验标准和实测项目见表 4-25。

现浇墩、台帽或盖梁的质量检验标准和实测项目　　　　　　表 4-25

项次	检查项目	规定值或允许偏差	检查方法和频率
1△	混凝土强度(MPa)	在合格标准内	按 JTG F80/1—2017 附录 D 检查
2	断面尺寸(mm)	±20	尺量：测 3 个断面
3	轴线偏位(mm)	≤10	全站仪：纵横向各测 2 点
4	顶面高程(mm)	±10	水准仪：测 5 点
5	支座垫石预留位置(mm)	≤10	尺量：每个检查
6	平整度(mm)	≤8	2m 直尺：顺盖梁长度方向每侧面测 3 处

二、预制安装墩台身和盖梁质量监理

1. 施工工艺流程

施工准备→预制台座准备→钢筋绑扎→模板支立→混凝土浇筑→现场下承面准备→预制块运输、吊装→现浇部分钢筋绑扎→模板安装→混凝土浇筑→养生→预应力施工（如有）。

2. 预制安装施工

(1)预制安装墩台身和盖梁的施工应制订专项施工方案,其施工方法、施工工艺、临时设施和设备等应根据结构的构造特点和施工环境综合确定,施工中使用受力装置和受力临时结构时应进行专门设计和验算,监理工程师做好审批。

(2)墩台身和盖梁的预制场地应进行专门的规划和设计,场地的布置应有利于预制、存放、移运和装车的施工,作业场地内各种临时设施的地基承载力应足够,场内的道路、料场应硬化,具有排水设施。

(3)设置台座的地基要具有足够的承载力、稳定性和抗应变能力,必要时进行地基加固处理。

(4)预制台座可采用混凝土结构、钢结构或其组合,并应与墩台预制节段相适应,并进行必要的受力验算。预制台座的数量应根据预制安装施工规模和进度要求综合考虑。

(5)墩台身预制的节段尺寸应符合设计要求。设计未规定时,宜根据墩台身结构的构造特点、运输能力、安装时的起重能力以及施工的方便性等因素考虑。

(6)墩台身和盖梁的预制宜采用整体式定型钢模,模板应具有足够的强度、刚度、稳定性。

(7)墩台身和盖梁施工的混凝土除符合混凝土施工的要求外,还要求每一预制节段的混凝土一次浇筑完成。混凝土浇筑时,应采取有效措施保证预应力管道和各种预埋件的位置准确,混凝土浇筑完成后,带模洒水养护时间不少于3d,对混凝土的外露面应覆盖、保湿和保温,拆模后应进行养护覆盖,保湿不少于7d。

(8)墩台身宜采取立式的方式在台座上预制。正式预制前要进行试预制和安装,合格后再进行正式预制。

(9)墩台身的预制安装应采用满足吊装施工能力的起重机和设备。在陆地安装时,宜采用履带式起重机或门式起重机。在水上安装时,宜采用起重船。

(10)墩台身预制安装的调位应具有三维调节功能,并应能满足节段安装的精度要求,导向装置、定位装置和锁定装置应能满足实施快速、准确安装作业的要求。

(11)在承台设置槽口、安装墩台身时要符合规范要求,采用胶接缝或湿接缝分节段安装墩台身时要符合相关要求。

三、浆砌工程质量监理

1. 施工工艺流程

施工准备→测量放样→基坑开挖→下承面准备→片石或预制块砌筑→外露面勾缝→养生→基坑回填。

2. 墩台身圬工施工一般规定

(1)砌筑用的预制块要经过检验合格,符合设计和规范要求。预制块要符合预制混凝土的相关要求,砌筑前要检验合格。

(2)砌块在使用前必须浇水湿润,表面如有泥土、水锈,应清洗干净。

(3)砌筑基础的第一层砌块时,如基底为岩层或混凝土基础,应先将基底表面清洗、湿润,再坐浆砌筑;如基底为土质,可直接坐浆砌筑。

（4）砌体应分层砌筑,砌体较长时可分段分层砌筑,但两相邻工作段的高差一般不宜超过1.2m;分段位置宜尽量设在沉降缝或伸缩缝处,各段水平砌缝应一致。

（5）各砌层应先砌外圈定位行列,然后砌筑里层,外圈砌块应与里层砌块交错连成一体。砌体外露面镶面种类应符合设计规定,对有流冰或有严重漂流物河中的墩台,宜选用较坚硬的石料或高强度等级混凝土预制块进行镶砌。砌体里层应砌筑整齐,分层应与外圈一致,应先铺一层适当厚度的砂浆再安放砌块和填塞砌缝。砌体外露面应进行勾缝,并应在砌体靠外露面预留深约20mm的空缝备作勾缝之用;砌体隐蔽面砌缝可随砌随刮平,不另勾缝。

（6）各砌层的砌块应安放稳固,砌块间应砂浆饱满,黏结牢固,不得直接贴靠或脱空。砌筑时,底浆应铺满,竖缝砂浆应先在已砌石块侧面铺放一部分,然后在石块放好后填满捣实。用小石子混凝土或砂浆填塞竖缝时,应充分捣实。

（7）砌筑上层砌块时,应避免振动下层砌块。砌筑工作中断后恢复砌筑时,已砌筑的砌层表面应加以清扫和湿润。

（8）砌筑完成后要进行洒水养生,保证7d湿匀,冬季施工的除外。养生完成后进行检验。

3. 砌筑用砂浆

（1）砌筑用砂浆的类别和强度应符合设计规定。砂浆所用原材料质量应符合要求,砂宜采用中粗砂,当缺乏天然砂时,可采用满足质量要求的机制砂代替。

（2）砌体所用砂浆或小石子混凝土的材料配合比应经试拌试验确定,当变更砂浆的组成材料时,其配合比要重新经试验确定。砂浆应有适当的和易性和稠度,用于石砌体时,其稠度宜为50~70mm。小石子混凝土的拌合物应具有良好的和易性,对片石砌体其坍落度宜为5~7cm,气温较高时可适当增大。砂浆应随拌随用,保持适当的稠度,宜在3~4h内使用完毕,当气温超过30℃时,宜在2~3h内使用完毕,不允许加水使用。已结硬的砂浆不得使用。

（3）砂浆宜采用,机械拌和,拌和时间宜为3~5min。

（4）一组砂浆试样的强度为该组试样3个70.7mm×70.7mm×70.7mm立方体试件28d抗压极限强度的算术平均值,结果精确至0.1MPa。当3个试件的最大或最小值与中间值的差超过中间值的15%时,以中间值为该组试件的抗压强度。当两个测试值与中间值的差值均超过中间值的15%时,该组试验结果无效。砂浆的抗压强度试验应按规范进行。砂浆试样强度应符合以下要求:同一等级的各组砂浆试样的平均强度应不低于图纸规定的砂浆等级的1.1倍;任一组试件的强度应不低于图纸规定的砂浆等级的85%。

4. 小石子混凝土

（1）其配合比、材料规格、强度试验及质量标准应符合要求。

（2）粗集料可采用细卵石或碎石,最大粒径不大于20mm。

（3）小石子混凝土拌合物应具有良好的和易性。对于片石砌体,坍落度宜为50~70mm;对于块石砌体,坍落度宜为70~100mm。

5. 浆砌片石

（1）片石质量应符合要求,应分层砌筑,宜以2~3层砌块组成一工作层,每一工作层的水平缝应大致找平。各工作层竖缝应相互错开,不得贯通。

（2）外圈定位行列和转角石,应选择形状较为方正及尺寸较大的片石,并长短相间地与里层砌块咬接;砌缝宽度一般不大于4cm,用小石子混凝土砌筑时,可为3~7mm。

(3)较大的砌块应使用于下层,安砌时应选取形状及尺寸较为合适的砌块,尖锐凸出部分应敲除。竖缝较宽时,应在砂浆中塞以小石块,不得在石块下面用高于砂浆砌缝的小片石支垫。

6.浆砌块石

(1)块石应符合要求,砌体应平砌,每层石料高度大致相同。对外圈定位行列和镶面石,应按丁顺相间或一丁二顺砌筑。砂浆砌筑缝宽应不大于30mm,上下竖缝的错开距离不应小于80mm。

(2)砂浆砌筑平缝宽度不应大于30mm,竖缝宽度不应大于4cm;当用小石子混凝土砌筑时,砌缝不大于50mm。

7.浆砌粗料石及混凝土预制块砌体

砌筑前,应先计算层数并选好料。砌筑时应严格控制平面位置和高度。镶面石应是一丁一顺砌筑,砌缝应横平竖直。粗料石砌缝宽不大于20mm,混凝土预制块缝宽不大于10mm,上层或下层竖缝错开距离应不小于100mm,同时在丁石的上层或下层不宜有竖缝。

8.桥墩、台身砌体施工质量检验标准和实测项目

《公路工程质量检验评定标准 第一册 土建工程》(JTG F80/1—2017)给定的质量检验标准和实测项目见表4-26。

墩、台身砌体的质量检验标准和实测项目 表4-26

项次	检查项目		规定值或允许偏差	检查方法和频率
1△	砂浆强度(MPa)		在合格标准内	按 JTG F80/1—2017 附录 F 检查
2	轴线偏位(mm)		≤20	全站仪:纵、横向各测2点
3	墩台长、宽 (mm)	料石	+20,−10	尺量:测3个断面
		块石	+20,−10	
		片石	+20,−10	
4	侧面平整度 (mm)	料石	≤20	2m 直尺:每20m²测1处,且不少于3处,每处测竖直、水平2个方向
		块石	≤20	
		片石	≤20	
5	竖直度或坡度 (%)	料石、块石	≤0.3	铅锤法:测量轴线位置,共4处
		片石	≤0.5	
6△	墩、台顶面高程(mm)		±10	水准仪:测5处

第六节 上 部 构 造

一、一般规定

(1)混凝土、预应力混凝土施工的原材料选择、配制、拌制、运输、浇筑和养护应符合规范

的规定。混凝土工程所用的各种原材料,均应符合国家标准或行业标准的规定,并应在选用和进场时对其性能和质量进行检验,检验合格后方可使用。

(2)预应力混凝土现浇结构和预制构件的施工应符合有关规定,预应力筋的张拉和后张孔道压浆宜采用信息化施工。预应力混凝土工程施工时,应采取必要的安全防护措施,避免隐患和防止发生事故。

(3)梁式桥施工的各种材料、模板、支架、构件、混凝土及预应力混凝土等应符合规范的规定。所有临时性承重结构及其地基基础均应进行设计计算,并应保证其在施工过程中有足够的强度、刚度和稳定性,且变形值应在允许范围内。

(4)对大跨径连续梁桥和连续刚构桥,应进行施工过程控制,使结构的变形、内力及线形符合设计要求,并应保证结构在施工过程中的安全。

(5)钢结构工程主要有工厂化制造、现场安装的施工。钢结构在制造前,制造厂应对设计图进行工艺性审查,且应绘制加工图,编制制造工艺。当需要修改设计时,应取得原设计单位的同意,并应签署设计变更文件。钢结构的制造应按确定的加工图和制造工艺进行。

(6)钢结构的制造宜推广采用数字化、自动化和信息化的先进技术、工艺和设备,保证加工的精度和人为误差,提高效率,保证合格率。

二、预应力混凝土工程质量监理

(一)预应力筋的选择及制作

(1)预应力筋的选择。

钢丝应符合现行《预应力混凝土用钢丝》(GB/T 5223)的规定;钢绞线应符合现行《预应力混凝土用钢绞线》(GB/T 5224)的规定;螺纹钢筋应符合现行《预应力混凝土用螺纹钢筋》(GB/T 20065)的规定。

(2)预应力筋的检验。

预应力筋进场时应分批验收。验收时,除应按合同要求对其质量证明书、包装、标志、规格等进行检查外,尚应按下列规定进行检验:

①钢丝分批检验时,每批的质量应不大于60t。检验时先从每批中抽查5%且不少于5盘,进行表面质量检查,如不合格,则应对该批钢丝逐盘检查。在表面质量检查合格的钢丝中抽取5%且不少于3盘,在每盘钢丝的两端取样进行抗拉强度、弯曲、伸长率的试验,试验结果如有一项不合格,则不合格盘报废,并从同批未试验过的钢丝盘中取双倍数量进行该不合格项的复验,如仍有一项不合格,则该批钢丝为不合格。

②钢绞线分批检验时,每批的质量应不大于60t。检验时先从每批中任取3盘,并从每盘所选的钢绞线端部正常部位截取一组试样进行表面质量、直径偏差、力学性能试验。如每批少于3盘,则应逐盘取样进行上述试验,试验结果如有一项不合格,则不合格盘报废,并再从同批未试验过的钢绞线中取双倍数量进行该不合格项的复验,如仍有一项不合格,则该批钢绞线为不合格。

③螺纹钢筋分批检验时,每批的质量应不大于100t。对表面质量应逐根进行目视检查,外观检查合格后在每批中任选2根钢筋截取试件进行拉伸试验。试验结果如有一项不合格,则

应另取双倍数量的试件重做全部各合格项试验;如仍有一项不合格,则该批钢筋为不合格。

(3)预应力筋应保持清洁,在存放和搬运过程中应避免使其产生机械损伤和有害锈蚀。进场后的存放时间宜不超过 6 个月,且宜存放在干燥、防潮、通风良好、无腐蚀气体和介质的仓库内。在室外存放时,不得直接堆放在地面上,应支垫并覆盖,防止雨露和各种腐蚀性介质对其产生不利影响。

(4)预应力筋制作时的下料应符合规定。下料长度应通过计算确定,计算时应考虑结构的台座长度或孔道长度、锚夹具厚度、千斤顶长度、镦头预留量、冷拉伸长值、弹性回缩值、张拉伸长值和张拉工作长度等因素。

(5)预应力筋的下料,应采用切断机或砂轮锯切断,严禁采用电弧切割。

(6)预应力筋的表面质量要求其表面不得有裂纹、小刺、机械损伤、氧化铁皮及油迹;回火成品表面允许有回火颜色。

(二)锚具、夹具和连接器

1. 锚具、夹具和连接器的选择

锚具、夹具和连接器应按设计规定采用,其性能和质量应符合规定。进场后,应核对其型号、规格和数量,产品质保书、产品技术手册、锚固区传力性能型式检验报告,以及夹片式锚具的锚口摩阻损失测试报告或参数。检查无误后按规定进行检验。

锚具应满足分级张拉、补张拉以及放松预应力的要求;锚固多根预应力筋的锚具除应具有整束张拉的性能外,尚应具有单根张拉的性能;用于承受低应力或动荷载的夹片式锚具应具有防松性能;锚具的锚口摩阻损失率宜不大于 6%。

夹具应具有良好的自锚性能、松锚性能和安全的重复使用性能,主要锚固零件应具有良好的防锈性能,可重复使用的次数应不少于 300 次。

在混凝土结构或构件中的永久性预应力筋连接器,应符合锚具的性能要求;用于先张法施工且在张拉后还需进行放张和拆卸的连接器,应符合夹具的性能要求。

锚垫板应具有足够的强度和刚度,且宜设置锚具对中止口以及压浆孔或排气孔,压浆孔的内径宜不小于 20mm。

2. 锚具、夹具和连接器的检验

锚具、夹具和连接器进场时,应按照合同核对其型号、规格和数量,以及适用的预应力筋品种、规格和强度等级,且生产厂家应提供产品质保书、产品技术手册、锚固区传力性能型式检验报告,以及夹片式锚具的锚口摩阻损失测试报告或参数。核对无误后,应按下列规定做进场检验:

(1)外观检验:应从每批产品中抽取 2% 且不少于 10 套样品,检验表面裂纹及锈蚀情况。表面不得有裂纹和锈蚀。当有 1 个零件不符合要求时,本批全部产品应逐件检验。对配套使用的锚垫板、螺旋筋可按此方法检验,但允许表面有轻度锈蚀。

(2)尺寸检验:应从每批产品中抽取 2% 且不少于 10 套样品,检验其外形尺寸。当有 1 个零件不符合要求时,应另取双倍数量的零件重新检验;如仍有 1 个零件不符合要求,则本批全部产品应逐件检验。

(3)硬度检验:应从每批产品中抽取 3% 且不少于 5 套样品(对于多孔夹片式锚具的夹片,

每套抽取6片），检验其硬度，每个零件测试3点。当有1个零件不符合要求，则应另取双倍数量的零件重新检验；如仍有1个零件不符合要求，则本批全部产品应逐件检验。

（4）静载锚固性能试验：应在外观、硬度检验均合格的同批产品中抽取样品，与相应规格和强度等级的预应力筋组成3个预应力筋—锚具组装件，进行静载锚固性能试验。当有1个试件不符合要求，应另取双倍数量的样品重新试验；如仍有1个试件不符合要求，则本批锚具为不合格。

监理工程师应注意，锚具、夹具和连接器、锚垫板、螺旋筋进场检验时，同种材料、同一生产工艺条件下、同批进场的产品可视为同一验收批；锚具的每个验收批宜不超过2000套；夹具、连接器的每个验收批宜不超过500套；获得第三方独立认证的产品，其验收批可扩大1倍；检验合格的产品，在现场的存放期若超过1年，再用时应进行外观检验。预应力筋用锚具产品应配套使用，同一结构或构件中应采用同一生产厂的产品，工作锚不得作为工具锚使用；夹片式锚具的限位板和工具锚宜采用与工作锚同一生产厂的配套产品。

（三）管道

1.管道材料的选择

在后张有黏结预应力混凝土结构或构件中，预应力筋的孔道宜由浇筑在混凝土中的刚性或半刚性管道构成，或采用钢管抽芯、胶管抽芯及金属伸缩套管抽芯等方法进行预留。

2.管道材料的性能和检验

（1）刚性管道应是壁厚不小于2mm的平滑钢管，且应具有光滑的内壁并可被弯曲成适当的形状而不出现卷曲或被压扁；半刚性管道应是波纹状的金属管或高密度聚乙烯塑料管，且金属波纹管宜采用镀锌钢带制作，壁厚宜不小于0.3mm。

金属波纹管的性能和质量应符合现行《预应力混凝土用金属波纹管》（JG/T 225）的规定。塑料波纹管的制作材料、性能和质量应符合现行《预应力混凝土桥梁用塑料波纹管》（JT/T 529）的规定。

（2）管道进场时除应按合同检查出厂合格证和质量保证书，核对其类别、型号、规格及数量外，尚应对其外观、尺寸、集中荷载下的径向刚度、荷载作用后的抗渗漏及抗弯曲渗漏等进行检验；金属波纹管每批应由同一钢带生产厂生产的同一批钢带所制造的产品组成，每批数量应不超过50000m；塑料波纹管每批应由同一配方、同一生产工艺、同设备稳定连续生产的产品组成，每批数量应不超过10000m。

波纹管的存放时间宜不超过6个月。室外存放时不得直接堆于地面，应支垫并遮盖。

（四）施加预应力的一般规定

1.预应力张拉用的机具设备和仪表应符合的规定

（1）预应力筋的张拉宜采用穿心式双作用千斤顶，整体张拉或放张宜采用具有自锚功能的千斤顶；张拉千斤顶的额定张拉力宜为所需张拉力的1.5倍且不得小于1.2倍。与千斤顶配套使用的压力表应选用防振型产品，其最大读数应为张拉力的1.5~2.0倍，标定精度应不低于1.0级。张拉机具设备应与锚具产品配套使用，并应在使用前进行校正、检验和标定。

（2）张拉千斤顶与压力表应配套标定、配套使用，标定应在经国家授权的法定计量技术机构定期进行,标定时千斤顶活塞的运行方向应与实际张拉工作状态一致。

当处于下列情况之一时,应重新进行标定:

①使用时间超过6个月;

②张拉次数超过300次;

③使用过程中千斤顶或压力表出现异常情况;

④千斤顶检修或更换配件后。

(3)采用测力传感器测量张拉力时,测力传感器应按相关国家标准的规定每年送检一次。

2. 施加预应力之前,现场准备工作及结构或构件需要达到的要求

(1)施工现场已具备经批准的张拉顺序、张拉程序和施工作业指导书,经培训掌握预应力施工知识和正确操作的施工人员,以及能保证操作人员和设备安全的防护措施。

(2)张拉设备、机具已到位并经检验合格。

(3)预应力筋已安装到位,锚具安装正确,结构或构件混凝土已达到要求的强度和弹性模量(或龄期)。

3. 对预应力筋施加预应力应符合的规定

(1)千斤顶安装时,工具锚应与前端的工作锚对正,工具锚和工作锚之间的各根预应力筋不得错位、扭绞。实施张拉时,千斤顶与预应力筋、锚具的中心线应位于同一轴线上。

(2)预应力筋的张拉顺序和张拉控制应力应符合设计规定。当施工中需要对预应力筋实施超张拉或计入锚圈口预应力损失时,可比设计规定提高5%,但在任何情况下均不得超过设计规定的最大张拉控制应力。

(3)预应力筋张拉采取应力和伸长率双控。采用应力控制方法张拉时,应以伸长值进行校核。实际伸长值与理论伸长值的差值应符合设计规定;设计未规定时,其偏差应控制在 ±6% 以内,否则应暂停张拉,待查明原因并采取措施予以调整后,方可继续张拉。对环形筋、U形筋等曲率半径较小的预应力束,其实际伸长值与理论伸长值的偏差宜通过试验确定。

预应力筋的理论伸长值 ΔL_L 可按下式计算:

$$\Delta L_\mathrm{L} = \frac{P_\mathrm{P} L}{A_\mathrm{P} E_\mathrm{P}} \tag{4-1}$$

式中:P_P——预应力筋的平均张拉力(N),直线筋取张拉力端的拉力;两端张拉的曲线筋,计算方法应符合《公路桥涵施工技术规范》(JTG/T 3650—2020)附录 F 的规定;

　L——预应力筋的长度(mm);

　A_P——预应力筋的截面面积(mm^2);

　E_P——预应力筋的弹性模量(N/mm^2)。

(4)预应力筋的理论伸长值应通过计算确定,在材料、现场条件发生变化时应重新计算。

(5)预应力筋张拉时,应先调整到初应力 σ_0,初应力宜为张拉控制应力 σ_con 的10% ~ 25%,伸长值应从初应力时开始量测。预应力筋的实际伸长值 ΔL_S(mm)除量测的伸长值外,尚应加上初应力来推算伸长值。

预应力筋的实际伸长值 ΔL_S(mm)可按下式计算:

$$\Delta L_\mathrm{S} = \Delta L_1 + \Delta L_2 \tag{4-2}$$

式中：ΔL_1——从初应力至最大张拉应力间的实测伸长值（mm）；

ΔL_2——初应力以下的推算伸长值（mm），可采用相邻级的伸长值。

（6）预应力筋张拉控制应力的精度为 $\pm 1.5\%$。

（7）预应力筋的锚固，应在张拉控制应力处于稳定状态下进行。锚固阶段张拉端锚具变形、预应力筋的内缩量和接缝压缩值，应不大于设计规定或规范容许值。

（8）预应力筋在实施张拉或放张作业时，应采取有效的安全防护措施，预应力筋两端的正面严禁站人和穿越。

（9）预应力筋张拉、锚固及放松时，均应整理施工记录。

4.预应力智能张拉

宜采用智能张拉和压浆技术。随着计算机技术等新型、互联网大数据等的迅猛发展，智能张拉和压浆已经逐渐地成为预应力施工中的重要技术手段。其有效解决了张拉的精确度受到环境、人为等相关因素的影响，大大提高了张拉效率，满足了数据的可追溯性。

智能张拉系统主要由计算机、位移传感器和压力传感器三部分组成。智能张拉系统在进行工作时应将应力作为其控制的主要指标，将伸长量作为其校核的辅助目标，通过计算机的智能操纵，实现自动张拉的目的。

（五）混凝土浇筑

（1）模板、钢筋、管道、锚具和预应力钢筋应严格检查验收，经监理工程师检查并批准后，方可浇筑混凝土。

（2）预应力结构混凝土的浇筑除符合普通混凝土的规定外，还应符合下列要求

①浇筑混凝土时，应保持锚塞、锚圈和垫板位置的准确、稳固。为避免孔道变形或移动，不允许振捣器触及管道和预埋件。在混凝土浇筑和预应力钢筋张拉前，锚具的所有支承表面（如垫板）应保持清洁。

②浇筑混凝土时，宜根据结构或构件的不同形式选用插入式、附着式或平板式等振动器进行振捣。对箱梁腹板与底板及顶板连接处的承托、预应力筋锚固区及其他预应力钢束与钢筋密集的部位，应采取有效措施加强振捣。浇筑过程中应随时检查模板、管道、锚固端垫板等的稳固性，保证其位置及尺寸符合设计要求。

③用于判断现场强度的混凝土试件，应置于现场与结构或构件同环境、同条件养护。混凝土强度尚未达到设计及规范要求时，不得拆除模板。

④混凝土浇筑完成，要及时进行养护，宜采用自动养护设施，严禁失养，保证养护时间。

（六）先张法

先张法施工应首先设计、建造墩式台座。先张法的承力台座应进行专门设计，并应具有足够的强度、刚度、稳定性，其抗倾覆安全系数应不小于 1.5，抗滑移系数应不小于 1.3。锚固横梁应有足够的刚度，受力后挠度应不大于 2mm。

预应力筋的安装应自下而上进行，并防止被隔离剂污染，预应力筋与锚固横梁间的连接宜采用张拉螺杆。

（1）施工工艺流程：

施工准备→钢筋和预应力筋的加工→钢筋和预应力筋的安装→模板安装→预应力筋的张拉→混凝土浇筑→混凝土养生→预应力放张→移运出槽。

（2）先张法工作开始前，施工单位应向监理工程师提交先张法施工方案，包括拟采用的预应力张拉台、横梁以及智能张拉设备或普通张拉设备。预应力张拉台需要有足够的强度和刚度，抗倾覆系数不小于 1.5，抗滑系数不小于 1.3。横梁需要有足够的刚度，受力后挠度不应大于 2mm。

（3）先张法预应力张拉程序见表 4-27。

先张法预应力张拉程序 表 4-27

预应力筋种类		张拉序
螺纹钢筋		$0\rightarrow$初应力$\rightarrow 1.05\sigma_{con}$（持荷 5min）$\rightarrow 0.9\sigma_{con}\rightarrow\sigma_{con}$（锚固）
钢丝、钢绞线	夹片式等具有自锚性能的锚具	低松弛预应力筋:$0\rightarrow$初应力$\rightarrow\sigma_{con}$（持荷 5min 锚固）
	其他锚具	$0\rightarrow$初应力$\rightarrow 1.05\sigma_{con}$（持荷 5min）$\rightarrow 0\rightarrow\sigma_{con}$（锚固）

注：1. σ_{con} 为张拉时的控制应力值，包括预应力损失值。

2. 超张拉数值超过规定的最大超张拉应力限值时，应按该条规定的限制张拉应力进行张拉。

3. 张拉钢筋时，应在超张拉并持荷 5min 后放张拉至 $0.9\sigma_{con}$ 时再安装模板、普通钢筋及预埋件等。

（4）预应力筋的安装宜自下而上进行，并应采取措施防止其被台座上涂刷的隔离剂污染。预应力筋与锚固横梁间的连接，宜采用张拉螺杆。

（5）先张法预应力筋的张拉，除应符合相关规定外，尚应符合下列规定：

①张拉前，应对台座、锚固横梁及各项张拉设备进行详细检查，符合要求后方可进行操作。

②同时张拉多根预应力筋时，应预先调整其单根预应力筋的初应力，使相互之间的应力一致，再整体张拉。张拉过程中，应使活动横梁与固定横梁始终保持平行，并应检查预应力筋的预应力值，其偏差的绝对值不得超过按一个构件全部预应力筋预应力总值的 5%。

③张拉时，预应力筋的断丝数量不得超过规定。

④预应力筋张拉完毕后，其位置与设计位置的偏差应不大于 5mm，同时不应大于构件最短边长的 4%，且宜在 4h 内浇筑混凝土。

（6）先张法预应力筋的放张前应检查梁体和混凝土质量情况，并应符合下列规定：

①预应力筋放张时，构件混凝土的强度和弹性模量（或龄期）应符合设计规定；设计未规定时，混凝土的强度应不低于设计强度等级值的 80%，弹性模量应不低于混凝土 28d 弹性模量的 80%，当采用混凝土龄期代替弹性模量控制时应不少于 5d。

②在预应力筋放张之前，应将限制位移的侧模、翼缘模板或内模拆除。

③预应力筋的放张顺序应符合设计规定；设计未规定时，应分阶段、均匀、对称、相互交错地放张。

④多根整批预应力筋的放张，当采用砂箱放张时，放砂速度应均匀一致；采用千斤顶放张时，放张宜分数次完成；单根钢筋采用拧松螺母的方法放张时，宜先两侧后中间，并不得一次将一根预应力筋松完。

⑤预应力筋放张后，对钢丝和钢绞线，应采用机械切割的方式进行切断；对螺纹钢筋，可采用乙炔－氧气切割，但应采取必要措施防止高温对其产生不利影响。

⑥放张后，预应力筋在构件端部的内缩值宜不大于 1.0mm。

⑦长线台座上预应力筋的切断顺序,应由放张端开始,依次向另一端切断。

⑧预应力筋放张前和放张后,要对混凝土、预应力筋进行检查,并对起拱度进行测量,看是否符合设计要求。

(七)后张法

1. 施工工艺流程

施工准备→钢筋和预应力筋的加工→钢筋安装和管道→模板安装→混凝土浇筑→混凝土养生→预应力筋的安装→预应力筋的张拉→管道压浆→封锚混凝土浇筑→混凝土养生→移运出槽。

2. 采用金属或塑料管道构成后张预应力孔道时,应符合的规定

(1)管道的规格、尺寸、强度等应符合设计规定,且其内横截面积应不小于预应力筋净截面积的2倍;对长度大于60m的管道,宜通过试验确定是否可以进行正常的压浆作业。

(2)管道应按设计规定的坐标位置进行安装,并应采用定位钢筋固定牢固,在混凝土浇筑期间不得产生位移。管道与普通钢筋重叠时,应移动普通钢筋,不得改变管道的设计坐标位置。固定成孔管道的定位钢筋间距,对钢管不宜大于1.0m;波纹管不宜大于0.8m;位于曲线上的管道和扁平波纹管道应适当加密。定位后的管道应平顺,其端部的中心线应与锚垫板相垂直。

(3)管道接头处的连接管宜采用大一级直径的同类管道,其长度宜为被连接管道内径的5~7倍。连接时不应使接头处产生角度变化,在混凝土浇筑期间不得使管道转动或移位并防止水泥浆的渗入。当采用真空辅助压浆工艺进行孔道压浆时,管道的所有接头应具有可靠的密封性能,并应满足真空度的要求。

(4)所有管道均应在每个顶点设排气孔,需要时在每个低点设排水孔。压浆管、排气管和排水管应是最小内径为20mm的标准管或适宜的塑性管,与管道之间的连接应采用金属或塑料结构扣件,长度应足以从管道引出结构物以外。

(5)管道安装完毕后,其端口应采取可靠措施临时封堵,防止水或其他杂物进入。

3. 预应力筋的安装

(1)预应力筋穿束前应检查锚垫板和孔道,锚垫板的位置应准确;孔道内应畅通,无水和其他杂物。

(2)宜将一根钢束中的全部预应力筋编束后整体穿入孔道中,整体穿束时,束的前端宜设置穿束网套或特制的牵引头,应保持预应力筋顺直。对钢绞线,可采用穿束机逐根将其穿入孔道内,但应保证其在孔道内不发生相互缠绕。

(3)对在混凝土浇筑及养护之前安装在孔道中的预应力筋,应采取防止锈蚀或其他防腐蚀的措施,直至压浆。

(4)预应力筋安装在管道中后,应将管道端部开口密封防止湿气进入。采用蒸汽养护混凝土时,在养护完成之前不应安装预应力筋。

(5)在任何情况下,当在安装有预应力筋的结构或构件附近进行电焊时,均应对全部预应力筋、管道和附属构件进行保护,防止溅上焊渣或造成其他损坏。

（6）对在混凝土浇筑之前穿束的管道，预应力筋安装完成后，应进行全面检查管道。在混凝土浇筑之前，应将管道上所有留的孔、开口或损坏之处修复，并应在浇筑混凝土过程中随时检查预应力筋能否在管道内自由移动。

4. 锚具、夹具和连接器的安装

（1）锚具和连接器的安装位置应准确，应与孔道对中。锚垫板上设置有对中止口时，应防止锚具偏出止口。安装夹片时，应使夹片的外露长度基本一致。

（2）采用螺母锚固的支撑式锚具，安装时应逐个检查螺纹的配合情况，应保证在张拉和锚固过程中能顺利旋合拧紧。

5. 后张法预应力筋的张拉和锚固

（1）预应力张拉之前，应对张拉准备工作进行全面检查，宜对不同类型的孔道进行至少一个孔道的摩阻测试，通过测试所确定的 μ 值和 k 值宜用于对设计张拉控制应力的修正。

（2）预应力张拉时，构件强度和弹性模量要符合设计要求；设计未规定时，混凝土的强度应不低于设计强度等级值的 80%，弹性模量应不低于混凝土 28d 弹性模量的 80%，当采用混凝土龄期代替弹性模量控制时应不少于 5d。

（3）预应力筋的张拉顺序应符合设计规定；设计未规定时，宜采取分批、分阶段的方式对称张拉。

（4）预应力筋应整束张拉锚固。对扁平管道中平行排放的预应力钢绞线束，在保证各根钢绞线不会叠压时，可采用小型千斤顶逐根张拉，但应考虑逐根张拉时预应力损失对控制应力的影响。

（5）预应力筋张拉端的设置应符合设计规定或有关要求；当设计未要求时，应符合下列规定：

①对钢束长度小于 20m 的直线预应力筋可在一端张拉，对曲线预应力筋或钢束长度大于或等于 20m 的直线预应力筋，应两端张拉。

②当同一截面中有多束一端张拉的预应力筋时，张拉端宜分别交错设置在结构的两端。

③采用两端张拉时，宜两端同时张拉；或先在一端张拉并锚固后，再在另一端补足预应力值再锚固。

（6）预应力筋采用两端张拉时，各千斤顶之间同步张拉力的允许误差宜为 2% 以内。

（7）除非图纸有规定或监理工程师另有指示，张拉程序按表 4-28 的规定进行。

后张法预应力张拉程序　　　　　　　　　　　　　　　　表 4-28

锚具和预应力类别		张拉程序
夹片式等具有自锚性能的锚具	钢绞线束、钢丝束	低松弛力筋：$0 \rightarrow$ 初应力 $\rightarrow \sigma_{con}$（持荷 5min 锚固）
其他锚具	钢绞线束	$0 \rightarrow$ 初应力 $\rightarrow 1.05\sigma_{con}$（持荷 5min）$\rightarrow \sigma_{con}$（锚固）
	钢丝束	$0 \rightarrow$ 初应力 $\rightarrow 1.05\sigma_{con}$（持荷 5min）$\rightarrow 0 \rightarrow \sigma_{con}$（锚固）
螺母锚固锚具	螺纹钢筋	$0 \rightarrow$ 初应力 $\rightarrow \sigma_{con}$（持荷 5min）$\rightarrow 0 \rightarrow \sigma_{con}$（锚固）

注：1. σ_{con} 为张拉时的控制应力，包括预应力损失值。

　　2. 两端同时张拉时，两端千斤顶升降压、画线、测伸长等工作应基本一致。

　　3. 超张拉数值超过规定的最大超张拉应力限值时，应按规范规定的限值进行张拉。

（8）后张预应力筋断丝及滑移的数量不得超过规定控制数。钢丝束和钢绞线束每束钢丝断丝或滑丝不超过1根，每束钢绞线断丝或滑丝不超过1丝，每个断面断丝之和不超过该断面钢丝总数的1%。螺纹钢筋不允许断筋或滑移。

（9）预应力筋在张拉控制应力达到稳定后方可锚固。对夹片式锚具，锚固后夹片顶面应平齐，其相互间的错位不宜大于2mm，且露出锚具外的高度不应大于4mm。锚固完毕并经检验确认合格后方可切割端头多余的预应力筋，切割时应采用砂轮锯，严禁采用电弧进行切割，不得损伤锚具。

（10）切割后预应力筋的外露长度不应小于30mm，且不应小于1.5倍预应力筋直径。锚具应采用封端混凝土保护，当需长期外露时，应采取防止锈蚀的措施。

6. 后张法施工的孔道压浆及封锚

（1）压浆设备在压浆前进行准备工作的认真检查，包括压浆设备、压浆料、孔道等，符合要求后方可进行。后张法施工的孔道压浆，应优先采用智能压浆设备。

①浆液搅拌机的转速应不低于1000r/min，搅拌叶的形状应与转速相匹配，其叶片的线速度不宜小于10m/s，最高线速度宜限制在20m/s以内，且应能满足在规定的时间内搅拌均匀的要求。

②用于临时储存浆液的储料罐亦应具有搅拌功能，且应设置网格尺寸不大于3mm的过滤网。

③压浆机应采用活塞式可连续作业的压浆泵，其压力表的最小分度值应不大于0.1MPa，最大量程应使实际工作压力在其25%～75%的量程范围内。不得采用风压式压浆泵进行孔道压浆。

④真空辅助压浆工艺中采用的真空泵应能达到0.1MPa的负压力。

（2）预应力筋张拉锚固后，孔道应尽早压浆，且应在48h内完成。预应力孔道应采用专用压浆料或专用压浆剂配制的浆液进行压浆。

①浆液应在工地试验室对压浆材料和水进行试配验证，各种材料的称量要准确。经适配的浆液其各项指标均满足要求后，方可用于正式压浆。

②浆液的试配验证需符合有关规定，经监理工程师认可。

③在压浆前，应对孔道进行清洁处理。对抽拔成型的孔道应冲洗干净并使孔壁完全湿润；金属和塑料管道在必要时也应冲洗清除附着于孔道内壁的有害材料。对孔道内可能存在的油污等，可采用无腐蚀作用的中性洗涤剂或皂液，用水稀释后进行冲洗；冲洗后，用压缩空气将孔道内的所有积水吹出。

④应对压浆设备进行清洗，清洗后的设备内不应有残渣和积水。

⑤压浆时，对曲线孔道和竖向孔道应从最低点的压浆孔压入；对结构或构件中以上下分层设置的孔道，应按先下层后上层的顺序进行压浆。同一管道的压浆应连续进行，一次完成。压浆应缓慢、均匀地进行，不得中断，并应将所有最高点的排气孔依次打开和关闭，使孔道内排气通畅。

⑥浆液自拌制完成至压入孔道的延续时间不宜超过40min，且在使用前和压注过程中应连续搅拌。不得通过额外加水增加其流动度。

⑦对水平或曲线孔道，压浆的压力宜为0.5～0.7MPa；对于超长孔道，最大压力不宜超过

1.0MPa;对竖向孔道,压浆的压力宜为 0.3 ~ 0.4MPa。压浆的充盈度应达到孔道另一端饱满且排气孔排出与规定流动度相同的水泥浆为止,关闭出浆口后,宜保持一个不小于 0.5MPa 的稳压期,稳压期的保持时间宜为 3 ~ 5min。

⑧采用真空辅助压浆工艺时,在压浆前应对孔道进行抽真空,真空度宜稳定在 -0.06 ~ -0.1MPa 范围内。真空度稳定后,应立即开启孔道压浆端的阀门,同时启动压浆泵进行连续压浆。

压浆过程中及压浆后48h 内,结构或构件混凝土的温度及环境温度不得低于5℃,否则应采取保温措施,并应按冬期施工的要求处理,浆体中可适量掺用引气剂,但不得掺用防冻剂。当环境温度高于35℃时,压浆宜在夜间进行。

⑨压浆时,每一工作班应制作留取不少于 3 组尺寸为 40mm × 40mm × 160mm 的试件,标准养生 28d,进行抗压强度、抗折强度试验,作为质量评定依据。

压浆后,应通过检查孔抽查压浆的密实情况,如有不实,应及时进行补压浆处理。

⑩对后张法构件,在孔道压浆前不得上桥安装。压浆完成后,应采用高强砂浆或细石混凝土对锚具进行包裹,在浆液强度达到规定的强度时方能移运和上桥安装就位。

⑪在压浆的浆体强度达到移梁或上桥安装的规定强度后,不论是移梁存放还是上桥安装,都应对梁端混凝土进行凿毛并将其周围冲洗干净,焊接或绑扎端部钢筋成网。固定模板前应校核梁体长度,准确无误后方可固定模板并浇筑、振捣混凝土,之后加强封锚混凝土的养护。封锚混凝土应采用与构件或结构同强度的混凝土,应按照施工图纸设计严格控制封锚后的梁体长度。对于不进行封锚的、长期外露的锚具,应采取防锈措施。

⑫孔道压浆宜采用信息化数据处理系统采集相关参数,并填写施工记录,包括压浆材料、配合比、压浆日期、搅拌时间、出机初始流动度、浆液温度、环境温度、压浆量、稳压压力及时间。采用真空辅助压浆工艺时尚应包括真空度。

三、梁式桥质量监理

(一)支架法现浇施工

1. 施工工艺流程

施工准备→测量放样→地基处理→支架搭设→支架预压→模板安装→钢筋绑扎→芯模安装→混凝土浇筑→养生→预应力施加(如有)→支架拆除。

2. 一般规定

梁式桥梁、板的现场浇筑可采用满布支架或梁式支架。现浇支架应符合下列规定:

(1)支架应稳定、牢固,地基应有足够的承载力。支架位于水中时,其基础宜采用桩基或排架。对弯、坡、斜桥,其支架的设置应适应梁体相应几何线形的变化,且应采取有效措施保证支架的稳定性。

(2)满布支架的地基表面应平整,并应有防排水措施;满布支架位于坡地上时,宜将地基的坡面挖成台阶并硬化;在软弱地基上设置满布支架时,应采取措施对地基进行处理,使其承载力满足施工要求。

（3）梁式支架各支点的基础应设在可靠的地基上，当地基沉降过大或承载力不能满足要求时，宜设置桩基或采取其他有效措施进行处理。梁式支架不宜采用拱式结构；必须采用时，应按拱架的要求施工。

（4）对现浇梁式桥支架，一般要进行预压。应根据支架的类型和结构形式、地基的沉降量和承载能力，以及荷载大小等因素，确定是否采取预压措施。

（5）梁式桥跨越需要维持正常通行（航）的道路（水域）时，对其现浇支架应采取防碰撞的安全措施，并应设置必要的交通导流标志。

3. 梁式桥现浇混凝土

梁式桥现浇施工时，梁体混凝土在顺桥向宜从低处向高处进行浇筑，在横桥向宜对称进行浇筑。混凝土浇筑过程中，应对支架的变形、位移、节点和卸架设备的压缩及支架地基的沉降等进行监测，如发现超过预警值的变形、变位，应及时采取措施予以处理。

（1）浇筑梁体混凝土时，一般宜按梁的全幅横断面斜向分段、水平分层地连续浇筑。上层与下层同时浇筑时，上层与下层前后浇筑距离应不小于1.5m，每层浇筑厚度当用插入式或附着式振捣器振捣时，不宜超过30cm。

（2）若箱梁体不能一次浇筑完成，需分两次浇筑时，第一次和第二次浇筑的时间应间隔至少24h。第二次浇筑前，应检查脚手架有无收缩和下沉，并打紧各楔块，以保证最小的压缩和沉降。

（3）简支梁桥上部构造的混凝土浇筑，一般应由墩、台两端开始向跨中方向对称进行。如果采用分层浇筑，也可从一端开始。无论采用何种方式，均应一次浇筑完成。

（4）一般跨径的悬臂梁桥混凝土浇筑，应从跨中向两端墩台对称进行，其邻跨悬臂应从悬臂向墩台进行。

（5）跨径较大的简支梁以及在基底刚性不同的支架上浇筑连续梁或悬臂梁，为防止支架不均匀沉降引起混凝土开裂，可按下列方法之一进行：

①加快浇筑作业，使全梁混凝土在最初浇筑的混凝土初凝前浇筑完毕。

②在支架上预加等于架身重力的荷载，使支架充分变形。预加荷载于混凝土浇筑过程中逐步撤除，预压后的支架高程与设计不符时，应进行调整。

③将梁分成数段，按适当顺序分段浇筑，以消除支架沉降不均匀的影响。

4. 预应力混凝土梁在支架上浇筑

（1）在支架上浇筑混凝土前，应根据支架的弹性和非弹性变形设置施工预拱度。

（2）全部混凝土宜在最初浇筑的混凝土初凝前浇筑完。若跨径较大，混凝土数量较多，不能在最初浇筑的混凝土初凝前浇筑完，应考虑新浇混凝土对已初凝混凝土的影响或设置工作缝，或按施工顺序分段浇筑。

（3）箱形梁段混凝土的浇筑，应分多次进行。先浇筑底板至承托顶部以上30cm，其次浇筑腹板，最后浇筑顶板及翼板。混凝土浇筑完成并初凝后，应开始养生。

（4）对预应力混凝土结构，侧模应在预应力钢束张拉前拆除；底模及支架应在结构建立预应力后拆除。

5. 质量检验标准和实测项目

《公路工程质量检验评定标准 第一册 土建工程》(JTG F80/1—2017)给定的质量检验标准和实测项目表见表4-29。

就地浇筑梁、板的质量检验标准和实测项目　　　　　表 4-29

项次	检查项目		规定值或允许偏差	检查方法和频率
1△	混凝土强度(MPa)		在合格标准内	按 JTG F80/1—2017 附录 D 检查
2	轴线偏位(mm)		≤10	全站仪:每跨测5处
3	梁、板顶面高程(mm)		±10	水准仪:每跨测5处,跨中、桥墩(台)处应布置测点
4△	断面尺寸(mm)	高度	+5, -10	尺量:每跨测3个断面
		顶宽	±30	尺量:每跨测3个断面
		箱梁底宽	±20	尺量:每跨测3个断面
		顶、底、腹板或梁肋厚	+10,0	尺量:每跨测3个断面
5	长度(mm)		+5, -10	尺量:每梁测顶面中线处
6	与相邻梁段间错台(mm)		≤5	尺量:测底面、侧面
7	横坡(%)		±0.15	水准仪:每跨测3处
8	平整度(mm)		≤8	2m 直尺:沿梁长方向,每侧面每10m梁长测1处×2尺

(二)预制装配式施工

(1)施工工艺流程:

施工准备→场地处理→预制底座施工→钢筋绑扎→模板安装→混凝土浇筑→养生→预制件移运→支座安装→预制件安装→湿接缝或连接混凝土施工→养生。

(2)一般规定:

①装配式梁、板等构件在脱底模、移运、存放和安装时,混凝土的强度应不低于设计规定的吊装强度;设计未规定时,应不低于设计强度的80%。

②构件安装前应检查其外形、预埋件的尺寸和位置,允许偏差不得超过设计及规范规定。

③安装构件时,支承结构(墩台、盖梁)的混凝土强度和预埋件(包括预留锚栓孔、锚栓、支座钢板等)的尺寸、高程及平面位置应符合设计要求。

④构件安装就位完毕并经检查校正符合要求后,方可焊接或浇筑混凝土固定构件。简支梁的安装应采取措施保证梁体的稳定性,防止倾覆。

⑤对分层、分段安装的构件,应在先安装的构件可靠固定且受力较大的接头混凝土达到设计强度的80%后,方可继续安装;设计有规定时,应从其规定。

⑥分段拼装梁的接头混凝土或砂浆,其强度应不低于构件的设计强度;不承受内力的构件的接缝砂浆,其强度等级应不低于 M10。

⑦构件吊运安装时,其起重安全应符合《公路桥涵施工技术规范》(JTG/T 3650—2020)规定。吊运工具、设备的使用技术要求,应按起重吊装的有关规定执行。

（3）构件预制场的布置应满足预制、移运、存放及架设安装的施工作业要求；场地应平整、坚实，硬化要合理布置，应根据地基情况和气候条件，设置必要的防排水设施，并应采取有效措施防止场地沉陷。

（4）构件的预制台座地基应具有足够的承载能力和稳定性。当用于预制后张预应力混凝土梁、板时，宜对台座两端及适当范围内的地基进行硬化加固处理。

（5）各种构件混凝土的浇筑除应符合规范普通混凝土规定外，尚应符合下列规定：

①腹板底部为扩大断面的 T 形梁和 I 形梁，应先浇筑扩大部分并振实后，再浇筑其上部腹板。

②U 形梁可上下一次浇筑或分两次浇筑。一次浇筑时，宜先浇筑底板至底板承托顶面，待底板混凝土振实后再浇筑腹板；分两次浇筑时，宜先浇筑底板至底板承托顶面，按施工缝处理后，再浇筑腹板混凝土。

③箱形梁宜一次浇筑完成，且宜先浇筑底板至底板承托顶面，待底板混凝土振实后再浇筑腹板、顶板。

④中小跨径的空心板浇筑混凝土时，对芯模应有防止上浮和偏位的可靠措施。

（6）简支梁板的安装：

①安装的方法和安装设备应根据构件的结构特点、重力及施工环境条件等综合确定；对安装施工中的各种临时受力结构和安装设备的工况应进行必要的安全验算，所有施工设施均宜进行试运行和荷载试验。

②安装前应对墩台的施工质量进行检验，并应对支座或临时支座的平面位置和高程进行复测，合格后方可进行梁、板等构件的安装。

③采用架桥机进行梁、板构件的安装作业时，其抗倾覆稳定系数应不小于 1.3。架桥机过孔时，应将起重小车置于对稳定最有利的位置，且抗倾覆稳定系数应不小于 1.5；不得采用将梁、板吊挂在架桥机后部配重的方式进行过孔作业。

④采用起重机吊装构件时，如采用一台起重机起吊，则应在吊点位置的上方设置吊架或起吊扁担；如采用两台起重机抬吊，则应统一指挥，协调一致，使构件的两端同时起吊、同时就位。

⑤采用缆索起重机进行安装时，应事先对缆索起重机进行荷载的静力试验和设计荷载下的试运行，验收合格后方可使用。

⑥梁、板安装施工期间及架桥机移动过孔时，严禁行人、车辆和船舶在作业区域的桥下通行。

⑦梁、板就位后，应及时设置锁定装置或支撑将构件临时固定，对横向自稳性较差的 T 形梁和 I 形梁等，应与先安装的构件进行可靠的横向连接，防止失稳。

⑧安装在同一孔跨的梁、板，其预制施工的龄期差宜不超过 10d，特殊情况应不超过 30d。梁、板上有预留相互对接的预应力孔道的，其中心应在同一轴线上，偏差应不大于 4mm。梁、板之间的横向湿接缝，应在一孔梁、板全部安装完成后方可进行施工。

⑨对弯、坡、斜桥的梁、板，其安装的平面位置、高程及几何线形应符合设计要求。

⑩当安装条件与设计规定的条件不一致时，应对构件在安装时产生的内力进行复核。

（7）箱形连续梁的安装：

①箱形梁段的移运、搭设临时支架、安装顺序、浇筑梁段接头混凝土等施工方案要编制，施

工单位应在安装前报监理工程师批准。

②箱形梁段移运时的吊点位置应符合设计规定。如设计无规定时,一般采用两点吊运。对于上、下面有相同配筋的等截面直杆构件,吊点位置可设在距端头 $0.21L$(L 为构件长)处,或根据配筋情况经计算确定。

③浇筑梁段接头混凝土搭设的临时支架,应进行认真检查,确保牢固可靠,支架高程应予严格控制。施工过程中,应防止支架下沉,如有发生,应立即采取措施,及时调整。

④两相邻梁段的接头钢筋,焊接后应经监理工程师检查,确认符合焊接要求后,方可浇筑梁段接头混凝土。

⑤接头混凝土的等级不得低于梁段的混凝土等级,通常较梁段混凝土提高一级,待接头混凝土强度达到图纸规定要求后,方可拆除临时支架。

(8)质量检验标准和实测项目:

《公路工程质量检验评定标准　第一册　土建工程》(JTG F80/1—2017)给定的梁、板或梁段的预制施工质量检验标准和实测项目见表4-30。

梁、板或梁段的预制施工质量检验标准和实测项目　　　　表4-30

项次	检查项目			规定值或允许偏差	检查方法和频率
1△	混凝土强度(MPa)			在合格标准内	按 JTG F80/1—2017 附录 D 检查
2	梁长度(mm)	总长度		+5,−10	尺量:每梁测顶面中线、底面两侧
		梁段长度		0,−2	
3	断面尺寸(mm)	宽度	箱梁 顶宽	±20 (±5)[a]	尺量:每梁测3个断面,板和梁段测2个断面
			箱梁 底宽	±10 (+5,0)[a]	
			其他梁、板 干接缝	±10 (±3)[b]	
			其他梁、板 湿接缝	±20	
		高度	箱梁	0,−5	
			其他梁、板	±5	
		顶板、底板、腹板或梁肋厚		+5,0	
4	平整度(mm)			≤5	2m 直尺:沿梁长方向,每侧面每10m梁长测1处×2尺
5	横系梁及预埋件位置(mm)			≤5	尺量:每件
6	横坡(%)			±0.15	水准仪:每梁测3个断面,板和梁段测2个断面
7	斜拉索锚面[c]	锚点坐标(mm)		±5	全站仪、钢尺:检查每锚垫板
		锚面角度(°)		0.5	角度仪:检查每锚垫板与水平面、立面的夹角,各测3处

注:[a] 项次 3 箱梁宽度括号中的数字,适用于节段拼装梁段的预制。

[b] 项次 3 对应干接缝的其他梁、板宽度括号中的数字,适用于组合梁桥面板的预制。

[c] 项次 7 仅适用于斜拉桥预制梁段。

《公路工程质量检验评定标准　第一册　土建工程》（JTG F80/1—2017）给定的梁、板安装施工质量检验标准和实测项目见表4-31。

梁、板安装施工质量检验标准和实测项目　　　　　　　　表4-31

项次	检查项目		规定值或允许偏差	检查方法和频率
1	支承中心偏位 （mm）	梁	≤5	尺量:每跨测6个支承处;不足6个时,全测
		板	≤10	
2	梁、板顶面高程 （mm）		±10	水准仪:每跨测5处,跨中、桥墩（台）处应布置测点
3	相邻梁、板顶面 高差（mm）	$L≤40m$	≤10	尺量:测每相邻梁、板高差最大处
		$L>40m$	≤15	

（三）移动模架施工法

1. 施工工艺流程

移动模架安装就位→调整模板→（钢筋制作）安装底板及腹板钢筋→安装预应力管道→安装内模→绑扎顶板钢筋→浇筑混凝土→混凝土养护→预应力筋下料、穿束→张拉预应力筋→封锚、压浆→模架前移就位进行下一段施工。

2. 一般规定

（1）移动模架宜采用定型产品,模架的功能、承载能力、长度、模板的尺寸及支承系统等,应与所施工的预应力混凝土连续梁的各项要求相适应,设计制造厂家应提供模架的产品出厂质量合格证书,以及操作手册等相关技术文件。当采用非定型模架用于中小跨径梁、板的施工时,应对模架进行专门的设计计算,并应进行荷载试验,确认能保证施工的安全和质量后方可投入使用。

（2）模架的拼装应按产品的操作手册进行,并应保证拼装期间的施工安全;拼装完成后应对其拼装质量进行检验,并应在首孔梁的浇筑位置就位后进行荷载试压试验,检验和试压合格后方可正式使用。

（3）模架的支承系统应安全可靠,并应具有足够的承载能力、刚度和稳定性。模架的后端宜设置后吊点,应使模架中的模板与已浇梁段的悬臂端梁体紧密贴合,防止该处产生错台或漏浆。模架应设置预拱度,预拱度值应经计算并参考荷载试验结果确定。

3. 混凝土的浇筑

（1）首孔梁段浇筑混凝土前,应做好施工前的各项准备工作,制订详细的施工方案、施工工艺、各项保障措施及应急预案,并报批;浇筑施工时,应对模架进行挠度监测,监测的数据及分析结果应作为修正模架预拱度的依据。

（2）首孔梁的混凝土在顺桥向宜从桥台（或过渡墩）开始向悬臂端进行浇筑,中间孔宜从悬臂端开始向已浇梁段推进浇筑,末孔从一联中最后一个墩位处向已浇梁段推进浇筑,最终与已浇梁段接合;梁体混凝土在横桥向应对称浇筑。连续梁逐跨现浇的纵向分段接缝位置应符合设计规定;设计未规定时,宜设在1/5跨的弯矩零点附近。

（3）任一孔梁的混凝土浇筑施工完成后,内模中的侧向模板应在混凝土抗压强度达到

2.5MPa后,顶面模板应在混凝土抗压强度达到设计强度的75%后,方可拆除;外模架应在梁体建立预应力后方可卸落。

(4)模架横移和纵向移动过孔前,应解除作用于模架上的全部约束。纵向移动时两侧的承重钢梁应保持基本同步,不同步的最大距离偏差应符合产品设计的规定,且应有限位和紧急制动装置;移动到下一孔位置后,应立即对模架进行准确就位并固定。模架在移动过孔时的抗倾覆稳定系数应不小于1.5。

(5)模架的拆除,应根据不同的施工环境条件确定相应的拆除方案,并应有可靠的起吊和拆除的安全措施,防止发生事故。

(四)悬臂浇筑法

1.施工工艺流程

挂篮安装就位→调平模板→(钢筋制作)安装底板及腹板钢筋→安装内模→绑扎顶板钢筋→安装预应力管道→浇筑混凝土→混凝土养护、拆膜及接缝处理→预应力筋下料、穿束→张拉预应力筋→封锚、压浆→挂篮前移就位。

2.一般规定

(1)如梁体与桥墩非刚性连接,悬臂浇筑梁体混凝土时,应先将墩顶梁段与桥墩临时固定,保证梁墩刚性连接,使用稳定。

(2)悬臂浇筑时桥墩两侧的浇筑进度应尽量做到对称、均衡。桥墩两侧的梁体和施工设备的重量差,以及相应的在桥墩两侧产生的弯矩差,应不超过设计规定。施工单位向监理工程师送一份拟采用的施工方法的说明、图纸、静力及变形计算的资料。

(3)挂篮安装完成后要进行验收,对挂篮进行质量检查,并做载重试验,以测定各构件变形量,尽可能消除非弹性变形,并为悬臂浇筑的预拱度提供数据,预压荷载要满足设计及施工要求。

3.混凝土的悬臂浇筑

(1)用于悬臂浇筑施工的挂篮,其结构除应满足强度、刚度和稳定性要求外,尚应符合下列规定:

①挂篮与悬浇梁段混凝土的质量比宜不大于0.5,且挂篮的总重应控制在设计规定的限重之内。

②挂篮的最大变形(包括吊带变形的总和)应不大于20mm。

③挂篮在浇筑混凝土状态和行走时的抗倾覆安全系数、锚固系统的安全系数、斜拉水平限位系统的安全系数及上水平限位的安全系数均应不小于2。

④挂篮的支撑平台应有足够的平面尺寸,应能满足梁段现场施工作业的需要。

⑤挂篮制作加工完成后应进行试拼装。

⑥挂篮在现场组拼后,应全面检查其安装质量,并应进行模拟荷载试验,符合挂篮设计要求后方可正式投入使用。

(2)挂篮在已完成的梁段上前移时,后端应有可靠的稳定措施。浇筑混凝土时,挂篮后端应锚固于已完成的梁段上。

（3）墩顶及墩顶临近段可采用落地支架或托架施工。墩顶梁段宜全断面一次浇筑完成，当梁段过高，致使一次浇筑难以保证质量时，可沿高度方向分两次浇筑，但首次浇筑的高度宜超过底板承托顶面至少 500mm，且宜将两次浇筑混凝土的龄期差控制在 7d 以内。

（4）悬臂浇筑前，待浇筑段的前端底板高程和桥面板高程，应根据挂篮前端垂直挠度，各施工阶段的弹、塑性挠度（包括待浇及后浇各梁段的重量、预应力、混凝土的收缩与徐变、施工设备荷载、桥面系恒载、体系转换引起的挠度）及 1/2 静活载挠度，设置预拱度。

（5）悬臂浇筑施工应对称、平衡地进行，两端悬臂上荷载的实际不平衡偏差不得超过设计规定值；设计未规定时，宜不超过梁段重的 1/4。悬臂梁段应全断面一次浇筑完成，并应从悬臂端开始，向已完成梁段推进分层浇筑。悬臂浇筑施工过程控制宜遵循变形和内力双控的原则且以变形控制为主。

（6）连续梁各跨的合龙，一般自两边跨向中跨进行。自桥端至合龙跨的所有支座均要解除固定，保证为活动支座。在合龙段合龙时，合龙段的两端应予临时固定并施加必要的预应力，临时固定装置应能承受上述活动支座的摩阻力。

（7）连续刚构合龙段两端的临时固定装置及墩身，应能承受合龙段浇筑时段内的温度变化影响力及截面温差影响力。

（8）合龙段合龙前应在合龙段两端的悬臂上加载，并于浇筑混凝土过程中逐步撤除，使悬臂挠度保持稳定。合龙段的施工，在两端临时固定完成后应尽快在短时间内完成，混凝土浇筑应在一天中气温最低且相对稳定的时段内进行，设计规定的除外。

（9）合龙段混凝土在浇筑完成后应加强养生，在达到图纸要求张拉强度后，尽早张拉预应力筋。

（10）悬臂浇筑施工前应编制施工监控方案，进行结构分析复核，确定主梁施工监控目标高程和应力控制标准。施工监控方案应依据批准的图纸和实施性施工组织设计编制，结构分析的参数和结果应经设计认可。

4. 质量检验标准和实测项目

（1）《公路工程质量检验评定标准　第一册　土建工程》（JTG F80/1—2017）给定的悬臂浇筑梁的施工质量检验标准和实测项目见表 4-32。

悬臂浇筑梁施工质量检验标准和实测项目　　　　表 4-32

项次	检查项目		规定值或允许偏差	检查方法和频率
1△	混凝土强度（MPa）		在合格标准内	按 JTG F80/1—2017 附录 D 检查
2	轴线偏位（mm）	L≤100m	≤10	全站仪：每个节段测 2 处
		L>100m	≤15	
3	顶面高程（mm）	L≤100m	±20	水准仪：每个节段测 2 处
		L>100m	±L/5000	
4△	断面尺寸（mm）	高度	+5，−10	尺量：每个节段测 1 个断面
		顶宽	±30	
		底宽	±20	
		顶、底、腹板厚	+10，0	

项次	检查项目		规定值或允许偏差	检查方法和频率
5	和龙后同跨对称点高差(mm)	$L \le 100$m	≤ 20	水准仪:每跨梁底对称点测6处
		$L > 100$m	$\le L/5000$	
6	顶面横坡(%)		± 0.15	水准仪:每个节段测2处
7	平整度(mm)		≤ 8	2m直尺:每个节段每侧面测1处,测竖直、水平两个方向
8	相邻梁段间错台(mm)		≤ 5	尺量:测底面、侧面

(2)《公路工程质量检验评定标准 第一册 土建工程》(JTG F80/1—2017)给定的悬臂拼装梁的施工质量检验标准和实测项目见表4-33。

悬臂拼装梁施工质量检验标准和实测项目 表4-33

项次	检查项目		规定值或允许偏差	检查方法和频率
1△	合龙段混凝土强度(MPa)		在合格标准内	按 JTG F80/1—2017 附录D检查
2	轴线偏位(mm)	$L \le 100$m	≤ 10	全站仪:每个节段测2处
		$L > 100$m	$\le L/10000$	
3	顶面高程(mm)	$L \le 100$m	± 20	水准仪:每个节段测2处
		$L > 100$m	$\pm L/5000$	
4	合龙后同跨对称点高差(mm)	$L \le 100$m	≤ 20	水准仪:每跨梁底对称点测6处
		$L > 100$m	$\le L/5000$	
5	相邻梁段间错台(mm)		≤ 3	尺量:测底面、侧面

(五)预制节段逐跨拼装法

(1)施工工艺流程:

施工准备→节段预制→场地试拼→试拼面处理→运至现场→节段拼装→湿接缝处理→施加预应力→进行下一节段拼装……

(2)一般规定:

①梁节段预制要符合预制混凝土的要求进行,节段的梁体预制完成后要进行验收,符合规定后进行安装。

②节段拼装施工前,应对预制节段进行全面检验,对各节段匹配面进行处理,严格按照设计及规范要求接缝施工。在拼装施工过程中,应及时跟踪监测各节段梁体的挠度变化情况,严格控制中轴线及高程;当梁体线形与设计值有偏差时,应及时进行调整。

③施工前应对起吊设备进行起重能力、刚度和稳定性验算,其安全系数应不小于2。起吊安装前,应对起吊设备进行全面安全技术验收,并应分别进行1.25倍设计荷载的静载和1.1倍设计荷载的动载试验。

④墩顶节段安装前,对每联各墩顶节段安装的平面位置和高程进行测量放样,X、Y两个方向的放样精度宜不大于1mm,Z方向的放样精度宜不大于2mm。安装时,应对其安装精度进行严格控制。

⑤墩顶梁段采用现浇方式施工时，对与之相邻的拼装起始节段的放样精度要严格控制。

⑥节段悬臂拼装时，桥墩两侧的节段应对称起吊，且应保证桥墩两侧平衡受力，最大不平衡力应符合设计和安全的规定。

（3）逐跨拼装：

①应根据整跨桥梁的设计重力、施工荷载和现场的环境条件等因素，选择用于安装施工的架桥机或起吊设备。

②节段梁段要满足要求，验收合格，节段正式拼装前宜进行试拼装。

③拼装节段时，应对基准节段的空间位置进行测量放样，测量放样的精度要求应符合规定，定位后应及时进行固定。

④采用上行式架桥机拼装节段时，各节段应错层悬挂，且节段之间应设置防止碰撞的垫块。采用下行式架桥机拼装节段时，应采取有效措施应对装载车产生的水平分力。

⑤拼装时应检查各节段与匹配节段的预应力孔道连接顺畅，在接缝处，孔道位置不应有超过2mm的错台现象，要保证孔道密封性。

⑥严格保证拼装后整跨梁体的三维位置，满足设计规定的精度要求。

⑦节段拼装完成并施加预应力后，应进行支承的转换，转换顺序应通过计算确定。

（4）接缝处理用的胶黏剂进场后应进行力学性能及作业性能的抽检，其各项性能应满足结构设计与节段拼装施工的要求。节段的匹配面应平整，尘土、油脂等污染物及松散混凝土和浮浆应清除干净。涂胶前的匹配面应进行干燥处理。胶黏剂应涂抹均匀，覆盖整个匹配面，涂抹厚度宜不超过3mm。胶黏剂在涂抹和挤压时，应采取措施对预应力孔道的端口处进行防护，防止胶黏剂进入孔道内。

（5）节段拼装的预应力施工应符合预应力施工的规定。拼装的施工监控应根据其结构特点和施工方法的不同进行有针对性的控制。合龙及体系转换的程序应符合设计要求，混凝土湿接头的施工应按规范控制。

（六）顶推施工法

1. 施工工艺流程

在桥台后面的引道上或在刚性好的临时支架上设置制梁场，集中现浇或预制装配梁段，待有两三段后，在上、下翼板内施加预应力，然后用水平千斤顶等顶推设备将支承在滑道（一般用氟塑料板与不锈钢板）上的箱梁向前推移，推出一段再接长一段，这样周期性的反复操作，直至最终位置，进而调整预应力，使满足加恒载和活载内力的需要，最后将滑道支承移置成永久支座，至此施工完毕。

顶推法施工按水平力的施加位置和施加方法分为单点顶推和多点顶推；按顶推的施工方向可分为单向顶推和双向顶推；按支承系统分为设置临时滑动支承顶推和使用永久支座合一的滑动支承顶推等。

2. 顶推预应力混凝土连续梁的预制

（1）施工单位应于预应力混凝土连续梁预制、顶推作业开始之前28d，将全部施工程序和细节报批。

（2）预制或拼装场地宜设在桥台后面的引道或引桥上，其长度应考虑梁段悬出时反压的长度、宽度应考虑梁段预制拼装的需要。预制场地上空宜搭设固定或活动作业棚。

（3）预制台座的地基或引桥的强度、刚度和稳定性应符合图纸要求，并做好台座地基的防水、排水设施以防沉降。在荷载作用下，台座顶面最大变形不应大于2mm。

（4）台座轴线应与桥梁轴线的延长线重合，台座的纵坡应与桥梁的纵坡一致。台座的施工中线偏差不大于5mm。相邻两支承点上台座中滑移装置的纵向顶面高程差±2mm。同一个支承点上滑移装置的横向顶面高程差±1mm。台座（包括滑移装置）和梁段底模板顶面高程差±1mm。

（5）梁段预制时，应严格控制截面尺寸、底面平整度和梁端部的垂直度，严格控制钢筋、预应力筋的孔道位置及预埋件位置和混凝土浇筑质量，应采取措施提高混凝土的早期强度，缩短顶推周期。

（6）有关梁段预应力筋的布置及张拉、梁段间预应力筋的连接、临时预应力筋的拆卸等，均应严格按图纸规定、预应力筋及混凝土的施工作业技术要求、规定施工。

3. 预应力混凝土连续梁的顶推安装

（1）顶推施工前宜根据主梁长度、设计顶推跨度、桥墩能承受的水平推力、顶推设备和滑动装置等条件，选择单点顶推法或多点顶推法。采用多点顶推法必须确保同步。顶推施工方案及工艺，施工单位应在顶推施工前至少28d报批。

（2）水平千斤顶的实际总顶推力，不应小于计算顶推力的2倍，墩台顶上水平千斤顶的反力座必须坚固，应能抵抗顶推时的总反力。在顶推过程中，各桥墩的纵向位移值不得超过图纸规定。

（3）当水平千斤顶顶推一个行程，用竖向千斤顶将梁顶高，以便拉回滑块时，其最大顶升高度不超过图纸规定。如图纸无规定时，不得超过10mm。

（4）主梁被顶推前进时，如梁的中线偏离较大，应用导梁装置纠偏。

（5）顶推时，若导梁杆件有变形或螺丝松动、导梁与主梁联结处有变形或混凝土开裂等，应立即停止顶推，进行处理。梁段中未压浆的预应力筋的锚具如有松动，也应停止顶推，并将松动的锚具重新张拉、锚固。

（6）顶推时至少应在两个墩上设置保险千斤顶，如遇到滑移故障用千斤顶处理时，最大顶升高度不得超过设计规定或不得大于10mm，起顶的反力值不得大于计算反力的1.1倍。

（7）全梁顶推到图纸规定位置后，首先应按图纸规定的张拉顺序，对补充的预应力筋进行张拉、锚固、压浆。拆除顶推用的临时预应力筋要按图纸规定的顺序。张拉、拆除作业时应注意安全，防止损坏混凝土和相邻锚具。

（8）落梁前应拆除墩、台上的滑动装置和导梁。拆除时各支点宜均匀顶起，其顶力应按设计支点反力控制，相邻墩各顶点的高差不得大于5mm，同墩两侧梁底顶起高差不得大于1mm。

（9）落梁时，应根据图纸规定的顺序和每次下落量进行，同一墩、台的千斤顶应同步运行。

（10）在整个顶推施工过程中，应注意观测墩台和临时墩在承受荷载时产生的竖直、水平位移，主梁和导梁控制截面的挠度及其变化，滑动装置的静摩擦系数和动摩擦系数，并随时做好记录。如发现超过规定限值，应分析原因，采取措施纠正。

4. 钢筋混凝土箱涵的顶入

采用顶入法施工的箱涵，在施工过程中，其施工工艺、技术要求及质量标准等均应符合有关规定。

四、拱桥质量监理

1. 施工工艺流程

施工准备→测量放样→地基处理→支架搭设→支架预压→模板安装→钢筋绑扎→混凝土浇筑→养生→支架拆除。

2. 拱架的设计、制作、安装

（1）拱架应进行专门设计。拱架设计应遵循安全可靠、结构简单、受力明确、制作和安拆方便的原则。要对拱架的强度、刚度、稳定性进行验算，拱架的地基与基础承载力也要进行验算。

（2）拱架的制作所采用材料的规格和质量应符合施工设计要求。

（3）拱架在安装前，应对桥轴线、拱轴线、跨径和高程等进行校核。

（4）拱架应设置施工预拱度和卸落装置。拱架安装完成后，应按设计荷载进行预压；并应对其平面位置、顶部高程、节点连接及纵横向的稳定性进行全面检查。

（5）现浇混凝土拱圈的拱架，其拆除期限、要求和拆除方式应符合设计规定；设计未规定时，应在拱圈混凝土强度达到设计强度的85%。卸落拱架应按提前拟定的卸落程序进行，且宜分步卸落；在纵向应对称均衡卸落，在横向应同时一起卸落。卸落拱架时，应设专人对拱圈的挠度和墩台的位移等情况进行监测，当有异常时，应暂停卸落，查明原因并采取相应措施后方可继续进行。

（6）对浆砌石拱桥，应待砂浆强度达到设计强度的85%后方可卸落；设计另有规定时，应从其规定。对跨径小于10m的小拱桥，宜在拱上建筑全部完成后卸架；中等跨径的实腹式拱桥，宜在护拱砌完后卸架；跨径较大的空腹式拱，宜在拱上小拱横墙砌好（未砌小拱圈）后卸架。

3. 混凝土拱圈的现场浇筑

（1）跨径较小的拱圈或拱肋，应按拱圈的全宽从两端拱脚向拱顶对称地连续浇筑混凝土，并应在拱脚混凝土初凝前全部完成。跨径较大的拱圈或拱肋，应沿拱跨方向分段对称浇筑，分段的位置应以拱架受力对称、均匀和变形小为原则，且宜设置在拱顶、$L/4$部位、拱脚及拱架节点等处；各段的接缝面应与拱轴线垂直，各分段点应预留间隔槽，其宽度宜为0.5~1.0m，槽内有钢筋接头时，其宽度尚应满足钢筋接头的需要。

（2）浇筑拱圈混凝土时，应严格按照预先制定的浇筑程序对称于拱顶进行，并应控制两端的浇筑速度，避免产生过大的偏差。分段浇筑时，各分段内的混凝土宜一次连续浇筑完成，因故中断时，应浇筑成垂直于拱轴线的施工缝；如已浇筑成斜面，应凿成垂直于拱轴线的平面或台阶式结合面。

（3）间隔槽混凝土的浇筑应符合设计规定。设计未规定时，应在拱圈混凝土的强度达到设计强度的85%后，由拱脚向拱顶对称进行浇筑；拱顶及拱脚间隔槽的混凝土应在最后封拱时浇筑。

（4）大跨径拱圈采用分环（层）、分段法浇筑混凝土时，纵向钢筋宜分段设置，且其接头应设在最后的几个间隔槽内,待浇筑间隔槽混凝土时再连接。

(5)大跨径钢筋混凝土箱形拱圈采用在拱架上组装部分预制部件,然后现浇混凝土的方法进行施工时,组装和现浇均应从两拱脚向拱顶对称进行。箱形拱圈的底板施工时,应按拱架的变形情况设置间隔缝,缝内的混凝土应在底板合龙时浇筑;拱圈的底、腹板混凝土强度达到设计强度的85%后方可安装盖板,铺设钢筋,现浇顶板混凝土。

(6)拱圈合龙的温度应符合设计要求。设计未要求时,宜选择夜间气温较稳定时段的温度。拱圈合龙前如采取千斤顶对两侧拱圈施加压力的方法调整拱圈应力时,拱圈混凝土的强度应达到设计规定的强度。

(7)拱圈在浇筑施工过程中,应随时监测拱架的变形,如变形量超过计算值,应及时查明原因,并采取加固拱架或调整施加载荷顺序的措施,保证施工安全。

(8)《公路工程质量检验评定标准 第一册 土建工程》(JTG F80/1—2017)给定的就地浇筑混凝土拱圈的施工质量检验标准和实测项目见表4-34。

就地浇筑拱圈施工质量检验标准和实测项目 　　　表4-34

项次	检查项目		规定值或允许偏差	检查方法和频率
1△	混凝土强度(MPa)		在合格标准内	按 JTG F80/1—2017 附录 D 检查
2	轴线偏位 (mm)	板拱	≤10	全站仪;每肋、板拱测 5 处
		肋拱	≤5	
3△	内弧线偏离 设计弧线(mm)	L≤30	±20	水准仪;每肋、板拱测 L/4 跨、3L/4 跨、拱顶 3 处两侧
		L>30	±L/1500 且不超过 ±40	
4△	断面尺寸 (mm)	高度	±5	尺量:每肋、板拱脚、L/4 跨、3L/4 跨、拱顶测 5 个断面
		顶、底、腹板厚	+10,0	
		板拱宽度	±20	
		肋拱宽度	±10	

4. 无支架或少支架安装

(1)采用无支架方法安装拱圈时,宜根据拱桥规模、构件重力、施工环境条件、施工单位技术能力等因素,选用适宜的吊装方式和吊装机具。施工前应对吊装所采用非定型产品的特殊设施和机具进行专门设计、验算,对跨径、起拱线高程、预制拱圈节段长度等应进行复核;对安装后形成的拱圈基肋应进行稳定性验算。

(2)采用缆索吊装法进行拱桥的无支架安装施工时,缆索吊装系统的安装、使用和拆除均应制订专项施工方案,保证施工安全。缆索吊装系统设计,应对可能出现的各种工况进行强度、刚度和稳定性验算;吊装前应对吊装系统进行检查验收,并应按设计荷载进行试吊,检验其安全性和可靠性,检验合格后方可用于正式吊装。

(3)拱肋安装时,各段拱肋的高程和线形应根据施工控制的要求确定,且宜从拱脚段开始,依次向拱顶分段吊装就位。扣索的扣挂应稳妥可靠,应使拱肋断面不产生扭斜,且各段拱肋的上端头均应通过扣索的调整使其略高于设计高程。多跨拱桥安装时,应根据桥墩承受不平衡水平推力的能力,计算确定相邻孔拱肋的安装顺序。松索的流程应根据施工控制的要求经计算确定,松索前应校正拱轴线位置及各接头高程符合要求。松索应按拱脚段扣索、次拱脚段扣索、起重索三者的先后顺序，并按比例定长、对称、均匀地松卸。

（4）拱圈采取单肋吊装或单肋合龙时，单肋的横向稳定必须满足安全验算的要求，且其稳定安全系数应不小于4；当不能满足时，应采用双肋合龙松索成拱的方式施工，且应在双肋合龙后采取有效的横向联结措施，增强其稳定性。

（5）采用少支架方法安装拱圈时，对支架及地基的要求，应符合规范的相关规定。设于河中的支架，应验算基础的冲刷深度，并应有可靠的防冲刷和防漂浮物影响的措施。支架基础不得设置在有冰胀影响的地层。吊装构件时，应结合实际情况和设备条件采用适宜的起吊设备和起吊方式进行吊装。拱肋分段吊装到支架上后，其接头的连接处理应符合设计规定。

（6）少支架施工时支架安装和拆卸的技术要求，应符合规范的规定。卸架前应对主拱圈的混凝土质量、拱轴线的坐标尺寸、卸架设备、气温引起拱圈变化及台后填土等情况进行全面检查。当拱肋接头混凝土及拱肋横向联结构件混凝土的强度符合设计规定或达到设计强度的85%时，方可开始卸架。卸架宜在主拱圈安装完成后，分次缓慢卸落，使拱圈及墩、台逐渐成拱受力，卸架时应监测拱圈挠度和墩、台变位等情况，并应避免拱圈发生较大变形。

5. 钢管混凝土拱

（1）钢管拱肋的制造加工应在工厂内进行，并应进行焊接工艺评定。制造完成后，应在厂内进行不少于三个安装节段的试拼装。

钢管环向对接时，其接头应采用有衬管的单面坡口或无衬管的双面坡口熔透焊缝。环向焊接的间距应符合设计规定，设计未规定时，直缝焊接管的环向焊接间距应不小于管的直径，螺旋焊接管的环向焊接间距应不小于3m；纵向焊接时，其焊缝应错开1/4圆周。钢管对接的径向偏差应不超过管壁厚的0.2。

拱肋节段的对接接头宜与母材等强度焊接，焊缝内部质量应达到Ⅱ级以上标准，熔透焊缝应进行100%的超声波探伤。

（2）钢管拱肋的安装成拱过程中，宜同时安装横向联结系，未安装联结系的拱肋不得超过一个节段，否则应采取临时横向稳定的措施。

拱肋节段间的焊接宜按安装顺序同步进行，且宜对称施焊。施焊时结构应处于无应力状态。合龙口的焊接或栓接作业应选择在环境温度相对稳定的时段内尽快完成。

（3）管内混凝土应采用泵送顶升压注施工。混凝土应具有低含气量、大流动性、收缩补偿、延后初凝和早强等性能，其配合比应经试验确定。

混凝土应由拱脚至拱顶对称、均衡地浇注，有腹箱的断面应进行管内混凝土浇筑，再进行腹箱内混凝土浇筑。压注应连续进行，不得中断，直至拱顶端的溢流管排出正常混凝土时方可停止，溢流管的高度应为1.5～2.0m。混凝土压注完成后应及时关闭设于压注口的倒流截止阀。

五、钢结构工程质量监理

1. 钢桥材料选择

（1）钢桥制造使用的材料必须符合设计要求和相关标准的规定，必须有材料质量证明，进场后进行复验；钢材应按同一炉（批）、材质、板厚、状态等每10个炉（批）号抽验一组试件，焊接与涂装材料应按有关规定抽样复验,复验合格经监理工程师批准后方可使用。

(2)采用进口钢材时,应按合同规定进行商检,应按标准检验其化学成分和力学性能;并应按有关标准进行抽查复验,不符合要求的钢材不得使用。

(3)当钢材表面有锈蚀、麻点或划痕等缺陷时,其深度不得大于该钢材厚度允许负偏差值的1/2。钢材的锈蚀等级应符合标准要求。

(4)焊接材料原则上应与设计选用的钢材相匹配。制造厂首次使用的焊接材料应按相关标准进行化学成分和熔敷金属力学性能检验;同一型号焊接材料在更换厂家后,首个批号亦应进行化学成分和熔敷金属力学性能检验。

(5)涂装材料、高强度螺栓连接副材料、圆柱头焊钉、焊接瓷环材料等的质量及检验要符合要求。

2.施工工艺流程

钢材选料→零件制造→厂家试拼→进场检验→工地试拼→工地安装→构件涂装→桥梁验收。

3.零件制造的规定

(1)放样、作样、号料和切割要求。

①放样、作样和号料应根据施工图和工艺要求进行,要预留制作和安装时的焊接收缩余量及切割、刨边和铣平等加工余量,保证加工好的规格。

②对于形状复杂、在图中不易确定尺寸的零部件,应通过放样校对或利用计算机作图校对后确定。

③样板、样杆、样条制作的允许偏差应符合要求。

④放样、号料前应检查钢料的材质、规格,对有钢料不平直或有蚀锈、油漆等污物,应矫正清理后再号料。号料外形尺寸允许偏差为±1mm。

⑤钢板在下料前应进行除锈、辊平、除尘及涂防锈漆的处理,切割前应将钢料的表面浮锈、污物清除干净。零件宜采用精密切割下料,切割时精密切割面硬度应不超过HV350,切割的垂直度不大于0.05倍板厚,且不大于2.0mm,主要零件的切割边缘表面不应有崩坑,表面粗糙度应不大于25μm。

(2)矫正和弯曲要求。

①钢材矫正前,剪切的反口应修平,切割的挂渣应清除干净。

②零件矫正宜采用冷矫,环境温度宜不低于-12℃,矫正后的零件表面不应有明显的凹痕或损伤。

③主要受力零件冷作弯曲时,环境温度不宜低于-5℃,内侧弯曲半径不得小于板厚的15倍,小于者必须热煨,热煨的加热温度、高温停留时间、冷却速率应与加工钢材的性能相适应。冷作弯曲后零件边缘不得产生裂纹。

④热矫温度应控制在600~800℃,矫正后钢材温度应缓慢冷却,降至室温以前,不得锤击钢料或用水急冷。

⑤零件矫正后的允许偏差应符合有关规范的规定。

(3)零件加工要求。

①零件刨（铣）加工深度不应小于 3mm。加工面的表面粗糙度 R_a 不得大于 25μm；顶紧加工面与板面垂直度偏差应小于 0.01 倍板厚，且不得大于 0.3mm。

②零件应根据预留加工量及平直度要求，两边均匀加工。并应磨去边缘的飞刺、挂渣，使端面光滑匀顺。

③零件加工的允许偏差应符合设计及规范规定。

（4）制孔要求。

螺栓孔应钻制成正圆柱形，孔壁表面粗糙度 R_a 不应大于 25μm，孔缘无损伤不平，无刺屑。螺栓孔孔径允许偏差应符合规定。螺栓孔孔距允许偏差应符合规定。

（5）组装要求。

①组装前，全部零件、部件应进行验收合格。连接接触面和焊缝边缘每边 30～50mm 范围内的铁锈、毛刺、污垢、冰雪等应清除干净，露出钢材金属光泽。

②钢构件的组装应在平台上或胎架上进行。组装时应将焊缝错开。

③组装时，应用冲钉使绝大多数孔正确就位，每组孔应打入冲钉不得少于 2 个，冲钉直径不应小于设计孔径 0.1mm。

④组装时，应用螺栓紧固，保证零件、杆件相互密贴，在任何方向每隔 320mm 至少有一个螺栓。组装螺栓的数量不得少于孔眼总数的 30%；组装螺栓的螺母下最少应放置一个垫圈，如放置多个垫圈时，其总厚不应超过 30mm。

⑤焊接杆件和焊接箱形梁的组装允许偏差应符合规定。

⑥卡样钻孔应经常检查钻孔套模的质量情况，如套模松动或磨耗超限时，应及时更换。

（6）焊接要求。

①在工厂或工地首次焊接工作之前，或材料、工艺在施工过程中有变化，必须分别进行焊接工艺评定试验。工艺确定后，不得随意改变焊接参数。

②焊工应经过考试合格，熟悉焊接工艺要求，取得资格证书后方可从事焊接工作。

③焊接材料应根据焊接工艺评定确定，焊剂、焊条应按产品说明书烘干使用，对储存期较长的焊接材料，使用前应重新按标准检验。CO_2 气体保护焊的气体纯度应大于 99.5%。

④焊接工作宜在室内进行，焊接环境的相对湿度应小于 80%；焊接环境的温度，对低合金高强度结构钢应不低于 5℃，普通碳素结构钢应不低于 0℃。主要钢构件应在组装后 24h 内焊接。

⑤钢构件在露天焊接时，必须采取防风和防雨措施；主要钢构件应在组装后 12h 内焊接，当钢构件的待焊部位结露或被雨淋后，应采取相应措施去除水分和浮锈，然后再施焊。

⑥施焊前应清除焊接区的有害物。施焊时母材的非焊接部位严禁焊接引弧，焊接后应及时清除熔渣及飞溅物。多层焊接时宜连续施焊，且应控制层间温度，每一层焊缝焊完后应及时清理检查，应在清除药皮、熔渣、溢流和其他缺陷后，再焊下一层。

⑦焊前预热温度应通过焊接性试验和焊接工艺评定确定；预热范围宜为焊缝每侧 100mm 以上，且宜在距焊缝 30～50mm 范围内测温。

（7）焊缝检验要求。

焊接完毕且待焊缝冷却至室温后，必须进行所有焊缝外观检查，不得有裂纹、未熔合、夹渣、未填满弧坑、漏焊和超出规定的缺陷。

4.高强度螺栓连接副与摩擦面处理

(1)高强度螺栓连接副要求。

①公路钢结构桥梁所用高强度螺栓连接副可分为大六角形和扭剪型两类,应在专业螺栓厂制造,其规格、质量应符合规定。高强度螺栓、螺母、垫圈的表面宜进行表面防锈处理;垫圈两面应平直,不得翘曲,其维氏硬度 HV30 应为 329~436(HRC35~45)。

②高强度螺栓连接副应由制造厂按批配套供货,并应提供出厂质量保证书。运输或搬运时应轻装轻卸,防止损伤螺纹。进场后除应检查出厂质量保证书外,尚应从每批螺栓中抽取 8 副进行检验,合格者方可使用。

(2)摩擦面处理要求。

①在工地以高强度螺栓栓接的构件和梁段板面(摩擦面)应进行处理,处理后抗滑移系数值应符合设计规定;设计未规定时,抗滑移系数出厂时应不小于 0.55,工地安装前的复验值应不小于 0.45。

②抗滑移系数试验用的试件应按制造批每批制作 6 组,其中 3 组用于出厂试验,3 组用于工地复验。抗滑移系数试件应与构件同材质、同工艺、同批制造,并应在同条件下运输、存放,且试件的摩擦面不得有损伤。

5.钢梁试拼装要求

钢梁试拼装前应对其杆件进行检查验收,施工单位应提供试拼装方案,经审查同意后方可进行。试拼装宜采用具有代表性的局部试拼装法,未经试拼装合格,不得成批生产。

(1)试拼装应在胎架上进行,胎架应有足够的刚度,其基础应有足够的承载力。胎架顶面(梁段底)纵、横向线形应与设计要求的梁底线形相吻合。

(2)板梁应整孔试拼装;简支桁梁的试拼装长度宜不小于半跨,且桁梁宜采用平面试拼装;连续梁试拼装应包括所有变化节点;对大跨径桥的钢梁,每批梁段制造完成后,应进行连续匹配试拼装,每批试拼装的梁段数量应不少于 3 段,试拼装检查合格后,应留下最后一个梁段并前移参与下一批次试拼装。

(3)钢桥墩和钢索塔的塔柱、钢锚箱应采取两节段立位匹配试拼装,合格后还应进行多节段水平位置的试拼装,每一批次的多节段水平位置试拼装应不少于 5 个节段。

(4)试拼装时应使板层密贴,冲钉宜不少于螺栓孔总数的 10%,螺栓宜不少于螺栓孔总数的 20%;有磨光顶紧要求的构件,应有 75% 以上面积密贴,采用 0.2mm 的塞尺检查时,其塞入面积应不超过 25%。

(5)试拼装时,应采用试孔器检查所有螺栓孔,桁梁主桁的螺栓孔应能 100% 自由通过较设计孔径小 0.75mm 的试孔器,桥面系和联结系的螺栓孔应 100% 自由通过较设计孔径小 1.0mm 的试孔器,板梁和箱梁的螺栓孔应 100% 自由通过较设计孔径小 1.5mm 的试孔器。

6.涂装要求

(1)桥梁的钢构件在涂装前,应对其表面进行除锈处理。除锈应采用喷丸或抛丸的方法进行,除锈等级应符合设计规定;设计未规定时,应达到规范有关要求。

(2)涂装地应与设计采用的涂装及所处环境相适应。

（3）除锈后的连接面宜进行喷铝处理或涂装无机富锌防滑涂料,同时应清除高强度螺栓头部的油污及螺母、垫圈外露部分的皂化膜。

（4）表面除锈质量应符合要求。

（5）采用喷射或抛射除锈时回收的钢丸应去除锈屑、锈粉等杂物。

（6）涂装施工时,表面不应有雨水和结露,相对湿度不高于80%,环境温度对环氧类不得低于10℃,对水性无机富硒防锈底漆、聚氨酯漆和氟碳面漆不得低于5℃。在风沙天、雨天、雾天不应进行施工,涂漆后4h内应采取防护措施。

（7）涂装涂层的表面应平整均匀,不应有漏涂、剥落、起泡、裂纹和气孔等缺陷,颜色与比色卡一致;金属涂层的表面应均匀一致,不应有起皮、鼓包、大溶滴、松散粒子、裂纹和掉块等缺陷,每涂完一道应检查干膜厚度,出厂前应检查漆膜厚度。

（8）底漆、面漆的涂装应符合施工工艺要求,面漆的施工宜在桥梁结构安装完成后进行,对在施工中损伤的部位,应进行重涂,其涂料、层数、厚度应与工厂一致。

7. 钢构件的包装、存放和运输

钢构件在包装、存放和运输过程中,应采取有效措施,保证钢构件不变形、不损坏、不散失。

8. 工地安装要求

1）安装前的准备工作。

（1）安装前应对临时支架、支承、起重机等临时结构和钢桥结构本身在不同受力状态下的强度、刚度及稳定性进行验算。

（2）安装前,应按照构件明细表核对进场的构件、零件,查验产品出厂合格证及材料的质量证明书。

（3）钢构件在运输、存放过程中损坏的涂层,应按照规定补涂。

（4）钢构件安装前,应对桥台、墩顶面高程、中线及各孔跨径进行复测,当误差在允许偏差内,经复查签认方可安装。

（5）钢构件安装前,根据跨径大小、河流情况、起吊能力选择安装方法。

2）安装要求。

（1）杆件宜采用预先组拼、栓合或焊接,扩大拼装单元进行安装,对容易变形的构件应进行强度和稳定性验算,必要时应采取加固措施。

（2）杆件组拼前应清除杆件上的附着物,摩擦面应保持干燥、整洁。应根据外界环境和焊接等变形因素的影响,采取措施,保证钢梁的建筑拱度及中心线位置。

（3）在支架上拼装钢梁时,冲钉和粗制螺栓总数不得少于孔眼总数的1/3,其中冲钉不得多于2/3。孔眼较少的部位,冲钉和粗制螺栓总数不少于6个或将全部孔眼插入冲钉或粗制螺栓。

用悬臂或半悬臂法拼装钢梁时,联结处所需冲钉数量应按所承受荷载计算决定,但不得少于孔眼总数的一半,其余孔眼布置精制螺栓。冲钉和精制螺栓应均匀的安放。

高强度螺栓栓合梁拼装时,冲钉数量应符合上述规定,其余孔眼布置高强度螺栓。吊装杆件的吊钩,必须等杆件完全固定后方可卸去。

（4）拼装用的冲钉直径(中段圆柱部分)应较孔眼设计直径小0.2~0.3mm,其长度应大于板束厚度。

拼装用精制螺栓直径应较孔眼设计直径小 0.4mm,拼装板束用的粗制螺栓直径应较孔眼直径小 1.0mm。冲钉和螺栓可用 35 号碳素结构钢制造。

(5)钢桥安装过程中,每完成一节间应测量其位置、高程和预拱度,如不符合要求应进行校正。

3)高强度螺栓连接的规定。

(1)由制造厂处理的钢桥杆件的摩擦面,安装前应复验所附试件的抗滑移系数,合格后方可安装,并应符合设计要求。

(2)高强度螺栓的设计预拉力、施加预拉力应符合设计及规范要求。

(3)高强度螺栓连接副在运输过程中应轻装轻卸,储存时应分类分批存放,不得混淆,并防止受潮生锈,在使用前应进行外观检查并应在同批内配套使用。

(4)施工前,高强度螺栓连接副应按出厂批号复验扭矩系数,每批号抽验不少于 8 套,其平均值和标准偏差应符合设计要求。设计无要求时平均值应在 0.11～0.15 范围内,其标准偏差应小于或等于 0.01。测定数据应作为施拧的主要参数。

(5)安装钢梁的高强度螺栓的长度必须与安装图一致。安装时,高强度螺栓应顺畅穿入孔内,不得强行敲入,穿入方向应全桥一致。高强度螺栓不得作为临时安装螺栓。被栓合板束的表面应垂直于螺栓轴线,否则应在螺栓垫圈下面加垫斜坡垫板。

(6)用扭矩法拧紧高强度螺栓连接副时,初拧、复拧和终拧应在同一工作日内完成。初拧扭矩应由试验确定,一般为终拧扭矩的 50%。

(7)高强度螺栓终拧完毕,应按下列规定进行质量检查:

①检查应由专职质量检查员进行,检查扭矩扳手必须标定,其扭矩误差不得大于使用扭矩的 ±3%,且应进行扭矩抽查。

②松扣、回扣法检查,先在螺栓与螺母上做标记,然后将螺母退回 30°,再用检查扭矩扳手把螺母重新拧至原来位置测定扭矩,该值不小于规定值的 10% 时为合格。

③对主桁节点及板梁主体及纵、横梁连接处,每栓群以高强螺栓连接副总数的 5% 抽检,但不得少于 2 套,其余每个节点不少于 1 套进行终拧扭矩检查。

④每个栓群或节点检查的螺栓,其不合格者不得超过抽验总数的 20%,如超过此值,则应继续抽验,直至累计总数 80% 的合格率为止。然后对欠拧者补拧,超过者更换后重新补拧。

4)工地焊缝连接和固定要求。

钢桥工地焊缝连接分全焊连接和焊缝与高强度螺栓合用连接两类。工地焊缝连接应进行焊接工艺评定,评定结果应符合相关技术规范的规定,并应符合下列规定:

(1)钢桥杆件工地焊缝连接应按设计规定的顺序进行。设计无规定时,纵向宜从跨中向两端,横向宜从中线向两侧对称进行。

(2)工地焊接应设立防风设施,遮盖全部焊接处。雨天不得焊接(箱形梁内除外)。箱形梁内采用 CO_2 气体保护焊时,必须使用通风防护安全设施。

5)钢桥构件连接固定后落梁就位时,应符合下列规定。

(1)钢梁就位前应清理支座垫石,保证高程及平面位置符合设计要求。

(2)固定支座与活动支座的精确位置应按设计图并考虑施工安装温度、施工误差等确定。

（3）钢梁落梁前后应检查其建筑拱度和平面尺寸,并做记录,校正支座位置。

6）《公路工程质量检验评定标准　第一册　土建工程》(JTG F80/1—2017)给出的钢梁安装后的质量检验标准和实测项目见表4-35。

表4-35

钢梁安装后的质量检验标准和实测项目

项次	检查项目		规定值或允许偏差	检查方法和频率
1	轴线偏位(mm)	钢梁纵轴线	≤10	全站仪:每跨测3处
		两跨相邻横梁中线相对偏差	≤5	尺量:测各相邻端横梁
2	高程(mm)	墩台处	±10	水准仪:每墩台测3处
		两跨相邻横梁相对高差	≤5	水准仪、尺量:测各相邻端横梁
3	固定支座处支承中心偏位(mm)	简支梁	≤10	尺量:测每固定支座
		连续梁	≤20	
4	焊缝尺寸		满足设计要求	量规:检查全部,每条焊缝检查3处
5△	焊缝探伤		满足设计要求	超声法:检查全部 射线法:按设计要求;设计未要求时按10%抽查且不少于3条
6∧	高强螺栓扭矩		±10%	扭矩扳手:检查5%且不少于2个

六、钢混组合结构质量监理

1. 钢构件安装施工

（1）钢构件在安装施工前,应根据跨径大小或结构构造的特点、地形地物、河流或海域情况、起重机或起重船的起吊能力、环境条件等因素,综合考虑选择安装方法和安装工艺。对钢-混凝土组合梁,在确定钢构件的安装方法时,尚应适当考虑预制混凝土桥面板安装的可行性和方便性。

（2）安装前应对各种承重支架、支承系统、吊架和吊具等临时受力结构,以及钢构件本身在安装过程中不同受力工况下的强度、刚度及稳定性进行验算,保证安装施工的安全和结构的安全。

（3）安装钢-混凝土组合梁中的钢构件之前,应对桥梁的墩台顶面高程、中线及各孔跨径进行复测;安装钢-混凝土接头中的钢构件之前,应对混凝土结合面的高程、纵横向轴线和表面平整度等进行复测。

（4）钢构件安装前要对进场的各种构件、原材、螺栓等进行检验和验收,必须符合规范和设计要求。

（5）起吊安装钢构件时,吊点和吊具的设置应满足各点均匀受力的要求,应避免钢构件在起吊安装过程中发生扭转或侧倾,并应采取有效措施保证钢构件不受到损伤。

（6）钢梁宜对钢构件采用预先组拼、栓合或焊接,扩大拼装单元组成节段后进行安装的方法。对容易变形的钢构件应进行刚度和稳定性验算,必要时应采取临时加固措施。组拼前应清除钢构件上的附着物,摩擦面或焊接面应保持干燥、清洁。安装时应根据外界环境和焊接等变形因素的影响,采取有效措施,保证钢梁的线形、拱度及轴线位置满足设计或施工控制的要求。工地安装时,不得在现场对钢构件进行未被批准的临时性的焊接和切割作业。

(7)钢梁及其他钢构件安装时,应对吊装设备的进行必要的选择,确保安装时的安全和稳定。

(8)在支架上安装钢梁的施工应符合下列规定:

①应对安装支架进行验收、验算,保证符合规范规定。

②在支架顶部钢梁的支承处,要设置调节装置,保证钢梁就位后的高程、纵横向平面位置和倾斜度等进行精确调整。

③钢梁节段安装顺序宜从一端向另一端顺序安装。

④安装过程中,每完成一节段的就位后应测量其纵横向平面位置、高程和预拱度,确保符合要求。

⑤拼装栓接连接的钢梁时,冲钉和粗制螺栓的总数不得少于栓孔总数的1/3,其中冲钉不得多于2/3;栓孔较少的部位,冲钉和粗制螺栓的总数应不少于6个或将全部栓孔插入冲钉或粗制螺栓。拼装高强度螺栓连接的钢梁时,冲钉数量应符合规定,其余栓孔宜布置高强度螺栓。

⑥拼装焊接连接的钢梁时,宜将节段之间拼接错台的偏差控制在2mm以内,并应严格控制钢梁的平面位置、高程和拱度。

⑦钢梁安装完成后,在落梁就位前,应保证支座的平面位置和顶面高程符合设计要求,方可进行钢梁的落梁就位;钢梁在落梁就位前后均应对其线形、拱度和平面位置尺寸等进行检查。

(9)接头中钢构件的安装施工应符合下列规定:

①要选择适宜的安装方法和安装工艺,宜根据钢构件的构造特点、起吊设备的能力、环境条件等因素。

②钢构件在安装前,应通过计算或模拟起吊试验确定其重心位置和吊点的位置;起吊安装时,应采取有效措施保证其空中姿态平稳,使其不产生过大的倾斜和摆动;安装就位时,应对其平面位置和高程进行准确控制,就位后应通过调节装置进行精确调整。

③对拱座等安装在倾斜混凝土结合面上的钢构件,安装时应设置必要的导向装置;正式起吊安装时,应使钢构件始终保持平稳状态,且在导向装置的引导下能顺利就位,就位后应尽快将其固定。

④对索塔塔柱、墩身等安装在水平混凝土结合面上的钢构件,安装前应设置必要的定位和调节装置;安装时应严格控制钢构件的平面位置和高程,安装精度应符合设计的规定。

⑤对混合梁中在竖直面上结合的钢-混凝土接头,钢构件应安装在稳定可靠的支架或吊架上,支架或吊架应进行专门设计,其强度、刚度和稳定性应满足接头施工时承载能力和使用的要求。

2.混凝土桥面板施工

(1)混凝土桥面板一般采用预制安装的方式施工,对跨径较小的组合梁或某些特殊部位或设计规定时,可采用现场浇筑的方式施工。

（2）混凝土桥面板的预制要符合预制构件的规范要求，预制完成后要符合设计要求。

（3）桥面板混凝土的强度应在达到设计强度的85%后，方可从预制台座上起吊进行场内的移运。

（4）预制混凝土桥面板的安装施工应符合下列规定：

①预制混凝土桥面板安装前要对其进行质量验收，并对安装位置、接触面进行检查，符合要求后方可进行.

②预制混凝土桥面板的安装方法宜结合钢梁的安装综合考虑，安装的顺序及加载程序应符合设计和施工控制的规定。

③安装前，应将钢梁与桥面板的结合面及剪力连接装置表面清理干净，并应在钢梁上按设计要求粘贴橡胶带，橡胶带的粘贴应保证能达到密贴、顺直的要求；应在钢梁上准确放样，且宜在现场核对相邻桥面板钢筋、剪力钉、连接件等的相对位置。

④安装时应采用四点起吊并配置相应的吊具。起吊安装时，应保证各吊点的受力均衡，并应防止对桥面板产生碰撞或其他损伤。

⑤桥面板安装就位过程中，应使各桥面板中的预应力管道对准、顺直，与相邻桥面板预应力管道的错位偏差宜不超过2mm。当安装桥面板的钢筋与相邻桥面板的钢筋、剪力钉或连接件等有位置上的冲突时，应采取适当的措施进行调整，且该调整应以弯折钢筋改变其位置为主，不得因桥面板就位困难而随意切断钢筋或破坏剪力连接装置。

⑥桥面板安装就位后，应及时检查其在钢梁上的支承状况，当有翘曲、脱空、偏位等情况时，应吊起重新安装。

（5）混凝土湿接缝的现场浇筑施工应符合下列规定：

①湿接缝混凝土的配合比应进行专门设计，并符合相关要求。

②混凝土的质量要符合现浇混凝土的一般规定，混凝土浇筑施工要符合规范要求。湿接缝的浇筑时机和浇筑顺序应符合设计和施工控制的要求。

③湿接缝在浇筑混凝土之前，应对在安装过程中变形的连接钢筋和剪力钉予以校正和调直，对损坏的连接件和剪力钉等应进行修复，并应按设计要求进行连接钢筋的绑扎或焊接。

④在连接湿接缝处的预应力管道时，应保证连接管道顺直、无弯折，对接头处的管道应包缠严密，使之不漏浆。

⑤混凝土浇筑前，应将湿接缝内的杂物清理干净，并应对混凝土结合面进行充分湿润，保证湿接缝混凝土与预制桥面板混凝土的接缝严密。

⑥浇筑湿接缝混凝土时，应对其进行充分振捣，浇筑完成后，应对混凝土的顶面进行拉毛或采取其他增加粗糙度的处理措施。

⑦湿接缝混凝土的强度在未达到设计强度的85%之前，不得在桥面上通行车辆、堆放材料或进行影响其受力的其他施工作业。

（6）现场浇筑混凝土桥面板的施工应符合下列规定：

①应采用符合设计规定的混凝土，且其配合比应进行专门设计，并符合规范要求。

②当利用钢梁设置支架对模板进行支承时，在安装、拆除支架和模板的过程中，应采取有效措施避免损伤钢梁及其表面的防腐涂层。

③浇筑桥面板混凝土前，应将钢梁上翼缘和连接件上的锈蚀、污垢及模板内的其他杂物清

理干净。

④混凝土的质量要符合现浇混凝土的一般规定,混凝土浇筑施工要符合规范要求。现场浇筑混凝土桥面板的施工顺序应符合设计和规范的规定。

⑤浇筑混凝土时,除应保证其振捣密实外,尚应采取对桥面板顶面进行严格整平以及防止混凝土开裂的有效措施。

⑥桥面板混凝土浇筑完成后,及时覆盖进行保温、保湿养护。养护没有完成时,不得在桥面上通行车辆、堆放材料或进行其他施工作业。

(7)对混凝土桥面板施加预应力时,应符合预应力施工的相关要求。

3. 钢-混凝土接头施工

(1)钢-混凝土接头中连接件的施工应符合下列规定:

①焊钉连接件、开孔板及型钢连接件的制造加工应符合规范相关规定,在施工前要进行质量验收。

②在安装普通钢筋时,应采取有效措施防止对连接件产生碰撞或其他损伤,并应进行全面检查,避免普通钢筋与连接件的位置重叠,当普通钢筋或局部加强钢筋与连接件有位置上的冲突时,不得随意切断或破坏剪力连接装置,而应适当调整钢筋的位置。穿过开孔板的钢筋应在栓孔上居中贯通布置安装,其偏差应不超过5mm,并不得与开孔板焊接。

③连接件就位后,应对其安装质量进行检查,不符合要求时应及时进行调整。

④连接件中的混凝土施工,宜采用有利于混凝土振捣密实的体位方式进行浇筑;且宜通过必要的工艺试验,验证混凝土的性能,同时验证浇筑振捣的方式和工艺,保证混凝土填充密实并与连接件接触良好,保证混凝土振捣的密实性。

(2)混合梁中钢-混凝土接头的施工应符合下列规定:

①钢构件按规范规定进行安装并精确定位后,应将其锁定在支架或吊架上,并应与混凝土梁进行刚性连接,刚性连接装置的形式应符合设计的规定。

②接头混凝土施工的模板在安装设置时,应保证其稳定,且应与结构之间密贴、不漏浆。

③钢-混凝土接头中的混凝土应符合设计的规定,且宜采用经专门设计的高流动性、低收缩率的自密实混凝土。

④浇筑接头混凝土之前,应对混凝土梁的结合面进行严格凿毛处理,凿毛的深度应不小于8mm,凿毛后的结合面上不应有浮浆和光滑的表面;同时应对钢构件部分的浮锈和其他杂物等进行清洁处理。应将全部结合面清理干净,对混凝土的结合面应进行充分湿润。

⑤浇筑接头混凝土时,宜按规范大体积混凝土的要求进行温度控制,且宜选择在夜间温度场较为稳定的时段进行施工;宜采取有效措施,使新浇筑混凝土与钢构件、混凝土梁体及模板之间的温差小于15℃。浇筑完成后,应及时覆盖进行保温、保湿养护。

⑥预应力钢束张拉时,接头混凝土的强度、弹性模量(或龄期)应符合设计规定;设计未规定时,混凝土的强度应不低于设计强度的85%,弹性模量应不低于混凝土28d弹性模量的85%。预应力钢束的张拉应对称、均衡地进行。

⑦接头混凝土在未达到设计强度的要求之前,不得承受荷载。

(3)拱座钢-混凝土接头的施工应符合下列规定:

①拱座混凝土的施工要求应符合规范规定,施工时要加强验收。

②对拱座中钢构件与基座的混凝土结合面,应进行严格磨平,并应采取有效措施,使钢构件与基座混凝土结合面的端面接触率符合设计的规定。

③拱座的钢构件部分整体安装并精确调整定位后,应按设计规定的方式,将钢构件与混凝土基座可靠地连接锚固。

七、斜拉桥质量监理

1.索塔

(1)索塔的施工可视其结构特点、施工环境、施工设备和设计要求综合考虑选用适合的方法。索塔施工,设置必要的起重设备、工作电梯及安全通道。

(2)混凝土索塔施工塔柱施工长度的划分,宜根据索塔的结构形式、钢筋定尺长度和施工条件等因素确定。

(3)混凝土斜拉桥施工时应避免塔梁交叉施工干扰。必须交叉施工时,施工单位应根据设计和施工方法采取保证塔梁质量和施工安全的措施,并报批。

(4)混凝土索塔横梁施工时应根据其结构、重量及支撑高度设置可靠的模板和支撑系统,考虑弹性和非弹性变形、支承下沉、温差及日照的影响。必要时应设支承千斤顶调控。体积过大的横梁可分次浇筑。

(5)混凝土斜塔柱施工时,施工单位必须对各施工阶段塔柱的强度和变形进行计算,计算结果应报审查,应分高度设置横撑,使其线形、应力、倾斜度满足设计要求并保证施工安全。

(6)索塔混凝土现浇应选用输送泵施工,超过一台泵的工作高度时,允许接力泵送,但必须做好接力储斗的设置,并尽量降低接力站台高度。

(7)混凝土塔柱和横梁可同步或异步施工,斜塔柱施工时,应对各施工阶段塔柱的强度和变形进行验算,分高度设置主动横撑或拉杆,保证线形、内力和倾斜度满足设计要求和施工期的结构安全。

(8)混凝土索塔横梁和拉索锚固区的预应力混凝土应符合预应力的施工要求,对拉索锚固区曲率半径较小的环向预应力筋,宜按设计要求进行模型试验。

(9)混凝土索塔施工组织设计中必须制定整体和局部的安全措施。

2.主梁

主梁施工应严格按照设计和方案规定的程序、方法和措施施工。即对梁体每一施工阶段的结果进行详细的检测分析和验算,以确定下一施工阶段拉索张拉量值和主梁线形、高程及索塔位移控制量值,周而复始直至合龙成桥。施工监控测试内容和方案应报设计和监理工程师审批,除设计图纸另有规定外,一般应包括下列内容:

(1)变形:主梁线形、高程、轴线偏差、索塔的水平位移。

(2)应力:拉索索力、支座力以及梁塔应力在施工过程中的变化。

(3)温度:温度场及指定测量时间内塔、梁、索的变化。

1)混凝土主梁施工

(1)主梁0号段及其两旁的梁段,在支架和塔下托架上浇筑时,支架系统应进行专门设计,应消除温度、弹性和非弹性变形及支承等因素对变形和施工质量的不良影响。

（2）采用挂篮悬浇主梁时，除应符合梁桥挂篮施工的有关规定外，还应按下列规定执行：

①挂篮的悬臂梁及挂篮全部构件制作后均应进行检验和试拼，合格后再于现场整体组装检验，并按设计荷载及技术要求进行预压，同时测定悬臂梁和挂篮的弹性挠度、调整高程性能及其他技术性能。

②挂篮设计和主梁浇筑时应考虑抗风振的刚度要求。

③拉索张拉时应对称同步进行，以减少其对塔与梁的位移和内力影响。

（3）主梁采用悬拼时，除应遵守连续梁及斜拉桥主梁悬浇的有关规定外，还应按下列规定施工：

①预制梁段，如设计无规定，可选用长线法或短线法台座，预制台座的设计应考虑主梁成桥线型的影响并保证梁板的尺寸能满足拼装要求。

②应在底模上调整主梁分段形体所受竖曲线的影响。拼装中多段积累的超误差，可用湿接缝调整。

③梁段拼合前应试拼，以便及时调整。

④湿接缝拼合面应进行表面凿毛和清扫，干接缝应保持结合面清洁，黏合料应涂刷均匀。

⑤采用垫片调整梁段拼装线形时，每次垫片调整的高程不应大于20mm。

（4）大跨径主梁施工时应缩短双向长悬臂持续时间，尽快使一侧固定，以减少风振的不利影响，必要时应采取临时抗风措施。

2）钢主梁（包括叠合梁和混合梁）施工

（1）钢主梁应由符合资质要求的专业单位加工制作、试拼，经检验合格后安全运至工地。堆放和运输应无损伤、无变形和无腐蚀。

（2）钢梁制作的材料和工艺应符合设计要求。焊接材料的选用、焊接要求、加工成品、涂装等项的标准和检验内容均应按有关规定执行。

（3）应进行钢梁的连日温度变形观测对照，确定适宜的合龙温度及实施程序，并应满足钢梁安装就位时高强螺栓定位所需的时间。

3．拉索

（1）拉索及其锚具应委托专业单位制作，严格按照国家或行业标准和规定生产，并应进行检测和验收。拉索的运输和堆放应无破损、无变形、无腐蚀。拉索成品、锚具交货时应提供下列资料：

①产品质量保证书、产品批号、设计索号及型号、生产日期、数量、长度、重量等。

②产品出厂检验报告及有关数据。

（2）拉索的安装。拉索在施工前，应按设计要求及拉索结构编制相应的专项施工方案和施工工艺。

①拉索安装可根据塔高、布索方式、索长、索径、索的刚柔程度、起重设备和施工现场状况等综合选择架设方法。

②安装前应根据索长、索重、斜度和风力等因素计算其安装过程中锚头距索管口不同距离，以及满足锚环支撑时的牵引力，以综合选择架设方案和设备。

③施工中不得损伤索体保护层和索端锚头及螺纹，不得堆压弯折索体。

④施工中，拉索抗震的约束环和减振器未安装前，必须确保索管（特别是梁上索管）和锚

端的防水、防腐和防污染。

（3）斜拉桥拉索的张拉应按下列各项执行：

①张拉施工的设备和方法应根据设计的索型、锚具、布索方式，塔和梁的构造确定。

②拉索张拉的顺序、级次数和量值应按设计规定执行。应以振动频率计测定的索力或油压表量值为准，以延伸值作校核，并应视拉索防振圈以及弯曲刚度的状况对测值予以修正。

③拉索张拉可在塔端或梁端单端进行，也可顶升索鞍支座进行。平行钢丝拉索宜采用整体张拉，平行钢绞线拉索可用整体或分索张拉，分索张拉应按"分级""等力"的原则进行，单根张拉后各钢绞线索力的离散误差不宜超过 ±2%，整体张拉完成后，各钢绞线索力的离散误差不宜超过 ±1%。

④索塔顺桥向两侧的拉索（组）和桥横向对称的拉索（组）必须对称同步张拉；同步张拉的不同步索力的相差值不得超出设计规定；两侧不对称的或设计拉力不同的拉索，应按设计规定的索力分级同步张拉。

⑤拉索锚固时不宜在锚环与承压板间加垫，需要加垫时，其垫圈材料和强度应符合承压要求，并应设成两个密贴带扣的半圆。

⑥拉索张拉完成后，悬臂施工跨中合龙前后，当梁体内预应力钢筋全部张拉完且桥面及附属设备安装完时，应采用传感器或振动频率测力计检测各拉索索力值，同时应视防振圈及索的弯曲刚度等状况对测值予以修正。每组及每索的拉力误差超过设计规定时应进行调整，调整时可从超过设计索力最大或最小的拉索开始（放或拉），直到调至设计索力。调索时应对塔和相应梁段进行位移检测，并做出存档记录，记录内容包括日期、时间、环境温度、索力、索伸缩量、桥面荷载状况、塔梁的变位量及主要相关控制断面应力等。

第七节　桥面系与附属工程

一、支座安装质量监理

（1）支座进场后，应对其规格数量、产品合格证等进行检查，合格后方可用于工程。

（2）支座的存放应在干燥通风的库房，不得直接放于地面。支座运输装卸时，应采取措施防止对其碰撞和损坏。

（3）支座安装前，应对支座垫石的混凝土强度、平面位置、顶面高程、预留地脚螺栓和预埋钢板等进行检查。支座垫石的顶面高程应准确，表面平整、整洁。对安装后填灌浆料的支座，其垫石的顶面应预留出足够的灌浆料层的厚度。

（4）支座安装时，应分别在垫石和支座上标出纵横向的中心十字线，就位后两者的中心应对准，并采取措施保证支座处于水平状态，与支座的顶面高程相符合。调整支座的顶面高程时，应采用钢垫片，支垫处在安装完成后留下的空隙应采用环氧树脂砂浆填实。

（5）支座安装完成，其顺桥向的中心线应与梁顺桥向的中心线水平投影重合或相平行，且与支座保持水平，不得有脱空、偏斜、不均匀受力的现象。安装完成后及时拆除支座上的各种临时固定构件和装置。

(6)板式橡胶支座安装施工,应符合下列规定:

①支座在安装时,应对其顶面和底面进行检查核对,避免反置。对矩形滑板支座,顺桥向和横桥向位置应按产品标注的要求进行。

②支座垫石的顶面高程应准确。在平坡情况下,一片梁板中两端的垫石和同一墩台上的垫石,其顶面高程应一致,相对高差不超过 ±1.5mm,同一支座垫石上的四角高差应小于 0.5mm。当顺桥向有纵坡导致两相邻墩(台)的高程不同时,对高程的控制应符合设计规定,且同一片梁(板)在考虑坡度后其相邻墩垫石顶面高程的相对误差不得超过 3mm。

③梁、板吊装时,应采取有效措施防止对支座产生偏差或产生过大的初始剪应变。就位应准确且其底面应与支座密贴,否则应将梁、板吊起,重新调整就位安装;安装时不得采用撬棍移动梁、板的方式进行就位。

(7)盆式支座安装施工应符合下列规定:

①梁、板底面和垫石顶面的钢垫板应埋置稳固。垫板与支座间应平整密贴,支座四周不得有 0.3mm 以上的缝隙,并应保持清洁。

②活动支座的改性聚四氟乙烯板和不锈钢板不得有刮伤、撞伤。改性聚四氟乙烯板应密封在钢盆内,应排除空气,保持紧密。

③活动支座安装前应采用适宜的清洁剂擦洗各相对滑移面,擦净后应在四氟滑板的储油槽内注满硅脂类润滑剂。

④盆式支座的顶板和底板可采用焊接或锚固螺栓栓接在梁体底面和垫石顶面的预埋钢板上。采用焊接时,应对称、间断焊接,并应防止温度过高对改性聚四氟乙烯板钢板以及对周边混凝土产生影响;安装锚固螺栓时,其外露螺杆的高度不得大于螺母的厚度。锚固螺栓和焊接部位作防锈处理。

(8)《公路工程质量检验评定标准 第一册 土建工程》(JTG F80/1—2017)给定的质量检验标准和实测项目见表4-36。

支座安装的质量控制标准和实测项目　　　　　　　　　表 4-36

项次	检查项目		规定值或允许偏差	检查方法和频率
1△	支座中心横桥向偏位(mm)		≤2	尺量:测每支座
2	支座中心顺桥向偏位(mm)		≤5	尺量:测每支座
3△	支座高程(mm)		满足设计要求;设计未要求时:±5	水准仪:测每支座中心线
4	支座四角高差(mm)	承压力≤5000kN	≤1	水准仪:测每支座
		承压力>5000kN	≤2	水准仪:测每支座

二、桥面铺装质量监理

1. 一般规定

(1)预制板或现浇梁板与桥面铺装混凝土的混凝土龄期相差应尽量缩短,以避免两者之间产生过大的收缩差。

(2)为使桥面铺装与下面的混凝土构件紧密结合,应对桥面铺装下面的混凝土凿毛,裸露新鲜混凝土面,并用高压水冲洗干净,浇筑前湿润。

（3）当进行混凝土桥面铺装时,应按图纸所示预留好伸缩缝工作槽。当进行沥青混凝土铺装时,可不预留伸缩缝工作槽,而在安装伸缩缝前先行切割沥青混凝土铺装所占的伸缩缝的位置。

2.水泥混凝土桥面铺装

（1）混凝土的铺装要均匀,厚度、材料、铺装层结构、强度、防水层等均应符合设计和规范要求。

（2）桥面铺装应在梁体的横向连接工作或湿接缝浇筑完成后进行。

（3）混凝土桥面铺装前应保证梁板顶面粗糙、洁净,按要求铺设纵向接筋和桥面钢筋网,并应做好梁体的横向连接。

（4）水泥混凝土的施工应符合相关要求,其顶面要做好防滑措施,做面宜分两次进行。

（5）设计为防水混凝土或纤维混凝土时,应按照其相关规定进行。

3.防水层施工

（1）防水层应根据不同材料,按设计要求或产品符合的相应标准的铺设要求进行。

（2）铺设防水层的桥面板表面应平整、干燥、洁净。防水层不宜在雨天或低温下铺设。

（3）防水层通过伸缩缝或沉降缝时,应符合设计要求,保证施工质量。

（4）水泥混凝土桥面铺装若采用织物与沥青黏合的防水层,应设置隔断缝。

（5）防水层施工完成后,没有达到规定时间不得开放交通。

4.沥青混凝土桥面铺装

（1）铺装前应对桥面进行检查,保证桥面平整、干净、粗糙、整洁。

（2）铺装前应做好防水层,应撒布黏层沥青。

（3）沥青混凝土的配合比设计、铺筑及碾压应符合沥青路面施工技术要求。

5.钢桥面铺装施工

（1）钢桥面铺装的结构层、厚度、材料等应符合设计规定。

（2）钢桥面铺装施工前应制订专项施工技术方案并报审,并应做好人员培训、材料的调查试验,以及机具设备的检查维护等准备工作。

（3）钢梁顶面再出场前要涂防锈漆,钢桥面铺装前要做防锈处理。

（4）铺装施工要连续进行。铺装前,其下层应保持干燥、整洁,不得有损害。

（5）宜避开雨季施工,每个层次均不得在雨天施工。对钢桥面的检测要进行无损检测。

6.泄水管施工

（1）泄水管的顶面不宜高出水泥混凝土调平层的顶面,在泄水孔的边缘宜设置渗水沟。在浇筑桥面板时应预留泄水管安装孔,桥面铺装时应避免泄水管预留孔堵塞。

（2）泄水管的出口位置要合理,使排水不得冲刷墩台的基础。

三、伸缩装置质量监理

1.一般规定

（1）伸缩装置的规格、性能应符合图纸规定。所有产品在任何时候都应严格按照生产厂家推荐的方法装卸、放置、装配和安装。

（2）伸缩装置的钢构件外观应光洁、平整,不得扭曲,并进行有效的防腐处理。伸缩装置应在工厂组装,出厂时应附有效的产品质量合格证明文件。在运输和存放过程中应避免阳光直接暴晒或雨淋,保持清洁,防止变形。

（3）伸缩装置安装预留的槽口尺寸应符合设计规定,锚固筋的位置应准确,安装前应对预留槽口的混凝土进行凿毛并清理干净。

（4）伸缩装置应在沥青混凝土铺装后,采用反开槽的方式进行安装。安装前,应按现场实际气温调整其安装定位值。

（5）安装时应使伸缩装置的中心线和桥梁中心线相重合,安装位置和高程应符合要求,应进行临时固定,设置横向水平连接筋,并与预埋钢筋焊接固定。

（6）伸缩装置安装固定后,应在其能自由伸缩的开放状态下进行两侧过渡段混凝土的浇筑施工,浇筑时应采取措施防止定位固定的构件移位。对洒落的混凝土要及时清除。混凝土开始养生后,在未到达到设计要求前不得开放交通。

2. 橡胶伸缩装置安装要求

（1）安装前应检查桥面端部预留槽口的尺寸及钢筋,采用后嵌式橡胶伸缩体时,应在混凝土干缩完成及徐变大部分完成后再进行。

（2）安装前应将槽口清除干净,并涂防水胶黏材料。应根据气温和缝宽进行调整后,再进行就位,保证安装后处于受压状态。

（3）应根据安装时的环境温度计算,并设置伸缩装置的模板宽度与螺栓间距,将加强钢筋与螺栓焊接就位后,再浇筑过渡段混凝土。

（4）向伸缩装置螺栓口内灌注防蚀剂后,应及时安装盖帽。

3. 梳齿板伸缩装置

梳齿板式伸缩装置安装时,应采取措施防止产生梳齿不平、扭曲和变形等现象,并应对梳齿间隙的偏差进行控制,在气温最高时,梳齿的横向间隙应不小于5mm,齿板间隙应不小于15mm。

4. 模数式伸缩装置

（1）安装时宜采用专用卡具固定,其顶面位置和顶面高程应符合设计,在桥面横坡定位、焊接固定完成,进行绑扎钢筋和铺设钢筋网。

（2）浇筑过渡段混凝土应将所有间隙填塞密实,浇筑后取出。

5. 质量检验标准和实测项目

《公路工程质量检验评定标准　第一册　土建工程》(JTG F80/1—2017)给定的伸缩装置安装的质量检验标准和实测项目见表4-37。

伸缩装置安装的质量检验标准和实测项目　　　　　　　表4-37

项次	检查项目	规定值或允许偏差	检查方法和频率
1	长度(mm)	满足设计要求	尺量:测每道
2△	缝宽(mm)	满足设计要求	尺量:每道每2m测1处
3	与桥面高差(mm)	≤2	尺量:伸缩装置两侧各测5处

续上表

项次	检查项目		规定值或允许偏差	检查方法和频率
4	横向平整度(mm)		≤3	3m 直尺:每道顺长度方向检查伸缩装置、锚固混凝土各 2 尺
5	纵坡 (%)	一般	±0.5	水准仪:每道测 5 处
		大型	±0.2	
6	焊缝尺寸		满足设计要求;设计未要求时,按焊缝质量二级	量规:检查全部,每条焊缝检查 2 处
7△	焊缝探伤			超声法:检查全部

注:项次 2 应按照安装时的气温折算。项次 6、7 应为工地焊缝。

四、桥面防护设施质量监理

桥面防护设施主要有混凝土防撞护栏、栏杆、人行道、缘石等。混凝土防撞护栏主要施工要求:

(1)混凝土护栏应在桥面的两侧对称进行施工。对结构重心位于梁体以外的悬臂式防撞护栏,应在主梁横向联结或拱上结构完成后方可施工。

(2)对就地现浇的防撞护栏,宜在顺桥向每间隔 5～8m 设 1 道断缝或假缝。温差相对较大的地区,断缝或假缝的设置间距可适当减少。

(3)防撞护栏的钢筋应与梁体的预留钢筋要可靠连接,保证连接牢固。

(4)模板宜采用钢模,支模时宜在其顶部和底部各设 1 道对拉螺杆,或采用其他固定模板的装置。

(5)宜采用坍落度较小的干硬性混凝土,浇筑时应分层进行,分层厚度不宜超过 200mm;振捣时应采取适当的措施使模板表面的气泡逸出。

(6)对预制安装的防撞护栏,在搬运和安装时,应采取适当的保护措施,防止损伤棱角处的混凝土。连接钢板的焊接质量应符合设计要求和规范的相关规定。

(7)施工完成后的防撞护栏,其顶面高程和位置应准确,位于弯道上的护栏其线形应平顺。

(8)《公路工程质量检验评定标准 第一册 土建工程》(JTG F80/1—2017)给定的质量检验标准和实测项目见表4-38。

混凝土护栏浇筑的质量检验标准和实测项目　　　　表 4-38

项次	检查项目	规定值或允许偏差	检查方法和频率
1△	混凝土强度(MPa)	在合格标准内	按附录 D 检查
2	平面偏位(mm)	≤4	全站仪、钢尺:每道护栏每 200m 测 5 处
3△	断面尺寸(mm)	±5	尺量:每道护栏每 200m 测 5 处
4	竖直度(mm)	≤4	铅锤法:每道护栏每 200m 测 5 处
5	预埋件位置(mm)	≤5	尺量:测每件

五、桥头搭板质量监理

桥头搭板下的台后填料宜采用透水性材料,分层填筑压实。台后地基如为软土,应按设计要求进行地基处理,必要时对其进行预压。

(1)钢筋混凝土搭板及枕梁宜采用就地浇筑的方式。

(2)搭板钢筋与其下的垫层间宜设置垫块,并交错布置,在上、下层钢筋之间应设置支撑,保证位置准确。

(3)浇筑搭板混凝土时,应按搭板的坡度由低向高处进行,振捣时避免碰撞钢筋,完成时要保证高程、厚度、宽度符合要求,保证和桥面的平顺。

(4)《公路工程质量检验评定标准　第一册　土建工程》(JTG F80/1—2017)给定的质量检验标准和实测项目见表4-39。

桥头搭板的质量检验标准和实测项目　　　　　　　表4-39

项次	检查项目		规定值或允许偏差	检查方法和频率
1△	混凝土强度(MPa)		在合格标准内	按附录 D 检查
2	枕梁尺寸 (mm)	宽、高	±20	尺量:每梁测 2 个断面
		长	±30	尺量:测每梁中心线处
3	板尺寸 (mm)	长、宽	±30	尺量:各测 2 处
		厚	±10	尺量:4 处
4	顶面高程(mm)		±5	水准仪:测四角及中心附近 5 处

第八节　改扩建施工

根据《公路桥涵施工技术规范》(JTG/T 3650—2020)第 17.11 节"拓宽改建梁桥拼接施工",公路桥涵工程中的梁式桥的拼接工程施工质量管理(监理)应符合以下规定:

一、梁式桥拓宽改建拼接施工准备

(1)施工前应收集既有桥梁的设计图纸、竣工文件及相关资料,或进行必要的勘测和调研,了解既有桥梁的结构形式和现状,尤其要对桥墩轴线、高程进行复核,并将复核成果反馈相关方。

(2)应对桥位处地下管线和隐蔽物等的位置、尺寸进行调查和现场查勘,并采取保护、避让及处理的措施,避免施工破坏。

(3)制订拆除专项施工方案,确定施工顺序和施工工艺,合理配备施工机具设备。专项施工方案需要按程序报监理机构审批。

(4)应在对交通流量调查的基础上,制定交通导流和安全防护的方案,保证施工期间的施工安全和交通安全。

二、对既有桥梁进行部分凿除或拆除

（1）对既有桥梁进行部分凿除或拆除时，应采取措施防止对拟保留的部分造成损伤或破坏。

（2）拆除施工过程中不宜将大型施工机具置于既有桥梁上进行作业，必须置于其上作业时，应对既有桥梁的承载能力进行验算或现场试验，承载能力符合要求后方可实施。

（3）施工时应采取临时封闭交通等措施，保证安全。

（4）对既有桥梁的沉降及裂缝等情况进行监测，发现异常应及时采取措施进行处理。

三、对新旧混凝土结合面的处理和拼接

（1）结合面凿毛要求。

①旧混凝土结合面的凿毛应凿至完全露出新鲜密实混凝土，清除浮渣，并应清洗干净。

②对较大体积的结构混凝土的结合面，应将其凿成台阶式，且阶长宜为阶高的 2 倍。

③对结合面处外露钢筋表面的锈皮、浮浆等，应采用适宜的工具刷净。

（2）拼接连接的方式应符合设计规定，设计未规定时，要符合以下要求。

①对竖向结合面的接缝，可采用新设接头钢筋再浇筑混凝土的方式进行拼接，接头钢筋的直径宜为 6～10mm，其所需截面面积宜为梁、板截面面积的 0.2%～0.3%，插入长度新旧混凝土均为 30 倍钢筋直径，且在新混凝土的一端宜设弯钩。

②要在既有桥梁的梁、板上按一定的间距植入抗剪钢筋，植入的钢筋应采用环氧树脂或其他合适材料将其孔洞灌注密实。

（3）拼接施工界面处理要求。

①浇筑新混凝土前，应采用清水冲洗旧混凝土的表面使其保持湿润。

②需要在旧混凝土的结合面上涂刷界面剂时，应符合设计的规定；设计未规定时，宜通过试验确定。

（4）拼接连接新浇混凝土施工时或强度形成过程中，施工侧应封闭交通，同时严格控制施工区机械停放位置，避免产生震动或造成梁板挠动，影响接缝拼接质量；同时新浇筑混凝土应符合规范要求规定。

四、全桥面铺装层施工

（1）拓宽拼接的主体工程结构施工完成后，应先将既有桥梁的桥面铺装层全部凿除并清理干净，再进行全桥桥面铺装层施工。

（2）对既有桥梁原铺装层的结合面应进行处理，凿除原结构表面的浮浆，使集料外露，形成 4～6mm 自然凹凸粗糙面或采用机械刻槽形成糙面，并清洗干净；凿除和清理施工时不得损坏原结构混凝土，且不应有局部光滑结合面。

（3）凿除既有桥梁铺装层后，对存在缺陷的部位，应进行修补。对空洞和破损处，应在凿除疏松部分混凝土后，采用高一级强度的细石混凝土填筑密实；当有钢筋锈蚀引起混凝土胀裂时，应先剔除松动开裂的混凝土，再进行钢筋表面的除锈和防护等处理。

（4）桥面铺装新浇混凝土前,对原结构的结合面应充分湿润,但不应有明水。桥面铺装的施工技术要求应符合规范规定,混凝土的养护时间宜不少于14d。

第九节　冬雨期施工

一、冬期施工的界定及其施工规定

根据《公路桥涵施工技术规范》(JTG/T 3650—2020)第25章的规定,当地多年气温资料,室外昼夜日平均气温连续5d稳定低于5℃时,钢筋、预应力、混凝土及砌体等工程应采取冬期施工的措施。严寒期不宜进行施工。

（1）冬期施工的工程,应预先做好冬期施工组织计划及技术准备工作。对各项设施和材料,应提前采取防雪、防冻、防火及防煤气中毒等防护措施;对钢筋的冷拉和预应力筋的张拉,应制订专门的施工工艺及安全技术方案;对处于结冰水域的结构物,应采取必要的防护措施,防止其在施工期间和完工后遭受冻胀、流冰撞击等危害。

（2）冬期施工期间,除永冻地区外,地基在基础施工和养护时,均不得受冻。

（3）混凝土的配制和搅拌应符合下列规定:

①配制混凝土时,宜选用硅酸盐水泥或普通硅酸盐水泥,水泥的强度等级不低于42.5,水胶比不宜大于0.5;采用蒸汽养护时,宜选用矿渣硅酸盐水泥;采用加热法养护掺加外加剂的混凝土时,严禁使用高铝水泥;使用其他品种的水泥时,应考虑其掺合材料对混凝土强度、抗冻、抗渗等性能的影响。

②搅拌设备宜设在气温不低于10℃的厂房或暖棚内,拌制混凝土前及停止拌制后,应采用热水冲洗搅拌机的拌盘或鼓筒。

③集料宜堆放在棚房内或采用保温材料进行覆盖,防止出现冻块。

④拌制混凝土时各种材料的温度,应满足混凝土拌合物拌和后所需的温度。当材料原有温度不能满足要求时,应首先考虑对拌合用水加热;仍不能满足要求时,再考虑对集料加热;水泥仅能保温,不得加热。各种材料需要加热的温度应根据冬期施工热工公式计算确定。

⑤冬期搅拌混凝土时,应严格控制混凝土的配合比和坍落度,集料不得带有冰雪和冻结团块。投料前,应先采用热水或蒸汽冲洗搅拌机。加料顺序应先为集料、水,稍加搅拌后再加入水泥,且搅拌时间应比常温时延长50%。混凝土拌合物的出机温度宜不低于10℃。

（4）混凝土的运输和浇筑应符合下列规定:

①混凝土的运输时间应最大限度地缩短,运输混凝土的容器应有保温措施。

②在浇筑前应清除模板、钢筋表面的冰雪和污垢。混凝土的入模温度应不低于5℃。浇筑完成后开始养护时的温度,采用蓄热法养护时不得低于10℃,采用蒸汽法养护时不低于5℃,细薄结构不低于8℃。

③冬期施工在浇筑混凝土时,应在新混凝土浇筑前对接合面加热,其温度应保持在5℃以上。浇筑完成后,应采取措施使混凝土接合面继续保持正温,直至新浇混凝土达到规定的抗冻强度。浇筑预应力混凝土构件的湿接缝时,应适当降低水胶比。浇筑完成后应加热或连续保

温养护，直至接缝混凝土或水泥砂浆抗压强度达到设计强度的75%。

④喷射混凝土作业区的环境温度和进入喷射机的材料温度应不低于5℃，已喷射混凝土的强度达到5MPa前不得受冻。

⑤应采取有效措施，防止水进入结构或梁板的孔道内。

（5）混凝土的养护应符合下列规定：

①冬期施工期间，采用硅酸盐水泥或普通硅酸盐水泥配制的混凝土，在其抗压强度达到设计强度的40%前；采用矿渣硅酸盐水泥配制的混凝土，在其抗压强度达到设计强度的50%前，均不得受冻。

②混凝土的养护时间较常温下的养护时间延长3~5d。

③混凝土的养护方法，宜根据技术、经济比较和热工计算确定。当室外最低温度不低于-15℃时，地面以下的工程或结构表面系数不大于15m^{-1}的结构，宜采用蓄热法养护；当蓄热法不能适应强度增长速度要求时，可根据情况，选用蒸汽加热、暖棚加热等方法进行养护。

（6）采用蓄热法养护混凝土时，应根据环境条件，在经计算能保证结构物不受冻害的情况下方可采用蓄热法养护混凝土。混凝土应采用较小的水胶比，养护过程中应采取加速混凝土硬化和降低混凝土冻结温度的措施。对容易冷却的结构部位，应特别加强保温，且不应往混凝土和覆盖物上洒水。

（7）采用蒸汽加热法养护混凝土时，混凝土的升、降温速度不得超过表4-40的规定。

加热养护混凝土的升、降温速度   表4-40

表面系数(m^{-1})	升温速度(℃/h)	降温速度(℃/h)
≥6	15	10
<6	10	5

采用普通硅酸盐水泥时，养护温度不宜超过80℃；采用矿渣硅酸盐水泥时，养护温度可提高到85℃。对大体积混凝土，养护时的升、降温速度宜按温控设计的要求确定。

（8）采用暖棚加热法养护混凝土时，暖棚应坚固、不透风，内墙宜采用非易燃性材料，且暖棚内应有防火、防煤气中毒的安全防护措施。暖棚内的温度不得低于5℃，且宜保持一定的湿度，湿度不足时，应向混凝土面及模板洒水。

（9）采用蓄热法和加热法养护的混凝土结构，其模板的拆除应符合下列规定：

①应根据与结构同条件养护试件的试验，证明混凝土已达到要求的抗冻强度及拆模强度后方可拆除模板。

②加热养护的结构模板和保温层，在混凝土表面冷却到5℃以后，方可拆除。拆除后当混凝土表面温度与环境温度相差大于20℃时，仍应对混凝土表面加以覆盖保温。

（10）对掺用防冻剂的混凝土，其养护应符合下列规定：

①在负温条件下严禁洒水，外露表面应采用塑料薄膜及保温材料双层覆盖养护。养护温度不得低于抗冻剂规定的温度，当达不到规定温度时应采取加热保温的措施。

②拆模后混凝土的表面温度与环境温度差大于15℃时，仍应对混凝土表面采取覆盖保温的措施。

（11）钢筋的焊接、冷拉及预应力筋的张拉应符合下列规定：

①焊接钢筋宜在室内进行;当必须在室外进行时,最低温度宜不低于 - 20℃,并应采取防雪、挡风等措施,减少焊件的温度差。焊接后的接头严禁立刻接触冰、雪、水。

②冷拉钢筋时环境温度不宜低于 - 15℃,当采取可靠的安全措施时可不低于 - 20℃。当采用控制应力或冷拉率方法冷拉时,冷拉控制应力宜较常温时酌予提高,提高值应经试验确定。

③张拉预应力筋时的环境温度应不低于 - 15℃。

④钢筋的冷拉设备、预力筋张拉设备以及仪表工作油液,应根据实际使用时的环境温度选用,并应在使用时的环境温度条件下进行配套校验。

(12)冬期施工时,混凝土工程的质量检验除应符合常温规定外尚应符合下列规定:

①应对混凝土用水和集料的加热温度、混凝土的加热养护方法和时间等进行检查。

②集料和拌和水输入拌和机时的温度、混凝土自拌和机输出时的温度及浇筑时的温度,每一工作班至少应检查 3 次。

③对在养护期间温度的检查,当采用蓄热法养护时,每昼夜至少应定时检查 4 次;采用加热法养护时,升温及降温期间至少每小时应检查 1 次,恒温期间至少每 2h 应检查 1 次。对室内外的环境温度,每昼夜应定时定点检查 4 次。

④检查混凝土温度前,应绘制测温孔布置图并编号。对测温孔的位置,当采用蓄热法养护时,应设置在易冷却部位;采用加热法养护时,应在离热源不同位置分别设置;厚大结构应在表层及内部分别设置。测温时温度计应与外界温度隔绝,并应在测温孔内留置不小于 3min。

⑤混凝土除应预留标准试件外,尚应制取相同数量与结构同条件养护的试件。对采用蒸汽加热法养护的混凝土结构,除应制取标准养护试件外,应同时制取与混凝土结构同条件蒸养后,再在标准条件下养护到 28h 的试件,用以检查经过蒸养后混凝土 28h 的强度。冬期施工混凝土的质量评定方法与常温施工混凝土相同。

(13)砌体冬期施工。

①所使用的材料应符合下列规定:

砌块应干净,无冰霜附着;砂不得含有冰块或冻结团块。被水浸泡后受冻的砌块不得使用。

砂浆宜采用普通硅酸盐水泥拌制,搅拌时间宜比常温时增加 0.5 ~ 1 倍,且宜随拌随用,砌石砂浆的稠度宜较常温适当加大。砌筑时砂浆应保持正温,砂浆与石料或砌块表面的温差宜不超过 20℃。

②砌体采用保温法在暖棚中砌筑时,砌块的温度应在 5℃ 以上;砂和水加温拌和的砂浆,其温度应不低于 15℃;棚内地面处的温度应不低于 5℃。砂浆的保温时间应以达到其抗冻强度为准,养护期间应洒水,保持砌体湿润。

③采用抗冻砂浆砌筑砌体时应符合下列规定:

抗冻砂浆在严寒地区宜采用硅酸盐水泥或普通硅酸盐水泥,其他地区可采用矿渣水泥、火山灰水泥或粉煤灰水泥;抗冻砂浆宜采用细度模数较大的砂;抗冻剂掺量宜通过试验确定。

抗冻砂浆使用时的温度应不低于 5℃。当设计无要求且一天最低气温低于 - 15℃ 时,承重砌体的砂浆强度应按常温时提高一级。

采用抗冻砂浆砌筑的砌体，应在砌筑后加以覆盖，但不得洒水。对未采取抗冻措施的浆砌砌体，在砂浆抗压强度达到设计强度的70%前，不得受冻。

二、雨期施工规定

根据《公路桥涵施工技术规范》（JTG/T 3650—2020）第25章的规定，在降雨量集中季节且会对工程质量造成影响时，应按雨期的要求进行施工。

（1）雨期施工应通过当地气象部门获取气象预报资料，制订切实可行的施工组织计划、施工技术方案及应急预案，做好防范各种自然灾害的准备工作。雨期施工应提前准备必要的防洪抢险器材、机具及遮盖材料，对水泥、钢材等材料应有防雨防潮，对施工机械应有防止洪水淹没等措施；施工场地和生活区应设置排水设施；同时应制订安全电规程，严防漏电、触电；雷区应有防雷措施。

（2）雨期施工的工作面不宜过大，宜逐段、分片、分期施工。雨期施工应避开大风、大雨天气，遇暴风雨或受洪水危害时应停止施工作业。

（3）雨期进行基础施工应符合下列规定：

①基坑开挖时，应设挡水埝，防止地表水流入；基坑内应设集水井，并应配备足够的排水设备，同时应加强对边坡的支护，或适当放大边坡坡度；对地基不良地段的边坡应加强观测，发现异常成及时分析原因，采取处理措施。基坑开挖后应及时进行垫层和基础的施工。

②在位于山坡或山脚地质不良地段进行桩基础的施工时，相邻墩不宜同时钻、挖孔，宜间隔错开施工。

③水中基础的施工应采取防止洪水淹没或冲毁施工作业平台及施工设备、设施的有效措施。

（4）结构混凝土的雨期施工应符合下列规定：

①模板支架的地基和基础应满足强度和稳定性的要求，应采取必要的安全技术措施防止地基软化引起地基沉降及支架失稳。

②钢筋、钢绞线等材料的存放应支垫覆盖，宜放置在厂棚内，并应防水、防潮。钢筋的加工和焊接应在防雨棚内进行，结构外露的钢筋、钢绞线及预埋钢件等应采取覆盖或缠裹等防护措施。

③水泥的储存应防雨防潮，已受潮结块的水泥不得用于工程中，雨期施工应增加砂、石集料含水率的检测次数，及时调整混凝土施工配合比，保证拌和质量；砂、石集料的含水率检测，每个台班应不少于1次，雨后拌制混凝土应先检测后拌和。

④雨后模板和钢筋上的淤泥、杂物等，应在浇筑混凝土前清除干净。除非有良好的防护措施，否则不宜在大雨天浇筑结构混凝土。新浇筑的混凝土在终凝前，不得被雨淋。

⑤桥面防水层不得在雨天进行铺设。

（5）砌体的雨期施工应符合下列规定：

①砌体砂浆在达到终凝前，不得遭受雨水冲淋。

②砌体的砌筑块石、片石或预制混凝土块应将淤泥、杂物冲洗干净后方可砌筑。

③现场制作的砌体砂浆试件应采取防雨措施。

三、热期施工规定

根据《公路桥涵施工技术规范》(JTG/T 3650—2020)第 25 章的规定,当昼夜日平均气温高于30℃时,混凝土及砌体工程的施工应采用热期施工措施。

(1)热期混凝土工程施工所用的原材料,其储存及温度应符合下列规定:

①应采取必要措施对水泥和砂、石集料等遮阳防晒,或对砂、石料堆喷水降温,降低原材料进入搅拌机的温度。

②拌和水宜采用冷却装置或其他适宜的方法降温;对水管及水箱应设置遮阳或隔热设施。

(2)热期混凝土工程施工时,混凝土的配制、搅拌和运输应符合下列规定:

①混凝土配合比的设计应考虑高温对坍落度损失的影响。混凝土中可掺加高效减水剂或掺用粉煤灰等活性材料取代部分水泥,减少水泥用量;混凝土宜选用水化热较低的水泥,当掺用缓凝型减水剂时,可根据气温情况适当提高坍落度。

②搅拌站的料斗、储水器、皮带运输机及搅拌筒等如果露天,应采取遮阳措施。在搅拌和浇筑混凝土过程中,应增加混凝土坍落度的检测次数;当不满足施工需要时,应及时对配合比进行适当调整。

③混凝土宜在棚内或气温较低的夜间进行搅拌;当无其他特殊规定时,混凝土的入模温度宜控制在30℃以下。

④宜采用带有搅拌装置的运输车运输混凝土,且搅拌筒上应有防晒设施。在运输过程中应慢速、不间断地搅拌混凝土,但不得在运输过程中加水搅拌,并应最大限度地缩短运输时间。

(3)热期混凝土的浇筑施工应符合下列规定:

①浇筑前应制订全面的施工组织计划,做好充分准备,配备足够的施工机具设备,保证浇筑施工能连续进行。条件具备时,应对浇筑场地进行遮盖防晒,降低模板和钢筋的温度;亦可在模板、钢筋和地基上喷水降温,但在浇筑时模板内不得有积水或附着水。

②在混凝土浇筑前,应通过试验确定在最高气温条件下混凝土分层浇筑的覆盖时间,施工时应严格控制,不得超过。混凝土的浇筑施工宜选在一天温度较低的时间进行;混凝土从搅拌至浇筑的时间应缩短,浇筑速度应加快且应连续进行。

③浇筑完成后应加快表面混凝土的修整速度,修整时可采用喷雾器喷洒少量水防止表面干缩裂纹,但不得直接在混凝土表面浇水。

(4)热期施工时混凝土的养护应符合下列规定:

①混凝土浇筑完成并对表面修整后应尽快开始养护,应在其表面立即覆盖清洁的薄膜,保证混凝土表面保持水分不散失。

②混凝土保湿养护的时间不得少于 7d。保湿养护期间,如具备条件,宜采取遮阳和挡风措施,控制高温和干热风对养护质量的影响。

③混凝土结构拆模后的洒水养护宜采用自动喷水系统或喷雾器,保湿养护不得间断,亦不得形成干湿循环。

④对桥面铺装混凝土或其他外露面较大的板式结构混凝土,应在施工前制订养护方案,采取有效措施进行养护,防止开裂。

(5)砌体在热期施工时应符合下列规定:

①砂浆宜随拌随用，气温超过 30℃ 时，宜在 2～3h 内使用完毕。已凝结的砂浆，不得使用。

②砌筑砂浆宜有良好的和易性，用于石砌体时稠度宜为 50～70mm；气温较高时，在保证强度的条件下可适当增大。

第五章 | 隧道工程质量监理

学习备考要点 >>>

1. 基础知识(隧道的分类、隧道工程的基本组成、围岩的工程特性和围岩的分级等)。

2. 施工准备(施工测量、超前地质预报、隧道工程划分等)。

3. 隧道开挖(洞口和浅埋段的开挖、洞身开挖方法、仰拱开挖和衬砌回填,施工过程质量监理、质量检验标准和实测项目,监控量测,通风防尘和职业健康等)。

4. 支护和衬砌(初期支护、二次衬砌,施工过程质量监理、质量检验标准和实测项目等)。

5. 防水和排水(施工期间的排水控制、排水结构、防水结构等)。

6. 不良地质和特殊性岩土地段隧道。

7. 辅助坑道和辅助工程措施。

8. 小净距隧道和连拱隧道。

9. 隧道路面和附属设施。

10. 改扩建施工。

11. 冬雨期施工。

编学考主要参考资料 >>>

1.《公路隧道施工技术规范》(JTG/T 3660—2020)。

2.《公路瓦斯隧道设计与施工技术规范》(JTG/T 3374—2020)。

3.《公路工程标准施工招标文件》(2018年版 第二册 技术规范)。

4.《公路工程质量检验评定标准 第一册 土建工程》(JTG F80/1—2017)。

第一节 基础知识

一、隧道的分类和基本组成

隧道是一种修筑在岩体、土体内或水底、海底,两端有出入口的通道,供车辆、行人、管线、电缆、水流、物流等通过的工程构筑物。

国际经济合作与发展组织(OECD)将隧道的定义为"以某种用途、在地面下用某种方法按规定形状和尺寸修筑的断面以及大于2m²的洞室"。

隧道工程无处不在，常见的形式有公路隧道、铁路隧道和引水供水隧道、城市地铁隧道，还有人防隧道、矿山隧道、人行地道等不同形式。

1. 隧道的分类

(1)根据《公路工程技术标准》（JTG B01—2014）第8.0.2条的规定，按照隧道的建设长度，可划分为特长隧道、长隧道、中隧道和短隧道，见表5-1。

公路隧道按长度分类 表5-1

按长度分类	特长隧道	长隧道	中隧道	短隧道
长度 $L(m)$	$L>3000$	$1000<L\leqslant3000$	$500<L\leqslant1000$	$L\leqslant500$

(2)根据《公路隧道施工技术规范》（JTG/T 3660—2020）第3.0.11条的规定，按照隧道的建设跨度，可划分为大跨度隧道、中等跨度隧道、一般跨度隧道和小跨度隧道，见表5-2。

公路隧道按跨度分类 表5-2

按跨度分类	大跨度隧道	中等跨度隧道	一般跨度隧道	小跨度隧道
开挖跨度 $B(m)$	$B\geqslant18$	$14\leqslant B<18$	$9\leqslant B<14$	$B<9$

(3)多洞隧道按两洞之间的距离布置形式，可分为分离隧道、小净距隧道、连拱隧道和分岔隧道等。

分离隧道是指两隧道并行布置且两洞结构间彼此不产生有害影响的隧道；

小净距隧道是指隧道中的中岩墙厚度小于分离式独立双洞的最小净距的特殊隧道布置形式，见表5-3；

分离式独立双洞的最小净距 表5-3

围岩级别	Ⅰ	Ⅱ	Ⅲ	Ⅳ	Ⅴ	Ⅵ
最小净距(m)	1.0B	1.5B	2.0B	2.5B	3.5B	4.0B

注：B-隧道开挖断面的宽度。

连拱隧道是指并行布置的两隧道的人工结构连接在一起的隧道；

分岔隧道是指由双向行驶的大跨隧道或连拱隧道，由小净距隧道逐渐过渡到分离式双洞隧道的隧道。

(4)其他划分。

①按隧道用途的不同，可分为交通隧道（包括公路隧道、铁路隧道）、水工隧道、市政隧道和矿山巷道；

②按隧道埋置深度的不同，可划分为浅埋隧道、深埋隧道；

③按隧道所处位置的不同，可分为山岭隧道（还包括江底隧道、河底隧道、海底隧道）和城市隧道；

④按隧道所处不良地质和特殊性岩土地段的不同，可分为富水软弱破碎围岩、岩溶、采空区、瓦斯、岩爆、流沙、黄土、膨胀岩隧道和寒区隧道等；

⑤按隧道修建方式，可划分为明挖隧道、暗挖隧道和沉管法隧道。沉管法隧道是水下隧道的一种修建方法；

⑥按隧道开挖掘进方式,可划分为钻爆法隧道(也称"矿山法隧道")、盾构法隧道、掘进机(TBM)法隧道、破碎机法隧道等。

2.公路隧道的基本组成

公路隧道结构除洞门和裸露明洞外,全部埋入地下,一般置于地层包围之中,是由围岩、喷锚支护(初期支护)、模筑混凝土衬砌(二次衬砌)、仰拱衬砌、仰拱填充、防水层、排水盲管、深埋水沟、路侧边沟、路面结构、电缆沟及盖板、洞口洞门建筑等组成。

根据隧道的长度不同,隧道内还有交通安全设施、照明、通风、监控、防火防灾救援设施、广播设施和管理设施等。

二、围岩的基本分级和修正

隧道围岩是指隧道开挖后对其周围产生应力重分布范围内的岩体,或指隧道开挖后对其稳定性产生影响的那部分岩体。这里所指的岩体是土体和岩体的总称,或称岩土体。这部分岩体或土体受开挖与支护的影响,其性质会发生变化。

一般来说,岩土体处在原始状态之下,未受到人为的工程外力(如开挖、爆破等)的干扰和破坏;而围岩则不同,它受到人为的工程外力的作用,变得松弛,强度也会降低、弱化。

目前,我国公路、铁路隧道围岩分级的方法在《工程岩体分级标准》(GB/T 50218—2014)的基础上修订而成的:①分级方法中考虑和体现了围岩分级的三要素,即分级标准、分级指标和指标获取方法,并采用围岩稳定性作为围岩分级标准;②围岩分级指标采用定性与定量评价指标,并提出了明确的指标获取方法;③围岩分级,分为设计阶段的围岩分级和施工阶段的亚级分级;④土质围岩分为黏性土、砂质土及碎石土三类,分别提出相应的分级方法,并给出了对应的各级土质围岩物理力学指标范围值;⑤提出了特殊围岩,包括强膨胀土(岩)、第三系富水弱胶结砂泥岩、岩体强度应力比小于0.15的极高地应力软岩等,为特殊围岩隧道采用特殊设计提供了依据。

1.围岩分级的阶段

工程岩体分级可分为初步定级、详细定级两个阶段。

(1)初步定级

初步定级是在工程勘察设计的初期阶段采用,该阶段勘察资料不全,工作还不够深入,各项修正因素难以确定,可以依据岩体的坚硬程度和完整程度进行初步分级。

(2)详细定级

随着设计工作的深入,地质勘察资料增多,就应结合不同类型工程的特点、边界条件、所受荷载情况、运行条件等引入影响岩体稳定的主要修正因素(地下水出水状态、初始地应力状态、主要结构面产状状态等)对工程岩体做详细定级。

2.围岩的基本分级

围岩基本分级应由岩石坚硬程度、岩体完整程度两个因素确定。采用定性划分与定量指标两种方法综合确定围岩的基本分级。

(1)划分岩石坚硬程度

将岩浆岩、沉积岩、变质岩三大岩类按岩性、物理力学参数、耐风化能力划分为硬质岩石和软质岩石两大类,之后依据单轴饱和极限抗压强度 R_c 与工程的关系再分为五级,即极硬岩、硬质岩、较软岩、软岩、极软岩,见表5-4;当风化作用使岩石成分改变、强度降低时,应按风化后之强度确定岩石等级。

岩石坚硬程度的划分 表5-4

岩石类别		单轴饱和极限抗压强度 R_c(MPa)	耐风化能力		代表性岩石
			程度	现象	
硬质岩	极硬岩	>60	强	暴露后1、2年尚不易风化	1. 花岗岩、闪长岩、玄武岩等岩浆岩类; 2. 硅质、铁质胶结的砾岩及砂岩、石灰岩、白云岩等沉积岩类; 3. 片麻岩、石英岩、大理岩、板岩、片岩等变质岩类
	硬岩	$30 < R_c \leq 60$			
软质岩	较软岩	$15 < R_c \leq 30$	弱	暴露后数日至数月即出现风化壳	1. 凝灰岩等喷出岩类; 2. 泥砾岩、泥质砂岩、泥质页岩、灰质页岩、泥灰岩、泥岩、劣煤等沉积岩类; 3. 云母片岩和千枚岩等变质岩类
	软岩	$5 < R_c \leq 15$			
	极软岩	≤5			

(2)划分岩体完整程度

岩体的结构完整程度是影响围岩稳定性的主要因素,主要是指围岩被各种结构面切割成单元体的特征及其被切割后块度的大小。它是评价围岩稳定程度最直接、最重要的指标。

对层状围岩,成层厚度对围岩的稳定有明显的影响,因此以厚层(厚度大于0.5m)、中层(厚度为0.1~0.5m)及薄层(厚度小于0.1m)来表示其定量化标准。岩体完整程度划分为完整、较完整、较破碎、破碎、极破碎等五类,见表5-5。

岩体完整程度的划分 表5-5

完整程度	结构面发育程度			主要结构面结合程度	主要结构面(节理)类型	岩体完整性指数 K_v	岩体体积节理数 J_v(条/m³)	相应结构类型
	定性描述	组数	平均间距(m)					
完整	不发育	1~2	>1.0	好或一般	节理、裂隙、层面	$K_v > 0.75$	$J_v < 3$	整体状或巨厚层状结构
较完整	较发育	1~2	>1.0	差	节理、裂隙、层面	$0.55 < K_v \leq 0.75$	$3 \leq J_v < 10$	块状或厚层状结构
		2~3	0.4~1.0	好或一般				块状结构
较破碎	发育	2~3	0.4~1.0	差	节理、裂隙、劈理、层面、小断层	$0.35 < K_v \leq 0.55$	$10 \leq J_v < 20$	裂隙块状或中厚层状结构
		≥3	0.2~0.4	好				镶嵌碎裂结构
				一般				薄层状结构
破碎		≥3	0.2~0.4	差	各种类型结构面	$0.15 < K_v \leq 0.35$	$20 \leq J_v < 35$	裂隙块状结构
	很发育		≤0.2	一般或差				破碎结构
极破碎	无序	—	—	很差	—	$K_v \leq 0.15$	$J_v \geq 35$	散体状结构

(3)围岩基本分级

围岩基本分级应将围岩基本质量的定性特性和基本质量指标(BQ)相结合,按表5-6确定。其中,BQ应根据定量指标 R_c 的兆帕数值和 K_v 按式(5-1)计算:

$$BQ = 100 + 3R_c + 250K_v \tag{5-1}$$

当 $R_c > 90K_v + 30$ 时,应以 $R_c = 90K_v + 30$ 和 K_v 代入计算 BQ 值;

当 $K_V > 0.04R_C + 0.4$ 时,应以 $K_V = 0.04R_C + 0.4$ 和 R_C 代入计算 BQ 值。

围岩的主要定性特征和围岩基本质量指标　　　　表 5-6

围岩级别	岩体特征	土体特征	围岩基本质量指标 BQ 或围岩修正质量指标[BQ]
I	极硬岩,岩体完整	—	>550
II	极硬岩,岩体较完整 硬岩,岩体完整	—	550~451
III	极硬岩,岩体较破碎 硬岩或软硬岩层互层,岩体较完整 较软岩,岩体完整	—	450~351
IV	极硬岩,岩体破碎 硬岩,岩体较破碎或破碎 较软岩或软硬岩互层,且以软岩为主,岩体较完整或较破碎 软岩,岩体完整或较完整	具压密或成岩作用的黏性土、粉土及砂类土,一般钙质、铁质胶结的粗角砾土、粗圆砾土、碎石土、卵石土、大块石土,黄土(Q_1、Q_2)	350~251
V	较软岩,岩体破碎 软岩,岩体较破碎至破碎 全部极软岩和全部极破碎岩	一般第四系坚硬、硬塑性黏性土,稍密及以上、稍湿或潮湿的碎石土、卵石土,圆砾土、角砾土、粉土及黄土(Q_3、Q_4)	≤250
VI	受构造影响很严重呈碎石、角砾及粉末、泥土状的富水断层带,富水破碎的绿泥石或炭质千枚岩	软塑状黏性土、饱和的粉土、砂类土等,风积沙,严重湿陷性黄土等	—

3. 围岩分级的修正

隧道围岩级别应在围岩基本分级的基础上,结合隧道工程的特点,考虑地下水出水状态、初始地应力状态、主要结构面产状状态等因素进行修正,并采用定性修正与定量修正相结合的方法,综合分析确定围岩级别。

(1)地下水出水状态修正

大量工程实践证明,地下水是造成隧道施工塌方、隧道围岩失稳的重要因素之一。地下水状态分级划分见表 5-7,根据地下水状态分级对围岩基本分级级别的修正见表 5-8。

地下水状态的分级　　　　表 5-7

级别	状态	渗水量(L/10m·min)
I	潮湿或点滴状出水	≤25
II	淋雨状或线流状出水	25~125
III	涌流状出水	>125

地下水状态分级对围岩基本分级级别的修正　　　　表 5-8

地下水状态分级	围岩基本分级				
	I	II	III	IV	V
I	I	II	III	IV	V
II	I	II	III 或 IV	V	VI
III	II	III	IV	V	VI

（2）初始地应力状态修正

初始地应力状态分为一般地应力、高应力、极高应力，可根据表5-9进行修正。

初始地应力影响修正 表5-9

初始地应力状态	围岩基本分级				
	I	II	III	IV	V
极高应力	I	II	III或IV	V	VI
高应力	I	II	III	IV或V	VI

（3）主要结构面产状状态修正

主要结构面是指其产状、发育程度及结合程度等因素，对地下工程围岩稳定性起主要影响的结构面，应考虑主要结构面产状与洞轴线的组合关系，并结合结构面特性、富水情况等因素综合确定。

（4）围岩级别定量修正方法

围岩级别定量修正应对围岩基本质量指标BQ进行修正，并以围岩基本质量指标修正值[BQ]依据表5-7中的BQ值分级标准确定围岩级别。

[BQ]的计算公式为：

$$[BQ] = BQ - 100 \times (K_1 + K_2 + K_3) \tag{5-2}$$

式中：K_1——地下水影响修正系数；

K_2——主要软弱结构面产状影响修正系数；

K_3——初始地应力状态影响修正系数。

4.施工阶段围岩级别的判定和围岩的亚级分级

隧道施工实践中经常发现，开挖后的实际地质条件经判定会处于两级围岩之间，这种现象在III、IV、V级围岩中尤为突出，现实中不得不按照较低围岩级别进行处理。

为提高隧道支护的优化程度，有必要对稳定性较复杂、施工方法和支护结构参数等相对多样化的III、IV、V级围岩进行更细的级别划分，一般各划分为a、b两个亚级。例如，III级围岩又可细分出IIIa、IIIb级围岩。

第二节 施 工 准 备

一、一般规定

（1）隧道施工前，应熟悉设计文件和地质勘察报告，做好现场调查、记录，做好图纸核对、工程量复核、图纸会审工作，参加建设单位组织的设计交底工作。现场调查和图纸核对工作的内容参见《公路隧道施工技术规范》（JTG/T 3660—2020）附录A。

（2）隧道开工前，应督促施工单位编制施工组织设计，并做好施工准备和组织落实工作。施工组织设计的内容参见《公路隧道施工技术规范》（JTG/T 3660—2020）附录A。监理机构应组织审核，对于长、特长隧道和高风险隧道需要经过专家根据勘察设计文件进行评审，由总监理工程师负责审批。

(3)隧道开工前,应督促施工单位完成单位、分部、分项工程的划分,监理机构应组织审核,由总监理工程师负责审批。完成先期工程专项施工方案的编制与审批。

(4)隧道开工前,应建立满足隧道施工需要和质量控制要求的试验室。

(5)隧道开工前,考察料源,材料进场前应按批次和规定检测频率等进行试验、检测,堆放储存符合规范要求。完成混凝土配合比的设计、试验、验证和报批等技术准备工作。

(6)施工场地布置应遵循因地制宜、统一规划、安全方便、节地环保的原则,并符合有关规定。临时工程包括"四通一平"(通水、电、路、通信、平整场地)应在隧道开工前完成,布局安全合理。应设置对人员、设备进出洞进行管理的设施,并配备专人管理。风、水、电设施应靠近洞口布置,并满足施工要求。及早安装机械、设备和管道,并符合有关规定。

(7)在项目经理部外、隧道外远离居民区的地方建立爆炸物品仓库,爆炸物品储存必须符合现行《小型民用爆炸物品储存库安全规范》(GA 838)的规定。

(8)严禁将临时房屋和设施布置在受洪水、泥石流、塌方、滑坡及雪崩等自然灾害威胁的地段。临时房屋应符合消防安全规定,应设有排水系统,与架空电力线路的距离应符合有关规定。

(9)隧道开工前,应完成施工便道修建,设置必要的安全防护、排水设施和警示、提醒标志。

(10)隧道开工前,应对施工人员进行专业技术培训和技术交底,接受安全、职业健康教育,特种作业人员应持证上岗。

(11)隧道施工人员应经过岗前专业培训,特种作业人员应持证上岗。施工前应对施工人员进行技术交底。

(12)材料进场时应按批次和规定频率进行试验、检测,并应满足设计和相关规范、规定的要求。

(13)隧道施工机械和设备应与施工方法、与隧道长度、断面大小、施工工期相适应,应优选污染小、噪声小的机械设备。二次衬砌模板台车宜在隧道开挖进洞前准备就位。

(14)施工单位还应做好风险控制工作,进行风险辨识和评估并据此编写专项施工方案。应督促施工单位辨识危险源,并编写应急预案、储备应急物资、开展应急演练等。

(15)根据《公路工程施工安全技术规范》(JTG F90—2015),隧道工程施工还应遵守有关施工安全规定。

二、施工测量

1. 一般规定

(1)隧道施工测量的平面坐标系、高程系统宜与定测隧道控制网坐标系、高程系统一致。平面控制网的运算及平差计算的基准平面应与定测控制网一致,或采用隧道纵断面设计高程的平均高程面。

(2)我国采用的高斯投影,将地球按经度线划分为若干投影带,常用宽度为6°、3°和1.5°三种。投影分带不宜设在隧道处,特别是隧道的洞身中间。

（3）施工前,应参加建设单位组织的设计交桩工作,逐桩逐点向施工单位移交资料、确认桩点,遗失的桩点应及时补桩,资料与现场不符的应及时更正。

应督促施工单位建立测量复核体系,并进行测量方案设计。

（4）控制测量对隧道相向施工贯通面的贯通误差影响极限值应符合表5-10的规定。

贯通误差影响极限值　　　　　　　　　　　　表5-10

测量部位	不同贯通长度 $L(m)$ 的横向贯通误差（mm）			高程中误差（mm）
	$L < 3000$	$3000 \leq L < 6000$	$6000 \leq L < 9000$	
洞外	45	60	90	25
洞内	60	80	120	25
整个贯通区间	75	100	150	35

注:不适用于利用竖井联系测量和贯通长度超过9km的隧道。

（5）当洞内有瓦斯等易燃易爆气体时,测量工作应采取防爆措施,包括检测测站附近20m范围内的瓦斯等易燃易爆气体浓度,小于0.5%时方可进行测量作业;高瓦斯和煤（岩）与瓦斯突出隧道应采用防爆型测量仪器等。

2. 控制测量应符合的规定

（1）控制测量桩点应稳固、可靠。

（2）测量工作中的各项计算均应由两组人员独立进行。

（3）隧道洞外控制测量应在隧道进洞施工前完成。

（4）在控制网误差调整时,不得将低等级平面和高程控制网的误差传入隧道控制网。

（5）平面控制测量可采用卫星定位测量、导线测量,隧道平面控制测量等级,应按表5-11确定。

隧道平面控制测量等级　　　　　　　　　　　　表5-11

隧道贯通长度 $L(m)$	测量等级
$L \geq 6000$	二等
$3000 \leq L < 6000$	三等
$1000 \leq L < 3000$	四等
$L < 1000$	一等

（6）隧道的每个洞口、井口的平面控制测量点应不少于3个,高程控制测量点应不少于2个。

（7）洞内平面控制测量应符合下列规定。

洞内平面控制测量宜采用导线测量。洞内导线,应布置成多边形导线环。导线边长在直线段不宜小于200m,在曲线段不宜小于70m。

掘进长度超过2倍导线边长时,应进行一次洞内导线延伸测量。导线测量视线与障碍物的距离不应小于0.2m。

（8）洞外平面控制网、高程控制网应不定期复测,复测周期应不大于6个月。

3. 隧道工程放样测量应符合的规定

（1）使用导线法进行洞内测量的隧道,需要使用施工中线点放样时,应由洞内导线测设施工中线。

（2）使用中线法进行洞内测量的隧道，中线点点位横向偏差不得大于5mm，中线点间距曲线部分不宜小于50m，直线部分不宜小于100m。直线地段宜采用正倒镜延伸直线法。

（3）开挖前应校核中线点，并在开挖断面上标出设计断面轮廓线。

（4）防水板施工前，应复核中线位置和高程，检查断面尺寸。

（5）洞内施工用的水准点，在导坑内拱部、边墙施工地段宜每100m设立一个临时水准点，并定期复测。

（6）在开挖断面形成后，应及时进行断面测量，根据测量数据修正开挖参数，控制超挖、欠挖情形。

4.贯通误差应符合的规定

（1）采用导线法测量时，在贯通面附近定一临时点，由两端分别测量该点的坐标，所得的闭合差分别投影到贯通面及其垂直方向，得出实际的横向、纵向贯通误差，再置镜于该临时点测求方位角贯通误差。其中，方位角贯通误差分配在未衬砌地段的导线角上；坐标闭合差在贯通误差调整段的导线上按边长比例分配；采用调整后的导线坐标作为贯通误差调整段的放样依据。

（2）采用中线法测量时，应由两端向中间进行测量，并在贯通面上分别得出中线点，量出两点的横向、纵向距离，即为该隧道的实际贯通误差。贯通误差的调整应符合下列规定：

①贯通误差调整段为直线时，宜通过加设曲线来调整线路中线；

②贯通误差调整段全部位于圆曲线地段时，贯通误差应由曲线的两端向贯通面按长度比例调整线路中线；

③贯通误差调整段既有直线又有曲线时，宜通过调整曲线的偏角和曲线起点、终点位置调整两端向贯通面按长度比例调整线路中线。

（3）高程贯通误差的调整应符合下列规定：

由两端分别引测贯通点附近的高程控制点，采用其平均值作为该点调整后的高程，并作为放样依据。

高程贯通误差的一半，分别在贯通面两端未衬砌地段按水准线路长度的比例调整。

（4）贯通误差的限值应符合表5-12的规定。

贯通误差的限值　　　　　　　　表5-12

不同贯通长度 L(m)的横向贯通误差限值(mm)			高程中误差(mm)
$L<3000$	$3000 \leqslant L<6000$	$L\geqslant 6000$	—
≤150	≤200	≤300	≤70

5.交工、竣工测量应符合的规定

（1）应在中线复测的基础上埋设永久中线点，永久中线点应用混凝土包埋金属标志。直线段的永久标志每200～250m设一个，曲线上应在缓和曲线的起终点各设一个。

（2）应在直线地段每50m、曲线地段每20m及需要加测断面处，测绘以路线中心线为准的隧道实际净空，标出拱顶高程、起拱线宽度、路面水平宽度。

（3）洞内水准点,每1km应埋设一个,短于1km的隧道至少埋设一个。

（4）隧道交工、竣工测量,应提交贯通测量技术成果书,贯通误差的实测成果和说明,净空断面测量和永久中线点、水准点的实测成果及示意图。

三、超前地质预报

隧道超前地质预报是指利用钻探和物探等手段,探测隧道等地下工程的岩土体开挖面前方的地质情况,使在施工前掌握前方岩土体结构、性质,地下水及瓦斯等的赋存情况,地应力等信息,为进一步施工提供指导,以避免施工过程中发生涌水、瓦斯突出、岩爆、大变形等地质灾害,从而保证施工安全。

地质预报就是根据地质素描来预测预报开挖面前方围岩的地质情况,以便选择适当的施工方案或调整施工措施。

根据《公路隧道施工技术规范》(JTG/T 3660—2020)的规定,超前地质预报应纳入隧道开挖施工的重要工序进行管理。施工单位应编制超前地质预报方案。

(一) 超前地质预报的目的和主要内容

1. 超前地质预报的目的

（1）在施工前期地质勘察成果的基础上,进一步查明掌子面前方一定范围内围岩的地质条件,进而预测前方不良地质以及隐伏的重大地质问题。

（2）为优化设计和科学施工提供依据。

（3）降低地质灾害发生的风险,提供预警。

（4）为编制交、竣工文件提供地质资料。

2. 超前地质预报的主要内容

超前地质预报的主要内容,包括地层岩性预报、地质构造预报、不良地质预报和地下水预报、对围岩级别变化的判断等。

（1）地层岩性预报,包括对地层岩性、软弱夹层、破碎地层、煤层和特殊性岩土体的岩性预测预报。

（2）地质构造预报,包括对断层、节理裂隙密集带、褶皱等影响岩体完整性的构造发育情况的预测预报。

（3）不良地质条件预报,包括对岩溶、采空区、人为坑洞、瓦斯等发育情况的预测预报。

（4）地下水状况预报,包括对岩溶管道水以及富水断层、富水褶皱轴、富水地层中的裂隙水等发育情况的预测预报。

（5）对围岩级别变化的判断。

(二) 超前地质预报的分类

超前地质预报的分类,一般按照预报距离的长度进行分类,一般分为短距离预报、中距离预报和长距离预报三类。可采用的预报方法,见表5-13。

超前地质预报的分类及其可采用的预报方法　　表 5-13

按预报距离长度分类	预报长度 $L(\mathrm{m})$	预报采用的方法
短距离预报	$L<30$	可采用地质调查法、地质雷达法及超前钻探法等
中距离预报	$30\leq L<100$	可采用地质调查法、弹性波反射法及超前钻探法等
长距离预报	$L\geq100$	可采用地质调查法、弹性波反射法及超前钻探法等

(三)地质预测预报分级

地质预测预报分级的影响因素,主要包括地质复杂程度、地质因素对隧道施工影响程度、诱发环境问题的程度。

其中,地质复杂程度包括岩溶发育程度、涌水涌泥程度、断层稳定程度、地应影响力程度、瓦斯影响程度。

地质预测预报的分级,从强到弱可分为 A、B、C、D 四级,见表 5-14。

地质预测预报的分级　　表 5-14

地质预测预报分级影响因素		地质预测预报分级			
		A	B	C	D
地质复杂程度(含探物异常)	岩溶发育程度	极强,岩溶密度每平方公里 >15 个,最大泉流量 >50L/s,钻孔岩溶率 >10%	强烈,岩溶密度每平方公里 5~15 个,最大泉流量 10~50L/s,钻孔岩溶率 5%~10%	中等,岩溶密度每平方公里 1~5 个,最大泉流量 5~10L/s,钻孔岩溶率 2%~5%	微弱,最大泉流量 <5L/s,钻孔岩溶率 <2%
	涌水涌泥程度	特大突水,大型突水,突泥,高压水	中小型突水,突泥	小型涌水,涌泥	涌水量 <1×10² m³/d,涌突水的可能性极小
	断层稳定程度	大型断层破碎带、自稳能力差、富水,可能引起大型失稳坍塌	中型断层带,软弱,中~富水,可能引起中型坍塌	中小型断层,弱富水,可能引起小型坍塌	中小型断层,无水,无掉块
	地应影响力程度	极高应力,严重岩爆,大变形	高应力,中等岩爆,中~弱变形	弱岩爆,轻微变形	无岩爆,无变形
	瓦斯影响程度	瓦斯突出	高瓦斯	低瓦斯	无
地质因素对隧道施工影响程度		危及施工安全,可能造成重大安全事故	存在安全隐患	可能存在安全问题	局部可能存在安全问题
诱发环境问题的程度		可能造成重大环境灾害	施工、防治不当,可能诱发一般环境问题	特殊情况下,可能出现一般环境问题	无
超前地质预报的方式		采用地质分析法、弹性波反射法(地震波法、水平声波剖面法、陆地声呐法)、地质雷达法、高分辨直流电法、瞬变电磁法、激发极化法、超前水平钻探法等进行综合预报	采用地质分析法、弹性波反射法(地震波法、水平声波剖面法、陆地声呐法),辅以高分辨直流电法、瞬变电磁法、激发极化法、地质雷达法,必要时进行超前水平钻孔	以地质分析法为主。对重要地质层界面、断层或物探异常地段宜采用弹性波反射法(地震波法、水平声波剖面法、陆地声呐法)进行探测,必要时进行超前水平钻孔	采用地质分析法,必要时补充其他方法

（四）超前地质预报的方法

超前地质预报应以地质分析为基础,运用地质调查与物探相结合、长短探测相结合、洞内洞外相结合、物探与钻探相结合、超前导坑（导洞）与主洞探测相结合、地质构造探测与水文探测相结合的综合预报方法,并应相互验证。

1. 地质调查法

隧道地质调查法不占用开挖工作面的施工时间、不干扰施工,设备简单,操作方便,提交资料及时,是隧道超前地质预报的基础工作。地质调查法应开展地层分界线、构造线的地下和地表相关性分析、地质作图等工作。

隧道地质调查法包括隧道地表补充地质调查和隧道内地质素描,可适用于各种地质条件下的隧道超前地质预报。

地表补充地质调查应在隧道内实施超前地质预报前进行,并在洞内超前地质预报实施过程中根据需要及时补充修正。

隧道内地质素描应包括掌子面地质素描、洞身地质素描。一般只作掌子面和一侧边墙的地质素描,对于地质条件复杂或重点地段,除进行掌子面地质素描外,还应作隧道地质展示图。

隧道内地质素描和分析的主要内容包括:

（1）工程地质:包括地层岩性、地质构造、岩溶、特殊地层、人为坑洞、地应力、塌方、有害气体及放射性危害源存在情况。

①地层岩性:描述地层时代、岩性、层间结合度、风化程度等。

②地质构造:描述褶皱、断层、节理裂隙特征、岩层产状等,断层的位置、产状、破碎带的宽度、物质成分、含水情况以及与隧道的关系,节理裂隙的组成、产状、间距、充填物、延伸长度、张开度及节理面特征、力学性质,分析组合特征、判断岩体完整程度。

③岩溶:描述岩溶规模、形态、位置、所属地层和构造部位,充填物成分、状态,以及岩溶展布的空间关系。

④特殊地层:煤层、沥青层、含膏盐层、含黄铁矿层等应单独描述。

⑤人为坑洞:影响范围内的各种坑洞的分布位置及其与隧道的空间关系等。

⑥地应力:包括高地应力显示性标志及其发生部位,如岩爆、软弱夹层挤出、探孔饼状岩芯等现象。

⑦塌方:应记录塌方部位、方式、规模及其随时间变化特征,并分析发生塌方的地质原因及其对继续开挖的影响。

⑧有害气体及放射性危害源的存在情况。

（2）水文地质:地下水的分布,出露形态及围岩的透水性、水量、水压、水温、颜色、泥沙含量测定。地下水的出露形态包括渗水、滴水、滴水成线、涌水、暗河等形态。

水质分析,判断地下水对结构材料的腐蚀性。

出水点和地层岩性、地质构造、岩溶、暗河等关系分析。

（3）围岩稳定性特征及支护情况。

（4）核查和确认隧道围岩分级。

（5）影像等。

2. 物探法

物探法适用范围广、方法多、设备轻便、效率高,是超前地质预报的重要手段。

物探报告的主要内容包括:施工简介、地质概况、物探方法、数据采集、数据处理、地质解译、地质评价与建议等内容。物探法的分类及其技术规定:

(1)弹性波反射法。

弹性波反射法是利用人工激发的地震波、声波在不均匀地质体中所产生的反射波特征来预报隧道开挖面前方地质情况的一种物探方法,包括地震波法、水平声波剖面法、负视速度法、陆地声呐法等。

弹性波反射法可适用于划分地层界线、查找地质构造、探测不良地质体的厚度和范围,应符合下列规定:

①下列情况下可选择使用弹性波反射法:探测对象与相邻介质存在较明显的波阻抗差异,并具有可被探测的规模;断层或岩性界面的倾角、构造走向与隧道轴线的夹角有利于弹性波的反射和接收。

②数据采集时应减少隧道内其他震源振动产生的地震波、声波干扰,采取压制地震波、声波干扰的措施。

③地震波反射法和负视速度法可长距离预报具有一定规模的溶洞、洞穴和断层破碎带、软硬岩接触带。软弱破碎地带或岩溶发育区的有效探测距离宜取 100m 左右,不宜超过 150m。岩体完整的硬岩地层的有效探测距离宜取 150~180m,不宜超过 200m。

④水平声波剖面法可中距离预报断层破碎带、洞穴、采空区等。软弱破碎地层或岩溶发育区的有效探测距离宜取 20~50m,不宜超过 70m。岩体完整的硬岩地层的有效探测距离宜取 50~70m,不宜超过 100m。

⑤连续预报时,前后两次应重叠 10m 以上。

⑥隧道位于曲线时,宜缩短预报距离。

(2)电磁波反射法(地质雷达法)。

地质雷达法是利用电磁波在隧道开挖面前方岩体中的传播及反射,根据传播速度和反射脉冲走时进行超前地质预报的一种物探方法。

地质雷达法可适用于岩溶、采空区、空洞、断层破碎带、软弱夹层等不均匀地质体的探测,应符合下列规定:

①探测目标体与周边介质之间存在明显介电常数差异,电磁波反射信号明显,且探测目标体具有足以被探测的规模时,可选择地质雷达法。

②探测区域不应有较强的电磁波干扰。

③坚硬岩层的有效探测距离宜取 20~30m。泥质和软弱破碎地层、潮湿含水层或岩溶发育区的有效探测距离宜取 10~20m,并结合雷达波形判定。

④连续预报时,前后两次应重叠 5m 以上。

(3)高分辨直流电法。

高分辨直流电法是以岩石的电性差异(即电阻率差异)为基础,在全空间条件下建立电场,通过研究电场或电磁场的分布规律预报开挖工作面前方的储水、导水构造分布和发育情况的一种探测技术。高分辨直流电法应符合下列规定:

①现场采集数据时，应布设 3 个以上的发射电极进行空间交会，区分各种影响，突出隧道前方地质异常体信号。

②应尽量排除金属物体等导电体、低阻体的干扰。

③有效探测距离不宜超过 80m，连续预报时前后两次应重叠 10m 以上。

3. 超前钻探法

（1）超前钻探法适用的情形。富水构造破碎带、富水岩溶发育地段、煤系或油气地层、瓦斯发育区、采空区及重大物探异常地段和水下隧道，均应采用超前钻探法预测、预报、评价前方地质情况，包括超前地质钻探、加深炮孔探测、孔内摄影等。

（2）超前地质钻探宜采用中距离钻探，必要时可采用长距离钻探，连续钻探时前后两次宜重叠 5～10m。

（3）超前地质钻探的孔数、孔位等应符合规定。

（4）超前钻探报告的主要内容应包括：施工简介、地质概况、钻孔布置图、钻孔探测结果、测试实验分析报告、钻孔柱状图、代表性岩芯照片和钻孔内涌水的水压、水量、水质等情况、地质评价与建议等内容。

4. 超前导坑（洞）预报法

超前导洞法可采用平行超前导洞法和主洞超前导洞法，两座并行隧道可根据先行开挖的隧道预测后开挖隧道的地质条件。应根据超前导洞揭示的地质情况对主洞地质条件进行预测预报与地质综合评价，并编制报告。

随着科学技术的进步，现阶段在同一座隧道施工过程中建设单位可以委托第三方检测单位采用地震波法（如 TGP206 型地震波反射探测仪）的长距离 150m 探测为基础，辅助以地质雷达法（如美国 GSSI 公司的劳雷 SIR-4000 型）的短距离 30m 探测进一步验证，即地质雷达法的预报结果与地震波法的波速图像对比分析、综合判断，实现"双印证"。同时，在隧道关键路段（如浅埋、偏压、透水和断层破碎带等），施工单位可以使用更直观、更快速的超前水平地质钻探机（如意大利卡萨格兰地 C6 型多功能全液压履带式钻机）进一步揭露探明前方 50m 范围的地质围岩情况，对第三方检测单位的结果再次印证。

（五）超前地质预报作业的规定

根据《公路工程施工安全技术规范》（JTG F90—2015）的规定，超前地质预报作业应符合下列规定：

（1）地质预报工作应在隧道找顶作业结束后进行，高地应力区隧道应待工作面支护完成后进行。工作前应观察操作空间上方、周围、开挖工作面附近的安全状态。

（2）区域地质条件复杂的隧道应根据区域地质勘测资料，选择以钻探法为主，结合物探法、地质调查法的多种预测预报方法综合分析。

（3）应按动态设计原则，并根据地质复杂程度确定预报方案。

（4）地质调查法应待隧道开挖排险结束后进行，钻探法、物探法应待工作面支护完成后进行。

（5）地震波反射法的预报炸药量不得大于 75g。

（六）不良地质体的预测预报

不良地质体的预测预报工作,主要包括断层、岩溶、瓦斯和围岩塌方的预测预报。

1. 断层超前预测预报应符合的规定

(1)断层预报应探查断层的性质、产状、富水情况、在隧道中的分布位置、断层破碎带的规模、物质组成等,并分析其对隧道的危害程度。

(2)应以地质调查法为基础,以弹性波反射法为主进行预测预报;富水断层应采用电法、超前地质钻探法和加深炮孔法等手段进行验证。

(3)接近规模较大的断层前,应结合弹性波反射法、地质调查法、地表与地下相关性分析、断层趋势分析及地质作图等手段预测预报断层的位置和分布范围,确定实施超前地质钻探法和加深炮孔法的范围。开挖掌子面距离高风险断层100m之前,应开始实施超前地质钻探。

(4)注意观测是否存在下列可能的断层前兆标志:节理组数急剧增加;岩层牵引褶曲的出现;岩石强度的明显降低;压碎岩、碎裂岩、断层角砾岩、断层泥的出现;临近富水断层前断层下盘泥岩、页岩等隔水岩层明显湿化、软化,或出现淋水、或其他涌突水现象。

2. 岩溶超前预测预报应符合的规定

(1)岩溶预报应探查岩溶在隧道中的分布位置、规模、填充情况及岩溶水的发育情况,并分析其对隧道的危害程度。

(2)应以地质调查法为基础,结合多种物探法进行综合超前地质预测预报。开挖掌子面距离高风险断层100m之前,应开始实施超前地质钻探。

(3)岩溶发育区应进行加深炮孔探测。

(4)注意观测是否存在下列可能的大型溶洞水体或暗河前兆标志:裂隙、溶隙间出现较多的铁染锈或夹黏土;岩层明显湿化、软化,或出现淋水现象;小溶洞出现的频率增加,且多有水流、河沙或水流痕迹;钻孔中的涌水量剧增,且夹有泥沙或小砾石;有哗哗的流水声;钻孔中有凉风冒出等。

3. 煤层瓦斯超前预测预报应符合的规定

(1)应以地质调查法为基础,以超前地质钻探法为主,结合多种物探法进行综合超前地质预测预报。

(2)高瓦斯、煤(岩)与瓦斯突出隧道,应采用物探法初步预判煤层在隧道内的位置;结合弹性波反射法、地质调查法、地表与地下相关性分析、断层趋势分析及地质作图等手段预测预报煤层在隧道内的里程,确定实施超前地质钻探法的范围。

(3)开挖掌子面距离高风险断层100m之前,应开始实施超前地质钻探。

(4)注意观测是否存在下列煤(岩)与瓦斯突出的可能前兆标志:开挖工作面地层压力增大、鼓壁、深部岩层或煤层的破裂声明显、掉渣、支护严重变形;瓦斯浓度突然增大或忽高忽低,工作面温度降低,闷人,有异味等;煤层结构变化明显,层理紊乱,由硬变软,厚度和倾角发生变化,煤由湿变干、光泽暗淡,煤层底板出现断裂、波状起伏等;钻孔内有顶钻、夹钻、顶水、喷孔等现象;工作面发出瓦斯强涌出的嘶嘶声,同时带有粉尘;工作面有移动感。

4. 围岩塌方的超前预测预报

围岩的变形破坏、失稳塌方有一个从量变到质变的过程,在这个过程中必然会表现出一些征兆标志，根据这些征兆标志可以预测围岩失稳塌方。

（1）遇断层、破碎带、滑动层、溶洞、陷穴、堆积体、流沙、淤泥、松散地层等稳定性差的围岩极易产生塌方。

（2）突然出水、水量突然增大、水质由清变浊等都是即将发生塌方的前兆。

（3）由小断层或软弱结构面构成不稳定块体的出露处，是局部塌方的部位。

（4）拱顶不断掉下小石块，较大的石块相继掉落，预示即将发生塌方。

（5）裂缝旁出现岩粉或洞内无故出现岩粉飞扬，裂缝逐步扩大，可能即将发生塌方。

（6）支撑变形，甚至发生声响，喷射混凝土出现大量明显裂纹，可能出现失稳塌方。

四、隧道工程划分

根据《公路工程质量检验评定标准　第一册　土建工程》（JTG F80/1—2017）附录 A 的规定，隧道工程的单位、分部及分项工程划分见表 5-15。双洞隧道，每单洞作为一个单位工程。

隧道工程的单位、分部及分项工程划分表　　　　　　　　　　表 5-15

单位工程	分部工程	分项工程
隧道工程（每座或每合同段）	总体及装饰装修（每座或每合同段）	隧道总体、装饰装修工程
	洞口工程（每个洞口）	洞口边仰坡防护、洞门和翼墙浇（砌）筑、截水沟、洞口排水沟、明洞浇筑、明洞防水层、明洞回填
	洞身开挖（100 延米）	洞身开挖
	洞身衬砌（100 延米）	喷射混凝土、锚杆、钢筋网、钢架、仰拱、仰拱回填、衬砌钢筋、混凝土衬砌、超前锚杆、超前小导管、管棚
	防排水（100 延米）	防水层、止水带、排水
	路面（1～3km 路段）	基层、面层
	辅助通道（100 延米）	洞身开挖、喷射混凝土、锚杆、钢筋网、钢架、仰拱、仰拱回填、衬砌钢筋、混凝土衬砌、超前锚杆、超前小导管、管棚、防水层、止水带、排水

第三节　隧道开挖

一、一般规定

（1）隧道工程的开挖应根据隧道长度、跨度、结构形式、掌子面稳定性、地质条件等选择适宜的开挖方法，并应根据开挖方法选择配套的机械设备。

（2）开挖前，应核实掌子面的地质情况，结合超前地质预报结果，根据地质变化情况及时调整开挖方法和支护参数，并做好各工序的衔接。

（3）针对开挖后可能发生失稳、坍塌、涌水等地段，应预先采取针对性的处理措施。

（4）开挖作业应符合下列规定：

①开挖断面尺寸应符合设计规定。

②应根据开挖方法、断面大小、地质条件等因素确定合理的循环进尺。

③开挖作业不得危及人员、设备及支护结构的安全。

④开挖后应清理危石，并及时进行初期支护作业。

⑤危石清理工作应采用机械作业和人工作业相结合的方式。

（5）隧道爆破应采用光面爆破技术。

光面爆破，是指沿开挖边界布置密集炮孔，采取不耦合装药或装填低威力炸药，在主爆区之后起爆，以形成平整轮廓的爆破作业。光面爆破目的是使隧道开挖断面尽可能地符合设计轮廓线，减轻对围岩的扰动，减少超挖、欠挖。

预裂爆破是指沿开挖边界布置密集炮孔，采取不耦合装药或装填低威力炸药，在主爆区之前起爆，从而在爆破区与保留区之间形成预裂缝，以减弱主爆区爆破时对保留岩体的破坏并形成平整轮廓面的爆破技术。

（6）爆破作业及爆破物品的管理，必须符合现行《爆破安全规程》（GB 6722）、《民用爆破物品安全管理条例》、《公路隧道施工技术规范》（JTG/T 3660—2020）的规定。爆破物品的装运应符合现行《民用爆炸物品安全管理条例》《小型民用爆炸物品储存库安全规范》（GA 838）和《公路工程施工安全技术规范》（JTG F90—2015）的规定。

隧道内不得明火取暖，严禁存放汽油、柴油、煤油、变压器油、雷管、炸药等易燃易爆物品，隧道内施工不得使用以汽油为动力的机械设备等。

（7）隧道对向开挖时，开挖施工应符合下列规定：

①对向开挖的两工作面相距达到4倍隧道跨度时，两端施工应加强联系、统一指挥，且两工作面不得同时起爆；

②对于土质和软弱破碎围岩，两开挖面间距达到3.5倍隧道跨度时，应改为单向开挖；

③对于围岩条件较好的地段，两开挖面间距达到2.5倍隧道跨度时，应改为单向开挖。

（8）隧道进、出洞前，应按照设计完成超前支护等辅助工程措施。

（9）隧道洞口施工安全管理应符合下列规定：

①隧道洞口应设专人负责进出人员登记及材料、设备与爆破器材进出隧道记录和安全监控等工作。

②隧道施工应建立洞内、外通信联络系统。

③长、特长隧道及高风险隧道施工应设置稳定可靠的视频监控系统、门禁系统和人员识别定位系统。

二、隧道开挖方法

（一）开挖方法的分类

常见的隧道工程的开挖施工方法分类见表5-16。

隧道工程的开挖施工方法分类表　　　　　　　　　　　　　　表5-16

类别		施工方法
明挖法	基坑开挖法	放坡开挖法、支挡开挖法、盖挖法等
		沉管法
暗挖法	钻爆法	传统矿山法（MTM）、新奥法（NATM）、浅埋暗挖法、新意法、挪威法等
	机械开挖法	盾构法、掘进机法（TBM法）、顶进法、铣挖法等

（二）开挖方法简介

1. 暗挖法（新奥法）施工

钻爆法包括传统矿山法、新奥法、新意法和挪威法，以及在新奥法基础上发展起来的浅埋暗挖法。

目前，国内外应用最广泛的隧道施工方法就是钻爆法。钻爆法是通过钻孔、装药、爆破开挖岩石的施工方法，已经发展到使用凿岩台车或多臂钻车钻孔，应用毫秒爆破、预裂爆破、光面爆破等控制爆破新技术。

传统矿山法因最早应用于采矿坑道而得名，也是我国早期隧道施工的常用方法。自20世纪70年代末期，新奥法在我国开始被了解和接受，之后矿山法逐步被新奥法所取代。

新奥法是"新奥地利隧道修建方法"的简称，是由奥地利的土木工程师在20世纪50年代总结隧道建造实践经验的基础上创立的。新奥法是以隧道工程经验和岩体力学的理论为基础，将锚杆和喷射混凝土组合在一起作为主要支护手段，并通过对围岩的监控量测指导设计与施工，控制围岩变形，使围岩成为支护体系的一部分，以便充分发挥围岩的自承能力，保持围岩稳定的一种隧道修建方法。

新奥法以光面爆破、喷锚支护、监控量测为三大要素，其核心思想是充分发挥围岩的自承载作用。

新奥法施工的特点可概况为及时性、封闭性、黏结性和柔性。

新奥法采用的支护体系是复合式衬砌，由初期支护、防水层和二次衬砌组合而成。

新奥法施工的核心工艺流程：开挖→第一次支护→洞身防水排水施工→第二次支护。第一次支护包括首次喷射混凝土、打锚杆、挂网、立钢拱架、复喷混凝土。

新奥法的总体施工工艺流程：施工准备→测量放样→洞口开挖与边仰坡防护→洞身开挖→装渣外运→洞身初期支护→仰拱开挖→洞身防水排水施工→二次衬砌→隧道路面→隧道机电工程施工等。本考试用书以下各节中将主要介绍钻爆法隧道施工技术及其质量控制。

2. 明挖法

明挖法是修筑地下工程的常用施工方法。一般来说，明挖法是指在地面挖开的基坑或基槽中修筑结构物的一种施工方法。根据基坑的开挖方法，又可分为放坡开挖法、支挡开挖法和盖挖法。此外，用于水下隧道修筑的沉管法也是明挖法中的一种施工方法。

（1）基坑开挖法的施工工艺流程。

在基坑开挖前，施作基坑的围护结构以及采取地下水控制措施，以保证基坑开挖过程中基坑侧壁的稳定性，之后进行基坑土体的开挖并修筑隧道的主体结构，最后回填并恢复地面或路面。

基坑围护结构施工→地下水控制→基坑土体的开挖→修筑隧道的主体结构→回填并恢复地面或路面。

（2）基坑围护结构选型与施工。

目前，基坑围护结构主要采用自立式支护结构和支挡式结构两大类。自立式支护结构类型包括重力式水泥土墙、各类土钉墙；支挡式结构类型包括挡土构件与锚杆或支撑的不同形式，形成锚拉式结构、支撑式结构、悬臂式结构、双排桩等类型。

（3）基坑加固与地下水控制。

在软土地区的基坑工程中，为了增强基坑支护体系的稳定性、控制基坑的变形，需要进行基坑土体的加固；在地下水位较高的地区，基坑开挖需要保持地下水位在基底 0.5m 以下。出于对环境保护、施工安全的需要，通常会采取隔水、排水、降水措施。

基坑加固意在改善土体的物理力学性质、提高被动区土体抗力、减小基坑支护结构的变形或增强基坑的稳定性，常用的基坑土体加固方法包括水泥土搅拌桩、高压旋喷桩、注浆、降水等。

（4）基坑土体开挖。

基坑开挖前应根据工程地质和水文地质资料、结构和支护设计文件、环境保护要求、施工场地条件、基坑平面形状、基坑开挖深度等，遵循"分层、分段、分块、对称、平衡、限时"和"先撑后挖、限时支撑、严禁超挖"的原则编制基坑开挖施工方案。

基坑开挖的方法包括放坡开挖法、支挡开挖法、盖挖法等。盖挖法也是暗挖的一种施工方法，是先盖后挖，以临时路面或结构顶板维持地面畅通再进行下部结构施工的方法。盖挖法可分为盖挖顺作法、盖挖逆作法、盖挖半逆作法等。

（5）主体结构修建。

明挖法隧道的主体结构修建方式，需要结合土方开挖的方法进行综合考虑，主要包括顺作、逆作和半逆作等方式。

顺作法是浅埋隧道和地下工程中典型的施工方法，具体做法是当基坑开挖完成后，在基坑中从下向上进行主体结构的建造。

逆作法多用于地层软弱、变形大、修筑地区地面建筑物密集、地下工程埋置较深的场合，其主要做法是在基坑开挖过程中先浇筑结构顶板，利用顶板作为一道强有力的支撑，随后自上而下逐层开挖建造主体结构直至底板。

3.沉管法隧道施工

对于饱和软土地层中的水底隧道施工，常采用盾构法和沉管法。

沉管法是指将预制好的管节通过浮运、沉放、水下对接成一个整体的隧道修建方法。我国港珠澳大桥沉管隧道海底段全长 5.6km，是目前世界上最长的公路沉管隧道和唯一的深埋沉管隧道，为沉管隧道的施工积累了宝贵的经验。

沉管隧道具有对地层条件要求不高，沉管埋深较浅，管节顶部的覆盖厚度达到 1m 即可，沉管隧道的断面形式灵活，沉管法工序的基槽开挖、管节预制、浮运沉放可以平行作业等优点。

沉管隧道的施工工艺流程：管节预制→基槽开挖与航道疏浚、基槽清淤→管节浮运与沉放→管节水下连接、接头处理→地基与基础处理→回填覆盖→内部装修与机电设备安装。

4.隧道掘进机施工

隧道掘进机（Tunnel Boring Machine，简称TBM）施工法是利用隧道掘进机切削破岩，开凿岩石隧道的一种施工方法。

与钻爆法开挖隧道相比，掘进机法开挖隧道的施工过程连续，实现了隧道工程施工的"工厂化"，具有安全、快速、经济、省工与降低劳动强度、排渣容易等优点。其缺点是一次性投资大，对岩层变化的适应性差（主要适用于中硬岩，对软岩、硬岩较困难，如遇到破碎岩层及不均匀岩层时掘进速度下降甚至无法进行施工，如遇涌水、溶洞及漂石砾石需要改用其他开挖方法），开挖的隧洞断面局限于圆形，能耗大（纯机械破岩，石渣过分破碎，粉状石渣难以再利用）。

山岭隧道掘进机分为全断面和悬臂式两大类。全断面掘进机又分为敞开式和护盾式两类。目前使用的主要是全断面掘进机。敞开式掘进机适合于硬岩隧道的开挖，而护盾掘进机更适用于软岩。护盾式掘进机又分为单护盾和双护盾，单护盾掘进机适用于软岩地层以及自稳时间相对较短的地质条件较差的地层，双护盾掘进机在软岩及硬岩中都可以使用。

采用掘进机施工，由于开挖面被掘进机主体充塞，对围岩很难进行直接观察和判断，也造成了支护的位置相对于开挖面滞后一段距离，因此，采用不同的掘进机施工就要求采用不同的支护形式。使用敞开式掘进机，一般是随开挖先施作临时支护，然后进行二次模筑混凝土永久性衬砌。使用护盾掘进机，一般采用圆形全周管片式衬砌。

三、洞口与浅埋段开挖质量监理

隧道洞口工程包括的分项工程：洞口边仰坡防护、洞门及其相邻的翼墙浇筑、截水沟、洞口排水沟、明洞浇筑、明洞防水层、明洞回填等。

（一）隧道洞口开挖与进洞防护

（1）遵循"早进洞、晚出洞"的开挖原则。

洞口开挖前，应结合设计文件，遵循"早进晚出"的原则，复核确认明暗分界位置的合理性，控制边仰坡开挖高度。

洞口开挖和进洞施工宜避开雨季和融雪期，当不能避免时，应采取防止坍塌的安全保证措施。

对洞口不稳定的地表土及山坡危石等，应进行清除、防护或加固。

洞口段存在偏压时，应采取措施防止偏压。

（2）洞口开挖与防护应符合下列规定。

①洞口边坡及仰坡应自上而下开挖，不得掏底开挖或上下重叠开挖。

②宜采用人工配合机械开挖，或者采用控制爆破措施减少对边仰坡及围岩的扰动。

③边仰坡防护应及时施作。

④应随时检查、监测边坡和仰坡的变形状态。

（3）洞口截水、排水设施应符合下列规定。

①应结合地形条件位置，具备有效拦截、排水顺畅的能力。

②不应冲刷路基坡面及桥涵锥坡等设施。

③洞口截、排水设施应在雨季和融雪期之前完成。

④截水沟迎水面不得高于原地面,回填应密实且不易被水淘空。

⑤截水沟应采取防止渗漏和变形的措施。

(4)开挖进洞前,应完成管棚、地层加固、降水等设计要求的辅助工程施工。

(5)洞口永久性挡护工程应紧跟土石方开挖及早完成。

(6)洞门墙施工应符合下列规定。

①洞门墙宜在洞口衬砌施工完成后及时施作。

②洞门墙的基底虚渣、杂物、泥、水等应清除干净,地基承载力应符合设计规定。

③洞口衬砌两侧端墙砌筑和墙背回填应对称施工。

④洞门墙背排水设施应与洞门墙同步施工。

(7)检查管棚导向墙的基础尺寸和承载力是否符合设计规定。

(二) 明洞工程施工

1. 明洞施工方法

(1)拱墙整体灌注法。适用于浅埋地段,或地质条件较好、开挖后边坡能够稳定的地段。开挖时,先自上而下开挖,然后拱墙整体灌注。该方法需要配套足够的施工机具。

(2)先墙后拱法。适用于开挖后边坡能够稳定的地段,当施工机具不足以供拱墙整体灌注时,施工顺序应为:先自上而下开挖,然后灌注两侧边墙,最后灌注拱墙。

(3)先拱后墙法。适用于岩层破碎,路堑边坡较高,全部明挖可能引起坍塌,但拱脚岩层承载力较好,且能保证拱圈稳定的地段。施工程序为:起拱线以上部分采用拉槽开挖临时边仰坡,当临时边仰坡不够稳定时,采用喷锚网临时加固。先做好拱圈,然后开挖下部断面,再做边墙,如明洞较长,边坡不够稳定时,则采用分段拉槽较为安全。

(4)墙拱交替法。适用于半路堑式明洞,且内侧地质松软,不能采用先拱后墙法,或路堑式明洞拱脚处地层松软,不能采用先拱后墙法的地段。施工顺序为,对于半路堑式明洞,先灌注外侧边墙,开挖内侧拱脚以上土石方,再灌注拱圈,然后开挖内侧拱脚以下部分,最后灌注内侧边墙。对于路堑式明洞,先开挖起拱线以上部分,然后采用跳槽挖井法灌注两侧部分边墙,再灌注拱圈,最后做其余边墙。

2. 明洞边墙基础施工

明洞边墙基础应设置在稳固的地基上。偏压和单压明洞墙基础应考虑其抗滑力。明洞基础开挖至设计高程后,如地基承载力不符合设计要求,应及时做变更设计,可采取夯填一定厚度的碎石或加深或扩大基础等措施,以达到设计要求。

明洞边墙基础施工应符合下列规定:

(1)基础开挖应核对地质条件,检测地基承载力。

(2)偏压和单压明洞外边墙的基底,在垂直路线方向应按设计要求挖成一定坡度的斜坡,提高边墙抗滑力。

(3)基础混凝土灌注前必须排除坑内积水,边墙基础完成后应及时回填。严禁超挖后回填虚土。

3.明洞回填施工

明洞回填分墙背回填和拱背回填两个部位。

明洞回填施工应遵循对称均衡的原则,并应检查是否符合下列规定:

(1)明洞拱背回填应在外模拆除、防水层和排水盲管施工完成后进行。人工回填时,拱圈混凝土强度应不小于设计强度的75%。机械回填时,拱圈混凝土强度应不小于设计强度。

(2)明洞两侧回填的水平宽度小于1.2m的范围时,应采用浆砌片石或同级混凝土回填。

(3)明洞土石回填应对称分层夯实,分层厚度不宜大于0.3m,两侧回填高差不应大于0.5m。回填至拱顶以上1.0m后,方可采用机械碾压。回填土压实度应符合设计规定。

(4)回填料不宜采用膨胀岩土。顶面0.2m可用耕植土回填。

(5)单侧设有反压墙的明洞回填,应在反压墙施工完成后进行。

(6)回填时,不得采用倾填作业。

(7)回填时,应采取措施防止损坏防水层。

(8)洞门顶排水沟砌筑在填土上时,应在夯实后砌筑。

4.质量检验标准和实测项目

根据《公路工程质量检验评定标准　第一册　土建工程》(JTG F80/1—2017)的规定,明洞浇筑、回填的质量检验标准和实测项目应符合表5-17、表5-18的规定。

明洞浇筑的质量检验标准和实测项目　　　　　　　　　　表5-17

项次	检查项目	规定值或允许偏差	检查方法和频率
1△	混凝土强度(MPa)	在合格标准内	按 JTG F80/1—2017 附录 D 检查
2△	混凝土厚度(mm)	不小于设计值	尺量或按附录 R 检查:每 10m 检查 1 个断面,每个断面测拱顶、两侧拱腰和两侧边墙,共 5 点
3	墙面平整度(mm)	施工缝、变形缝处 20 其他部位 5	2m 直尺:每 10m 每侧连续检查 2 尺,测最大间隙

明洞回填的质量检验标准和实测项目　　　　　　　　　　表5-18

项次	检查项目	规定值或允许偏差	检查方法和频率
1	回填压实	符合设计要求	尺量:厚度及压实遍数检查
2	每层回填层厚度(mm)	≤300	尺量:每层每侧测 5 点
3	两侧回填高差(mm)	≤500	水准仪:每层每侧测 3 处
4	坡度	满足设计要求	尺量:检查 3 处
5	回填厚度(mm)	不小于设计值	水准仪:拱顶测 5 处

(三)浅埋段工程施工

1.隧道浅埋与深埋的界定

《公路隧道设计规范　第一册　土建工程》(JTG 3370.1—2018)中浅埋与深埋的分界按荷载等效高度值,并结合地质条件施工方法等因素综合判定。

按荷载等效高度的判定公式为:

$$H_p = (2 \sim 2.5)h_q \qquad\qquad (5\text{-}3)$$

式中:H_p——浅埋隧道分界深度(m);

h_q——荷载等效高度(m)。

《公路隧道设计细则》(JTG/T D70—2010)对浅埋隧道的定义为:作用在支护结构之上的土压力受隧道埋置深度、地形条件及地表环境影响的隧道。

2. 浅埋段的工程施工原则

浅埋段的开挖施工应遵循"管超前、严注浆、短开挖、强支护、早封闭、勤量测、速反馈、控沉陷"的原则。

3. 浅埋段施工应符合的规定

(1)围岩自稳能力差,或三车道及以上跨度隧道的浅埋段,可选择地表降水、地表加固、管棚、超前小导管、预注浆等辅助工程措施。

(2)浅埋隧道应加强初期支护,减少爆破振动,及时施作初期支护,尽早施作二次衬砌。

四、洞身开挖质量监理

应根据地质条件、隧道开挖断面和围岩稳定情况选择开挖方法。不同围岩条件和开挖断面适宜的开挖方法见表5-19。开挖施工方法可以中途转换,但应经监理工程师批准。

不同围岩条件和开挖断面适宜的开挖方法

表5-19

开挖方法		围岩级别	
		双车道隧道	三车道隧道
全断面法		Ⅰ~Ⅲ	Ⅰ~Ⅱ
台阶法	长台阶法	Ⅲ~Ⅳ	Ⅱ~Ⅲ
	短台阶法	Ⅳ~Ⅴ	Ⅲ~Ⅳ
	超短台阶法(微台阶法)	Ⅴ	Ⅳ
分部开挖法	环形开挖留核心土法(两台阶或三台阶)	Ⅴ~Ⅵ	Ⅲ~Ⅳ
	单侧壁导坑法	Ⅴ~Ⅵ	Ⅲ~Ⅳ
	双侧壁导坑法	—	Ⅴ~Ⅵ
	中隔壁法(CD法)	Ⅳ~Ⅴ	Ⅳ~Ⅴ
	交叉中隔壁法(CRD法)	Ⅴ~Ⅵ	Ⅳ~Ⅵ

通常情况下,长台阶法的台阶长度为50m以上,短台阶法的台阶长度为5~50m,超短台阶法的台阶长度为3~5m。超短台阶法也称微台阶法。

(一)全断面法开挖施工

1. 全断面开挖法的概念、适用围岩地层

全断面开挖法就是按照隧道设计轮廓一次爆破成形,之后修建支护和衬砌的施工方法。

全断面开挖法的优点是工序少、相互干扰小、工作空间大、速度快。但是由于开挖跨度和高度大,隧道周边围岩的变形和塑性区变大,拱脚处的应力集中更为严重,隧道拱顶更不稳定,围岩自稳所要求的围岩自身强度较高。

全断面法主要适用于Ⅰ～Ⅲ级硬岩地层、Ⅱ级软岩地层,对于Ⅳ级硬岩地层在采取超前锚杆、超前小管棚、超前预注浆等辅助措施加固后也可使用。浅埋段、偏压段和洞口段,不宜采用全断面法开挖。

2.全断面开挖法的施工工艺流程

目前,在隧道的钻爆法施工中,一般按无轨和有轨两种运输模式分别进行或配套组合,组成开挖、装运、衬砌、喷锚、辅助作业等5条基本作业线。

简明的施工工艺流程是:全断面开挖→初期支护→隧道底部开挖(捡底)→底板(仰拱及填充)浇筑→拱墙二次衬砌。

比较完整的施工工艺流程是:施工准备→地质预报→测量与量测→布置炮眼→钻眼、装药、爆破→通风排烟→装渣、出渣运输→开挖质量检查、地质素描→初期支护→表面处理、隐蔽工程检查→防排水系统施工→隐蔽工程检查→变形量满足要求后二次衬砌施工。

全断面法施工工序示意如图5-1所示。

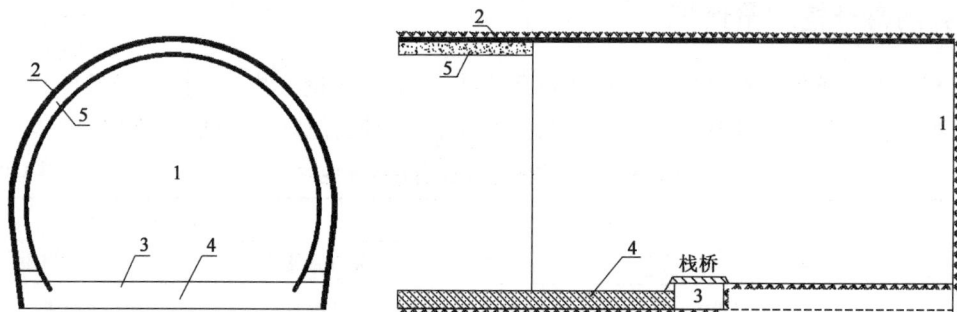

图5-1 全断面法施工工序示意图
1-全断面开挖;2-初期支护;3-隧道底部开挖(捡底);4-底板(仰拱及填充)浇筑;5-拱墙二次衬砌

3.全断面法开挖施工应符合的规定

(1)宜采用机械化作业,各种机械设备应合理配套。

(2)应控制一次同时起爆的单段最大爆破药量。

(3)应根据掌子面的围岩稳定情况、爆破振动、钻孔和出渣效率、超挖控制等确定循环进尺:Ⅲ级围岩宜控制在3m左右;Ⅰ、Ⅱ级围岩,使用气腿式凿岩机时可控制在4m左右,使用凿岩台车时可根据围岩稳定情况适当调整。其他情况,每循环进尺应符合设计规定。

(二)台阶法开挖施工

1.台阶法的概念、分类、适用围岩地层

台阶法是将整个断面分层自上而下进行开挖的施工方法,因纵向断面呈台阶状而得名。

台阶法因其适应性强、灵活多变等优点,已经成为大断面隧道施工的主流施工方法。实际施工中,视围岩条件、机械设备情况可派生出多种台阶法。采用台阶法时,台阶的数量、台阶的长度要适当。

确定台阶法的长度时应考虑的因素主要有两个:一是初期支护形成闭合断面的时间要求,

稳定性越差的围岩要求闭合时间越短;二是上半断面施工时,开挖、支护、出渣机械设备所需的作业空间。

根据台阶的数量,可分为两台阶法、三台阶法和三台阶预留核心土法。根据台阶的长度,又可分为长台阶、短台阶和超短台阶法(也称微台阶法)。

(1)长台阶法的上、下断面相距较远,上台阶超前50m以上或大于5倍洞跨。适用于Ⅱ～Ⅳ级围岩,开挖断面长且小,施工干扰少,开挖面稳定,适用范围较全断面法广。采用长台阶法时,上下部可配备同类较大机械平行作业,可进行单工序作业,但需要采取扩大拱脚、加强锁脚锚杆、加设临时仰拱等措施控制拱脚下沉。

(2)短台阶法的台阶长度小于5倍、大于1倍的洞跨(5～50m)。适用于Ⅲ～Ⅴ级围岩,尤其适用于Ⅳ、Ⅴ级围岩,开挖断面短且小,上下断面可采用平行作业。

(3)超短台阶法适用于Ⅴ～Ⅵ级围岩,全断面开挖的一种变异形式。上台阶仅超前3～5m,只能采用交替作业。超短台阶法适用于膨胀性围岩和土质围岩等要求及早闭合断面的地段。

短台阶法和超短台阶法可缩短仰拱封闭时间,改善初期支护受力条件,有利于控制隧道收敛速度和量值,但施工干扰较大,不能全部平行作业,支护不及时可能造成围岩失稳。

2.台阶法开挖施工应符合的规定

(1)台阶数量和台阶高度应综合考虑隧道断面高度、机械设备及围岩稳定性等因素确定。台阶开挖高度宜为2.5～3.5m。可采用两台阶法或三台阶法,台阶数量不宜多于3个。

(2)对于上台阶开挖,每循环进尺,Ⅲ级围岩宜不大于3m,Ⅳ级围岩宜不大于2榀钢架间距,Ⅴ级围岩宜不大于1榀钢架间距。

对于下台阶开挖,每循环进尺,Ⅳ、Ⅴ级围岩宜不大于2榀钢架间距。下台阶单侧拉槽长度宜不超过15m。

(3)下台阶左、右侧开挖宜前后错开3～5m,同一榀钢架两侧不得同时悬空。

(4)下部施工应减少对上部围岩、支护的干扰和破坏。

(5)下台阶应在上台阶喷射混凝土强度达到设计强度的70%以后开挖。

采用台阶法开挖时,应注意防范拱脚下沉。可以采取扩大拱脚、加强锁脚锚杆、加设临时仰拱等措施以控制拱脚下沉。

3.两台阶法的施工工艺流程

上台阶开挖→上台阶初期支护→下台阶错开开挖→下台阶初期支护→底部开挖(捡底)→仰拱及填充(底板)浇筑→二次衬砌。

两台阶法施工工序示意如图5-2所示。

4.三台阶法/三台阶临时仰拱法

三台阶法是将隧道分成三部分开挖,施工时先开挖上台阶,待开挖到一定长度后再同时开挖中台阶及下台阶,形成上、中、下三台阶同时并进的施工方法。上台阶、中台阶的开挖长度可以控制在5～8m之间。二次衬砌距掌子面的距离,对于Ⅳ级软弱围岩不大于90m,对于Ⅴ级及以上围岩不得大于70m。

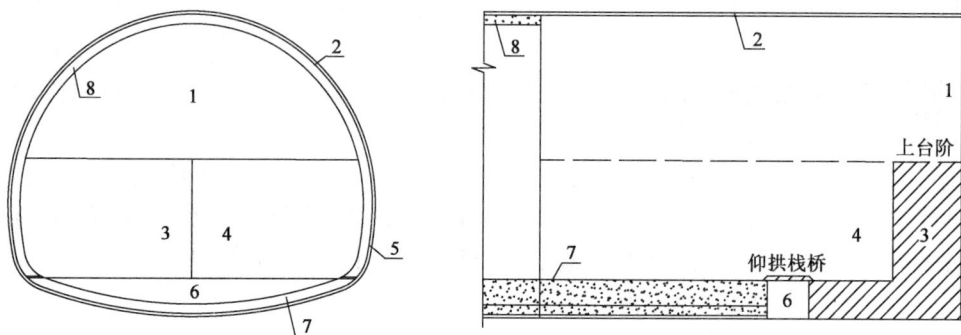

图 5-2　两台阶法施工工序示意图

1-上台阶开挖；2-上台阶初期支护；3、4-下台阶错开开挖；5-下台阶初期支护；6-底部开挖（捡底）；7-仰拱及填充（底板）；8-二次衬砌

开挖施工工序流程为：上台阶开挖→中台阶开挖→下台阶开挖→仰拱开挖。

支护施工工序流程为：超前小导管→上台阶初期支护→中台阶初期支护→下台阶初期支护→仰拱初期支护→仰拱填充混凝土→拱墙二次衬砌。

当初期支护不封闭就难以控制围岩的失稳时，可采用三台阶临时仰拱法。

5. 三台阶预留核心土开挖法

三台阶预留核心土开挖法也称为三台阶七步法，是以弧形导坑开挖留核心土为基本模式，分上、中、下 3 个台阶 7 个开挖面，各部位的开挖与支护沿隧道纵向错开，平行推进的施工方法。适用于开挖断面为 $100 \sim 180 m^2$、具备一定自稳条件的Ⅳ、Ⅴ级围岩地段的隧道施工。

（三）分部开挖法施工

分部开挖法是将隧道断面分部开挖逐步成型，且一般将某部分超前开挖，故也称导坑超前开挖法，主要适用于地层较差的大断面地下工程施工，尤其是限制地表下沉较为严格的城市地下工程的施工。

分部开挖法包括环形开挖预留核心土法、单侧壁导坑法、双侧壁导坑法、中隔壁法（CD法）、交叉中隔壁法（CRD法）等。以下主要介绍环形开挖留核心土法。

1. 环形开挖留核心土法的施工工艺流程

超前支护→上部环形导坑开挖→上部初期支护→上部核心土开挖→两侧开挖→两侧初期支护→下部核心土开挖→仰拱开挖→仰拱初期支护→仰拱及填充混凝土浇筑→拱墙二次衬砌。示意图如图 5-3 所示。

2. 环形开挖留核心土法施工应符合的规定

（1）台阶开挖高度宜为 $2.5 \sim 3.5 m$。

（2）环形开挖，每循环进尺，Ⅴ级围岩宜不大于 1 榀钢架间距，Ⅳ级围岩宜不大于 2 榀钢架间距。中下台阶每循环进尺，不得大于 2 榀钢架间距。核心土面积宜不小于断面面积的 50%。

（3）上台阶钢架施工时，应采取有效措施控制其下沉和变形。

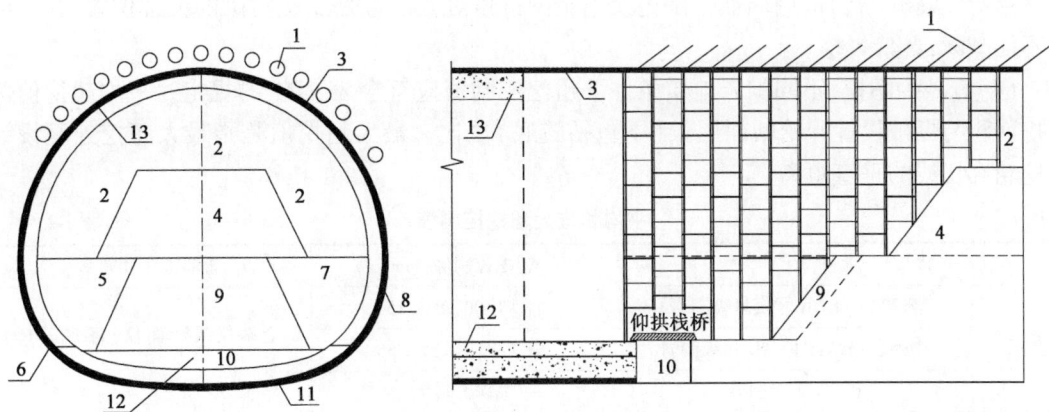

图 5-3 两台阶环形开挖留核心土法施工工序示意图

1-超前支护;2-上部环形导坑开挖;3-上部初期支护;4-上部核心土开挖;5、7-两侧开挖;6、8-两侧初期支护;9-下部核心土开挖;10-仰拱开挖;11-仰拱初期支护;12-仰拱及填充混凝土;13-二次衬砌混凝土

(4)拱部超前支护完成后,方可开挖上台阶环形导坑;留核心土长度宜为 3~5m,宽度宜为隧道开挖宽度的 1/3~1/2。

(5)各台阶留核心土开挖,每循环进尺宜与其他分部循环进尺相一致。

(6)核心土与下台阶开挖应在上台阶支护完成且喷射混凝土强度达到设计强度的 70%以后进行。下台阶左右侧开挖应错开 3~5m,同一榀钢架两侧不得悬空。

(7)仰拱施作应紧跟下台阶,以及时闭合成稳固的支护体系。

(四)超欠挖控制

(1)隧道开挖轮廓应根据设计开挖轮廓和围岩变形量确定。

预留变形量可根据设计预测值或隧道施工技术规范推荐的预留变形量表(表 5-20)选择初始值,并根据监控量测信息进行调整。

开挖轮廓预留变形量　　　　　表 5-20

围岩级别	双车道隧道(mm)	三车道隧道(mm)	四车道隧道(mm)
Ⅰ	—	—	—
Ⅱ	—	10~50	30~80
Ⅲ	20~50	50~80	80~120
Ⅳ	50~80	80~120	120~150
Ⅴ	80~120	100~150	150~250
Ⅵ	依据设计和监控量测信息确定	依据设计和监控量测信息确定	依据设计和监控量测信息确定

注:1.围岩破碎取大值,围岩完整取小值。

2.膨胀性岩体或围岩有明显流变时,应根据监控量信息反馈计算分析选定。

(2)当采用钢架支撑时,如围岩变形较大,宜适当加大开挖断面,预留支撑沉降量,保证衬砌设计厚度。

(3)严格控制欠挖。当岩层完整、岩石抗压强度大于 30MPa 并确认不影响衬砌结构稳定和强度时,每 1m² 内欠挖面积不宜大于 0.1m²,欠挖隆起量不得大于 50mm。

拱脚、墙脚以上1m内断面范围内及净空图折角对应位置是二次衬砌的关键位置，衬砌断面不能减薄，严禁欠挖。

（4）宜减少超挖，不同围岩地质条件下超挖控制值应符合表5-21的规定。平均超挖值为超挖面积与爆破设计开挖断面周长（不包括隧底）之比。最大超挖值是指最大超挖处至设计开挖轮廓切线的垂直距离。

平均和最大超挖控制值
表5-21

项目		超挖控制值（mm）	检验方法和频率
拱部	破碎岩、土（Ⅳ、Ⅴ、Ⅵ级围岩）	平均100，最大150	全站仪或断面仪，每20m 1 个断面
	中硬岩、软岩（Ⅱ、Ⅲ、Ⅳ级围岩）	平均150，最大250	
	硬岩（Ⅰ级围岩）	平均100，最大200	
边墙	每侧	+100,0	尺量，每20m 检查 1 处
	全宽	+200,0	
仰拱、隧底		平均100，最大250	水准仪，每20m 检查 3 处

（5）超挖的回填应密实。超挖回填应符合设计规定，设计未规定时，应按以下规定处理：

①拱部坍塌形成的超挖，应编制处理方案，经审批后按方案处理。

②对于沿设计轮廓线的均匀超挖，有钢架时，可采用喷射混凝土回填或增大钢架支护断面尺寸使钢架贴近开挖轮廓，在施工二次衬砌时以二次衬砌混凝土回填；无钢架时，可在施工二次衬砌时以二次衬砌混凝土回填。

③对于局部超挖，超挖量不超过200mm时，宜采用喷射混凝土回填。

④对于边墙部位超挖，可采用混凝土或片石混凝土回填。

（6）质量检验标准和实测项目。

《公路工程质量检验评定标准　第一册　土建工程》（JTG F80/1—2017）给定的洞身开挖质量检验标准和实测项目见表5-22。

洞身开挖的质量检验标准和实测项目
表5-22

项次	检查项目		规定值或允许偏差	检查方法和频率
1△	拱部超挖（mm）	Ⅰ级围岩（硬岩）	平均100，最大200	全站仪或JTG F80/1—2017附录Q检查：每20m 检查 1 个断面，每个断面自拱顶起每2m 测 1 点
		Ⅱ、Ⅲ、Ⅳ级围岩（中硬岩、软岩）	平均150，最大250	
		Ⅴ、Ⅵ级围岩（破碎岩、土）	平均100，最大150	
2	边墙超挖（mm）	每侧	+100,0	
		全宽	+200,0	
3	仰拱、隧底超挖（mm）		平均100，最大250	水准仪；每20m 检查 3 处

（五）钻爆设计与爆破施工

（1）钻爆设计应符合下列规定：

①施工前应进行钻爆设计。

②钻爆设计应根据工程地质、地形环境、开挖断面、开挖方法、循环进尺、钻孔机具、爆破材料和出渣能力等因素综合考虑。

③钻爆设计的内容,包括爆破方法,炮孔(掏槽孔、辅助孔、周边孔)的布置、数目、深度和角度,炸药种类,装药量和装药结构,起爆方法,起爆器材和爆破顺序等。

④钻爆设计图的内容,包括炮孔布置图、周边孔装药结构图、钻爆参数表、主要技术经济指标及必要的说明。

⑤钻爆设计应根据爆破效果进行优化调整。

(2)爆破施工。

爆破周边眼的控制爆破施工应采用光面爆破法。

光面爆破是指由开挖面中部向设计轮廓面顺序依次起爆;设计轮廓面周边布置密集炮孔,采用不耦合装药(不耦合系数大于2)或装填低威力炸药,最后同时起爆,振动小并形成平整轮廓面的一种爆破方法。

光面爆破的炮眼起爆顺序是先引爆掏槽眼,再引爆辅助眼,最后引爆周边眼。可以达到标准是开挖轮廓成形规则,岩面平整,围岩壁上保存有50%以上的半面炮眼痕迹,无明显的爆破裂缝,超欠挖符合规定要求,围岩壁上无危石等。而预裂爆破则是先引爆周边眼,使沿周边眼的连心线炸出平顺的预裂面,之后引爆掏槽眼、辅助眼,可以减轻爆轰波对围岩的破坏影响。

光面爆破施工应符合下列规定:

①应根据围岩特点合理选择周边孔间距、周边孔的最小抵抗线。

②应严格控制周边孔的装药量,并使药量沿炮孔全长合理分布。

③周边孔宜采用小直径药卷不耦合装药或装填低威力炸药。可借助导爆索实现空气间隔装药。

④宜采用毫秒雷管微差顺序起爆,使周边爆破时产生临空面。周边孔宜采用导爆索网路同时起爆,当起爆药量超过安全允许药量时,也可分段起爆。

⑤初始光面爆破参数可根据工程类比选择,也可按照《公路隧道施工技术规范》(JTG/T 3660—2020)表7.4.4-1、表7.4.4-2给定的数值选用。

(3)炮孔布置应符合下列规定:

①掏槽孔宜布置在开挖断面的中央稍靠下部。

②开挖断面底面两隅处,宜合理布置辅助孔,适当增加药量。断面顶部应控制药量。

③两个掏槽孔间距不宜小于200mm。

④当岩层层理或节理发育时,斜孔掏槽的炮孔方向宜与层理面或节理面垂直。

⑤掏槽孔宜比辅助孔孔底深100～200mm。

(4)隧道爆破作业人员应当经过培训,持证上岗。爆破作业应按钻爆设计进行钻孔、装药、接线和引爆。应控制周边孔外插角度。

钻孔前,应定出开挖断面中线、水平线和断面轮廓,经检查符合规定后方可开始钻孔。

(5)装药作业应符合下列规定:

①严禁装药与钻孔平行(同时、同步)作业。

②严禁作业人员穿戴化纤衣物。

③装药时应使用木质或竹质炮棍进行装药。已经装药的炮孔应及时堵塞密封。

④严禁用块状材料、煤粉或其他可燃材料作炮泥。除膨胀岩土地段隧道和寒区隧道外,炮泥材料宜采用水炮泥、黏土炮泥、黄土炮泥。

（6）连线起爆作业应符合下列规定：

①起爆前，应确认临近爆破作业面没有装炸药和雷管。

②起爆前，所有人员应撤至不受有害气体、振动及飞石伤害的安全地点。安全地点至爆破工作面的距离，在独头坑道内不应小于200m；采用全断面开挖时应通过计算确定。负责爆破的爆破员应最后离开爆破地点。

③起爆前，班组长应清点人数，确认无误后，方可下达起爆指令。爆破员接到起爆指令后，应先发出爆破警号，至少等待5s后方可起爆。

④爆破后，瞎炮、残炮的处理，应符合现行《爆破安全规程》（GB 6722）的规定，派有经验的爆破员处理。

⑤爆破后，应待洞内的有害气体浓度降低到隧道施工规范规定的数值后方可进入开挖作业面，包括检查开挖轮廓形状、轮廓尺寸、爆破效果等。

（7）爆破效果应达到围岩稳定、无大的剥落或坍塌、块度适于出渣等要求。周边炮孔痕迹保存率应符合下列规定：

①对于硬岩，周边炮孔痕迹保存率 $\xi \geqslant 80\%$；

②对于中硬岩，周边炮孔痕迹保存率 $\xi \geqslant 70\%$；

③对于软岩，周边炮孔痕迹保存率 $\xi \geqslant 50\%$。

周边炮孔痕迹保存率 ξ = 残留有痕迹的炮孔数/周边孔总数 × 100%

（8）爆破作业的时间限制，应在上一循环喷射混凝土终凝3h后进行。

（六）仰拱开挖、衬砌、回填和垫层

（1）仰拱开挖应符合下列规定：

①应控制仰拱到掌子面的距离。必要时，仰拱应紧跟掌子面。

②仰拱开挖时，应采取交通安全措施。

③仰拱的开挖长度：土和软岩应不大于3m，硬岩应不大于5m。开挖后应及时施作仰拱初期支护、二次衬砌及填充。

④应做好排水设施，清除底面积水和松渣，严禁松渣回填。

（2）仰拱衬砌施工前应完成下列工作：

①隧道底部开挖断面形状、尺寸、基底高程、基底承载力应符合设计规定。

②发现并及时处理超欠挖，欠挖应凿除。超挖较大（大于或等于0.1m）时采用M10浆砌片石、C15混凝土回填；超挖较小（小于0.1m）时采用喷射混凝土回填。

③应清除隧底虚渣、杂物、淤泥，并抽干积水。

④隧底超挖部分回填，可用强度等级不低于C15的混凝土或C20的喷射混凝土回填，回填后应再次检查断面形状、尺寸。

⑤隧底的溶洞、采空区或其他空穴应按设计要求进行处理。

（3）仰拱初期支护施工应符合下列规定：

①仰拱初期支护应随开挖及时施作。

②初期支护喷射混凝土不得与仰拱混凝土衬砌一次浇筑。

③初期支护钢架应与拱墙钢架对齐,误差不得大于20mm。

④仰拱钢架节段之间的连接及相邻钢架之间的横向连接方式应与拱墙钢架连接要求相同。

(4)仰拱混凝土衬砌施工应符合下列规定:

①仰拱混凝土衬砌施工应先于拱墙混凝土衬砌施工,超前距离不宜大于拱墙衬砌浇筑循环长度的2倍。

②应整幅一次浇筑成形,不得左右半幅分次浇筑,一次浇筑长度不宜大于5m。

③仰拱混凝土应使用模板浇筑,模板应留振捣窗。窗门应平整、严密、不漏浆。

④挡头模板应采用可重复使用并能同时固定止水带的定型模板。

⑤当仰拱和拱墙混凝土均为素混凝土时,仰拱与拱墙连接面应插连接钢筋,钢筋级别应不低于HRB400,钢筋直径应不小于20mm,长度不应小于500mm,插入深度和外露长度均不应小于250mm,连接钢筋沿衬砌内外缘两侧布置,纵向间距不应大于300mm。当仰拱为素混凝土、拱墙为钢筋混凝土时,插入钢筋直径、布置间距应与拱墙受力主筋相同,并与拱墙受力主筋焊接。

(5)仰拱填充施工应符合下列规定:

①仰拱填充混凝土不得与仰拱衬砌混凝土一次浇筑。

②仰拱混凝土填充前应清除仰拱表面的积水、虚渣、杂物等。

③仰拱衬砌横向施工缝与填充混凝土横向施工缝宜错开设置,错开距离不宜小于0.5m。

④设有变形缝的位置,仰拱衬砌变形缝与填充混凝土变形缝应在同一断面位置。

⑤仰拱填充混凝土顶面应平顺,坡度符合设计规定。

⑥仰拱填充采用片石混凝土时,片石距挡头模板的距离应大于50mm,片石间距应大于混凝土粗集料的最大粒径,并应分层掺放。

⑦仰拱和仰拱填充混凝土应在其强度达到2.5MPa后方可拆模。

(6)无仰拱地段隧道底部垫层混凝土施工应符合下列规定:

①隧底开挖高程应满足设计要求。

②应清除隧道底部的洞渣、淤泥、杂物、积水。

③对于隧道底部超挖采用垫层同级混凝土回填时,应与垫层混凝土同时浇筑。超挖较大时,可采用浆砌片石回填,承载力和稳定性应满足设计要求,不得采用洞渣回填。

④垫层顶面应平顺,坡度符合设计规定。

⑤垫层混凝土可半幅浇筑,接缝应平顺。

⑥垫层混凝土底部应做好排水处理,必要时设置盲沟排水。

(7)仰拱、仰拱填充混凝土和垫层混凝土的浇筑,宜采用插入式振捣器振捣密实。

(8)仰拱填充和垫层的混凝土强度达到设计强度的100%后,方可允许运渣车辆通行。

(9)质量检验标准和实测项目。

《公路工程质量检验评定标准　第一册　土建工程》(JTG F80/1—2017)给定的仰拱混凝土浇筑、回填的质量检验标准和实测项目见表5-23、表5-24。

仰拱混凝土浇筑的质量检验标准和实测项目　　　　表 5-23

项次	检查项目	规定值或允许偏差	检查方法和频率
1△	混凝土强度（MPa）	在合格标准内	按 JTG F80/1—2017 附录 D 检查
2△	厚度（mm）	不小于设计值	尺量：每20m检查1个断面，每个断面测5点
3	钢筋保护层厚度（mm）	+10，−5	尺量：每20m测5点
4	底面高程（mm）	±15	水准仪：每20m测5点

仰拱回填的实测项目　　　　表 5-24

项次	检查项目	规定值或允许偏差	检查方法和频率
1△	混凝土强度（MPa）	在合格标准内	按 JTG F80/1—2017 附录 D 检查
2	顶面高程（mm）	±10	水准仪：每20m测5点

五、监控量测

施工单位应根据隧道地质条件、支护参数、施工方法及设计要求编制超前地质预报和监控量测方案，主要包括工程简介、监测目的、监测项目、监测机构、监测方法、监测仪器、测点布置、量测频率、监测管理标准等内容。复杂的工程监测方案还应经过论证。

1. 监控量测的目的

隧道开挖过程中的监控量测应纳入隧道工程施工的工序管理。

隧道监控量测是指通过使用各种量测仪器和工具，在隧道内或地表，对围岩地层的变形和支护结构的变形与受力进行观察、测量、分析与评价的活动。

监控量测应达到下列目的：掌握围岩和支护的动态信息并及时反馈，指导施工作业；通过对围岩和支护的变形、应力量测，为修改设计提供依据；分析各项量测信息，确认或修正设计参数。

2. 监控量测的内容

地质和支护状态现场观察包括：开挖面附近的围岩稳定性，围岩构造情况，支护变形与稳定情况，准确掌握围岩情况。

（1）岩体力学参数测试：抗压强度、变形模量、黏聚力、内摩擦角、泊松比。

（2）应力应变测试：岩体原岩应力，围岩应力、应变，支护结构的应力、应变。

（3）压力测试：支护上的围岩压力、渗水压力。

（4）位移测试：围岩位移（含地表沉降）、支护结构位移。

（5）温度测试：岩体（围岩）温度、洞内温度、洞外温度。

（6）物理探测：弹性波（声波）测试，即纵波速度、横波速度、动弹性模量、动泊松比。

3. 监控量测的项目

（1）隧道施工的监控量测项目分为必测项目和选测项目。

必测项目是用以判断围岩的变化情况和支护结构工作状态的经常性量测；选测项目是用以判断围岩松动状态、喷锚支护效果的量测。

必测项目是现场量测的核心，它是设计、施工所必须进行的经常性量测。应根据设计要求、隧道横断面形状和断面大小、埋深、围岩条件、周边环境条件、支护类型和参数、施工方法等综合确定选测项目。一般地，隧道监控量测的选测项目包括钢架内力及外力，围岩内部位移（洞内设点、地表设点），围岩压力，两层支护间压力，锚杆轴力，支护、衬砌内应力，围岩弹性波速度，爆破振动，渗水压力、水流量，地表下沉，地表水平位移等监控量测项目。

在复合式衬砌和喷锚衬砌的隧道施工时，洞内外观察、周边位移、拱顶下沉、地表下沉和拱脚下沉等五项为必测项目。

（2）量测的方法。

量测方法包括地质素描、拱顶下沉和地表沉降、坑道周边相对位移、围岩内部位移、锚杆应力和抗拔力、围岩压力、围岩的弹性波速度等。

测试方法及注意事项：开挖后尽快埋设测点，并测取初读数，要求12h内完成；测点应尽可能靠近开挖面，要求在2m以内；读数应在重锤稳定或张力调节器指针稳定指示规定的张力值时读取。

（3）量测的间隔时间。

洞内的必测项目，各测点宜在靠近掌子面、不受爆破影响范围内尽快安设，初读数应在每次开挖后12h内、下一循环开挖前取得，最迟不得超过24h。必测项目及其量测方法、精度要求与量测间隔时间，见表5-25。其中，周边位移、拱顶下沉量测的量测频率除应符合表5-27规定外，还应根据位移速率的加快而增加。

必测项目及其量测方法、布点、精度要求与量测间隔时间　　　　表5-25

序号	项目名称	方法及工具	测点布置	精度	量测间隔时间			
					1～15d	16d～1个月	1～3个月	大于3个月
1	洞内、外观察	现场观测、地质罗盘等	开挖后及初期支护后进行	—	—	—	—	—
2	周边位移	各种类型收敛计、全站仪或其他非接触测量仪器	每5～100m一个断面，每断面2～3个对测点	0.5mm（预留变形量≤30mm时）	1～2次/d	1次/2d	1～2次/周	1～3次/月
3	拱顶下沉	水准仪、钢钢尺、全站仪或其他非接触测量仪器	每5～100m一个断面，每断面1个对测点	1.0mm（预留变形量>30mm时）	1～2次/d	1次/2d	1～2次/周	1～3次/月
4	地表下沉	水准仪、钢钢尺、全站仪	洞口段、浅埋段(h≤2.5b)布置不少于2个断面，每断面不少于3个测点	0.5mm	开挖面距离量测断面前后<2.5b时，1～2次/d；开挖面距离量测断面前后<5b时，1次/2～3d；开挖面距离量测断面前后≥5b时，1次/3～7d			
5	拱脚下沉	水准仪、钢钢尺、全站仪	富水软弱破碎围岩、流沙、软岩大变形、含水黄土、膨胀岩土等不良地质和特殊性岩土段	0.5mm	仰拱施工前，1～2次/d			

注：b为隧道开挖宽度；h为隧道埋深。

洞内的选测项目,各测点埋设时间宜根据实际需要确定。选测项目及其量测方法、精度要求与量测间隔时间,见表5-26。

选测项目及其量测方法、精度要求与量测间隔时间 　　　　表5-26

序号	项目名称	方法及工具	布置	测试精度	量测间隔时间			
					1~15d	16d~1个月	1~3个月	大于3个月
1	钢架内力及外力	支柱压力计或其他测力计	每代表性地段1~2个断面,每断面钢架内力3~7个测点,或外力1对测力计	0.1MPa	1~2次/d	1次/2d	1~2次/周	1~3次/月
2	围岩内部位移(洞内设点)	洞内钻孔中安设单点、多点杆式或钢丝式位移计	每代表性地段1~2个断面,每断面3~7个钻孔	0.1mm	1~2次/d	1次/2d	1~2次/周	1~3次/月
3	围岩内部位移(地表设点)	地面钻孔中安设各类位移计	每代表性地段1~2个断面,每断面3~5个钻孔	0.1mm	同地表下沉要求			
4	围岩压力	各种类型岩土压力盒	每代表性地段1~2个断面,每断面3~7个测点	0.01MPa	1~2次/d	1次/2d	1~2次/周	1~3次/月
5	两层支护间压力	压力盒	每代表性地段1~2个断面,每断面3~7个测点	0.01MPa	1~2次/d	1次/2d	1~2次/周	1~3次/月
6	锚杆轴力	钢筋计、锚杆测力计	每代表性地段1~2个断面,每断面3~7个锚杆(索),每根锚杆2~4个测点	0.01MPa	1~2次/d	1次/2d	1~2次/周	1~3次/月
7	支护、衬砌内应力	各类混凝土内应变计及表面应力解除法	每代表性地段1~2个断面,每断面3~7个测点	0.01MPa	1~2次/d	1次/2d	1~2次/周	1~3次/月
8	围岩弹性波速度	各种声波仪及配套探头	在有代表性地段设置	—				
9	爆破振动	测振及配套传感器	邻近建(构)筑物	—	随爆破进行			
10	渗水压力、水流量	渗压计、流量计	—	0.01MPa	—	—	—	—
11	地表下沉	水准测量方法,水准仪、钢钢尺等	有特殊要求地段	0.5mm	开挖面距量测断面前后<2.5b时,1~2次/d; 开挖面距量测断面前后<5b时,1次/2~3d; 开挖面距量测断面前后>5b时,1次/3~7d			
12	地表水平位移	经纬仪、全站仪	有可能发生滑移的洞口段高边坡	0.5mm	—	—	—	—

4. 变形测量

(1)隧道施工过程中的洞内外观察应符合下列规定：

①洞内观察,应进行开挖工作面的观察和已支护地段的观察。

开挖工程面观察。应在每次开挖后进行,及时绘制开挖工作面地质素描图,填写开挖工作面地质状况记录表。

已支护地段观察。应在每天进行一次,观察围岩、喷射混凝土、锚杆、钢架等的工作状态,记录喷射混凝土表面起鼓、剥落、开裂、渗漏水、钢架变形及发展情况等。

②洞外观察,应观察并记录洞口段、偏压段、浅埋段及特殊地质段的地表开裂、沉降、塌陷,边坡及仰坡稳定状态,地表水渗漏情况,地表植被变化情况等。

(2)周边位移量测。

隧道开挖后,围岩向坑道内部的位移是围岩动态的最显著表现,最能反映出围岩的稳定性。因此,对坑道周边位移的量测是最直接、最直观、最有意义、最经济和最常用的量测项目。

为量测方便,除对拱顶、地表下沉和底鼓可以量测绝对位移值之外,坑道周边其他各点,一般使用收敛计量测其中两点之间的相对位移,来反映围岩的位移状态。收敛计一般由带孔钢尺、测微百分表、张力调节器、测点连接器组成。

周边位移的测点布置应符合下列规定：

①全断面法,宜设置1条水平测线;

②台阶法的每一个台阶,宜设置1条水平测线;

③中隔壁法或交叉中隔壁法等分部开挖法的每一个开挖分部,宜设置1条水平测线;

④双侧壁导洞法的每一个开挖分部,宜设置1条水平测线;

⑤偏压隧道或小净距隧道,可加设斜向测线;

⑥同一个断面的测点宜对称设置;

⑦不同断面的测点应布置在相同部位。

(3)拱顶下沉和地表沉降的量测。

由已知高程的临时或永久水准点,使用较高精度的水准仪就可观测出隧道拱顶或隧道上方地表各点的下沉量及其随着时间的变化情况。

隧底起鼓情况也可用此法观测,通常这个位移是绝对位移值。另外,也可使用收敛计观测拱顶相对于隧道底的相对位移。

拱顶点是隧道坑道周边上的一个特殊点,其位移情况具有较强的代表性。拱顶下沉的测点布置应符合下列规定：

①双车道及双车道以下的隧道,每一个量测断面应布置1~2个测点,三车道及三车道以上的隧道,每一个量测断面应布置2~3个测点;

②采用分部开挖法时,每一个开挖分部的拱顶应至少布置1个测点。

地表下沉量测、地表水平位移量测、围岩内部位移量测等测点布置、量测要求应符合《公路隧道施工技术规范》(JTG/T 3660—2020)的有关规定。

5. 受力监测

可根据设计要求、工程需要进行隧道受力监测,主要包括锚杆轴力、钢架内力、接触压力、衬砌内力和孔隙水压力等内容。受力监测的测点布置、量测要求应符合《公路隧道施工技术规范》（JTG/T 3660—2020）的规定。

系统锚杆的主要作用是限制围岩的松弛变形。这个限制作用的强弱，一方面受围岩地质条件的影响，一方面取决于锚杆的工作状态。锚杆的工作状态主要以其受力后的应力、应变来反映，实际测量中是采用与设计锚杆强度相等且刚度基本相等的各式钢筋计来观测锚杆的应力、应变。钢筋计多采用电测式，其传感器有电磁感应式、差动电阻式、电阻片式。电磁感应式钢筋计又称钢弦式钢筋计。

拉拔器可以检测锚杆的抗拔力。

围岩压力可用压力盒进行测试。压力盒有变磁阻调频式、液压式、钢弦式等多种形式。

6. 有害气体监测

（1）隧道内应进行有害气体监测。含甲烷等爆炸性气体的天然气、石油气、沼气、瓦斯等有害气体监测，应由专业监测单位实施。有害气体监测前应编制专项监测方案。

（2）应定期编制监测报告并提交有关部门，监测报告的主要内容应包括施工情况、监测方法、监测数据、有害气体分析、工作环境危险性评价、对人身健康危害情况、应对措施及施工建议等。有害气体超标时，应及时报告。

（3）对于高海拔隧道或长、特长隧道，应不定期抽样监测隧道内空气中的含氧量及 CO、CO_2、NO_x 等有害气体和粉尘含量。

7. 建（构）筑物监测

目前，隧道工程与既有建（构）筑物接近或相交的情形越来越多，其穿越方式主要有上穿、下穿和侧穿等三种基本情况。对隧道施工周边的建筑物、构筑物进行监测，主要包括沉降监测、倾斜监测、裂缝监测及振动监测等内容。

裂缝宽度宜精确至 0.1mm，每次观测应绘出裂缝的位置、形态和尺寸，注明日期，拍摄裂缝照片，并提交裂缝位置分布图、裂缝观测成果表、裂缝变化曲线图。

8. 量测数据的处理与应用

（1）应及时对现场量测数据绘制时态曲线（或散点图）和空间关系曲线。

（2）当位移-时间曲线趋于平缓时，应进行数据处理和回归分析，以推算最终位移和掌握位移变化规律。

（3）当位移-时间曲线出现反弯点时，表明围岩和支护已呈不稳定状态，此时应密切监视围岩动态，并加强支护，必要时暂停开挖。

（4）隧道监控量测工作应根据控制基准建立预警机制，实测位移值不应大于隧道的极限位移，并按表5-27的位移等级实行分级管理。

位移管理等级　　　　　　　　　　　　　　　　表5-27

管理等级	管理位移（mm）	处理建议
Ⅲ	$U < (U_0/3)$	正常施工
Ⅱ	$(U_0/3) \leq U \leq (2U_0/3)$	综合评价设计、施工措施，加强监控量测，必要时采取对策
Ⅰ	$U > (2U_0/3)$	暂停施工，采取对策

注：U-实测位移值，U_0-设计极限位移值。

遇到下列情况之一时,也应提出预警分级管理:支护结构出现开裂,实行Ⅰ级管理;地表出现开裂、坍塌,实行Ⅰ级管理;渗水压力或水流量突然增大,实行Ⅱ级管理;水体颜色或悬着物发生变化,实行Ⅱ级管理。

(5)围岩稳定性判断的方法有很多,主要有理论分析法、数值计算法、经验类比法等。采用监控量测的结果进行判断是直观和有效的方法。

①根据最大位移值判断。在隧道开挖过程中,如果隧道的实测最大位移超过极限位移,隧道很可能发生失稳破坏。但是,极限位移值很难精准确定。

②根据位移速率判断。速率大于 1.0mm/d 时,围岩处于急剧变形状态,应加强初期支护;速率变化在 0.2~1.0mm/d 时,应加强观测,做好加固准备;速率小于 0.2mm/d 时,围岩达到基本稳定状态。

③根据位移速率变化趋势判断。当围岩位移速率不断下降时,围岩处于稳定状态;当围岩位移速率保持不变时,围岩尚不稳定,应加强初期支护;当围岩位移速率上升时,围岩处于危险状态,必须立即停止掘进,采取应急措施。

(6)初期支护承受的应力、应变、压力实测值与允许值之比 $k \geq 0.8$ 时,围岩不稳定,应加强初期支护措施;$k < 0.8$ 时,围岩处于稳定状态。

(7)二次衬砌的施作条件。

二次衬砌应在满足下列要求时方可进行施作:隧道水平净空变化速度及拱顶、底板垂直位移速度明显下降;隧道位移相对值已经达到相对位移量的90%以上时。

对浅埋、软弱、高地应力围岩等特殊地段,应视现场情况确定。

六、通风防尘与职业健康

(一)通风防尘

1.通风方式

隧道通风的目的是供给洞内足够的新鲜空气,稀释并排除有害气体和降低粉尘浓度,以改善劳动条件,保障施工人员的身体健康。

通风方式有自然通风和强制机械通风两种方式。其中,自然通风方式仅限于短隧道开挖,即隧道长度小于400m 或独头掘进长度小于200m 的情况。

强制机械通风方式,常见的有管道通风和巷道通风方式。管道通风根据隧道内空气流向的不同,又可分为压入式、吸出式(又称抽出式)和混合式三种。其中,压入式、吸出式、送排风并用式又分为集中式和串联式。

压入式风机位置固定,能将新鲜空气直接输送至工作面,但污浊空气将流经整个坑道,排烟速度慢。

吸出式风机通风的风流方向与压入式相反,空气新鲜流经整个管道,排烟速度快,但风机需要不断前移。

2.隧道内通风防尘应符合的规定

(1)隧道施工独头掘进长度超过150m 时应采用机械通风;通风方式应根据隧道长度、断面大小、施工方法、设备条件等确定。隧道施工通风应纳入工序管理，由专人负责。

（2）独头掘进长度超过1.5km时，宜进行通风设计。

（3）在主风流不顺畅、主风流改向、风速不符合规定等情况下，宜设置局部或诱导通风系统。

（4）通风管的安装应符合规定，送风管宜采用软管，靠近风机的软风管应采用加强型。送风式的进风口宜在洞口30m以外。送排风并用式通风的进风口与出风口应错开20m左右。对于送风式风管的送风口距离开挖面不宜大于15m，对于排风式风管的吸风口距离开挖面不宜大于5m，靠近开挖面的风管应可移动，爆破前应从掌子面处移走。

（5）凿岩机钻孔时，应先送水后送风。放炮后应喷雾、洒水，出渣前应用水淋湿石渣和附近的岩壁。施工人员应佩戴防尘口罩。

（6）瓦斯隧道施工应坚持"加强通风、勤测瓦斯、严控火源"的基本原则，瓦检员、爆破员、电工、焊工等应持证上岗。工作面附近20m以内风流中甲烷浓度必须小于1%，应采用湿式钻孔法。严禁穿戴化纤服装进入瓦斯工区。

3. 施工通风的最小风量

隧道施工通风应提供各项作业所需要的最小风量，风速不得大于6m/s；每人供应新鲜空气不得小于$3m^3/min$；采用内燃机机械作业时，供风量不宜小于$4.5m^3/(min \cdot kW)$；全断面开挖时，风速不应小于0.15m/s，导洞内风速不应小于0.25m/s，但均不应大于6m/s。

4. 防尘、防有害气体应符合的规定

（1）隧道施工作业过程中，空气中的氧气含量不得低于19.5%；不得用纯氧通风换气。

（2）空气中的CO、CO_2、NO_x等有害气体浓度，以及粉尘浓度不得超过《公路工程施工安全技术规范》（JTG F90—2015）表9.9.2中的容许值。

（3）隧道施工应采取综合防尘措施，并应配备专用检测设备及仪器。主要包括湿式凿岩、机械通风、喷雾洒水、个人防护等相结合，实施综合防尘。个人防护主要是佩戴防护口罩、防噪声的耳塞、防护眼镜等，并定期体检。

（4）隧道内存在矽尘的作业场所，每月至少取样分析空气成分一次、测定粉尘浓度一次。

（二）职业健康

1. 隧道内空气中的含氧量应符合的规定

根据《公路隧道施工技术规范》（JTG/T 3660—2020）的规定，施工过程中隧道内空气中的含氧量应大于19.5%。不符合规定时，不应直接用纯氧换气，可以通过加大机械通风量等措施提高和改善。

高海拔隧道施工，可根据高程、洞内人员数量、制供氧条件等因素决定采取弥散式、分布式、单体便携等方式供氧。

2. 隧道洞内施工应测试的通风指标、粉尘和有毒物质的浓度

隧道洞内施工应测试通风的风量、风速、风压，检查通风设备的供风能力和动力消耗；应测试粉尘和有毒物质的浓度（单位为mg/m^3）。

（1）粉尘浓度控制。

在每立方米空气中,含 10% 以上游离 SiO_2 的粉尘不得大于 2mg;含 10% 以下游离 SiO_2 的矿物性粉尘,不得大于 4mg。

(2)有害气体浓度控制。

CO 不大于 $30mg/m^3$。特殊情况下,施工人员必须进入工作面时,可为 $100mg/m^3$,但工作时间不得超过 30min。CO_2 按体积计不得大于 0.5%。NO_2 在 $5mg/m^3$ 以下。瓦斯(甲烷 CH_4)按体积计不得大于 0.5%。

3. 噪声控制

隧道施工中,人员接触噪声 40h 等效声级应不大于 80dB(A)。洞口位于居民区时,噪声声级限值应不大于 70dB(A)。dB(A)是噪声的计量单位,其中 dB 表示分贝,A 表示 A 声级。

4. 温度控制

隧道内气温不得高于 28℃。否则,应采取通风、洒水、加冰等措施降低温度。

第四节 支护与衬砌

一、一般规定

(1)支护与衬砌的强度、形状和尺寸应能保持围岩稳定、满足设计要求。

(2)隧道开挖后应及时施作喷锚支护。喷锚支护是薄型柔性支护结构,只有与围岩紧密贴合,才能与围岩共同工作,与围岩形成组合结构,起到加固围岩、控制围岩变形、充分利用和发挥围岩自承能力的作用。

(3)隧道衬砌施工的基本要求是隧道衬砌中线、高程应满足设计要求,施工误差(包括测量精度误差、超欠挖控制等)不得导致衬砌结构厚度减薄、侵入隧道设计内轮廓线。

(4)隧道衬砌施工应结合超前地质预报和现场监控量测结果,与设计配合对支护结构和开挖、支护方式进行合理调整,实行动态设计、动态施工。

二、初期支护质量监理

开挖后的隧道,为了保持围岩的稳定性,一般需要进行支护和衬砌。隧道衬砌结构包括锚喷衬砌和模筑混凝土衬砌。

在复合式衬砌结构中,锚喷衬砌也称锚喷支护,通常称为初期支护;模筑混凝土衬砌通常称为二次衬砌。支护与衬砌是隧道结构的一部分,是隧道施工安全和使用安全的基本保障。

隧道支护方式有锚杆支护方式、喷射混凝土支护方式、挂钢筋网或/和锚杆后喷射混凝土支护方式及其他组合方式,包括整体式混凝土衬砌,拼装式衬砌,喷射混凝土衬砌,复合式衬砌,拱、墙衬砌,仰拱衬砌和仰拱回填等。多数情况下使用复合式衬砌,复合式衬砌是把衬砌分成两层或两层以上施作。目前,通常采用内外两层衬砌,即内层的锚喷支护和外层的混凝土衬砌。典型的衬砌结构有砂浆锚杆 + 格栅钢架 + 网喷混凝土(厚 20cm) + 防水层 + 预留变形量(10cm) + 防水混凝土衬砌层(厚 40cm)。

（一）锚杆支护的方式

1.喷锚支护的概念

喷锚支护是喷射混凝土、锚杆、钢筋网、钢架等单独或组合使用的隧道围岩支护结构,既作为临时支护又作为隧道的永久结构。

2.喷锚支护方式及其使用范围

喷锚支护是喷射混凝土支护、喷射混凝土+锚杆支护、喷射混凝土+锚杆支护+钢筋网支护、喷射混凝土+锚杆支护+钢筋网支护+钢架支护等支护方式的统称。

初期支护的类型及参数应根据围岩的性质及状态、地下水情况、隧道净空尺寸及其埋深等条件确定。其支护方式及使用范围见表5-28。

隧道支护方式及使用范围　　　　　表5-28

支护方式	适用范围	备注
不支护	Ⅰ级围岩	—
局部喷混凝土或局部锚杆	Ⅱ级围岩	为防止岩爆和局部落石可局部加挂钢筋网
锚杆、锚杆挂网、喷混凝土或锚喷联合支护	Ⅳ~Ⅲ级围岩	Ⅳ级围岩必要时可加设钢架
锚喷挂网联合支护,并可结合辅助施工方法进行施工支护	Ⅴ~Ⅵ级围岩	地质条件差、围岩不稳定时,可用构件支撑

（二）喷射混凝土施工

1.喷射混凝土施工的准备工作

（1）清理受喷岩面的浮石、岩屑、杂物和粉尘等。
（2）检查开挖断面净空尺寸,凿除欠挖凸出部分。
（3）岩面渗水处采取引排措施进行处理。
（4）设置控制喷射混凝土厚度的标识。
（5）检查作业机具、设备、风水管路、电缆线路,并进行试运转,保证正常。
（6）检查作业场地的通风、照明等条件。

2.喷射方式

根据混凝土搅拌方式及压送方式不同,喷射方式可分为干喷、潮喷、湿喷和混合喷等四种方式。主要区别是投料程序不同,尤其是加水和速凝剂的时机不同。

（1）干喷是将喷射混凝土的混合料、速凝剂在无水（含水率<5%）的情况下搅拌均匀,用压缩空气使干集料在软管内呈悬浮状态压送至喷枪,再在喷嘴处与高压水混合,以较高的速度喷射到岩面上。干喷的密实度较差,回弹多、粉尘大。

干喷方式,在《公路隧道施工技术规范》（JTG/T 3660—2020）第9.2.4条的条文说明中明确隧道内不允许使用。

（2）潮喷是将集料预加少量水（含水率5%~7%）,浸润成潮湿状,再加水泥、速凝剂拌和均匀,但大量的水仍是在喷头处加入和喷出的,其喷射工艺流程和使用的机械与干喷相同。潮喷方式粉尘有所减少,喷射混凝土的质量相对较好。

潮喷方式,在2021年版《公路水运工程淘汰危及生产安全施工工艺、设备和材料目录》中规定自 2021 年 7 月 1 日开始被限制使用,并明确在非富水围岩条件下不得使用。

(3)湿喷是将喷射混凝土按集料、水泥和水按比例拌和均匀,用湿式喷射机压送到喷头处,再在喷头上添加速凝剂后喷出,以较高的速度喷射到岩面上。湿喷作业能显著减少粉尘和回弹量,能提高喷射混凝土的密实度。

湿喷方式,在《公路隧道施工技术规范》(JTG/T 3660—2020)第 9.2.4 条中明确规定,喷射混凝土施工宜采用湿喷工艺。

(4)混合喷是水泥裹砂造壳喷射法,是将一部分砂第一次加水拌湿,再投入全部水泥强制搅拌造壳;再加第二次水和减水剂拌和成 SEC 砂浆;然后将另一部分砂、石、速凝剂强制搅拌均匀;最后分别用砂浆泵、干式喷射机压送到混合管混合后喷出。混合喷射工艺偏向于干喷工艺,使用机械设备较多,工艺复杂,只用于大断面隧道或喷射量大的隧道中。

根据《喷射混凝土应用技术规程》(JGJ/T 372—2016)的规定,喷射混凝土施工过程中,部分混凝土由隧道岩壁跌落到底板的现象称为喷射混凝土的回弹。回弹下来的混凝土数量与混凝土总数量之比,就是喷射混凝土的回弹率。施工过程中应采取措施,减少喷射混凝土粉尘、回弹率,其中侧壁小于 15%,顶部小于 25%。

3. 喷射混凝土的材料质量要求

喷射混凝土原材料主要包括水泥、砂、石子、速凝剂等。提供能满足质量要求的原材料是保证喷射混凝土强度的前提。喷射混凝土材料质量要求见表 5-29。

喷射混凝土材料质量要求

表 5-29

材料类型	基本要求
水泥	应优先选用硅酸盐水泥或普通硅酸盐水泥,水泥强度等级不应低于 42.5 级
粗、细集料	应采用坚硬耐久的碎石或卵石,粒径不宜大于 12mm。细集料应采用坚硬耐久的洁净的中、粗砂,细度模数大于 2.5,含水率为 5% ~7%,使用前应过筛。钢纤维喷射混凝土的粒径不应大于 10mm,且级配良好。当使用碱性速凝剂时,石料不得含活性二氧化硅
速凝剂	应根据水泥品种、水灰比等,通过试验确定速凝剂的掺量。使用前应做速凝效果试验,初凝时间应不大于 3min,终凝时间不超过 12min
钢纤维	直径宜为 0.3 ~0.5mm,长度为 20 ~25mm,抗拉强度不得低于 380MPa,不得有油渍及明显的锈蚀。钢纤维含量宜为混合料质量的 3% ~6%
水	水质应符合工程用水的有关标准,水中不得含影响水泥正常凝结与硬化的有害物质
钢筋网	一般为 $\phi6$ ~$\phi12$mm 的 HPB300 热轧光圆钢筋,网孔一般为 150mm × 150mm ~300mm × 300mm

喷射混凝土的配合比应满足设计强度和喷射工艺的要求。喷射混凝土 1d 龄期的抗压强度不应低于 8MPa。

4. 喷射混凝土拌和应符合的规定

喷射混凝土的机具应具有连续、均匀的工作性能,技术条件应满足喷射施工需要。喷射混凝土的混合料应采用机械搅拌,并拌和均匀,搅拌时间不得少于 2min。

喷射混凝土可以在洞内拌和,应将喷射混凝土的原材料提前运进洞内。

5. 喷射混凝土作业应符合的规定

(1)清理喷射基面,应直接喷在围岩面上,与围岩密贴,受喷面不得填塞杂物。

（2）应按初喷、复喷两个阶段进行,复喷混凝土可分层多次施作。喷射机一次喷射作业的长度不宜大于6m。

（3）喷射作业应分段、分片、分层按照由下而上的顺序进行喷射,拱部的混凝土喷射应对称进行。

（4）初喷混凝土厚度宜控制在20～50mm,岩面有较大凹洼时,可用初喷混凝土找平。

（5）复喷应根据喷射混凝土的设计厚度,喷射部位和钢架、钢筋网设置等情况确定采用一次作业或分多次作业。复喷的最小厚度不宜小于50mm。拱顶部位每次复喷厚度不宜大于100mm。边墙部位每次复喷厚度不宜大于150mm。

（6）后一层喷射混凝土应在前一层混凝土终凝后进行。若终凝后初喷混凝土表面已蒙上粉尘,后一层喷射作业前应将受喷面吹洗干净。

（7）未掺入速凝剂的混合料的存放时间不宜大于2h。

（8）喷射混凝土作业时,喷嘴应与受喷面保持垂直,喷枪头到受喷面的距离宜为0.6～1.5m。喷射机工作压力宜根据混凝土坍落度、喷射距离、喷射机械、喷射部位确定,可先在0.2～0.7MPa之间选择,并根据试喷效果调整。

（9）喷射混凝土不得挂模喷射。

（10）喷射混凝土的回弹物不得重新利用,所有的回弹混凝土应从工作面清除。

（11）喷射混凝土作业需紧跟开挖面时,下次爆破距喷射混凝土作业完成时间的间隔不得小于4h。

（12）喷射机、水箱、风包、注浆机应经密封性和耐压试验,合格后方可使用。

（13）已经喷射的混凝土表面上,不允许混凝土开裂、漏水,也不允许钢筋、锚杆外露,不允许混凝土侵占隧道净空。

6. 喷射混凝土养护应符合的规定

（1）喷射混凝土终凝2h后应进行养护,终凝3h后方可进行下一循环的爆破作业。

（2）养护时间不应少于7d。

（3）隧道内环境日均温度低于5℃时,不得洒水养护。

（4）对已经喷射的混凝土,应按规定取样做抗压强度试验。在隧道全长内每隔10～20m至少应取一处试件,从拱中心向两侧边墙每2m取样以确定强度是否符合要求。

7. 其他规定

（1）喷射钢纤维混凝土应符合下列规定:
①水泥强度等级不宜低于42.5。粗集料的粒径不宜大于10mm。
②钢纤维抗拉强度不得低于380MPa。钢纤维不得锈蚀和有油渍。
③混合料的拌和,应先将水泥、集料、钢纤维进行干拌,干拌时间1.5min以上;加水后湿拌时间3min以上。

（2）喷射合成纤维混凝土还应符合下列规定:
合成纤维抗拉强度不得低于380MPa,合成纤维的长度宜为200～250mm。

（3）有钢架的地段,喷射混凝土作业还应符合下列规定:
钢架安装就位后,应及时复喷混凝土,由下至上进行。钢架背后与围岩之间的空隙不得填塞杂物,应喷射密实。喷射混凝土应将钢架包裹、覆盖。

(4)每次喷射混凝土作业结束时,应及时清除回弹或掉落到拱脚处的堆积废料。

8.质量检验标准和实测项目

《公路工程质量检验评定标准 第一册 土建工程》(JTG F80/1—2017)给定的喷射混凝土的质量检验标准和实测项目见表5-30。

喷射混凝土的质量检验标准和实测项目 表5-30

项次	检查项目	规定值或允许偏差	检查方法和频率
1△	喷射混凝土强度(MPa)	在合格标准内	按 JTG F80/1—2017 附录 E 检查
2	喷层厚度(mm)	平均厚度≥设计厚度; 60% 的检查点的厚度≥设计厚度; 最小厚度≥0.6 设计厚度	凿孔法:每 10m 检查 1 个断面,每个断面从拱顶中线起每 3m 测 1 点 按 JTG F80/1—2017 附录 R 检查:沿隧道纵向分别在拱顶、两侧拱腰、两侧边墙连续测试共 5 条测线,每 10m 检查 1 个断面,每个断面测 5 点
3△	喷层与围岩接触状况	无空洞,无杂物	

(三)锚杆的种类与施作

1.锚杆的种类

根据提供锚固力的方式可将锚杆分为机械型锚杆和胶结锚杆两种,按分布方式可将其分为局部锚杆和系统锚杆,按特征又可以将其分为全长黏结式锚杆、端头锚固式锚杆、摩擦式锚杆、预应力锚杆和自钻式锚杆。

(1)全长黏结式锚杆包括水泥浆全黏结式锚杆、水泥砂浆全黏结式锚杆(砂浆锚杆)和树脂全黏结式锚杆。

(2)端头锚固式锚杆包括机械内锚头锚杆(索)和黏结式内锚头锚杆(索)。机械内锚头锚杆(索)又分为胀壳式内锚头预应力锚杆、楔缝式锚杆、楔头式锚杆。黏结式内锚头锚杆(索)又分为水泥砂浆内锚头锚杆(索)、快硬水泥卷内锚头锚杆、早强药包内锚头锚杆、树脂内锚头锚杆。

(3)摩擦式锚杆包括楔管式锚杆、缝管式锚杆。

(4)混合式锚杆是端头锚固方式与全长黏结锚固方式的结合,既可以施加预应力,又有全长黏结锚杆的优点,具体分为先张拉后灌浆预应力锚杆(索)和先灌浆后张拉预应力锚杆(索)。

(5)全长锚固锚杆的基本类型是全长黏结式锚杆,端头集中锚固锚杆的基本类型是楔缝式端头锚固型锚杆。砂浆锚杆、药卷锚杆、中空注浆锚杆、自进式锚杆、组合中空锚杆、树脂锚杆均属于全长黏结式锚杆。其中,自进式锚杆是将钻杆作为锚杆,钻孔过程即为锚杆插入过程;锚孔成孔后,钻杆不拔出,钻杆中孔用作注浆通道进行灌浆。自进式锚杆在锚孔成孔困难或有严重塌孔的地层中使用。

2.系统锚杆在初期支护中的施工顺序

在设有系统锚杆的地段,系统锚杆宜在下一循环开挖前完成。系统锚杆在初期支护中的施工顺序,应符合下列规定:

(1)无钢架的地段,在初喷混凝土、挂钢筋网后施作锚杆,或在初喷混凝土、挂网钢筋网、复喷混凝土后施作锚杆。

(2)设有钢架的地段，在初喷混凝土、挂网钢筋网、立钢拱架、复喷混凝土后施作锚杆。

3. 锚杆钻孔施工应符合的规定

(1)宜采用锚杆钻孔机或(多臂)钻孔台车进行钻孔。

(2)钻孔前，应按设计布置要求标出钻孔位置，钻孔数量不多于设计数量。

(3)系统锚杆钻孔方向，应为设计开挖轮廓法线方向，垂直偏差不宜大于20°。

(4)局部锚杆应与岩层层面或主要结构面成大角度相交。

(5)锚杆钻孔直径，应大于锚杆杆体直径15mm。

(6)钻孔深度，应满足设计要求，与设计锚杆长度允许偏差为：±50mm。

锚杆安装前应检查的内容：

(1)逐根检查锚杆原材料的型号、规格及锚杆各部件质量和技术性能是否满足设计要求。

(2)逐孔检查锚杆孔的孔位、孔径、孔深及布置形式是否满足设计要求。

(3)应将孔内的积水、岩粉吹洗干净。

(4)应将锚杆杆体调直、除锈、除油污。

(5)锚杆外露端应有螺纹，应逐根检查并与螺母试装配。

4. 砂浆锚杆安装施工应符合的规定

(1)锚杆外露端应加工120~150mm的螺纹，锚杆前端应削尖。

(2)应配有止浆塞、垫板和螺母等配件。

(3)锚杆砂浆应拌和均匀、随拌随用，已经初凝的砂浆不得使用。

(4)锚杆孔灌浆时，灌浆管应插至距孔底50~100mm处，并随砂浆的灌入缓慢匀速拔出。

(5)灌浆后，应及时插入锚杆杆体。锚杆杆体插到设计深度时，孔口会有砂浆流出。否则，应将杆体拔出，清孔，重新安装。

(6)应及时安装止浆塞。

(7)砂浆终凝后，应及时安装垫板、拧紧螺母。垫板应紧贴岩面。

5. 药包锚杆安装施工应符合的规定

(1)药包应进行泡水试验，不应使用受潮结块的药包。

(2)药包砂浆的初凝时间应不小于3min，终凝时间应不大于30min。

(3)药包宜在清水中浸泡，随用随泡。

(4)药包宜采用专用工具推入钻孔内，并应防止中途药包纸破裂。

(5)锚杆插到设计深度时，孔口应有浆液溢出。否则，应将杆体拔出，清孔，重新安装。

(6)锚杆应及时安装垫板、拧紧螺母。垫板应紧贴岩面。

6. 中空锚杆安装施工应符合的规定

(1)中空锚杆应有锚头、止浆塞、中空杆体、垫板、螺母等配件。

(2)插入中空锚杆后，应安装止浆塞。止浆塞应留有排气孔。

(3)应对锚杆中孔吹气或注水疏通。

(4)待排气孔出浆后，方可停止注浆。

(5)浆体终凝后，应及时安装垫板、拧紧螺母。垫板应紧贴岩面。

7. 组合中空锚杆安装施工应符合的规定

(1) 组合中空锚杆应有锚头、连接套、止浆塞、排气管、中空杆体、垫板、螺母等配件。

(2) 锚杆前端应安上锚头、接上连接套、连接中空杆体。

(3) 应从中空杆体插入排气软管、从连接套穿至锚头,并与钢筋绑扎固定。

(4) 插入组合中空锚杆后,应塞上止浆塞将锚杆固定。

(5) 接上注浆接头后,应对排气管吹气或注水疏通。

(6) 排气软管口出浆后,方可停止注浆。

(7) 浆体终凝后,应及时安装垫板、拧紧螺母。垫板应紧贴岩面。

对于自进式锚杆,注浆施工应符合中空锚杆安装施工的要求。

8. 楔缝式端头锚固锚杆安装施工应符合的规定

(1) 安装前,应检查杆体的长度,楔缝、楔块、螺母尺寸和配合情况。

(2) 钻孔直径应大于杆体直径 15 ~ 18mm。

(3) 锚杆与楔块同时送入孔内,楔块达到孔底时,用锤敲击锚杆端头,使锚头楔紧,安上垫板,拧紧螺母。螺母拧紧力矩应不小于 100N·m。

(4) 24h 应再次紧固,并于覆盖前最终检查紧固情况。

(5) 宜在硬岩中作为临时支护使用。作为永久支护锚杆使用时,安装前应安装注浆管和排气管,锚杆发挥作用后应注满水泥浆。

9. 锁脚锚杆安装施工应符合的规定

(1) 应在钢架安装就位后立即施作锁脚锚杆。

(2) 安装位置应在钢架连接钢板以上 100 ~ 300mm。采用型钢钢架时设于钢架两侧;采用格栅钢架时设在钢架主筋之间。

(3) 锁脚锚杆的方向应符合设计规定。

(4) 锁脚锚杆的杆体可采用螺纹钢或钢管,采用钢管时管内应注满砂浆。

(5) 锁脚锚杆外露头与型钢钢架焊接时,可采用 U 形钢筋辅助焊接。

(6) 上部台阶锁脚锚杆砂浆的强度达到设计强度的 70% 时,方可开挖下一台阶。

10. 质量检验标准和实测项目

《公路工程质量检验评定标准　第一册　土建工程》(JTG F80/1—2017)给定的锚杆的质量检验标准和实测项目见表 5-31。

锚杆的质量检验标准和实测项目　　　　　　　　　表 5-31

项次	检查项目	规定值或允许偏差	检查方法和频率
1△	数量(根)	不少于设计值	目测:现场逐根清点
2△	锚杆拔力(kN)	28d 拔力平均值≥设计值 最小拔力≥0.9 设计值	拉拔仪:抽查1%,且不少于3根
3	孔位(mm)	±150	尺量:抽查10%
4	孔深(mm)	±50	尺量:抽查10%
5	孔径(mm)	≥锚杆杆体直径 +15	尺量:抽查10%

（四）钢筋网的铺挂施工

钢筋的规格应满足设计要求，使用前应调直、除锈、去油渍。

1. 钢筋网铺挂应符合的规定

（1）应在初喷混凝土后进行挂网铺设，与初喷混凝土面的最大间隙不宜大于50mm。

（2）采用双层钢筋网时，两层钢筋网之间的间距应满足设计要求，第二层钢筋网应在第一层钢筋网被喷射混凝土全部覆盖后方可铺挂。

（3）钢筋网钢筋每节长度不宜小于2.0m，钢筋搭接长度不应小于30倍钢筋直径。

（4）钢筋网的每个交点、搭接段均应绑扎或焊接。

（5）钢筋网应与锚杆牢固联结，在喷射混凝土时不得晃动，可采用钢架固定，或用铆钉、短锚杆固定。

2. 质量检验标准和实测项目

《公路工程质量检验评定标准　第一册　土建工程》（JTG F80/1—2017）给定的钢筋网的质量检验标准和实测项目见表5-32。

钢筋网的质量检验标准和实测项目　　　　表5-32

项次	检查项目	规定值或允许偏差	检查方法和频率
1	钢筋网喷射混凝土保护层厚度（mm）	≥20	凿孔法：每10m测5点
2△	网格尺寸（mm）	±10	尺量：每100m² 检查3个网眼
3	搭接长度（mm）	≥50	尺量：每20m测3点

（五）钢架的施工

1. 钢拱架材料的截面尺寸与单位重

常用的隧道支护钢拱架有格栅拱架和型钢拱架。格栅拱架，通常用直径25～32mm的螺纹钢筋加工制作。

型钢拱架，通常用热轧工字钢、U形型钢或H形型钢加工制作。

（1）依据《热轧型钢》（GB/T 706—2016）的规定，用于隧道支护拱架的热轧工字钢的截面尺寸、理论重量W，见表5-33。

热轧工字钢的截面尺寸、理论重量　　　　表5-33

型号	截面尺寸（mm）			理论重量W
	高度h	腿宽b	腰厚d	（kg/m）
18	180	94	6.5	24.1
20a	200	100	7.0	27.9
20b		102	9.0	31.1
22a	220	110	7.5	33.1
22b		112	9.5	36.5
24a	240	116	8.0	37.5
24b		118	10.0	41.2

续上表

型号	截面尺寸(mm)			理论重量 W (kg/m)
	高度 h	腿宽 b	腰厚 d	
25a	250	116	8.0	38.1
25b		118	10.0	42.0
27a	270	122	8.5	42.8
27b		124	10.5	47.0
28a	280	122	8.5	43.5
28b		124	10.5	47.9
30a	300	126	9.0	48.1
30b		128	11.0	52.8
30c		130	13.0	57.5

(2)依据《热轧 H 型钢和部分 T 型钢》(GB/T 11263—2017)的规定,用于隧道支护拱架的热轧 H 型钢的截面尺寸、理论重量 W 见表5-34。

热轧 H 型钢的截面尺寸及理论重量

表 5-34

类别	型号(高度×宽度) (mm×mm)	截面尺寸(mm)			理论重量 W (kg/m)
		高度×宽度	腹板厚度	翼缘厚度	
宽翼缘 HW	125×125	125×125	6.5	9	23.6
	150×150	150×150	7	10	31.1
	175×175	175×175	7.5	11	40.4
	200×200	200×200	8	12	49.9
	250×250	250×250	9	14	71.8
	300×300	300×300	10	15	93.0
中翼缘 HM	150×100	148×100	6	9	21.4
	200×150	194×150	6	9	29.9
	250×175	244×175	7	11	43.6
	300×200	294×200	8	12	55.8
	350×250	340×250	9	14	78.1
	400×300	390×300	10	16	105.0
窄翼缘 HN	150×75	150×75	5	7	14.0
	175×90	175×90	5	8	18.0
	200×100	200×100	5.5	8	20.9
	250×125	250×125	6	9	29.0
	300×150	300×150	6.5	9	36.7
	350×175	350×175	7	11	59.4
	400×200	400×200	8	13	65.4

2. 钢架制作应符合的规定

钢架的强度、刚度应满足设计要求。制作所用材料、规格应符合设计文件要求,材质应具有良好的焊接性和弯曲冷加工性。

检查钢架制作是否符合下列规定:

(1)钢架型号、规格、几何尺寸应满足设计要求,其形状应与开挖断面相适应。

(2)钢架支护断面的内轮廓尺寸,可根据隧道实际开挖轮廓进行加工,曲线半径不应小于设计钢架的内轮廓曲线半径。

(3)钢架可分段制作,每节段的长度不应大于4m,每节段应编号,注明安装位置。

(4)钢架节段两端应焊接连接钢板,连接钢板平面应与钢架轴线垂直。

(5)连接钢板的规格尺寸应满足设计要求,连接钢板上的螺栓孔应不少于4个,应采用冲压或铣切成孔并清除毛刺,不得采用氧焊烧孔。

(6)不同规格的首榀钢架加工完成后应在平整地面上进行试拼,满足设计要求后,方可批量生产。

3. 钢架安装与复喷应符合的规定

(1)钢架应在初喷混凝土后安装,安装后复喷混凝土。

(2)安装前应清除钢架上的油污、铁锈和泥土等。应清除钢架拱脚处的虚渣,使支承在稳固的地基上。锁脚锚杆应在钢架安装就位后立即施作。

(3)钢架的节段之间应通过连接钢板用螺栓连接。相邻两榀钢架之间应采用钢筋或型钢连接。

(4)钢架应垂直于隧道中线在竖直方向安装,竖向不得倾斜,平面不得错位和扭曲;上下左右之间允许偏差为±50mm,钢筋倾斜度允许偏差为±2°。

(5)钢架应贴近初喷混凝土面安装,其间隙可用钢板楔块、木楔块或强度等级不小于C20的混凝土垫块,楔紧后用喷射混凝土充填密实。多个楔块之间的距离不宜大于2.0m。不得使用石块、碎石砌垫。

(6)钢架安装宜采用机械设备配合施工。

4. 质量检验标准和实测项目

《公路工程质量检验评定标准　第一册　土建工程》(JTG F80/1—2017)给定的钢架的质量检验标准和实测项目见表5-35。

钢架的质量检验标准和实测项目　　　　　　表5-35

项次	检查项目	规定值或允许偏差	检查方法和频率
1△	榀数(榀)	不少于设计值	目测或按 JTG F80/1—2017 附录 R 检查:逐榀清点检查
2△	间距(mm)	±50	尺量或按 JTG F80/1—2017 附录 R 检查:逐榀检查
3	喷射混凝土保护层厚度(mm)	外侧保护层≥40 内侧保护层≥20	凿孔法:每20m测5点

项次	检查项目		规定值或允许偏差	检查方法和频率
4	倾斜度(°)		±2	铅锤法:逐榀检查
5	拼装偏差(mm)		±3	尺量:逐榀检查
6	安装偏差 (mm)	横向	±50	尺和水准仪:逐榀检查
		竖向	不低于设计高程	
7	连接钢筋	数量(根)	不少于设计值	目测:逐榀检查
		间距(mm)	±50	尺量:逐榀检查3处

三、二次衬砌质量监理

1. 二次衬砌的开工条件

隧道初期支护的复喷混凝土完成后,方可进入模筑混凝土衬砌施工阶段。因此,模筑混凝土衬砌常称为二次衬砌施工。

二次衬砌工序的开工,应具备以下条件:

(1)二次衬砌前应铺设完成防水层;

(2)各测试项目所显示的位移率明显减缓,并已经基本稳定;

(3)已产生的各项位移已达到预计位移量的80%~90%;

(4)周边位移速率小于0.1~0.2mm/d,或拱顶下沉速率小于0.07~0.15mm/d。

2. 确定衬砌模板支架

衬砌前应检查边墙基底高程、基坑断面尺寸、基底承载力是否符合设计要求。应检查确定衬砌支架的形式。隧道主洞拱墙衬砌混凝土应采用全断面衬砌模板台车;车行横洞、人行横洞、紧急停车带、地下风机房等其他洞室拱墙衬砌混凝土可采用拼装式模板,均应满足混凝土浇筑过程中的强度、刚度和稳定性要求。使用拼装式模板做浇筑支架时,一次浇筑长度宜为3.0~8.0m。

洞身的拱、墙混凝土应一次连续浇筑,不得采用"先拱后墙"的浇筑方式,不得先浇筑矮边墙。

3. 全断面衬砌模板台车施工应符合的规定

(1)模板台车支架、模板,应满足混凝土浇筑过程中的强度、刚度和稳定性要求。

(2)台车支撑门架结构净空,应满足施工车辆和人员安全通行要求。

(3)台车支撑门架间距,不宜大于2.0m,且门架位置宜与模板拼缝重合。

(4)台车应配置自动行走装置和固定装置。

(5)应设置可整体调节升降的液压装置。

(6)边墙模板应设置可伸缩的液压调节或螺杆调节的支撑装置,并应满足边墙与墙角一次浇筑的要求。

(7)台车模板的表面,应光滑、接缝严密,台车钢模板的厚度不宜小于10mm。

(8)模板上应预留振捣窗口,振捣窗纵向间距不应大于2.5m,与端头模板距离不应大于1.8m,横向间距不应大于2.0m。振捣窗的大小不宜小于450mm×450mm。窗门应平整、严密、不漏浆。

（9）台车挡头模板，应采用可重复使用并能同时固定止水带的定型模板。台车挡头模板安装应固定牢固、封堵严密，不得损坏防水板。

（10）台车应在洞室中线垂直方向架设，位置准确，高程满足要求。

（11）台车应预留通风管穿越空间。台车的电缆线应穿入PVC（聚氯乙烯）管中。

（12）采用模板台车浇筑混凝土时，一次浇筑的长度宜为6.0~12.0m。

4. 拱墙模板就位后、混凝土浇筑前应检查的内容

拱墙模板就位后、混凝土浇筑前，应检查模板背后混凝土的浇筑净空尺寸，检查防水板、排水盲管、衬砌钢筋、预埋件等隐蔽工程，对喷射混凝土面进行洒水湿润，清除底部杂物、积水等。

5. 衬砌混凝土的混合料搅拌与运输

衬砌混凝土应采用强制式混凝土搅拌机搅拌。全部材料装入搅拌筒至开始出料的搅拌时间不应小于60s；含有粉煤灰等掺合料时，搅拌时间不应小于120s。

混凝土运送过程中，不应产生离析、洒落，不得混入杂物。

6. 衬砌混凝土的浇筑与振捣

衬砌混凝土应采用混凝土输送泵送料入模、均匀布料。混凝土入模温度应控制在5~32℃之间。冬期施工的混凝土，可掺加引气剂，并按冬期施工技术要求进行施工。

检查衬砌混凝土浇筑施工是否符合下列规定：

（1）混凝土出料口距浇筑面的垂直距离不应大于2.2m。

（2）混凝土应从两侧边墙向拱顶、由下往上分层对称浇筑，两侧混凝土浇筑面的高差不应大于1.0m，同一侧混凝土的浇筑面高差不应大于0.5m。

（3）浇筑至振捣窗下0.2m时，应关闭振捣窗。

（4）混凝土衬砌应连续浇筑，间歇浇筑时间不应超过《公路隧道施工技术规范》（JTG/T 3660—2020）表9.6.16的规定，避免出现"冷缝"现象，避免隧道拱顶混凝土不密实现象，避免拱顶混凝土混合料不足现象。

7. 衬砌模板拆除与混凝土养护

（1）拱架、支架、模板的拆除应符合下列规定：

不承受外荷载的拱、墙混凝土的强度应达到5.0MPa；承受围岩压力的拱、墙及封顶、封口的混凝土强度应达到设计要求。

围岩和初期支护变形未稳定，或在塌方地段浇筑的衬砌混凝土应达到设计强度的100%。

（2）衬砌混凝土拆模后的养护应及时，养护时间不得少于7d；掺加引气剂或引气型减水剂时，不得少于14d。隧道内空气湿度不小于90%时，可不洒水养护。

8. 仰拱衬砌、仰拱填充施工

（1）仰拱初期支护，应随仰拱开挖及时施作。初期支护混凝土不得与仰拱混凝土衬砌一次浇筑。

（2）仰拱混凝土衬砌应先于拱墙混凝土衬砌施工，超前距离不宜大于拱墙衬砌浇筑循环长度的2倍。仰拱衬砌混凝土应整幅一次浇筑成形，一次浇筑的长度不宜大于5.0m。仰拱混凝土应使用模板浇筑,模板应预留振捣窗。仰拱衬砌混凝土为素混凝土时,仰拱与拱墙连接面应按照技术规范的规定或设计要求插入连接钢筋。

(3)仰拱填充混凝土层是隧道路面基层的构造要求,不得与仰拱衬砌混凝土一次浇筑。

(4)无仰拱地段,隧道底部垫层混凝土施工应符合《公路隧道施工技术规范》(JTG/T 3660—2020)第9.7.6条的规定。

(5)小净距隧道应尽早封闭初期支护、尽早浇筑仰拱。

9.质量检验标准和实测项目

《公路工程质量检验评定标准 第一册 土建工程》(JTG F80/1—2017)给定的混凝土衬砌的质量检验标准和实测项目见表5-36。

混凝土衬砌的质量检验标准和实测项目 表5-36

项次	检查项目	规定值或允许偏差	检查方法和频率
1△	混凝土强度(MPa)	在合格标准内	按附录D检查
2	衬砌厚度(mm)	90%的检查点的厚度≥设计厚度,且最小厚度≥0.5设计厚度	尺量:每20m检查1个断面,每个断面测5点 按JTG F80/1—2017附录R检查沿隧道纵向分别在拱顶、两侧拱腰、两侧边墙连续测试共5条测线,每20m检查1个断面,每个断面测5点
3	墙面平整度(mm)	施工缝、变形缝处≤20	2m直尺:每20m每侧连续检查5尺,每尺测最大间隙
		其他部位≤5	
4△	衬砌背部密实状况	无空洞、无杂物	按JTG F80/1—2017附录R检查:沿隧道纵向在拱顶、两拱腰、两边墙连续测试,共5条测线

10.隧道衬砌施工的安全管理

根据《公路工程施工安全技术规范》(JTG F90—2015)的规定,隧道衬砌施工过程中安全管理应符合下列规定:

(1)软弱围岩及不良地质隧道的二次衬砌,应及时施作,二次衬砌距掌子面的距离Ⅳ级围岩不得大于90m,Ⅴ级及以上围岩不得大于70m。

(2)隧道内不得加工钢筋。

(3)衬砌钢筋应设临时支撑,临时支撑应牢固并有醒目的安全警示标志。

(4)钢筋焊接作业在防水板一侧应设阻燃挡板。

(5)衬砌台车应经专项设计,衬砌台车、台架组装调试完成后应组织验收并应试行走。

(6)拱架、墙架和模板拆除等应按隧道施工技术规范执行。

(7)仰拱应分段一次整幅浇筑,并应根据围岩情况严格限制分段长度。

第五节 防水与排水

一、一般规定

(1)隧道防排水施工应遵循"防、排、截、堵结合,因地制宜,综合治理"的原则,应对地表水、地下水妥善处理,形成完整的防排水系统,应使防水可靠、排水畅通,达到衬砌不漏水、隧底不涌水、路面不积水的效果,从而达到保证隧道结构和设备正常使用,地下水环境也受到保护的要求。

（2）二次衬砌施工前,应严格按设计做好衬砌背后的防排水设施,防水层不得有影响衬砌厚度的皱褶、绷弦现象,二次衬砌背后纵向盲管不得侵占二次衬砌结构空间。

（3）二次衬砌作为隧道防水体系的最后防水屏障,要求二次衬砌具有一定的自防水能力,混凝土抗渗等级应不小于设计规定。

排水盲管、土工布、防水板、止水带等防排水材料应满足国家、行业标准和设计要求,有出厂合格证明,并按相关规范进行检验,不得使用有毒、污染环境的材料。

（4）隧道排水不得污染环境,环境敏感区、可能对饮用水源造成影响的隧道应制定专项施工排水方案。

（5）施工过程中应对洞内的出水部位、水量大小、涌水情况、变化规律、补给来源、排泄方向等做好观测和记录。

（6）隧道施工期间应配备足够的抽水、排水设备和器材。

二、施工期间的排水控制

（1）隧道开挖前,应对影响隧道施工和运营的地表水进行处理。

（2）隧道洞口、辅助坑道洞口、斜井竖井洞口开挖前,应做好排水系统,完善排水设施,并应符合下列规定:

①边坡、仰坡坡顶的截水沟出水口应接入周边排水沟渠。截水沟应修建在洞口开挖线 5m以外,拦截仰坡以上的坡面汇水。

②洞外路堑向隧道内为下坡时,路堑边沟应做成反坡,不应使洞外水流进洞内。

③洞顶排水沟应修建在洞门墙背后、洞口衬砌拱背以上,应与洞门结构同时完成。

④在洞顶设置高压水池时,水池应做好防渗措施和溢水疏导设施。

（3）隧道施工为顺坡排水时,宜尽早修筑永久的排水沟并保持畅通。

（4）隧道施工为反坡排水时,应采取抽水措施,并应符合下列规定:

①应根据排水距离、坡度、水量和施工组织,编制反坡排水方案,选择排水设备、设置集水坑位置和容积、布置抽水管路。

②井下工作水泵的排水能力不应小于 1.2 倍的正常涌水量,井下备用水泵的排水能力不应小于工作水泵排水能力的 70%。

③对于高冒水风险隧道反坡施工时,应准备一定的抢险物资、设备,宜设置两个独立的供电系统和排水管路。

（5）井点降水施工的检查控制。

隧道浅埋地段地下水位较高且影响隧道施工时,应采取井点降水措施,并检查是否符合下列规定:

①应根据降水要求,配备降水设备,编制降水施工方案。

②降水井应布置在隧道两侧,井底高程应在隧底高程以下 3~5m。

③工作水泵的排水能力应不小于预测抽水量的 1.2 倍。

④应设置水位观测井,监测水位高程,掌握水位变化情况,调整降水参数。

⑤隧道施工期间围岩地下水位应保持在开挖线以下 0.5m。

⑥降水期间应监测周边地表沉降大小和沉降范围,并应制定控制措施。

⑦降水施工完毕后,应按设计要求回填降水井。

三、排水结构质量监理

1. 路侧边沟施工应符合的规定

(1)边沟沟槽开挖及预留沟槽的宽度、深度,应满足设计要求和施工安装要求。

(2)边沟盖板应采用预制方式生产,其强度应符合设计规定。

(3)断面尺寸、沟底高程、排水纵坡等应符合设计规定。

(4)边沟沟底和沟底采用预制件时,开挖的沟槽底应采用 M20 砂浆或 C15 混凝土铺底找平,安放平稳、接缝紧密,沟壁外侧应回填密实。

(5)盖板安放应连续、顺直、平稳,盖板顶面高程应符合设计规定。

(6)盖板安放前,应清除沟内的泥沙、杂物等。

2. 中心水沟施工应符合的规定

(1)开挖沟槽的宽度、深度应满足中心水沟断面尺寸和安装施工要求。

(2)无仰拱地段,中心水沟开挖宜采用切割开挖。

(3)圆形中心水沟的预制圆管,应施作混凝土底座,底座混凝土强度不应小于C20,底座应密实、平整。预制圆管的安放应平稳、顺直、接缝紧密。

(4)矩形中心水沟,盖板应预制,沟壁和沟底采用预制时,开挖沟槽底应采用 M20 砂浆或 C15 混凝土铺底找平,安放平稳、接缝紧密,沟壁外侧回填应密实。

(5)矩形中心水沟的盖板安放前,应清除沟内泥沙、杂物,沟底应无积水。

(6)中心水沟盖板顶面、滤水砂砾石层顶面在浇筑上部混凝土时应铺设隔离层。

3. 环向、纵向、横向排水(盲)管施工应符合的规定

隧道衬砌背后布设的排水管包括环向的、竖向的、纵向的和横向的。其中横向管分为两段,穿过衬砌结构的一段称为横向泄水管,埋在路面结构以下的一段称为横向导水管。

(1)排水(盲)管的材质、强度、透水性应符合规范规定,尺寸规格应满足设计要求,盲管不得有凹瘪、扭曲。

(2)环向、竖向排水盲管,应紧贴初期支护表面,布置间距应符合设计要求。

(3)纵向排水盲管,纵向坡度应与隧道坡度一致,不得起伏不平,不得侵占衬砌结构空间。

(4)环向、竖向排水盲管与纵向排水盲管的连接应采用三通连接方式,并应连接牢固。

(5)横向泄水管,应采用硬质不透水管,横向泄水管与纵向排水盲管应采用三通连接,衬砌混凝土浇筑时应露出管头。

(6)横向导水管宜采用切槽方式铺设,浇筑路面混凝土时,槽顶面应采取隔离措施。横向导水管与泄水管应连接牢固。

(7)各种排水盲管和横向导水管的管体应使用土工布包裹。

四、防水结构质量监理

1. 防水层铺设施工应符合的规定

隧道衬砌防水层包括土工布和防水板，也称防水卷材，材料的规格和性能指标应符合设计规定和相关规范的规定。防水卷材存放库房应整洁、干燥、无火源，自然通风要好，库房温度不高于40℃，存放时应立放，不得倒放堆码。

防水层铺设施工应符合下列规定：

(1)防水层应超前二次衬砌施工1～2个循环的距离衬砌段进行铺设。铺设前应检查初期支护的表面是否平顺，应无钢筋和锚杆的外露、尖硬物凸出、错台和急速凹凸现象。

(2)宜采用专用台车铺设防水层。防水层应环向整幅铺设，拱部和边墙应无纵向搭接。

(3)无纺布与防水板应分别铺挂，先铺挂无纺布后铺挂防水板。

(4)无纺布应采用射钉加热熔垫固定，防水板应采用无钉铺挂。无钉铺挂有两种方式，即无钉热合铺设法和绳索吊挂法。

(5)铺挂的固定点间距：拱部宜为0.5～0.7m，侧墙宜为0.7～1.0m，在凹处适当加密固定点。

(6)防水板铺挂时应适当松弛，松弛系数为1.1～1.2。

(7)防水板施工作业台架应设置消防器材及防火安全警示标志，并应设专人负责。照明灯具与防水板的间距不得小于0.5m，不得烘烤防水板。

(8)其他规定，包括严格掌握配料比例，拌和要均匀，小范围可用人工涂抹，大范围要用机械喷涂。喷涂应由下而上，喷涂方向应逆向进行，喷嘴离壁面距离一般为0.5～0.8m，喷射压力应不小于0.3MPa。喷涂应注意细致均匀，每次喷厚宜为1～2mm，一般需喷3～4次，两次喷涂间隔时间一般要大于4h。喷涂中及时处理漏水点，当确认防水层不漏水时，再喷水泥砂浆保护层。喷涂防水层作业完成后与模筑混凝土施工之间，应有5～10d间隔时间，以便于对防水层进行观察和补漏处理。

2. 防水板焊接施工应符合的规定

防水板的环向应整幅铺挂，纵向每环之间的搭接应采用双焊缝，并应符合下列规定：

(1)防水板的搭接宽度不应小于100mm，应采用自动爬焊机进行双缝焊接，双缝焊的每条焊缝的宽度不应小于10mm。无法采用自动爬焊机进行双缝焊接的个别位置，可采用手持焊枪焊接，焊缝宽度不应小于20mm。

(2)焊接前，应进行焊接试验，确定适宜的焊接温度和速度，不得出现烧焦和熔穿现象。

(3)焊接时，焊缝接头应平整，不应有皱褶和空隙，焊接面应擦拭干净。

(4)应采用充气法检查双焊缝的焊接质量，充气压力为0.25MPa，保持15min后压力下降应小于10%。

(5)防水板铺挂完成、衬砌混凝土前应注意保护，防止破损。

3. 止水带施工应符合的规定

止水带的材质有橡胶止水带和塑料止水带两种。铺设方式有中埋式和背贴式两种。

中埋式止水带的施工应符合下列规定：

（1）应埋设在衬砌结构设计厚度的中央,平面应与衬砌表面平行,与衬砌端头模板正交;止水带中间空心圆环应顺施工缝、变形缝方向并与缝重合安装。

（2）先浇一侧混凝土应采用定型挡头模板固定止水带,挡头模板应支撑牢固。

（3）后浇一侧混凝土浇筑前应清除止水带上的残渣,止水带有倒转、扭曲时应采取措施扶正。

（4）混凝土浇筑时止水带不应移位、折曲、倒转。

（5）在衬砌转角位置的止水带应采用连续圆弧过渡,橡胶止水带的转角半径不应小于200mm,钢边止水带不应小于300mm。

（6）止水带周边混凝土振捣应能使止水带与混凝土紧密结合,不留气泡和空隙,并应防止振捣造成止水带偏位或破损。

背贴式止水带的施工应符合下列规定:

（1）应在已经铺挂的防水板上准确标出施工缝的位置。

（2）在浇筑混凝土前,应沿施工缝位置铺设背贴式止水带,止水带中线应与施工缝重合,止水带两边应与防水板焊接密实,位置偏差应不大于10mm。

（3）挡头模板应与止水带顶紧、密贴,浇筑混凝土时不应漏浆。

（4）后浇一侧混凝土浇筑前,应清除止水带上的残留混凝土。

4. 其他施工技术规定

（1）不得在止水带上穿钉、打孔,应防止止水带撕裂、刺破等损坏现象。

（2）环向止水带的长度宜根据施工要求事先向生产厂家定制,避免接头。纵向止水带确需接头时,宜根据止水带材质和止水构造要求,采用产品规定的方法连接。

（3）止水带常用的接头方式包括搭接式、复合接式、对接式。对于橡胶止水带的接头,可用热压机硫化连接胶合（即热硫化连接）,对于塑料止水带的接头可采用塑料焊接机进行焊接。严格掌握热焊温度,保证不焊穿、烤焦,且完全黏合成一体。如有漏焊或焊接不佳处,立即补焊。

（4）止水带的搭接长度一般不小于100mm,焊接的缝宽一般不小于50mm。

5. 质量检验标准和实测项目

《公路工程质量检验评定标准　第一册　土建工程》(JTG F80/1—2017)给定的防水层、止水带、洞顶排水沟、隧道总体的质量检验标准和实测项目见表5-37~表5-40。

防水层的质量检验标准和实测项目

表5-37

项次	检查项目		规定值或允许偏差	检查方法和频率
1△	搭接长度（mm）		在合格标准内	尺量:每5环搭接抽查3处
2△	缝宽（mm）	焊接	焊缝宽≥10	尺量:每5环搭接抽查3处
		粘接	粘缝宽≥50	
3	固定点间距（m）		满足设计要求	尺量:每20m检查3处
4	焊缝密实性		满足设计要求	按 JTG F80/1—2017 附录 S 检查;每20m检查1处焊缝

止水带的质量检验标准和实测项目　　　表 5-38

项次	检查项目	规定值或允许偏差	检查方法和频率
1	纵向偏离（mm）	±50	尺量：每衬砌台车检查1环，每环测3点
2	偏离衬砌中线（mm）	≤30	尺量：每衬砌台车检查1环，每环测3点
3△	固定点间距（mm）	±50	尺量：每衬砌台车每环止水带检查3点

洞顶排水沟的质量检验标准和实测项目　　　表 5-39

序号	检查项目	规定值或允许偏差	检查方法和频率
1△	混凝土强度（MPa）	在合格标准内	按 JTG F80/1—2017 附录 D 检查
2	轴线偏位（mm）	15	全站仪：每10m测1处
3	断面尺寸或管径（mm）	±10	尺量：每10m测1处
4△	壁厚（mm）	不小于设计值	尺量：每10m测1处
5	沟底高程（mm）	±20	水准仪：每10m测1处
6△	纵坡	满足设计要求	水准仪：每10m测1处
7	基础厚度（mm）	不小于设计值	尺量：每10m测1处

隧道总体的质量检验标准和实测项目　　　表 5-40

项次	检查项目	规定值或允许偏差	检查方法和频率
1	车行道宽度（mm）	±10	尺量或按 JTG F80/1—2017 附录 Q 检查：曲线每20m、直线每40m检查1个断面
2	内轮廓宽度（mm）	不小于设计值	
3△	内轮廓高度（mm）	不小于设计值	激光测距仪或按 JTG F80/1—2017 附录 Q 检查：曲线每20m、直线每40m检查1个断面，每个断面测拱顶和两侧拱腰共3点
4	隧道偏位（mm）	20	全站仪：曲线每20m、直线每40m测1处
5	边坡或仰坡坡度	不大于设计值	尺量：每洞口检查10处

第六节　小净距隧道和连拱隧道

一、小净距隧道和连拱隧道的界定

小净距隧道是指隧道中的中岩墙厚度小于分离式独立双洞的最小净距的特殊隧道。分离式独立双洞隧道的最小净距规定，见本章表5-3。

连拱隧道是指并行布置的两隧道的人工结构连接在一起的隧道。而分岔隧道是指由双向行驶的大跨隧道或连拱隧道，由小净距隧道逐渐过渡到分离式双洞隧道的隧道。

二、小净距隧道施工

（1）小净距隧道的开挖方法选择，应重点考虑减少对中夹岩的扰动、保持中夹岩的稳定、缩短中夹岩处于不利状态的时间，必要时需对中夹岩进行加固。

（2）选择适宜的开挖方法和开挖顺序，使中夹岩的变形较小，并且支护能够及时施作，以有效控制中夹岩的变形。

（3）开挖和支护应遵循"少扰动、快加固、勤测量、早封闭"的原则。

（4）小净距隧道施工应结合中夹岩厚度、围岩条件、地下水水量及分布情况、埋深、有无偏压等制订专项施工方案。小净距隧道的专项施工方案应包括下列内容：

①左右洞的开挖先后次序；

②先行洞和后行洞的开挖方法；

③先行洞和后行洞爆破设计和爆破振动控制；

④先行洞和后行洞开挖错开距离；

⑤先行洞仰拱、衬砌与后行洞开挖错开距离；

⑥中夹岩保护和加固；

⑦其他内容。

（5）先行洞和后行洞的开挖均匀严格控制爆破振动对中夹岩的危害，应严格控制单段最大爆破药量，应选用光面微差爆破法。可适当增加相邻爆破分段的起爆间隔时间。掏槽孔宜远离中夹岩布置。

（6）小净距隧道施工应尽早封闭初期支护、尽早浇筑仰拱。

（7）小净距隧道监控量测应符合下列规定：

①应根据围岩地质条件、受力变形特性和施工方法，制订监控量测方案。

②后行洞开挖时，宜对先行洞相应断面前后 1 倍隧道单洞开挖宽度范围内进行重点监控量测。

③应加强对中夹岩的监控量测。

三、连拱隧道施工

（1）连拱隧道的开挖方式有两类：一类是按两个独立单洞考虑的开挖方法，另一类是先挖导洞再修建中墙的开挖方法。目前国内多数的连拱隧道的设计和施工都是按照先挖导洞再修建中墙考虑的连拱结构，其常用的开挖方法有"中导洞—双侧壁三导洞开挖法""中导洞—正洞台阶开挖法""先左洞后右洞开挖法"。

（2）连拱隧道开挖前，应根据其埋深浅、跨度大、地质条件复杂、受偏压和雨季地表水影响大的特点，制订专项施工方案。

（3）连拱隧道开挖过程中，应及时做好洞内排水设施，洞内临时排水沟距边沿应大于 500mm。

（4）主洞爆破设计和实施时，应注意保护中墙，不得以中导洞作为爆破临空面。中墙混凝土的施工应符合下列规定：

①基础底面应清扫干净，无水、无石渣。

②地基承载力应符合设计规定。

③墙身内预埋件、排水管等应固定牢固、位置准确，并加强保护。

④宜采用定型钢模板。

（5）中墙顶部与中导洞顶部的回填应密实、紧密接触。中墙混凝土施工后，中墙基坑应及时回填密实。

（6）连拱隧道监控量测应符合下列规定：

①应根据围岩地质条件、受力变形特性和施工方法，制订监控量测方案。

②应对先行洞掌子面至后行洞二次衬砌范围内进行重点监控量测。

③应加强对中墙顶部和底部的水平位移进行监控量测。

（7）连拱隧道施工除应符合上述规定外，尚应符合现行《公路隧道施工技术规范》（JTG/T 3660）的其他技术规定。

第七节　辅助坑道与辅助工程措施

一、辅助坑道

（一）一般规定

（1）隧道施工需要设置辅助坑道时，在施工前应进行现场核对优化，核对的内容应包括辅助坑道的类型、平面位置、断面尺寸、坡度、高程、支护类型和技术参数等。现场地形与设计不符时，应根据地形调整辅助坑道的洞口位置。

（2）斜井和竖井施工，应根据风险评估采取水害火灾防治措施。有轨运输、绞车提升应编制专项施工方案。

（3）辅助坑道洞口的截、排水工程和场地周围防护设施应在辅助坑道施工前完成。坑道洞门应尽早建成。

（4）应加强辅助坑道中地质不良地段、井底调车场、错车道、作业洞室、辅助坑道与正洞连接处的风险控制。辅助坑道与正洞交角应符合设计规定，设计无规定时，辅助导坑中线与正洞中线交角可取40°~60°。正洞与辅助坑道交叉处钢架的锁脚锚杆打设方向应朝向两洞夹角平分线方向。

（5）辅助坑道废弃应符合设计规定。

辅助坑道废弃应按设计要求及时进行处理，设计无规定时，辅助坑道废弃可参考下列规定：

①横洞、平行导坑、斜井的洞口宜用浆砌片石封闭，无衬砌时封闭长度宜为3~5m，有衬砌时封闭长度不宜小于2m；竖井的井口宜用钢筋混凝土盖板封闭。

②横洞、平行导坑的横通道、竖井或斜井的连接通道，在靠近隧道15~20m范围内应进行永久支护或衬砌；与隧道正洞连接处宜用浆砌片石封闭，其长度不宜小于2m；竖井位于隧道顶部时，回填高度不应小于10m。

③横洞、平行导坑已进行衬砌或喷锚支护的地段，以及无初期支护但围岩稳定的地段可不作处理，其余地段宜根据地质情况分段做必要的支护。

④横洞和平行导坑封闭前应结合排水需要，先做暗沟，并应设置检查通道，竖井、斜井有水时，应将水引入隧道内排水沟。

⑤辅助坑道封闭时应设置安全检查设施。

（6）隧道施工有平行导坑或横洞时,应充分利用辅助坑道排水,降低正洞水位,使正洞水流通过辅助坑道引出洞外。必要时应设置永久排水沟,使坑道封闭后能保持水流畅通。

（7）斜井、竖井施工,应随开挖面挖集水坑,并及时将集水坑的水排出。竖井井壁渗水影响施工时,可用压浆堵水,固结地层后再进行开挖。

（二）竖井施工应符合的规定

竖井施工方法有全断面开挖法和导井开挖法两种。全断面开挖法通常是自上向下开挖,条件许可时也有自下向上开挖。导井开挖法是在竖井中先行开凿一个小口径先导孔,再扩挖竖井的施工方式,导井法开挖方式有正井（自上向下开挖导井）、反井（自下向上开挖导井）或正反井结合法。反井施工包括吊罐法、爬罐法、深孔分段爆破法、反井钻机法。导井与主洞贯通后,自上向下开挖竖井可利用导井由正洞出渣。导井不易塌孔,或者塌孔对施工影响不大时,采用导井法施工可提高工效、降低成本。施工应符合如下规定：

（1）井口周围应设置安全栅栏、安全门和防雨设施。安全栅栏高度不应小于1200mm。

（2）井口的锁口圈应在井身开始掘进前完成,并配备井盖。除升降人员或物料时,不得打开井盖。

（3）竖井井架应安装避雷装置。

（4）当正洞掘进已超前竖井位置,可先行开挖小口径导井后利用主洞出渣。

（5）采用反井钻机施工时,必须符合下列规定：

①扩孔作业时不得出渣,严禁人员在下方停留、通行、观察。

②出渣时,反井钻机必须停止扩孔作业。

③更换破岩滚刀时,应采取保护措施。

④不得干钻扩孔。

⑤应及时清理导井内的石渣,防止堵孔。

⑥不得站在导井下的石渣上作业。

⑦应制定堵孔处理预案。

⑧导井扩孔完毕,应在上、下孔口外围设置栅栏。

（6）竖井内应加强通风和排水。

（7）竖井开挖钻爆作业除应符合《公路隧道施工技术规范》（JTG/T 3660—2020）第7章的有关规定外,尚应符合下列规定：

①钻孔前应先清除开挖面的石渣并排除积水。

②每次爆破后应检测断面。

③每掘进5~10m应核对中线,及时纠正偏斜。

④开挖宜采用直孔掏槽,当岩层倾斜较大且裂隙明显时,可用楔形或其他形式掏槽。有地下水时可采用立式梯台超前掏槽法。

⑤炮孔钻完后,应将孔口临时堵塞。

⑥爆破的石渣块度宜满足装渣要求。

⑦通过软弱破碎地层时,每班应派专人观测地面沉降和井壁变化情况,发现危险预兆,应立即停止作业,撤出人员,进行处理。应及时施工初期和永久支护。

⑧竖井壁座宜与竖井井身同步开挖，并及时施作支护和壁座钢筋混凝土。壁座预埋连接钢筋宜采取套筒连接方式。

（8）竖井支护应及时施作。井口段、马头门及地质较差的井身地段宜采用钢筋混凝土衬砌，衬砌分节宜自下而上进行，并按需要设置壁座、安设锚杆。

（9）向正洞输送混凝土时，应采取安全技术措施。

（10）竖井运输，应符合下列规定：

①通向井口的轨道应设阻车器。

②井口、井底、绞车房和工作吊盘间均应有联络信号，并有专人负责。必要时应装设直通电话。

③提升机械不得超负荷运行，并应有深度指标器和防止过卷、过速等保护装置及限速器和松绳信号等。

④工作吊盘的载重量不应超过吊盘的设计载重能力。

⑤罐笼提升应设置可靠的防坠器。

⑥提升钢丝绳与吊桶的连接，必须采用具有可靠保险和回转卸力装置的专用钩头，不得自动脱钩。钩头主要受力部件每年应进行 1 次无损探伤检测。

⑦提升用的钢丝绳和各种悬挂使用的钩、链、环、螺栓等连接装置，应具有规定的安全系数，使用前应进行拉力试验，合格后方可使用。使用中应定期检查、修理和更换。悬挂吊盘、模板、抓岩机的钢丝绳，检验检测周期不得超过 1 年。悬挂水管、风管、输料管、安全梯和电缆的钢丝绳，检验检测周期不得超过 2 年。

⑧不得超员、超载。不得人、物混运。严禁用自动翻转式、底卸式吊桶升降人员。

⑨提升机、罐笼、绞车应符合现行《矿井提升机和矿用提升绞车　安全要求》（GB 20181）和现行《罐笼安全技术要求》（GB 16542）的有关规定，并制定操作规程。

（11）竖井装渣宜采用抓岩机。当竖井深度小于 40m 时，出渣可采用三脚架或龙门架作井架，但出渣时应采取钢丝绳稳定、过卷、过放等安全保证措施。使用抓岩机时，应符合下列规定：

①抓岩机应与吊盘可靠连接，并设置专用保险绳。

②抓岩机连接件及钢丝绳，在使用期间应由专人每班检查 1 次。

③装渣完毕应将抓斗收拢并锁挂于机身。

（12）竖井通信信号及控制系统应符合相关规定。

（13）在竖井内运送爆炸物品，必须符合下列规定：

①雷管和炸药必须分开运送；严禁将起爆药卷与炸药装在同一爆炸物品容器内运往井底工作面。

②必须事先通知绞车司机和井上、下把钩工。

③运送雷管时，罐笼内只准放置 1 层爆炸物品箱，不应滑动。

④运送炸药时，爆炸物品箱堆放高度不得超过罐笼高度的 2/3。

⑤采用将装有炸药或者雷管的车辆直接推入罐笼内的方式运送时，雷管应装在专用的、带盖的、有木质隔板的车厢内，车厢内部应铺有胶皮或者麻袋等软质垫层，并只准放置 1 层爆炸物品箱。炸药箱可以装在矿车内，但堆放高度不得超过矿车上缘。运输炸药、雷管的矿车或者

车厢应有专门的警示标识。

⑥使用吊桶运送爆炸物品时,应使用专用箱。

⑦装有爆炸物品的罐笼或者吊桶内,除爆破工或者护送人员外,不得有其他人员。

⑧运送雷管时,罐笼升降速度不得超过 2m/s。运送其他类爆炸物品时,罐笼升降速度不得超过 4m/s。运送任何爆炸物品,吊桶升降速度均不得超过 1m/s。

⑨司机在启动和停止绞车时,应控制罐笼、吊桶震动。

⑩在交接班、人员上下井时间内,严禁运送爆炸物品。

⑪严禁将爆炸物品存放在井口房、井底车场。

(14)竖井永久支护可在竖井开挖完成后自下而上分节施工。

(三)斜井施工应符合的规定

(1)斜井开挖钻孔方向应与斜井倾角一致。

(2)斜井开挖每一循环进尺应检测其高程并控制井身坡度;每隔 20 ~ 30m 应复核中线、高程。

(3)斜井施工应严格按设计要求及时支护。倾角大于 30°且地质条件较差的斜井衬砌,其墙基的末端应做成台阶形式。斜井防水板和二次衬砌台车应采取地锚、丝杠等锚固防滑措施。

(4)钢架应结合现场实际开挖断面加工,并应符合设计规定。钢架安装角度应严格按设计规定执行。应加强对斜井与正洞交界处钢架安装角度和距离的控制。

(5)斜井的井口地段、不良地质或渗水地段、井底调车场、作业洞室,施工时应减小单段最大爆破药量、及时支护。

(6)斜井挑顶施工应符合下列规定:

①斜井与正洞交叉段挑顶施工时应根据地质条件选择合理的开挖方案。

②软弱围岩地段应进行预加固处理。

③采用钻爆法掘进时应以减小单段最大爆破药量为原则降低对围岩的扰动。

④可适当增大围岩预留变形量。

⑤应增加监控量测的点位和监测频次。

(7)采用有轨运输时,应进行轨道、转载场、渣仓、水电系统、通风等设计。人行道应设扶手。

(8)轨道铺设的标准和要求除应按《公路隧道施工技术规范》(JTG/T 3660—2020)第 8 章的相关规定执行外,尚应符合下列规定:

①每根钢轨应安装两组防爬设备,每对钢轨应有三根轨距拉杆。

②两条钢轨顶面的高差不得超过 5mm,铺设双轨时,两股道上运行车辆之间的空隙不得小于 500mm。

③没有人行道时,运输轨道与两侧管道、电力线之间的安全距离不得小于 200mm;有人行道时应另行确定。

④托索轮及安全闸等轨道辅助设备应与轨道一并铺设。

⑤宜采用轨道防滑底梁等措施防止轨道滑动。

(9)斜井有轨运输应符合下列规定:

①运输车辆升降的最大速度宜不超过9m/s,不得大于设计规定值。

②提升绞车应有深度指示器及自动示警,并设有防过卷装置。

③斜井的提升、连接装置和钢丝绳、绳卡应符合安全使用的要求,并应定期检查、上油保养。

④提升绞车与井口、井底均应有联络信号装置,并有专人负责。每次提升、下放、暂停应有明确的信号规定。

⑤井口轨道中心必须设置安全挡车器,有专人管理并经常处于关闭状态,放车时方准打开。

⑥应每隔100m设置1处防溜车装置。在挡车器下方约5～10m及接近井底前10m处应各设一道防溜车装置。

⑦井底与通道连接处,应设置安全索。车辆行驶时井内严禁人员通行与作业。

⑧运输斗车之间、斗车和钢丝绳之间应有可靠的连接装置,并加装保险绳。在斗车上、钢丝绳或车钩上要有防脱钩设备。

⑨运输长材料时,应有装卸及进出斜井的安全措施。

⑩严禁人员乘斗车上下,当斜井垂直深度超过50m时,应有运送人员的专用设施。

⑪斜井内应有足够的照明设施。

⑫斜井口、井下及提升绞车应有联络信号装置。每次提升、下放与停留应有明确的信号规定。

⑬应每班检查轨道鱼尾板、螺丝、弹簧垫、垫板、拉杆、防爬器等,调整轨道高低、水平、轨距,保证轨道平顺。

⑭应每班检查矿车插销磨损和固定情况,及时更换插销并固定良好,防止因插销断裂或者跳出造成跑车事故。

(10)无轨运输除应符合现行《公路工程施工安全技术规范》(JTG F90)和《公路隧道施工技术规范》(JTG/T 3660—2020)第8章的相关规定外,尚应符合下列规定:

①运输道路应硬化并采取防滑、防水措施。

②单车道斜井错车道间距宜小于300m,其长度应满足安全行车要求。

③机械车辆下坡运行时应使用低速挡,严禁脱挡滑行。

(四)横洞与平行导坑施工应符合的规定

(1)横洞和平行导坑的开挖,应根据围岩级别、断面大小合理选用开挖方法,当其与正洞的距离小于10m时,爆破振动应符合现行《爆破安全规程》(GB 6722)的相关规定。

(2)平行导坑与正洞间横通道的位置和间距应符合设计规定,可根据车行、人行横通道位置、施工需要、正洞工程进度及地质情况等进行调整。

设计规定的横通道间距一般不会小于120m。根据车行、人行横通道位置调整临时横通道位置可以节省成本。

为了增辟工作面、通风、排水、地质预报等的需要,平行导坑的掘进都需要超前正洞。超前的距离越长越好。通常需要超前两个横通道。如不需要利用平行导坑增辟工作面,为了通风、排水、超前地质预报的需要,超前也不宜小于一个横通道的间距。

正向横通道的方向是由平行导坑斜向正洞的掘进方向。当运输量大时,可每隔 5~6 个横通道设置一个反向横通道,便于增加运输回路,有利于车辆调度。

(3)横洞和平行导坑均应设置完整通畅的排水系统。

二、辅助工程措施

(一)一般规定

(1)在隧道浅埋段、严重偏压地段、围岩自稳性差的地段,以及大面积淋水或涌水地段、塌方地段等特殊地层地段施工时,应根据现场实际情况,按地层稳定和安全施工要求,采取适用的辅助工程措施。

(2)应根据拟采用的辅助工程措施,做好相应的工序设计,配备所需的设备、器材,预备所需材料,采取安全防护措施,培训施工技术人员。

(3)辅助工程措施施工时,应注意观察围岩及支护工作状态,并做好详细的施工记录。

(二)围岩加固措施

围岩加固有两种途径,一是从地面对围岩进行加固,二是在洞内对围岩进行加固。地面加固措施包括:地面砂浆锚杆、地表注浆、地面旋喷桩;洞内加固措施包括:围岩超前注浆、围岩径向注浆、超前水平旋喷桩、长锚杆、锚索等。在围岩自稳性特别差的地段,有时需要采用多种围岩加固措施。

(1)在隧道施工容易造成地表下沉、围岩失稳和坍塌、围岩大变形地段,可采用地面砂浆锚杆、地表注浆、地面旋喷桩、围岩超前注浆、围岩径向注浆、超前水平旋喷桩、长锚杆、锚索等进行围岩加固。当某一种围岩加固措施难以保证围岩稳定、施工安全时,可同时采用多种加固措施联合使用。

(2)地面砂浆锚杆施工应符合下列规定:

①锚杆宜垂直地表设置,根据地形及岩层层面具体情况也可倾斜设置。

②锚杆布置和锚杆长度应根据隧道覆盖层厚度、地层岩性分布、地层产状等确定。

③锚杆孔内应灌满砂浆。

④锚杆外露头宜加垫板锚固,垫板尺寸应不小于 100mm×100mm×10mm。

⑤地表设连系梁时,锚杆外露头应与连系梁焊接。

⑥锚固砂浆强度达到设计强度 70% 后方可进行隧道开挖。

(3)地表注浆加固施工应符合下列规定:

①注浆管宜竖向设置。

②注浆管深度应根据需加固地层范围、隧道埋深确定,但不宜超过隧道底部开挖线以下 1m。

③注浆管平面布置应满足设计要求。

④注浆管应采用钢花管,钢管直径不宜小于 70mm,在需加固地层范围的钢管管壁应留有出浆孔,孔直径宜为 8~12mm,间距宜为 300~500mm。

⑤注浆管施工前应在现场进行试验,找出合理注浆压力、单孔注浆量和注浆配比等参数后

再进行施工。

⑥相邻孔不得同时施工，应在一孔注浆浆液终凝后，再进行相邻孔开孔。

⑦注浆施工应满足环境保护要求。

⑧注浆强度达到设计强度的70%后方可进行隧道开挖。

（4）超前注浆加固施工应符合下列规定：

①注浆段的长度应根据前方地质条件确定，需加固的地层范围较长时应采用多循环方式进行，每循环注浆长度宜为5~20m。

②注浆管应采用钢花管，管直径不宜小于70mm，管壁应留有出浆孔，孔直径宜为8~12mm，间距宜为300~500mm。在孔口1~1.5m范围不应留出浆孔。

③注浆强度应满足设计要求，注浆压力、浆液的胶凝时间应根据现场试验确定。

④注浆孔的布置角度、深度及注浆孔间距应根据每一循环加固范围、循环长度和浆液扩散半径确定，并应满足设计要求。

⑤注浆作业面与注浆加固段之间应有足够的地层安全防护厚度，当围岩不能承受注浆压力时，应设止浆墙。

⑥注浆孔孔口应设止浆塞，止浆塞应能承受注浆终压的要求。

⑦注浆前应检查注浆设备，并试运转正常。

⑧注浆施工过程中，无关人员应撤离现场。

⑨注浆施工过程中，应记录孔位、孔径、孔深、浆液配比、注浆压力、注浆量、跑浆、串浆、终止注浆等参数。

⑩注浆后应对注浆效果进行检查，不满足设计要求时，应进行补孔注浆。

⑪注浆强度达到设计强度的70%后方可进行隧道开挖。

超前注浆加固，适用于V级和Ⅵ级围岩地段、断层破碎带地段、塌方地段，以及其他不良地质地段，是在洞内对前方未开挖段地层进行加固的措施。

注浆技术的成败取决于多种因素，如注浆孔口及注浆管封堵、浆液调制、配合比、胶凝时间、止浆墙、注浆孔的布置与注浆压力等，这些都需要在现场根据实际情况来确定。因此，在进行超前围岩预注浆加固前，需要搜集有关注浆地段的岩性、涌水量、涌水压力、水温、涌水的化学性质等资料，以初步拟定注浆参数。为了获得理想的注浆效果，并考虑到由于注浆而引起对周围环境的变化，在现场还需做单孔或群孔的注浆试验。超前注浆加固，尤其是深孔注浆加固地层，费工、费料、工期长、技术难度高、投资大。整个过程难度大，故往往只是在特殊地段使用。

注浆结束后对注浆效果的检验方法，通常有以下几种：

①分析法。分析注浆记录，查看每个孔的注浆压力、注浆量是否达到设计要求；注浆过程中漏浆、跑浆是否严重，根据浆液注入量估算浆液扩散半径，分析是否与设计相符。

②检查孔法。用地质钻机按设计孔位和角度钻检查孔，提取岩芯进行鉴定。

③物探无损检测法。用地质雷达、声波探测仪等物探仪器对注浆前后岩体声速、波速、振幅及衰减系数等进行无损探测来判断注浆效果。

（5）旋喷桩加固施工应符合下列规定：

①旋喷桩加固可选用地面竖直旋喷桩加固和水平旋喷桩加固。

②水平旋喷施工前，应先采用喷射混凝土封闭掌子面。

③钻孔桩位偏差不应大于50mm。

④用于旋喷桩的浆液搅拌时间不得小于3min。一次搅拌的浆液应在120min以内用完，且应在初凝前用完。

⑤旋喷作业应从孔底至孔口进行喷射注浆，提升和拔出的速度可取0.1~0.2m/min。注浆管分段提升和拔出的搭接长度不得小于100mm。

⑥采用三重管注浆过程中，应隔孔施工，先送压缩空气，后送浆。停机时先关高压水和压缩空气，再停止送浆。

⑦旋喷施作完毕后，桩体强度和完整性满足设计要求后，方可进行隧道开挖。

⑧旋喷桩施工时应做好记录。

超前旋喷加固既可以减小隧道坍塌概率，又可减小因隧道开挖而引起的地表沉降，加固后的土体抗压强度可达1.0~1.5MPa，适用于V级和VI级软弱围岩（如淤泥、流沙等），土层含水量大、地下水位高（隧道位于地下水位以下）的地层，对隧道上方道路、管线、周边建筑等有很好的保护作用。在隧道埋深浅、地表具有施工条件的地段，可选用竖直旋喷对掌子面前方的围岩进行预加固；在隧道埋深大，或地表无施工条件的地段，可在洞内进行水平旋喷桩施作，实现对围岩进行预加固。

水平旋喷桩比常规的超前管棚注浆具有更强的适应能力，在止水、加固地层、控制沉降等方面具有较明显的优势。

旋喷桩单桩的施工流程为：封闭掌子面→测放桩位→安装工作平台→钻机就位→浆液制备→钻进、送浆、搅拌→退钻、送浆、重复搅拌→封口成桩。

施工中记录内容包括：实际孔位、孔深；钻孔内的地下障碍物、洞穴、涌水、漏水及地层情况；喷射压力、喷射量、旋喷提升速度、返浆情况等。

（6）洞内径向注浆加固施工应符合下列规定：

洞内径向注浆加固围岩适用于围岩松散、自稳能力较差的地段。

①径向注浆加固施工应在初期支护完成，且喷射混凝土强度达到设计强度100%后，在防水板铺挂之前实施。

②施工时应以5~10m纵向距离为一个段落进行，注浆孔间距0.8~2.0m，按梅花形布置，孔深应控制在5.0m以内，注浆管应为钢管，管直径不应小于42mm。

③注浆施工顺序应按由低到高、由边墙至拱顶的顺序进行。

④注浆孔钻完一孔后应立即对该孔注浆，并应在一孔注浆浆液终凝后，再进行相邻孔开孔。

⑤注浆材料和注浆参数应根据现场施工效果及时调整。

⑥注浆完毕后，应进行注浆效果检验。注浆效果不满足设计要求时，应重新布孔注浆。

(三) 稳定掌子面及超前支护措施

稳定掌子面措施、超前支护措施较多，根据现场围岩条件、施工条件合理选用，灵活组合。这些辅助工程措施还包括：超前锚杆、超前自进式锚杆、钢轨超前顶进、双层超前小导管等。

（1）在隧道掌子面自稳性差、掌子面开挖可能坍塌、拱顶掉块时，可采用封闭开挖面、超前锚杆支护、超前小导管支护、超前管棚支护、超前水平旋喷加固等措施。

（2）隧道开挖掌子面出现垮塌、溜坍、掉块、涌水、突泥、流沙等危及施工安全生产的迹象时，应在保证作业人员安全的条件下及时封闭掌子面。封闭掌子面应符合下列规定：

①在软弱围岩、破碎围岩地段、掌子面容易出现掉块时，可采用喷射混凝土封闭围岩，喷射混凝土厚度不宜小于80mm，且封闭期间喷射混凝土不应起层、剥落，必要时可设钢筋网。

②在掌子面出现较大涌水、涌泥时，可采用混凝土封堵墙封堵，封堵墙厚度应根据封堵范围大小、涌出压力、涌泥规模、需封堵时间确定，封堵墙厚度应不小于500mm，并应采用早强混凝土，必要时可设钢筋网。

③当掌子面出现流沙、涌泥、湿陷性黄土及掌子面溜坍时，可采用洞渣加沙袋反压封堵。封闭开挖掌子面是临时应急措施，防止进一步扩大。

（3）超前锚杆施工应符合下列规定：

①超前锚杆各项参数应满足设计要求。

②超前锚杆尾端应支撑于钢架上，并应焊接牢固。

③超前锚杆砂浆应饱满。

④超前锚杆与被支撑围岩出现间隙时，应采用喷射混凝土填满。

⑤超前锚杆施工完成8h后方可进行开挖。

⑥开挖时超前锚杆间仍有掉块时，应立即补打，加密间距，并应在下一环超前锚杆施工时适当加密。

超前锚杆支护是沿隧道开挖轮廓线向外以一定的角度（5°~12°）并排打入一系列锚杆，超前锚杆尾端与钢架焊接，共同组成棚架，实现对围岩的支撑。这种措施施工简单，适用于砂土地层、堆积地层、断层破碎带、水平薄层状地层、浅埋和塌方地段等。

隧道开挖后锚杆杆体临空一侧可能外露，但背离临空一侧需要与围岩紧密接触，才能起到支托围岩的作用，当出现间隙时，需用喷射混凝土填实。开挖后相邻锚杆之间仍有掉块时，说明锚杆间距过大，需补打锚杆，增加支护密度，下一环超前锚杆的横向间距需要加密。

（4）超前小导管施工应符合下列规定：

①小导管各项参数应满足设计要求。

②超前小导管尾端应支撑于钢架上，并应焊接牢固。管口应设置止浆阀。

③超前小导管与围岩间出现间隙时，应采用喷射混凝土填满。

④超前小导管管内应注满砂浆。

⑤超前小导管施工完成8h后方可进行开挖。

⑥开挖时导管间仍有掉块时，应立即补打导管，并应在下一环小导管施工时适当加密。

超前小导管的作用和布置方式与超前锚杆完全一样。只是超前小导管较超前锚杆适应更多的地层，对砂土地层、堆积地层、断层破碎带和塌方地段更容易施作成型，支护范围更大。小导管采用钢管，每根钢管管壁带有小孔，通过钢管以一定的压力向围岩体内注浆。它既能起到对未开挖段围岩的预支护作用，又能起到对围岩的预加固作用。超前小导管尾端与初期支护钢架焊接，共同组成棚架支护，也称"小管棚"。

（5）超前管棚支护应符合下列规定：

①管棚的各项参数应符合设计规定。

②管棚开孔前宜先施作导向墙，其纵向长度不应小于2m、厚度应不小于0.8m，并应有足

够的强度和刚度,导向墙基础应置于稳定地基上。

③导向墙内的导向管内空直径应不小于管棚钻孔的钻头直径,布置间距和方向应满足设计要求。

④管棚钻孔不应侵入开挖范围,钻孔机械应具有纠偏功能。

⑤管棚钢管宜分节连接顶入钻孔,节段长度不宜小于 2m,相邻钢管的接头错开距离应大于 1m,各节段间应采用丝扣连接或套管焊接连接,连接长度不应小于 50mm。

⑥管棚钢管就位后,应插入钢筋笼,并应及时进行注浆施工,每根钢管应一次连续注满砂浆,注浆参数应根据现场试验确定,砂浆强度等级不应低于 M20。

⑦管棚钻孔应跳孔实施,先实施的管棚注浆凝固后,方可进行其相邻管棚的钻孔施工。

⑧围岩破碎、钻进难以成孔时,可采用跟管钻孔工艺施工。

⑨当洞内采用超前管棚时,管棚工作室参数应根据机具设备尺寸和设计管棚外倾角等因素设置。

超前管棚支护是沿隧道开挖轮廓线向外以 0.5°~2° 的外倾角并排打入一系列钢管,管棚直径为 89~110mm,与初期支护钢架结合形成棚架。超前管棚一次支护距离长、支护能力强,适用于砂土地层、堆积地层、断层破碎带、水平薄层状地层、浅埋和塌方地段、充填岩溶等。在隧道洞口开挖施工中,已大量采用管棚超前支护,对减少洞口仰坡开挖、保持边仰坡稳定和洞口施工安全,起到了很好的效果。

管棚超前支护施工流程为:浇筑导向墙(包括安设导向管)→钻孔→打设管棚钢管→插入钢筋笼→管棚钢管内注浆。

(四)涌水处理措施

在选择处治方案时,要考虑到隧道周围的环境条件,根据现场情况选择处治方案。

(1)隧道涌水处理应符合"预防为主、疏堵结合、注重保护环境"的原则。

(2)隧道涌水处理应根据现场情况,采取超前围岩预注浆堵水、开挖后径向注浆堵水、超前钻孔排水、坑道排水等措施。

(3)注浆堵水材料性能应符合设计规定。注浆堵水应按永久堵水效果考虑,应具有快速凝固、早强和耐久等性能。初凝时间应满足施工需要。

(4)采用注浆堵水时,注浆前宜进行压稀浆试验,测定注浆压力、地层吸浆能力、浆液扩散半径、浆液凝固时间。

压稀浆试验是为了获取注浆参数。稀浆水胶比较大,便于调整试验参数。

(5)隧道开挖后,周边围岩出现涌水、股状水、大面积渗水时,应根据围岩条件、地下水类型、地下水性质、补给条件、允许排放量、环境保护要求,以及对施工的影响程度等,采用全断面径向注浆、局部径向注浆和径向点注浆等堵水措施。集中出水点应埋设导管原位引出。

径向注浆是隧道开挖后对周边围岩的注浆,将地下水堵在围岩体以内,控制地下水流失,同时也可以起到加固围岩的作用。

全断面径向注浆一般是指对整个拱墙开挖断面整环注浆,有时也包括对仰拱的一次性注浆。

局部注浆一般是指对开挖断面某一区域进行注浆(如:只对隧道一侧,或只对拱顶部位,或只对仰拱进行注浆），也包括局部点注浆。补注浆是对已实施注浆的围岩段仍有较严重的涌（淋）水的进一步注浆。点注浆一般是指对集中出水点、股状水进行注浆。

由于封闭了围岩，出水点可能被覆盖，埋设导管是为了准确确定出水点位置，便于注浆孔布置和确定注浆顺序。

（6）隧道周边局部渗漏水时，可采用局部径向注浆；周边大面积渗漏水时，可采用全断面径向注浆。

（7）径向注浆应符合下列规定：

①径向注浆应在初期支护完成后且混凝土强度达到设计强度的100%后进行。

②注浆范围宜控制在开挖轮廓线以外3～6m。

③径向注浆孔深应满足设计要求，最小深度不应小于3m，注浆管直径不宜小于40mm。

④注浆钻孔宜垂直开挖岩面。

⑤注浆可分段、分片进行，注浆顺序应从水少区域向水多区域进行，宜从上往下进行，可多孔同时注浆。

⑥注浆终压力宜为0.5～1.5MPa。

⑦仰拱径向注浆应根据拱墙注浆效果、隧底排水条件确定，需进行仰拱径向注浆时，应最后进行。

（8）径向单孔注浆满足下列规定之一，可结束注浆。

①注浆压力达到设计终压并稳定10min，且进浆速度小于初始速度的25%。

②注浆量大于设计注浆量的80%。

③总体注浆效果达到设计预期。

（9）隧道周边有集中出水点时，可采用径向点注浆，并应符合下列规定：

①在出水点上游斜向钻孔与水源连通，截断水源，并使斜向孔出水，斜向孔深度2～5m。

②封堵出水点。

③通过斜向孔注浆堵水，注浆终压宜为1～2MPa。

④堵水效果达不到预期时，可多打斜向孔。

对集中出水的点注浆，一般围岩条件较好，范围小，注浆压力较一般径向注浆大。

（10）径向注浆结束后，应观察注浆效果，或采取钻孔取芯法对注浆效果进行检查，当围岩出水量减少到预期控制出水量时，可结束注浆。当采取钻孔取芯法对注浆效果进行检查时，应符合下列规定：

①测定检查孔出水量。

②检查孔的数量不宜少于注浆孔总数的5%，且不宜少于3个。

③注浆检查孔应封填密实。

（11）注浆过程中应进行监测，当发生围岩或支护结构变形超过允许值、地表隆起或注浆浆液窜出地表等异常情况时，可采取下列措施：

①停止注浆，分析原因。

②降低注浆压力、采用间歇注浆。

③改变注浆材料、调整工艺和参数。

④调整注浆方案、改变注浆材料。

⑤加强支护措施。

注浆过程中,围岩或支护结构发生较大变形、掉块、地表隆起、浆液从地表或其他地方窜出时,需立刻停止注浆,分析原因,采取相应措施。

(12)当隧道开挖前方发现水体,可能出现涌水时,可采用超前围岩注浆堵水、超前探孔排水、坑道排水等封堵地下水、降压排水措施。

(13)在需采取超前注浆堵水的地段,应根据前方围岩地质条件、水文地质条件、施工条件等,选择采用超前全断面帷幕注浆、超前周边注浆和超前局部注浆。

在地下水丰富的地段,排水后可能对周边工农业用水、生活用水影响较大时,或排水可能挟带泥沙引起开挖面失稳、地面沉陷时,或出水量和出水压力影响施工安全时,需采取超前注浆堵水措施。

(14)超前注浆堵水施工应符合下列规定:

①超前注浆范围、孔口布置、孔底分布、孔底间距、钢管直径等应满足设计要求。

②注浆钻孔深度应不小于设计要求,且应与地下水体连通。

③注浆压力、浆液的胶凝时间应根据现场试验确定。

④注浆作业面与注浆堵水段之间应有足够的地层安全防护厚度,当围岩稳定性较差时,应设止浆墙。

⑤止浆墙应为现浇混凝土墙,厚度不应小于0.8m。

⑥注浆管管口应连接闸阀,孔口应设止浆塞,止浆塞应能承受注浆终压的要求。

⑦注浆前应检查注浆设备,并试运转正常。

⑧注浆施工过程中,无关人员应撤离现场,孔口前端不得站人。

⑨注浆施工过程中,应对孔位、孔径、孔深、浆液配比、注浆压力、注浆量、跑浆、串浆、终止注浆等参数进行记录。

⑩注浆后应对注浆效果进行检查,检测孔应不少于3个,未达到设计预期应补孔注浆。

⑪注浆强度达到设计强度的70%后,且检查孔出水量和压力满足设计要求时,方可进行隧道开挖。

超前注浆堵水包括超前帷幕注浆堵水、超前周边注浆堵水和超前局部注浆堵水。超前帷幕注浆堵水的横向范围,一般是隧道开挖前方开挖半径的2~3倍的全部区域;超前周边注浆堵水的横向范围,一般是隧道开挖前方开挖轮廓线至开挖半径的2~3倍的区域;超前局部注浆堵水一般只针对开挖前方渗水管道的局部区域。

(15)注浆施工不应造成环境污染,必要时应采取措施。

注浆浆液可能对环境造成污染。需对溢出浆液和废水进行妥善处理。

(五)隧道底部加固措施

隧道底部加固措施采用其他行业对地基加固的方法时,要遵循其他行业的相关规范。

(1)隧道底部采用预制桩、钢管桩、旋喷桩等进行加固时,应符合相关现行规范要求。

(2)隧道底部采用小导管注浆加固时,小导管应垂直于基底开挖设计轮廓线,小导管管壁应留出浆孔,管内应注满砂浆,钢管外露端应与仰拱钢架焊接牢固。

(六) 质量检验标准

(1)工程施工过程中,超前锚杆施工质量检查及控制标准应符合表5-41的规定。

超前锚杆施工质量检查及控制标准　　　　　表5-41

序号	检查项目	规定值或允许偏差	检验频率	检验方法
1	超前锚杆长度(mm)	不小于设计值	逐根检查	尺量
2	锚杆数量(根)	不小于设计值	逐环检查	目测
3	锚杆环向间距(mm)	±50	每环检查不少于5根	尺量
4	孔深(mm)	±50	每环检查不少于5根	尺量
5	锚杆尾端支承	支承在钢架上并与钢架焊接	逐根检查	目测、敲击

(2)工程施工过程中,超前小导管施工质量检查及控制标准应符合表5-42的规定。

超前小导管注浆施工质量检查及控制标准　　　　　表5-42

序号	检查项目	施工控制值	检验频率	检验方法
1	小导管长度(mm)	不小于设计值	逐根检查	尺量
2	小导管数量(根)	不少于设计值	逐环检查	目测
3	小导管环向间距(mm)	±50	每环检查不少于5根	尺量
4	钻孔深度(mm)	大于钢管长度设计值	每环检查不少于5根	尺量
5	小导管尾端支承	支承在钢架上并与钢架焊接	逐根检查	目测、敲击
6	小导管管内砂浆	密实饱满	每环检查不少于5根	目测、电测

(3)工程施工过程中,超前管棚施工质量检查及控制标准应符合表5-43的规定。

超前管棚施工质量检查及控制标准　　　　　表5-43

序号	检查项目	施工控制值	检验频率	检验方法
1	管棚钢管长度(mm)	不小于设计值	逐根检查	尺量
2	管棚钢管数量(根)	不少于设计值	逐环清点	目测
3	管棚钢管环向间距(mm)	±50	每环检查不少于5根	尺量
4	钻孔深度(mm)	大于钢管长度设计值	逐根检查	尺量
5	管棚钢管管内钢筋笼	符合设计值	每环检测不少于5根	目测、电测
6	管棚钢管管内砂浆	密实、饱满	每环检测不少于5根	目测、电测
7	套拱中线位置(mm)	±50	每处检查	全站仪
8	套拱拱顶高程(mm)	±50	每处拱顶检查	水准仪
9	套拱厚度(mm)	±50	每处检查	尺量
10	套拱跨度(mm)	±100	每处检查	尺量

第八节　不良地质和特殊性岩土地段隧道

一、一般规定

(1)不良地质和特殊性岩土地段隧道施工前应编制专项施工方案,专项施工方案应包括:应急预案、地质预报方案、监控量测方案。施工过程中实际与设计不符时,应及时调整。

(2)应结合应急预案,提前做好技术、物资、机械的储备和应急演练。

(3)应加强监控量测工作,及时反馈量测结果,进行动态设计和动态施工。在不良地质和特殊性岩土隧道中施工,观察、量测、测试工作格外重要,隧道在发生大的塌方前,总是有一定先兆的,表现在围岩的变形上,就是突然增大,或者是应力的突然变化,而这些变化能通过量测掌握,而量测的结果与施工技术措施之间又存在着内在的联系。因此,量测信息要快速反馈,实现动态管理。

二、富水软弱破碎围岩

(1)富水软弱破碎围岩隧道施工前,应采用超前探测手段,了解前方的地质、地下水情况,对围岩稳定进行分析判断,经过技术、经济、环境保护等指标的对比后,选择排水与堵水措施,确定处理和开挖方案。

(2)富水软弱破碎围岩隧道施工宜选用超前注浆加固、超前小导管、超前大管棚等辅助工程措施。

(3)富水软弱破碎围岩隧道施工排水应符合《公路隧道施工技术规范》(JTG/T 3660—2020)第11.2节的规定。

(4)富水软弱破碎围岩隧道堵水措施应符合《公路隧道施工技术规范》(JTG/T 3660—2020)第15.4节的规定。

(5)富水软弱破碎围岩隧道加固措施、超前支护措施应符合《公路隧道施工技术规范》(JTG/T 3660—2020)第15.3节的规定。采用超前大管棚时,管棚钢管直径不宜小于108mm、环向间距不宜大于350mm。采用超前小导管时,钢管环向间距不宜大于300mm。

(6)富水软弱破碎围岩隧道开挖应采用先治水、加固,后超前支护、再开挖的施工顺序。

(7)富水软弱破碎围岩隧道二次衬砌应尽早施作。

三、岩溶地段

(1)岩溶地区隧道施工前,应结合地勘资料,采取综合超前地质预报手段,探清岩溶发育规模、溶洞分布、岩溶充填、地下水及其流向等情况,核实岩溶与隧道空间位置关系等。探测精度应满足工程施工需要。

(2)对隧道安全施工有影响的岩溶,应制定施工处治方案。

(3)岩溶地区隧道在接近溶洞时,开挖施工应符合下列规定:

①宜采用分部开挖,当溶洞出现在隧道一侧,应先开挖该侧,待初期支护完成后,再开挖另

一侧。在Ⅱ～Ⅲ级围岩中，仅出现稳定性较好的小溶洞、溶隙时，可采用全断面法开挖。

②应严格控制开挖循环长度，每循环炮眼钻孔宜多打眼、打浅眼。多打眼、打浅眼、控制每循环开挖进尺，是为控制单响装药量，以减少爆破振动。

③掌子面应有不少于5个加深探测炮孔。加深探测炮孔深度宜比装药炮孔深3m以上，直径宜与装药炮孔相同；不得在爆破残留孔中打设加深探测炮孔。

④应严格控制单段最大爆破药量，控制爆破振动。

（4）空溶洞揭露后，应进一步勘测溶洞规模、溶腔大小、溶腔分布和与隧道准确位置关系，查明地下水流向，判断溶腔稳定性、溶腔地下水影响等，并应做好施工记录。

（5）揭露的暗河通道处治应符合下列规定：

①应查明暗河水源流向及其与隧道位置关系，调查暗河丰水期流量。

②应采用适当保护和疏通措施，保持暗河水流畅通。不得阻断原有过水通道，严禁向暗河通道弃渣。

③隧道上跨暗河时，可采用埋设暗管、修建涵洞或小桥等构造物跨越。

④暗河通道被隧道截断时，应改移或新建暗河连接通道，暗河连接通道断面的过水能力应满足丰水期过水需要。

⑤暗河位置在隧道顶部或高于隧道顶部时，应避开丰水期施工。可采用围岩注浆堵水措施，必要时可采取截流引排措施。

（6）溶洞底部沉淀泥沙对隧道构成威胁时，可采取清除、固结、设隔离墙、增设护拱等措施。

（7）衬砌结构外存在溶腔时，应对溶腔稳定性进行判断。隧道施工应采取防护措施，并应增加照明设备。

（8）充填溶洞施工应符合下列规定：

①应根据溶洞规模等条件决定是否清理充填物，溶洞规模较大时不宜清理充填物。

②应采取超前支护和预加固处理措施。

③应采用分部法开挖。

④隧道底部承载力不足时，可采用桥梁跨越、换填、打桩等措施。

⑤应对地下水进行引排、疏导。

⑥应配备应急处置物资、设备和器材。

（9）岩溶发育地区，应采取多种手段探测隧道周边岩溶发育情况。

（10）短期难以处治的溶洞，可采用迂回导坑绕过溶洞，在处理溶洞的同时进行隧道前方施工。

四、采空区地段

采空区隧道施工前，根据设计文件提供的信息，调查并核实隧道影响范围内采空区的分布、规模、开采年代、开采方式、是废弃还是开采状态、回填封闭情况，与隧道的空间位置关系，以及地下水、有毒有害气体的赋存和含量等情况。采空区对隧道工程影响的主要表现有以下三类：

洞害。对隧道围岩稳定、采空区稳定产生不利影响，使隧道衬砌结构荷载增加，产生偏压，不均匀受力,不均匀沉降,隧道施工中可能产生坍塌,影响施工安全和进度。

水害。采空区积水沿隧道排泄,增加隧道排水难度和工作量,给隧道施工造成困难、影响隧道稳定。

气害。采空区可能聚集大量有毒有害气体,对隧道施工人员的健康和生命安全造成威胁。

采空区地段施工应符合下列规定:

(1)采空区隧道施工前,应核实采空区的类型、规模、稳定性、与隧道的空间关系,以及地下水、有毒有害气体赋存情况等。

(2)隧道穿越采空区时,根据采空区自身稳定情况及其与隧道的相互关系、对隧道的影响程度、设计要求,以及施工条件等,可采取下列措施:

①对采空区进行加固或回填处理,经处理的采空区不应出现垮塌,不应造成隧道结构沉陷。

②采空区积水对隧道产生影响或潜在影响时,应进行封堵、疏导、引排采空区积水。

③施工期间应进行隧道内气体实时检测,并应加强通风。

(3)当隧道上、下方出现多层采空区,或隧道穿越采空区内含有有毒有害气体,或采空区内存在大量地下水时,应开展专项施工方案研究。

(4)采空区隧道爆破开挖时,应采取措施减小爆破振动。

五、瓦斯地段

瓦斯是从煤和围岩中逸出的甲烷、二氧化碳和氮等组成的混合气体,无色、无味、无臭。在煤炭开采、隧道开挖穿过含瓦斯地层过程中会释放出来。瓦斯在煤矿采煤作业和隧道施工中有四大危害:一是可以燃烧,在瓦斯浓度低于5%时,遇火能在火焰外围形成燃烧层;二是会爆炸,空气中瓦斯含量为5%～16%时,遇火会引起爆炸;三是浓度过高,当矿内空气中瓦斯浓度超过50%时,能使人因缺氧而窒息死亡;四是会发生煤(岩)与瓦斯突出,摧毁、堵塞巷道,可引起人员窒息死亡,甚至瓦斯爆炸。对工程危害极大。

(1)瓦斯隧道施工组织应符合下列规定:

①瓦斯隧道开工前,应编制瓦斯隧道专项施工方案和应急预案,并应严格遵照执行。

②应坚持"加强通风、勤测瓦斯、严控火源"的基本原则。

③应明确通风、瓦斯检测、火源管控、救护等的责任部门。

④对进入现场的所有人员进行安全培训。瓦检员、爆破员、电工、焊工等应持证上岗。

⑤编制瓦斯隧道工程施工阶段安全风险评估报告,开展应急预案演练。

(2)瓦斯工区钻爆作业应符合下列规定:

①工作面附近20m以内风流中甲烷浓度必须小于1%。应采用湿式钻孔。炮孔深度不应小于0.6m,岩层最小抵抗线不得小于0.3m,煤层最小抵抗线不得小于0.5m。装药前炮孔应清除干净。

②低瓦斯工区、高瓦斯工区和煤(岩)与瓦斯突出工区必须采用煤矿许用炸药和煤矿许用电雷管;低瓦斯煤层应采用安全等级不低于二级的煤矿许用炸药;高瓦斯煤层应采用安全等级不低于三级的煤矿许用炸药;煤(岩)与瓦斯突出工区揭露和穿过煤层时,应采用安全等级不低于三级的煤矿许用含水炸药。

③应使用煤矿许用瞬发电雷管、煤矿许用毫秒延期电雷管、数码雷管,严禁使用秒及半秒级电雷管及火雷管,不应使用普通导爆索。使用毫秒延期电雷管时,最后一段延期时间不得超过 130ms,应采用连续装药方式,雷管安放在最后一节炸药中,不得反向装药。

④起爆电源必须使用防爆型起爆器。起爆器应安装在新鲜风流中,起爆器 20m 以内风流中瓦斯浓度必须小于 1.0%。起爆器与开挖面距离应根据爆破安全距离、预计煤（岩）与瓦斯突出强度、通风系统等,在施工方案中确定。同一开挖面不得同时使用两台及以上起爆器起爆。

⑤爆破网络必须采用绝缘母线单回路爆破,严禁利用轨道、金属管、金属网、水或大地等作为爆破回路,严禁将毫秒电雷管和瞬发电雷管接入同一串联网路中混合使用。

⑥装药作业应符合《公路隧道施工技术规范》（JTG/T 3660—2020）第 7.4.11 条规定,炮孔封堵不严或不足时,不得进行爆破。

⑦高瓦斯围岩和煤（岩）与瓦斯突出工区每次爆破至少通风 30min 后,其他工区每次爆破至少通风 15min 后,应由瓦检员、放炮员、安全员一同进入工作面进行验炮工作,检查通风、瓦斯、煤尘、瞎炮、残炮等情况,遇到问题应立即处理。在确认甲烷浓度小于 0.5%,二氧化碳浓度小于 1.5% 后,方可由瓦检员通知电工送电,方可允许施工人员进入工区开挖工作面作业。

（3）瓦斯隧道揭煤,防治煤（岩）与瓦斯突出应符合下列规定:

①接近突出煤层前,应做好超前预测预报工作,超前钻孔应符合相关要求。

②防治煤（岩）与瓦斯突出应选用排放钻孔、预抽瓦斯、超前管棚、煤体固化等措施。

③揭煤施工宜采用微振动爆破开挖,应根据煤层倾角、厚度选用揭煤方法。

④开挖工作面出现煤（岩）与瓦斯突出预兆时,应立即报警、切断电源、停止工作、撤出人员,并应上报后采取专门安全措施。

（4）半煤半岩段与全煤层段的开挖、支护、衬砌施工应符合下列规定:

①在开挖过程中每循环进尺不宜超过 1m。

②全煤层中应采用湿式钻孔,应少钻孔、少装药;半煤半岩层中掘进应在岩石炮孔中装药,煤层需爆破时应采用松动爆破。爆破后应及时施作喷射混凝土封闭瓦斯。

③仰拱应及早施工,应使拱、墙、仰拱衬砌形成闭合整体。

④煤层地层设防段的二次衬砌背后所有空隙应充填密实。

（5）瓦斯工区施工通风应符合下列规定:

①应编制全隧道和各工区的施工通风设计,并应考虑工区贯通后的风流调整和防爆要求。

②应建立瓦斯通风、监控、检测的组织机构,系统地测定瓦斯浓度、风量风速及气象等参数。

③高瓦斯工区长度大于 1500m 时,施工通风宜采用巷道式。瓦斯隧道各掘进工作面必须独立通风,两个工作面之间不应串联通风。

④瓦斯工区所需风量,应按爆破排烟、同时工作的最多人数、作业机械及瓦斯绝对涌出量分别计算,并按允许风速进行检验,采用其中的最大值。应将洞内各处的甲烷浓度稀释到 0.5% 以下。

⑤对瓦斯易于积聚处应采用空气引射器、气动风机、局部通风机等设备实施局部通风,风速不宜小于 1m/s。

⑥施工期间应连续通风,因故障停风时,必须立即撤出人员、切断电源。恢复通风前,必须检测风机及其开关地点附近10m以内甲烷浓度,符合规定后方可启动风机。

⑦瓦斯工区的通风机应设两路电源,电源的切换应在10min内完成,保证风机正常运转;应有一套同等性能的备用通风机,保持良好的使用状态并应能在15min内启动。

⑧瓦斯工区内使用的局部通风机、射流风机应采用矿用防爆型。低瓦斯工区、高瓦斯工区和瓦斯突出工区应实行专用变压器、专用开关、专用线路供电、风电闭锁和瓦电闭锁。

⑨应采用抗静电、阻燃的风管。风管口到开挖工作面的距离应小于5m,风管安装应平顺,接头严密,每100m平均漏风率不应大于2%。

(6)隧道内甲烷浓度日常管理限值及处理措施应符合表5-44的规定。

隧道内甲烷浓度限制值及处理措施　　　　　　　　　　　　表5-44

序号	瓦斯工区	地点	限值	超限处理措施
1	微瓦斯	任意处	0.25%	超限处20m范围内立即停工,查明原因,加强通风和瓦斯监测
2	低瓦斯	任意处	0.5%	超限处20m范围内立即停工,查明原因,加强通风和瓦斯监测
3	高瓦斯和瓦斯突出	局部瓦斯积聚(体积大于0.5m³)	1.0%	超限处附近20m停工,撤离人员、断电,及时进行处理,加强通风
4		开挖工作面风流中	1.0%	停止电钻钻孔,超限处停工,撤离人员,切断电源,查明原因,加强通风等
5		回风巷或工作面回风流中	1.0%	停工、撤离人员、处理
6		放炮地点附近20m风流中	1.0%	严禁装药放炮
7		过煤系地层段放炮后工作面风流中	1.0%	继续通风、不得进入
8		局部风机及电气开关10m范围内	0.5%	停机、通风、处理
9		电动机及开关附近20m范围内	1.0%	停机、撤离人员、断电,进行处理

(7)瓦斯监测与管理应符合下列规定:

①非瓦斯工区、微瓦斯工区、低瓦斯工区应配备低浓度光干涉式甲烷测定器,宜配备瓦斯自动检测报警断电装置。

②高瓦斯工区和煤(岩)与瓦斯突出工区应同时配备低浓度光干涉式甲烷测定器和高浓度光干涉式甲烷测定器,应配备瓦斯自动检测报警断电装置。

③高瓦斯工区应严格按表5-45规定的甲烷浓度实行分级管理,甲烷浓度超限时应采取相

应的瓦斯防治措施。

高瓦斯工区安全施工管理等级表

表 5-45

安全管理等级	开挖工作面回风流中甲烷浓度	管理状态	安防措施与作业规定
一	<0.5%	正常	(1)正常施工作业； (2)按程序要求审批进行焊接等动火作业,瓦检员跟班随时检测动火点附近甲烷浓度； (3)连续通风
二	0.5% ~ 1.0%	警戒	(1)严禁焊接等明火作业； (2)加强通风或优化通风系统； (3)加强瓦斯检测,调查瓦斯发生源； (4)按程序及时上报,其他工序正常作业
三	≥1.0%	应急	(1)停工、撤离人员； (2)断电,切断洞内全部非本质安全型电源； (3)加强通风或优化通风系统； (4)加强瓦斯监测,调查瓦斯发生源； (5)甲烷浓度进一步升高超过 1.5% 时,严禁任何非瓦斯专业人员进洞,采取专项安全措施

（8）瓦斯隧道电气设备与作业机械应符合下列规定：

①高瓦斯工区、煤（岩）与瓦斯突出工区的电气设备应使用矿用防爆型,作业机械应使用矿用防爆型或采取防爆措施。其他工区的行走机械严禁驶入高瓦斯工区和煤（岩）与瓦斯突出工区。

②低瓦斯工区的电气设备应使用矿用一般型,作业机械可使用普通型。

③微瓦斯工区的电气设备和作业机械可使用普通型。

④高瓦斯工区和煤（岩）与瓦斯突出工区供电应配置两套电源,工区内采用双电源线路,其电源线上不得分接隧道以外的任何负荷。

⑤瓦斯工区内的机电设备,在使用期间,除日常检查外,应按规定周期进行检查,发现问题及时维修或更换。

（9）瓦斯工区安全管理应符合下列规定：

①任何人员进入隧道前应在洞口外进行登记并接受检查。

②严禁携带烟草及点火物品、手机、钥匙等违禁物品进入隧道。

③严禁穿戴易于产生静电的化纤服装等进入瓦斯工区。

④进入高瓦斯工区和煤（岩）与瓦斯突出工区的作业人员应携带个人自救器。瓦斯工区内严禁擅自动火作业,对易燃、可燃物应进行严格控制与管理。铲装石渣前应将石渣浇湿,铲装作业时不得产生火花。

⑤通风用的风筒、风道、风门和风墙等设施,应保持密闭、固定牢固,应派专人维修和保养,不得频繁开启风门。

⑥装药前、爆破前和爆破后,爆破工、瓦检员、安全员应同时检查,也就是通常的"一炮三检""三人联锁爆破"。遇有下列情况之一时,未经妥善处理严禁装药或起爆。

a. 放炮地点附近 20m 以内风流中甲烷浓度:微瓦斯超过 0.25%、低瓦斯超过 0.5%、高瓦斯超过 1.0% 时。

b. 隧道内通风风量不够,风向不稳或局部有循环风时。

c. 炮孔内有异状,温度骤高、骤低,煤岩松散或有显著瓦斯涌出时。

d. 炮孔内煤岩粉末未清除干净时。

e. 炮孔无炮泥、封堵不足或不严。

⑦在有煤尘爆炸危险地段开挖作业时,除加强通风外,放炮前、后开挖工作面附近 20m 内应喷雾洒水。

(10)发生瓦斯事故时,应立即启动应急预案。

(11)瓦斯隧道停工后,必须撤出所有人员,切断电源,设置警示标志,禁止人、车辆进入隧道。

(12)瓦斯隧道恢复瓦斯工区通风前,应先启动洞外风机,经瓦斯检测浓度不超过 1.0%,且洞内通风机及其开关附近 10m 以内风流中的瓦斯浓度小于 0.5% 时,方可人工启动洞内通风机,恢复作业。当通风后经瓦斯检测浓度仍存在超过 1.0% 时,应制定并采取排放瓦斯的安全措施。

六、软岩大变形段

(1)高地应力软岩、流变蠕变岩土地段隧道施工,应根据围岩初始地应力及地应力变化规律、围岩特性、围岩变形、结构受力性状、地下水活动状态等因素综合确定施工方案。

(2)开挖和支护应符合下列规定:

①宜采用开挖分部少、可快速闭合的施工方法。分步开挖后,应及时封闭成环。

②应适当加大预留变形量,根据监控量测数据,及时调整开挖预留变形量。

③开挖进尺应按设计要求控制。开挖和支护应尽早完成全断面闭合。

④初期支护应及时施作。加长锚杆、双层初期支护等控制变形措施,应严格按设计要求施工。

⑤上台阶宜采用扩大拱脚措施加强对钢架的支撑。

⑥应采用锁脚导管等方式加强锁脚。

⑦上台阶钢架加工时应根据加大的断面轮廓进行,钢架接长时,应根据已经安装变形后的钢架轮廓加工。钢架宜尽早封闭成环。

(3)仰拱宜紧跟掌子面施工,仰拱与掌子面距离一般不超过 2 倍隧道开挖宽度。

(4)应根据设计预留变形空间,释放弹性变形能。宜合理预留补强空间。

(5)应做好监控量测工作,根据监控量测数据,动态调整支护参数。

(6)二次衬砌应根据"适当释放、控制变形、适时封闭"的原则和设计要求确定施工时机。洞口段施作不宜拖后。

七、岩爆地段

判断产生岩爆的主要指标:

（1）岩石强度 $R_b \geqslant 80MPa$。

（2）岩层原始地应力 $\sigma_0 \geqslant (0.15 \sim 0.2)R_b$。

（3）围岩级别：Ⅰ、Ⅱ或Ⅲ级。

（4）隧道埋深 $H \geqslant 50m$。

（5）岩石干燥无水，呈脆性，节理基本不发育。

满足其中任意三项指标时，即可判定岩爆的存在。

岩爆地段施工应符合以下规定：

（1）隧道施工中在可能发生岩爆的地段，应遵循"以防为主、防治结合"的原则。应进行岩爆的预测预报，针对开挖面前方可能发生的岩爆，及时采取施工对策。

（2）隧道开挖过程中，可采用下列方法进行岩爆预报：

①以超前钻探法为主，辅以地震波、电磁波、钻速测试、地温探测等手段。

②观察岩体表面的剥落，监听岩体内部发生的声响。

③采用工程类比法进行宏观预报。

（3）针对不同岩爆级别的隧道段，应采取下列相应技术措施：

①微弱岩爆地段，可洒水浇湿开挖面。

②中等岩爆地段，可在拱部及边墙开挖线以外 $100 \sim 150mm$ 范围内，通过钻孔喷灌高压水。

③强烈岩爆地段，可先开挖 $15 \sim 30m^2$ 的小导洞，使岩层中的地应力得到部分释放，再扩挖导洞至隧道轮廓。

岩爆判据及描述见表 5-46，岩爆强度分级见表 5-47。

岩爆判据及描述 表 5-46

岩爆级别	岩石强度与垂直隧道轴线方向的最大初始应力比值 R_c/σ_{max}	分级描述
Ⅰ	>7	开挖中将无岩爆发生
Ⅱ	4～7	开挖中可能出现岩爆，洞壁岩体有剥离和掉块现象，新生裂纹较多，成洞性较差
Ⅲ	<4	开挖中常有岩爆发生，有岩块爆出，洞壁岩体发生剥离，新生裂纹多，成洞性差

岩爆强度分级表 表 5-47

分级	分项指标			
	岩石原始地应力与强度比值 σ_0/R_b	围岩级别	隧道埋深（m）	岩石强度 R_b（MPa）
微弱岩爆	0.15～0.25	Ⅱ、Ⅲ	<200	80～120
中等强度岩爆	0.2～0.35	Ⅱ、Ⅲ	200～700	120～180
强烈岩爆	>0.3	Ⅰ、Ⅱ	>700	>180

（4）岩爆隧道施工应采取防范岩爆发生措施，并应符合下列规定：

①开挖宜短进尺循环，每循环进尺宜为 $1.0 \sim 2.0m$。

②应采用光面爆破技术,使隧道开挖周壁圆顺;同时应严格控制单段最大爆破药量。

③对岩爆强烈的开挖面,应按设计施工超前锚杆锁定前方围岩。

④拱部及边墙可布置预防岩爆锚杆。锚杆长度宜为2m、间距0.5~1.0m,并宜与网喷钢纤维混凝土联合使用。

⑤可采取在岩壁切槽的方法释放应力,降低岩爆强度。

⑥可打超前应力释放孔。

⑦可在超前应力释放孔中进行松动爆破。

⑧可喷洒高压水,或(和)钻孔注水或化学溶剂。

⑨可选择合适的开挖断面形式,改善围岩应力状态。

⑩可采用受力及时的摩擦型锚杆、喷射50~80mm厚的钢纤维混凝土,进行支护。

⑪台车、装渣机械、运输车辆宜加装防护钢板。

⑫应在台车上装设钢丝防护网。

(5)隧道施工中发生岩爆,应立即采取下列措施:

①停机待避,必要时人机撤至安全地段。

②观察工作面,并记录岩爆的位置、强度、类型、数量,以及山鸣等。

③每循环内对暴露的岩面找顶2~3次。

④根据岩爆程度和特性,按设计文件和施工方案要求,采取技术措施释放围岩内部应力、采取对应防护、支护措施。

八、黄土地段

(1)黄土隧道的施工应采用机械挖掘,不宜采用钻爆法施工。

(2)根据隧道断面大小、埋深等情况,黄土隧道的施工宜采用环形开挖留核心土法、双侧壁导坑法、中隔壁法等分部开挖法。不得采用长台阶法、中导洞超前法等分部独进开挖方法。

(3)黄土隧道施工防排水应符合下列规定:

①应采取“严防进入,加快排出”的原则,在雨季前按设计做好洞顶、洞门及洞口的防排水系统。排水沟及其施工缝、变形缝应采取防止渗水措施。

②应在雨季前做好隧道洞门。

③对地表冲沟、陷穴、排水沟、地表裂缝等应封闭,并采取回填夯实、填土反压、改变地表水径流等措施,将水排至隧道范围以外。

④应控制施工用水下渗。

⑤地层含水量大时,上台阶宜开挖横向水沟,将水引至隧道中部纵向排水沟排出洞外,防止浸泡拱脚。

⑥可采用井点降水等措施将地下水位降至隧道衬砌底部以下,保证施工顺利进行。

⑦雨季施工应采取可靠措施确保施工安全。

⑧对有明显流向和稳定补给的地下水,应采取截水导坑或者封堵措施,防止隧道开挖后出现大量涌水。

(4)黄土隧道开挖应符合下列规定:

①施工中应严格遵循“管超前、短进尺,强支护、早封闭、勤量测”的施工原则。

②应根据隧道开挖断面的大小选择合理的开挖方法。墙脚、拱脚应预留300mm人工开挖，严禁超挖。

③根据不同围岩级别、含水率和自稳情况，开挖循环进尺可采用0.5～1.5m。

④基底承载力不足时，宜采用树根桩、锁脚锚杆、灰土挤密桩、注浆、换填等处理措施加固隧道基底。

⑤施工中应加强量测、观测。发现不安全因素时，应暂停开挖，加强临时支护，调整施工方案。

（5）黄土隧道的初期支护施工应符合下列规定：

①施工中应注意观察垂直节理。必要时应采取措施，防止塌方事故的发生。

②掌子面不能自稳时，开挖后应立即对隧道周边及掌子面进行喷射混凝土封闭，并及时施作锚杆、钢筋网及钢架。

③喷射混凝土时，喷射机的压力不宜超过0.2MPa。

④锚杆宜采用煤矿螺旋干钻成孔，宜采用药包式或早强砂浆式锚杆。

⑤钢架锁脚锚杆（锚管）施工应符合设计规定。

⑥不得在喷射混凝土前用水冲洗开挖面。

⑦喷射混凝土时，宜分多次复喷至设计厚度。

（6）黄土隧道二次衬砌施工应符合下列规定：

①应综合考虑水平收敛和拱顶下沉速度、初期支护表面裂纹等因素，尽早施工二次衬砌。

②仰拱应超前，并应一次灌注成型，仰拱距离掌子面宜控制在20～30m以内。

③拱墙二次衬砌应整体灌注。

（7）黄土隧道衬砌完成后，应对施工缝、沉降缝、洞口路基过渡段布置水准测点，并定期进行水准监测。监测资料应编入竣工文件。

（8）黄土隧道宜采用耳墙式翼墙洞门，以减少地表水对坡面与洞门衔接处的冲刷。湿陷性黄土地基上的隧道洞门，应根据黄土物理力学性质对端、翼墙地基采取相应的措施。可采用30%白灰和70%炉渣混合料在深度1.0～1.5m范围内换填夯实。

（9）应严格做好监控量测和信息反馈，及时调整开挖方法和支护结构。

第九节　隧道路面与附属设施

一、一般规定

（1）长隧道和特长隧道内路面的施工应根据隧道内的施工作业场地、进度要求、作业程序、施工环境等编制单项施工组织设计。

（2）隧道内路面的材料和施工质量要求，应符合现行《公路水泥混凝土路面施工技术细则》（JTG/T F30）、《公路沥青路面施工技术规范》（JTG F40）及《公路工程质量检验评定标准》（JTG F80）的有关规定。

（3）当隧道内采用水泥混凝土路面而隧道外采用沥青路面时，隧道内外过渡段的各组成层及层间结合施工应按相关的规范执行,并应符合设计规定。

(4)隧道路面施工前,应先进行试验段铺筑,长度宜为 150 ~ 200m。

(5)隧道路面应采用满足施工和环境保护要求的配套机械设备施工。

(6)隧道路面施工应设置满足施工需要的照明和通信系统。

(7)隧道路面施工过程中,隧道内应保持良好通风,采取防火、防烟措施,制定疏散和消防救援预案。

(8)隧道路面施工宜在排水系统施工完成后进行,施工过程中应注意保护排水设施,防止被堵塞和破坏。

(9)路面施工前,地面应干净、无水。

二、阻燃沥青混凝土路面施工

阻燃沥青混凝土路面是适合隧道内铺筑柔性路面的一种新技术。需要通过试验路段确定施工配合比。

(1)阻燃剂的阻燃机理分为三类:

①阻隔热量机理。阻燃剂,如氢氧化镁、氢氧化铝、双羟基金属氧化物(LDH)等受热分解,吸收大量的热量,阻断了热量传递链并降低了可燃物表面温度。

②气相阻燃机理。阻燃剂,如含氮阻燃剂、含溴阻燃剂(如十溴联苯醚、十溴联苯乙烷、四溴二季戊四醇、溴代聚苯乙烯等)受热释放出大量不可燃气体覆盖在可燃物表面,隔绝了可燃物与氧气的接触并稀释了可燃气体的含量。

③凝固相阻燃机理。阻燃剂,如含磷阻燃剂、硼酸锌、含氮阻燃剂等受热时在可燃物表面形成不可燃的碳化膜或玻璃状膜,隔绝氧气和可燃物的接触。

(2)常用的沥青阻燃剂有卤系阻燃剂及其协效剂、镁铝阻燃剂、硼酸锌及消烟剂。

(3)测试沥青的阻燃性能主要按评价塑料材料阻燃性能的测试手段,如氧指数法、水平及垂直燃烧法、锥形量热仪法(CONE)、热重-动态热重法(TG-DTG)等。

①氧指数法(OI)。氧指数可用于表征材料被点燃的难易程度,衡量材料的火灾危险性。石油化工行业标准《沥青燃烧性能测定　氧指数法》(NB/SH/T 0815—2010)规定了标准测试方法。它是指在规定的试验条件下,试样在氧氮混合气流中,维持平稳燃烧(即进行有焰燃烧)所需的最低氧气浓度,以氧所占体积分数的数值表示,作为判断材料在空气中与火焰接触时燃烧的难易程度。一般认为,氧指数小于 7 的属易燃材料,氧指数大于或等于 7 而小于 32 的属可燃材料,氧指数大于或等于 32 的属难燃材料。

②水平及垂直燃烧法。UL94 可燃性测试是美国安全保险材料研究室开发的方法,用来初步评价被测塑料是否适合于某一特定应用场所。《塑料　燃烧性能的测定　水平法和垂直法》(GB/T 2408—2021)规定了测定塑料可燃性的标准方法。

③锥形量热仪法(CONE)。同极限氧指数法相比,锥形量热仪法(CONE)试验更加接近材料的实际燃烧情况,可用于测定材料的引燃时间、质量损失速率、有效燃烧热、烟密度等很多有关材料的阻燃性能参数。

(4)阻燃沥青路面是指在沥青混合料中掺加了阻燃剂的路面。通常的沥青混合料均可以掺加阻燃剂以达到阻燃或减少火灾的目的。

（5）阻燃沥青混凝土施工应符合下列规定：

①沥青混凝土阻燃剂的品种和技术指标应符合设计规定，阻燃剂储存应防潮、防曝晒。

②阻燃剂的用量和添加工艺应根据设计要求和产品说明书，通过试验确定。

③阻燃沥青混凝土的氧指数和烟密度等级应符合设计规定。

④阻燃改性沥青储存罐应带有搅拌装置。

⑤阻燃沥青混凝土拌和、储存、运输、摊铺碾压的时间和温度控制等工艺参数应根据试验选择，经过试验段验证并在施工时严格执行。

⑥加入阻燃剂后沥青混凝土的路用性能指标应符合设计和现行《公路沥青路面施工技术规范》（JTG F40）的规定。

三、水泥混凝土路面施工

（1）隧道路面施工宜在排水系统施工完成后进行，施工过程应确保排水设施完好，排水通畅。隧道洞外转向车道路面应和洞内统筹安排，一并施工。

（2）路面施工应选用满足施工要求的配套机械设备施工。各种机械设备（如三辊轴机组、振捣机及路面切缝机、刻槽机等机械设备）应提前进场，并在施工前做好安装调试工作。

（3）在高速公路隧道水泥混凝土路面应推广使用滑模摊铺工艺，对特大隧道和总长超过3km的隧道群必须采用滑模施工。

（4）由于水泥混凝土路面的抗折强度要求高，对碎石的强度和洁净度也相应要求较高。因此，必须选择符合隧道路面使用质量要求的碎石，使用前应认真清洗。

（5）混凝土路面正式施工前，应铺筑混凝土试验段以确定施工工艺参数。水泥混凝土路面侧模宜采用新的槽钢进行施工。试验段长度宜为150～200m。

（6）隧道路面施工过程中，隧道内必须保持良好通风，并应设置满足施工需要的照明系统。为保证洞内空气质量，路面施工进洞的各类施工机械与车辆，应选用带净化装置的柴油动力，汽油动力机械不宜进洞。

（7）水泥混凝土路面应连续浇筑。浇筑时，已铺设路面地段的修整、防护、养护等作业，应正常进行。

（8）水泥混凝土路面应按设计要求设置伸缩缝、胀缝。

（9）水泥混凝土路面强度未达到设计要求前，不得开放交通。

四、防火涂料和洞门装饰施工

（1）防火涂料材料应符合设计规定，并应符合现行《混凝土结构防火涂料》（GB 28375）的有关规定。储存运输时应防雨防潮，包装不应破损。

（2）防火涂料施工前，应做好下列工作：

①渗漏水应经过处理，并应符合验收规定。

②宜采用高压水枪或高压清洗机，清洗衬砌表面灰尘、油污等。

③衬砌表面应干燥无水。

④作业区地面宜采取防污染、防飞尘措施。

（3）防火涂料和洞门装饰施工前,应先进行试验段施工。

（4）防火涂料施工应符合下列规定:

①宜采用喷涂工艺。

②界面处理、喷涂厚度、喷涂层次、施工温度等应符合产品说明书和设计规定。

③宜自上向下喷涂。

（5）洞门装饰材料应符合设计规定。

（6）洞门装饰施工前,应做好下列工作:

①应检查表面渗漏水情况。

②应将装饰作业的表面整平、清洗干净,并做好基层。

（7）洞门装饰施工时应符合下列规定:

①洞口装饰应表面平整、清洁。

②隧道铭牌字样应美观、醒目,符合国家相关规定。

③采用面砖或料石时,应做到横缝通直、竖缝错开。面砖贴好后,外表面应平整,不得出现凹凸不平。黏结应牢固,背后不应有空洞。面砖材料不得使用反光材料。料石砌筑时,压顶料石应采取特殊加固措施防止脱落。

④采用一般内墙涂料时,色彩应符合设计规定。涂料可采用喷涂或粉刷,但应做到色调均匀,不应出现色斑和杂色。

第十节　改扩建施工

公路隧道改扩建工程包括改建、扩建和增建三种方式。

改建方式:对既有隧道进行衬砌结构加固、路幅调整、路面翻修、排水沟改造、电缆沟改造、增设横洞,以及局部提高技术指标和安全性能,改善服务功能等。

扩建方式:对既有隧道断面进行扩挖,增大断面净空,需要拆除既有衬砌重新施作。

增建方式:与既有隧道并行新建隧道。

根据《公路隧道施工技术规范》(JTG/T 3660—2020)第 17 章"改扩建",公路隧道拓宽改建工程施工质量管理(监理)应符合以下规定。

一、一般规定

（1）隧道改扩建工程施工前,应根据设计文件,隧道改建、扩建、增建隧道施工特点,结合现场实际情况,编制施工方案。

（2）隧道改扩建工程施工前,应对既有隧道的设计、施工、养护、维修和运营情况,以及工程影响范围内其他建(构)筑物和设施的现状等进行调查、核实。

核查内容包括:既有隧道的设计图,施工阶段的相关地质资料,施工情况,设计变更,隧道洞口,隧道排水设施及排水能力,隧道结构检测、维修、加固历史资料,结构现状和隧道运营状况,既有隧道和改扩建工程影响范围内的建(构)筑物、管线、居民等。

（3）隧道改扩建工程施工时,应采取措施减小施工对既有建(构)筑物和设施的影响,必要时尚应采取保护、加固、改移措施。

隧道改扩建工程施工，对既有隧道及其附属设施、周边建（构）筑物和设施有影响时，需采取措施以减小其不利影响。包括：对既有结构和设施的拆除、改移、保护、加固和临时支撑。拆除方法不当、盲目拆除、临时支护不及时、爆破振速过大等均可能造成施工安全事故、交通堵塞，对围岩造成二次过度扰动，影响结构稳定，所以必要时还需要采取保护和加固措施。

（4）隧道改扩建工程施工，应对工程影响范围内的既有隧道及其他建（构）筑物制定监测计划。

隧道改扩建工程施工时，原位改建或扩建时会影响既有隧道，增建时会影响临近的既有隧道，对其全程实施监测，是动态设计和施工的要求，也是确保改扩建工程施工和后期运营安全的重要保证。

二、改扩建工程施工质量监理

（1）既有隧道改建施工应符合下列规定：

①应保持既有隧道主体结构的完整性，不应堵塞既有隧道的排水系统。

②应根据机电和附属设施改造设计要求，做好既有设施的保护与恢复。

③应按设计要求对既有隧道病害进行处治和加固。

④机电设备箱宜明敷。必须新开凿设备洞室时，应避开施工缝、沉降缝和伸缩缝位置，应采用切割凿洞方式，不得进行爆破开孔。

⑤施工期间保持通车的既有隧道，应设置必要的临时安全防护措施和增设交通疏导设施。

（2）既有隧道原位扩建施工应符合下列规定：

①应根据既有隧道的结构形式、结构状况、围岩条件等制定衬砌结构的拆除与扩挖施工实施方案。

②隧道二次衬砌应分段拆除，每次拆除分段长度宜为 2~8m，不得跨施工缝、变形缝一次拆除。

③隧道拆除应先拆除二次衬砌、后拆除初期支护。

④初期支护拆除和扩挖可同步进行，初期支护拆除的分段长度应根据围岩地质条件确定，扩挖后应立即进行新的初期支护施工。

⑤采用爆破拆除和扩挖时，应严格控制单段最大爆破药量，二次衬砌爆破拆除时，分段拆除之间应先切割分离。

既有隧道衬砌拆除方式较多，有爆破方式、静力爆破方式和机械切割、水力切割、凿除等手段。

⑥围岩较差、原坍塌地段拆除时，二次衬砌一次拆除长度不宜大于 3m。初期支护和围岩应先加固后拆除，必要时可采取超前支护措施。二次衬砌有较严重的病害时，衬砌拆除前方应增加临时支撑。

⑦拆除前方应保持对外通道畅通。

⑧扩挖后的二次衬砌应及早施作。

（3）临近既有隧道增建新隧道施工时，应符合下列规定：

①应减少对相邻既有隧道的影响。

②应根据围岩扰动影响与爆破振速控制的设计要求,确定增建隧道施工方法、循环进尺及爆破参数等。

③应对相邻既有隧道衬砌裂缝、附属设施松动等隐患进行排查,对影响围岩稳定和衬砌安全的病害地段应先进行加固处治。

④增建隧道和既有隧道之间新建横通道时,既有隧道横向开洞施工严禁反向出洞。

⑤增建隧道施工期间,应按设计要求对既有隧道实施监测。

⑥增建隧道施工期间保持通车的既有隧道,应采取安全防护措施。不得利用既有隧道进行施工通风。

(4)应根据实时监测信息,动态调整施工参数,及时进行安全隐患排查。

第十一节　冬雨期施工

一、冬期施工规定

隧道工程相对于路基、路面、桥涵等露天作业的工程项目,其施工过程中受风、雨、雪和气温等天气因素的影响是最小的。

根据《公路隧道施工技术规范》(JTG/T 3660—2020)的有关规定,隧道工程的各分项工程是可以在冬期持续施工的。冬期施工应编制专项施工方案,经监理工程师审批后实施。

(1)对于初期支护施工,应符合下列规定:

①喷射混凝土作业区的气温不宜低于5℃,混合料进入喷射机的温度不应低于5℃。

②喷射混凝土强度未达到6MPa之前不得受冻。

③在结冰的层面上不得进行喷射混凝土作业。

④喷射混凝土的拌和条件应符合冬季施工方案的要求,喷射混凝土在洞内拌和时,应将原材料提前运至洞内。

⑤喷射混凝土的养护,当隧道内环境日均温度低于5℃时,不得洒水养护。

(2)对于二次衬砌施工,应符合下列规定:

①冬期施工的混凝土,可掺加引气剂,并按冬期施工有关要求进行施工。掺加引气剂或引气型减水剂时,混凝土的养护时间不得少于14d。

②衬砌混凝土的入模温度应控制在5~32℃。

③隧道内空气湿度不小于90%时,可不进行洒水养护。

(3)对于寒区隧道施工,应配备适应低温条件下能正常工作的施工机具,配备满足施工要求的加温设备和保温器材。寒区隧道的洞口施工应避开积雪期。

二、雨期施工规定

根据《公路隧道施工技术规范》(JTG/T 3660—2020)的有关规定,隧道工程的各分项工程是可以在雨期持续施工的。雨期施工应编制专项施工方案,经监理工程师审批后实施。

(1)对于膨胀土地区隧道,洞门施工应避开雨季。

（2）对于黄土地区的隧道施工应特别注意雨期影响,防排水施工应符合下列规定：

①应采取"严防进入,加快排出"的原则,在雨季前按设计做好洞顶、洞门及洞口的防排水系统。排水沟及其施工缝、变形缝应采取防渗措施。

②在雨季前,应做好隧道洞门施工。

③对地表冲沟、陷穴、排水沟、地表裂缝等应封闭,并采取回填夯实、填土反压、改变地表水径流等措施,将水排至隧道范围以外。

④地层含水率大时,上台阶应开挖横向水沟,将水引至隧道中部的纵向排水沟,排出洞外,防止浸泡拱脚。

⑤在喷射混凝土前,不得冲洗开挖面。

第六章 交通安全设施质量监理

编学考主要参考资料

1.《公路工程标准施工招标文件》(2018 年版·第二册)。
2.《公路交通安全设施施工技术规范》(JTG/T 3671—2021)。
3.《公路工程质量检验评定标准 第一册 土建工程》(JTG F80/1—2017)。

第一节 基 础 知 识

交通安全设施是指为保障行车安全,充分发挥道路的作用,提高其安全性、舒适性、可靠性、实用性的设施,是高速公路最基本的安全保障体系,主要包括交通标志、标线、护栏、隔离栅、防落网、防眩设施、避险车道、突起路标、里程碑和百米桩等。

交通标志、交通标线、视线诱导设施等,为车辆驾驶人员提供公路轮廓和路网信息,使车辆保持在行车道以内行驶;护栏、避险车道等,用以降低交通事故的严重程度,保护人车安全,为失控车辆提供逃生通道;隔离栅、防落网等封闭措施,可以保障公路的运行安全、畅通;防眩设施提供路侧保护和视线诱导,防止眩光对驾驶人的视觉性能产生伤害,对改善道路景观等起着重要的作用。

1. 交通标志

道路交通标志是以颜色、形状、字符、图形等向道路使用者传递信息，用于管理交通的设施。

公路交通标志按板面形状可分为方形、圆形、三角形和菱形等。按交通标志结构形式可分为单柱支撑式、双柱支撑式、单悬臂（F形）、双悬臂（T形）、门架式和附着式六大类。除门架式标志以外，其他均设置在公路路侧。按交通标志的作用分为警告标志、禁令标志、指路标志、指示标志、旅游区标志、施工标志和辅助标志。

交通标志底板可采用铝合金板、铝合金型材、合成树脂等材料，标志面可采用反光膜、主动发光材料或照明设施，交通标志立柱、横梁可采用钢管、型钢、合成材料及钢筋混凝土等材料制作。

反光膜是目前最广泛使用的交通标志逆反射材料，公路交通标志使用的反光膜的光度性能、结构应符合现行《道路交通反光膜》（GB/T 18833）的规定。

2. 交通标线

公路交通标线是由施划或安装于公路道路路面上的各种线条、箭头、文字、图案及立面标记、实体标记、突起路标等构成的交通设施，它的作用是向公路使用者传递有关公路交通的规则、警告、指引等信息，可以与标志配合使用，也可以单独使用。

公路交通标线分为雨夜标线和非雨夜标线两种，其使用的材料为热熔型、双组分型和溶剂型（水性涂料）涂料，按标线设置方式可分为纵向标线、横向标线和其他标线。

3. 公路护栏

公路护栏设置于公路道路两侧或中央分隔带，按护栏在公路道路的安装部位可分为路基护栏、桥梁护栏、中央分隔带开口护栏。公路护栏标准段、护栏过渡段、中央分隔带开口护栏、防撞端头及防撞垫的防护等级及性能应符合《公路护栏安全性能评价标准》（JTG B05-01—2013）的规定。根据碰撞后变形的程度，公路护栏可分为刚性护栏、半刚性护栏和柔性护栏，其主要代表形式为混凝土护栏、波形梁钢护栏和缆索护栏。

4. 隔离栅及防落网

公路隔离栅是用于阻止人和动物随意进入或横穿高等级公路，防止非法占用公路用地的公路基础设施。它可有效地排除横向干扰，避免由此产生的交通延误或交通事故，保障公路的通行安全和效益的发挥。按网片形式，隔离栅分为钢板网、编织网、电焊网和刺钢丝网。公路防落网指设置于上跨公路的分离式立交或人行天桥两侧，以防止坠物危及公路行车的防护设施，其形式比较简单。

5. 防眩设施

公路防眩设施的设置可防止对向行驶车辆前照灯使驾驶人员产生眩目，改善夜间行车条件，消除驾驶人员夜间行车的紧张感，减少交通事故。良好的防眩设施还可改善高速公路的景观。高速公路上的防眩设施主要有防眩板、防眩网和绿植防眩等。防眩设施既要有效地遮挡对向行驶车辆前照灯的眩光，也要满足横向通视好、能看到斜前方、对驾驶人员心理影响小的要求。

6. 视线诱导设施

视线诱导设施主要包括轮廓标、合流诱导标、线形诱导标、隧道轮廓带、示警桩、示警墩、道口标柱等设施,公路视线诱导设施属于主动引导设施,对提高夜间公路行车安全水平有重要作用。

(1)轮廓标。轮廓标以指示公路的前进方向和边缘轮廓为主要目的,设置于公路边缘。夜间在车灯照射下,它可以使公路轮廓亮起来,增加驾驶人行驶的安全性,也美化公路。当路边无构造物时,轮廓标为柱体,独立设置于路边土路肩中,一般称为柱式轮廓标;当路边有护栏、桥梁栏杆等构造物时,轮廓标可附着于构造物的适当位置上,一般称为附着式轮廓标。

高速公路、一级公路的主线及其互通式立体交叉、服务区、停车区等处的进出匝道和连接道及避险车道应全线连续设置轮廓标,中央分隔带开口路段应连续设置轮廓标,隧道侧壁应设置双向轮廓标。轮廓标应在公路前进方向左右侧对称设置。高速公路、一级公路按行车方向配置白色反射体的轮廓标安装在公路右侧,配置黄色反射体的轮廓标安装在中央分隔带。避险车道轮廓标颜色为红色。轮廓标反射体面向交通流安装。

(2)合流诱导标、线形诱导标。合流诱导标、线形诱导标分别属于警告标志和指路标志。

(3)隧道轮廓带。隧道轮廓带近年来在特长隧道、长隧道应用较多,主要用于指示隧道横断面轮廓。

(4)示警桩、示警墩。对于三、四级公路,达不到护栏设置标准但存在一定危险因素的路段,设置示警桩、示警墩。

(5)道口标柱。道口标桩设置在公路沿线较小交叉路口两侧。

7. 突起路标

公路突起路标是固定于路面的突起标记块,可用来标记对向行车道分界线、同向行车道分界线、行车道边缘线等,也可用来标记弯道、进出口匝道、导流标线、公路变窄、路面障碍物等危险路段。公路突起路标配合标线使用,也可以作为标线单独使用。

8. 里程碑及百米桩

公路里程碑表示的是公路的里程数,用水泥混凝土或单柱式反光标志制作,每公里设置一块。高速公路每两块里程碑之间,每间隔100m设置一块百米桩,显示每百米的距离,通常为附着于护栏上的反光标志或单柱式反光标志。

9. 避险车道

避险车道主要设置在山区公路中或者公路连续长大下坡路段行车道外侧,是专为在行车过程中制动失效的车辆驶离正线进行减速停车而设置的专用安全车道。

第二节 施 工 准 备

一、一般规定

(1)公路交通安全设施施工前,应熟悉设计文件、掌握设计要点,并核查设计图纸是否齐全、清晰、准确,发现问题应及时提出并解决。

（2）公路交通安全设施施工前,施工单位组织技术交底。

（3）应结合设计图纸、监理验收资料等对现场条件进行检查、验收。根据不同公路交通安全设施施工技术要求,对前道工序进行检查,发现问题应查明原因,提交建设单位进行处理,整改验收合格后方能进行后序工程的施工。

（4）施工单位应根据设计文件及工艺要求按品种、规格、数量采购施工所用产品和原材料,并符合以下规定:

①施工所用产品和原材料应具有出厂合格证、产品检测报告或原材料质量证明文件。

②施工所用产品和原材料进场时宜按各项规定的检验方法进行质量验收检验,合格后方可使用。

③新型护栏标准段和过渡段、中央分隔带开口护栏、缓冲设施等产品主要构件的规格尺寸和材料性能不应低于实车碰撞试验样品对应构件的国家或行业标准要求。

（5）施工专用机械设备、生产工具应在施工前进行安装调试和校验,试验检测设备、仪器应经检定或校准合格。

（6）施工所用产品和原材料应根据其品种、规格及用途分别标识、妥善存放。

（7）施工所用产品和原材料及施工机械停放于通车公路上时,应按现行相关标准规范设置相应的标志、警示和防护设施。

（8）采用预制加工时,应根据工程需求、项目特点和环境要求等确定预制厂位置及规模。

二、交通安全设施工程划分

根据《公路工程质量检验评定标准　第一册　土建工程》(JTG F80/1—2017)附录 A 的规定,公路交通安全设施的单位工程、分部工程、分项工程划分见表 6-1。

公路交通安全设施单位工程、分部工程、分项工程划分 　　　　表 6-1

单位工程	分部工程	分项工程
交通安全设施(每20km 或每合同段)	标志、标线、突起路标、轮廓标(5～10km 路段)	标志、标线、突起路标、轮廓标
	护栏(5～10km 路段)	波形梁护栏、缆索护栏、混凝土护栏、中央分隔带开口护栏
	防眩设施、隔离栅、防落物网(5～10km 路段)	防眩板、防眩网、隔离栅、防落物网等
	里程碑和百米桩(5km 路段)	里程碑和百米桩
	避险车道	避险车道

三、工程施工应满足的基本要求

（1）进场材料必须保证产品品质,须经有资质的检测机构检测合格,并保证运输环节没有受到损坏,经进场检验确认满足设计要求后方可使用。

（2）交通安全设施采用钢质材料时,外露金属材料必须做防腐处理并符合现行《公路交通工程钢构件防腐技术条件》(GB/T 18226)的规定。

（3）施工专用机械设备、生产工具应满足施工需要,试验检测设备、仪器应经检定或校准合格。

（4）各种构件的安装工艺应符合设计要求和规范标准的规定。

（5）公路交通安全设施的施工应在前道工序验收合格的基础上进行。

（6）公路交通安全设施的立柱应有足够的强度,安装位置正确、符合施工图设计要求,固定牢固。

（7）交通标志、路面标线及视线诱导设施应当清晰、醒目,反光效果良好。

（8）护栏线形应无凹凸、起伏现象。

（9）公路交通安全设施施工过程应有真实、准确、齐全、完整的施工原始记录、试验检测数据、质量检验结果等质量保证资料。

第三节　交通标志

一、一般规定

（1）交通标志应按施工准备、基础施工、立柱和横梁等构件和标志板加工制作、交通标志安装等工序进行施工。

（2）应结合设计图纸、监理验收资料等对现场条件进行检查、验收。发现以下问题,应查明原因,提交建设单位进行处理,整改验收合格后方能进行后序工程的施工:

①桥梁、隧道段的交通标志基础无预留预埋或预留位置、预埋基础不满足设计要求;

②交通标志的设置位置与通信管道、电力管线等隐蔽工程冲突;

③交通标志之间以及与可变信息标志等设施相互干扰;

④照明灯杆、上跨桥梁、路侧挡墙、声屏障、绿化等设施遮挡交通标志;

⑤与设计不符或其他设施冲突的其他情况。

二、材料控制

（1）除设计文件另行规定外,交通标志所用材料应符合下列规定:

①标志底板及支撑件所用材料的结构尺寸、外观质量、防腐层质量和材料力学性能等应符合现行《道路交通标志板及支撑件》(GB/T 23827)的规定。

②逆反射材料的外观质量、光度性能、色度性能、抗冲击性能、耐溶剂性能、耐盐雾腐蚀性能、耐高低温性能、耐候性能等应符合现行《道路交通反光膜》(GB/T 18833)的规定。

③交通标志的立柱、横梁等构件采用应符合现行《结构用无缝钢管》(GB/T 8162)、《直缝电焊钢管》(GB/T 13793)等的规定。

④交通标志基础所用的钢筋、水泥、细集料、粗集料、拌和用水、外加剂等材料的技术指标应符合现行《公路桥涵施工技术规范》(JTG/T 3650)的规定。

（2）材料进场时应按规定检查出厂质量证明书、检测报告和外观,对不同类型及生产厂家的材料应分批抽取试样进行检测,检测方法应符合现行国家和行业标准的规定,合格后方可使用。

（3）除设计文件另行规定外,预埋在混凝土基础中的钢构件可不进行防腐处理,其他钢构件均应按照现行《公路交通工程钢构件防腐技术条件》(GB/T 18226)及下列规定进行防腐处理：

①所有钢构件,在进行防腐处理前,均应进行表面除锈、脱脂等处理。

②螺栓、螺母、垫圈等紧固件和连接件经热浸镀锌处理后,应清理螺纹或进行离心分离处理。

③钢构件进场时应对防腐层厚度进行检查,每一构件的上、中、下断面表面用涂层测厚仪测四点取均值,防腐层厚度应符合设计要求。

（4）质量检验项目及抽样频率见表6-2。

交通标志板材料检验项目及抽样频率 表6-2

检验项目		抽样频率
1.外观质量	1.1 总体要求	10%
	1.2 板面缺陷	10%
	1.3 板面平面度	10%
	1.4 反光膜拼接	10%
2.结构尺寸	2.1 总体要求	10%
	2.2 外形尺寸偏差	10%
	2.3 标志底板厚度	10%
	2.4 标志底板边缘	10%
	2.5 底板与滑槽连接	10%
3.标志面反光膜逆反射系数		10%
4.标志面色度性能		10%

注:按《道路交通标志和标线 第2部分:道路交通标志》(GB 5768.2—2022)规定的类别,以块为单位产品。

（5）交通标志反光膜检验项目及抽样频率见表6-3。

交通标志反光膜材料检验项目及抽样频率 表6-3

检验项目	抽样频率	检验项目	抽样频率
1.外观质量	5%	8.收缩性能	1m/颜色/批
2.色度性能	1m/颜色/批	9.防粘纸可剥离性能	1m/颜色/批
3.逆反射系数	1m/颜色/批	10.抗拉荷载	1m/颜色/批
4.耐候性能	提供有效期内检测报告	11.耐溶剂性能	1m/颜色/批
5.抗冲击性能	1m/颜色/批	12.耐盐雾腐蚀性能	1m/颜色/批
6.耐弯曲性能	1m/颜色/批	13.耐高低温性能	1m/颜色/批
7.附着性能	1m/颜色/批		

注:以卷为单位产品,起始组批数量为500m²,每增加500m²为一批。

三、施工技术规定

（1）交通标志基础施工应按下列工序和规定进行:

①基坑开挖。基础应放样定点后开挖,基坑的位置和几何尺寸均应满足设计文件的要求,基坑开挖时应保护施工现场周围。双柱或多柱基础不宜同时施工。开挖的基坑四周应进行围

封,设立明显的警示标志。

②基底处理。基坑开挖后应平整基底、清理坑壁、检测基底的地基承载力。设计文件未具体规定时,地基承载力可采取直观或触探等方法进行检测。每个基坑应至少选取一个检测点,地基承载力应满足设计文件的规定。设计文件中未规定时,地基承载力应不小于150kPa。出现软弱地基等不良地质条件时,应按设计文件的规定对基坑进行处理。

③模板安装。基坑验收合格后,在基础混凝土外露部分和基坑上沿以下 10 ~ 20cm 位置安装模板,然后按设计文件要求安装钢筋和绑扎。模板的制作、安装以及钢筋绑扎、安装应符合现行《公路桥涵施工技术规范》(JTG/T 3650)的规定。

④法兰盘安装。模板和钢筋验收合格后,在浇筑混凝土之前应按照设计图纸准确安装底座法兰盘,可在与公路中心线平行和垂直的方向各拉一条线作为定位线,然后在侧模板上中分画线,放置法兰盘时应确保基础纵横轴线与法兰盘纵横轴线两两重合。预埋地脚螺栓应与法兰盘垂直固定,底座法兰盘应安置水平。

⑤混凝土浇筑。法兰盘安放合格后,应固定底座法兰盘和地脚螺栓,然后开始浇筑混凝土,混凝土的强度应符合设计要求,混凝土的浇筑应符合现行《公路桥涵施工技术规范》(JTG/T 3650)规定。混凝土的浇筑不应影响地脚螺栓和法兰盘的位置。

⑥调整养护。混凝土浇筑完成后,应再次对法兰盘水平情况进行检查、调整。法兰盘表面应擦拭干净,不得留有混凝土或其他异物,预埋螺栓的外露部分应清理干净并采取保护措施。对基础外露部分进行抹平后,应按照现行《公路桥涵施工技术规范》(JTG/T 3650)规定进行混凝土养护。拆模时间应根据气温和混凝土强度确定,夏季宜在混凝土终凝后24h,冬季混凝土强度不宜低于5MPa,拆模不得破坏混凝土表面和棱角。

⑦基础回填。基础的回填土应分层夯实,与相邻地面齐平。

(2)交通标志钢构件的加工和运输应符合下列规定:

①应根据施工放样协调后标志基础实际位置、净空要求和设计文件确定立柱和横梁的加工长度。

②悬臂、门架式标志横梁制作应按照设计文件的要求设置预拱度。

③所有钢构件的切割、钻孔、冲孔、焊接等加工均应按现行《公路桥涵施工技术规范》(JTG/T 3650)和设计文件的要求,在防腐处理之前完成。

④所有钢构件在运输过程中不应出现变形或损坏,不应损伤防腐层,宜采用保护性包装材料隔离保护。

(3)标志底板制作加工应符合下列规定:

①标志底板应根据设计尺寸在工厂进行加工成型,并根据设计文件的要求进行加固、拼接、冲孔、卷边等工序。标志板面应平整,无裂缝、无刻痕。

②大型标志底板需要拼接时,拼接处应保证紧凑、密实,铆钉应与铝板无明显缝隙,拼接后标志板面应平整,不得有错台。

③加工完成后,标志底板应进行打磨、清洗、干燥等工艺处理,标志底板应彻底干透后方能进行贴膜。清洗处理完成后直到粘贴反光膜前,不得用手直接触摸标志底板,亦不应再与油脂或其他污物接触。

(4)标志板面粘贴反光膜时,其制作加工应符合下列规定:

①标志反光膜应在干净、无尘土、温度不低于18℃、相对湿度在20%~50%的车间内，按照反光膜产品的要求进行粘贴。

②版面的形状、颜色、文字、箭头、编号、图形及边框等应按现行《道路交通标志和标线》（GB 5768）和设计文件的规定制作。

③反光膜制作和粘贴工艺可根据标志特点和实际条件进行选择，所选工艺不得影响反光膜颜色、反光性和耐候性等指标。除特殊情况外，宜采用机器贴膜。

④新设置的交通标志应采用同一品牌、同一批次的反光膜。

⑤反光膜拼接应符合下列规定：

a. 标志底板的长度或宽度小于反光膜产品的最大宽度时，不得拼接。

b. 当不能避免拼接时，应使用反光膜产品的最大宽度进行拼接，距标志板边缘50mm之内，不得有贯通的拼接缝。

c. 搭接时，宜竖向拼接，压接宽度不应小于5mm。在反光膜搭接粘贴后，反光膜自行开裂前，应沿着搭接缝将反光膜切割断开，并刮压。

d. 棱镜型反光膜应平接。平接接缝间隙不应超过1mm，平接缝应垂直于地面，不得平行于地面。

（5）包装、储存及运输标志面时，应符合下列规定：

①标志贴膜完成后应在通风干燥的室内竖直存放24h以上，再移出室外进行储存或安装。储存时应竖直放置，不得水平堆叠，并不得浸泡在积水中。

②运输时标志面应竖直放置，并采用隔离材料保护，在到达目的地后应立即去除隔离保护。

③运输时应对标志面进行固定，不得碰撞、挤压标志面，保证表面平整不变形。

（6）交通标志现场安装应符合下列规定：

①标志支撑结构应在基础混凝土强度达到设计强度的80%以上后，经监理工程师批准后安装。

②标志板安装前应依据设计文件对交通标志基础、立柱和标志板一一进行核对。检查标志板、支撑结构是否存在裂缝、变形等影响安装的缺陷。

③小型交通标志可在立柱安装固定后安装标志板，门架、悬臂等交通标志宜将交通标志板安装后整体吊装。紧固件的紧固方法应符合设计要求，加劲法兰盘与底座法兰盘应水平、密合，拧紧螺栓后支柱不得倾斜。

④大型标志板现场拼接时，拼缝应平顺、紧密，不大于3mm，不得影响标志中图形、文字和重要符号的视认性，板面应保持平整，不得有错台，整体强度应不低于单板。

⑤标志架安装时应利用水平尺校正立柱竖直度，最后用扳手把螺栓均匀拧紧，用水泥砂浆对加劲法兰盘与基础之间的缝隙进行封闭。

⑥标志板安装到位后，应调整标志板面平整度，根据设置地点公路的平、竖曲线线形调整标志板安装角度，标志板安装角度应满足设计文件要求。

四、施工过程质量监理

1）交通标志基础施工过程的质量控制

（1）基础应依据设计位置放样，门架式交通标志两个立柱中心之间的连线应与道路中心线垂直,允许偏差为±1°。

(2)基坑尺寸不应小于设计值,基础埋深应符合设计要求。

(3)基坑的地基承载力应满足设计文件的规定。设计文件中未规定时,地基承载力应不小于150kPa。

(4)钢筋应平直、无弯折,表面应洁净,无油渍、漆皮、鳞锈。每片受力钢筋网应在中断面取一点进行检查。

(5)模板不得有移位和凸出,应对其平面位置、顶部高程、节点联系及纵横向稳定性进行检查。

(6)浇筑混凝土前后均应用水平尺等仪器检查法兰盘水平情况,法兰盘平整度应符合要求,预埋件应齐全,地脚螺栓外露部分应妥善保护。

(7)混凝土外露表面应密实、平整,蜂窝、麻面面积不超过结构同侧面积的0.5%,不得有肉眼可见的明显裂缝。

(8)基础顶面平整度应符合要求。

2)钢构件安装前的质量检查

(1)所有钢构件应无变形或损坏。

(2)所有钢构件防腐层应均匀、颜色一致,不得有流挂、滴瘤或多余结块,表面应无缺漏、损伤等缺陷。钢构件在运抵施工现场后,如出现防腐层损坏,应在现场进行处理,严重的应清除出场。

(3)用钢卷尺或游标卡尺测量立柱、横梁的断面尺寸,应符合设计要求,用钢尺测量标志立柱、横梁的制作长度,与经现场调整确定的长度允许偏差为±5mm。

(4)法兰盘尺寸应正确,连接紧密,无裂纹、未熔合、夹渣、凹槽等缺陷。抱箍、扣压块、螺栓、螺母等紧固件应符合设计要求。

3)交通标志立柱等支撑结构安装的质量控制

(1)标志立柱、横梁的焊接部分质量应符合现行《公路桥涵施工技术规范》(JTG/T 3650)的规定,无裂缝、未熔合、夹渣等缺陷。

(2)应用垂线、直尺或经纬仪在相互垂直的两个方向测量,检查立柱竖直度是否符合要求。

(3)各部位联结螺栓应齐全,拧紧程度应一致。

4)标志面制作的质量检查

(1)标志面应清洁干净、平整完好,无起皱、开裂、缺损或凹凸变形,标志面任一处面积为500mm×500mm表面上,气泡总面积不得大于10mm^2。

(2)用钢卷尺或万能尺等检查外形尺寸,外形尺寸允许偏差为±5mm。标志板长度大于1.2m时,允许偏差为其外形尺寸的±0.5%,板面不平度不应大于7mm/m。

(3)标志面汉字、拉丁字母、阿拉伯数字的字体应采用交通标志专用字体,并符合现行《道路交通标志和标线》(GB 5768)和设计文件的规定。

五、质量检验标准和实测项目

《公路工程质量检验评定标准　第一册　土建工程》(JTG F80/1—2017)给定的质量检验标准和实测项目见表6-4。

交通标志的质量检验标准和实测项目　　表 6-4

项次	检查项目	规定值或允许偏差	检查仪具和频率
1△	标志面反光膜逆反射系数(cd·lx^{-1}·m^{-2})	满足设计要求	逆反射系数测试仪：每块板每种颜色测 3 点
2	标志板下缘至路面净空高度(mm)	+100,0	经纬仪、全站仪或尺量:每块测 2 点
3	柱式标志板、悬臂式和门架式标志立柱的内缘距土路肩边缘线距离(mm)	满足设计要求	测量:每处测 1 点
4	立柱竖直度(mm/m)	3	垂线法:每根柱测 2 点
5	基础顶面平整度	4	尺量:对角拉线测最大间隙,每个基础测 2 点
6	标志基础尺寸(mm)	+100, -50	尺量:每个基础长度、宽度各测 2 点

按照《逆反射术语》(JT/T 688—2022)的规定,逆反射系数 R_A 为发光强度与逆反射体的表面积之比,以坎德拉每勒克斯每平方米表示(cd·lx^{-1}·m^{-2})。使用逆反射系数测试仪检测。

第四节　交 通 标 线

一、一般规定

(1)新铺沥青路面的交通标线施工,可在路面施工完成 7d 后开始。新建水泥混凝土路面的交通标线施工,应在混凝土养护膜老化起皮并清除后开始。

(2)交通标线宜在白天施工。在雨、雪、沙尘暴、强风、气温低于材料规定施工温度的天气,应暂停施工。

二、材料控制

(1)标线材料的技术指标,应根据设计文件的要求,考虑公路所在区域、施工季节、路面情况等条件确定。

(2)除设计文件另行规定外,标线涂料使用说明书中应提供预混玻璃珠的比例、面撒玻璃珠的撒布量,以及推荐的施工条件、施工设备和施工工艺。双组分涂料使用说明书中还应提供各组分的混合配比。

(3)热熔型交通标线涂料检验项目及抽样频率见表 6-5。

热熔型交通标线涂料检验项目及抽样频率　　表 6-5

检验项目	抽样频率	检验项目	抽样频率
1. 密度	1 袋/批	8. 预混玻璃珠含量	1 袋/批
2. 软化点	1 袋/批	9. 预混玻璃珠成圆率	1 袋/批
3. 不粘胎干燥时间	1 袋/批	10. 流动性	1 袋/批
4. 涂膜颜色与外观	1%	11. 涂层低温抗裂性	1 袋/批
5. 色度性能	1 袋/批	12. 加热稳定性	1 袋/批
6. 抗压强度	1 袋/批	13. 耐候性能	提供有效期内检测报告
7. 耐磨性	1 袋/批		

注:以袋为单位产品,起始组批次数量为 50t,每增加 50t 为一批。

（4）双组分交通标线涂料检验项目及抽样频率见表6-6。

双组分交通标线涂料检验项目及抽样频率　　　表6-6

检验项目	抽样频率	检验项目	抽样频率
1.容器中状态	1%	9.耐磨性	1桶/批
2.预混玻璃珠含量	1桶/批	10.耐水性	1桶/批
3.预混玻璃珠成圆率	1桶/批	11.耐碱性	1桶/批
4.密度	1桶/批	12.附着性(划圈法)	1桶/批
5.施工性能	1%	13.柔韧性	1桶/批
6.涂膜外观	1%	14.涂层低温抗裂性	1桶/批
7.不粘胎干燥时间	1桶/批	15.玻璃珠含量	1桶/批
8.色度性能	1桶/批	16.耐候性能	提供有效期内检测报告

注：以桶为单位产品，起始组批次数量为20t，每增加20t为一批。

三、施工技术规定

（1）交通标线宜采用机械化施工。施工专用机械设备应符合设计文件或产品使用说明书的规定。

（2）交通标线正式施划前应在试验路段进行试划，试验路段应有代表性，长度不宜短于200m，高速公路、一级公路可按单向计算。

（3）试验路段应结合设计文件和交通标线材料使用说明书的规定对划线车的行驶速度，试划标线的长度、宽度、厚度，玻璃珠面撒率，标线的逆反射亮度系数等进行现场检测，确定施工参数。检测结果符合规定时，施工参数可作为正式施工的依据；否则应调整施工参数，直至检测结果符合规定为止。

（4）交通标线的施工应符合下列规定：

①路面清洁。路面应清洁干燥，不得存在松散颗粒、灰尘、沥青渣、油污或其他有害材料。

②标线放样。应根据设计文件的要求确定标线位置、宽度、长度，标线应与公路线形相协调，流畅美观。

③确定参数。应根据试验路段确定的施工参数进行施工。

④预留位置。应采取措施为位于禁止跨越同向或对向车行道分界线上的突起路标预留位置。

⑤溶剂型涂料标线施工。溶剂型涂料标线可用气动喷涂机或高压无气喷涂机等设备施工。采用气动喷涂机时，应控制好稀释剂用量和喷涂直径。条件允许时，宜采用高压无气喷涂机施工。施工完成后15min，不得受到车辆碾压。标线干燥后，可开放交通。

⑥热熔型涂料标线施工。热熔型涂料标线施工时，应在路面上先涂抹$60\sim230g/m^2$的下涂剂。下涂剂不粘车轮胎、不粘灰尘和砂石时，可进行标线涂布作业。根据热熔型涂料采用的树脂类型和配方，将热熔型涂料加热至$180\sim220℃$之间的合适温度后，可用划线机涂敷于路面，同时撒布玻璃珠，撒布时间应严格控制。施工完成后5min，涂料不粘轮胎时，可

开放交通。

⑦水性涂料标线施工。水性涂料标线应采用专用设备施工。施工前应根据施工工艺要求对设备进行调试,施工过程中应注意对设备行驶速度等喷涂参数的控制。当施工持续时间较长时,应检查涂料喷枪、喷头等配件的磨损情况,并提前准备好替换配件。施工中如有间断或每天工作完成后,应对设备进行及时清洗。施工完成后15min不粘轮胎时,可开放交通。

⑧双组分涂料标线施工。双组分涂料标线应采用专用设备施工。施工前应将主剂、固化剂组分按产品说明书规定的比例搅拌均匀,其中固化剂组分用量应根据环境温度等进行调整。施工过程中应注意各组分出料量的控制,并结合实际情况对设备压力、喷嘴口径、涂料黏度等进行调整。施工后应按设备生产厂家提供的方法对设备进行及时清洗。施工完成后60min不粘轮胎时,可开放交通。

⑨预成型标线带施工。预成型标线带可分为自带背胶型和底胶、标线带分离式两种。自带背胶型预成型标线带可在清理拟划线区域后直接铺装,然后进行压实;底胶、标线带分离式预成型标线带应先清理拟划线区域,然后涂布底胶,最后铺筑标线带并进行压实。

⑩跟踪检测。交通标线施划过程中应对交通标线厚度、逆反射亮度系数等检查项目进行跟踪检测,检测频率宜为每150m检测1次。

⑪改扩建工程。改扩建工程标线施工可在施工过程中根据设计文件的规定临时施划溶剂型标线;在全幅路面施工完成后,可在溶剂型标线上施划热熔型标线。

四、施工过程质量监理

(1)交通标线、突起路标的颜色、形状、文字、图案和尺寸应符合现行《道路交通标志和标线》(GB 5768)和设计文件的规定。

(2)交通标线、突起路标的设置位置应符合设计文件的规定。

(3)标线线形应流畅,与公路线形相协调,其中曲线标线应圆滑,不得出现折线。

(4)反光标线面撒玻璃珠应撒布均匀、附着牢固、反光均匀,标线的逆反射亮度系数应满足设计文件的规定。

(5)标线涂料表面不应出现网状裂缝、断裂裂缝、气泡、变色、剥落、纵向有长的起筋或拉槽等现象。

(6)交通标线以外的路面,应保持清洁。当因标线材料导致的污染面积超过$1000mm^2$时,应进行清除。

(7)交通标线的外观质量、外形尺寸偏差、厚度偏差、色度性能、光度性能和抗滑性能应符合现行《道路交通标线质量要求和检测方法》(GB/T 16311)和设计文件的要求。除施划过程控制交通标线质量外,在开放交通后,可结合其设计使用年限,对在用交通标线每隔半年或定期进行1次厚度、光度性能跟踪检测;或按交通标线养护相关标准执行。

五、质量检验标准和实测项目

《公路工程质量检验评定标准 第一册 土建工程》(JTG F80/1—2017)给定的质量检验标准和实测项目见表6-7。

交通标线的质量检验标准和实测项目　　　　　　　　　表 6-7

项次	检查项目			规定值或允许偏差	检查仪具和频率
1	标线线段长度（mm）	6000		±30	尺量：每1km测3处，每处测3个线段
		4000		±20	
		3000		±15	
		2000		±10	
		1000		±10	
2	标线宽度（mm）			+5,0	尺量：每1km测3处，每处测3点
3△	标线厚度（干膜,mm）	溶剂型		不小于设计值	标线厚度测量仪或卡尺：每1km测3处，每处测6点
		热熔型		+0.50, -0.10	
		水性		不小于设计值	
		双组分		不小于设计值	
		预成型标线带		不小于设计值	
		突起型	突起高度	不小于设计值	
			基线厚度	不小于设计值	
4	标线横向偏位（mm）			≤30	尺量：每1km测3处，每处测3点
5	标线纵向间距（mm）	9000		±45	尺量：每1km测3处，每处测3个线段
		6000		±30	
		4000		±20	
		3000		±15	
6△	逆反射亮度系数 R_L（mcd·m^{-2}·lx^{-1}）	非雨夜反光标线	I级 白色	≥150	标线逆反射测试仪：每1km测3处，每处测9点
			I级 黄色	≥100	
			II级 白色	≥250	
			II级 黄色	≥125	
			III级 白色	≥350	
			III级 黄色	≥150	
			IV级 白色	≥450	
			IV级 黄色	≥175	
		雨夜反光标线	干燥 白色	≥350	干湿表面逆反射测试仪：每1km测3处，每处测9点
			干燥 黄色	≥200	
			潮湿 白色	≥175	
			潮湿 黄色	≥100	
			连续降雨 白色	≥75	
			连续降雨 黄色	≥75	
		立面反光标记	干燥 白色	≥400	
			干燥 黄色	≥350	
			潮湿 白色	≥200	
			潮湿 黄色	≥175	
			连续降雨 白色	≥100	
			连续降雨 黄色	≥100	

续上表

项次	检查项目		规定值或允许偏差	检查仪具和频率
7①	抗滑值（BPN）	抗滑标线	≥45	摆式摩擦系数测试仪：每1km测3处
		彩色防滑路面	满足设计要求	

注：①抗滑标线、彩色防滑路面测量抗滑值。

第五节 护栏和栏杆

一、一般规定

（1）护栏和栏杆施工安装前，应现场实地踏勘、检查前道工序。发现问题应查明原因，提交建设单位进行处理，整改验收合格后方能进行后序工程的施工。

（2）缆索护栏、波形梁护栏的路基土压实度和混凝土护栏的地基承载力应符合设计文件的规定。

（3）立柱打入的护栏宜在水泥混凝土路面、沥青路面下面层施工完毕后施工，不得早于路面基层施工，并控制好护栏立柱高程。混凝土护栏可在路面基层施工完毕后路面摊铺前施工。

（4）护栏立柱采用打入法施工时，应与通信管道、电力管道和排水设施的施工相协调。排水设施与护栏冲突时，宜修改排水设施的位置，或根据实际情况变更护栏设计。

（5）桥梁护栏和栏杆应在桥梁车行道板、人行道板、混凝土铺装层施工完毕，跨中支架及脚手架拆除后桥跨处于独立支撑的状态时方能施工。混凝土桥梁护栏应在桥面的两侧对称进行施工。

（6）对于需要焊接加工的金属护栏和栏杆，应在防腐处理前加工成型，并在防腐处理前对所有外露焊缝做好磨光或补满的清面工作。

（7）所有护栏和栏杆产品到场后，应按施工路段或产品到场批次根据规定进行抽样检查，产品质量应符合相关标准的要求。

（8）所有钢构件均应进行防腐处理。除设计文件另行规定外，防腐处理均应符合现行《公路交通工程钢构件防腐技术条件》（GB/T 18226）的规定。螺栓、螺母等紧固件和连接件在防腐处理后，应清理螺纹或进行离心分离处理。

（9）每一道工序满足质量要求时，可进入下一道工序。

二、缆索护栏

(一)材料控制

除设计文件另行规定外，路侧及中央分隔带缆索护栏所用的各种材料的规格、材质均应符合现行《缆索护栏》（JT/T 895）、《公路护栏用镀锌钢丝绳》（GB/T 25833）及《钢结构用高强度大六角头螺栓、大六角螺母、垫圈技术条件》（GB/T 1231）等的要求，其中厚度为防腐处理前的厚度。

(二)施工技术规定

1. 立柱放样

(1)应根据设计文件和现场桥梁、涵洞、通道、路线交叉、隧道等的分布确定控制立柱的位置,并测定控制立柱之间的间距,据此调整端部立柱、中间端部立柱、中间立柱的设置位置。

(2)应调查立柱下是否存在地下管线、构造物等设施并进行适当处理。

2. 端部立柱和中间端部立柱施工

(1)应根据设计文件的要求,将立柱、斜撑及底板焊接成牢固的三角形支架。

(2)应根据最终确定的立柱位置开挖基坑、浇筑混凝土基础,到达规定高程时,应对三角形支架进行准确定位。基坑开挖、地基检验、地基处理及混凝土的浇筑应符合现行《公路桥涵施工技术规范》(JTG/T 3650)及设计文件的规定。

(3)位于桥梁、涵洞、通道、挡土墙等构造物的端部立柱和中间端部立柱,应根据设计文件的要求进行基础预埋。

(4)混凝土基础尺寸和立柱埋深应满足设计文件要求。

3. 中间立柱施工

(1)立柱纵向和横向位置应符合设计文件的规定,并与公路线形相协调。

(2)位于土基中的立柱,宜采用打入法施工;位于石方区或填石区的立柱,宜采用钻孔法施工,也可采用挖埋法施工,或根据设计文件的要求设置混凝土基础。

(3)采用打入法施工时,立柱表面可标注表示打入深度的刻度尺。打入过深时,不得将立柱部分拔出加以矫正,应将其全部拔出,将基础压实到设计规定的要求后再重新打入。立柱无法打入到要求深度时,不得将立柱的地面以上部分焊割、钻孔,不得使用锯短的立柱,宜采用钻孔法安装立柱,也可采用挖埋法安装立柱,或依据设计变更的要求改成混凝土基础。

(4)采用钻孔法施工时,可根据土质条件确定钻孔深度,立柱固定后缝隙应灌注砂浆或混凝土并夯实。

(5)采用挖埋法施工时,回填土应分层夯实,每层回填土厚度不应超过15cm,回填土的压实度不应小于设计规定值。填石路基中的柱坑,应用粒料回填并夯实。挖埋法施工时,也可直接回填混凝土并振捣。

(6)在铺有路面的路段设置立柱时,柱坑从路基至面层以下5cm处应采用与路基相同的材料回填并分层夯实,余下部分应采用与路面相同的材料回填并压实。

(7)位于小桥、通道、明涵等混凝土基础中的立柱,设置在预埋的套筒内时,可通过灌注砂浆或混凝土固定;通过地脚螺栓与混凝土基础相连时,应控制立柱的安装方向和高程。

(8)护栏渐变段、过渡段及端部的立柱,应按设计文件规定的位置进行安装。

(9)立柱安装就位后,其水平方向和竖直方向应形成平顺的线形,立柱端部不得有明显的变形、破损。

(10)立柱位于排水设施位置处时,施工安装后应使用砂浆灌满立柱周围的缝隙,并在表面涂抹沥青。

(11)中间立柱或中间端部立柱上的托架安装时,应按设计文件规定的托架编号和组合正确安装。

4.缆索架设

（1）架设缆索前，应先检查端部立柱、中间端部立柱和中间立柱的位置是否正确，立柱与基础连接的牢固程度，以及立柱的竖直度、高程等是否满足设计要求。确认无误时，方可进行下道工序的施工。

（2）缆索应在端部立柱和中间端部立柱的混凝土基础达到设计强度的80%以上时架设。

（3）缆索应支放在立柱的内侧，通过中间支架向另一端滚放。不得在路面上长距离拖拽缆索。

（4）可用楔子固定或注入合金的方法将一端的缆索锚固在索端锚具上。

（5）应在另一端部立柱或中间端部立柱上设置倒链滑车或杠杆式倒链张紧器，将缆索临时拉紧。C级、B级和A级缆索护栏的初拉力应为20kN，其他构造或等级的缆索护栏初拉力应符合设计文件的规定。

（6）应根据索端锚具的规格，切断多余的缆索。缆索切断面应垂直整齐，不得松散，可按本条规定的方法锚固在索端锚具上。

（7）索端锚具安装到端部立柱或中间端部立柱后，可卸除临时张拉力。

（8）缆索调整完毕后，应拧紧各中间立柱、中间端部立柱托架上的夹扣螺栓。端部立柱调节螺杆行车方向外露部分不宜过长，否则应按设计文件或相关标准的规定进行安全防护处理。

（三）施工过程质量监理

（1）立柱埋深不得小于设计值。

（2）立柱顶部不应出现明显的变形、倾斜、扭曲或卷边等现象。

（3）索端锚具、托架、索夹螺栓应安装到位、固定牢固。托架组合应与缆索护栏的类别相适应。

（4）钢构件表面不得有气泡、剥落、漏镀及划痕等表面缺陷。

（5）直线段护栏应线形平顺，曲线段护栏应圆滑顺畅。

（6）立柱中距、立柱竖直度、缆索的高度和索间距应满足设计文件和规范要求。

（四）质量检验标准和实测项目

《公路工程质量检验评定标准　第一册　土建工程》（JTG F80/1—2017）给定的质量检验标准和实测项目见表6-8。

缆索护栏的质量检验标准和实测项目　　　　　　　　　　表6-8

项次	检查项目	规定值或允许偏差	检查仪具和频率
1△	初张力	±5%	张力计：逐根检测
2	最下一根缆索的高度（mm）	±20	尺量：每1km每侧测5处
3	立柱中距（mm）	±20	尺量：每1km每侧测5处
4	立柱竖直度（mm/m）	±10	垂线法：每1km每侧测5处
5	立柱埋置深度（mm）	不小于设计要求	尺量或埋深测量仪量立柱打入后定尺长度：每1km每侧测5处
6	混凝土基础尺寸	满足设计要求	尺量：每个基础长度、宽度各测2点

三、波形梁护栏

(一) 材料控制

(1)除设计文件另行规定外,路侧及中央分隔带波形梁护栏所用的各种材料的规格、材质均应符合现行《波形梁钢护栏　第 1 部分:两波形梁钢护栏》(GB/T 31439.1)、《波形梁钢护栏　第 2 部分:三波形梁钢护栏》(GB/T 31439.2)及《结构用冷弯空心型钢》(GB/T 6728)等的要求,其中厚度为防腐处理前的厚度。

(2)波形梁钢护栏板、立柱、防阻块、托架检验项目及抽样频率见表6-9。

波形梁钢护栏板、立柱、防阻块、托架材料检验项目及抽样频率　　　　表 6-9

检验项目		抽样频率
1. 材料力学性能	1.1　抗拉强度	3 件/批
	1.2　屈服强度	3 件/批
	1.3　伸长率	3 件/批
2. 外形尺寸	2.1　护栏板宽	5%
	2.2　护栏板展开宽度	5%
	2.3　立柱直径或截面尺寸	5%
	2.4　防阻块或托架外形尺寸	5%
	2.5　板厚(或壁厚)	10%
3. 防腐层质量	3.1　镀层厚度	10%
	3.2　附着性	5%

注:以件为单位产品,起始组批数量为 1250 件,每增加 5000 件为一批。

(二) 施工技术规定

1)立柱放样应符合的规定

(1)应根据设计文件进行立柱放样,包括过渡段及渐变段的护栏立柱,并以桥梁、通道、涵洞、隧道、中央分隔带开口、互通式立体交叉等为控制立柱的位置,进行测距定位。

(2)立柱放样时可利用调节板调节间距,并利用分配方法处理间距零头数。

(3)应调查立柱所在位置是否存在地下管线、排水沟、泄水槽等设施,或构造物顶部埋土深度不足的情况。

2)立柱施工时,参考本节缆索护栏立柱施工的规定

3)护栏板安装应符合的规定

(1)护栏板应通过拼接螺栓相互连接成纵向横梁,并由连接螺栓固定于防阻块、托架或横隔梁上。护栏板拼接方向应与行车方向一致。拼接螺栓应采用高强螺栓或符合设计文件要求。

(2)防护等级为 SA(SAm)、SS(SSm)、HB(HBm)级的波形梁护栏的上层横梁与上层立柱连接通过螺栓连接。

(3)立柱间距不规则时,可利用调节板、梁进行调节,不得采用现场切割护栏板的方法。

（4）所有的连接螺栓及拼接螺栓应在护栏的线形达到规定要求时方能拧紧。

（三）施工过程质量监理

（1）护栏立柱的埋深、基础规格、土基压实度、端部和过渡段处理应符合设计规范和设计文件的规定。

（2）立柱位置、立柱中距、立柱竖直度、波形梁护栏板中心高度应符合设计要求。

（3）所有构件不应因运输、施工造成防腐层的损伤。

（4）直线段护栏不得有明显的凹凸、起伏现象；曲线段护栏应圆滑顺畅，与线形协调一致。安装于平曲线半径小于或等于70m路段上的护栏，波形梁板加工时，宜弯曲成型。中央分隔带开口护栏与标准段护栏的过渡应与设计文件相符，并按设计文件要求进行可靠连接。

（5）波形梁板搭接方向应正确，搭接平顺，垫圈齐备，螺栓紧固。

（6）防阻块、托架、横隔梁、端头的安装应与设计文件相符，安装到位，不得有明显变形、扭转、倾斜。

（7）波形梁板和立柱不得有现场焊割和钻孔情况。

（8）立柱及柱帽安装牢固，其顶部应无明显塌边、变形、开裂等缺陷。

（四）质量检验标准和实测项目

《公路工程质量检验评定标准 第一册 土建工程》（JTG F80/1—2017）给定的质量检验标准和实测项目见表6-10。

波形梁钢护栏的质量检验标准和实测项目　　　　　　　表6-10

项次	检查项目	规定值或允许偏差	检查仪具和频率
1△	波形梁板基底金属厚度（mm）	符合现行 GB/T 31439 标准规定	板厚千分尺、涂层测厚仪：抽查板块数的5%，且不少于10块
2△	立柱基底金属壁厚（mm）	符合现行 GB/T 31439 标准规定	千分尺或超声波测厚仪、涂层测厚仪：抽查2%，且不少于10根
3△	横梁中心高度（mm）	±20	尺量：每1km每侧测5处
4	立柱中距（mm）	±20	尺量：每1km每侧测5处
5	立柱竖直度（mm/m）	±10	垂线法：每1km每侧测5处
6	立柱外边缘距土路肩边线距离（mm）	≥250 或不小于设计要求	尺量：每1km每侧测5处
7	立柱埋置深度（mm）	不小于设计要求	尺量或埋深测量仪量立柱打入后定尺长度：每1km每侧测5处
8	螺栓终拧扭矩	±10%	扭力扳手：每1km每侧测5处

四、混凝土护栏

（一）材料控制

除设计文件另行规定外，混凝土护栏所用的材料应符合下列规定：

（1）水泥、细集料、粗集料、拌和用水、外加剂以及钢筋等材料,应符合现行《公路桥涵施工技术规范》(JTG/T 3650)的规定。

（2）钢管桩应符合现行《碳素结构钢》(GB/T 700)的要求。

（二）施工技术规定

采用固定模板法现场浇筑混凝土护栏时,应符合下列规定:

（1）采用固定模板法施工时,模板宜采用钢模板,钢模板的厚度不应小于4mm。支模时宜在其顶部和底部各设1道对拉螺杆,或采用其他固定模板的装置。

（2）浇筑混凝土前,应按设计文件的要求绑扎或焊接钢筋及预埋件。钢模板涂脱模剂后,可浇筑混凝土。

（3）应根据环境温度、湿度和混凝土的具体要求等因素确定是否加入外加剂。

（4）两处伸缩缝之间的混凝土护栏应一次浇筑完成,伸缩缝应与水平面垂直,宽度应符合设计文件的规定,伸缩缝内不得连浆。

（5）混凝土初凝后,不得振动模板,预埋钢筋不得承受外力。

（6）拆模时间应根据气温和混凝土强度确定,夏季宜在混凝土终凝后24h,冬季应以混凝土强度不低于5MPa为宜,拆模不得破坏混凝土表面和棱角,并应保持模板的完好。拆模后蜂窝、麻面、裂缝、脱皮,经确定无结构性问题,可采用同配合比水泥浆进行修复,或者采用颜色一致的修补材料进行修补,可进行必要的打磨。修补后注意养护,避免颜色差异较大。

（7）断缝或假缝可在混凝土护栏拆除模板后,按设计文件要求的间距和规格采用切割机切开,并应保证断面光滑、平整。

（三）施工过程质量监理

（1）混凝土护栏的线形应与公路线形相一致,直线段不得出现明显的凹凸,曲线段应圆滑顺畅。

（2）混凝土护栏外观、色泽应均匀一致,不应出现漏石、蜂窝、麻面、裂缝、脱皮、啃边、掉角以及印痕等现象。

（3）混凝土护栏的强度等级、基础处理、地基承载力、端部处理及纵向连接等均应达到设计规范或设计文件的规定值。

（4）混凝土护栏施工时,不得损坏已完工的超高路段纵向排水沟、集水井、盲沟及管线等设施。

（四）质量检验标准和实测项目

《公路工程质量检验评定标准 第一册 土建工程》(JTG F80/1—2017)给定的质量检验标准和实测项目见表6-11。

混凝土护栏的质量检验标准和实测项目　　　　　　　　　　　　表6-11

项次	检查项目		规定值或允许偏差	检查仪具和频率
1	护栏断面尺寸 （mm）	高度	±10	尺量:每1km每侧测5处
		顶部	±5	
		底部	±5	

续上表

项次	检查项目	规定值或允许偏差	检查仪具和频率
2	钢筋骨架尺寸（mm）	满足设计要求	过程检查，尺量：每1km每侧测5处
3	横向偏位（mm）	±20或满足设计要求	尺量：每1km每侧测5处
4①	基础厚度（mm）	±10%H	过程检查，尺量：每1km每侧测5处
5△	护栏混凝土强度（MPa）	满足设计要求	按要求进行检测
6	混凝土护栏块件之间的错位（mm）	≤5	尺量：每1km每侧测5处

注：①H为基础的设计厚度，以mm计。

五、中央分隔带开口护栏

（一）材料控制

除设计文件另行规定外，中央分隔带开口护栏所用的材料应符合下列规定：

（1）中央分隔带开口护栏所采用的钢构件应符合现行《碳素结构钢》（GB/T 700）、《优质碳素结构钢》（GB/T 699）等的规定。混凝土基础所用的钢筋、水泥、细集料、粗集料、拌和用水、外加剂等材料，应符合现行《公路桥涵施工技术规范》（JTG/T 3650）的规定。

（2）中央分隔带开口护栏的防护等级应满足设计要求，安全性能应符合现行《公路护栏安全性能评价标准》（JTG B05-01）的规定。且应满足如下要求：

①阻挡功能应能够阻挡车辆穿越、翻越和骑跨；试验护栏构件及其脱离件不得侵入车辆乘员舱。

②缓冲功能应符合：乘员碰撞速度的纵向与横向分量均不得大于12m/s；乘员碰撞后加速度的纵向与横向分量均不得大于200m/s²。

③导向功能应满足车辆碰撞后不得翻车的要求。

（3）所有钢构件均应进行防腐处理。除设计文件另行规定外，防腐处理均应满足现行《公路交通工程钢构件防腐技术条件》（GB/T 18226）的规定。螺栓、螺母等紧固件和连接件在防腐处理后，应清理螺纹或进行离心分离处理。

（二）施工技术规定

（1）中央分隔带开口护栏基础应根据设计文件放样，并与中央分隔带护栏端头相协调。应调查基础与地下管线是否冲突，发生冲突时，应根据设计文件对基础的埋设位置或高程进行适当调整。

（2）混凝土基础施工应符合现行《公路桥涵施工技术规范》（JTG/T 3650）的规定，混凝土浇筑时应按设计文件的规定预埋连接件。基础施工完成后应采取措施，防止杂物落入预埋套管内。

（3）基础混凝土强度达到设计强度的80%以上后，可按照设计文件的要求安装中央分隔带开口护栏的钢构件部分，并应按照设计文件的要求，做好与相邻中央分隔带护栏的连接过渡处理。

（4）对有视线诱导和防眩要求的路段，应按设计文件要求安装视线诱导设施和防眩设施。

(三)施工过程质量监理

(1)中央分隔带开口护栏的形式、规格、钢构件的防腐处理应符合设计文件的要求。

(2)中央分隔带开口护栏应按设计文件的要求与相邻中央分隔带护栏合理过渡,高度宜与两端护栏齐平,平纵线形与公路保持一致。

(3)视线诱导设施和防眩设施的质量过程控制应符合《公路交通安全设施施工技术规范》(JTG/T 3671—2021)第7章和第9章的规定。

(四)质量检验标准和实测项目

《公路工程质量检验评定标准　第一册　土建工程》(JTG F80/1—2017)给定的施工质量检验标准和实测项目见表6-12。

中央隔离带开口护栏的质量检验标准和实测项目　　　　　表6-12

项次	检查项目	规定值或允许偏差	检查仪具和频率
1	高度(mm)	±20	尺量:每处测5点
2△	涂层厚度(μm)	满足设计要求	涂层测厚仪:每处测5点

第六节　隔　离　栅

一、一般规定

(1)施工前,应熟悉设计文件、掌握设计要点,并核查设计图纸是否齐全、清晰、准确,发现问题应及时提出并解决。

(2)施工前,应进行技术交底。

(3)应结合设计图纸、监理验收资料等对现场条件进行检查、验收。根据隔离栅施工技术要求,对前道工序进行检查,发现问题应查明原因,提交建设单位进行处理,整改验收合格后方能进行后序工程的施工。

(4)施工单位应根据设计文件及工艺要求按品种、规格、数量采购施工所用产品和原材料,并符合相关规定。

(5)隔离栅施工前应对施工场地进行清理。

(6)在隔离栅安装前,应对隔离栅的设置条件、设置位置和数量等进行核对。

二、材料控制

(1)除设计文件另行规定外,隔离栅所用的金属材料应符合现行《隔离栅》(GB/T 26941)的规定,混凝土立柱和基础的钢筋、水泥、细集料、粗集料、拌和用水、外加剂等材料应符合现行《公路桥涵施工技术规范》(JTG/T 3650)的规定。

(2)所有钢构件均应进行防腐处理,应采用热浸镀锌、锌铝合金涂层、浸塑以及双涂层等处理方法。除设计文件另行规定外,防腐处理均应满足现行《隔离栅》(GB/T 26941)的规定。

螺栓、螺母等紧固件和连接件在防腐处理后,应清理螺纹或进行离心分离处理。

(3)隔离栅材料检验项目及抽样频率见表6-13。

隔离栅材料检验项目及抽样频率 表6-13

检验项目		抽样频率
1.外观质量	1.1 网片表面外观	1%
	1.2 立柱表面外观	1%
2.钢丝直径		1%
3.立柱壁厚		1%
4.钢丝抗拉拔强度		3块(或根)/批
5.立柱力学性能		3块(或根)/批
6.防腐层质量	6.1 涂塑层厚度	1%
	6.2 镀锌层厚度	1%
	6.3 附着性	3块(或根)/批

注:网片以片为单位产品,连续网面以 m 为单位产品,立柱以根为单位产品,起始组批数量以单侧5km所用网片、立柱计,每增加20km所用网片、立柱为一批。

三、施工技术规定

(1)应根据设计文件中规定的隔离栅设置位置和实际地形条件确定控制立柱的位置和立柱中心线,在控制立柱之间按设计文件规定的柱距定出柱位。

(2)每个柱位均应按设计文件的要求确定设置高度,并应按实际地形进行调整。

(3)应根据设计文件的规定和柱位开挖基坑。

(4)立柱应根据设计文件的规定设置在现浇混凝土基础或预制混凝土基础内。立柱的埋设应分段进行。可先埋设两端的立柱,然后拉线埋设中间立柱,控制立柱与中间立柱的平面投影应在一条直线上,保持基础高程的平顺过渡。预制混凝土立柱和基础在运输及装卸时应避免折断或损坏边角。

(5)混凝土基础强度达到设计强度的80%以上时,可按下列规定安装隔离栅网片:

①安装无框架卷网时,应从端头立柱开始,沿纵向展开,应边铺设边拉紧,挂钩时网片不得变形。

②安装有框架的片网时,网面应平整,框架应整体平顺、美观,框架与立柱应连接牢固。

③安装刺钢丝网时,应从端头立柱开始。刺钢丝之间应平行、平直,绷紧后应与立柱上的铁钩牢固绑扎,横向与斜向刺钢丝相交处也应绑扎牢固。

(6)隔离栅网片安装完毕后,应对基础周围进行夯实处理。

(7)在桥梁、通道、车行和人行涵洞等构造物处进行围封时,应保证隔离栅的封闭严密,并将隔离栅锚固于构造物。隔离栅跨越沟坎时,应保证隔离栅下边缘与沟底的距离能有效阻止行人或动物误入,否则应增设隔离栅网片。

(8)隔离栅的活动门应便于开启、保证强度,隔离栅活动门两侧各10m范围内的隔离栅基础应根据设计文件的规定进行加强。除设计文件另行规定外,隔离栅活动门变形量不应超过高度的 2%。

(9)绿篱栽植应能有效阻止行人和动物误入,并应考虑将来养护的需求。

四、施工过程质量监理

(1)隔离栅的封闭应严密、牢固,不应出现缺口。

(2)隔离栅应与公路线形走向一致,顺直、流畅,纵坡起伏自然、美观,边坡较陡的路段应进行修坡处理。

(3)隔离栅的网面应平整、无断丝,网孔无明显倾斜。

(4)混凝土基础尺寸和埋深、立柱的竖直度和柱间距、网面高度以及混凝土立柱和基础的强度应符合设计文件的规定。

(5)镀锌构件表面应均匀完整、颜色一致,表面不得有气泡、裂纹、疤痕、折叠和断面分层等缺陷。

(6)混凝土立柱应密实、平整,无裂缝、翘曲、蜂窝、麻面等缺陷。

(7)绿篱的高度和密度应满足设计文件的要求。

(8)隔离墙的基础、高度和强度应满足设计文件的要求。

五、质量检验标准和实测项目

《公路工程质量检验评定标准　第一册　土建工程》(JTG F80/1—2017)给定的质量检验标准和实测项目见表 6-14。

隔离栅的质量检验标准和实测项目　　　　　　　　　　表 6-14

项次	检查项目		规定值或允许偏差	检查仪具和频率
1	高度(mm)		±15	尺量:每 1km 测 5 处
2	刺钢丝的中心高度(mm)		≤15	尺量:每 1km 测 5 处
3	立柱中距 (mm)	焊接网	±30	尺量:每 1km 测 5 处
		钢板网	±30	
		刺钢丝网	±60	
		编织网	±60	
4	立柱竖直度(mm/m)		±10	垂线法:每 1km 测 5 处
5	立柱埋置深度		不小于设计要求	过程检查,尺量:抽查 2%

第七节　视线诱导设施

一、一般规定

在施工安装前,应对视线诱导设施的安装条件、设置位置和数量等进行核对,合理确定施工时机。

二、材料控制

（1）除设计文件另行规定外，视线诱导设施所用材料应符合现行相应标准规范的规定。混凝土基础所用的钢筋、水泥、细集料、粗集料、拌和用水、外加剂等材料，应符合现行《公路桥涵施工技术规范》（JTG/T 3650）的规定。

（2）视线诱导设施所用钢构件均应进行防腐处理。除设计文件另行规定外，防腐处理均应满足现行《公路交通工程钢构件防腐技术条件》（GB/T 18226）的规定。螺栓、螺母等紧固件和连接件在防腐处理后，应清理螺纹或进行离心分离处理。

（3）轮廓标检验项目及抽样频率见表6-15。

轮廓标检验项目及抽样频率　　　　　　　　　表6-15

检验项目	抽样频率	检验项目	抽样频率
1.外观质量	1%	4.耐盐雾腐蚀性能	12只/颜色/批
2.外形尺寸	1%	5.耐高低温性能	12只/颜色/批
3.逆反射性能	12只/颜色/批	6.耐候性能	提供有效期内检测报告

注：以只为单位产品，起始组批数量为1000只，每增加2000只为一批。

三、施工技术规定

（1）柱式轮廓标的施工应符合的规定。

①柱式轮廓标应按设计文件的规定量距定位。

②混凝土基础可采用现浇或预制施工，并应符合现行《公路桥涵施工技术规范》（JTG/T 3650）的规定，预制时应按设计文件的规定预埋连接件。现浇混凝土基础施工中的模板及钢筋等参照标志基础制作部分的规定。

③柱式轮廓标安装时，柱体应垂直于水平面，三角形柱体的顶角平分线应垂直于公路中心线，柱体与混凝土基础之间可用螺栓连接。

（2）附着式轮廓标的施工应符合的规定。

①附着于梁柱式护栏上的轮廓标可按立柱间距定位，附着于混凝土护栏和隧道侧墙上的轮廓标应量距定位。

②附着式轮廓标应按照放样确定的位置进行安装。反射器的安装角度应符合设计文件的规定。安装高度宜保持一致，并应连接牢固。

③施工完成后应清除包装膜。

（3）隧道轮廓带施工应符合的规定。

①隧道轮廓带应量距定位。

②隧道轮廓带应按照放样确定的位置进行安装，并应与隧道连接牢固。

③隧道轮廓带在安装时不得侵入公路建筑限界以内。

（4）合流诱导标、线形诱导标的施工参照标志施工技术的相关规定。

四、施工过程质量监理

（1）视线诱导设施的外形尺寸、安装高度、线形、材质、反光性能等应符合设计文件的规定。

（2）自发光视线诱导设施的闪烁频率、使用寿命及工作条件应满足设计要求。

（3）轮廓标质量过程控制应满足下列要求：

①轮廓标安装完成后应与公路线形保持一致，安装高度宜保持一致。夜间应具有良好的反光性能，逆反射性能应符合现行《轮廓标》（GB/T 24970）的规定。

②柱式轮廓标应安装牢固，柱体表面不应有明显的划痕、气泡、裂纹及颜色不均等缺陷。

③附着式轮廓标应安装牢固、角度准确、高度一致。

（4）隧道轮廓带质量过程控制应满足下列要求：

①隧道轮廓带安装完成后，其表面法线应与公路中心线垂直。

②隧道轮廓带应安装牢固，整体线形流畅，表面无划痕等缺陷。

五、质量检验标准和实测项目

《公路工程质量检验评定标准　第一册　土建工程》（JTG F80/1—2017）给定的轮廓标、隧道轮廓带施工质量检验标准和实测项目见表6-16、表6-17。

轮廓标的质量检验标准和实测项目　　　　　　　　　　表 6-16

项次	检查项目	规定值或允许偏差	检查仪具和频率
1	安装角度（°）	0～5	花杆、十字架、卷尺、万能角尺：抽查5%
2	反射器中心高度（mm）	±20	尺量：抽查5%
3	柱式轮廓标竖直度（mm/m）	±10	尺量：抽查5%

隧道轮廓带实测项目　　　　　　　　　　　　表 6-17

项次	检查项目	规定值或允许偏差	检查仪具和频率
1	面向来车方向前倾角度（°）	+5,0 或满足设计要求	花杆、十字架、卷尺、万能角尺
2	逆反射系数（反射型）或亮度要求（自发光型）	满足设计要求	逆反射系数测试仪等

第八节　防　落　网

一、一般规定

（1）防落网应包括防落物网和防落石网。

（2）除设计文件另行规定外，防落物网应在桥梁护栏施工完毕后开始施工，防落石网应在公路路堑边坡施工完毕后开始施工。

（3）防落物网设置于跨越已通车的公路、铁路和航道上方的桥梁时，应编制专项安全施工方案，经评审通过后方能施工。

（4）在施工安装前，应对防落网的设置条件、设置位置和数量等进行核对。

（5）防落物网施工前应对所有预埋件的设置位置、强度、腐蚀程度进行检查，不符合设计要求的应整改。

（6）设置防落石网前，应检查路堑边坡土体、岩石的稳定性是否已达到设计文件规定的要求。

二、材料控制

（1）防落物网所用的金属材料应符合现行《隔离栅》（GB/T 26941）的规定，混凝土立柱和基础的钢筋、水泥、细集料、粗集料、拌和用水、外加剂等材料应符合现行《公路桥涵施工技术规范》（JTG/T 3650）的规定。

（2）防落石网所用的金属材料应符合现行《边坡柔性防护网系统》（JT/T 1328）的规定，基础的钢筋、水泥、细集料、粗集料、拌和用水、外加剂等材料应符合现行《公路桥涵施工技术规范》（JTG/T 3650）的规定。

（3）所有钢构件均应进行防腐处理。除设计文件另行规定外，防腐处理均应满足现行《公路交通工程钢构件防腐技术条件》（GB/T 18226）的规定。螺栓、螺母等紧固件和连接件在防腐处理后，应清理螺纹或进行离心分离处理。

（4）防落物网检验项目及抽样频率参照隔离栅检验项目和抽样频率的规定。

三、施工技术规定

1. 防落物网施工应符合的规定

（1）防落物网应以上跨桥梁与公路、铁路等设施的交叉点为控制点，向两侧对称进行施工。

（2）应根据立柱预埋基础的位置安装立柱。

（3）防落物网的网片应牢固地安装在立柱上，网片应平整、绷紧，螺栓应在防落物网的线形达到规定要求时方能拧紧。

（4）应根据设计文件的规定对防落物网做防雷接地处理。

2. 防落石网施工应符合的规定

（1）防落石网施工应按照清坡—放样—基础施工—立柱及拉锚绳安装—支撑绳安装—钢丝绳网（或环形网）安装—格栅安装的工序进行施工。

（2）应根据设计文件的规定对防落石网做防雷接地处理。

四、施工过程质量监理

1. 防落物网的质量过程控制应符合的规定

（1）防落物网的封闭应严密、牢固，不应出现缺口。

（2）防落物网的混凝土基础尺寸和埋深、立柱的竖直度和柱间距、网面高度以及混凝土立柱和基础的强度等级应符合设计文件的规定。

（3）防落物网的防腐处理和防雷接地处理应符合设计文件的规定。

2. 防落石网的质量过程控制应符合的规定

（1）防落石网的地脚螺栓埋置深度、混凝土基础尺寸和埋深、立柱的竖直度和柱间距、拉锚绳、支撑绳、减压环、钢丝绳网(或环形网)及立柱和基础的强度等级应符合设计文件的规定。

(2)防落石网的防腐处理和防雷接地处理应符合设计文件的规定。

五、质量检验标准和实测项目

《公路工程质量检验评定标准　第一册　土建工程》(JTG F80/1—2017)给定的防落物网、防落石网施工质量检验标准和实测项目见表6-18、表6-19。

防落物网的质量检验标准和实测项目　　　　　　　　　表6-18

项次	检查项目		规定值或允许偏差	检查仪具和频率
1	高度(mm)		±15	尺量:每1km测5处
2	立柱中距 (mm)	焊接网	±30	尺量:每1km测5处
		钢板网	±30	
		编织网	±60	
3	立柱竖直度(mm/m)		±10	垂线法:每1km测5处
4	立柱固定方式		符合设计要求	尺量
5	螺栓终拧扭矩		±10%	扭力扳手

防落石网的质量检验标准和实测项目　　　　　　　　　表6-19

项次	检查项目		规定值或允许偏差	检查仪具和频率
1	高度(mm)		±15	尺量
2	防落石网的中心垂度(mm)		≤15	尺量
3	立柱中距 (mm)	钢丝绳网	±60	尺量
		环形网	±60	
4	立柱竖直度(mm/m)		≤10	垂线法
5	立柱埋设深度		符合设计要求	尺量
6	地脚螺栓抗拔力		符合设计要求	拉拔器
7	拉锚绳直径		符合设计要求	尺量
8	支撑绳直径		符合设计要求	尺量
9	减压环型号和数量		符合设计要求	尺量
10	钢丝绳网(或环形网)的固定		符合设计要求	手拉无松动
11	格栅的扎结		符合设计要求	现场检查

第九节　防眩设施

一、一般规定

(1)桥梁段或混凝土护栏上设置防眩板、防眩网时,应在预制护栏安装到位或现浇混凝土护栏的混凝土强度达到设计强度的80%以上时进行。

（2）桥梁段或混凝土护栏上设置防眩板、防眩网时，应对预埋件的设置位置、强度和腐蚀程度进行检查。

（3）植树防眩的树种以及树木高度、树径和株距应符合设计文件的规定。

（4）各种防眩方式之间应衔接平顺，不得有突变及漏光现象。

二、材料控制

（1）除设计文件另行规定外，防眩板所用材料应符合现行《防眩板》（GB/T 24718）的规定。独立设置的混凝土基础所用的钢筋、水泥、细集料、粗集料、拌和用水、外加剂等材料，应符合现行《公路桥涵施工技术规范》（JTG/T 3650）的规定。

（2）所有钢构件均应进行防腐处理。除设计文件另行规定外，防腐处理均应满足现行《公路交通工程钢构件防腐技术条件》（GB/T 18226）的规定。螺栓、螺母等紧固件和连接件在防腐处理后，应清理螺纹或进行离心分离处理。

（3）防眩板检验项目及抽样频率见表6-20。

防眩板检验项目及抽检频率 　　　　　　　　　表6-20

检验项目		抽样频率
1. 一般要求	1.1　原材料	1%
	1.2　外观质量	1%
	1.3　结构尺寸	1%
2. 抗风荷载		8 块/批
3. 抗变形量		8 块/批
4. 抗冲击性能		8 块/批
5. 耐候性能		提供有效期内检测报告

注：以块为单位产品，起始组批数量为10000块，每增加10000块为一批。

三、施工技术规定

1. 设置于混凝土护栏上的防眩板或防眩网的安装施工应符合的规定

（1）防眩板或防眩网可通过混凝土护栏顶部的预埋件及连接件安装在混凝土护栏上。

（2）混凝土护栏强度达到设计强度的80%时，方可安装防眩板或防眩网。

（3）防眩板或防眩网下缘与混凝土护栏顶部的间距应符合设计文件的规定。

（4）防眩板或防眩网安装后，不得削弱混凝土护栏的原有功能。

（5）防眩板安装应保证顶面平整、平齐及清洁。

（6）防眩网应按照设计文件规定的方向安装。

2. 设置于波形梁护栏上的防眩板或防眩网的安装施工应符合的规定

（1）防眩板或防眩网可通过连接件安装在波形梁护栏上。

（2）防眩板或防眩网安装在波形梁护栏上时，不得削弱波形梁护栏的原有功能。

（3）防眩板或防眩网下缘与波形梁护栏顶面的间距应符合设计文件的规定。

3. 独立设置立柱的防眩板或防眩网的安装施工应符合的规定

(1)施工前,应清理场地、协调与其他设施的关系。

(2)防眩板或防眩网单独设置立柱时,可根据所在位置将立柱埋入土中、设置混凝土基础或固定于桥梁、通道、明涵等构造物上。设置混凝土基础时,其强度应达到设计强度的80%以上时,方能在立柱上安装防眩板或防眩网。

(3)立柱施工时,不得破坏地下管线和排水设施。

四、施工过程质量监理

(1)防眩板及支架的材质、防腐处理、几何尺寸应符合设计要求。

(2)防眩板或防眩网安装完成后,其设置路段、防眩高度、遮光角应满足设计要求。

(3)防眩板或防眩网整体应与公路线形协调一致,不得出现高低不平或者扭曲的外形。

(4)防眩板或防眩网外观不应有划痕、颜色不均、变色等外观缺陷。表面不得有气泡、裂纹、疤痕、断面分层、毛刺等缺陷。

(5)防眩板或防眩网应牢固安装。

五、质量检验标准和实测项目

《公路工程质量检验评定标准 第一册 土建工程》(JTG F80/1—2017)给定的质量检验标准和实测项目见表6-21。

防眩设施的质量检验标准和实测项目 表6-21

项次	检查项目	规定值或允许偏差	检查仪具和频率
1△	安装高度(mm)	±10	尺量:每1km测10处
2	防眩板设置间距(mm)	±10	尺量:每1km测10处
3	竖直度(mm/m)	±5	尺量:每1km测5处
4	防眩网网孔尺寸	满足设计要求	尺量:每1km测5处,每处测3孔

第十节 避险车道

一、一般规定

(1)避险车道施工前应对其位置进行定位,确认符合设计图纸要求后方可按程序施工。

(2)避险车道基床、排水系统、服务车道的施工应符合现行《公路路基施工技术规范》(JTG/T 3610)、《公路路面基层施工技术细则》(JTG/T F20)和《公路水泥混凝土路面施工技术细则》(JTG/T F30)的规定。

(3)避险车道设置的交通标志、交通标线、护栏、视线诱导等设施的施工应符合相关分项工程的规定。

二、材料控制

（1）制动床铺装集料的规格和级配应符合设计文件的要求，并应根据现行《公路工程集料试验规程》（JTG E42）的规定对铺装材料进行抽样筛分。

（2）卵（砾）石等制动集料应根据现行《公路工程集料试验规程》（JTG E42）的规定进行压碎值的检测试验，卵（砾）石等制动集料的压碎值不应大于23%。

（3）路基、路面及交通安全设施、交通监控和照明等设施所用的材料应符合规范和相关标准规范的规定。

三、施工技术规定

（1）避险车道的基床施工完毕，在铺设制动材料前，应对基床表面进行清扫，基床表面不应留有杂物或其他材料。

（2）应在避险车道施工完毕后，再进行末端设置消能设施的安装或放置，消能设施的内容物应采用与制动床一致的材料。

（3）施工结束前，应对制动床铺装材料进行平整工作，除按设计要求做的隆起部分，表面不应有明显的凸起及凹陷。

四、施工过程质量监理

（1）避险车道的结构尺寸、排水设施应符合设计文件要求。

（2）避险车道相关的交通标志、交通标线、护栏、视线诱导等设施的设置应符合规范和设计文件的规定。

（3）末端消能材料的设置位置及数量应符合设计文件的要求。

（4）制动床的铺装集料的规格与级配、卵（砾）石等制动集料的压碎值应符合设计文件的要求。

五、质量检验标准和实测项目

《公路工程质量检验评定标准　第一册　土建工程》（JTG F80/1—2017）给定的质量检验标准和实测项目见表6-22。

避险车道的质量检验标准和实测项目　　　　　　　表6-22

项次	检查项目	规定值或允许偏差	检查仪具和频率
1	避险车道宽度（m）	满足设计要求	尺量：每道测5个断面，引道入口处设测点
2△	制动床长度（m）	满足设计要求	尺量：每道测3处
3	制动床集料厚度（m）	满足设计要求	尺量：每道测5处
4	坡度（%）	满足设计要求	水准仪：每道测3处

第七章 机电工程质量监理

学习备考要点

1. 基础知识(机电工程的分类、机电工程质量检验评定要求、共性的技术要求等)。
2. 施工准备(开工条件、施工界面交接、预埋预留管理、机电工程划分等)。
3. 监控设施(设施的构成、施工过程质量监理、质量检验标准和实测项目等)。
4. 通信设施(设施的构成、施工过程质量监理、质量检验标准和实测项目等)。
5. 收费设施(设施的构成、施工过程质量监理、质量检验标准和实测项目等)。
6. 供配电设施(设施的构成、施工过程质量监理、质量检验标准和实测项目等)。
7. 照明设施(设施的构成、施工过程质量监理、质量检验标准和实测项目等)。
8. 隧道机电设施(设施的构成、施工过程质量监理、质量检验标准和实测项目等)。

编学考主要参考资料

《公路工程质量检验评定标准 第二册 机电工程》(JTG 2182—2020)。

第一节 基 础 知 识

一、公路机电工程的分类、施工工艺流程

(1)公路机电工程的分类,包括监控设施、通信设施、收费设施、供配电设施、照明设施和隧道机电设施,以及新技术新设施的施工项目。

随着科学技术的持续发展、进步,公路机电工程建设项目不断引入新技术新装备,公路数字化及智慧化装备、设施迅速增加,如车路协同、交通综合指挥平台、资产管理、路侧边缘与健康检测、综合信息服务、智慧养护、运维保障、路网运行监测与预警系统等。

公路机电工程质量是由机电设备的生产制造、安装施工、调试调测等多个环节的质量控制所决定的,机电工程安装完成后的运行质量由整体设施的系统性、协调性来决定,机电工程质量控制的系统性、整体性、复杂性极其明显、突出。

(2)机电安装通用技术要求的安装施工工艺流程:施工准备→定位放样→基础制作或支

架安装→设备安装固定→设备接线→安装检查→通电调试→系统测试。

公路机电工程施工全过程：采购设备、运输设备到场、开工、安装施工、机械完工，调试、完工、试运行、交工，缺陷责任期、竣工。

（3）公路机电工程施工质量监理的主要工作：进场设备材料质量检验、安装施工质量检验、系统调试质量审核与检查、设备运行质量巡视检查、机电工程质量评定、资料文件整理。

二、公路机电工程质量检验评定

（1）公路机电工程质量检验评定应按照《公路工程质量检验评定标准　第二册　机电工程》（JTG 2182—2020）的规定执行，按分项工程、分部工程、单位工程逐级进行，并应符合下列规定：

①在合同段中，具有独立施工条件和功能的工程为单位工程；

②在单位工程中，按系统功能划分的工程为分部工程；

③在分部工程中，根据设备类型、功能等划分的工程为分项工程。

（2）公路机电工程各分项工程抽样检查频率应符合下列要求：

①施工单位自检为100%；

②监理单位抽检不低于30%；

③检测单位交工质量检测不低于30%，竣工质量鉴定不低于10%；

④测点数应不少于3个；当测点数少于3个时，应全部检查。

（3）公路机电工程质量检验，分项工程应按基本要求、实测项目、外观质量和质量保证资料等检验项目分别检查。

检查项目合格判定应符合下列规定：

①施工单位和监理单位在工程完工后进行质量检验时，所有项目合格率应为100%，否则应进行整修或返工处理直至符合要求后再进行交工质量检验；

②检测单位在进行交工质量检测和竣工质量鉴定时，关键项目的合格率应为100%，否则该检查项目为不合格；一般项目的合格率应为不低于90%，否则该检查项目为不合格。

（4）公路机电工程质量评定：评定等级应分为合格和不合格。

分项工程、分部工程、单位工程质量评定应符合《公路工程质量检验评定标准　第二册机电工程》（JTG 2182—2020）附录B规定的资料。所含单位工程合格，该合同段的工程质量评定为合格；所含合同段的工程质量合格，该建设项目的工程质量评定为合格。

（5）对于特殊地区或采用新产品、新技术及新设施的机电工程，在现行的质量检验标准不能适用时，应参照相关技术标准、设计文件或根据实际情况制定相应的质量检验标准，报主管部门批准后在机电工程施工项目中执行。

三、公路机电工程施工管理的总体要求

（1）公路机电工程施工项目的进场设备、构配件、材料的质量，应符合公路机电工程建设项目合同要求及相关技术标准的规定。

（2）公路机电工程施工项目的机电设备、构件、线缆安装位置应符合施工图设计要求。

（3）公路机电工程施工项目设计的设备、构配件、线缆应全部安装到位，安装工艺、质量应

符合设计与规范的要求,安装稳定、牢固。

(4)公路机电工程施工质量包括技术质量与外观质量,分项工程是工程质量控制单位。

(5)公路机电工程调试程序应严谨、安全,调试应系统、全面,各系统调试顺序先空载、后负载,先单机、后系统,调试应实现机电工程项目设计的全部功能与性能。调试记录应详细、清晰、齐全。

(6)公路机电工程的联网联调应保证网络安全、系统协调,整体功能与性能应符合设计要求。

(7)公路机电工程测试应包括机电工程项目的全部分项工程、分部工程、合同段工程内容的技术指标、性能、功能要求,并符合公路机电工程质量检验评定标准的要求。检测报告应数据准确、项目齐全。

(8)公路机电工程施工项目应全面、精确地实现项目设计的技术指标、功能与性能要求。

(9)施工过程中应加强质量检查,发现工程质量缺陷,应及时要求整改,保证公路机电工程各分项工程质量符合设计要求与标准的规定。

(10)公路机电工程试运行期应加强质量检查,保证公路机电工程质量符合设计与标准的要求,如发现工程缺陷,应及时要求施工单位整改。

(11)公路机电工程各分项工程的设备、构配件、材料检验合格报告或证书、隐蔽工程验收记录、设备安装与检验、设备调试检测记录和自检报告等资料应齐全、完整。

(12)公路机电工程应具有真实、准确的施工原始记录、试验检测数据、质量检验结果等质量保证资料。

(13)公路机电工程分部工程完工后,应及时进行质量检验评定,检验评定均按《公路工程质量检验评定标准 第二册 机电工程》(JTG 2182—2020)的规定执行。

(14)公路机电工程共性的技术要求。

公路机电工程外场设施及有外场设备的系统(监控设施分部工程:车辆检测器、气象检测器、闭路电视监视系统、可变标志、交通情况调查设施;收费设施分部工程:ETC门架系统、收费闭路电视监视系统;供配电设施分部工程:风/光供电系统;照明设施分部工程:路段、收费广场和服务区照明设施)分项工程施工技术质量控制除应符合各相关分项工程的检查项目与质量标准外,共性的技术要求如下:

①基础尺寸:符合设计要求,允许偏差:−50mm,+100mm。

②机箱、立柱防腐涂层厚度:符合设计要求,无要求时符合现行 GB/T 18226 的规定。

③绝缘电阻:强电端子对机壳$\geq$50MΩ。

④立柱竖直度:$\leq$5mm/m;灯杆竖直度:$\leq$3m/m。

⑤保护接地电阻:$\leq$4Ω。

⑥防雷接地电阻:$\leq$10Ω。

⑦共用接地电阻:如外场设备的保护接地体和防雷接地体未分开设置,则共用接地电阻$\leq$1Ω。

(15)公路机电工程的外观质量应符合下列要求:

①各部件表面光泽一致、无划伤、无刻痕、无剥落、无锈蚀。

②立柱、外场设备基础混凝土表面的蜂窝、麻面、裂缝等缺陷面积不超过该面面积的1%

或深度不超过 10mm，损边、掉角长度不超过 20mm。

③立柱、外场设备基础地脚螺栓、接地极引出线防锈措施得当，裸露金属基体锈蚀面积不大于 $1cm^2$。

④立柱、机箱安装端正，金属机箱与接地线良好连接，机箱的出线管与箱体连接处应密封良好。

⑤机箱、立柱表面光泽一致，涂层剥落、表面锈蚀单处面积不大于 $1cm^2$ 或总面积不大于 $5cm^2$，单个划痕长度不大于 5cm 或划痕总长度不大于 10cm。

⑥机箱内部元器件固定牢靠，线缆布设平顺、整齐，标识正确、清楚，设有永久性接线图，机箱内无杂物、积水、尘土、霉变。

⑦室内外设备及布线规范，机柜内无杂物，光缆、电缆排列整齐、绑扎牢固，进出线管口封堵良好，电源线、信息（控制）线分开布设、保护处理措施得当，标识正确、清楚。

公路机电工程的外观质量，不应存在表 7-1 中的外观质量限制缺陷。

公路机电工程外观质量限制缺陷　　　　　　表 7-1

项次	名称	限制缺陷
1	外场设备基础	表面的蜂窝、麻面、裂缝等缺陷面积超过该面面积的 1% 或深度超过 10mm，长度超过 20mm 的损边、掉角，裸露金属基体大于 $1cm^2$ 的锈蚀
2	外场机箱外部连接线	金属机箱与接地线未连接，进出线管与箱体连接处未做密封
3	机箱、立柱表面	涂层剥落、表面锈蚀单处面积大于 $1cm^2$ 或总面积大于 $5cm^2$，单个划痕长度大于 5cm 或划痕总长度大于 10cm
4	机箱内部	元器件未固定或固定不牢靠，线缆无标识，无永久性接线图，机箱内有杂物、积水
5	室内外设备及布线	机柜内有杂物，光缆、电缆排列不整齐、绑扎不牢固，进出线管口未封堵，无标识，电源线、信号线未分开布设、未做保护处理

第二节　施工准备

公路机电工程施工准备包括驻地建设、施工组织设计及外部条件核查与处理等，项目机构设置以及人员、机具、试验检测设备配置应符合合同文件规定。机电工程施工所需的施工机械设备、质量控制设备应配套完整、证件齐全，其数量和状况应满足工程施工需要。

施工单位应根据设计图纸对预留预埋情况进行核查，核查资料及时上报建设单位、监理机构并存档。预留预埋核查不合格时，应上报建设单位协调整改，整改合格后方可施工。

机电工程的材料和设备到场时，应由施工单位自检并填写《材料、设备报验记录表》，自检完成后相关记录报送监理机构抽检。材料和设备检验合格方可进场施工；材料和设备不合格时，应及时更换且检验合格后方可进场施工。

一、施工前的准备工作

（1）勘察施工作业现场，核查项目设计与现场情况的符合性。

（2）确认机电工程与公路土建主体工程、房屋建筑、景观绿化、安全设施及需实现联网的其他机电工程等的工程界面。

（3）明确机电工程各合同段、各分部工程之间的界面。

（4）核对相关土建工程的界面、预留预埋等隐蔽工程及其他有关工程完成情况。

（5）调查现场运输条件、供电、供水、供气及场地布置情况。

（6）关键设备、材料需驻厂监造与验收的,应编制设备材料监造计划。

机电工程设备材料仓储场地宜设在转运便利的安全场所,应做好区域标识和防火、防盗等防护措施,进场设备材料存放应符合的条件:

①设备材料应根据类别、数量、大小、仓储条件、到场时间分类存储。

②精密贵重设备材料应采用室内库房存储。

③不便于室内存储且不宜露天存放的设备材料应在仓储地设置遮蔽设施。

④原材料、半成品、成品、预制构件等分类堆放及机械、设备停放应整齐、稳固、规范、标识清楚,且不得侵占场内道路或影响安全。

⑤施工单位应配备的检测设备:RCL(电阻、电容、电感)测试仪、线缆测试仪、视频测量仪、视频信号发生器、串行数据分析仪、通信测试分析系统、混合信号示波器、光纤熔接机、光功率计、光衰减器、数字万能表、CATV(有线电视)测试验收仪、多功能表校准仪。

（7）了解当地气候及气象条件。

（8）了解本工程所涉及的征地、临时用地相关情况。

（9）了解与本工程相关且互联的现有机电设施运行情况。

（10）合同约定需进行联合设计或工艺设计的,应组织开展施工图纸的细化和完善工作。

（11）其他资料或需要调查的情况。

二、核查开工条件

施工单位应根据合同文件、设计文件、有关规范及现场条件编制施工组织设计。施工组织设计宜包括编制说明、施工组织机构、施工平面布置图、施工方法、资源计划、总进度计划和进度图、质量管理、安全生产和环境保护,施工组织设计应经过审查批准。

机电工程外部条件核查与处理完毕后,机电工程开工前应具备的施工条件:

（1）完成驻地建设,项目管理人员和施工人员到位。

（2）施工组织设计、工程总体进度计划和分项工程进度计划已经审批并获得施工许可。

（3）临时设施、施工机具及必需的设备材料等已到位并测试合格。

（4）预留预埋核查合格。

三、施工准备阶段的监理工作

机电工程施工监理机构在施工准备阶段应充分熟悉标准、文件,审核分部、分项工程划分及审查施工组织设计与专项施工方案,根据工程项目编制监理计划、监理细则,核查施工环境和条件,制定各项监理规章制度。

监理机构应配备的检测设备:光功率计/光源、光时域反射计、数字式地阻仪、钳形电流表、照度计、数字万用表、数显卡尺、RCL测试仪、涂镀层测厚仪(磁性、电涡流)、超声波测厚仪。

四、公路机电工程划分

公路机电工程施工质量控制、检验评定均应按表7-2的规定进行,表7-2中给出了公路机电工程的层次结构和抽样单位。

公路机电工程划分表　　　　　　　　　　　　　　　　　　　　　　表 7-2

单位工程	分部工程	分项工程	抽样单位
机电工程	4. 监控设施	4.1　车辆检测器	控制机箱
		4.2　气象检测器	控制机箱
		4.3　闭路电视监视系统	外场设备以摄像机为抽样单位,室内设备以中心(分中心)为抽样单位
		4.4　可变标志	外场设备
		4.5　道路视频交通事件检测系统	中心处理器板卡
		4.6　交通情况调查设施	控制机箱
		4.7　监控(分)中心设备及软件	监控(分)中心
		4.8　大屏幕显示系统	一个完整屏幕
		4.9　监控系统计算机网络	网络性能以中心为抽样单位,网线性能以条为抽样单位
	5. 通信设施	5.1　通信管道工程	以1000m为抽样单位,人(手)孔按个抽样
		5.2　通信光缆、电缆线路工程	中继段(注:交工验收质量检查全部中继段,各中继段检查总光缆芯数的10%,不少于3个测点)
		5.3　同步数字体系(SDH)光纤传输系统	通信站、中心的 ADM、OLT、ONU
		5.4　IP 网络系统	通信中心、站
		5.5　波分复用(WDM)光纤传输系统	通信中心、站
		5.6　固定电话交换系统	通信中心
		5.7　通信电源系统	通信中心、站
	6. 收费设施	6.1　入口混合车道设备及软件	收费车道
		6.2　出口混合车道设备及软件	收费车道
		6.3　ETC 专用车道设备及软件	收费车道
		6.4　ETC 门架收费系统	ETC 门架
		6.5　收费站设备及软件	收费站(注:交工验收质量检查50%,不少于3个测点)
		6.6　收费分中心设备及软件	收费分中心(注:全部检查)
		6.7　联网收费管理中心(收费中心)设备及软件	收费中心
		6.8　IC 卡发卡编码系统	收费中心(注:全部检查)
		6.9　内部有线对讲及紧急报警系统	收费站
		6.10　超限检测系统	车道
		6.11　闭路电视监视系统	外场设备以摄像机为抽样单位,室内设备以站为抽样单位
		6.12　收费站区光缆、电缆线路	中继段(注:交工验收质量检查全部中继段,各中继段检查总光缆芯数的10%,不少于3个测点)
		6.13　收费系统计算机网络	网络性能以中心(站)为抽样单位,网线性能以条为抽样单位

单位工程	分部工程	分项工程	抽样单位
机电工程	7. 供配电设施	7.1　中压配电设备	配电站
		7.2　中压设备电力电缆	配电箱
		7.3　中心(站)内低压配电设备	配电站
		7.4　低压设备电力电缆	π接柜
		7.5　风/光供电系统	控制机箱
		7.6　电动汽车充电系统	充电桩
		7.7　电力监控系统	监控中心
	8. 照明设施	8.1　路段照明设施	灯具以灯杆为抽样单位,亮度指标以两灯杆间距为单位测点
		8.2　收费广场照明设施	收费广场
		8.3　服务区照明设施	服务区
		8.4　收费天棚照明设施	收费车道
	9. 隧道机电设施	9.1　车辆检测器	同4.1
		9.2　闭路电视监视系统	同4.3
		9.3　紧急电话与有线广播系统	外场分机
		9.4　环境检测设备	控制机箱
		9.5　手动火灾报警系统	报警按钮
		9.6　自动火灾报警系统	报警主机
		9.7　电光标志	灯箱
		9.8　发光诱导设施	控制机箱
		9.9　可变标志	外场设备
		9.10　隧道视频交通事件检测系统	隧道管理站处理器板卡
		9.11　射流风机	一组风机
		9.12　轴流风机	送风机、排风机
		9.13　照明设施	入口段、过渡段、出口段亮度每段测一个测量区域,中间段亮度以各个100m段为抽样单位,控制机箱按个抽样
		9.14　消防设施	外场设备
		9.15　本地控制器	外场设备
		9.16　隧道管理站设备及软件	管理站
		9.17　隧道管理站计算机网络	网络性能以管理站为抽样单位,网线性能以条为抽样单位
		9.18　供配电设施	同7

注:为方便查询使用,本表中的分部工程、分项工程的序列号与《公路工程质量检验评定标准　第二册　机电工程》
　　(JTG 2182—2020)附录A表A.0.1机电工程分项工程划分表的序列号相同。

第三节　监控设施

一、监控设施的构成

公路监控设施的作用是保证公路行车安全和公路畅通，提高公路的使用效率和服务水平。公路监控设施由信息采集系统、信息处理系统及信息发布系统三大部分组成一个闭环系统。信息采集系统采集的公路信息反映道路上车辆运行情况的交通参数和交通状况，经信息处理系统分析、处理、判断后，发出指令，控制道路信息发布系统改变其显示内容，实现对道路交通流进行调节和控制。

省域高速公路监控管理体系架构包括省级监控中心、路段监控分中心、外场监控设备与基层监控单元（隧道管理站、桥梁管理站等）。省域高速公路一般采用"省级监控中心—路段监控分中心—基层监控单元（外场监控设备）"的三级或二级监控管理架构。

随着全国高速公路信息通信联网的进程，公路监控管理体系架构从全国层面可分为"国家路网监控中心—省级监控中心—路段监控分中心—基层监控单元（外场监控设备）"的四级或三级监控管理架构。

公路监控设施由省级监控中心设施、路段监控分中心设施、基层监控单元设施以及监控外场设备构成。

公路监控设施施工划分的分项工程包括车辆检测器、气象检测器、闭路电视监视系统、可变标志、道路视频交通事件检测系统、交通情况调查设施、监控（分）中心设备及软件、大屏幕显示系统和监控系统计算机网络。

根据《公路工程技术标准》（JTG B01—2014）第 10.4.2 条的规定，监控设施分为 A、B、C、D 四个等级，各等级监控设施的适用范围可根据表 7-3 确定。

各等级监控设施的适用范围　表 7-3

监控设施等级	适用范围	监控设施等级	适用范围
A	高速公路（全程监控）	C	干线一级、二级公路
B	高速公路（分段监控）	D	集散公路、支线公路

二、监控设施施工过程质量监理

1. 车辆检测器

1）施工质量监理要点

（1）线圈车辆检测器、微波车辆检测器、超声波车辆检测器、红外线车辆检测器、视频车辆检测器等车辆检测器设备及构配件的品牌、型号、规格、数量应符合合同要求，部件完整，检验合格。

（2）车辆检测器设备根据类型应符合现行《环形线圈车辆检测器》（GB/T 26942）、《地磁车辆检测器》（GB/T 35548）、《交通信息采集　微波交通流检测器》（GB/T 20609）、《交通信息

采集 视频车辆检测器》(GB/T 24726)等相关标准的规定。

（3）环形线圈不得跨道路伸缩缝安装，埋设位置应避开金属物体；切缝应干燥、清洁。

（4）馈线与环形线圈应为完整电缆；环形线圈电感量应符合车辆检测器工作要求。

（5）微波车辆检测器探头波束投影范围应与侦测车道方向垂直，水平轴不得倾斜。

（6）摄像机云台的水平、垂直转动角度应符合设计要求。

（7）摄像机引出的电缆应留有余量，不影响摄像机的转动。

（8）机箱的出线管与箱体连接处应密封良好。

（9）全部车辆检测器设备安装调试完成后，车辆检测器应工作正常，技术检测合格。

（10）车辆检测器传感器检测区域应符合设计要求。

（11）车辆检测器功能与检测精度应符合设计要求。

2）质量检验标准和实测项目

《公路工程质量检验评定标准 第二册 机电工程》(JTG 2182—2020)给定的质量检验标准和实测项目见表7-4。

车辆检测器质量检验标准和实测项目　　　　　　　　　　　　　　表7-4

项次	检查项目	技术要求
1	基础尺寸	符合设计要求，允许偏差：(−50，+100)mm
2	机箱、立柱防腐涂层厚度	符合设计要求，无要求时符合现行 GB/T 18226 的规定
3	立柱竖直度（微波、视频、超声波车辆检测器）	≤5mm/m
4△	绝缘电阻	强电端子对机壳≥50MΩ
5△	保护接地电阻	≤4Ω
6△	防雷接地电阻（微波、视频、超声波车辆检测器）	≤10Ω
7△	共用接地电阻	如外场设备的保护接地体和防雷接地体未分开设置，则共用接地电阻≤1Ω
8△	车流量相对误差	线圈、地磁：≤2%；微波、视频、超声波：≤5%
9	车速相对误差	≤5%
10△	传输性能	24h 观察时间内失步现象≤1 次或 BER≤10^{-8}；以太网传输丢包率≤0.1%
11△	自检功能	自动检测设备运行状态，故障时实时上传故障信息
12△	复原功能	加电后，设备能自动恢复到正常通信状态，并被上位机或控制系统识别，断电或故障前存储数据保持不变
13	本地操作与维护功能	能够与便携机连接进行检测和维护

2.气象检测器

1）施工质量监理要点

（1）风速风向传感器、能见度传感器、雨量传感器、温湿度传感器及路面检测单元等气象检测器设备及构配件的品牌、型号、规格、数量应符合合同要求，部件完整，检验合格。

（2）气象检测器设备应符合现行《公路交通气象监测设施技术要求》（GB/T 33697）等相关标准的规定。

（3）气象检测设备定位应避开影响风速、风向等数据采集的高大建筑、树木、山丘等。

（4）探头安装高度、方位和尺寸应符合施工图设计要求。

（5）机箱的出线管与箱体连接处应密封良好。

（6）主机箱外部完整，门锁开闭灵活。

（7）电源电缆、信息线缆、接地线应按施工图设计要求连接到位，全部气象检测器设备安装调试完成后，气象检测器应工作正常，技术检测合格。

2）质量检验标准和实测项目

《公路工程质量检验评定标准 第二册 机电工程》（JTG 2182—2020）给定的质量检验标准和实测项目见表7-5。

气象检测器质量检验标准和实测项目

表 7-5

项次	检查项目	技术要求
1	基础尺寸	符合设计要求，允许偏差：（ -50，+100）mm
2	机箱、立柱防腐涂层厚度	符合设计要求
3	立柱竖直度	≤5mm/m
4△	绝缘电阻	强电端子对机壳≥50MΩ
5△	保护接地电阻	≤4Ω
6△	防雷接地电阻	≤10Ω
7△	共用接地电阻	如外场设备的保护接地体和防雷接地体未分开设置，则共用接地电阻≤1Ω
8△	环境检测性能	8.1 温度检测器测量误差：±1.0℃
		8.2 湿度检测器测量误差：±5% RH
		8.3 能见度检测器测量误差：±10% 或符合设计要求
		8.4 风速检测器测量误差：±5% 或符合设计要求
9△	数据传输性能	24h观察时间内失步现象≤1 次或 BER≤10^{-8}；以太网传输丢包率≤0.1%
10	降雨检测功能	能检测到降水量
11	路面状况检测功能	能检测路面干燥、潮湿、积水、积雪、结冰等状况
12△	自检功能	自动检测设备运行状态，故障时实时上传故障信息
13△	复原功能	加电后，设备能自动恢复到正常通信状态，并被上位机或控制系统识别，断电或故障前存储数据保持不变
14	本地操作与维护功能	能够与便携机连接进行检测和维护

3. 闭路电视监视系统

1）施工质量监理要点

（1）闭路电视监视系统的设备及构配件品牌、型号、规格、配置、数量应符合合同要求，部件完整，检验合格。

（2）摄像机（云台）安装方位、高度应符合施工图设计要求。

（3）防雷部件安装到位，电源电缆、控制线缆、接地线及视频传输线缆连接应符合施工图设计要求。

（4）摄像机云台防护罩和机箱的出线管与箱体连接处应密封良好。

（5）控制机箱外部完整，门锁开闭灵活。

（6）全部闭路电视监视系统设备安装调试完成后，闭路电视监视系统应工作正常，技术检测合格。

2）质量检验标准和实测项目

《公路工程质量检验评定标准　第二册　机电工程》（JTG 2182—2020）给定的质量检验标准和实测项目见表7-6。

闭路电视监视系统质量检验标准和实测项目 表7-6

项次	检查项目			技术要求
1	基础尺寸			符合设计要求，允许偏差：(−50，+100)mm
2	机箱、立柱防腐涂层厚度			符合设计要求，无要求时符合现行 GB/T 18226 的规定
3	立柱竖直度			≤5mm/m
4△	绝缘电阻			强电端子对机壳≥50MΩ
5△	保护接地电阻			≤4Ω
6△	防雷接地电阻			≤10Ω
7△	共用接地电阻			如外场设备的保护接地体和防雷接地体未分开设置，则共用接地电阻≤1Ω
8△	传输通道指标	8.1 标清模拟复合视频信号	8.1.1 视频电平	(700±30)mV
			8.1.2 同步脉冲幅度	(300±20)mV
			8.1.3 回波 E	<7%
			8.1.4 幅频特性(5.8MHz 带宽内)	±2dB
			8.1.5 视频信噪比(加权)	≥56dB
		8.2 高清 Y、C_R(P_R)、C_B(P_B) 视频信号	8.2.1 Y 信号输出量化误差	−10% ~ +10%
			8.2.2 C_R(P_R)信号输出量化误差	−10% ~ +10%
			8.2.3 C_B(P_B)信号输出量化误差	−10% ~ +10%
			8.2.4 Y 信号幅频特性	30MHz 带宽内 ±3dB
			8.2.5 亮度通道的线性响应(Y 信号的 K 系数)	≤3%
			8.2.6 Y、C_B(P_B)、C_R(P_R)信号的信噪比(加权)	≥56dB
		8.3 高清 G、B、R 视频信号	8.3.1 G 信号输出量化误差	−10% ~ +10%
			8.3.2 B 信号输出量化误差	−10% ~ +10%
			8.3.3 R 信号输出量化误差	−10% ~ +10%
			8.3.4 G/B/R 信号幅频特性	30MHz 带宽内 ±3dB
			8.3.5 亮度通道的线性响应(G、B、R 信号的 K 系数)	≤3%
			8.3.6 G、B、R 信号的信噪比	≥56dB

续上表

项次	检查项目			技术要求
9△	监视器画面指标	9.1 标清模拟复合视频信号	9.1.1 雪花	≥4分
			9.1.2 网纹	≥4分
			9.1.3 黑白滚道	≥4分
			9.1.4 跳动	≥4分
		9.2 高清视频信号	9.2.1 失真	≥4分
			9.2.2 拖尾	≥4分
			9.2.3 跳帧	≥4分
			9.2.4 抖动	≥4分
			9.2.5 马赛克	≥4分
10△	数据传输性能		10.1 IP网络吞吐率	满足设计文件中编码器最大码流要求,无要求时1518帧长≥99%
			10.2 IP网络传输时延	符合设计要求,无要求时:≤10ms
			10.3 IP网络丢包率	不大于70%流量负荷时:≤0.1%
11△	云台水平转动角度			水平:≥350°
12△	云台垂直转动角度			上仰:≥15°,下俯:≥90°
13△	监视范围			符合设计要求
14△	外场摄像机安装稳定性			受大风影响或接受变焦、转动等操控时,画面动作平滑、无抖动
15△	切换功能			监控终端可切换系统内任何摄像机
16	录像功能			可录像,且录像回放清晰
17△	复原功能			加电后,设备能自动恢复到正常通信状态,能与上位机或控制系统连接,并可靠工作

4.可变标志

1)施工质量监理要点

（1）可变信息标志、可变限速标志、道路交通信号灯、车道控制标志设备及构配件的品牌、型号、规格、数量应符合合同要求,部件完整,检验合格。

（2）可变标志设备根据类型应符合现行《高速公路LED可变信息标志》（GB/T 23828）、《高速公路LED可变限速标志》（GB 23826）、《道路交通信号灯》（GB 14887）和《LED车道控制标志》（JT/T 597）等相关标准的规定。

（3）可变标志板面安装方位、角度、高度应符合施工图设计要求,可变标志门架的形式和结构应符合施工图设计要求。

（4）防雷部件安装应符合施工图设计要求,线缆可靠连接。

（5）显示屏、控制机箱的出线管与箱体连接处应密封良好。

（6）显示屏、控制机箱内电源线、信息线缆布放应平直、整齐、固定可靠、标识清晰,插头牢固。

（7）控制机箱外部完整,门锁灵活。

(8)电源电缆、信息线缆、接地线应按施工图设计要求连接到位,可变标志设备安装调试完成后,可变标志设备应工作正常,技术检测合格。

(9)显示屏发光单元应处于受控状态,失效率不应大于产品技术标准。

(10)可变标志色度、亮度、响应时间、显示内容完整性应符合设计要求。

2)质量检验标准和实测项目

《公路工程质量检验评定标准 第二册 机电工程》(JTG 2182—2020)给定的质量检验标准和实测项目见表7-7。

可变标志质量检验标准和实测项目 表7-7

项次	检查项目	技术要求
1	基础尺寸	符合设计要求,允许偏差:(-50,+100)mm
2	机箱、立柱防腐涂层厚度	符合设计要求,无要求时符合现行 GB/T 18226 的规定
3	立柱竖直度	≤5mm/m
4△	绝缘电阻	强电端子对机壳≥50MΩ
5△	保护接地电阻	≤4Ω
6△	防雷接地电阻	≤10Ω
7△	共用接地电阻	如外场设备的保护接地体和防雷接地体未分开设置,则共用接地电阻≤1Ω
8△	视认距离	车辆以最大限速速度行驶时应不小于行车视距
9△	数据传输性能	24h 观察时间内失步现象≤1 次或 BER≤10^{-8};以太网传输丢包率≤0.1%
10△	显示内容	及时、正确地显示监控中心计算机发送的内容
11△	亮度调节功能	可变信息标志、可变限速标志能根据环境亮度自动调节显示屏的亮度
12△	自检功能	能够向监控中心计算机提供显示内容的确认信息及本机工作状态自检信息
13△	复原功能	加电后,设备能自动恢复到正常通信状态,并被上位机或控制系统识别,断电或故障前存储数据保持不变
14	本地操作与维护功能	能够与便携机连接进行检测和维护

5. 道路视频交通事件检测系统

1)施工质量监理要点

(1)道路视频交通事件检测系统设备及构配件的品牌、型号、规格、配置、数量应符合合同要求,部件完整,检验合格。

(2)道路视频交通事件检测系统设备应符合现行《视频交通事件检测器》(GB/T 28789)等相关标准的规定。

(3)摄像机立柱安装应竖直、稳固。

(4)电源电缆、信息线缆、接地线应按施工图设计要求连接到位,全部设备安装调试完成后,道路视频交通事件检测系统应工作正常,技术检测合格。

(5)摄像机镜头视场应覆盖设计要求的监控区域,无遮挡障碍物。

(6)交通事件检测功能和精度应符合设计要求。

2)质量检验标准和实测项目

《公路工程质量检验评定标准 第二册 机电工程》(JTG 2182—2020)给定的质量检验

标准和实测项目见表7-8。

道路视频交通事件检测系统的质量检验标准和实测项目　　　　表7-8

项次	检查项目	技术要求
1	事件检测率	符合设计要求,无要求时:有效检测范围内≥90%
2	交通参数检测相对误差	符合设计要求,无要求时:车流量≤10%,车速≤15%
3	有效检测范围	符合设计要求,无要求时: 停止事件:≥300m;逆行事件:≥200m;行人事件:≥100m; 抛撒物事件:≥100m;机动车驶离事件:≥200m
4△	典型事件检测功能	具备停止、逆行、行人、抛撒物、机动车驶离等事件检测功能;具有交通参数检测功能的系统能进行车流量、车速等交通参数检测
5	自动录像功能	系统自动捕获并存储交通事件发生过程的影像,能按要求设定记录时间

6.交通情况调查设施

1)施工质量监理要点

(1)交通情况调查设施设备及构配件的品牌、型号、规格、配置、数量应符合合同要求,部件完整,检验合格。

(2)交通情况调查设施设备应符合现行《公路交通情况调查设备》(JT/T 1008)等相关标准的规定。

(3)传感器安装应符合施工图设计要求,检测区域正确。

(4)电源电缆、数据线缆、接地线应按施工图设计要求连接到位,全部设备安装调试完成后,交通情况调查设施应工作正常,技术检测合格。

2)质量检验标准和实测项目

《公路工程质量检验评定标准　第二册　机电工程》(JTG 2182—2020)给定的质量检验标准和实测项目见表7-9。

交通情况调查设施质量检验标准和实测项目　　　　表7-9

项次	检查项目	技术要求
1△	机动车分类或分型误差	符合设计要求,无要求时:≤10%
2△	车流量相对误差	符合设计要求,无要求时:≤5%
3△	车速相对误差	符合设计要求,无要求时:≤8%
4△	传输性能	24h观察时间内失步现象≤1次或BER≤10^{-8};以太网传输丢包率≤0.1%
5△	自检功能	自动检测设备运行状态,故障时实时上传故障信息
6△	复原功能	加电后,设备能自动恢复到正常通信状态,并被上位机或控制系统识别,断电或故障前存储数据保持不变

7.监控(分)中心设备及软件

1)施工质量监理要点

(1)监控(分)中心机房整洁,通风、照明、环境温湿度条件良好。

(2)监控(分)中心设备及配件的品牌、型号、规格、配置、数量应符合合同要求,部件完整,检验合格。

（3）监控（分）中心软件应符合现行《高速公路监控系统软件测试方法》（JT/T 965）等相关标准的规定。

（4）监控中心内电源电缆应与通信电缆分开敷设，应按施工图设计要求连接到位，防静电地板、设备机柜、设备接地线应与机房接地线汇流排连接可靠。

（5）控制台、CCTV（闭路电视）电视墙内以及各设备间电源和信号线缆应布设整齐、预留长度适当、线缆编号标识正确清楚。

（6）监控（分）中心设备安装调试完成后，监控（分）中心设备及软件应正常工作，技术检测合格。

（7）监控软件包括系统软件与应用软件，系统软件应合法授权，应提交正式的授权使用证书，应用软件应进行检测或提供软件开发、测试文件。

2）质量检验标准和实测项目

《公路工程质量检验评定标准　第二册　机电工程》（JTG 2182—2020）给定的质量检验标准和实测项目见表7-10。

监控（分）中心设备及软件质量检验标准和实测项目

表7-10

项次	检查项目	技术要求
1△	绝缘电阻	强电端子对机壳≥50MΩ
2△	监控中心共用接地电阻	≤1Ω
3△	与下端设备数据交换	按设定的系统轮询周期，及时准确地与车辆检测器、气象检测器、可变标志等交换数据
4△	图像监视功能	能够监视路段的运行状况
5	系统工作状况监视功能	系统外场设备的工作状态在计算机或大屏幕上正确显示
6	信息发布功能	指令信息通过系统正确地传送到可变信息标志、交通信号灯、车道控制标志等设备
7△	数据备份、存储功能	具有数据备份、存储功能，并带时间记录

8．大屏幕显示系统

1）施工质量监理要点

（1）大屏幕显示系统设备及构配件品牌、型号、规格、配置、数量应符合合同要求，部件完整，检验合格。

（2）大屏幕外观应完整无损伤、屏幕平整整洁。

（3）屏幕安装方位、角度、高度应符合施工图设计要求，安装牢固。

（4）电源电缆、信息线缆、接地线应按施工图设计要求连接到位，全部设备安装调试完成后，大屏幕显示系统应工作正常，技术检测合格。

2）质量检验标准和实测项目

《公路工程质量检验评定标准　第二册　机电工程》（JTG 2182—2020）给定的质量检验标准和实测项目见表7-11。

大屏幕显示系统质量检验标准和实测项目　　　　　　表 7-11

项次	检查项目	技术要求
1	拼接缝	符合设计要求,无要求时:≤2mm
2△	亮度	达到白色平衡时的亮度符合设计要求,无要求时: 大屏幕投影屏幕≥150cd/m²,液晶显示屏、LED 显示屏≥450cd/m²
3	亮度不均匀度	达到白色平衡时的亮度不均匀度符合设计要求,无要求时:≤10%
4△	窗口缩放	可对所选择的窗口随意缩放控制
5△	多视窗显示	同时显示多个监视断面的窗口

9. 监控系统计算机网络

1) 施工质量监理要点

(1) 网线、插座、连接线、网卡、集线器、交换机、路由器、调制解调器、服务器等器材、网络设备的品牌、型号、规格、配置、数量应符合合同要求,部件完整,检验合格。

(2) 插座、双绞线接头的压接形式(线对分配)应符合现行 EIA/TIA 568A 或 EIA/TIA 568B 的规定,且在一个系统中只能选用一种压接形式,不得混用。

(3) 电源电缆与通信线缆应分开线槽道布放。

(4) 全部监控系统计算机网络设备应按施工图设计要求安装完成,电源电缆、通信线缆、接地线应按施工图设计敷设完成,可靠连接到位。

(5) 线缆弯曲半径和预留长度应符合施工图设计或现行《综合布线系统工程验收规范》(GB/T 50312) 的规定。

(6) 全部系统设备安装调试完成后,监控系统计算机网络应工作正常,技术检测合格。

2) 质量检验标准和实测项目

《公路工程质量检验评定标准　第二册　机电工程》(JTG 2182—2020) 给定的质量检验标准和实测项目见表 7-12。

监控系统计算机网络质量检验标准和实测项目　　　　　　表 7-12

项次	检查项目		技术要求
1△	接线图		符合现行 GB/T 50312 的规定
2△	回波损耗		符合现行 GB/T 50312 的规定
3△	近端串音		符合现行 GB/T 50312 的规定
4	环路电阻		符合现行 GB/T 50312 的规定
5	时延		符合现行 GB/T 50312 的规定
6△	以太网系统性能要求	6.1 链路传输速率	符合设计要求,无要求时符合 10Mbps、100Mbps、1000Mbps 的规定
		6.2 吞吐率	符合设计要求,无要求时 1518 帧长≥99%
		6.3 传输时延	符合设计要求,无要求时:≤10ms
		6.4 丢包率	不大于 70% 流量负荷时:≤0.1%
7△	以太网链路层健康状况	7.1 链路利用率	≤70%
		7.2 错误率及各类错误	≤1%
		7.3 广播帧及组播帧	≤50fps
		7.4 冲突(碰撞)率	≤1%

第四节　通 信 设 施

一、通信设施概述

公路通信设施为公路管理业务提供大容量的网络传输平台和高质量的语音、数据、图像等信息交换服务。

语音服务包括业务电话、指令电话、对讲电话、呼叫电话等业务,也包括 G3 类传真业务。

数据服务包括公路营运管理的监控、收费业务数据和政务信息、安全信息等数据传输、交换。

图像服务包括用于高等级公路营运管理的监控、收费业务的静态或动态图像,也包括公路路政、运输、稽查、建设管理及救援等所需的其他图像信息传输、交换,图像分为数字图像及模拟图像两种类型。

通信设施主要由传送网(干线传送网和路段接入网)系统、业务网(数据通信网、语音业务网、呼叫服务系统、广播系统等)系统、支撑网(同步网、公共信令网、网络管理网)系统、通信光电缆、通信电源系统、通信管道等组成。

公路通信设施施工划分的分项工程包括通信管道工程、通信光、电缆线路工程、同步数字体系(SDH)光纤传输系统、IP 网络系统、波分复用(WDM)光纤传输系统、固定电话交换系统和通信电源系统。

二、通信设施施工质量监理

1. 通信管道工程

1)施工质量监理要点

(1)通信管道的型号、规格、产地、数量应符合合同要求,辅材配套完整,检验合格。

(2)通信管道路由与位置、管群断面组合应符合施工图设计要求。

(3)通信管道施工工艺应符合设计与规范的要求,管顶至路面的埋设深度应符合施工图设计及相关技术规范的要求。

(4)通过桥梁或其他构造物时采用的管箱、引上和引下工程采用的管道应符合施工图设计要求。

(5)人(手)井(孔)位置应符合施工图设计要求,预埋件安装应牢固,防水措施应得当。

(6)塑料管铺管及接续时,施工环境温度不宜低于 −5℃。

(7)硅芯管在敷设前,应将硅芯管端口用密封堵头堵塞。

(8)硅芯管在沟底应平整、顺直,沟坎及转角处应平缓铺设。

(9)遇有石质沟底,应在硅芯管上下方各铺 100mm 厚的碎土或沙土。

(10)硅芯管布放完成后应尽快连接密封,对引入手孔的硅芯管应及时对端口封堵。

(11)多根硅芯管在同一地段敷设时,排列方式、绑扎固定及硅芯管间距应符合施工图设计要求。

（12）硅芯管敷设转弯半径应符合管道的最小曲率半径。

（13）使用放出机械、吊放设备或人工敷设应将硅芯管或微管缆铺放在沟底部；沟内硅芯管或微管道应平整、顺直。

（14）管道连接时，管孔（口）对接应严密；管道接续过渡应圆滑、密封良好，弯曲半径应符合施工图设计要求或规范规定。

（15）气吹管道的接口断面应平直、无毛刺，并应采用配套的密封接头件接续。接头件外面应做防水处理。气吹管道布放前应使用专用堵头将管道两端封闭。

（16）金属管道及管道的金属结构件的防腐处理等应符合设计要求或标准规范的规定。

（17）金属管通过构筑物敷设时，螺纹连接或套管焊接的钢管两端宜采用专用接地卡固定保护联结导体，两卡间应采用截面积不小于$4mm^2$的多股铜芯软导线连接。

（18）明配线管应横平竖直、排列整齐；线管应设管卡固定，管卡应安装牢固。

（19）管道的包封混凝土强度等级应符合施工图设计要求。

（20）管道桥架、线槽与支架间及与连接板的固定螺栓紧固无遗漏，螺母应位于桥架、线槽外侧；铝合金桥架、线槽与钢支架固定应设有相互间绝缘的防电化腐蚀措施。

（21）管道桥架、线槽的所有非导电部分的铁件均应相互连接和跨接，使之成为一连续导体，并做好整体接地处理。

（22）人（手）井（孔）的地基处理应符合施工图设计要求，天然地基应按设计要求的高程进行夯实、找平。

（23）人（手）井（孔）材质和尺寸应符合施工图设计要求，净空应符合光、电缆铺设要求。

（24）管道进入人（手）孔、通道的窗口位置应符合施工图设计要求，管道窗口外侧应填充密实。

（25）人（手）井（孔）井盖的荷载与强度应符合设计要求。

（26）通信管道试通合格，牵引线布放、管口封堵应符合施工图设计要求或相关规范的规定。

2）质量检验标准和实测项目

《公路工程质量检验评定标准　第二册　机电工程》（JTG 2182—2020）给定的质量检验标准和实测项目见表7-13。

通信管道工程的质量检验标准和实测项目 表7-13

项次	检查项目	技术要求
1	管道铺设	符合设计要求
2△	主管道管孔试通试验	畅通
3△	通信管道工程用塑料管孔试通试验	畅通
4	通信管道工程用塑料管（箱）规格尺寸	符合设计要求

2.通信光缆、电缆线路工程

1）施工质量监理要点

（1）通信光缆、电缆的品牌、型号、规格、数量应符合合同要求及相关技术规范的规定，检验合格。

(2)通信光缆、电缆线路路由、位置应符合施工图设计要求。

(3)确认光缆、电缆、敷设管道、人(手)井(孔)布置、引入位置及室内缆沟、线槽与管道建筑应符合通信光缆、电缆线路施工条件,敷设光缆、电缆的管道应疏通,管道内部应无积水、无杂物堵塞。

(4)光缆、电缆的敷设、接续、预留及成端等应符合施工图设计要求和技术规范的规定。

(5)人(手)井(孔)内光(电)缆的盘留、保护和识别标志应符合施工图设计要求及技术规范的要求,光缆、电缆应在人(手)井(孔)内排列整齐牢固。

(6)光缆、电缆敷设的最小弯曲半径应符合施工图设计要求或技术规范的规定。

(7)直埋铺设光缆、电缆的埋深、施工工艺应符合施工图设计要求,绑扎应牢靠,松紧适度、紧密,绑扎线扣应均匀、整齐、一致。

(8)电缆表面距地面的距离不应小于0.7m,穿越车行道下敷设时不应小于1m,在引入建筑物、与地下建筑物交叉及绕过地下建筑物处可浅埋,但应采取保护措施;电缆应埋设于冻土层以下,当受条件限制时,应采取防止电缆受到损伤的措施。

(9)直埋电缆上下部应铺不小于100mm厚的软土砂层,并应加盖保护板,其覆盖宽度应超过电缆两侧各50mm,保护板可采用混凝土盖板或砖块。软土或砂子中不应有石块或其他硬质杂物。

(10)直埋电缆在直线段每隔50~100m处、电缆接头处、转弯处、进入建筑物等处,应设置明显的方位标志或标桩。

(11)管道敷设光缆、电缆时,不得损伤保护层,占用的管孔位置应符合施工图设计要求,管口应封堵良好。

(12)光缆在各类管材中穿放时,管材的内径应不小于光缆外径的1.5倍。

(13)光缆接续完毕,接头应有保护措施,接头盒应固定,具有良好的密封防水性能。

(14)桥架、线槽内线缆应排列整齐,不得拧绞;在线缆进出桥架、线槽部位以及转弯处应绑扎固定;垂直桥架、线槽内线缆绑扎固定点间隔不宜大于1.5m。槽道、托架应可靠接地连接。

(15)通信站内或通信设备间的光缆金属构件应相互连通,可靠接地。

(16)光纤成端应按纤序规定与尾纤熔接,成端后光纤序号应有明显的标识。

(17)光缆中继段成端接续完成后,应进行中继段光缆测试,光缆两端的光纤配线架间的光纤线路衰耗和每个接头的接续损耗应符合设计要求。

(18)电缆敷设时,电缆应从盘的上端引出,不允许电缆在支架上及地面摩擦拖拉。

(19)通信电缆与电源电缆应分开敷设,不应绑扎在同一线束内;电缆应自然平直布放,不得产生扭绞、打圈、接头等现象,不得受外力挤压和损伤。

(20)光缆、电缆两端应有防水、耐摩擦的永久性标签,标签书写应清晰、正确。

(21)电缆接头制作完成后,应进行测试,电缆的绝缘电阻和相关性能指标应符合设计要求。

2)质量检验标准和实测项目

《公路工程质量检验评定标准 第二册 机电工程》(JTG 2182—2020)给定的质量检验标准和实测项目见表7-14。

通信光缆、电缆线路工程质量检验标准和实测项目　　　　　表 7-14

项次	检查项目	技术要求
1	光缆护层绝缘电阻	≥1000MΩ·km
2△	单模光纤接头损耗平均值	≤0.1dB
3△	多模光纤接头损耗平均值	≤0.08dB
4△	中继段单模光纤总衰耗	符合设计要求
5△	中继段多模光纤总衰耗	符合设计要求
6△	音频电缆绝缘电阻	≥1000MΩ·km
7	音频电缆直流环阻	符合设计要求
8△	接线图（网线）	符合现行 GB/T 50312 的规定
9△	回波损耗（网线）	符合现行 GB/T 50312 的规定
10△	近端串音（网线）	符合现行 GB/T 50312 的规定
11	环路电阻（网线）	符合现行 GB/T 50312 的规定

3. 同步数字体系（SDH）光纤传输系统

1）施工质量监理要点

（1）通信机房位置、面积、净空高度、防静电地板及线缆敷设路径（地槽、支线架等）、温度、湿度、供电照明及接地汇流排应符合通信设备安装施工要求。同步数字体系（SDH）光纤传输系统设备机房应符合现行《通信局（站）机房环境条件要求与检测方法》（YD/T 1821）中二类通信机房的规定。

（2）同步数字体系（SDH）光纤传输系统设备的品牌、型号、规格、配置、数量应符合合同要求，部件完整，检验合格；并应取得电信设备进网许可证。

（3）通信设备的配置及在机房内的平面布置应符合施工图设计要求，必要时在技术规范允许的情况下，调整个别通信设备的平面布置，以达到布局配线合理，操作、维护方便。

（4）通信设备的安装及配线应符合现行《通信设备安装工程施工监理规范》（YD 5125）的技术要求，设备机架应安装固定在机房的混凝土面层上，其垂直度和水平度的偏差应控制在允许范围之内。设备配线应走向合理，绑扎顺直，标识清楚、室内配线不允许中间接头。

（5）安装工具应符合防静电要求，单盘卡拆包装、插拔应符合防静电操作规范。

（6）同步数字体系（SDH）光纤传输系统的电源电缆应与通信电缆分开敷设，防静电地板、设备机柜、设备接地线应与机房地线汇流排可靠连接。

（7）电源电缆、通信线缆、接地线应按施工图设计要求连接到位，过墙、板、地下通道处应安装保护套管，缆线应留有适当余量。

（8）全部同步数字体系（SDH）光纤传输系统设备安装完成，施工工艺应符合设计与相关技术规范的要求。

（9）通信设备应按设计要求进行设置、调试，使其达到最佳工作状态。

（10）按《同步数字体系（SDH）光纤传输系统工程验收规范》（YD 5044）测试 SDH 光纤数字传输设备。

2）质量检验标准和实测项目

《公路工程质量检验评定标准　第二册　机电工程》（JTG 2182—2020）给定的质量检验标准和实测项目见表7-15。

同步数字体系（SDH）光纤传输系统质量检验标准和实测项目

表7-15

项次	检查项目	技术要求
1△	系统设备安装连接的可靠性	系统设备安装连接可靠，经振动试验后系统无告警、无误码
2△	系统接收光功率	$P_1 \geqslant P_R + M_c + M_e$
3△	平均发送光功率	符合设计要求或出厂检验指标参数
4△	光接收灵敏度	符合设计要求或出厂检验指标参数
5△	误码指标（2M电口）	$BER \leqslant 1 \times 10^{-11}$
		$ESR \leqslant 1.1 \times 10^{-5}$
		$SESR \leqslant 5.5 \times 10^{-7}$
		$BBER \leqslant 5.5 \times 10^{-8}$
6△	自动保护倒换功能	工作环路故障或大误码时，自动倒换到备用线路
7△	远端接入功能	能通过网管添加或删除远端模块
8△	配置功能	能对网元部件进行增加或删除，并以图形方式显示当前配置
9△	故障定位功能	发生故障时能显示故障位置
10△	电源故障告警	产生告警
11△	帧失步告警（LOF）	产生告警
12△	AIS告警	产生告警
13△	参考时钟丢失告警	产生告警

注：P_1-接收端实测系统接收光功率；P_R-接收器的接收灵敏度；M_c-光缆富余度；M_e-设备富余度。

4.IP网络系统

1）施工质量监理要点

（1）IP网络系统设备机房应整洁，通风、照明良好，环境温、湿度应符合现行《通信局（站）机房环境条件要求与检测方法》（YD/T 1821）中二类通信机房的规定。

（2）IP网络系统设备的品牌、型号、规格、配置、数量应符合合同要求，部件完整，检验合格，并应取得电信设备进网许可证。

（3）IP网络系统的电源电缆应与通信电缆分开敷设，防静电地板、设备机柜、设备接地线应与机房地线汇流排可靠连接。

（4）通信设备的安装及配线应符合现行《通信设备安装工程施工监理规范》（YD 5125）的技术要求，设备机架应安装固定在机房的混凝土面层上，其垂直度和水平度的偏差应控制在允许范围之内。设备配线应走向合理，绑扎顺直，标识清楚，室内配线不允许设中间接头。

（5）安装工具应符合防静电要求，单盘卡拆包装、插拔应符合防静电操作规范。

（6）通信设备的配置及在机房内的平面布置应符合施工图设计要求，必要时在技术规范允许的情况下，调整个别通信设备的平面布置，以达到布局配线合理，操作、维护方便。

（7）电源电缆、通信线缆、接地线应按施工图设计要求连接到位，过墙、板、地下通道处应安装保护套管，缆线应留有适当余量。

（8）全部 IP 网络系统设备安装完成，施工工艺应符合设计与相关技术规范的要求。

（9）通信设备应按设计要求进行设置、调试，使其达到最佳工作状态。

2）质量检验标准和实测项目

《公路工程质量检验评定标准　第二册　机电工程》（JTG 2182—2020）给定的质量检验标准和实测项目见表7-16。

IP 网络系统质量检验标准和实测项目　　　　　　表 7-16

项次	检查项目	技术要求
1△	系统设备安装连接的可靠性	系统设备安装连接可靠，经振动试验后系统无告警、无误码
2△	IP 网络接口平均发送光功率	符合设计要求，无要求时符合： −11.5dBm≤光功率≤−3dBm（1000BASE-LX） −9.5dBm≤光功率≤−4dBm（1000BASE-SX）
3△	IP 网络接口接收光功率	$P_1 \geq P_R + M_c + M_e$
4△	IP 网络接口接收灵敏度	符合设计要求，无要求时符合： ≤−19dBm（1000BASE-LX） ≤−17dBm（1000BASE-SX）
5△	IP 网络吞吐率	符合设计要求，无要求时 1518 帧长≥99%
6△	IP 网络传输时延	符合设计要求，无要求：≤100ms
7△	IP 网络丢包率	不大于 70% 流量负荷时：≤0.1%
8△	自动保护倒换功能	工作环路故障或大误码时，自动倒换到备用线路
9△	IP 网络流量控制功能	网络流量超出端口流量时，具有流量控制功能
10△	IP 网络故障诊断与定位功能	网管系统能够显示板卡、通信端口的故障位置和信息
11△	IP 网络 VLAN 功能	能够按端口划分 VLAN

注：P_1-接收端实测系统接收光功率；P_R-接收器的接收灵敏度；M_c-光缆富余度；M_e-设备富余度。

5. 波分复用（WDM）光纤传输系统

1）施工质量监理要点

（1）传输系统设备的机房应整洁，通风、照明良好，环境温、湿度应符合现行《通信局（站）机房环境条件要求与检测方法》（YD/T 1821）中二类通信机房的规定。

（2）传输系统设备的品牌、型号、规格、配置、数量应符合合同要求要求，部件完整，检验合格，并应取得电信设备进网许可证。

（3）其他施工质量监理要点参照本节"IP 网络系统"分项工程施工质量监理要点。

2）质量检验标准和实测项目

《公路工程质量检验评定标准　第二册　机电工程》（JTG 2182—2020）给定的质量检验标准和实测项目见表7-17。

IP 波分复用(WDM)光纤传输系统质量检验标准和实测项目 表 7-17

项次	检查项目	技术要求
1△	系统设备安装连接的可靠性	系统设备安装连接可靠,经振动试验后系统无告警、无误码
2△	线路侧接收、发送参考点中心波长	符合现行 YD/T 1143 的规定
3△	线路侧接收、发送参考点中心频率偏移	±12.5GHz
4△	光信噪比(OSNR)	>25dB
5△	OCh 最小边模抑制比	>25dB
6△	分波器插入损耗	<10dB
7△	分波器相邻通道隔离度	>22dB
8△	合波器插入损耗	<8dB
9△	合波器相邻通道隔离度	>22dB
10△	MPI-SM ~ MPI-RM 残余色散	符合现行 YD/T 1143 的规定
11△	MPI-SM ~ MPI-RM 偏振模色散	符合现行 YD/T 1143 的规定
12△	自动保护倒换功能	工作环路故障或大误码时,自动倒换到备用线路
13△	电源故障告警	产生告警

6. 固定电话交换系统

1)施工质量监理要点

(1)固定电话交换系统设备机房整洁,通风、照明良好,环境温、湿度应符合现行《通信局(站)机房环境条件要求与检测方法》(YD/T 1821)中二类通信机房的规定。

(2)固定电话交换系统的交换设备、辅助设备、控制台及各种电路板的品牌、型号、规格、配置、数量应符合合同要求,部件完整,检验合格,交换系统设备应取得电信设备进网许可证。

(3)通信机柜机架、各种配线架安装位置应符合施工图设计要求,安装牢固。

(4)安装工具应符合防静电要求,单盘拆包装、插拔应符合防静电操作规范。

(5)各种电路盘卡应按施工图设计要求安装在指定机柜机架、槽位,安装牢固。

(6)直流电源电缆的成端接续连接应牢靠、接触良好。

(7)设备内部的电源电缆中间应无接头,无接地现象。

(8)电源电缆应与通信电缆分开敷设,防静电地板、设备机柜、设备接地线应与机房地线汇流排可靠连接。

(9)电源电缆、通信线缆、接地线应按施工图设计要求连接到位,电缆排列整齐,外皮无损伤,过墙、板、地下通道处应安装保护套管,缆线应留有适当余量。

(10)话务台、维护终端、计费终端、调度指令电话总机以及总配线架间线缆应连接正确。

(11)全部固定电话交换系统设备安装完成,施工工艺应符合设计与相关技术规范的要求。

(12)固定电话交换系统设备机房主电源输入端子电源电压应符合设计供电要求。

(13)所有变换器的输出电压均应符合设计要求,各种外围终端自测正常,风扇应运行良好。

（14）交换机、配线架等各级可闻、可见告警装置应工作正常，告警准确。

（15）交换机系统配置的时钟同步装置工作正常，时钟等级和性能参数应符合相关的技术标准。

（16）固定电话交换系统应按设计要求进行设置、调试使其达到最佳工作状态。

2）质量检验标准和实测项目

《公路工程质量检验评定标准 第二册 机电工程》（JTG 2182—2020）给定的质量检验标准和实测项目见表7-18。

固定电话交换系统质量检验标准和实测项目　　　　　表7-18

项次	检查项目	技术要求
1△	工作电压	$-57 \sim -40V$
2△	接通率	≥99.96%
3△	软交换IP承载网的丢包率	≤0.1%
4△	修改用户号码功能	通过网管修改用户号码后不影响原话机的通信功能
5△	修改单个用户级别功能	通过网管修改用户级别后，修改后的用户对应新级别的业务权限
6△	故障诊断、告警	产生告警
7	系统交换功能	具备本局呼叫、出入局呼叫、新业务等功能
8	多方呼叫控制功能	能够建立一点对多点的快速通话功能

7. 通信电源系统

1）施工质量监理要点

（1）通信电源设备及构配件的品牌、型号、规格、配置、数量应符合合同要求，部件完整，检验合格。

（2）电池架（柜）及附件防腐处理应符合设计要求。

（3）蓄电池的连接线缆（条）、螺栓、螺母应连接可靠。

（4）电源电缆、控制线缆、接地线应按施工图设计要求连接到位，过墙、板、地下通道处应安装保护套管，缆线应留有适当余量。

（5）通信电源正极、设备机柜、设备接地线应与机房综合接地线可靠连接。

（6）全部通信电源系统设备安装调试完成，施工工艺应符合施工图设计与相关技术规范的要求，通信电源系统设备应工作正常。

（7）通信电源系统输出交流电和直流电的供电指标应符合设计要求。

（8）整流器向蓄电池浮充或均充工作应正常稳定。

（9）主备用电源自动切换，两路电源同时供电的互锁功能应正确无误。

（10）按现行《通信电源设备安装工程验收规范》（GB 51199）测试通信电源设备，功能、性能及技术指标应符合设计要求。

2）质量检验标准和实测项目

《公路工程质量检验评定标准 第二册 机电工程》（JTG 2182—2020）给定的质量检验标准和实测项目见表7-19。

通信电源系统质量检验标准和实测项目　　　　表 7-19

项次	检查项目	技术要求
1	交流电路和直流电路对地、交流电路对直流电路的绝缘电阻	$\geq 2M\Omega$
2△	开关电源的主输出电压	$-57.6 \sim -43.2V$ 或 $21.6 \sim 28.8V$
3	系统杂音电压	直流输出端的电话衡重杂音电压应$\leq 2mV$
		直流输出端在 $0 \sim 20MHz$ 频带内峰－峰值杂音电压$\leq 200mV$
4	蓄电池管理功能	能对蓄电池的放电、均浮充等操作进行切换
5△	电源系统报警功能	系统处于不正常状态时，机房内可视、可听报警信息
6	远端维护管理功能	可实现远端遥测、遥控和遥信的集中管理

第五节　收费设施

一、收费设施概述

公路收费设施是为实现、完成收缴使用公路通行车辆的通行费设置的系统、设备的集合。

全国联网收费系统架构由交通运输部路网监测与应急处置中心收费公路联网结算管理中心(简称"部联网中心")、省(自治区、直辖市)联网结算管理中心(简称"省联网中心")、省内区域/路段收费分中心(路公司)、ETC 门架系统、收费站、收费车道［ETC/MTC 混合车道］、在线密钥管理与服务系统等组成。

公路收费设施主要由部联网中心、省联网中心、区域/路段收费分中心、收费站、ETC 门架系统、收费车道设施组成。各级收费设施分别由计算机系统、收费视频监视系统、内部对讲系统、紧急报警系统、计重系统、超限检测系统、车牌自动识别系统、电源系统与线缆等组成。

公路收费设施施工划分的分项工程有入口混合车道设备及软件、出口混合车道设备及软件、ETC 专用车道设备及软件、ETC 门架收费系统、收费站设备及软件、收费分中心设备及软件、联网收费管理中心(收费中心)设备及软件、内部有线对讲及紧急报警系统、超限检测系统、闭路电视监视系统、收费站区光缆、电缆线路工程和收费系统计算机网络。

二、收费设施施工质量监理

1. 入口混合车道设备及软件

1) 施工质量监理要点

(1) 电动(手动)栏杆、天线、车道控制机、显示终端、专用键盘、复合读写器、专用费额信息显示屏、车道信息指示屏、车辆检测器、车牌识别设备、车道摄像机等设备应符合国家和行业相关标准的规定。

(2) 入口混合车道设备及构配件的品牌、型号、规格、配置、数量应符合合同要求，部件完整，检验合格。

（3）ETC 门架左右两侧基础预埋件安装应水平，门架立柱、自动栏杆机安装应竖直、牢固，地脚螺栓防腐措施应得当。

（4）ETC 天线安装角度应符合施工图设计要求。

（5）ETC 可变信息标志安装位置应符合施工图设计要求，安装牢固，受控制器控制、正确显示信息。

（6）根据现场实际情况调整通行信号灯安装角度，应保证各类各型车辆驾驶人员的可视效果。

（7）收费亭内操作台、座椅、设备等布置应整齐、有序、安装牢固。

（8）电源电缆、数据线缆与接地线应按施工图设计要求连接到位，过墙、板、地下通道处应安装保护套管，缆线应留有适当余量。

（9）设备之间的连接线缆、插头等部件应正确、紧密、可靠连接；布线整齐、余留规整、标志正确清楚；固定螺栓（钉）等应固定紧固、无松动。

（10）车道设备保护接地及工作接地应与车道地线可靠连接。

（11）收费车道系统设备机箱的出线管孔与箱体连接应密封良好，金属机箱应与安全保护地可靠连接。

（12）收费站多车道同种设备安装应保持线形顺畅美观。

（13）全部入口混合车道设备安装调试完成后，车道设备及软件应工作正常，技术检测合格。

（14）入口混合车道软件包括系统软件与应用软件，系统软件应合法授权、提供正式的授权使用证书，应用软件应进行检测或提供软件开发、测试文件。

2）质量检验标准和实测项目

《公路工程质量检验评定标准　第二册　机电工程》（JTG 2182—2020）给定的质量检验标准和实测项目见表 7-20。

入口混合车道设备及软件质量检验标准和实测项目　　表 7-20

项次	检查项目	技术要求
1△	车道设备绝缘电阻	强电端子对机壳≥50MΩ
2△	车道设备共用接地电阻	≤1Ω
3△	车道信息指示屏控制与显示	切换控制正常，显示信息正确
4△	收费天棚车道控制标志控制和显示	可按设计要求控制，显示正确
5△	收费车道通行信号灯控制和显示	可按设计要求控制，显示正确
6△	车道专用费额信息显示屏信息显示	通过车辆时，能够及时正确显示设定信息
7△	闪光报警器	能按设定要求触发，正确响应
8△	车道图像抓拍	车辆进入车道时能启动图像抓拍功能，抓拍信息符合设计要求，并能按规定格式存储转发
9△	车道摄像机	可对车道设定区域实时录像，图像清晰
10△	RSU（路侧单元）通信区域	宽度≤3.3m
11△	车道初始状态	车道信息指示屏显示车道关闭，车道栏杆处于水平关闭状态，收费亭内显示器显示内容符合设计要求，并具有防止恶意登录功能

续上表

项次	检查项目	技术要求
12△	车道打开状态	成功登录后能打开车道,系统进入工作状态
13△	车道收费数据上传功能	车辆交易数据正确上传至上级收费系统
14△	数据传输	车道与上级收费系统间能准确传输收费数据
15△	断网复原功能	断开车道控制机与收费站的通信链路,车道工作状态正常,通信链路恢复后数据无丢失
16△	正常 ETC 客车通行交易流程	客1、客2、客3、客4分别通行,交易处理和计费正确(兼具 ETC 门架功能),费额信息显示屏信息显示及时正确
17△	正常 ETC 货车通行交易流程	货1、货2、货3、货4、货5、货6分别通行,交易处理和计费正确(兼具 ETC 门架功能),费额信息显示屏信息显示及时正确
18△	正常 ETC 专项作业车通行交易流程	专项1、专项2、专项3、专项4、专项5、专项6分别通行,交易处理和计费正确(兼具 ETC 门架功能),费额信息显示屏信息显示及时正确
19△	MTC 客车通行交易流程	客1、客2、客3、客4分别通行,交易处理和计费正确(兼具 ETC 门架功能),费额信息显示屏信息显示及时正确
20△	MTC 货车通行交易流程	货1、货2、货3、货4、货5、货6分别通行,交易处理和计费正确(兼具 ETC 门架功能),费额信息显示屏信息显示及时正确
21△	MTC 专项作业车通行交易流程	专项1、专项2、专项3、专项4、专项5、专项6分别通行,交易处理和计费正确(兼具 ETC 门架功能),费额信息显示屏信息显示及时正确

2. 出口混合车道设备及软件

1)施工质量监理要点

出口混合车道设备及软件分项工程施工质量监理要点同本节"入口混合车道设备及软件"分项工程施工质量监理要点。

2)质量检验标准和实测项目

《公路工程质量检验评定标准 第二册 机电工程》(JTG 2182—2020)给定的质量检验标准和实测项目见表7-21。

出口混合车道设备及软件质量检验标准和实测项目 表7-21

项次	检查项目	技术要求
1△	车道设备绝缘电阻	强电端子对机壳≥50MΩ
2△	车道设备共用接地电阻	≤1Ω
3△	车道信息指示屏控制与显示	切换控制正常,显示信息正确
4△	收费天棚车道控制标志控制和显示	可按设计要求控制,显示正确
5△	收费车道通行信号灯控制和显示	可按设计要求控制,显示正确
6△	车道专用费额信息显示屏信息显示	通过车辆时,能够及时正确显示设定信息
7△	闪光报警器	能按设定要求触发,正确响应
8△	票据打印机	快速正确打印票据
9△	车道图像抓拍	车辆进入车道时能启动图像抓拍功能,抓拍信息符合设计要求,并能按规定格式存储转发

续上表

项次	检查项目	技术要求
10△	车道摄像机	可对车道设定区域实时录像，图像清晰
11△	RSU 通信区域	宽度≤3.3m
12△	车道初始状态	车道信息指示屏显示车道关闭，车道栏杆处于水平关闭状态，收费亭内显示器显示内容符合设计要求，并具有防止恶意登录功能
13△	车道打开状态	成功登录后能打开车道，系统进入工作状态
14△	车道收费数据上传功能	车辆交易数据正确上传至上级收费系统
15△	数据传输	车道与上级收费系统间能准确传输收费数据
16△	断网复原功能	断开车道控制机与收费站的通信链路，车道工作状态正常，通信链路恢复后数据无丢失
17△	正常 ETC 客车通行交易流程	客1、客2、客3、客4分别通行，交易处理和扣费正确，费额信息显示屏及时正确显示全程通行费金额及相关信息
18△	正常 ETC 货车通行交易流程	货1、货2、货3、货4、货5、货6分别通行，交易处理和扣费正确，费额信息显示屏及时正确显示全程通行费金额及相关信息
19△	正常 ETC 专项作业车通行交易流程	专项1、专项2、专项3、专项4、专项5、专项6分别通行，交易处理和扣费正确，费额信息显示屏及时正确显示全程通行费金额及相关信息
20△	MTC 客车通行交易流程	客1、客2、客3、客4分别通行，交易处理和计费正确，费额信息显示屏及时正确显示全程通行费金额及相关信息
21△	MTC 货车通行交易流程	货1、货2、货3、货4、货5、货6分别通行，交易处理和计费正确，费额信息显示屏及时正确显示全程通行费金额及相关信息
22△	MTC 专项作业车通行交易流程	专项1、专项2、专项3、专项4、专项5、专项6分别通行，交易处理和计费正确，费额信息显示屏及时正确显示全程通行费金额及相关信息

3. ETC 专用车道设备及软件

1）施工质量监理要点

（1）电动（手动）栏杆、天线、车道控制机、显示终端、专用键盘、专用费额信息显示屏、车辆检测器、摄像机等设备应符合国家和行业相关标准的规定。

（2）ETC 专用车道设备及构配件的品牌、型号、规格、配置、数量应符合合同要求，部件完整，检验合格。

（3）ETC 门架左右两侧基础预埋件安装应水平，门架立柱、自动栏杆机安装应牢固、竖直，地脚螺栓防腐措施应得当。

（4）ETC 天线安装角度应符合施工图设计要求。

（5）ETC 可变信息标志安装位置应符合施工图设计要求，安装牢固，受控制器控制正确显示信息。

（6）通行信号灯安装角度根据现场实际情况调整，应保证各类各型车辆驾驶人员的可视效果。

（7）电源电缆、数据线缆与接地线应按施工图设计要求连接到位，过墙、板、地下通道处应安装保护套管,缆线应留有适当余量。

(8)设备之间的连接线缆、插头等部件连接应正确、紧密、可靠连接;布线整齐、余留规整、标志正确清楚;固定螺栓(钉)等应固定紧固、无松动。

(9)外场设备机箱、立柱应可靠接地。

(10)车道设备保护接地及工作接地应与车道地线可靠连接。

(11)收费站多车道同种设备安装应保持线性顺畅美观。

(12)全部 ETC 专用车道设备安装调试完成后,车道设备及软件应工作正常,技术检测合格。

(13)ETC 专用车道软件包括系统软件与应用软件,系统软件应合法授权、提供正式的授权使用证书,应用软件应进行检测或提供软件开发、测试文件。

2)质量检验标准和实测项目

《公路工程质量检验评定标准　第二册　机电工程》(JTG 2182—2020)给定的质量检验标准和实测项目见表 7-22。

ETC 专用车道设备及软件质量检验标准和实测项目　　　　　　表 7-22

项次	检查项目	技术要求
1△	车道设备绝缘电阻	强电端子对机壳≥50MΩ
2△	车道设备共用接地电阻	≤1Ω
3△	车道信息指示屏控制与显示	切换控制正常,显示信息正确
4△	收费天棚车道控制标志控制和显示	可按设计要求控制,显示正确
5△	收费车道通行信号灯控制和显示	可按设计要求控制,显示正确
6△	车道专用费额信息显示屏信息显示	通过车辆时,能够正确显示全程通行费金额及其他设定的信息
7△	闪光报警器	能按设定要求触发,正确响应
8△	电动栏杆机功能	能按规定操作流程动作,且具有防砸车和水平回转功能
9△	车道图像抓拍	车辆进入车道时能启动图像抓拍功能,抓拍信息符合设计要求,并能按规定格式存储转发
10△	车道摄像机	可对车道设定区域实时录像,图像清晰
11△	RSU 通信区域	宽度≤3.3m
12△	车道初始状态	车道信息指示屏显示车道关闭,车道栏杆处于水平关闭状态,收费亭内显示器显示内容符合设计要求,并具有防止恶意登录功能
13△	车道打开状态	成功登录后能打开车道,系统进入工作状态
14△	车道收费数据上传功能	车辆交易数据正确上传至上级收费系统
15△	数据传输	车道与上级收费系统间能准确传输收费数据
16△	断网复原功能	断开车道控制机与收费站的通信链路,车道工作状态正常,通信链路恢复后数据无丢失
17△	正常 ETC 客车通行交易流程	客1、客2、客3、客4 分别通行,交易正确,费额信息显示屏信息显示及时正确
18△	正常 ETC 货车通行交易流程	货1、货2、货3、货4、货5、货6 分别通行,交易正确,费额信息显示屏信息显示及时正确
19△	正常 ETC 专项作业车通行交易流程	专项1、专项2、专项3、专项4、专项5、专项6 分别通行,交易正确,费额信息显示屏信息显示及时正确

4. ETC 门架系统

1）施工质量监理要点

（1）车道控制机、天线、车牌识别设备、摄像机、交换机、供配电设备、标志、标线、护栏等应符合国家和行业相关标准的规定。

（2）ETC 门架系统设备及构配件的品牌、型号、规格、配置、数量应符合合同要求，部件完整，检验合格。

（3）门架基础结构、强度应符合施工图设计要求，门架安装结构稳定、牢固可靠，门架净空应不小于6m。

（4）RSU 正对车道中心线位置，安装位置、角度应符合施工图设计要求，安装牢固。通信区域调整在本车道行车范围内，对 OBU（车载单元）的通信区域纵向距离宜为 30～40m，不得对相邻车道形成信号干扰。

（5）车牌识别设备及补光设备安装位置、角度应符合工作需要，安装牢固。

（6）电源电缆与数据线缆应分管布放，中间不得有电缆接头。

（7）防雷接地和安全接地应分开设置，接地线与接地极应焊接牢固，焊缝饱满并做防腐处理，接地极引出线防腐措施得当。

（8）电源电缆、数据线缆与接地线应按施工图设计要求连接到位，全部 ETC 门架系统设备安装调试完成后，ETC 门架系统设备应工作正常，技术检测合格。

（9）ETC 门架系统软件包括系统软件与应用软件，系统软件应合法授权、提供正式的授权使用证书，应用软件应进行检测或提供软件开发、测试文件。

2）质量检验标准和实测项目

《公路工程质量检验评定标准　第二册　机电工程》（JTG 2182—2020）给定的质量检验标准和实测项目见表 7-23。

ETC 门架系统质量检验标准和实测项目　　　　　　　　　表 7-23

项次	检查项目	技术要求
1△	ETC 分段计费	实行 ETC 分段计费，形成 ETC 通行记录
2△	CPC 卡分段计费	实行 CPC 卡分段计费，形成 CPC 卡通行记录
3△	记录生成、存储、查询	按设计要求生成、存储 ETC 通行记录、CPC 卡通行记录、车辆图像记录以及状态监测记录等，并在收费稽核系统中能够查询有关记录
4△	主备天线系统切换	具备主、备天线系统联网运行工作能力，当主天线系统运行异常时，及时自动切换到备用天线系统，确保天线系统不间断工作
5△	时钟同步	与北斗授时时钟同步
6△	RSU 工作频率	信道 1：5.830GHz 信道 2：5.840GHz
7△	RSU 占用带宽	≤5MHz
8△	RSU 通信流程	符合最新规定的 RSU 与 OBU、RSU 与 CPC 卡的 DSRC 通信流程
9	供配电设备：输入输出电压	符合 220V、380V 等标准电压等级要求，偏差 ±7% 以内

5. 收费站设备及软件

1) 施工质量监理要点

(1) 收费站机房装修应符合现行《数据中心设计规范》(GB 50174) 的规定。

(2) 收费站内设备及构配件的品牌、型号、规格、配置、数量应符合合同要求,服务器、多层交换机、客户机(收费管理、车道运行监控、财务工作站)、打印机、数据备份设备和 UPS 电源(不间断电源)等部件完整,检验合格。

(3) 机柜前后空间分配合理,与整个机房应通风良好。

(4) 收费站操作台与电视墙布置应符合人机学原理要求。

(5) 收费站设备连接线缆应按强电线槽和弱电线槽分开布放。

(6) 电源电缆、数据线缆与接地线应按施工图设计要求连接到位,设备之间的连接、插头等部件应正确、紧密、可靠连接;应布线整齐、余留规整、标志正确清楚,过墙、地板处应有保护套管,并留有适当余量。

(7) 设备、屏蔽线缆的屏蔽层、防静电地板接地线应与机房接地母线可靠连接。

(8) 全部收费站设备安装调试完成后,收费站设备及软件应工作正常,技术检测合格。

(9) 收费站软件包括系统软件与应用软件,系统软件应合法授权、提供正式的授权使用证书,应用软件应进行检测或提供软件开发、测试文件。

2) 质量检验标准和实测项目

《公路工程质量检验评定标准　第二册　机电工程》(JTG 2182—2020) 给定的质量检验标准和实测项目见表 7-24。

收费站设备及软件质量检验标准和实测项目　　　　　表 7-24

项次	检查项目	技术要求
1△	收费站共用接地电阻	≤1Ω
2△	对车道设备的实时监视功能	收费站监视计算机可实时监视、显示车道设备的状态及操作情况
3△	图像稽查功能	能稽查所有出入口车道通行车辆图像
4△	数据备份功能	依据所指定的备份策略,对收费数据和部分重要文件进行备份,并且在系统出现故障时,可根据需要对收费数据或文件进行恢复
5△	图像切换功能	监视计算机能切换显示各车道及收费亭内摄像机图像

6. 收费分中心设备及软件

1) 施工质量监理要点

(1) 收费分中心设备及构配件的品牌、型号、规格、配置、数量应符合合同要求,部件完整,检验合格。

(2) 其他施工质量监理要点参照本节"收费站设备及软件"分项工程施工质量监理要点。

2) 质量检验标准和实测项目

《公路工程质量检验评定标准　第二册　机电工程》(JTG 2182—2020) 给定的质量检验标准和实测项目见表 7-25。

收费分中心设备及软件质量检验标准和实测项目　　　　　表 7-25

项次	检查项目	技术要求
1△	收费分中心共用接地电阻	≤1Ω
2△	与收费站的数据传输功能	定时或实时查询、采集各收费站的数据
3△	图像稽查功能	能稽查所有出入口车道"有问题"车辆图像
4△	数据备份功能	依据所指定的备份策略，对收费数据和部分重要文件进行备份，并且在系统出现故障时，能根据需要对收费数据或文件进行恢复

7. 联网收费管理中心(收费中心)设备及软件

1）施工质量监理要点

（1）联网收费管理中心(收费中心)设备及构配件的品牌、型号、规格、配置、数量应符合合同要求，部件完整，检验合格。

（2）其他施工质量监理要点参照本节"收费站设备及软件"分项工程施工质量监理要点。

2）质量检验标准和实测项目

《公路工程质量检验评定标准　第二册　机电工程》(JTG 2182—2020)给定的质量检验标准和实测项目见表7-26。

联网收费管理中心(收费中心)设备及软件质量检验标准和实测项目　　表 7-26

项次	检查项目	技术要求
1△	联网收费管理中心共用接地电阻	≤1Ω
2△	费率表、车型分类参数的设置与变更	能设置、变更费率表、车型分类参数，并下传到收费站
3△	时钟同步功能	能对收费系统的时钟进行统一校准
4△	数据备份功能	依据所指定的备份策略，对收费数据和部分重要文件进行备份，并且在系统出现故障时，能根据需要对收费数据或文件进行恢复
5△	参数下发	黑名单、费率等参数下发符合设计要求
6△	报表生成及打印	符合设计要求
7△	通行费清分记账	符合设计要求
8△	通行费拆账划拨	符合设计要求
9△	通行费结算	符合设计要求
10△	黑名单管理	符合设计要求

8. 内部有线对讲及紧急报警系统

1）施工质量监理要点

（1）内部有线对讲及紧急报警系统的设备及配件的品牌、型号、规格、数量应符合合同要求，对讲主机、对讲分机、报警主机、报警开关、报警器部件完整，检验合格。

（2）对讲分机应接线牢固，留有余量，对讲分机位置应可调整。

（3）报警开关的安装位置应隐蔽，方便触发。

（4）电源电缆、通信线缆与接地线应按施工图设计要求连接到位，全部内部有线对讲及紧急报警系统设备安装调试完成后，内部有线对讲及紧急报警系统设备应工作正常，技术检测合格。

2）质量检验标准和实测项目

《公路工程质量检验评定标准　第二册　机电工程》（JTG 2182—2020）给定的质量检验标准和实测项目见表7-27。

内部有线对讲及紧急报警系统质量检验标准和实测项目

表 7-27

项次	检查项目	技术要求
1△	主机全呼分机	主机能同时向所有分机广播
2△	主机单呼某个分机	主机能呼叫系统内任一个分机
3△	分机呼叫主机	分机能呼叫主机
4△	分机之间的串音	分机之间不能相互通话
5△	手动/脚踏报警功能	按动报警开关可驱动报警器

9. 超限检测系统

1）施工质量监理要点

（1）电动栏杆、车道控制机、车辆分离器、轮胎识别器、显示终端、车牌自动识别设备、车辆检测器、摄像机等设备应符合国家和行业相关标准的规定。

（2）超限检测系统的设备及构配件的品牌、型号、规格、配置、数量应符合合同要求，部件完整，检验合格。

（3）摄像机、显示终端、轮廓检测传感器等设备的安装应符合施工图设计要求，结构稳定、牢固。

（4）计算机、服务器等应安装水平、稳固，接线牢固可靠。

（5）电源电缆、数据线缆与接地线应按施工图设计要求连接到位，设备之间的连接、插头等部件应正确、紧密、可靠连接；应布线整齐、余留规整、标志正确清楚，过墙、地板处应有保护套管，并留有适当余量。

（6）外场设备机箱、立柱应可靠接地。

（7）全部超限检测系统设备安装调试完成后，超限检测系统设备应工作正常，技术检测合格。

（8）超限检测系统中使用的计重承载器应通过相关部门型式评价（定型鉴定）的检测，取得"计量器具制造许可证"，并通过省级计量部门的检定，相应证书应在有效期内。

2）质量检验标准和实测项目

《公路工程质量检验评定标准　第二册　机电工程》（JTG 2182—2020）给定的质量检验标准和实测项目见表7-28。

超限检测系统质量检验标准和实测项目

表 7-28

项次	检查项目	技术要求
1△	车道设备绝缘电阻	强电端子对机壳≥50MΩ
2△	设备共用接地电阻	≤1Ω
3△	电动栏杆功能	可按设定操作流程动作，且具有防砸车和水平回转功能
4△	图像抓拍	车辆进入车道时能启动图像抓拍功能，抓拍信息符合设计要求，并能按规定格式存储转发

续上表

项次	检查项目	技术要求
5△	闪光报警器	能按设定要求触发,正确响应
6△	计重控制处理器功能	能对计重车辆车型分类识别;能将实测单轴数据或整车数据及时传至超限检测系统
7△	计重精度	符合设计要求
8△	超限报警与处理功能	通过车辆被检测到超限时,系统可自动报警,并按设计要求启动超限处理程序

10.收费闭路电视监视系统

1)施工质量监理要点

(1)收费闭路电视监视系统的设备应符合相关标准的规定。

(2)收费广场摄像机、车道摄像机、亭内摄像机、字符叠加器、传输设备、视频切换器、图像记录和图像显示设备及构配件的品牌、型号、规格、配置、数量应符合合同要求,部件完整,检验合格。

(3)收费广场、车道摄像机基础安装应结构稳定,立柱安装应竖直、牢固。

(4)摄像机安装方位、高度应符合施工图设计要求。

(5)摄像机云台防护罩和机箱的出线管与箱体连接处应密封良好。

(6)控制机箱外部完整,门锁开闭灵活。

(7)电源电缆、信息线缆与接地线应按施工图设计要求可靠连接。全部收费闭路电视监视系统设备安装调试完成后,收费闭路电视监视系统应工作正常,技术检测合格。

2)质量检验标准和实测项目

《公路工程质量检验评定标准 第二册 机电工程》(JTG 2182—2020)给定的质量检验标准和实测项目见表7-29。

收费闭路电视监视系统质量检验标准和实测项目 表7-29

项次	检查项目			技术要求
1△ 传输通道指标	1.1 标清模拟复合视频信号	1.1.1	视频电平	(700 ± 30) mV
		1.1.2	同步脉冲幅度	(300 ± 20) mV
		1.1.3	回波 E	$<7\%$
		1.1.4	幅频特性(5.8MHz 带宽内)	± 2dB
		1.1.5	视频信噪比(加权)	≥ 56dB
	1.2 高清 Y、C_R (P_R)、C_B(P_B)视频信号	1.2.1	Y 信号输出量化误差	$-10\% \sim 10\%$
		1.2.2	C_R(P_R)信号输出量化误差	$-10\% \sim 10\%$
		1.2.3	C_B(P_B)信号输出量化误差	$-10\% \sim 10\%$
		1.2.4	Y 信号幅频特性	30MHz 带宽内 ± 3dB
		1.2.5	亮度通道的线性响应(Y 信号的 K 系数)	$\leq 3\%$
		1.2.6	Y、C_B(P_B)、C_R(P_R)信号的信噪比(加权)	≥ 56dB

表 7-29

项次			检查项目	技术要求
1△	传输通道指标	1.3 高清G、B、R视频信号	1.3.1 G信号输出量化误差	−10% ~ 10%
			1.3.2 B信号输出量化误差	−10% ~ 10%
			1.3.3 R信号输出量化误差	−10% ~ 10%
			1.3.4 G/B/R信号幅频特性	30MHz带宽内 ±3dB
			1.3.5 亮度通道的线性响应(G、B、R信号的K系数)	≤3%
			1.3.6 G、B、R信号的信噪比	≥56dB
2△	监视器画面指标	2.1 标清模拟复合视频信号	2.1.1 雪花	≥4 分
			2.1.2 网纹	≥4 分
			2.1.3 黑白滚道	≥4 分
			2.1.4 跳动	≥4 分
		2.2 高清视频信号	2.2.1 失真	≥4 分
			2.2.2 拖尾	≥4 分
			2.2.3 跳帧	≥4 分
			2.2.4 抖动	≥4 分
			2.2.5 马赛克	≥4 分
3△	数据传输性能		3.1 IP网络吞吐率	满足设计文件中编码器最大码流要求,无要求时1518帧长≥99%
			3.2 IP网络时延	符合设计要求,无要求时:≤10ms
			3.3 IP网络丢包率	不大于70%流量负荷时:≤0.1%
4△	云台水平转动角度			水平:≥350°
5△	云台垂直转动角度			上仰≥15°,下俯≥90°
6△	监视内容			监控员能清楚识别车型、车牌等信息
7△	外场摄像机安装稳定性			受大风影响或接受变焦、转动等操控时,画面动作平滑、无抖动
8△	切换功能			监控终端可切换系统内任何摄像机
9△	录像功能			可录像,且录像回放清晰
10△	复原功能			加电后,设备能自动恢复到正常通信状态,能与上位机或控制系统连接,并可靠工作

11.收费站区光缆、电缆线路

1)施工质量监理要点

(1)收费站区内各种光缆、电缆的品牌、型号、规格、数量应符合合同要求,电缆导通、光缆单盘检验测试合格。

(2)电缆桥架、支架、线槽、缆线管道应完备、通顺、通畅。

(3)金属线槽、托架应可靠接地连接,不可作为设备的接地导体。

（4）强、弱电线线缆应分别敷设到机电设施机房,敷设于静电地板下分开设置的线缆槽道内。

（5）设备机柜和线缆间应作密封防潮处理。

（6）电缆敷设时不可有中间接头;电缆接头应放入人(手)井(孔)或电缆沟内,严禁在导管内接头。

（7）电缆接头应采用热塑型电缆接头,热塑接头规格尺寸应与电缆规格匹配;电缆中间接头或分岔也可采用电缆穿刺器进行连接;接头的制作应使得芯线间连接良好、绝缘可靠、密封良好。

（8）线缆应排列整齐有序,绑扎牢固,标识正确、清晰;预留长度应符合设计或技术规范要求。

（9）光缆、电缆的敷设、接续、预留及成端应符合施工图设计要求及技术规范的规定。

（10）铠装电缆应采用直埋敷设,力求路径最短。

（11）直埋电缆上下部应铺不小于100mm厚的软土砂层,并应加盖保护板,其覆盖宽度应超过电缆两侧各50mm,保护板可采用混凝土盖板或砖块。软土或砂子中不应有石块或其他硬质杂物。

（12）直埋电缆在直线段每隔50～100m处、电缆接头处、转弯处、进入建筑物等处,应设置明显的方位标志或标桩。

（13）光缆敷设的曲率半径应不得小于光缆外径的20倍。

（14）光缆接续应使用专用的接续材料,光缆接头应安装牢固,有清晰标识及编号。

（15）光缆接续完毕,接头应有保护措施,接头盒应具有良好的密封防水性能。

（16）电缆、光缆敷设时严禁产生绞拧、铠装压扁、护层断裂和表面严重划伤等缺陷。

（17）槽道、托架内光缆、电缆应敷设顺直,无明显扭绞和交叉,不溢出槽道、托架,不侧翻;拐弯适度;进出槽道、托架绑扎应整齐、紧密、牢固,松紧适度,绑扎线扣均匀、整齐、一致。

（18）收费站区光缆、电缆线路施工完成后,应进行光缆、电缆线路区段测试,光缆、电缆指标应符合设计或标准要求。

（19）人(手)井(孔)内光缆、电缆应有标识。标识内容应包括编号、型号、规格、起止方向,标识字迹应正确清晰,不易褪色。

（20）电缆始末端、分岔处、拐弯处、接头处、桥架的出入口、电缆人(手)井(孔)等处应挂设标志牌。标志牌应写明电缆编号、型号、规格、起止点、长度。标志牌规格宜统一,能防腐,字迹清晰,不易脱落。

2）质量检验标准和实测项目

《公路工程质量检验评定标准 第二册 机电工程》(JTG 2182—2020)给定的质量检验标准和实测项目见表7-30。

表 7-30

收费站区光缆、电缆线路质量检验标准和实测项目

项次	检查项目	技术要求
1	单模光纤总衰耗	符合设计要求
2	多模光纤总衰耗	符合设计要求
3△	电力电缆绝缘电阻	≥2MΩ

12.收费系统计算机网络

1)施工质量监理要点

收费系统计算机网络分项工程施工质量监理要点参照本章第二节监控设施"监控系统计算机网络"分项工程施工质量监理要点。

2)质量检验标准和实测项目

《公路工程质量检验评定标准 第二册 机电工程》(JTG 2182—2020)给定的质量检验标准和实测项目见表7-31。

收费系统计算机网络质量检验标准和实测项目   表7-31

项次	检查项目		技术要求
1△	接线图		符合现行 GB/T 50312 的规定
2△	回波损耗		符合现行 GB/T 50312 的规定
3△	近端串音		符合现行 GB/T 50312 的规定
4	环路电阻		符合现行 GB/T 50312 的规定
5	时延		符合现行 GB/T 50312 的规定
6△	以太网系统性能要求	6.1 链路传输速率	符合设计要求,无要求时符合 10Mbps、100Mbps、1000Mbps 的规定
		6.2 吞吐率	符合设计要求,无要求时符合 1518 帧长≥99%
		6.3 传输时延	符合设计要求,无要求时:≤10ms
		6.4 丢包率	不大于 70% 流量负荷时:≤0.1%
7△	以太网链路层健康状况	7.1 链路利用率	≤70%
		7.2 错误率及各类错误	≤1%
		7.3 广播帧及组播帧	≤50fps
		7.4 冲突(碰撞)率	≤1%
8△	网络安全性能		符合设计要求

第六节 供配电设施

一、供配电设施概述

公路供配电设施的设置目的是为公路沿线用电设施提供可靠、稳定、高质量的电力供给,使公路机电设施设备稳定、可靠地工作。它是实现公路运营管理现代化、信息化的基础,能够保障公路安全、畅通、经济、快速和舒适通行。

公路用电设施分布在公路沿线,线路长、负荷小且数量多,用电设施多为低压单相设备;部分机电设备需要直流电源供电。为保证公路供电的可靠性,采用两路电源互为备用的供电方法,从国家电网不同的变电站引接两路相互独立的高压供电线路供电。

公路变电站根据用电容量、设置环境,设有管理中心、收费站、服务区、养护工区变电站和隧道变电站,变电站的形式有室内变电站或预装箱式变电站。

公路供配电设施主要由供配电设施、电力线路、防雷与接地系统、供配电监控系统等构成。

公路供配电设施施工划分的分项工程包括中压配电设备、中压设备电力电缆、中心（站）内低压配电设备、低压设备电力电缆、风/光供电系统和电力监控系统。

二、供配电设施施工质量监理

1. 中压配电设备

1）施工质量监理要点

（1）电力变压器、电抗器以及消弧线圈、互感器、真空断路器、六氟化硫断路器、六氟化硫封闭式组合电器、隔离开关、负荷开关及高压熔断器、套管、电容器、避雷器等设备应符合现行《3.6kV～40.5kV交流金属封闭开关设备和控制设备》（GB/T 3906）等相关标准的规定。

（2）中压配电设备及构配件的品牌、型号、规格、数量应符合合同要求，部件完整，检验合格。

（3）变配电站列架位置应符合施工图设计要求，布局合理、安装稳固、无剧烈振动和爆炸危险介质。

（4）变配电站配电设备安装净距应符合现行《电气装置安装工程　母线装置施工及验收规范》（GB 50149）的规定。

（5）电气设备外露可导电部分应与接地装置可靠连接；成排的配电装置的两端均应与接地线可靠相连。

（6）基础型钢、变压器箱体、干式变压器的支架或外壳、配电柜应可靠接地。

（7）变压器的低压侧中性点应与机房接地干线直接可靠连接。

（8）母线支架和封闭式母线、插接式母线的外壳应良好接地或接零。

（9）母线应与电器接线端子可靠连接，保证电器的接线端子不受其他外力。

（10）盘、柜、箱内的电缆芯线，应按垂直或水平的方向整齐排列，不得任意歪斜交叉连接；备用芯线长度应留有适当余量。

（11）所有主回路、接地回路及辅助回路接点应牢固、准确。

（12）变配电站配电装置各回路的相序应排列一致，硬导体应涂刷相色油漆或相色标志。

（13）变压器的中、低压门宜与中压开关柜进行电气联锁。

（14）操作机构、开关等可动元件应动作灵活、可靠、准确。

（15）所有低压每个输出回路应标记清晰、名称正确。

（16）变压器、中（低）压开关柜及所有的电器元件设备安装螺栓应紧固。

（17）辅助回路的电器整定值应准确，仪表与互感器的变比及接线极性应正确，所有电器元件无异常。

（18）变压器室、配电室、电容器室应设置防止雨、雪和蛇、鼠类小动物从采光窗、通风窗、门、电缆沟等进入室内的设施。

（19）全部中压配电设备安装调试完成后，变电站变配电设备应工作正常，技术检测合格。

2）质量检验标准和实测项目

中压配电设备的质量检验标准和实测项目（略）。

2. 中压设备电力电缆

1）施工质量监理要点

（1）中压设备电力电缆应符合现行《额定电压 1kV（$U_m = 1.2kV$）到 35kV（$U_m = 40.5kV$）挤包绝缘电力电缆及附件 第 2 部分：额定电压 6kV（$U_m = 7.2kV$）到 30kV（$U_m = 36kV$）电缆》（GB/T 12706.2）、《额定电压 1kV（$U_m = 1.2kV$）到 35kV（$U_m = 40.5kV$）挤包绝缘电力电缆及附件 第 3 部分：额定电压 35kV（$U_m = 40.5kV$）电缆》（GB/T 12706.3）和《额定电压 1kV（$U_m = 1.2kV$）到 35kV（$U_m = 40.5kV$）挤包绝缘电力电缆及附件 第 4 部分：额定电压 6kV（$U_m = 7.2kV$）到 35kV（$U_m = 40.5kV$）电力电缆附件试验要求》（GB/T 12706.4）等相关标准的规定。

（2）中压配电电力电缆及配件的品牌、型号、规格、数量应符合合同要求，部件完整，检验合格。

（3）电缆的路径应避免电缆遭受机械性外力、过热、腐蚀等危害。

（4）电缆敷设时，电缆应从盘的上端引出，不应使电缆在支架上及地面摩擦拖拉。

（5）多芯电缆在电缆中间接头处，其电缆铠装、金属屏蔽层应各自有良好的电气连接并相互绝缘；在电缆终端头处，电缆铠装、金属屏蔽层应用接地线分别引出，并可靠接地。

（6）电缆终端和接头绝缘电阻和相关性能指标应符合设计要求，绝缘、密封防潮、机械保护措施得当。

（7）接线采用防锈金属或具有防锈措施，并配套防松装置，连接时应拧紧，拧紧力矩值应符合相关标准或产品技术要求。

（8）穿入管内的电源线不得有接头，穿线管在穿线后应将管口密封良好。

（9）高低压电力电缆、电力电缆和控制电缆应按顺序分层敷设。

（10）电缆进入电缆沟、隧道、竖井、建筑物、盘柜以及穿入管道时，出入口和管口应封闭良好。

（11）电缆的最小弯曲半径应符合设计要求。

（12）直埋电缆埋深应符合施工图设计要求；电缆表面距地面的距离不应小于 0.7m，穿越车行道下敷设时不应小于 1m；在引入建筑物、与地下建筑物交叉及绕过地下建筑物处可浅埋，但应采取保护措施；电缆应埋设于冻土层以下，当受条件限制时，应采取防止电缆受到损伤的措施。

（13）直埋电缆上下部应铺不小于 100mm 厚的软土砂层，并应加盖保护板，其覆盖宽度应超过电缆两侧各 50mm，保护板可采用混凝土盖板或砖块。软土或砂子中不应有石块或其他硬质杂物。

（14）直埋电缆应在直线段每隔 50 ~ 100m 处、电缆接头处、转弯处、进入建筑物等处设置明显的方位标志或桩。

（15）全部中压设备电力电缆敷设安装完成后，应进行检验测试，各项技术指标应符合设计要求。

2）质量检验标准和实测项目

中压设备电力电缆的质量检验标准和实测项目（略）。

3. 中心（站）内低压配电设备

1）施工质量监理要点

（1）中心（站）内低压配电设备应符合现行《低压成套开关设备和控制设备》（GB/T 7251）

等相关标准的规定。

（2）中心（站）内低压配电设备及构配件的品牌、型号、规格、配置、数量应符合合同要求，部件完整，检验合格。

（3）变配电站、发电机组室应通过安全、消防验收。

（4）柴油发电机组安装基础强度、隔震措施、地脚螺栓应符合施工图设计要求。

（5）中心（站）内低压配电设备安装位置应符合施工图设计要求，设备列架应布局合理、安装稳固、无剧烈振动和无爆炸危险介质。

（6）变配电站内市电油机发电转换屏（柜）、交直流配电柜、动力开关柜、UPS、室外配电箱、发电机组控制柜等设备应安装稳固，位置、方位正确。设备、列架排列整齐、有序，标志正确、清楚、牢固。

（7）设备、列架内以及设备之间的连接线缆布放应符合施工图设计、规范要求。所有进出线缆标记应正确、清晰，并附有配电简图。

（8）电气设备外露可导电部分与接地装置应有可靠的电气连接。成排的配电装置的两端均应与接地线可靠连接。

（9）进入配电（箱）柜的所有电缆接头应按规范要求开剥、镀锡、焊接、绑扎、密封和热塑封合的防潮处理。

（10）变压器室、配电室应设置防止雨、雪和蛇、鼠类小动物从采光窗、通风窗、门、电缆沟等进入室内的设施。

（11）发电机的中性点接地连接方式及接地电阻值应符合设计要求，接地螺栓防松零件应齐全，且有标识。

（12）发电机本体和机械部分的可接近裸露导体应可靠接地或接零，且有接地标识。

（13）发电机及控制箱的接线应连接可靠，馈电出线的相序应与电网供电系统的相序一致。

（14）蓄电池安装应平稳、排列整齐、间距均匀；接线应正确。

（15）蓄电池组的连接条、螺栓、螺母应连接可靠，应使电池抽头不受额外应力，且防腐措施得当。

（16）UPS 或 EPS 输出端的中性线应与接地装置直接引来的接地干线相连接，做重复接地。

（17）操作机构、开关等可动元件应灵活、可靠、准确。

（18）所有主回路、接地回路及辅助回路接点应正确、牢固；低压每个输出回路应标记正确、清晰。

（19）全部设备安装调试完成后，中心（站）内低压配电设备应工作正常，技术检测合格。

2）质量检验标准和实测项目

中心（站）内低压配电设备的质量检验标准和实测项目（略）。

4. 低压设备电力电缆

1）施工质量监理要点

（1）低压设备电力电缆应符合现行《额定电压 1kV（U_m = 1.2kV）到 35kV（U_m =40.5kV）挤包绝缘电力电缆及附件　第 1 部分：额定电压 1kV（U_m = 1.2kV）和 3kV（U_m = 3.6kV）电缆》（GB/T 12706.1）等相关标准的规定。

（2）低压配电电力电缆及配件的品牌、型号、规格、数量应符合合同要求,部件完整,检验合格。

（3）电缆敷设路径、配电箱安装位置应符合施工图设计要求,施工工艺应符合设计与规范的规定。

（4）电缆的路径应避免电缆遭受机械性外力、过热、腐蚀等危害。

（5）室内外配电(柜)箱等设备安装应稳固,位置、方位正确,标识正确、清楚、牢固。

（6）设备、列架内以及设备之间的连接线缆布放应符合施工图设计和规范要求。所有进出线缆标记应正确清晰,并附有配电简图。

（7）进入配电(箱)柜的所有电缆接头都应按规范开剥、焊接、镀锡、绑扎、密封处理,并进行热塑封合防潮处理。

（8）电缆敷设时,电缆应从缆盘的上端引出,不应使电缆在支架上及地面摩擦拖拉。

（9）电缆终端和接头绝缘电阻和相关性能指标应符合设计要求,绝缘、密封防潮、机械保护措施应得当。

（10）电缆进入电缆沟、隧道、竖井、建筑物、盘柜以及穿入管道敷设时,出入口和管口封闭应良好;管道内的电力电缆不得有接头。

（11）电缆的最小弯曲半径应符合施工图设计要求。

（12）直埋电缆埋深应符合施工图设计要求,电缆两端铠装层接地处理措施应得当。

（13）电缆表面距地面的距离不应小于0.7m,穿越车行道下敷设时不应小于1m,在引入建筑物、与地下建筑物交叉及绕过地下建筑物处可浅埋,但应采取保护措施;电缆应埋设于冻土层以下,当受条件限制时,应采取防止电缆受到损伤的措施。

（14）直埋电缆上下部应铺不小于100mm厚的软土砂层,并应加盖保护板,其覆盖宽度应超过电缆两侧各50mm,保护板可采用混凝土盖板或砖块。软土或砂子中不应有石块或其他硬质杂物。

（15）直埋电缆应在直线段每隔50～100m处、电缆接头处、转弯处、进入建筑物等处设置明显的方位标志或标桩。

（16）全部低压设备电力电缆安装敷设检验测试完成,电力电缆的绝缘电阻和相关性能指标应符合设计要求。

2）质量检验标准和实测项目

《公路工程质量检验评定标准　第二册　机电工程》(JTG 2182—2020)给定的质量检验标准和实测项目见表7-32。

低压设备电力电缆的质量检验标准和实测项目　　　　　　表7-32

项次	检查项目	技术要求
1	配电箱涂层厚度	符合设计要求,无要求时符合现行 GB/T 18226 的规定
2	相线对绝缘护套的绝缘电阻	≥2MΩ(全程)
3	配线架对配电箱绝缘电阻	≥10MΩ
4	电源箱、配电箱保护接地电阻	≤4Ω
5△	通风照明设施主干电缆和分支电缆型号规格	符合设计要求

5. 风/光供电系统

1）施工质量监理要点

（1）风/光供电系统设备应符合现行《公路沿线设施太阳能供电系统通用技术规范》（GB/T 24716）等相关标准的规定。

（2）风/光供电系统设备及构配件的品牌、型号、规格、数量应符合合同要求，部件完整，检验合格。

（3）太阳能板安装角度应确保产生最佳光能转换效果，太阳能板不得侵占建筑限界。

（4）蓄电池安装应符合施工图设计要求，确保电池连接可靠。

（5）电源电缆、控制电缆敷设应按施工图设计要求布设到位，连接可靠，施工工艺应符合设计与规范的要求。

（6）电源电缆、控制电缆的屏蔽护套应与接地干线就近可靠连接，紧固件齐全。

（7）风/光供电系统设备安装调试完成后，风/光供电系统应工作正常，技术检测合格。

2）质量检验标准和实测项目

《公路工程质量检验评定标准　第二册　机电工程》（JTG 2182—2020）给定的质量检验标准和实测项目见表7-33。

风/光供电系统质量检验标准和实测项目

表 7-33

项次	检查项目	技术要求
1	立柱竖直度	≤5mm/m
2△	绝缘电阻	交流220V强电端子对地的绝缘电阻≥50MΩ
3△	保护接地电阻	≤4Ω
4△	防雷接地电阻	≤10Ω
5△	共用接地电阻	如风光供电系统的保护接地体和防雷接地体未分开设置，则共用接地电阻≤1Ω
6	6.1　直流输出电压	符合设计要求
	6.2　交流输出电压	符合设计要求
	6.3　输出电流	符合设计要求
7	监控功能	实时监视供电系统工作状态，采集和存储供电系统运行参数，按监控中心的命令对供电系统进行控制
8	蓄电池管理功能	控制器能对蓄电池进行温度补偿和限流充电，能对蓄电池进行均充和浮充，具备手动或自动转换功能
9	保护功能	控制器具有短路自动保护功能，防止蓄电池通过太阳能电池组件产生逆电流的保护功能，过、欠电压保护功能
10	状态监测功能	能监测蓄电池电压，蓄电池充放电电流，风力发电机组输入电压/电流，光伏方阵输入电压/电流，负荷电流等参数

6. 电力监控系统

1）施工质量监理要点

（1）电力监控机房应整洁，通风、照明良好。

（2）电力监控系统所有设备及构配件的品牌、型号、规格、数量、配置应符合合同要求，部件完整,检验合格。

（3）电力监控工作站主机、通信管理机、服务器机柜、配电盘（箱）、打印机、UPS机柜等应安装稳定、牢固,可靠接地和接零。

（4）电源电缆、数据线缆（屏蔽双绞线）或光缆应按施工图设计要求敷设连接到位,线缆屏蔽层应可靠接地。

（5）电力监控软件包括系统软件与应用软件,系统软件应合法授权、提供正式的授权使用证书,应用软件应进行检测或提供软件开发、测试文件。

（6）全部电力监控中心所有设备安装调试完成后,电力监控系统应正常工作,技术检测合格。

2）质量检验标准和实测项目

电力监控系统质量检验标准和实测项目（略）。

第七节 照 明 设 施

一、照明设施概述

公路照明设施是为保证公路交通安全视认性以及视觉效果的舒适性而设置的,以满足公路上通行的机动车安全行驶与交通管理的需要。

公路照明设施可分为道路照明、公路管理业务及服务照明、景观照明等。道路照明包括公路主线照明、互通式立交照明、桥梁照明和隧道照明等。公路管理业务及服务照明分布于公路沿线设施场所（包括公路收费广场照明、收费雨棚照明、服务区照明、超限检测站与避险车道照明等）。景观照明主要适用于服务区、大中城市收费站和大型桥梁等。

公路照明形式主要有高杆照明、中杆照明、低杆照明等。

公路照明布灯的基本方式有单侧布置、交错布置、对称布置、悬索式布置和中心对称布置等。

公路照明设施主要由照明光源、灯具与电器附件等装置、配电与控制设施、安全防护设备、电缆等组成。

公路照明设施施工划分的分项工程是路段照明设施、收费广场照明设施、服务区照明设施和收费天棚照明设施。

二、照明设施施工质量监理

1.路段照明设施

1）施工质量监理要点

（1）路段照明灯具设备根据类型应符合现行《升降式高杆照明装置》（GB/T 26943）和《公路LED照明灯具》（JT/T 939）等相关标准的规定。

（2）路段照明设备及构配件的品牌、型号、规格、数量应符合合同要求,部件完整,检验合格。

（3）照明灯杆、灯具安装支架的结构尺寸、预埋件、安装方位、安装间距等应符合施工图设计要求。

（4）灯杆、灯臂、抱箍、螺栓、压板等金属构件防腐处理应符合设计、规范要求。

（5）照明灯杆立柱安装位置、灯杆高度、灯臂悬挑长度、仰角应符合施工图设计要求。

（6）照明灯杆立柱安装应竖直、稳固，校正完成后应对基础螺杆和杆件底座法兰包封。

（7）灯具安装应整齐美观、牢固可靠、线形流畅，灯具的安装角度应符合施工图设计要求。

（8）灯具接线应符合施工图设计要求，且接线正确、牢固、排列整齐，应密封灯具进出线孔，灯臂、灯盘、灯杆内的导线不得有接头。

（9）照明设施电源电缆、控制线缆、接地线应按施工图设计要求敷设、连接施工，接线极性和相序应正确。

（10）灯具外壳、杆体、配电箱（柜）、桥架和线缆屏蔽层应可靠接地。

（11）电气设备的外露可导电部分应单独与保护导体相连接，不得串联，连接导体的材质、截面积应符合施工图设计要求。

（12）灯杆、配电箱（柜）、桥架、照明电缆应标识正确、清晰。

（13）全部路段照明灯具设备安装调试完成后，路段照明设施应工作正常，技术检测合格。

2）质量检验标准和实测项目

《公路工程质量检验评定标准　第二册　机电工程》（JTG 2182—2020）给定的质量检验标准和实测项目见表7-34。

路段照明设施质量检验标准和实测项目　　　　　　表7-34

项次	检查项目	技术要求
1△	灯杆壁厚	符合设计要求
2	灯杆竖直度	≤3mm/m
3△	照明设备控制装置的保护接地电阻	≤4Ω
4△	灯杆防雷接地电阻	≤10Ω
5△	路面平均亮度	符合设计要求，无要求时：≥2cd/m²
6△	路面亮度总均匀度	符合设计要求，无要求时：≥0.4
7△	路面亮度纵向均匀度	符合设计要求，无要求时：≥0.7
8	照明控制方式	具有自动、手动两种控制方式或符合设计要求
9	定时控制功能	可控

2. 收费广场照明设施

1）施工质量监理要点

（1）收费广场照明灯具设备根据类型应符合现行《升降式高杆照明装置》（GB/T 26943）和《公路LED照明灯具》（JT/T 939）等相关标准的规定。

（2）收费广场照明设备及构配件的品牌、型号、规格、数量应符合合同要求，部件完整，检验合格。

（3）高杆灯的灯杆、灯具、灯盘、配线、升降机构等应符合现行《高杆照明设施技术条件》（CJ/T 457）的规定。

（4）反光器表面应清洁,已进行抛光氧化或镀膜处理,表面应无明显划痕。

（5）照明灯杆安装位置、方位、间距应符合施工图设计要求。

（6）照明灯杆立柱安装应竖直、稳固,校正完成后应对基础螺杆和杆件底座法兰包封。

（7）灯具安装应整齐美观、牢固可靠,安装角度应符合施工图设计要求。

（8）灯具接线应正确、牢固、排列整齐,应密封灯具进出线孔,灯臂、灯盘、灯杆内的导线不得有接头。

（9）照明设施防雷部件安装,电源电缆、控制线缆、接地线应按施工图设计要求敷设、连接施工,接线极性和相序应正确。

（10）灯具外壳、杆体、配电箱(柜)、桥架和线缆屏蔽层应可靠接地。

（11）灯杆、配电箱(柜)、桥架、照明电缆应标识正确、清晰。

（12）收费广场照明设备安装调试完成后,收费广场照明设施应工作正常,技术检测合格。

2）质量检验标准和实测项目

《公路工程质量检验评定标准 第二册 机电工程》(JTG 2182—2020)给定的质量检验标准和实测项目见表7-35。

收费广场照明设施质量检验标准和实测项目 表7-35

项次	检查项目	技术要求
1△	灯杆壁厚	符合设计要求
2△	收费广场路面平均照度	符合设计要求,无要求时：≥20lx
3	灯杆竖直度	≤3mm/m
4△	照明设备控制装置的接地电阻	≤4Ω
5△	灯杆防雷接地电阻	≤10Ω
6△	收费广场路面照度总均匀度	符合设计要求,无要求时：≥0.4
7	照明控制方式	具有自动、手动两种控制方式或符合设计要求
8	高杆灯灯盘升降功能	符合设计要求

3. 服务区照明设施

1）施工质量监理要点

服务区照明设施分项工程施工质量监理要点同本节"收费广场照明设施"分项工程施工质量的监理要点。

2）质量检验标准和实测项目

《公路工程质量检验评定标准 第二册 机电工程》(JTG 2182—2020)给定的质量检验标准和实测项目见表7-36。

服务区照明设施质量检验标准和实测项目 表7-36

项次	检查项目	技术要求
1△	灯杆壁厚	符合设计要求
2	灯杆竖直度	≤3mm/m
3△	照明设备控制装置的接地电阻	≤4Ω

续上表

项次	检查项目	技术要求
4△	灯杆防雷接地电阻	≤10Ω
5	服务区路面平均照度	符合设计要求，无要求时：≥10lx
6	服务区路面照度总均匀度	符合设计要求，无要求时：≥0.3
7	照明控制方式	具有自动、手动两种控制方式或符合设计要求
8	高杆灯灯盘升降功能	符合设计要求

4.收费天棚照明设施

1)施工质量监理要点

(1)收费天棚照明设备及配件的品牌、型号、规格、数量应符合合同要求,部件完整,检验合格。

(2)照明灯具的灯头引线应采用耐热绝缘管保护,灯罩与尾座应紧密连接。

(3)照明电源电缆、控制线缆、接地线应按施工图设计要求敷设、连接施工,保护措施得当。

(4)照明灯具外壳、配电箱(柜)、金属管道外壳和线缆屏蔽层应可靠接地。

(5)配电箱(柜)、照明电缆应标识正确、清晰。

(6)收费天棚照明设备安装调试完成后,收费天棚照明设施应正常工作,技术检测合格。

2)质量检验标准和实测项目

《公路工程质量检验评定标准　第二册　机电工程》(JTG 2182—2020)给定的质量检验标准和实测项目见表7-37。

收费天棚照明设施质量检验标准和实测项目　　　表7-37

项次	检查项目	技术要求
1△	照明设备控制装置的接地电阻	≤4Ω
2△	收费车道路面平均照度	符合设计要求，无要求时：≥50lx
3△	收费车道路面照度总均匀度	符合设计要求，无要求时：≥0.6
4△	收费车道路面平均亮度	符合设计要求，无要求时：≥3.5cd/m²
5	收费车道路面亮度总均匀度	符合设计要求，无要求时：≥0.5
6	收费车道路面亮度纵向均匀度	符合设计要求，无要求时：≥0.8
7△	照明控制方式	具有自动、手动两种控制方式或符合设计要求

第八节　隧道机电设施

一、隧道机电设施概述

公路隧道机电设施是在公路隧道这一特殊路段上根据交通工程学原理和方法为保障车辆快速、安全、舒适通过而设置的。完善的隧道机电设施可以改善隧道洞内环境、减少污染、减少事故,增强隧道的通行能力,延长隧道的使用期限,保证隧道的安全运营,给车辆驾乘人员提供一个顺畅、安全、舒适的行车环境。

公路隧道机电设施包括通风、照明、交通监控、紧急呼叫、火灾探测报警、消防、供配电、中央控制管理、接地与防雷设施及光电缆线路等。

公路隧道机电设施施工划分的分项工程有车辆检测器、闭路电视监视系统、紧急电话与有线广播系统、环境检测设备、手动火灾报警系统、自动火灾报警系统、电光标志、发光诱导设施、可变标志、隧道视频交通事件检测系统、射流风机、轴流风机、照明设施、消防设施、本地控制器、隧道管理站设备及软件、隧道管理站计算机网络和供配电设施。

二、隧道机电设施施工质量监理

1. 车辆检测器

隧道车辆检测器分项工程施工质量监理同本章第三节监控设施"车辆检测器"分项工程施工质量监理。

2. 闭路电视监视系统

隧道闭路电视监视系统分项工程施工质量监理同本章第三节监控设施"闭路电视监视系统"分项工程施工质量监理。

3. 紧急电话与有线广播系统

1)施工质量监理要点

(1)紧急电话与有线广播系统设备应符合现行《高速公路有线紧急电话系统》(GB/T 19516)等相关标准的规定。

(2)紧急电话与有线广播系统设备及配件的品牌、型号、规格、数量应符合合同要求,部件完整,检验合格。

(3)紧急电话分机上的标志应符合现行《道路交通标志和标线》(GB 5768)的规定。

(4)紧急电话分机安装位置应符合施工图设计要求,安装结构稳定,机箱外部完整,门锁开闭灵活。

(5)紧急电话分机接地线应与隧道接地干线可靠连接。

(6)隧道内分机洞室应有防潮、防尘措施;壁挂式分机的安装孔和进线孔应密封良好。

(7)有线广播扬声器的安装位置、高度、方向、间隔等应符合施工图设计要求。

(8)紧急电话中心控制台及外围打印机、电话终端设备和有线广播控制器安装应符合机房平面布置要求,机柜安装竖直平稳,台面排列整齐。

(9)设备之间的连接线缆应按施工图设计要求接线到位,连接正确、可靠。

(10)全部紧急电话与有线广播系统设备安装调试完成后,系统设备应工作正常,技术检测合格。

2)质量检验标准和实测项目

《公路工程质量检验评定标准　第二册　机电工程》(JTG 2182—2020)给定的质量检验标准和实测项目见表7-38。

紧急电话与有线广播系统质量检验标准和实测项目 表 7-38

项次	检查项目	技术要求
1△	隧道共用接地电阻	≤1Ω
2△	分机音量	≥90dB（A）
3△	分机话音质量	话音清晰，无明显断字缺陷
4△	呼叫响应性能	响应灵敏
5△	通话呼叫功能	按下通话按键，可呼叫控制台主机
6△	地址码显示功能	控制台能显示呼叫位置信息
7△	振铃响应	呼叫在控制台有振铃响应
8△	手动自检功能	系统能手动设置实时检测线路连接、电池、设备的工作状态
9△	音区切换功能	具有音区多路切换选择广播功能，可进行单音区、多音区广播
10	音量调节功能	可对广播音量的大小进行调节

4. 环境检测设备

1）施工质量监理要点

（1）环境检测设备应符合现行《隧道环境检测设备》（GB/T 26944）等相关标准的规定。

（2）环境检测设备的 CO 传感器、烟雾传感器、照度传感器、风向风速传感器设备及配件的品牌、型号、规格、数量应符合合同要求，部件完整，检验合格。

（3）环境检测设备及其配置的传感器安装应符合施工图设计要求，位置正确、结构稳定牢固。

（4）按施工图设计要求连接环境检测器及其传感器的保护线、信号线、电源线应排列规整、无交叉拧绞、标识正确清楚。

（5）控制箱内电力线、信号线、接地线应分开布设，布线整齐、绑扎牢固，接线端头焊（压）接牢固、平滑；线缆编号标识正确清楚，线缆余留长度适当、规整。

（6）控制箱门开关灵活，出线孔密封措施应得当。

（7）全部环境检测设备安装调试完成后，环境检测设备应工作正常，技术检测合格。

2）质量检验标准和实测项目

《公路工程质量检验评定标准　第二册　机电工程》（JTG 2182—2020）给定的质量检验标准和实测项目见表 7-39。

环境检测设备质量检验标准和实测项目 表 7-39

项次	检查项目	技术要求
1△	隧道共用接地电阻	≤1Ω
2	2.1　CO 传感器测量误差	$\pm 1 \times 10^{-6}$ 或符合设计要求
	2.2　烟雾传感器测量误差	$\pm 0.0002 m^{-1}$ 或符合设计要求
	2.3　照度传感器测量误差	±2% 或符合设计要求
	2.4　风速传感器测量误差	±0.2m/s 或符合设计要求
	2.5　风向传感器测量误差	正、反向方向正确或符合设计要求
3△	数据采集功能	具有采集 CO、烟雾、照度、风速、风向等数据的功能
4△	数据上传周期	符合设计要求

5. 手动火灾报警系统

1) 施工质量监理要点

(1) 手动火灾报警系统设备及配件的品牌、型号、规格、数量应符合合同要求,部件完整,检验合格。

(2) 需强制性认证或型式认可的产品应有认证(认可)证书和认证(认可)标识。

(3) 手动火灾报警按钮、火灾报警系统设备安装位置应按施工图设计要求正确、牢固安装,标识醒目。

(4) 手动火灾报警按钮与火灾报警系统设备之间的连接线缆应按施工图设计要求连接到位,排列整齐、无交叉。

(5) 火灾报警控制器的主电源引入线,应与消防电源直接连接,严禁使用电源插头;消防主电源应有明显标识。

(6) 火灾报警控制器应与接地线可靠连接,进线管孔应良好封堵。

(7) 全部手动火灾报警系统设备安装调试完成后,系统设备应工作正常。

(8) 手动火灾报警按钮和火灾报警控制器应逐个进行检测、检验,其性能应符合设计要求,动作应准确无误。

2) 质量检验标准和实测项目

《公路工程质量检验评定标准 第二册 机电工程》(JTG 2182—2020)给定的质量检验标准和实测项目见表7-40。

手动火灾报警系统质量检验标准和实测项目 表 7-40

项次	检查项目	技术要求
1△	隧道共用接地电阻	≤1Ω
2	报警信号输出	能将报警器位置信息传送到隧道管理站
3△	报警按钮与警报器的联动功能	按下报警按钮后能触发警报器启动

6. 自动火灾报警系统

1) 施工质量监理要点

(1) 火灾探测器、火灾报警器等设备应符合国家和行业现行相关标准的规定。

(2) 自动火灾报警系统设备及配件的品牌、型号、规格、数量应符合合同要求,部件完整,检验合格。

(3) 需强制性认证或型式认可的产品应有认证(认可)证书和认证(认可)标识。

(4) 火灾报警系统传输线缆应采用铜芯绝缘导线或铜芯电缆。50V 以下供电的控制线路,其电压等级不应低于交流 250V;交流 220/380V 的供电和控制线路,其电压等级不应低于交流 500V。

(5) 点型火灾探测器应根据施工图设计要求确定探测器安装位置、高度、间距和角度,探测器的检测范围应覆盖整个检测区域,探测器周围 0.5m 范围内不应有遮挡物,探测器的确认灯应设置在便于检修人员观察的位置。

(6) 线型火灾探测器安装托架、钢索吊架间距应符合施工图设计要求,托架、吊架应固定可靠,承受拉力应符合规范的规定,与探测器应用阻燃卡具固定。

（7）线型火灾探测器安装时，牵引力应不超过探测器允许张力的80%，瞬时最大牵引力不得大于探测器允许的张力。安装时不得损伤探测器护套。

（8）线型火灾探测器安装弯曲半径应不小于探测器允许的最小弯曲半径，探测器不应扭曲。

（9）自动火灾报警系统的布线应符合现行《建筑电气装置工程施工质量验收规范》（GB 50303）的规定。

（10）导线在管内或线槽内不应有接头或扭结。导线的接头应在接头盒内焊接或用端子连接。

（11）火灾报警系统导线连接必须可靠压接或焊接，当采用焊接时不得使用带腐蚀性的助焊剂，缆线应按施工图设计要求连接到位，应排列整齐、无交叉。

（12）火灾报警控制器的主电源引入线，应与消防电源直接连接，严禁使用电源插头；消防主电源应有明显标识。

（13）火灾报警控制器与接地线应可靠连接，进线管孔应良好封堵。

（14）全部自动火灾报警系统设备安装调试完成后，系统设备应工作正常。

（15）自动火灾探测器和火灾报警控制器应逐个进行检测、检验，其性能应符合设计要求，动作应准确无误。

（16）自动火灾报警系统调试正常后，应连续运行120h无故障。

（17）自动火灾报警功能调试应在隧道中实施模拟点火试验，试验应按照现行《公路隧道火灾报警系统技术条件》（JT/T 610）的规定进行。

2）质量检验标准和实测项目

《公路工程质量检验评定标准　第二册　机电工程》（JTG 2182—2020）给定的质量检验标准和实测项目见表7-41。

自动火灾报警系统质量检验标准和实测项目　表7-41

项次	检查项目	技术要求
1△	隧道共用接地电阻	≤1Ω
2△	火灾探测器自动报警响应时间	≤60s
3△	火灾探测器灵敏度	可靠探测火灾，不漏报，并能将探测数据传送到火灾报警控制器和上端计算机

7. 电光标志

1）施工质量监理要点

（1）电光标志设备及配件的型号、规格、数量应符合合同要求，部件完整，检验合格。

（2）电光标志设备安装位置应正确、牢固，符合施工图设计要求。

（3）电光标志的电源电缆、控制线缆应按施工图设计要求连接到位。

（4）电光标志控制机箱与接地线应可靠连接，进线管孔应良好封堵。

（5）全部电光标志设备安装调试完成后，电光标志应工作正常，技术检测合格。

2）质量检验标准和实测项目

《公路工程质量检验评定标准　第二册　机电工程》（JTG 2182—2020）给定的质量检验标准和实测项目见表7-42。

电光标志质量检验标准和实测项目　　　　　表 7-42

项次	检查项目	技术要求
1△	隧道共用接地电阻	≤1Ω
2	电光标志的亮度	疏散指示标志为 5～300cd/m², 其他电光标志的白色部分为 150～300cd/m²

8.发光诱导设施

1)施工质量监理要点

(1)发光诱导设施设备应符合现行《公路隧道发光型诱导设施》(JT/T 820)等相关标准的规定。

(2)发光诱导设施设备及配件的型号、规格、数量应符合合同要求,部件完整,检验合格。

(3)发光诱导设施设备安装位置应正确、牢固,符合施工图设计要求。

(4)控制机箱与接地线应可靠连接,进线管孔应良好封堵。

(5)电源电缆、控制电缆应按施工图设计要求连接到位,全部发光诱导设施设备安装调试完成后,发光诱导设施应工作正常,技术检测合格。

2)质量检验标准和实测项目

《公路工程质量检验评定标准　第二册　机电工程》(JTG 2182—2020)给定的质量检验标准和实测项目见表 7-43。

发光诱导设施质量检验标准和实测项目　　　　　表 7-43

项次	检查项目	技术要求
1△	绝缘电阻	强电端子对机壳≥50MΩ
2△	隧道共用接地电阻	≤1Ω
3△	控制功能	可手动控制诱导设施的启动、停止

9.可变标志

隧道可变标志分项工程施工质量监理同本章第三节监控设施"可变标志"分项工程施工质量监理。

10.隧道视频交通事件检测系统

1)施工质量监理要点

(1)隧道视频交通事件检测系统设备应符合现行《视频交通事件检测器》(GB/T 28789)等相关标准的规定。

(2)隧道视频交通事件检测系统设备及构配件的品牌、型号、规格、配置、数量应符合合同要求,部件完整,检验合格。

(3)电源电缆、信息通信线缆、接地线应按施工图设计要求正确、可靠连接到位。

(4)隧道视频交通事件检测系统设备安装调试完成后,系统应工作正常,技术检测合格。

(5)摄像机镜头视场应符合设计要求。

(6)视频交通事件检测功能和精度应符合设计要求。

2)质量检验标准和实测项目

《公路工程质量检验评定标准　第二册　机电工程》(JTG 2182—2020)给定的质量检验

标准和实测项目见表7-44。

隧道视频交通事件检测系统质量检验标准和实测项目   表7-44

项次	检查项目	技术要求
1	事件检测率	符合设计要求，无要求时：在隧道照明设施正常开启条件下≥90%
2△	典型事件检测功能	具备停止、逆行、行人、抛撒物、烟雾等事件检测功能，系统自动进行检测并输出检测数据，有报警信息提示
3	自动录像功能	系统自动捕获并存储交通事件发生过程的影像，能按要求设定记录时间

11. 射流风机

1）施工质量监理要点

（1）射流风机设备及附件、配件的品牌、型号、规格、数量应符合合同要求，部件完整，检验合格。

（2）悬挂安装的射流风机预埋件应进行荷载试验。荷载试验的试验负荷应为风机重力与风机支架重力之和的15倍；试验时间宜为5min；抽检数量为100%。

（3）安装支架的结构尺寸、安装方位、安装间距等应符合施工图设计要求。

（4）安装连接螺栓的强度等级应符合设计要求；螺栓必须紧固，并有防松动和减振装置。

（5）风机安装应牢固，风机中心线与隧道中心线平行度允许偏差应不大于100mm。

（6）风机和控制柜壳体应与接地干线可靠连接。

（7）风机安装完成后，检查确认安装过程中未损伤风机、无异物进入风机内、风机和安装附件的防腐层与风机防护罩完好。

（8）风机通电前应检查确认风机叶轮转动正常。

（9）电源电缆、控制线缆、接地线应按施工图设计要求正确连接到位。

（10）射流风机安装调试完成后，风机应工作正常，技术检测合格。

（11）风机试运转时间应不少于2h。

（12）风机试运转结束后，应检查确认紧固件无松动。

2）质量检验标准和实测项目

《公路工程质量检验评定标准　第二册　机电工程》（JTG 2182—2020）给定的质量检验标准和实测项目见表7-45。

射流风机质量检验标准和实测项目   表7-45

项次	检查项目	技术要求
1△	净空高度	符合设计要求
2△	控制柜防腐涂层厚度	符合设计要求，无要求时符合现行GB/T 18226的规定
3△	绝缘电阻	强电端子对机壳≥50MΩ
4△	隧道共用接地电阻	≤1Ω
5△	风机运转时隧道断面平均风速	符合设计要求
6	响应时间	发送控制命令至风机启动带动叶轮开始转动时的时间≤5s，或符合设计要求
7	方向可控性	能手动、自动控制风机改变送风方向
8	运行方式	风机具有手动、自动两种运行方式

12. 轴流风机

1）施工质量监理要点

（1）轴流风机设备及构配件的品牌、型号、规格、数量应符合合同要求，部件完整，检验合格。

（2）检查轴流风机安装基础位置、外形尺寸、强度、地脚螺栓规格、位置及间距，应符合施工图设计要求。

（3）各叶片的安装角度应按设备技术文件的规定进行复查和校正，允许偏差应不大于2°。

（4）可调叶片在关闭状态下与机壳间的径向间隙应符合设备技术文件的规定。

（5）机壳（主风筒）连接时不得产生导致叶顶间隙改变的变形。

（6）机组各部件与其安装底座应紧密接触，紧固件受力应均匀。

（7）风机安装的水平偏差和垂直偏差应不大于1mm/m。

（8）风机的进气、排气管路和其他管路的安装，应符合现行《工业金属管道工程施工规范》（GB 50235）的规定。

（9）风机的进气、排气系统的管路、大型阀件、调节装置、冷却装置和润滑油系统等管路均应有单独的支撑，并应与基础或其他建筑物连接牢固。

（10）与风机进气口和排气口法兰相连的直管段上，应不得有阻碍热胀冷缩的固定支撑。

（11）管路与机壳连接时，机壳不应承受外力；连接后，复测机组的安装水平度和主要间隙应符合设备技术要求。

（12）风道与周围土建结构间应无漏风、漏水的间隙。

（13）消声器内所用吸消声材料应充填密实，厚薄均匀，无空隙，不脱落。

（14）轴流风机消声器各部位拼装应贴合紧密。

（15）金属壳体式消声器应与结构壁面安装结合牢固可靠，在额定风量下应不得出现松动或振颤现象。

（16）风机安装完成后，应检查确认安装过程中未损伤风机、无异物进入风机内、风机和安装附件的防腐层完好。

（17）风机电源电缆、控制线缆、接地线应按施工图设计要求正确连接到位。

（18）电缆进出线孔应采取防水措施。未使用的电缆引入孔应安置堵板。

（19）风机和控制柜壳体应与接地干线可靠连接。

（20）风机通电前应检查确认叶轮转动正常。

（21）轴流风机、风机控制柜通电调试完成后，风机应工作正常，技术检测合格。

（22）风机启动电流应不大于规定值。

（23）风机试运行时间应不少于2h。风机试运行时的工作电压、电流、轴承温度、温升与振动速率等各项技术参数应符合风机技术要求。

2）质量检验标准和实测项目

《公路工程质量检验评定标准　第二册　机电工程》（JTG 2182—2020）给定的质量检验标准和实测项目见表7-46。

轴流风机质量检验标准和实测项目 表 7-46

项次	检查项目	技术要求
1△	控制柜防腐涂层厚度	符合设计要求,无要求时符合现行 GB/T 18226 的规定
2△	绝缘电阻	强电端子对机壳≥50MΩ
3△	隧道共用接地电阻	≤1Ω
4△	风机运转时隧道断面平均风速	符合设计要求
5	响应时间	发送控制命令后至风机启动带动叶轮开始转动时的时间≤5s,或符合设计要求
6	风阀启闭功能	符合设计要求
7	运行方式	风机具有手动、自动两种控制方式
8	远程控制模式	自动运行方式下,通过标准串口,接收本地控制器或隧道管理站的信息,控制风机启动、停止和送、排风方向

13. 照明设施

1）施工质量监理要点

（1）隧道内照明灯具、照明接线箱、照明检测与控制设备及配件的品牌、型号、规格、数量应符合合同要求,配件齐全,部件完整,检验合格。

（2）安装支架的结构尺寸、预埋件、安装位置、安装间距等应符合施工图设计要求。

（3）灯具底座的调节范围、灯具支撑件材质、承载能力应符合施工图设计要求。

（4）灯具安装应符合施工图设计要求,灯具安装应牢固可靠、线形流畅,安装轴线应与车道中心线平行。

（5）隧道灯具安装位置纵向偏差宜不大于 30mm,横向偏差宜不大于 20mm,高度偏差宜不大于 10mm。

（6）照明接线箱、控制柜内接线应稳固、排列整齐、标识正确清晰,进出线孔应密封良好。

（7）外置电源应固定牢固、美观,方便散热,防护等级应符合设计要求。

（8）调光或调色温 LED 灯具的控制线缆极性应连接正确,线缆屏蔽端头应可靠接地。

（9）照明接线箱箱体、灯具和照明控制柜外壳应可靠接地。

（10）照明检测设备立柱、安装支架的材质、结构、防腐处理应符合设计要求。

（11）照明检测设备的检测探头方向应符合施工图设计要求;立柱结构应符合设计抗风要求。

（12）电源电缆、控制线缆、接地线应按施工图设计要求正确连接到位,接线牢固、排列整齐、标识清晰。

（13）全部照明设施设备安装调试完成后,隧道照明设施应工作正常,技术检测合格。

2）质量检验标准和实测项目

《公路工程质量检验评定标准 第二册 机电工程》(JTG 2182—2020)给定的质量检验标准和实测项目见表 7-47。

隧道照明设施质量检验标准和实测项目　　　　　　表 7-47

项次	检查项目	技术要求
1△	绝缘电阻	强电端子对机壳≥50MΩ
2△	隧道共用接地电阻	≤1Ω
3△	路面平均亮度（入口段、过渡段、中间段、出口段）	符合设计要求
4△	紧急停车带路面平均亮度	符合设计要求
5△	路面亮度总均匀度	符合设计要求,无要求时:≥0.3
6	路面亮度纵向均匀度	符合设计要求,无要求时:≥0.5
7	照明相关色温	符合设计要求,无要求时:≤6500K
8△	照明控制方式	具有自动、手动两种控制方式或符合设计要求
9△	应急照明	主供电回路断电时,应急照明灯能自动开启
10	照明灯具高光功能	采用 LED 灯、无极荧光灯做照明灯具的隧道,具有手动功自动调节灯具发光亮度的功能

14. 消防设施

1）施工质量监理要点

（1）隧道消防设施的消防控制器、消火栓、灭火器、加压设施、供水设施及消防专用连接线缆、管道、配(附)件等设备应符合国家和行业相关标准的规定。

（2）消防设施设备及构配件的品牌、型号、规格、数量应符合合同要求,部件完整,检验合格。

（3）需强制性认证或型式认可的产品应有认证(认可)证书和认证(认可)标识。

（4）消防设施设备的安装支架、预埋锚固件、预埋管线、隧道内安装孔位、安装间距等应符合施工图设计要求。

（5）火灾探测器、消防控制器、火灾报警器、消火栓、灭火器、消防控制器安装位置应符合施工图设计要求,安装结构牢固。

（6）消火栓箱安装应稳固平整、不变形,箱门开启灵活,箱体底部与地面距离应符合施工图设计要求。

（7）消防水泵安装应符合现行《机械设备安装工程施工及验收通用规范》(GB 50231)和《风机、压缩机、泵安装工程施工及验收规范》(GB 50275)的规定。

（8）隧道消防水池的容量及高程应符合施工图设计要求,施工应符合现行《给水排水构筑物工程施工及验收规范》(GB 50141)的规定。

（9）水位检测器应按设备技术文件要求进行安装,其供电及控制电缆应有屏蔽保护措施。

（10）管网所用钢管应经防腐处理,并采用螺纹、沟槽式管件或法兰连接。

（11）管道支架(支墩)的强度应符合施工图设计要求,管道固定应牢固。

（12）管网安装完成后,应进行强度试验、冲洗和严密性试验,并应合格或符合设计要求。

（13）全部消防设施设备应按施工图设计要求安装到位,方位正确,应不侵入公路建筑限界。

（14）隧道消防设施调试完成后，消防设施应工作正常，技术检测合格。

2）质量检验标准和实测项目

消防设施质量检验标准和实测项目（略）。

15．本地控制器

1）施工质量监理要点

（1）本地控制器设备及配件的品牌、型号、规格、配置、数量应符合合同要求，部件完整，检验合格。

（2）本地控制器安装应符合施工图设计要求，位置正确、牢固，应不侵入公路建筑限界。

（3）明装的线缆保护措施应符合设计要求。

（4）本地控制器至控制中心以及隧道内下端设备的保护地线、信号（控制）电缆、电源电缆的连接应符合施工图设计要求。线缆排列应规整、无交叉拧绞，标识正确、清楚、完整。

（5）控制箱内布线应牢固、整齐、标识清晰。

（6）箱门开关灵活、出线孔密封措施应得当。

（7）全部本地控制器设备安装调试完成后，本地控制器应工作正常，技术检测合格。

2）质量检验标准和实测项目

《公路工程质量检验评定标准　第二册　机电工程》（JTG 2182—2020）给定的质量检验标准和实测项目见表7-48。

本地控制器质量检验标准和实测项目

表7-48

项次	检查项目	技术要求
1	安装水平度、竖直度	水平：±3mm/m；垂直：±3mm/m
2△	机箱防腐涂层厚度	符合设计要求，无要求时符合现行 GB/T 18226 的规定
3△	绝缘电阻	强电端子对机壳≥50MΩ
4△	隧道共用接地电阻	≤1Ω
5△	与计算机通信功能	能与隧道管理站计算机正常通信
6△	对所辖区域内下端设备控制功能	按设计周期或由隧道管理站控制采集、处理各下端设备的数据
7△	本地控制功能	隧道管理站计算机或通信链路故障时，可控制所辖区域内下端设备正常工作
8	断电时恢复功能	加电或系统重启后可自动运行原预设控制方案

16．隧道管理站设备及软件

1）施工质量监理要点

（1）控制台、机柜、信息显示设备、计算机及网络设备及配件的型号、规格、数量应符合合同要求，部件完整，检验合格。

（2）确认隧道管理站的防雷、供电、消防等辅助设施安装调试完成并正常运行。

（3）确认隧道管理站机房整洁，通风、照明、温湿度条件符合隧道机电设施安装要求。

（4）控制台设备、机柜安装位置应符合施工图设计要求，布局合理，安装稳固。

（5）信息显示设备安装方位、角度、高度应符合施工图设计要求。

（6）机柜内设备、部件安装牢固；接插件安装牢固，接触连接可靠。

（7）控制台的连接线缆应由下部引入，线缆两端应留有余量，并有永久性标识。

（8）线缆布放整齐,成端规范,预留长度适当,标识正确、清晰。

（9）设备地线应与隧道管理站的等电位接地端子板可靠连接。

（10）隧道管理站软件包括系统软件与应用软件,系统软件应合法授权,提供正式的授权使用证书,应用软件应进行检测或提供软件开发、测试文件。

（11）全部隧道管理站设备安装调试完成后,隧道管理站设备及软件应工作正常,技术检测合格。

2）质量检验标准和实测项目

《公路工程质量检验评定标准　第二册　机电工程》（JTG 2182—2020）给定的质量检验标准和实测项目见表7-49。

隧道管理站设备及软件分项工程质量检查项目与质量标准

表 7-49

项次	检查项目	技术要求
1△	绝缘电阻	强电端子对机壳≥50MΩ
2△	系统设备安装连接的可靠性	系统设备安装连接应可靠,经振动试验后系统无告警、错误动作
3△	共用接地电阻	≤1Ω
4	与本地控制器的通信功能	能与本地控制器正常通信
5	与监控中心计算机通信功能	数据传输准确
6△	报表统计管理及打印功能	隧道管理站计算机系统可迅速、正确地查询、统计、打印设定的各种报表

17. 隧道管理站计算机网络

隧道管理站计算机网络分项工程施工质量监理同本章第三节监控设施“监控系统计算机网络”分项工程施工质量监理。

18. 供配电设施

隧道供配电设施分项工程施工质量监理同本章第六节公路供配电设施分部工程施工质量监理。

第八章 环保工程(绿化、声屏障)质量监理

学习备考要点

1.基础知识(绿化工程的术语、声屏障工程的分类等)。

2.施工准备(绿化工程划分、声屏障工程划分等)。

3.绿化工程(施工过程质量监理、质量检验标准和实测项目等)。

4.声屏障工程(施工过程质量监理、质量检验标准和实测项目等)。

编学考主要参考资料

1.《公路工程标准施工招标文件》(2018 年版·第二册)。

2.《公路工程质量检验评定标准 第一册 土建工程》(JTG F80/1—2017)。

第一节 基 础 知 识

一、绿化工程的基础知识

(1)大树,指胸径在 200mm 以上的落叶乔木或常绿阔叶乔木,株高在 6m 以上或地径在 180mm 以上的常绿针叶乔木。

(2)植物成活率,指成活的苗木(花卉)数量与原种植数量的百分比,是树木(花卉)栽植质量控制的最关键指标。

(3)草坪、草本地被的覆盖率,指植被的地上部分法向投影面积与取样面积的百分比,是草坪、草本地被种植质量控制的关键指标。在检测时,可采取 3 人以上分别目测后进行算术平均作为检测值或采用无人机航拍摄影测量。

(4)植被盖度,指绿地内所用植物的垂直投影面积占绿地面积的比例。

(5)喷播绿化,指将植物繁殖体与水、客土(自然耕植土或人工配制的土壤)及其他绿化辅助材料通过喷播机械混合搅拌后,利用高压空气流的作用将混合基质喷播在地面或坡面形成一定厚度(≤7cm)、类似自然表土的结构的喷播绿化方法。基材混合物喷射厚度是该绿化工艺质量控制的重点。营造设计提出的目标植物群落是检验喷播绿化成效的重要指标。

《公路工程标准施工招标文件》(2018 年版·第二册)"第 700 章 绿化及环境保护设施"

中给出了以下规定：

（1）露地栽培花卉应符合下列规定：

①一、二年生花卉，株高应为 100～400mm，冠径应为 150～350mm。分枝不应少于 3～4个，叶簇健壮，色泽明亮。

②宿根花卉，根系完整，无腐烂变质。

③球根花卉，根茎苗壮，无损伤，幼芽饱满。

④观叶植物，叶色鲜艳，叶簇丰满。

（2）植生带，厚度不宜超过 1mm，种子分布均匀，种子饱满，发芽率应大于 95%。

（3）植物生长的最小土层厚度：草本花卉、草本植被应满足 0.30m；小灌木应满足 0.45m；大灌木应满足 0.60m；浅根乔木应满足 0.90m；深根乔木应满足 1.50m。表土铺设完成后，其表面高程应比路缘石、集水井、人行道、车行道或其他类似结构低 25mm。

（4）对于在中央分隔带栽植起防眩作用的树木，其修剪后的高度和株距应符合设计要求；如设计图纸无规定，树高宜为 1.6m，株距宜为 2.0m。

（5）根据植物生长需要定期施肥，对树木施肥每年不得少于 2 次，草坪、地被等应采用薄肥勤施的方法，经常性施肥。

（6）缺陷责任期满时，植物种植成活率应达到 95% 以上。如果未达到，监理人有权暂停退还保留金并有权要求承包人重新补种、延长责任期一年。

二、声屏障工程的基础知识

（1）《中华人民共和国噪声污染防治法》对交通线路旁设置声屏障做出了明确规定："新建、改建、扩建经过噪声敏感建筑物集中区域的高速公路、城市高架、铁路和城市轨道交通线路等的，建设单位应当在可能造成噪声污染的重点路段设置声屏障或采取其他减少振动、降低噪声的措施。"

（2）《公路工程标准施工招标文件》（2018 年版·第二册）"第 700 章 绿化及环境保护设施"规定：在公路路侧居民集中区、学校教学区、医院病房区等设置声屏障等隔声设施。各类吸声、隔声材料及成品规格、尺寸以及质量要求应符合设计要求。

（3）声屏障的分类。根据隔声、吸声分，主要有纯隔声的反射型声屏障、吸声与隔声相结合的复合型声屏障；根据材质分，主要有全金属声屏障、全玻璃钢声屏障、耐力板（PC）全透明声屏障、高强水泥声屏障、水泥木屑声屏障等；根据轮廓形式分，主要有直立声屏障、直立小弧声屏障、全封闭声屏障；根据组合分，主要有全透明声屏障、全不透明声屏障、吸隔声板与透明材料的组合型声屏障。

（4）声屏障的插入损失量是声屏障体现降噪效果的唯一衡量指标。

第二节 施 工 准 备

一、绿化工程划分

《公路工程质量检验评定标准 第一册 土建工程》（JTG F80/1—2017）附录 A-1 给出了

绿化工程的单位工程、分部工程及分项工程划分,如表8-1所示。

绿化工程的单位、分部及分项工程划分表

表 8-1

单位工程	分部工程	分项工程
绿化工程（每合同段）	分隔带绿地、边缘绿地、护坡道绿地、碎落台绿地、平台绿地(每2km路段)、互通式立交区与环岛绿地、管理养护设施区绿地、服务设施区绿地、取(弃)土场绿地(每处)	绿地整理,树木栽植,草坪、草本地被及花卉种植,喷播绿化

二、声屏障工程划分

《公路工程质量检验评定标准　第一册　土建工程》(JTG F80/1—2017)附录A-1给出了声屏障工程的单位工程、分部工程及分项工程划分,如表8-2所示。

声屏障工程的单位、分部及分项工程划分表

表 8-2

单位工程	分部工程	分项工程
声屏障工程（每合同段）	声屏障工程(每处)	砌块体声屏障,金属结构声屏障,复合结构声屏障

第三节　绿　化　工　程

一、一般规定

(1)植物种子应有国家法定种子质量检验机构出具的种子质量检验报告,外地调入的苗木和种子应有植物检疫证书。

(2)植物成活率、覆盖率、植被盖度的检验,应在满一个年生长周期后进行。

二、绿地整理

1.绿地整理应符合的基本要求

(1)绿地内不得有废弃构筑物、工程渣土与废料及其他有害污染物,互通立交区与环岛、管理养护设施区及服务区等有景观要求的绿地内不得有宿根性杂草、树根。

(2)回填土及地形造型的范围、厚度、高程、造型及坡度应满足设计要求;回填的种植土已达到自然沉降的状态,表层不得有明显低洼和积水处。

2.质量检验标准和实测项目

《公路工程质量检验评定标准　第一册　土建工程》(JTG F80/1—2017)给定的质量检验标准和实测项目见表8-3。

绿地整理的质量检验标准和实测项目

表 8-3

项次	检查项目	规定值或允许偏差	检查方法和频率
1	有效土层厚度(mm)	满足设计要求	环刀或挖样洞,尺量:带状绿地每1km测5点;点状绿地每个连续种植单元每1000m^{2}测2点且不少于3点

项次	检查项目		规定值或允许偏差	检查方法和频率
2	地形相对高程（mm）	$H \leqslant 1000$	±50	水准仪测量或尺量：分隔带绿地每1km测5点；互通立交区与环岛、服务区绿地每个连续种植单元每1000m²测2点且不少于3点
		$1000 < H \leqslant 2000$	±100	
		$2000 < H \leqslant 3000$	±150	
		$3000 < H \leqslant 5000$	±200	

注：H 为设计高程与原地面的高差。

三、种植材料和播种材料选择

（1）所有种植物必须符合现行关于植物病害及昆虫传染检疫的法规要求，施工单位应提供种植物必要的全部检疫证明。

（2）种植材料应根系发达，生长苗壮，无病虫害，规格及形态符合设计要求。

（3）混合草种应试验其萌芽情况，其纯度和萌发率均应达到90%以上。

（4）木本苗木的品种与规格、树形及整形修剪质量和草种选择、配比、播种量以及修剪质量等均应符合设计要求。

（5）种植草皮应具有耐旱、耐涝、容易生长、蔓面大、根部发达、茎低矮强壮和多年生长的特性。铺砌草坪用的草块及草卷应规格一致，边缘平直，杂草不得超过5%。草块土层厚度宜为3~5cm，草卷土层厚度宜为1~3cm。

（6）草坪、地被植物的种子应注明品种、品系、产地、生产单位、采收年份、纯净度及发芽率，不得有病虫害。自外地引进种子应有检疫合格证，发芽率达90%以上方可使用。

（7）用于本项目的各类苗木运至工地现场后，应及时通知监理工程师对苗木的品系、品种进行检查，并提供检疫、产地等证明文件。

四、苗木栽植

1. 苗木栽植应符合的基本要求

（1）严禁使用带有严重病虫害的苗木，非检疫对象的病虫害危害痕迹不得超过树体的5%~10%。

（2）苗木进场时，应对照设计文件要求核对苗木的种类、冠径、胸径、高度等，对珍贵树种可视情况在进场前提前考察。

（3）种植穴（槽）的定点放线应满足设计要求，位置准确、标记明显。

（4）带土球苗木栽植前应去除不易降解的包装物。

（5）树木栽植不得影响行车安全视距；规则式种植、绿篱、球类植物的修剪应整齐，绿篱不得有空缺。

（6）孤植树、珍贵树种以及大树应全部成活。

2. 质量检验标准和实测项目

《公路工程质量检验评定标准　第一册　土建工程》（JTG F80/1—2017）给定的质量检验标准和实测项目见表8-4。

绿地整理的质量检验标准和实测项目   表 8-4

项次	检查项目			规定值 或允许偏差	检查方法和频率
1	种植穴(槽)直径(mm)			$d+400 \sim d+600$	尺量:抽查全部种植穴(槽)的5%,且不少于10个,少于10个时应全部检查
	种植穴(槽)深度(mm)			$(3/4 \sim 4/5)$穴径	
2	苗木数量			满足设计要求	目测或无人机航拍测量:带状绿地每1km检查100m内的苗木;点状绿地每个连续种植单元按苗木数量抽查10%,且不少于10株,少于10株的苗木应全部检查
3△	苗木成活率(%)			≥95	
4	苗木规格	乔木	胸径	≤50	-2	尺量:带状绿地每1km检查100m内的苗木;点状绿地每个连续种植单元按苗木数量抽查10%,且不少于10株,少于10株的苗木应全部检查
				50~90	-5	
				90~150	-8	
				150~200	-10	
				>200	-20	
			高度(mm)		-200	
			冠径(mm)		-200	
		灌木	高度 (mm)	≥1000	-100	
				<1000	-50	
			冠径 (mm)	≥1000	-100	
				<1000	-50	
		球类	冠径 (mm)	<500	0	
				500~1000	-50	
				1000~2000	-100	
				>2000	-200	
			高度 (mm)	<500	0	
				500~1000	-50	
				1000~2000	-100	
				>2000	-200	
		藤本	主蔓长(mm)	≥1500	-100	
			主蔓径(mm)	≥10	0	
		棕榈类 植物	株高(mm)	≤1000	0	
				1000~2500	-100	
				2500~4000	-200	
				>4000	-300	
			地径(mm)	≤100	-10	
				100~400	-20	
				>400	-30	

注:d为土球苗直径或裸根苗根系展幅(mm)。

五、草坪、草本地被及花卉种植

1. 草坪、草本地被及花卉种植应符合的基本要求

(1)铺栽草坪用的草卷、草块应厚度均匀,杂草不应超过5%。

(2)草坪、草本地被及花卉种植的施工工艺、品种及配合比或栽植株行距应满足设计要求;采用喷播绿化施工工艺时,其质量检验应按喷播绿化的规定执行。

(3)花苗的栽植放样、密度及图案均应满足设计要求。

2. 质量检验标准和实测项目

《公路工程质量检验评定标准　第一册　土建工程》(JTG F80/1—2017)给定的质量检验标准和实测项目见表8-5。

绿地整理的质量检验标准和实测项目　　　　表8-5

项次	检查项目		规定值或允许偏差	检查方法和频率
1	草坪、草本地被面积		满足设计要求	目测或无人机航拍测量:带状绿地每1km检查100m;点状绿地按每个连续种植单元全部检查
2△	草坪、草本地被覆盖率(%)	取弃土场绿地	≥90	目测或无人机航拍测量:带状绿地每1km检查100m;点状绿地按每个连续种植单元全部检查
		其他绿地	≥95	
3	花卉数量		满足设计要求	目测或无人机航拍测量:带状绿地每1km检查100m内的花卉数量;点状绿地每个连续种植单元按花卉数量抽查5%,且不少于10株,少于10株的苗木应全部检查
4△	花卉成活率(%)		≥95	

六、喷播绿化

1. 喷播绿化应符合的基本要求

(1)草本植物种子的质量不应低于现行《乔本科草种子质量分级》(GB 6142)中所规定的二级标准;木本植物种子的质量不应低于现行《林木种子质量分级》(GB 7908)中所规定的二级标准;对于GB 6142和GB 7908中均未提及的植物种子,应在使用前进行发芽率试验和种子配合比试验,确定合适的种子用量后方可进行大规模种植。

(2)喷播绿化采用的植物品种及种子配比应满足设计要求。

2. 质量检验标准和实测项目

《公路工程质量检验评定标准　第一册　土建工程》(JTG F80/1—2017)给定的质量检验标准和实测项目见表8-6。

绿地整理的质量检验标准和实测项目　　　　表8-6

项次	检查项目	规定值或允许偏差	检查方法和频率
1△	基材混合物喷射厚度(mm)	设计厚度±10	环刀或挖样洞,尺量:带状绿地每1km测10点;点状绿地每个连续种植单元每1000m²测2点,且不少于5点
2	植物群落物种组成	满足设计要求	植物样方法调查:带状绿地每1km设置3个样方(长2m,宽2m或等同于绿地宽度)且不少于3个;点状绿地按每个连续种植单元设置3个样方(长2m,宽2m)不少于3个

续上表

项次	检查项目	规定值或允许偏差	检查方法和频率
3	绿化面积	满足设计要求	尺量或无人机航拍测量：带状绿地每 1km 检查 100m；点状绿地按每个连续种植单元全部检查
4△	植被盖度（%）	≥95	目测或无人机航拍测量：带状绿地每 1km 检查 100m；点状绿地按每个连续种植单元全部检查

第四节　声屏障工程

一、一般规定

（1）声屏障工程的插入损失应满足设计要求。

（2）声屏障排水应满足设计要求。

（3）声屏障设置的位置，一般始于声保护对象的中部，并向两侧同等长度延伸，总长度大于保护对象的长度。当经常遇见主体工程施工中变更里程桩号情况时，应调整声屏障位置设计，不能偏向一侧。

（4）在标志牌、桥梁伸缩缝、下穿人行通道和涵洞等处，应采用合理的设计形式，不能留有间断。

（5）结合当地最大风力等环境情况，复核声屏障的高度等设计保证系数，不因强风而折断造成交通事故。

（6）声屏障屏体声学性能应满足设计要求并应有声学性能检测报告。每批次屏体到场后，应采取破坏性手段拆开核验屏体内部结构。

二、材料控制

（1）钢筋、混凝土以及砂浆应符合设计和规范要求。

（2）若采用普通黏土砖，应符合图纸要求及现行《烧结普通砖》（GB/T 5101）的规定。

（3）各类吸、隔声材料及成品规格、尺寸以及质量要求应符合图纸规定。

（4）钢材应符合图纸及国家有关标准的规定。

（5）金属结构声屏障所采用金属立柱的规格、材质不应低于图纸要求。

（6）金属结构声屏障的焊接材料和紧固件必须符合图纸要求和行业标准的规定。

三、砌块体声屏障

1.砌块体声屏障应符合的基本要求

（1）砂浆所用的水泥、砂、水、外加剂的品种、规格和质量应满足设计要求。

（2）地基承载力应满足设计要求。

（3）砌筑基础前，基坑尺寸应满足设计要求。

（4）砌筑应分层错缝，浆砌时坐浆挤紧，嵌填饱满密实，不得有空洞。

（5）砌体中的钢筋防腐应满足设计要求。

2. 质量检验标准和实测项目

《公路工程质量检验评定标准 第一册 土建工程》（JTG F80/1—2017）给定的质量检验标准和实测项目见表8-7。

砌块体声屏障的质量检验标准和实测项目 表8-7

项次	检查项目	规定值或允许偏差	检查方法和频率
1△	砂浆强度（MPa）	在合格标准内	按 JTG F80/1—2017 附录 F 检查
2△	顶面高程（mm）	±20	水准仪：抽查标准段数的30%，每段测1点
3△	墙体厚度（mm）	满足设计要求	直尺：抽查标准段数的30%，每段测1点
4	基础外露宽度（mm）	±20	尺量：抽查标准段数的30%，每段测1点
5	墙体竖直度（mm/m）	≤3	直尺、经纬仪：抽查标准段数的30%，每段测1点
6	顺直度（mm/10m）	≤10	10m拉线：每100m测2处，且不少于5处
7	表面平整度（mm）	≤8	2m直尺：每100m测10尺

四、金属结构声屏障

1. 金属结构声屏障应符合的基本要求

（1）基础的埋置深度应满足设计要求。

（2）金属屏体声学性能应满足设计要求，并应有声学性能检测报告。

（3）金属立柱、连接件和金属屏体在安装前，应无构件变形或防腐处理层损坏。

（4）固定螺栓紧固，位置正确，数量满足设计要求。

（5）屏体间及屏体与基础的接缝应密实。

2. 质量检验标准和实测项目

《公路工程质量检验评定标准 第一册 土建工程》（JTG F80/1—2017）给定的质量检验标准和实测项目见表8-8。

金属结构声屏障的质量检验标准和实测项目 表8-8

项次	检查项目	规定值或允许偏差	检查方法和频率
1△	混凝土强度（MPa）	在合格标准内	按 JTG F80/1—2017 附录 D 检查
2△	顶面高程（mm）	±20	水准仪：抽查标准段数的30%，每段测1点
3	基础外露宽度（mm）	±20	尺量：抽查标准段数的30%，每段测1点
4	与路肩边线位置偏移（mm）	±20	尺量：抽查标准段数的30%，每段测1点
5	立柱中距（mm）	≤10	尺量：抽查标准段数的30%，每段测1点
6	立柱竖直度（mm/m）	≤3	垂线法：抽查标准段数的30%，每段测1点
7	立柱镀（涂）层厚度（μm）	不小于规定值	测厚仪：抽查标准段数的20%，每段测1点
8	屏体表面镀（涂）层厚度（μm）	不小于规定值	测厚仪：抽查标准段数的20%，每段测1点
9△	屏体背板厚度（mm）	±0.1	游标卡尺：检查屏体总块数的5%
10	表面平整度（mm）	≤8	2m直尺：每100m测10尺

五、复合结构声屏障

1. 复合结构声屏障应符合的基本要求

（1）基础的埋置深度应满足设计要求。

（2）非金属屏体声学性能应满足设计要求，并应有声学性能检测报告。

（3）安装紧固件应满足设计要求和符合现行标准的规定。

（4）立柱、连接件和屏体在安装前，应无构件变形或防腐处理层损坏。

（5）固定螺栓紧固，位置正确，数量满足设计要求。

（6）屏体与立柱及屏体与基础的接缝应密实。

2. 质量检验标准和实测项目

《公路工程质量检验评定标准　第一册　土建工程》（JTG F80/1—2017）给定的质量检验标准和实测项目见表8-9。

复合结构声屏障的质量检验标准和实测项目　　　　　　　　　　　　表8-9

项次	检查项目	规定值或允许偏差	检查方法和频率
1△	混凝土强度（MPa）	在合格标准内	按 JTG F80/1—2017 附录 D 检查
2△	顶面高程（mm）	±20	水准仪：抽查标准段数的30%，每段测1点
3△	屏体厚度（mm）	±3	钢卷尺：抽查标准段数的30%，每段测1点
4△	透明屏体厚度（mm）	±0.2	游标卡尺：抽查标准段数的30%，每段测1点
5	基础外露宽度（mm）	±20	尺量：抽查标准段数的30%，每段测1点
6	与路肩边线位置偏移（mm）	±20	尺量：抽查标准段数的30%，每段测1点
7	立柱中距（mm）	≤10	钢卷尺：抽查标准段数的30%，每段测1点
8	立柱竖直度（mm/m）	≤3	垂线法：抽查标准段数的30%，每段测1点
9	金属立柱镀（涂）层厚度（μm）	不小于规定值	测厚仪：抽查标准段数的20%，每段测1点
10	表面平整度（mm）	≤8	2m 直尺：每100m 测10 尺

第九章 ┃ 公路工程施工安全和环保的监理工作

学习备考要点 》》》

1. 《公路水运工程安全生产条件通用要求》等行业标准、规范性文件的主要内容。
2. 公路桥梁和隧道、高速公路路堑高边坡施工安全风险评估。
3. 公路工程施工环保(包括水土保持)管理。

编学考主要参考资料 》》》

1. 《公路工程施工安全技术规范》(JTG F90—2015)。
2. 《公路工程标准施工招标文件》(2018年版·第二册)。
3. 交通运输部文件《关于开展公路桥梁和隧道工程施工安全风险评估试行工作的通知》(交安监发〔2011〕217号)❶。
4. 交通运输部文件《关于发布高速公路路堑高边坡工程施工安全风险评估指南(试行)的通知》(交安监发〔2014〕266号)。
5. 全国监理工程师(交通运输工程)职业资格考试参考用书《交通运输工程目标控制(基础知识篇)》第五章、第六章。

第一节 《公路水运工程安全生产条件通用要求》等行业标准、规范性文件的主要内容

一、《公路水运工程安全生产条件通用要求》的主要内容

参见《交通运输工程目标控制(基础知识篇)》第五章第二节。

二、《公路水运工程施工安全风险评估指南 第1部分:总体要求》的主要内容

参见《交通运输工程目标控制(基础知识篇)》第五章第五节。

---

❶ 《公路水运工程施工安全风险评估指南 第3部分:隧道工程》(JT/T 1375.3—2024),交通运输部已发布并于2024年12月1日起实施,但距离2025年考试时间较近,故本次未更新。

三、《公路水运工程淘汰危及生产安全施工工艺、设备和材料目录》的主要内容

参见《交通运输工程目标控制（基础知识篇）》第五章第七节。

四、《公路水运危险性较大工程专项施工方案编制审查规程》的主要内容

参见《交通运输工程目标控制（基础知识篇）》第五章第八节。

五、《公路水运工程项目生产安全事故应急预案编制要求》的主要内容

参见《交通运输工程目标控制（基础知识篇）》第五章第九节。

六、《公路工程施工安全技术规范》（JTG F90—2015）的主要内容

《公路工程施工安全技术规范》（JTG F90—2015）给出了公路工程施工安全技术管理的术语、基本规定、施工准备、通用作业要求和路基工程、路面工程、桥涵工程、隧道工程、交通安全设施、改扩建工程，以及特殊季节与特殊环境施工应遵循的安全生产管理技术。下面摘编其部分内容，供考生学习备考使用[注：考生应比较学习 2024 年 7 月 1 日实施的《公路水运危险性较大工程专项施工方案编制审查规程》（JT/T 1495—2024）]。

（一）通用作业、特殊季节及特殊环境的安全生产管理

1. 模板工程

（1）模板堆放高度不宜超过 2m。

（2）模板应按设计方案设置纵、横、斜向支撑和水平拉杆，拉杆不得焊接。

（3）大型钢模应设置工作平台和爬梯，工作平台应设置防护栏杆、挡脚板和限载标志。

（4）模板的强度、刚度和稳定性，应按照现行《公路桥涵施工技术规范》（JTG/T 3650）进行设计并验算。

（5）模板应按设计要求准确就位，且不宜与脚手架连接。

（6）模板安装完成后节点联系应牢固。

（7）基准面以上 2m 安装模板应搭设脚手架或施工平台。

（8）在基坑或围堰内支模时，应检查基坑有无塌方现象，围堰是否坚固，确认无误后，方可操作。

2. 支架工程

（1）桥梁工程模板等支撑体系的安全专项施工方案必须严格按照有关要求进行编制、审核、审批。对超过一定规模的危险性较大工程，应召开专家评审会对方案进行论证，确保方案的科学性和安全性。

（2）钢支架设计应符合相关规定。

（3）支架、模板的强度、刚度和稳定性，应按照现行《公路桥涵施工技术规范》（JTG/T 3650）进行设计并验算，水中支架基础尚应考虑水流冲刷的影响。

（4）支架周转材料使用前应按照现行《建筑施工承插型盘扣式钢管脚手架安全技术标准》（JGJ/T 231）、《建筑施工碗扣式钢管脚手架安全技术规范》（JGJ 166）的要求进行检查，达不到要求时不得使用。

（5）支架支撑体系应符合下列规定：

①支架基础应根据所受荷载、搭设高度、搭设场地地质情况进行设计及验算。

②支架基础的场地必须硬化，并应设排水措施，遇洪水或大雨浸泡后，应重新检验支架基础、验算支架受力。冻胀土基础应有防冻胀措施。

③支架基础施工后应检查验收。

④支架在安装完成后应检查验收。

⑤使用前应预压。预压荷载为支架需承受全部荷载的 1.05~1.10 倍。

⑥预压加载、卸载应按预压方案要求实施，使用沙（土）袋预压时应采取防雨措施。

⑦支架应设置可靠的接地装置。

（6）使用盘扣式、碗扣式、门式承重支架时，其构造应符合相关规定。

（7）桩、柱式支架的搭设，应符合下列规定：

①钢管桩的承载力应满足要求。

②纵梁之间应设置安全可靠的横向连接。

③搭设完成后应检查验收。

④跨通行道路时，应按照现行《道路交通标志和标线》（GB 5768）的要求设置交通标志。

⑤跨通航水域时，应设置号灯、号型。

（8）跨通行道路、通航水域的支架应根据道路、水域通行情况设置防撞措施。

（9）支架施工区域围挡、临边临空防护、跨线交叉施工等危险部位安全标志和安全防护设施应严格按照施工专项方案设置，并指派专人定期进行检查、维修，确保各项安全防护措施落实到位。

（10）模板、支架的拆除，应符合下列规定：

①模板、支架的拆除期限和拆除程序等应按施工组织设计和专项施工方案要求进行。

②模板、支架的拆除应遵循先拆非承重模板、后拆承重模板、自上而下、分层分段拆除的顺序和原则。

③承重模板应横向同时、纵向对称均衡卸落。

④简支梁、连续梁结构模板宜从跨中向支座方向依次循环卸落；悬臂梁结构模板宜从悬臂端开始顺序卸落。

⑤承重模板、支架，应在混凝土强度达到设计要求后拆除。

⑥模板、支架的拆除应设立警戒区，非作业人员不得进入。

3.脚手架

（1）钢管脚手架连接材料应使用扣件，接头应错开，螺栓要紧固。立杆底端需使用立杆底座。铅丝和白麻绳不得连接钢脚手架。

（2）脚手板要铺满、绑牢，无探头板，并要牢固地固定在脚手架的支撑下。脚手架的任何部分均不得与模板相连。

（3）脚手架要设置栏杆。敷设的安全设施应经常检查，确保操作人员和小型机械安全通行。

（4）脚手架高度在 10~15m 时应设置一组（4~6 根）缆风绳。每增高 10m 应再加设一组。缆风绳与地面夹角为 45°~60°。缆风绳的地锚应设围栏，防止碰撞破坏。

（5）拆除脚手架时，周围应设置护栏或警戒标志，并应从上而下地拆除，不得上下双层作业。拆除的脚手架、板应用人工传递或起重机吊送，严禁随意抛掷。

4.钢筋工程

（1）钢筋加工机械所有转动部件应有防护罩。

（2）钢筋对焊机应安装在室内或防雨棚内，并应设可靠的接地、接零装置。多台并列安装对焊机的间距不得小于 3m。对焊作业闪光区四周应设置挡板。

（3）作业高度超过 2m 的钢筋骨架应设置脚手架或作业平台，钢筋骨架应有足够的稳定性。

（4）吊运预绑钢筋骨架或成捆钢筋应确定吊点的数量、位置和捆绑方法，不得单点起吊。

（5）作业平台等临时设施上存放钢筋不得超载。

5.混凝土工程

（1）维修、保养或检查清理搅拌系统、供料系统应封闭下料口、切断电源、锁定安全保护装置，悬挂"严禁合闸"安全警示标志，并派专人看守。

（2）吊斗灌注混凝土应设专人指挥起吊、运送、卸料，人员、车辆不得在吊斗下停留或通行，不得攀爬吊斗。

（3）混凝土浇筑过程中应检查模板、支架、钢筋骨架的稳定、变形情况，发现异常，应立即停止作业，并应整修加固。

6.电焊与气焊

（1）电工、焊工与热切割作业人员应按照有关规定经专业机构培训，并取得相应的从业资格。

（2）储存、搬运、使用氧气瓶、乙炔瓶除应符合现行《焊接与切割安全》（GB 9448）的有关规定外，尚应符合下列规定：

①压力表、安全阀、橡胶软管和回火保护器等均应定期校验或试验，标识应清晰。

②使用的气瓶应稳固竖立或装在专用车（架）上固定装置上。

③气瓶与实际焊接或切割作业点的距离应大于 10m，无法达到的应设置耐火屏障。

④气割作业氧气瓶和乙炔瓶之间的距离不得小于 5m。

⑤电、气焊作业点和气瓶存放点应按规定设置灭火器材。

（3）电焊机一次侧电源线长度不得大于 5m，二次侧焊接电缆线应采用防水绝缘橡胶护套铜芯软电缆，长度不宜大于 30m，且进出线处应设置防护罩。

（4）电焊机应置于干燥、通风的位置，露天使用电焊机应设防雨、防潮装置，移动电焊机时应切断电源。

（5）电焊机外壳接地电阻不得大于 4Ω，接地线不得使用建（构）筑物的金属结构、管道、轨道或其他金属物体搭接形成焊接回路。

（6）使用过危险化学品的容器、设备、桶槽、管道、舱室等，动火前必须清洗，并经测爆合格。

（7）高处电焊、气割作业，作业区周围和下方应采取防火措施，按要求配备消防器材，并设专人巡视。

（8）雨天严禁露天电焊作业。潮湿区域作业人员必须在干燥绝缘物体上焊接作业。

7. 起重吊装

（1）起重吊装应符合现行《建筑施工起重吊装工程安全技术规范》（JGJ 276）和《起重机械安全规程　第 1 部分：总则》（GB/T 6067.1）的有关规定。

（2）起重机械司机、起重信号司索工、起重机械安装拆卸工应按照有关规定经专业机构培训，并应取得相应从业资格。

（3）起重作业人员应穿防滑鞋、戴安全帽，高处作业时应按规定佩挂安全绳。

（4）吊装作业应设警戒区，警戒区不得小于起吊物坠落影响范围。

（5）作业前应检查起重设备安全装置，钢丝绳、滑轮、吊索、卡环、地锚等。

（6）钢丝绳吊索的安全系数应符合下列规定：

①当利用吊索上的吊钩、卡环钩挂重物上的起重吊环时，安全系数不得小于 6。

②当用吊索直接捆绑重物，且吊索与重物棱角间采取了妥善的保护措施时，安全系数不得小于 6。

（7）吊点位置应符合设计规定，设计无规定的应经计算确定。

（8）施工升降机作业应符合现行《建筑施工升降机安装、使用、拆除安全技术规程》（JGJ 215）的有关规定。

（9）塔吊作业应符合现行《塔式起重机安全规程》（GB 5144）的有关规定。

（10）流动式起重设备通行的道路、作业场地应平整坚实，吊装前支腿应全部打开，并应按要求铺设垫木。

（11）高空吊装梁等大型构件应在构件两端设溜绳。

（12）吊装大、重、新结构构件和采用新的吊装工艺应先进行试吊。

（13）起重机与架空输电线的安全距离应满足现行《施工现场临时用电安全技术规范》（JGJ 46）的有关规定。当需要在小于规定的安全距离范围内进行作业时，必须采取严格的安全保护措施，并应按照相关规定经有关部门批准。

（14）缆索起重机系统施工应符合下列规定：

①吊塔、扣塔及相应索具、风缆、锚碇均应进行稳定性验算，安全系数应满足不利工况要求。

②缆索起重机所用材料、设备进场前，应进行验收，材料应无损伤无变形，强度、刚度应满足设计要求；主缆宜采用钢丝绳，安全系数不得小于 3。

③吊塔、扣塔塔架前后及侧向应设置缆风索，缆风索安全系数应大于 2。

④缆索起重机正式吊装前应分别按 1.25 倍设计荷载的静荷和 1.1 倍设计荷载的动荷进行起吊试验。

⑤塔架顶部应设置可靠的避雷装置。人员上下塔架应配备符合要求的电梯或爬梯，不得徒手攀爬。

（15）起重机严禁吊人。

（16）严禁采用斜拉、斜吊，严禁超载吊装，严禁吊装起吊重量不明、埋于地下或黏结在地面上的构件。

（17）作业人员严禁在已吊起的构件下或起重臂下旋转范围内作业或通行。

（18）龙门架：

①龙门架制作（拼接）完成后，应按设计要求组织检查验收。

②移动式龙门架除进行静载试验外，还应等载在轨道上往返运行一次，检查龙门架在移动中的变形以及轨道偏差、轨道平整度等情况。

③吊起重物作水平移动时，应将重物提高到可能遇到的障碍物 0.5m 以上；运行时被吊重物不得左右摇摆。

④龙门架安装和拆除时，应制订专项施工安全技术方案。

⑤塔式起重机和龙门架的安装与拆卸应由具有相应资质的单位承担。

8. 高处作业

（1）高处作业应符合现行《建筑施工高处作业安全技术规范》（JGJ 80）的有关规定。

（2）高处作业不得同时上下交叉进行。

（3）高处作业人员不得沿立杆或栏杆攀爬。高处作业人员应定期进行体检。

（4）高处作业下方警戒区设置应符合现行《高处作业分级》（GB/T 3608）的有关规定。

（5）高处作业场所临边应设置安全防护栏杆，并应符合下列规定：

①防护栏杆应能承受 1000N 的可变荷载。

②防护栏杆下方有人员及车辆通行或作业时，应挂密目安全网封闭，防护栏杆下部应设置高度不小于 0.18m 的挡脚板。

③防护栏杆应由上、下两道横杆组成，上杆离地高度应为 1.2m，下杆离地高度应为 0.6m。

④横杆长度大于 2m 时，应加设栏杆柱。

（6）高处作业场所的孔、洞应设置防护设施及警示标志。

（7）安全网质量应符合现行《安全网》（GB 5725）的规定，安装或使用安全网应符合下列规定：

①安全网安装应系挂安全网的受力主绳，不得系挂网格绳。安装完毕应进行检查、验收。

②作业面与坠落高度基准面高差超过 2m 且无临边防护装置时，临边应挂设水平安全网。作业面与水平安全网之间高差不得超过 3m，水平安全网与坠落高度基准面的距离不得小于 0.2m。

（8）安全带使用除应符合现行《坠落防护　安全带》（GB 6095）的规定外，尚应符合下列规定：

①安全带应定期检验，出现明显缺陷或受到冲击后发生明显变形的，应及时报废。

②安全带应高挂低用，并应扣牢在牢固的物体上。

③缺少或不易设置安全带吊点的工作场所宜设置安全带母索。

④安全绳有效长度不应大于 2m，有两根安全绳的安全带，单根绳有效长度不应大于 1.2m。

（9）严禁安全绳用作悬吊绳。严禁安全绳与悬吊绳共用连接器。新更换安全绳的规格及力学性能必须符合规定，并加设绳套。

（10）高处作业上下通道应根据现场情况选用钢斜梯、钢直梯、人行塔梯,各类梯子安装应牢固可靠。

（11）斜梯使用应符合下列规定:

①长度不宜大于5m,扶手高度宜大于0.9m,踏步高度不宜大于0.2m,梯宽宜为0.6~1.1m。

②长度大于5m的应设梯间平台,并分段设梯。

（12）钢直梯应符合下列规定:

①攀登高度不宜大于8m,踏棍间距宜为0.3m,梯宽宜为0.6~1.1m。

②高度大于2m应设护笼,护笼间距宜为0.5m,直径宜为0.75m,并设纵向连接。

③高度大于8m应设梯间平台,并分段设梯。

④高度大于15m应每5m设一梯间平台,平台应设防护栏杆。

（13）高架桥等大型构件作业场所上下通道宜采用人行塔梯。

（14）人行塔梯宜采用作业厂家定型产品。

（15）自行搭设人行塔梯应根据施工需要和工况条件设计,踏步高度不宜大于0.2m,踏步梯应设防滑设施和安全护栏。

（16）人行塔梯安装应符合下列规定:

①顶部和各节平台应满铺防滑面板并牢固固定,四周应设置安全护栏。

②人行塔梯基础应稳固,四脚应垫平,并应与基础固定。

③塔梯连接螺栓应紧固,并应采取防退扣措施。

④人行塔梯高度超过5m应设连墙件。

（17）脚手架的强度、刚度和稳定性应能承受施工期间可能产生的各项荷载。搭设高度24m及以上的落地式钢管脚手架的钢管、扣件应进行抽样检测,脚手架设计计算应以钢管抽样检测的壁厚及力学性能为依据。

（18）不得使用竹、木质脚手架。

（19）脚手架地基与基础应根据所受荷载、搭设高度、搭设场地等情况进行设计验算。

（20）脚手架应设排水措施,遇洪水或大雨浸泡后,应重新检验脚手架基础。冻胀土基础应设防冻胀措施。

（21）脚手架搭设应符合相关规定。

（22）脚手架作业层、斜道的栏杆和挡脚板的搭设应符合有关规定。

（23）脚手架的脚手板应满铺、固定,离结构物立面的距离不得大于0.15m。

（24）脚手架拆除必须严格执行专项施工方案,拆除作业必须由上而下逐层进行,严禁上下同时作业。连墙件必须随脚手架逐层拆除,严禁提前拆除。

（25）架子工应按照有关规定经专业机构培训,并应取得相应的从业资格。作业时应戴安全帽、穿防滑鞋、系安全带。

9. 水上作业

（1）应及时了解当地气象、水文、地质等情况,掌握施工区域附近的桥梁、隧道、大坝、架空高压线、取水泵房、危险品库、水产养殖区以及避风锚地、水上应急救援资源等情况。

（2）开工前,应根据施工需要设置安全作业区,并办理水上水下施工作业许可证,发布航行通告。

（3）水上作业人员应正确穿戴救生衣等个人安全防护用品。

（4）工程船舶必须持有效的船检证书，船员必须持有与其岗位相适应的适任证书，船员配置必须满足最低安全配员要求。

（5）工程船舶应按规定配备有效的消防、救生、堵漏和油污应急设施，制订安全技术措施和应急预案，并应按规定定期演练。施工船舶应安装船舶定位设备，保证有效的船岸联系。

（6）工程船舶甲板、通道和作业场所应根据需要设有防滑装置。梯口、应急场所应设有醒目的安全警示标志。

（7）工程船舶必须在核定航区和作业水域作业。

（8）工程船舶作业、航行或停泊时，应按规定显示号灯或号型。

（9）水上工况条件超过施工船舶作业性能时，必须停止作业。

（10）在狭窄水道和来往船舶频繁的水域施工时，应设专人值守通信频道。

（11）遇大风天气，船舶应按规定及时进避风锚地或港池。

（12）交通船舶必须配有救生设备，载人严禁超过乘员定额。

（13）运输船舶装货时必须均匀加载，严禁超载、超宽、偏载。卸货时必须分层均匀卸载。

（14）起重船作业应符合下列规定：

①作业前，人员应熟悉吊装方案，明确联系方式和指挥信号。

②根据吊装要求，起重船应指导驳船选择锚位和系缆位置。

③吊装前，吊钩升降、吊臂仰俯、制动性能应良好。安全装置应正常有效。

④吊装结束后，起重船应退离安装位置，并对起重钩进行封钩。

（15）打桩船电梯笼必须设防坠落安全装置，笼内必须设置升降控制开关。桩锤检修或加油时，严禁启动吊锤卷扬机。

（16）水中围堰(套箱)和水中作业平台应设置靠泊系统和人员上下通道，临边应设置高度不低于1.2m的防护栏杆，挂设安全网和救生圈。四周应设置警示标志和夜间航行警示灯光信号，通航密集水域应配备警戒船和应急拖轮。

10.冬季施工

（1）冬季施工现场的道路、工作平台、斜坡道、脚手板、船舶甲板等均应采取防滑措施，及时清除冰雪。冬季施工现场应配备消防设施。

（2）办公、生活区严禁使用电炉、碘钨灯等取暖，煤炭炉取暖必须采取防火、防一氧化碳中毒的措施。

（3）雪天或滑道、电缆结冰的现场外用电梯应停用，梯笼应置于底层。

（4）冬季进行高处作业应采取可靠的防滑、防寒和防冻措施，并应及时清除水、冰、霜、雪。

（5）严禁明火烘烤或开水加热冻结的储气罐、氧气瓶、乙炔瓶、阀门、胶管。

11.台风季节施工

（1）在建工程、施工机械设备、临时设施、生活和办公用房应做防风加固，排水沟渠应通畅。

（2）应落实船舶避风锚地、拖轮和人员的转移地点。

12. 汛期施工

(1)易发生洪水、泥石流、滑坡等灾害的施工现场应加强观测、预警,发生危险预兆应及时撤离作业人员和施工机械设备。

(2)库区及下游受排洪影响地区施工作业应及时掌握水位变化情况。

(二)特殊作业工种的安全生产管理

1. 架子工

(1)建筑登高作业(架子工),必须经专业安全技术培训,考试合格,持特种作业操作证上岗作业。

(2)架子工必须经过体检,凡患有高血压、心脏病、癫痫病、晕高或视力不够以及不适合登高作业的,不得从事登高架设作业。

(3)遇风力六级以上(含六级)强风和高温、大雨、大雪、大雾等恶劣天气,应停止高处露天作业。

(4)在建筑工程(含脚手架具)的外侧边缘与外电架空线路的边缘之间的最小安全操作距离应符合表9-1的要求。

最小安全操作距离　　　　　　　　　　表9-1

外电线路电压(kV)	<1	1~10	35~110	220	330~500
最小安全操作距离(m)	4	6	8	10	15

注:上、下脚手架斜道严禁搭设在有外电线路的一侧。

(5)各种非标准的脚手架,跨度过大、负载超重等特殊架子或其他新型脚手架,按专项安全施工组织设计批准的意见进行作业。

(6)脚手架搭设、拆除、维修和升降必须由架子工负责,非架子工不准从事脚手架操作。

2. 电工

1)一般规定

(1)电工作业必须经专业安全技术培训,考试合格,持"特种作业操作证"方准上岗独立操作。非电工严禁进行电气作业。

(2)电工接受施工现场电气安装任务后,必须认真领会落实临时用电安全施工组织设计(施工方案)和安全技术措施交底的内容,施工用电线路架设必须按施工图规定进行,凡临时用电使用超过6个月(含6个月)以上的,应按正式线路架设。改变安全施工组织设计规定,必须经原审批单位领导同意签字,未经同意不得改变。

(3)电工作业时,必须穿绝缘鞋、戴绝缘手套,酒后不准操作。

(4)所有绝缘、检测工具应妥善保管,严禁他用,并应定期检查、校验。保证正确可靠接地或接零。所有接地或接零处、必须保证可靠电气连接。保护线PE必须采用绿/黄双色线,严格与相线、工作零线相区别,不得混用。

(5)电气设备的设置、安装、防护、使用、维修必须符合有关安全技术规范的要求。

(6)在施工现场专用的中性点直接接地的电力系统中,必须采用TN-S接零保护。

(7)电气设备不带电的金属外壳、框架、部件、管道、金属操作台和移动式碘钨灯的金属柱等,均应做保护接零。

(8)定期和不定期对临时用电工程的接地、设备绝缘和漏电保护开关进行检测、维修,发现隐患及时消除,并建立检测维修记录。

2)设备安装

(1)安装高压油开关、自动空气开关等有返回弹簧的开关设备时,应将开关置于断开位置。

(2)露天使用的电气设备,应有良好的防雨性能或有可靠的防雨设施。配电箱必须牢固、完整、严密。使用中的配电箱内禁止放置杂物。

3)施工现场变配电及维修

(1)现场变配电高压设备,不论带电与否,单人值班严禁跨越遮栏和从事修理工作。

(2)高压带电区域内部分停电工作时,人体与带电部分必须保持安全距离,并应有人监护。

(3)验电时必须戴绝缘手套,按电压等级使用验电器。在设备两侧各相或线路各相分别验电。验明设备或线路确实无电后,即将检修设备或线路做短路接地。

(4)电气设备的金属外壳必须接地或接零。同一设备可做接地和接零。同一供电系统不允许一部分设备采用接零,另一部分采用接地保护。

(5)电气设备所用的熔断器的额定电流应与其负荷量相适应。严禁用其他金属线代替熔断器。

3. 电焊工

1)一般规定

(1)金属焊接作业人员,必须经专业安全技术培训,考试合格,持"特种作业操作证"方准上岗独立操作。非电焊工严禁进行电焊作业。

(2)操作时应穿电焊工作服、绝缘鞋和戴电焊手套、防护面罩等安全防护用品,高处作业时系安全带。

(3)电焊作业现场周围10m范围内不得堆放易燃易爆物品。雨、雪、风力六级以上(含六级)天气不得露天作业。

(4)操作前应首先检查焊机和工具,如焊钳和焊接电缆的绝缘、焊机外壳保护接地和焊机的各接线点等,确认安全合格方可作业。

(5)严禁在易燃易爆气体或液体扩散区域内、运行中的压力管道和装有易燃易爆物品的容器内以及受力构件上焊接和切割。

(6)施焊地点潮湿或焊工身体出汗后而使衣服潮湿时,严禁靠在带电钢板或工件上,焊工应在干燥的绝缘板或胶垫上作业,配合人员应穿绝缘鞋或站在绝缘板上。

(7)焊接时临时接地线头严禁浮搭,必须固定、压紧,用胶布包严。

(8)操作时遇下列情况必须切断电源:

①改变电焊机接头时。

②更换焊件需要改接二次回路时。

③转移工作地点搬动焊机时。

④焊机发生故障需进行检修时。

⑤更换保险装置时。

⑥工作完毕或临时离开操作现场时。

2）电焊设备

（1）电焊机必须安放在通风良好、干燥、无腐蚀介质、远离高温高湿和多粉尘的地方。露天使用的焊机应搭设防雨棚,焊机应用绝缘物垫起,垫起高度不得小于20mm。按规定配备消防器材。

（2）电焊机使用前,必须检查绝缘及接线情况,接线部分必须使用绝缘胶布缠严,不得腐蚀、受潮及松动。

（3）电焊机必须设单独的电源开关、自动断电装置。一次侧电源线长度应不大于5m,二次侧焊接线长度应不大于30m。两侧接线应压接牢固,必须安装可靠防护罩。

（4）电焊机的外壳必须设可靠的接零或接地保护。

（5）电焊机焊接电缆线必须使用多股细铜线电缆,其截面应根据电焊机使用规定选用。电缆外皮应完好、柔软,其绝缘电阻不小于1Ω。

4. 气焊工

（1）点燃焊（割）炬时,应先开乙炔阀点火,然后开氧气阀调整火焰。关闭时应先关闭乙炔阀,再关氧气阀。

（2）点火时,焊炬口不得对着人,不得将正在燃烧的焊炬放在工件或地面上。焊炬带有乙炔气和氧气时,不得放在金属容器内。

（3）作业中发现气路或气阀漏气时,必须立即停止作业。

（4）高处作业时,氧气瓶、乙炔瓶、液化气瓶不得放在作业区域正下方,应与作业点正下方保持10m以上的距离。必须清除作业区域下方的易燃物。

（5）使用氧气瓶应遵守下列规定:

①氧气瓶应与其他易燃气瓶、油脂和易燃、易爆物品分别存放。

②气瓶库房应与高温、明火地点保持10m以上的距离。

③严禁用自行车、叉车或起重设备吊运高压钢瓶。

④氧气瓶应设有防震圈和安全帽,搬运和使用时严禁撞击。

⑤氧气瓶与焊炬、割炬、炉子和其他明火的距离应不小于10m,与乙炔瓶的距离不得小于5m。

⑥严禁使用无减压器的氧气瓶作业。

（6）使用乙炔瓶应遵守下列规定:

①现场乙炔瓶储存量不得超过5瓶,5瓶以上时应放在储存间。储存间与明火的距离不得小于15m,并应通风良好,设有降温设施、消防设施和通道,避免阳光直射。

②储存乙炔瓶时,乙炔瓶应直立,并必须采取防止倾斜的措施。严禁与氯气瓶、氧气瓶及其他易燃、易爆物同间储存。

③储存间必须设专人管理,应在醒目的地方设安全标志。

④应使用专用小车运送乙炔瓶。装卸乙炔瓶的动作应轻,不得抛、滑、滚、碰。严禁剧烈震动和撞击。

⑤乙炔瓶在使用时必须直立放置。

⑥乙炔瓶与热源的距离不得小于10m。乙炔瓶表面温度不得超过40℃。

⑦乙炔瓶使用时必须装设专用减压器，减压器与瓶阀的连接应可靠，不得漏气。

⑧乙炔瓶内气体不得用尽，必须保留不小于98kPa的压强。

⑨严禁铜、银、汞等及其制品与乙炔接触。

5. 起重工(起重机司机、指挥信号、挂钩工)

(1)起重工必须经专门安全技术培训，考试合格持证上岗。严禁酒后作业。

(2)起重工应健康，两眼视力均不得低于5.0，无色盲、听力障碍、高血压、心脏病、癫痫眩晕、突发性昏厥及其他影响起重吊装作业的疾病与生理缺陷。

(3)作业前必须检查作业环境、吊索具、防护用品，吊装区域无闲散人员，障碍已排除，索具无缺陷，捆绑正确牢固，被吊物与其他物件无连接，确认安全后方可作业。

(4)轮式或履带式起重机作业时必须确定吊装区域，并设警戒标志，必要时派人监护。

(5)大雨、大雪、大雾及风力六级以上(含六级)等恶劣天气，必须停止露天起重吊装作业。严禁在带电的高压线下或一侧作业。

(6)在高压线垂直或水平方向作业时，必须保持表9-2所列的最小安全距离。

最小安全距离   表9-2

输电导线电压(kV)	<1	1~15	20~40	60~110	220
允许沿输电导线垂直方向最近距离(m)	1.5	3	4	5	6
允许沿输电导线水平方向最近距离(m)	1	5	2	4	6

《公路水运工程临时用电技术规程》(JT/T 1499—2024)第10.3.13条给出的起重机与架空线路边线的最小安全距离见表9-3。

起重机与架空线路边线的最小安全距离   表9-3

安全距离 (m)	电压(kV)						
	<1	10	35	110	220	330	500
沿垂直方向	1.5	3.0	4.0	5.0	6.0	7.0	8.5
沿水平方向	1.5	2.0	3.5	4.0	6.0	7.0	8.5

(7)严格执行"十不吊"的原则。即被吊物重量超过机械性能允许范围；信号不清；吊物下方有人；吊物上站人；埋在地下物；斜拉斜牵物；散物捆绑不牢；立式构件、大模板等不用卡环；零碎物无容器；吊装物重量不明等不准起吊。

(8)作业时必须执行安全技术交底，听从统一指挥。

(9)使用起重机作业时，必须正确选择吊点的位置，合理穿挂索具，试吊。除指挥及挂钩人员外，严禁其他人员进入吊装作业区。

(10)使用两台吊车抬吊大型构件时，吊车性能应一致，单机载荷应合理分配，且不得超过额定载荷的80%。作业时必须统一指挥，动作一致。

(三)路基工程施工安全生产管理

1. 土方工程

(1)取土场(坑)的边坡、深度等应满足设计要求，且不得危及周边建(构)筑物等既有设施的安全。

（2）取土场（坑）底部应平顺并设有排水设施，弃土场（坑）边周围应设置警示标志和安全防护设施，宜设置夜间警示和反光标识。

（3）地面横向坡度陡于1∶10的区域，取土坑应设在路堤上侧。

（4）路堑开挖应采取保证边坡稳定的措施，边坡有防护要求的必须开挖一级防护一级，且应自上而下开挖，不得掏底开挖、乱挖超挖。开挖应按施工方案执行，并应符合下列规定：

①按规定监测土体稳定性。

②应采取临时排水措施。

③应及时排除地表水、清除不稳定孤石。

（5）深挖路堑施工应及时施作临时排水设施。边坡应严格按设计坡度开挖，并应监测边坡的稳定性。

（6）填方作业区边缘应设置明显的警示标志，并应做好临时排水。

（7）高路堤施工应符合下列规定：

①路堤预留宽度应符合设计要求。

②应及时施作边坡临时排水设施。

③作业区边缘应设置明显的警示标志。

④应进行位移监测。

（8）靠近结构物处挖土应采取安全防护措施。路基范围内暂时不能迁移的结构物应预留土台，并设警示标志。

2. 石方工程

（1）爆破作业前应设置警戒区。

（2）石方开挖严禁采用硐室爆破。

（3）近边坡部分宜采用光面爆破或预裂爆破。

（4）深挖路堑施工过程中，应及时施作临时排水设施。边坡应严格按设计坡度开挖，并应监测边坡的稳定性。

3. 软基处理

（1）施工场地及机械行走范围的承载力应满足相应的要求，并保持平整。

（2）排水板打设设备与架空线路之间的安全距离应符合《公路水运工程临时用电技术规程》（JT/T 1499—2024）的有关规定。

（3）振沉砂桩或碎石桩作业灌料斗下方不得站人。

（4）强夯施工应符合下列规定：

①强夯作业区应封闭管理并设置安全警示标志，由专人负责统一指挥。

②强夯机架刚度、强度、稳定性应满足施工要求，变换夯位后，应检查门架支腿。作业前，应提升夯锤0.1~0.3m检查整机的稳定性。

（四）路面工程施工安全生产管理

1. 基层与底基层施工

（1）拌和作业开机前应警示，拌和机前不得站人，拌和过程中人员不得跨越皮带或调整皮带运输机。

（2）混合料运输应按指定线路行走，不得超载、超速。卸料升斗时，人员不得在车斗的正下方停留。

（3）整平和摊铺作业应临时封闭交通、设明显警示标志。

2. 沥青路面施工

（1）封层、透层、黏层施工应符合下列规定：

①洒布车行驶中不得使用加热系统。洒布地段不得使用明火。

②小型机具洒布沥青时，喷头不得朝上，喷头 10m 范围内不得站人，不得逆风作业。

③大风天气，不得喷洒沥青。

（2）沥青储存地点应配备灭火器、消防砂等消防设施，并应设置警示标志。

（3）沥青混合料拌和作业应符合下列规定：

①拌和作业开机前应警示，拌和机前不得站人，拌和过程中不得跨越皮带或调整皮带运输机。

②拌和过程中人员在石料溢流管、升起的料斗下方站立或通过。

③沥青罐内检查不得使用明火照明。

④沥青拌和站应配备灭火器、消防砂等消防设施。

（4）沥青路面摊铺、碾压安全要求与基层相同。

3. 水泥混凝土路面施工

（1）水泥混凝土运输车运送混凝土拌合物时，其安全要点如下：

①严禁用手触摸旋转中的搅拌筒和随动轮。

②自卸汽车运送混凝土混合物，不得超载和超速行驶。车停稳后方准顶升车箱卸料。车箱尚未放下时，操作人员不得上车清除残料。

（2）机械摊铺作业中的安全要点如下：

①布料机与振平机之间应保持 5~8m 的安全距离。

②作业中严禁驾驶员擅离岗位。无关人员不得在驾驶台上停留或上下摊铺机。在弯道上作业时，要注意防止摊铺机脱轨。

（五）桥涵工程施工安全生产管理

1. 一般规定

（1）跨既有公路施工，通行区应搭设安全通道。安全通道应满足通行要求，施工作业面底部应悬挂安全网。安全通道应设防撞设施及限高、限宽、减速标志和设施，梁式桥的模板及其他设施宜在防撞护栏等上部结构施工完成后拆除。

（2）泥浆池、沉淀池周围应设置防护栏杆和警示标志。

2. 预应力混凝土工程

（1）预应力张拉机具设备应按规定校验、标定。

（2）张拉作业应符合下列规定：

①张拉作业现场应设警戒区。

②张拉及放张程序应符合设计要求。张拉过程中出现异常现象应立即停止张拉作业,检查、排除异常。

(3)先张法施工应符合下列规定:

①张拉端后方应设立防护挡墙。

②正式施工前应进行试张拉。

③张拉及放张过程中预制台座区域及张拉台座两端不得站人。

④已张拉的预应力钢筋不得电焊、站人。

(4)后张法施工应符合下列规定:

①高处张拉作业宜搭设张拉作业平台、张拉千斤顶吊架,平台应加设防护栏杆和上下护梯。

②梁端应设围护和挡板。

③张拉作业时千斤顶后方不得站人。

3.钻(挖)孔灌注桩

(1)钻(挖)孔灌注桩施工作业应符合下列规定:

①施工作业区域应设置警戒区。

②山坡上钻(挖)孔灌注桩施工应清除坡面上的危石和浮土;存在裂缝的坡面或可能坍塌区域应采取必要的防护措施。

③停止施工的钻、挖孔桩,孔口应加盖防护,四周应设置护栏及明显的警示标志,夜间应悬挂警示红灯。

④钢筋笼下放应采取专用吊具。钢筋笼孔口连接时,孔内钢筋笼应固定牢靠。作业人员不得在钢筋笼内作业,安全带不得挂在钢筋笼上。

⑤浇筑混凝土时,孔口应设防坠落设施。

⑥钻机电缆线接头应绑扎牢固,不得透水、漏电;电缆线不得浸泡于水、泥浆中,不得挤压电缆线及风水管路。

(2)岩溶、采空区和其他特殊地区钻孔灌注桩施工作业应符合下列规定:

①施工前,应核对桩位处的地质勘察资料;地质情况有疑问时,应补充完善地质资料。

②发生漏浆及坍孔等现象,应立即停止作业,采取保证平台、钻机和作业人员安全的措施。

(3)大直径、超长桩钢护筒作为平台支撑时,最小埋置深度应满足工作平台受力和稳定性要求。

(4)除抗滑方桩、钻孔机械设备难以到达的陡峭山坡地带外,禁止使用人工挖孔桩。

4.沉入桩

(1)钢筋混凝土桩、预应力混凝土桩和钢管桩的吊运、存放和运输应符合现行《公路桥涵施工技术规范》(JTG/T 3650)的有关规定。

(2)沉入桩施工应符合下列规定:

①沉桩施工区域应设置明显的安全警示标志,非作业人员不得进入施工区域。

②起吊桩或桩锤作业人员不得在桩、桩锤下方或桩架龙门口停留或作业。

③吊点应符合设计要求,桩身应设溜绳,桩身不得碰撞桩锤或桩机。

（3）锤击沉桩作业应符合下列规定：

①打桩机移动轨道应铺设平顺、轨距一致，轨道与轨枕应钉牢，钢轨端部应设止轮器，打桩机应设夹轨器。

②应设专人指挥打桩机移动，机体应平稳，桩锤应置于机架最低位置，打桩机应按要求配重。

③滚杠滑移打桩机，工作人员不得在打桩机架内操作。

④应经常检查维护打桩架及起重工具。检查维护的桩锤应放落在地面或平台上。工作状态不得维护打桩机。

⑤锤击沉桩应按要求观测邻近建（构）筑物和周边土体的沉降和位移，发现异常应停止沉桩并采取措施处理。

⑥沉桩时，桩锤、送桩与桩应保持在同一轴线上。

（4）振动沉桩作业应符合下列规定：

①沉桩时，作业人员应远离基桩。沉桩过程遇有异常情况应立即停振，并妥善处理。

②桩机停止作业时应立即切断动力源。

（5）水上沉桩除应符合以上规定外，尚应符合下列规定：

①固定平台、自升式平台应搭设牢固。打桩机底座应与打桩平台连接牢靠。

②打桩船沉桩应符合"水上作业"的有关规定。

（6）拔桩的起重设备应配备超载限制器，不得强制拔桩。

5. 沉井

（1）沉井制作场地应符合现行《公路桥涵施工技术规范》（JTG/T 3650）的有关规定。

（2）筑岛制作沉井应符合下列规定：

①筑岛围堰应牢固、抗冲刷。

②筑岛围堰顶高程应高于施工期间可能出现的最高水位0.7m以上，同时应考虑波浪的影响。

（3）施工机械设备应在坚实的基础上作业，其承载力应满足设备施工要求。

（4）沉井顶部作业应搭设作业平台，平台结构应依跨度、荷载经计算确定，作业平台的脚手板应满铺并绑扎牢固，临边防护、通道等设施应符合"高处作业"的有关规定。

（5）制作沉井应同步完成直爬梯或梯道预埋件的安设，各井室内应悬挂带扶手的钢梯和安全绳。

（6）沉井照明应充足，作业施工用电应符合现行《施工现场临时用电安全技术规范》（JGJ 46）的规定。

（7）沉井内的潜水作业应符合"潜水作业"的有关规定。

（8）施工过程中，应安排专人负责观察现场情况，发现涌水、涌沙时，井内作业人员应及时撤离。

（9）下沉前，应对周边的建（构）筑物和施工设备采取有效的防护措施。下沉过程中，应对邻近建（构）筑物、地下管线进行监测，发现异常应停止作业，并采取相应措施。

（10）沉井取土下沉应符合下列规定：

①不宜采用爆破法进行沉井内取土，必须爆破时应经专项设计。

②开挖沉井刃脚或井内横隔墙附近时,无关人员不得进入现场。

③井内起重作业应符合"起重吊装"的有关规定。

(11)沉井顶端距地面小于1m时,应在井口四周架设防护栏杆和相关安全警示标志。

(12)沉井接高时应停止沉井内取土作业。倾斜的沉井不得接高。

(13)浮式沉井应制订专项施工方案,浮运、就位、下沉等施工阶段应设专人观测沉井的稳定性。

(14)浇筑沉井封底混凝土应搭设工作平台。

6.围堰

(1)围堰内作业应及时掌握水情变化信息,遇有洪水、流冰、台风、风暴潮等极端情况,应立即撤出作业人员。

(2)土石围堰施工应符合现行《公路桥涵施工技术规范》(JTG/T 3650)的有关规定。

(3)钢板(管)桩围堰施工除应符合"沉入桩"的有关规定外,尚应符合下列规定:

①水中围堰抽水应及时加设围檩和支撑系统。

②围堰的水上作业应符合有关规定。

(4)双壁钢围堰施工应符合下列规定:

①应按设计要求制造钢围堰,焊缝应检验,并应进行水密试验。

②双壁钢围堰浮运、吊装应制订专项施工方案。

③双壁钢围堰施工的水上作业应符合有关规定。

④钢围堰接高和下沉作业过程中,应采取保持围堰稳定的措施。悬浮状态不得接高作业。

⑤施工过程中应注意监测水位变化,围堰内外的水头差应在设计范围内。

(5)钢吊(套)箱围堰施工应符合下列规定:

①应验算悬吊装置、吊杆的安全性以及有底钢吊(套)箱的抗浮性。

②吊(套)箱就位后应及时与四周的钢护筒连成整体。

③吊(套)箱内排水应在封底混凝土强度符合设计规定后进行,排水不应过快,并应加强监测吊箱变化情况,及时设置内支撑。

(6)围堰拆除应符合专项施工方案的要求,内外水位应保持一致,拆除时应设置稳固装置。

7.明挖基础

(1)挖基施工宜在枯水或少雨季节进行,并应连续施工,有支护的基坑应采取防碰撞措施,基坑附近有管网或其他结构物时,应有可靠的防护措施。中等以上降雨期间基坑内不得施工。

(2)基坑内作业前,应全面检查边坡滑塌、裂缝、变形以及基坑涌水、涌沙等情况,并应翔实记录。坑沿顶面出现裂缝、坑壁松塌或遇有涌水、涌沙影响基坑边坡稳定时,应立即加固防护,在确认安全后方可恢复施工。

(3)大型深基坑除应遵循边开挖、边支护的原则施工外,尚应建立边坡稳定信息化动态监控系统。

(4)开挖和降水施工应符合下列规定:

①开挖应视地质和水文情况、基坑深度按规定坡度分层进行，不得采用局部开挖深坑或从底层向四周掏土的方法施工。

②开挖影响邻近建（构）筑物或临时设施时，应采取安全防护措施。

③开挖过程中应监测边坡的稳定性、支护结构的位移和应力、围堰及邻近建（构）筑物的沉降与位移、地下水位变化、基底隆起等项目。

④基坑顶面应设置截水沟。

⑤基坑周边1m范围内不得堆载、停放设备。

⑥深基坑四周距基坑边缘不小于1m处应设立钢管护栏、挂密目式安全网，靠近道路侧应设置安全警示标志和夜间警示灯带。

（5）坑壁支护施工应符合下列规定：

①应根据水文、地质、开挖方式及施工环境条件等因素，通过设计计算确定支护结构，支护结构和支撑的强度、刚度及稳定性应满足基坑开挖施工要求。

②顶面有动载的基坑，其边沿与动载之间应留有不小于1m宽的护道，动荷载较大时宜适当加宽护道；水文和地质条件较差时，应采取加固措施。

③直接喷射混凝土加固坑壁，喷射前应清除坑壁上的松软层及岩渣。锚杆、预应力锚索和土钉支护施工参数应通过抗拔力试验确定。

④加固坑壁应按照设计要求逐层开挖、逐层加固，坑壁或边坡上有明显出水点处应设置导管排水。

8. 承台与墩台

（1）承台及墩身施工模板和混凝土作业应符合"模板工程"及"混凝土工程"的有关规定。

（2）现浇墩、台身、盖梁施工除应符合现行《公路桥涵施工技术规范》（JTG/T 3650）的有关规定外，尚应符合下列规定：

①脚手架及作业平台应搭设牢固，不得与模板和支撑体系联结，高处作业应符合有关规定。

②墩身高度超过40m应设施工电梯，电梯司机应按照有关规定经过专门培训，并取得相应资格证书。

③墩身钢筋绑扎高度超过6m应采取临时固定措施。

（3）预制墩身吊装应符合"起重吊装"的有关规定。

（4）高墩爬（滑）模施工应符合下列规定：

①爬（滑）模系统应专门设计，刚度、强度应满足施工要求。安全防护设施应符合高处作业的有关规定。

②液压系统顶升应保持同步、平稳。

③拆模应在混凝土强度达2.5MPa以上后实施。爬升时承载体受力处的强度应大于15MPa。

④应经常检查、及时更换预埋爬锥配套螺栓。

⑤爬（滑）模不宜夜间升降。

9. 钢筋混凝土和预应力梁式桥

（1）支架现浇施工应符合下列规定：

①支架、模板和混凝土浇筑应符合"支架工程""模板工程""混凝土工程"的有关规定。

②支架在承重期间,不得随意拆除任何受力杆件。承重模板支架应在张拉完成后拆除。

③梁体底模、支架严格按设计要求顺序卸载。

(2)移动模架施工应符合下列规定:

①模架应按产品的操作手册拼装,并由移动模架设计制造厂家派专人现场指导安装与调试。

②首孔梁浇筑位置就位后应按设计要求进行预压。

③混凝土的浇筑过程中,应随时检查模架的关键受力部位和支撑系统,有异常时应采取有效措施及时处理;移动过孔时,应监控模架的运行状态。

④每完成一孔梁的施工,均应对模架的关键部位及支撑系统进行检查,发现问题应及时处理。

⑤模架横向移动和纵向过孔时,应解除作用于模架上的全部约束。纵向移动时两侧的承重钢梁应保持同步。模架在移动过孔时的抗倾覆系数不得小于1.5。

(3)装配式施工应符合下列规定:

①装配式桥构件移动、存放和吊装时混凝土强度不应低于设计吊装强度;设计未规定时,不得低于设计强度的80%。

②存梁台座应坚固稳定,且应高出地面0.2m以上,存放地点应设置排水系统。梁、板构件存放支点位置应符合设计规定。大型构件不宜超过2层,小型构件不宜超过6层。

③架桥机的抗倾覆稳定系数不得小于1.3;架桥机过孔时,起重小车应位于对稳定最有利的位置,且抗倾覆稳定系数不得小于1.5。架桥机的安装、使用、检修、检验等应符合现行《架桥机安全规程》(GB 26469)的有关要求。

④梁、板构件移动吊点位置应符合设计规定,经冷拉的钢筋不得用作构件吊环。

⑤架桥机纵向移动应一次到位,不得中途停顿。起吊天车提升与携梁行走不得同时进行,天车携梁应平稳前移。停止作业的架桥机应临时锚固。

⑥运梁、架设应在相邻梁片之间的横向主筋焊接完成后实施。

⑦架梁和湿接缝施工期间应设置母索系统。

⑧梁、板安装及架桥机移动过孔期间,作业区域下方应设警戒区。

⑨就位后的梁、板应及时固定,T形梁、I形梁应与先安装的构件形成横向连接。

(4)悬臂浇筑除应符合现行《公路桥涵施工技术规范》(JTG/T 3650)的有关规定外,尚应符合下列规定:

①挂篮制作加工完成后应进行试拼装。现场组拼后,应检查验收,并应按最大施工组合荷载的1.2倍做荷载试验。

②挂篮行走滑道铺设应平顺,锚固应稳定。行走前应检查行走系统、吊挂系统、模板系统等。

③挂篮应在混凝土强度符合要求后移动,墩两侧挂篮应对称平稳移动;就位后应立即锁定;挂篮每次移动后,应经检查验收。

④雨雪天或风力超过挂篮设计移动风力时,不得移动挂篮。

(5)悬臂拼装应符合下列规定:

①梁段装车、装船运输应平稳安放，梁段与车、船之间应安装防倾覆固定装置。

②梁段起吊时混凝土强度应符合设计要求。

③拼装施工前应按施工荷载对起吊设备进行强度、刚度和稳定性验算，其安全系数不得小于2。梁段起吊安装前，应对起吊设备进行全面安全技术检查，并应分别进行1.25倍设计荷载的静荷和1.1倍设计荷载的动荷起吊试验。梁段正式起吊拼装前，起吊条件应符合要求。

④天气突然变化、卷扬机电机过热或其他机械设备出现故障时，应暂停吊运作业，并采取相应的应急避险措施。

（6）顶推施工应符合现行《公路桥涵施工技术规范》（JTG/T 3650）的有关规定，墩台上宜设置导向装置，顶推过程中，宜监测梁体的轴线位置、墩台的变形、主梁及导梁控制界面的挠度和应力变化等；发现异常，应停止顶推并处理。

（7）整孔预制安装箱梁施工应符合现行《公路桥涵施工技术规范》（JTG/T 3650）的有关规定，架设安装时，箱梁在起落过程中应保持水平；顶落梁时梁体的两端应同步缓慢起落，并不得冲击临时支座。

10. 拱桥

（1）各类拱桥涉及高空作业，安全防护设施均应符合高处作业的有关规定。

（2）拱架浇（砌）筑拱圈应符合下列规定：

①拱架及模板应进行专项设计，强度、刚度和稳定性应满足最不利工况要求。落地式拱架弹性挠度不得大于相应结构跨度的1/2000，且不得超过50mm；拱式拱架弹性挠度不得大于相应结构跨度的1/1000，且不得超过100mm。拱架抗倾覆稳定系数不得小于1.5，并应满足"支架工程"及"模板工程"的有关规定。

②拱架正式施工前应进行预压，预压应符合"支架工程"的有关规定。

③拱圈混凝土浇筑或圬工砌筑顺序应按设计要求实施，两端同步、对称浇（砌）筑。浇（砌）筑时应观察拱架变形情况，发现异常应及时处理。

④拱架拆除应设专人指挥，不得使用机械强行拉拽拱架。

⑤现浇混凝土拱圈的拱架应按设计要求拆除，设计无规定时应在拱圈混凝土强度达到设计强度的85%后拆除。浆砌圬工拱桥的拱架应在砂浆强度达到设计强度的85%后拆除。

⑥拱架应纵向对称均衡拆除、横向同时拆除。

⑦满布式落地拱架应从拱顶向拱脚依次循环拆除。

（3）混凝土拱肋、横撑、斜撑施工应符合上条的规定，应在拱肋、横撑、斜撑混凝土强度达到100%后，按设计要求的顺序拆除支架。

（4）悬臂浇筑混凝土拱圈除应符合挂篮施工的规定外，尚应符合下列规定：

①扣塔、扣索、锚碇组成的系统强度、刚度和稳定性应满足最不利工况要求。

②扣索应在拱圈混凝土达到设计规定的强度后分批、分级张拉，扣索、锚索的钢丝绳和卡具的安全系数应大于2。

③应按设计要求调索，并应设专人检查张拉段和扣锚段工作状况、记录索力和位移变化。

④扣索和锚索应在合拢段混凝土符合设计规定的强度或达到设计强度的85%后拆除；挂篮应在拱脚处拆除。

（5）钢管拱肋内混凝土应按设计顺序两端对称浇筑。

（6）转体施工应符合下列规定：

①桥梁转体的转动体系、锚固体系、动力体系等应进行专项设计。

②转体施工前，应掌握转体作业期间的天气情况，遇恶劣天气不得进行转体施工。

③正式转体前应进行试转，明确转动角速度、拱圈悬臂端线速度、牵引力等相关技术参数。

④转体完成后应及时约束固定，并应浇筑施工球铰处混凝土。

⑤合龙段施工时，悬臂端的临时压重及卸载应按照设计方案要求的重量、位置及顺序作业。

（7）吊杆（索）、系杆施工应搭设稳定、安全的施工平台，张拉应同步、对称。

（8）拱上结构施工应符合现行《公路桥涵施工技术规范》（JTG/T 3650）的有关规定。

11. 钢桥

（1）钢桥安装应编制专项施工方案，应附具临时支架、支承、起重机等临时结构和钢桥结构本身在不同受力状态下的强度、刚度及稳定性验算结果。

（2）水上运输钢桥构件应符合下列规定：

①水上运输前，应根据所经水域的水深、流速、风力等情况，制订运输方案，并按规定审批。

②需临时封闭航道时，应按规定报相关管理部门批准，并办理相关手续。

③装船前应进行稳定性验算。

④驳船装载的钢桥构件应安放平稳。拖轮牵引驳船行进速度应缓慢，不得急转弯。

（3）轨道平车运输钢桥构件应符合下列规定：

①轨道路基宽度、平整度、强度应满足施工要求。铺设轨道应平直、圆顺，轨距应在允许误差值之内，轨道半径不得小于25m，纵坡不宜大于2%，纵坡大于2%的区域应采取相应安全措施。轨道与其他道路交叉时，应按规定铺设交叉道口。

②轨道平车运输大型构件前，应检查平车的转向托盘或转盘、支撑制动器等。

③大型构件运输过程中应检查构件的稳定状况及轨道平车运行情况，发现异常应停止作业。

（4）钢桥安装应设置避雷设施并应符合现行《建筑物防雷设计规范》（GB 50057）的规定。

（5）起重吊装作业应符合有关规定。

（6）水上安装应符合水上作业的有关规定。

（7）构件组拼和钢桥安装属于高处作业时，应符合高处作业的有关规定。

（8）钢梁杆件组装，应在平整的作业台上进行，基础承载力应满足要求。

（9）支架上拼装钢梁应符合下列规定：

①冲钉和粗制螺栓总数不得少于孔眼总数的1/3，其中冲钉不得多于2/3。

②冲钉和粗制螺栓总数不得少于6个，少于6个时，应将全部孔眼插入冲钉或粗制螺栓。

③采取悬臂或半悬臂法拼装钢梁时，联结处冲钉数量应按所承受荷载计算确定，且不得少于孔眼总数的一半，其余孔眼宜布置精制螺栓，冲钉和精制螺栓应均匀布置。

④高强度螺栓栓合梁拼装时，其余孔眼宜布置高强度螺栓。吊装杆件时，应在杆件完全固定后松钩卸载。

（10）装拆脚手架、上紧螺栓、铆合等不得交叉作业。杆件拼装对孔应采用冲钉探孔。

（11）钢梁上的各种电动机械和电缆线、照明线路等，应保持绝缘良好。

（12）悬臂拼装法施工应符合下列规定：

①起重机应按设计就位、锚固，并应分别进行 1.25 倍设计荷载的静荷载和 1.1 倍设计荷载的动荷载起吊试验。梁段正式起吊拼装前，起吊条件应符合要求。

②构件起吊前，应检查构件，吊环应无损伤，结合面不得有突出外露物，构件上不得有浮置物件。

③构件应垂直起吊，并应保持平衡稳定，不得碰撞已安装构件和其他作业设施。

（13）钢桥顶推施工应符合"钢筋混凝土和预应力梁式桥"的有关规定。

（14）钢桥现场检验检测涉及高处作业时应符合高处作业的有关规定。

（15）钢桥的 X 射线探伤作业应符合现行《工业探伤放射防护标准》（GBZ 117）的规定。

12. 桥面及附属工程

（1）桥面系施工前，上下行桥之间空隙处应满布安全网。

（2）反开槽安装的伸缩装置槽口应临时铺设钢板、沙袋，并应在开槽处设置警示标志。

（3）装配式梁式桥防撞护栏施工前，边梁应与中梁连接牢固。

13. 梁板预制场

1）预制场地

预制场地的选择，场区的平面布置，场内的道路、运输和水电设施应符合相关规定。

2）主要机械

（1）搅拌站

①搅拌站安装和拆除应编制专项施工方案，应安装在具有足够承载力、坚固、稳定的基座上。操作处应设作业平台及防护栏杆。

②搅拌站的电气设备和线路，应绝缘良好。机械设备外露的转动部分，应设防护装置。

③拌和楼及散装水泥罐顶部应设置有效的避雷设施，并应定期检测防雷接地电阻。散装水泥罐应设置缆风索（绳）措施。

（2）发电机组

①发电机应设接地保护，接地电阻不得大于 4Ω。发电机连接配电盘，及通向所有配电设备的导线，必须绝缘良好，接线牢固。

②施工单位的发电机电源应与外电线路电源联锁，严禁并列运行。

（3）皮带运输机

①严禁运转中进行修理和调整。作业人员不得从皮带运输机下面穿过或跨越输送带。

②输送大块物料时，输送带两侧应加设挡板或栅栏等防护装置。运料中，应及时清除输送带上的粘连物。停机后要切断电源。

3）混凝土拌和及灌注

机械上料时，在铲斗（或拉铲）移动范围内不得站人。铲斗下方严禁有人停留和通过。

（六）隧道工程施工安全生产管理

1. 一般规定

（1）隧道施工前应开展安全风险评估，辨识施工过程中的主要危险源及危害因素，制定安全防护措施，对隧道工程实施动态风险控制与跟踪处理。

（2）隧道施工应按设计文件规定的施工方法制定施工方案，地质条件发生变化时，应及时进行设计变更。

（3）施工现场布设应符合下列规定：

①临时设施的设置除应符合"驻地和场站建设"的有关规定外，尚应避开高边坡、陡峭山体下方、深沟、河流、池塘边缘等区域。

②弃渣场地应设置在不易溃塌、不产生滑坡的安全地段，不得堵塞河流、泄洪通道。

③隧道内供风、供水、供气管线与供电线路应分别架设，照明和动力线路应分层架设。

④供电线路架设应遵循"高压在上、低压在下，干线在上、支线在下，动力线在上、照明线在下"的原则。

（4）隧道洞口管理应符合下列规定：

①隧道洞口应设门禁系统，专人负责进出人员登记及材料、设备与爆破器材进出隧道记录和安全监控等工作。

②隧道施工应建立洞内外通信联络系统。

③长、特长及高风险隧道施工应设置稳定可靠的视频监控系统、门禁系统和人员识别定位系统。

（5）隧道洞口与桥梁、路基等同一个工点有多个单位同时施工或洞内不同专业交叉作业时，应共同制定现场安全措施。

（6）隧道内不得使用以汽油为动力的机械设备。

（7）通风机、抽水机等隧道安全设备应配备备用设备。

（8）隧道内作业台车、台架应满足施工安全要求，高处作业安全防护设施应符合"高处作业"的有关规定。

（9）隧道洞口、开关箱、配电箱、台车、台架、仰拱开挖等危险区域应设置明显的警示标志。洞内施工设备均应设反光标识。

（10）隧道内应按要求配备消防器材。

（11）应根据危险源辨识情况编制隧道坍塌、突水突泥、触电、火灾、爆炸、窒息、有害气体等应急预案并应配备相应的应急资源。

（12）高压富水隧道钻孔作业应采取防突水、突泥冲出的反推或栓锚等措施。

（13）不良地质隧道地段应遵循"早预报、预加固、弱爆破、短进尺、强支护、早封闭、勤量测、快衬砌"的原则施工。

（14）超前地质预报和监测方案应作为必要工序统一纳入施工组织管理。

（15）施工隧道内不得明火取暖。

（16）隧道内严禁存放汽油、柴油、煤油、变压器油、雷管、炸药等易燃易爆炸物品。

2. 洞口与明洞

洞口施工前，应先清理洞口上方及侧方可能滑塌的表土、灌木及山坡危石等。

（1）洞口的截水沟、排水系统应在进洞前完成，并应与路基排水顺接，不得冲刷路基坡面、桥台锥坡、农田屋舍，土质截水沟、排水沟应随挖顺砌。

（2）石质边、仰坡应采取预留光爆层法或预裂爆破法，不得采用深眼大爆破或集中药包爆破开挖。

（3）洞口边、仰坡坡面防护应符合要求，洞口施工应监测边、仰坡变形。

（4）洞口开挖应先支护后开挖、自上而下分层开挖、分层支护。不得掏底开挖或上下重叠开挖。陡峭、高边坡的洞口应根据设计和现场需要设安全棚、防护栏杆或安全网，危险段应采取加固措施。洞口工程应及早完成。

（5）洞口开挖宜避开雨季、融雪期及严寒季节。

（6）明洞施工应符合下列规定：

①明洞开挖前，洞顶及四周应设防水、排水设施。

②明洞应自上而下开挖。石质地段开挖应控制爆破炸药用量，开挖后应立即施作边坡防护。

③开挖松软地层边、仰坡应随挖随支护。

④衬砌强度未达到设计的70%、防水层未完成时，不得回填。

3. 开挖

（1）长度小于300m的隧道，起爆站应设在洞口侧面50m以外；其余隧道洞内起爆站距爆破位置不得小于300m。

（2）装药、起爆、通风、盲残炮处置应符合现行《爆破安全规程》（GB 6722）的有关规定。

（3）爆破后应按先机械后人工的顺序找顶，并应安全确认。

（4）机械开挖应根据断面和作业环境选择机型、划定安全作业区域，并应设置警示标志。

（5）人工开挖应设专人指挥，作业人员应保持安全操作距离。

（6）两座平行隧道开挖，同向开挖工作面纵向距离应根据两隧道间距、围岩情况确定，且不宜小于2倍洞径。

（7）隧道对向开挖面间的距离应符合现行《公路隧道施工技术规范》（JTG/T 3660）的规定，停挖端的作业人员和机具应撤离。土质或软弱围岩隧道应加大预留贯通的安全距离。

（8）涌水段开挖宜采用超前钻孔探水查清含水层厚度、岩性、水量与水压。

（9）全断面法施工应符合下列要求：

①应控制一次同时起爆的炸药量。

②地质条件较差地段应对围岩进行超前支护或预加固。

（10）台阶法和环形开挖预留核心土法施工，除应符合现行《公路隧道施工技术规范》（JTG/T 3660）的有关规定外，尚应符合下列规定：

①围岩较差、开挖工作面不稳定时，应采用短进尺、上下台阶错开开挖或预留核心土措施，宜采用喷射混凝土、注浆等措施加固开挖工作面。

②应根据围岩条件和初期支护钢架间距确定台阶上部开挖循环进尺，上台阶每循环开挖支护进尺V、VI级围岩不应大于1榀钢架间距，IV级围岩不得大于2榀钢架间距。

③围岩较差、变形较大的隧道，上部断面开挖后应立即采取控制围岩及初期支护变形量的措施。

④台阶下部断面一次开挖长度应与上部断面相同，且不得超过1.5m。

⑤台阶下部开挖后应及时喷射混凝土封闭。

（11）中隔壁法施工应符合《公路隧道施工技术规范》（JTG/T 3660）的有关规定，且同侧上、下层开挖工作面应保持3~5m距离。

（12）双侧壁导坑法施工应符合下列规定：

①及时施工初期支护并尽早封闭成环。

②侧壁导坑形状应近似于椭圆形断面。

③导坑跨度宜为隧道跨度的1/3。

④左右导坑前后距离不宜小于15m。

⑤导坑与中间土体同时施工时，导坑应超前30～50m。

（13）仰拱开挖施工应符合下列规定：

①Ⅳ级及以上围岩仰拱每循环开挖长度不得大于3m，不得分幅施工。

②仰拱与掌子面的距离，Ⅲ级围岩不得超过90m，Ⅳ级围岩不得超过50m，Ⅴ级及以上围岩不得超过40m。

③开挖后应立即施作初期支护。

④栈桥等架空设施强度、刚度和稳定性应满足施工要求；栈桥基础应稳固；桥面应做防侧滑处理；两侧应设限速警示标志，车辆通过速度不得超过5km/h。

4. 支护

（1）围岩自稳程度差的地段应先进行超前支护、预加固处理，并应符合设计要求。

（2）应随时观察支护各部位，支护变形或损坏时，作业人员应及时撤离现场。

（3）喷射混凝土、锚杆、钢筋网、超前小导管、管棚支护施工应符合现行《公路隧道施工技术规范》（JTG/T 3660）的有关规定。焊接作业区域不得有易燃易爆物品，下方不得有人员站立或通过。

（4）钢架施工除应符合现行《公路隧道施工技术规范》（JTG/T 3660）的有关规定外，尚应符合下列规定：

①钢架底脚基础应坚实、牢固。

②相邻的钢架应连接成整体。

③已安装的钢架发生扭曲变形时，应及时逐榀更换，不得同时更换相邻的钢架。

④下部开挖后，钢架应及时接长、落底，钢架底脚不得左右同时开挖。

⑤拱脚开挖后应立即安装拱架、施作锁脚锚杆，锁脚锚杆数量、长度、角度应符合设计要求。

⑥拱脚不得脱空，不得有积水浸泡。

⑦临时钢架支护应在隧道钢架支撑封闭成环并满足设计要求后拆除。

5. 衬砌

（1）软弱围岩及不良地质隧道的二次衬砌应及时施作，二次衬砌距掌子面的距离，Ⅳ级围岩不得大于90m，Ⅴ级及以上围岩不得大于70m。

（2）衬砌钢筋安装应设临时支撑，临时支撑应牢固可靠并有醒目的安全警示标志。

（3）钢筋焊接作业在防水板一侧应设阻燃挡板。

（4）衬砌台车应经专项设计，衬砌台车、台架组装调试完成应组织验收，并应试行走，日常使用应按规定维护保养。

（5）仰拱应分段一次整幅浇筑，并应根据围岩情况严格限制分段长度。

6. 辅助坑道

（1）开挖前应妥善规划并完成斜井、竖井井口周边的截水、排水系统和防冲刷设施、斜井洞门、竖井锁口圈应及早施作。

（2）开挖前应检查斜井、竖井与正洞连接处的围岩稳定情况，应根据检查结果确定并实施超前预加固措施。开挖后，应及时支护和监控量测。

（3）斜井施工应符合下列规定：

①无轨运输斜井内运输道路应硬化，并应采取防滑措施；长隧道斜井无轨运输道路综合纵坡不得大于 10%；单车道的斜井，每隔一定距离应设置错车道，其长度应满足安全行车要求。

②无轨运输进洞载物车辆车速不得大于 8km/h，空车车速不得大于 15km/h；出洞爬坡车速不得大于 20km/h。

③有轨运输井口应设置挡车器，并设专人管理；在挡车器下方 5～10m 及接近井底前 10m 处应各设一道防溜车装置；长大斜井每隔 100m 应分别设置防溜车装置，井底与通道连接处应设置安全索；车辆行驶时，井内严禁人员通行与作业。

④有轨运输井身每 30～50m 应设置躲避洞，井底停车场应设避车洞，井底附近的固定设备应置于专用洞室。

⑤斜井口、井下及提升绞车应有联络信号装置。每次提升、下放与停留应有明确的信号规定。

⑥斜井中牵引运输速度不得大于 5m/s，接近洞口与井底时不得大于 2m/s，升降加速度不得大于 0.5m/s²。

⑦斜井提升设备应按规定装设符合要求的防止过卷装置、防止过速装置、限速器、深度指示器、警铃、常用闸和保险闸等保险装置。

⑧斜井提升、连接装置和钢丝绳应符合安全使用的要求，并应定期检查。

⑨人员不得乘斗车上下；当斜井垂直深度超过 50m 时，应有运送人员的专用设施。

⑩运送人员的车辆应设顶盖，并装有可靠的防坠器；车辆中应装有向卷扬机司机发送紧急信号的装置。

（4）竖井施工应符合现行《公路隧道施工技术规范》（JTG/T 3660）的有关规定，提升机、罐笼、绞车应符合现行《矿井提升机和矿用提升绞车　安全要求》（GB 20181）和《罐笼安全技术要求》（GB 16542）的有关规定，此外，还应符合下列规定：

①井口应配置井盖，除升降人员和物料进出外，井盖不得打开。井口应设防雨设施，通向井口的轨道应设挡车器。井口周围应设防护栏杆和安全门，防护栏杆的高度不得小于 1.2m。

②每次爆破后，应有专人清除危石和掉落在井圈上的石渣，并检查初期支护和临时支撑，清理完后方可正常工作。当工作面附近或未衬砌地段发现落石、支撑发响、大量涌水时，作业人员应立即撤出井外，并报告处理。

7. 防水和排水

（1）隧道防水板施工作业台架应设置消防器材及防火安全警示标志，并应设专人负责。照明灯具与防水板间距离不得小于 0.5m，不得烘烤防水板。

（2）隧道排水作业应符合下列规定：

①隧道内反坡排水方案应根据距离、坡度、水量和设备情况确定。抽水机排水能力应大于排水量的20%，并应有备用台数。

②隧道内顺坡排水沟断面应满足隧道排水需要。

③遇渗漏水面积或水量突然增加，应立即停止施工，人员撤至安全地点。

8. 通风、防尘及防有害气体

1）施工通风

（1）隧道施工独头掘进长度超过150m时应采用机械通风；通风方式应根据隧道长度、断面大小、施工方法、设备条件等确定，主风流的风量不能满足隧道掘进要求时，应设置局部通风系统。

（2）隧道施工通风应纳入工序管理，由专人负责。

（3）隧道施工通风应能提供洞内各项作业所需要的最小风量，风速不得大于6m/s；每人供应新鲜空气不得小于$3m^3/min$，内燃机械作业供风量不宜小于$4.5m^3/(min \cdot kW)$；全断面开挖时风速不得小于0.15m/s，导洞内不得小于0.25m/s。

（4）长及特长隧道施工应配备备用通风机和备用电源。

（5）通风管沿线应每50～100m设立警示标志或色灯。

2）防尘、防有害气体

（1）作业过程中，空气中的氧气含量不得低于19.5%；不得用纯氧通风换气。

（2）空气中的一氧化碳（CO）、二氧化碳（CO_2）、氮氧化物（NO_x）等有害气体浓度不得超过《公路工程施工安全技术规范》（JTG F90—2015）中表9.9.2-1的规定。

（3）空气中粉尘浓度应符合《公路工程施工安全技术规范》（JTG F90—2015）中表9.9.2-2的规定。

（4）隧道施工应采取综合防尘措施，并应配备专用检测设备及仪器。隧道内存在矽尘的作业场所，每月应至少取样分析空气成分一次、测定粉尘浓度一次。

（5）隧道作业人员应配备防尘口罩、耳塞等个人劳动保护用品，并应定期体检。

9. 风、水、电供应

1）施工供风

（1）空气压缩机站应设有防水、降温和防雷击设施。

（2）不得在空压机风管进出口和软管旁停留人员或放置物品。

2）施工供电与照明

（1）非瓦斯隧道施工供电应符合"施工临时用电"的规定。

（2）瓦斯隧道供电照明应符合《煤矿安全规程》的有关规定。

（3）隧道外变电站应设置防雷击和防风装置。

（4）隧道内设置6～10kV变电站时，变压器与周围及上下洞壁的最小距离不得小于0.3m，变电站周围应设防护栏杆及警示灯。

（5）涌水隧道电动排水设备、瓦斯隧道通风设备以及斜井、竖井内电气装置应采用双回路输电，并应设可靠的切换装置和防爆措施。

（6）动力干线上的每一分支线，必须装设开关及保险装置。严禁在动力线路上加挂照明设施。

（7）隧道施工用电必须按设计要求设置双电源或自备电源。自备发电机组与外电线路必须电源联锁，严禁并列运行。

（8）作业地段照明电压不宜大于36V，成洞段和不作业地段宜采用220V。照明灯具宜采用冷光源。

10. 特殊地段隧道施工

（1）浅埋段不宜采用全断面法施工。

（2）浅埋段应加强地表沉降、拱顶下沉的量测；偏压隧道应加强对围岩的监测；地面有建（构）筑物时应采用控制爆破技术，并应监测爆破振动及变形。

（3）浅埋段地表冲沟、陷穴、裂缝等应回填夯实、砂浆抹面，并处理地表水。

（4）偏压隧道施工前，应根据土压情况对偏压段进行平衡、加固处理。

（5）偏压隧道靠山一侧应加强支护，每次开挖进尺不得超过一榀钢架间距，并应及时封闭。

（6）下穿隧道施工前应按照规定办理相关手续，编制保证交通安全和周围结构安全的专项施工方案。

（7）下穿隧道应加强监控量测工作，及时掌握隧道拱顶、净空变化及地表沉降情况。

（8）桩基托换法施工应检测托换桩、托换梁及既有建（构）筑物，并应验算沉降、应力、裂缝、变形和桩顶横向位移。

11. 小净距及连拱隧道施工

（1）地质条件不同的两孔隧道，宜先开挖地质条件较差的隧道，后开挖地质条件较好的隧道。

（2）小净距隧道施工，应符合下列规定：

①小净距隧道洞口切坡宜保留两隧道间原土体。

②两隧道工作面应错开施工，先行洞与后行洞掌子面错开距离应大于2倍隧道开挖宽度。应严格控制爆破振动。

③后行隧道应根据围岩情况先加固中岩墙，极软弱围岩段应加固两隧道相邻侧拱架基础。

④宜采用光面爆破技术，并应采用低威力、低爆速炸药；爆破时另一洞内作业人员也应撤离。

（3）连拱隧道施工，应符合下列规定：

①应根据中导洞探察的岩层情况确定合理的施工方案，主洞上拱部开挖应在中隔墙混凝土达到设计要求的强度后进行。

②中导洞不得作为爆破临空面。

③应在先行洞模筑衬砌混凝土达到设计要求的强度后进行后行洞的开挖和衬砌。

④主洞开挖时，左、右两洞开挖掌子面错开距离宜大于30m。

⑤应监测连拱隧道中隔墙的位移，并应及时对中隔墙架设水平支撑；后开挖隧道一侧的中隔墙和主洞之间的空隙宜回填密实或支撑稳固。

12. 超前地质预报和监控量测

（1）超前地质预报和监控量测方案应根据隧道地质条件、支护参数、施工方法以及设计要求编制,主要应包括工程简介、监测目的、监测项目、监测机构、监测方法、监测仪器、测点布置、量测频率、监测管理标准等内容。复杂工程监测方案应经论证。

(2)施工监测信息应及时分析,以信息化手段快速反馈参建各方,变化异常区段应加强监测,并提出相应的对策措施。

(3)监测仪器、元器件及其构成的监测系统应可靠、耐久、稳定,并按要求进行相应的校对、标定和检查。

(4)施工监测应建立数据记录、计算、分析、复核及审核制度,数据应准确、可靠,具有可追溯性。

(5)施工期间隧道所在区域发生地震、滑坡、泥石流等不良地质灾害后,应加强监测,并提出相应对策措施。

(6)超前地质预报作业应符合下列规定:

①地质预报工作应在隧道找顶作业结束后进行,高地应力区隧道应待工作面支护完成后进行。工作前应观察操作空间上方、周围、开挖工作面附近安全状态。

②区域地质条件复杂的隧道,应根据区域地质勘测资料,选择以钻探法为主,结合物探法、地质调查法的多种预测预报方法综合分析。

③应按动态设计原则,并根据地质复杂程度确定预报方案。

④地质调查法应在隧道开挖排险结束后进行,钻探法、物探法应待工作面支护完成后进行。

⑤地质调查应落实安全防护措施、完善防护设施。作业区域照明的光照度应满足数据采集和预报作业人员安全操作的需要。

⑥地震波反射法预报炸药量不得大于75g。

(7)监控量测作业应符合下列规定:

①应对观测点周围环境状态进行观察判断,随时观察工作环境及周边安全状态。监控量测过程中应保证作业平台稳定牢固、安全防护到位,作业时应照明充足。

②在富水区隧道安装量测仪器或进行钻孔时,发现岩壁松软、掉块或钻孔中的水压、水量突然增大,以及有顶钻等异常情况时,应停止钻进,并监测水情。当发现情况危急时,应立即撤出所有危险区域的人员,并采取处理措施。

③隧道附近有重要建(构)筑物、设施设备和其他保护对象时,应对建(构)筑物进行变形和沉降观测;隧道采用爆破施工时,应按现行《爆破安全规程》(GB 6722)进行爆破监测。

13.逃生与救援

(1)隧道施工应在洞口设置应急仓库,配备应急救援机械设备、监测仪器、堵漏和清洗消毒材料、交通工具、个体防护设备、医疗设备和药品、生活保障和救援物资等,应进行定期检查、维护和更新。不得挪用救援物资及救援设备。

(2)隧道施工应建立兼职救援队伍。

(3)隧道通风、供水及供电设备应纳入正常工序管理,设专人负责管理。施工过程中应加强通风效果检测,供水供电管道、线路应通畅,同时应设置备用设备和备用电源。

(4)隧道内交通道路及开挖作业等重要场所应设置安全应急照明、应急逃生标志和报警系统装置,应急照明应有备用电源并保证光照度符合要求。

（5）长大隧道及软弱围岩隧道开挖掌子面至二次衬砌之间应设置逃生通道，随开挖进尺不断前移，逃生通道距离开挖掌子面不得大于20m。逃生通道的刚度、强度、抗冲击能力及管段连接应满足安全要求，逃生通道内径不宜小于0.8m。

（6）长、特长及高风险隧道应设报警系统及逃生设备、临时急救器械和应急生活保障品等。

（七）交通安全设施工程施工安全生产管理

1. 一般规定

（1）不中断交通施工作业应按现行《道路交通标志和标线》（GB 5768）和《公路养护安全作业规程》（JTG H30）设置作业控制区。

（2）在通车道路上施工或夜间作业时，应采取限速、导流及渠化等措施，交通指挥人员和上路作业人员应按规定穿着安全反光标志服或反光背心。

（3）机电工程及收费站、服务区、园林绿化等施工应符合相关行业标准的要求。

2. 护栏

（1）缆索架设作业时，张拉人员应站在张紧器与钢丝绳连接处的侧后方，张拉时紧邻张拉跨中间立柱两侧不得站人。

（2）波形梁板安装后应及时固定。

（3）高边坡、陡崖、沿溪线的现浇混凝土护栏施工，作业人员应采取防坠落的措施。

（4）安装桥梁金属护栏时，作业人员和未完全固定的构件应采取预防坠落的措施。

3. 交通标志

标志安装应符合下列规定：

（1）标志支撑结构的安装应在基础混凝土强度达到设计要求后进行。

（2）起重作业应符合"起重吊装"的有关规定。

（3）安装门架标志时，作业人员不得站在门架横梁上作业。

（4）高处作业宜使用液压升降机和车载式高空平台作业车。

4. 交通标线

（1）运输、存放标线涂料、溶剂应采取防火措施。

（2）热熔釜熔料时最大投料量不得超过缸体的4/5，热熔釜和漆料保温桶上方不得出现明火。

5. 隔离栅和桥梁护网

（1）隔离栅施工混凝土立柱和基础预制块件存放高度不得超过1.5m，且应码放整齐，不得滚落卸载。

（2）桥梁护网安装时，作业人员和未完全固定的构件应采取预防坠落的措施。

6. 防眩设施

（1）运输、存放塑料防眩板应采取防火措施。

（2）桥梁上下行空隙处安装防眩板应采取防坠落措施。

(八)改扩建工程施工安全生产管理

1.改扩建

(1)不中断交通进行公路改扩建工程施工,应符合下列规定:

①开工前,施工单位必须编制交通组织方案,专家评审并经交通管理部门批准后才能开工。

②应按照现行《道路交通标志和标线》(GB 5768)、《公路养护安全作业规程》(JTG H30)和交通组织方案设置作业控制区。

③应定期对交通安全设施进行检查和维护。

(2)施工路段两端及沿线进出口处应设置明显的临时交通安全设施。

(3)爆破作业前应临时中断交通。爆破后应立即清理道路上的土、石,检修公路设施。应确认达到行车条件后开放交通。

(4)边通车边施工路段,通车路段的路面应保持清洁。

(5)半幅施工作业区与车行道之间应设置隔离设施。应设专人和通信设备,指挥交通,疏导车辆。弯道顶点附近不宜堆放物料、机具。

(6)在居民点或公共场所附近开挖沟槽时,应设防护设施,夜间应设置照明灯和警示灯。

(7)作业人员应穿着反光服,佩戴贴有反光带的安全帽。

2.拆除

(1)应根据所拆除建(构)筑物的结构特点及施工环境要求确定拆除施工的段落、层次、顺序和方法。拆除施工应从上至下、逐层、分段实施,不得立体交叉作业。

(2)当拆除工程对周围相邻建筑安全可能产生危险时,应采取相应保护措施。

(3)拆除现场应设置围挡、警示标志,非作业人员不得进入拆除现场。

(4)拆除旧桥、旧涵时,在旧桥的两端应设置禁止通行的路障及标志,夜间应悬挂警示灯。

(5)拆除施工中的高处作业应符合"高处作业"的有关规定。

(6)拆除施工中的起重作业应符合"起重吊装"的有关规定。

(7)拆除施工中的爆破作业应符合"爆破作业"的有关规定。

(8)拆除施工作业人员和机具应处于稳固位置。必须进行临时悬吊作业时,应系好悬吊绳和安全绳。悬吊绳和安全绳应分别锚固,锚固位置应牢固。

(9)拆除梁或悬臂构件应采取防坠落、防坍塌措施。

(10)定向拆除墩、柱时,应采取控制倒塌方向的措施。

(11)拆除的材料应及时清理、分类放置,不得随意抛掷。

(12)隧道拆除二衬前应采取有效预支护措施,控制变形和沉降量。

(13)隧道拆除过程中应对施工段进行监控量测。

(14)隧道拆除作业应以机械作业为主要施工方法,不得扰动、破坏周边围岩和结构。

(15)隧道拆除作业需爆破作业的,应采取有效措施保护既有建(构)筑物。

第二节　公路桥梁和隧道、高速公路路堑高边坡 施工安全风险评估

交通运输部印发的《关于开展公路桥梁和隧道工程施工安全风险评估试行工作的通知》（交安监发〔2011〕217 号）、《关于发布高速公路路堑高边坡工程施工安全风险评估指南（试行）的通知》（交安监发〔2014〕266 号）中给出了公路桥梁和隧道工程、高速公路路堑高边坡工程施工阶段安全风险评估的工作原则、操作程序、评估方法、风险估测标准等内容。

一、评估对象

施工单位应对新建、改建、扩建以及拆除、加固等公路水运工程项目，在施工阶段，按有关规定进行施工安全风险评估。

二、评估范围

具有以下特点（满足下列条件之一）的公路项目，应开展施工安全风险评估：

1. 桥梁工程

（1）多跨或跨径大于 40m 的石拱桥，跨径大于或等于 150m 的钢筋混凝土拱桥，跨径大于或等于 350m 的钢箱拱桥，钢桁架、钢管混凝土拱桥。

（2）跨径大于或等于 140m 的梁式桥，跨径大于 400m 的斜拉桥，跨径大于 1000m 的悬索桥。

（3）墩高或净空大于 100m 的桥梁工程。

（4）采用新材料、新结构、新工艺、新技术的特大桥、大桥工程。

（5）特殊桥型或特殊结构桥梁的拆除或加固工程。

（6）施工环境复杂、施工工艺复杂的其他桥梁工程。

2. 隧道工程

（1）穿越高地应力区、岩溶发育区、区域地质构造、煤系地层、采空区等工程地质或水文地质条件复杂的隧道，黄土地区、水下或海底隧道工程。

（2）浅埋、偏压、大跨度、变化断面等结构受力复杂的隧道工程。

（3）长度 3000m 及以上的隧道工程，Ⅵ、Ⅴ 级围岩连续长度超过 50m 或合计长度占隧道全长的 30% 及以上的隧道工程。

（4）连拱隧道和小净距隧道工程。

（5）采用新技术、新材料、新设备、新工艺的隧道工程。

（6）隧道改扩建工程。

（7）施工环境复杂、施工工艺复杂的其他隧道工程。

3. 高速公路路堑高边坡工程

（1）高于 20m 的土质边坡、高于 30m 的岩质边坡。

（2）老滑坡体、岩堆体、老错落体等不良地质体地段开挖形成的不足 20m 的边坡。

（3）膨胀土、高液限土、冻土、黄土等特殊岩土地段开挖形成的不足 20m 的边坡。

（4）城乡居民居住区、民用军用地下管线分布区、高压铁塔附近等施工场地周边环境复杂地段开挖形成的不足 20m 的边坡。

三、评估要求

施工单位应建立安全风险评估管理制度，明确安全风险评估的目的、范围、频次、准则和工作程序等。应在施工安全风险辨识的基础上开展施工安全风险评估。

（1）安全风险评估是指运用定性或定量的统计分析方法对安全风险进行分析，确定其严重程度，对现有控制措施的充分性、可靠性加以考虑，以及对其是否可接受予以确定的过程。

（2）施工单位应从发生危险的可能性和严重程度、可能发生的安全生产事故的特点和危害等方面，对风险因素进行分析，选择合适的风险评估方法，明确风险评估规则。

（3）施工单位应根据风险评估规则，对风险清单逐项评估，确定风险等级。

（4）施工安全风险评估应遵循动态管理的原则，当工程设计方案、施工方案、工程地质、水文地质、施工队伍等发生变化时，应重新进行风险评估。

四、评估内容

公路工程施工安全风险评估分为总体风险评估和专项风险评估，评估工作由项目施工单位具体负责。当被评估项目含多个合同段时，总体风险评估应由建设单位牵头组织，专项风险评估工作仍由合同施工单位具体实施。

1.总体风险评估

以全线的桥梁和隧道、高速公路路堑高边坡为评估对象，根据工程建设规模、地质条件、结构特点等孕险环境与致险因子，评估工程施工期间的整体安全风险大小，确定风险等级并提出控制措施。

桥梁和隧道工程施工安全总体风险评估推荐采用风险指标体系法。评估小组可根据工程实际情况，并结合自身经验，对指标体系进行改进。桥梁工程的总体风险评估主要考虑桥梁建设规模、地质条件、气候环境条件、地形地貌、桥位特征及施工工艺成熟度等评估指标；隧道工程的总体风险评估主要考虑隧道地质条件、建设规模、气候与地形条件等评估指标。

高速公路路堑高边坡总体风险评估的依据主要有地质勘察报告、施工图设计文件、评估人员的现场调查资料及行业标准、规范等。路堑高边坡总体风险评估方法推荐采用专家调查评估法和指标体系法。评估方法只考虑客观致险因子，不考虑主观因素（如人的素质、管理等）。

2.专项风险评估

当总体风险评估等级达到Ⅲ级（高度风险）及以上时，将其中高风险的施工作业活动（或施工区段）作为评估对象，根据其安全风险特点，进行风险辨识、分析、估测，并针对其中的重大风险源进行量化评估，划分风险等级，提出风险控制措施。

1）桥梁和隧道工程

通过对施工作业活动中或施工组织设计中的危险源普查，在分析物的不安全状态、人的不安全行为、工艺的不完善、制度的不健全基础上，确定重大危险源和一般危险源。对重大危险源发生事故的概率及损失进行分析，评估其发生重大事故的可能性与严重程度，对照相关风险等级标准，确定专项风险等级。

在专项风险评估中，风险估计和评价是风险评估的重点，风险评价中最关键的是风险因素概率和后果等级的取值。通过对足够的已知数据的分析来找出风险发生的分布规律，从而预测出其发生概率和后果大小；在缺少足够数据的情况下，由评估人员或专家根据桥梁和隧道实际情况对风险等级进行综合判断。

2）高速公路路堑高边坡工程

路堑高边坡专项风险评估可分为施工前专项评估和施工过程专项评估。路堑高边坡分部分项工程开工前，应完成施工前专项风险评估，形成专项风险评估报告。路堑高边坡专项风险评估单元以单一的工程措施为对象，同时采取两种以上工程措施的，应结合工程实际，进行工序分解。

高速公路路堑高边坡施工过程中，出现如下情况之一的，应开展施工过程专项风险评估：

（1）经论证出现了新的重大风险源。

（2）风险源（致险因子）发生了重大变化，如现场揭露地质条件与事前判别的地质条件相差较大、主要施工工艺发生实质性改变、发生生产安全事故或重大险情等情况。

施工过程风险评估报告以报表形式反映，报表中应包含评估指标前后变化对比、现阶段风险评估等级、风险源及防控措施等。

3. 整体风险评估标准

根据宏观管理需要，结合历史风险管理经验，进行区域（领域）范围不同等级风险数量阈值设置。当区域（领域）范围内某一等级的风险数量处于阈值范围内时，则认为区域（领域）整体风险等级达到一定级别。当整体风险处于"重大风险"时，应根据"风险管控"要求，积极加强风险管控。

4. 风险等级的调整与变更

风险管理对象初评为"重大风险"后，针对不可接受风险，生产经营单位应针对主要致险因素（人、设施设备、环境、管理），及时通过人、财、物、技术等方面的投入，降低风险等级，经重新评估后可变更风险等级。针对因主、客观因素和不可降低的"重大风险"，应积极加强风险管控。

生产经营单位发现新的致险因素出现，或已有主要致险因素发生变化，导致发生风险事件可能性或后果严重程度显著变化时，应及时开展风险再评估，并变更风险等级。

五、评估报告的内容和评审

参见《交通运输工程目标控制（基础知识篇）》第五章第五节。

六、实施要求

（1）施工单位应根据风险评估结论，完善施工组织设计和危险性较大工程专项施工方案，制订相应的专项应急预案，对项目施工过程实施预警预控。专项风险等级在Ⅲ级（高度风险）

及以上的施工作业活动(施工区段)的风险控制,还应符合下列规定:

①重大风险源的监控与防治措施、应急预案经施工企业技术负责人和项目总监理工程师审批后,由建设单位组织论证或复评估。

②施工单位应建立重大风险源的监测及验收、日常巡查、定期报告等工作制度,并组织实施。

③施工项目经理或技术负责人在工程施工前应对施工人员进行安全技术教育与交底。施工现场应设立相应的危险告知牌。

④适时组织对典型重大风险源的应急救援演练。

⑤当专项风险等级为Ⅳ级(极高风险)且无法降低时,必须提高现场防护标准,落实应急处置措施,视情况开展第三方施工监测;未采取有效措施的,不得施工。

(2)监理单位在审查工程施工组织设计文件、危险性较大工程专项施工方案、应急预案时,应同时审查施工安全风险评估报告;无风险评估报告,不得签发开工令。

工程开工后,监理单位应督查施工单位安全风险控制措施的落实情况,并予以记录。对施工中存在的重大隐患应及时指出并督促整改,对施工单位拒不整改的,应及时向建设单位及公路工程安全生产监督管理部门报告。

(3)风险评估报告经监理单位审核后应向建设单位报备。建设单位应对极高风险(Ⅳ级)的施工作业,组织专家或安全评估机构进行论证或复评估,提出降低风险的措施建议;当风险无法降低时,应及时调整设计、施工方案,并向公路工程安全生产监督管理部门备案。

(4)各级交通运输主管部门在履行施工安全监督检查职责时,应将施工安全风险评估实施情况纳入检查范围。对极高风险(Ⅳ级)的施工作业应切实加强重点督查。

(5)施工安全风险评估应遵循动态管理的原则,当工程设计方案、施工方案、工程地质、水文地质、施工队伍等发生重大变化时,应重新进行风险评估。

(6)施工安全风险评估工作费用应在项目安全生产费用中列支。

第三节　公路工程施工环保管理的监理工作

公路工程施工应遵守国家土地管理、环境保护、水土保持、生态保护、资源利用、能源利用、循环经济、减少排放、清洁卫生等有关方面的法律法规,合理利用资源和能源,控制污染,保护环境。在工程开工前,监理机构应督促施工单位编制并实施工程施工环境保护措施和节能减排技术方案。

一、施工准备阶段环境保护管理的监理工作

(1)熟悉工程资料,掌握工程整体情况,包括工程环境影响区域。

监理工程师应熟悉的资料有工程环境影响报告书、水土保持方案及相应的批复、工程设计文件中的环境保护篇章、施工合同中的环境保护条款、工程所在地的环境保护要求等。

(2)审查施工单位提交的临时工程设计文件中的环境保护措施和方案。

(3)编制施工环境保护监理计划或监理实施细则。

（4）根据合同要求，配置满足工程需要的仪器。

（5）建立环保工作网络，要求施工单位建立环境保护管理体系。

（6）审查施工单位编制的施工组织设计（包括水土保持方案），主要审查施工污染防治方案，关注污染物的排放环节、排放的主要污染物、采取的治理措施、污染物的最终处置方法和去向；对不符合工程环保要求的环节和内容提出改正要求，对遗漏的环节和内容要求增补。

（7）在组织召开的监理交底会或第一次工地会议（例会）上，进行环境保护管理的监理工作交底。

二、施工阶段环境保护管理的监理工作

1. 施工临时用地环保

（1）熟悉工程环境影响评价文件和水土保持方案文件，同时实地踏勘，对项目所在区域可能涉及的生态敏感点进行识别和确认。

（2）临时用地的规划、布置，应充分考虑环境保护的要求，全面规划、合理布局、统筹安排，规划施工便道、便桥、码头、取土场、弃土场、生活区、水池、油库、炸药库等建设用地。避免因选址不慎，造成对环境的人为干扰。

2. 临时施工道路环保管理

（1）临时施工道路的开辟和修筑以及运输车辆的行驶会破坏地表植被，包括耕地、园地、林地以及牧草地等。因此，应规划好临时施工道路的路线走向，以减少植被破坏为首要原则，尽量利用现有道路；若无现成道路可利用，则应严格控制施工道路修筑边界，路线走向必须绕开各种生态敏感点（区）。

（2）对于施工道路边界上可能出现的土质裸露边坡，应有临时防护设施；在条件允许的地区，宜采取生态防护措施，可在施工道路修建的同时进行复绿；在气候条件恶劣地区，应有防止土壤侵蚀的工程防护措施，以防止土壤的自然侵蚀。

（3）施工便道属临时性质，载重汽车来往频繁，容易损坏，应及时修补保持平整，设立施工道路养护、维修专职人员，随时保持运行状态良好，减少扬尘污染。

（4）运输车辆行驶产生的扬尘影响植物（作物）正常的繁殖和发育过程，应通过路面硬化处理以及定期清扫、洒水抑制扬尘的发生，路面应始终保持湿润。对施工车辆要求限速行驶，在主要环境敏感点附近，行驶时速宜控制在 15km 以内。施工废气、粉尘排放应当符合国家规定的环境空气质量标准。

（5）施工噪声应当符合国家规定的施工场界排放标准，该阶段施工场界噪声的限值为昼间 70dB（A）、夜间 55dB（A）。居民区附近禁止施工便道的作业，必要时应报当地环保部门批准，并公告居民才能夜间作业。

（6）施工结束后，必须恢复临时占用土地原有的土地利用功能。对现场初始的地形地貌、地表植被等自然特征应有客观的文字描述和完整的影像记录，作为将来进行恢复的依据和参考。

3. 材料堆放场环保管理

（1）对临时借地材料堆放场，应按照临时用地审批文件规定的内容和要求，并结合现场的

实际情况划定。在施工结束后,必须恢复原有的土地利用功能。对现场初始的地形地貌、地表植被等自然特征应有客观的文字描述和完整的影像记录,作为将来进行恢复的依据和参考。

(2)水泥、石灰、矿粉等堆置和洒落会通过改变土壤的理化性质,破坏土壤的结构以及土壤微生物的理化环境,从而降低土壤肥力。因此,水泥、石灰、矿粉要有指定的地点堆置,并且应采取密封存放的方式,控制其扬尘;存放点地面应做硬化处理,硬化处理前应剥离地表熟土,并集中保存。施工结束后,应去除硬化地面,将保存的熟土回填,并恢复初始地表植被。对于堆置点附近可能被污染的土壤应进行改良,恢复其肥力。

(3)材料仓库和临时材料堆放场要防止物料散漏污染。仓库四周应有疏水沟系,防止雨水浸湿,水流引起物料流失。

(4)油料、化学物品等不堆放在民用水井及河流湖泊附近,并采取措施,防止雨水冲刷进入水体。

(5)多风天气(或大风来临前)应注意对物料加以覆盖,减少扬尘。

(6)石灰石、电石、雷管、炸药不得露天堆放,炸药应有专门的仓库。

4. 路基工程施工环保管理

参见《公路路基工程施工技术规范》(JTG/T 3610—2019)第10章"路基施工环境保护"的有关规定。

5. 路面拌和场和桥涵预制场环保管理

路面拌和场和桥涵预制场潜在环境影响如表9-4所示。

拌和场和预制场潜在环境影响 表9-4

序号	活动内容	潜在影响
1	拌和场、砂石场、轧石场	扬尘;废水;噪声;固体废弃物
2	预制场	废水;噪声;固体废弃物

监理人员应做好以下几项工作:

(1)稳定土拌和场、水泥混凝土拌和场、沥青混凝土拌和场等各种拌和场以及砂石场等不得设在饮用水源地保护区内。对临时借地范围要有明确的边界,以便控制对临时借地外围土地的不合理占用。

(2)场地平整将对沿线植被及动物栖息地造成永久性的破坏。此外,表层土壤的剥离容易造成土壤结构的破坏和肥力的下降。对于剥离和开挖的土壤,应予以保存,既可用于其他地面的土地改良,也可用于沿线受破坏土地的恢复,在土壤的再利用之前,应有专门的场地用于堆置和保存。

(3)水泥、沥青、石灰、矿粉等堆置和洒落会通过改变土壤的理化性质,破坏土壤的结构以及土壤微生物的理化环境,从而降低土壤肥力。水泥、石灰、矿粉要有指定地点堆置,并且应采取密封存放的方式,控制其扬尘;存放点地面应做硬化处理,硬化处理前应剥离地表熟土,并集中保存。施工结束后,应去除硬化地面,将保存的熟土回填并恢复初始地表植被。对于堆置点附近可能被污染的土壤应进行改良,恢复其肥力。

(4)拌和场和预制场地向周围环境排放噪声应当符合施工场界排放标准[该阶段施工场界噪声限值为昼间70dB(A)、夜间55dB(A)]。拌和场的声源位置较高,声级又强,一般屏障等治理措施很难达标，简易可行的办法就是远离，因此对拌和场的选址应严格把关。拌和场、预制场、砂石场及轧石场距离学校、医院、疗养院、城乡居民区和有特殊要求的地区不宜小于300m，同时避免对环境敏感点的粉尘和噪声影响。

（5）大型拌和场（预制场）应配有除尘装置；砂石料场应及时洒水；砂石装卸时应尽量降低落差。施工人员应配有防尘用具以保护工人健康。小型临时拌和场地应离敏感点大于100m，并应尽量避开下风向有人群的地段。

（6）砂石料冲洗废水悬浮物含量大，需建沉淀池，悬浮物进行沉淀后排放。部分废水澄清后可用于建筑工地洒水防尘。

（7）混凝土搅拌车应定点清洗，设置临时沉淀池对清洗水沉淀处理后方能外排。有条件者也可采取废水回收处理后循环使用。

（8）混凝土养护可以直接用薄膜或塑料溶剂喷刷在混凝土表面，待溶液挥发后，与混凝土表面结合成一层塑料薄膜，使混凝土与空气隔离。

（9）夜间施工，强光照射会干扰植被和动物的生活节律，严重时会导致植物的死亡以及动物生理紊乱而影响其种群繁衍。在附近有保护物种的情况下，应缩短夜间施工时间，必要时在施工区域周围设置高于光源的挡光墙。

上述拌和场和砂石场、轧石场距离学校、医院、疗养院、城乡居民区和有特殊要求的地区不宜小于300m，减少对环境敏感点的粉尘和噪声污染。

在堆土场、灰土拌和场的周围设土工布围栏，既防止泥土、灰料等进入水体、农田，雨季又可拦截泥沙。土工布围栏的做法是：用宽65cm的土工布，每3m设置直径不小于5cm的立柱，土工布固定在立柱上，并将15cm压埋在地下。

6. 取、弃土场环保

（1）熟悉工程环境影响报告书，同时结合实地踏勘，对取、弃土场选址和范围进行识别和确认。

（2）对于剥离的表层土应予以保存，既可用于其他地面的土地改良，也可用于沿线受破坏土地的恢复，在表层土的再利用之前，要求并协助建设方设置专门的场地用于堆置和保存，并配置相应的防雨和排水设施。

（3）对可恢复的临时用地，应会同建设方对现场初始的地形地貌、地表植被等自然特征进行客观的文字描述和完整的影像记录，并建立档案，作为将来恢复的依据和参考。

（4）向建设方就临时防护工作提出要求，重点应关注临时防护设施的选择以及实施的时间（如生态防护），并通过巡视进行日常的监督和管理。

（5）对于砂石料冲洗废水，应明确要求建设方设置沉淀池，废水必须进行沉淀后排放。

7. 生活、办公区及试验室环保

（1）妥善处理生活垃圾。监理人员应明确要求在每个施工营地设置垃圾箱和垃圾临时堆放点，并有专人负责清理并集中处理垃圾。生活垃圾堆放点应选择30m范围内无生活用水和渔用水体的废弃沟坳或废弃干塘。堆放点应无直通沟道与邻地相通。不得向垃圾点内排放生活污水。垃圾箱和垃圾临时堆放点地面应做硬化处理，周边应保持清洁并做到每日清运。

（2）为防止生活垃圾的二次污染，垃圾箱和垃圾运输车均应采用封闭式。对于上述要求的落实情况,监理人员应在日常巡视中予以监督。

(3)修建临时性污水处理设施。为收集与处理由临时驻地的住房、办公室、其他建筑物和流动性设施排放的污水,应要求建设方在合适的地点修建容量适当的临时污水处理池,建有化粪池或其他能满足要求的系统,并予以管理、维护。

(4)监理人员应熟悉工程环境影响报告书,同时结合实地踏勘,对项目所在区域所涉及水域的保护目标和保护范围进行识别和确认,并通过文字和图件的形式明确告知建设方,污水不得排入现行《地表水环境质量标准》(GB 3838)中规定的Ⅰ、Ⅱ类水域;排入其他水域时,必须符合相应的水质标准,不符合时要进行水质处理,如油污水应进行隔油处理。

在明确上述要求后,监理人员应在日常巡视中予以监督。

(5)噪声控制。生活区对环境影响最大的噪声源是备用的柴油发电机,应放置在室内,加强门窗隔声,并在进风口、出风口安装消声器。试验室各种机械设备如切割机、取芯机、磨光机等噪声源产生的噪声也会对周边环境产生明显的影响,也应采取隔声、消声和减振等措施。

(6)厨房油烟处理。厨房应设置排风系统。如果厨房附近有居民,应采取如下措施:较大的通风管道安装消声器或采取管壁阻尼减振;管道穿墙(或支撑)处应采用避振喉(或避振吊钩);加装油烟净化器净化油烟,并以高于周围建筑的高度排放;油烟净化器应安装在室内。

8. 水上施工环保

(1)在工程开工前,监理工程师应审批施工方案中的环保措施。要求施工单位采取周密的环境保护措施。

(2)监理工程师根据工程环境影响特点,确定本阶段环保监理的巡视、旁站计划。监督检查施工单位是否按环保要求进行施工。

(3)水上施工时应优化施工设计方案,尽可能采取先进施工工艺,加强科学管理,在确保施工质量前提下加快施工进度,尽量缩短水下作业时间。

(4)加强施工设备的管理与维修保养,杜绝泄漏石油类物质以及所运送的建筑材料等,减少对水域污染的可能性。

(5)施工中挖出的淤泥、废渣卸到海洋主管部门指定的抛泥区。

(6)水上平台工作人员的生活污水、压载水及生活垃圾、施工垃圾不得直接排放和抛弃到海中,应设立临时厕所与垃圾箱,设专人定期清理,以减少对水质的污染。

(7)施工船舶压载水、生活污水、含油污水集中处理达标排放,船舶垃圾集中收集处理,监理工程师应注意水环境质量的悬浮物、石油类等监测指标,必要时可进行现场监测。

(8)沉箱临时存放区应避开具有特殊保护价值的海域。

(9)施工用砂石应限制在海岸直接取用。

第十章 | 公路工程概预算决算与工程计量规则

学习备考要点

1. 公路工程投资总额的构成。
2. 公路工程概预算。
3. 公路工程竣工决算。
4. 公路工程量清单。
5. 公路工程计量规则。

编学考主要参考资料

1.《公路工程建设项目投资估算编制办法》(JTG 3820—2018)。
2.《公路工程建设项目概算预算编制办法》(JTG 3830—2018)。
3.《公路工程标准施工招标文件》(2018 年版·第三册)。

第一节 公路工程投资总额的构成

一、投资测算体系

投资是指为了实现某一特定目的而将其能支配的资源投入社会再生产过程的一种社会实践活动。国家和社会通过对交通运输工程项目的投资,建立起交通运输的基本通道,为社会的经济发展和人民的生活提供最根本和最直接的物质条件。

投资是一项复杂的活动,尤其对公路工程项目投资是一个涉及面广、影响因素众多的动态系统。要对这个动态的过程进行有效的控制,一方面应全面了解它的运动变化规律和特征,另一方面应对投资活动的变化发展进行量化,这个量化指标就是投资额。投资额是衡量投资活动规模的一个指标,表示投资活动所耗费资源的总和。

随着投资活动的不断深化,要求对投资额进行不同深度和精度的测算,形成了一个反映投资在数量变化上的投资额测算体系,即从项目决策到竣工交付使用的整个过程中,根据在不同阶段投资额作用和精度要求的不同,形成了投资估算、设计概算、施工图预算、工程结算和竣工决算等多种测算方式,并由此构成了建设项目投资额的测算体系。

二、投资总额的构成与计算

1.总投资额的构成

公路工程建设项目的总投资是指工程项目建设阶段所需要的全部费用的总和,包括固定资产投资和流动资产投资两部分。其中,固定资产投资包括建设投资和建设期利息,流动资产投资是指生产性的建设项目投入的流动资金总额。生产性建设项目总投资包括建设投资、建设期利息和流动资金三部分;非生产性建设项目总投资包括建设投资和建设期利息两部分。

建设投资包括工程费用、工程建设其他费用和预备费三部分。工程费用是指直接构成固定资产实体的各种费用,可以分为建筑安装工程费和设备及工器具购置费;工程建设其他费用是指根据国家有关规定应在投资中支付,并列入建设项目总造价或单项工程造价的费用;预备费是为了保证工程项目的顺利实施,避免在难以预料的情况下造成投资不足而预先安排的一笔费用;建设期利息是指工程项目建设期间内发生并计入固定资产的利息,主要是建设期发包人发生的支付银行贷款、出口信贷、债券等的借款利息和融资等的费用。公路工程投资总额由公路工程造价和运营费用组成。

2.公路工程造价的组成

根据《公路工程建设项目造价文件管理导则》(JTG 3810—2018)、《公路工程建设项目投资估算编制办法》(JTG 3820—2018)以及《公路工程建设项目概算预算编制办法》(JTG 3830—2018)的规定,公路工程造价即工程概算、预算费用,由建筑安装工程费、土地使用及拆迁补偿费、工程建设其他费、预备费、建设期贷款利息组成。

公路工程造价组成内容,如图10-1所示。

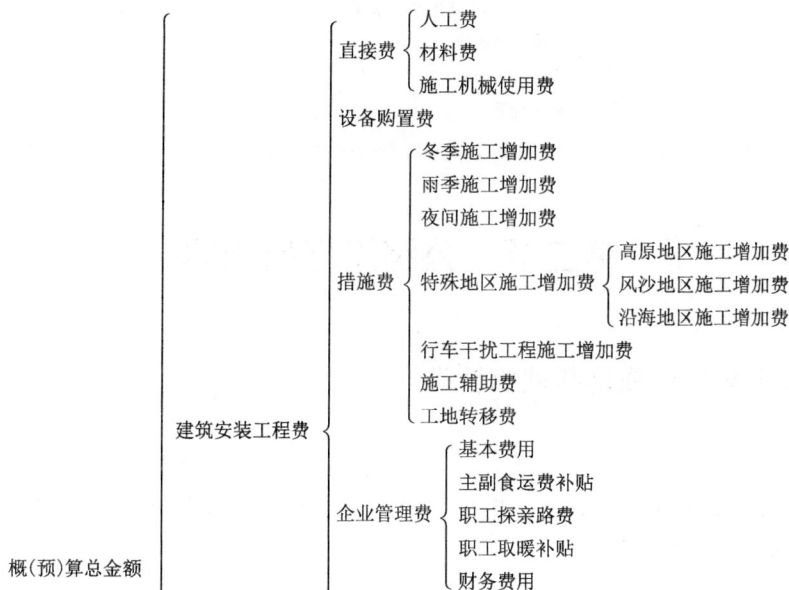

图 10-1

概(预)算总金额
- 建筑安装工程费
  - 规费
    - 养老保险费
    - 失业保险费
    - 医疗保险费
    - 工伤保险费
    - 住房公积金
  - 利润税金
  - 专项费用
    - 施工场地建设费
    - 安全生产费
- 土地使用及拆迁补偿费
- 工程建设其他费
  - 建设项目管理费
    - 建设单位（业主）管理费
    - 建设项目信息化费
    - 工程监理费
    - 设计文件审查费
    - 竣(交)工验收试验 检测费
  - 研究试验费
  - 建设项目前期工作费
  - 专项评价（估）费
  - 联合试运转费
  - 生产准备费
    - 工器具购置费
    - 办公和生活用家具购置费
    - 生产人员培训费
    - 应急保通设备购置费
  - 工程保通管理费
  - 工程保险费
  - 其他相关费用
- 预备费
  - 基本预备费
  - 价差预备费
- 建设期贷款利息

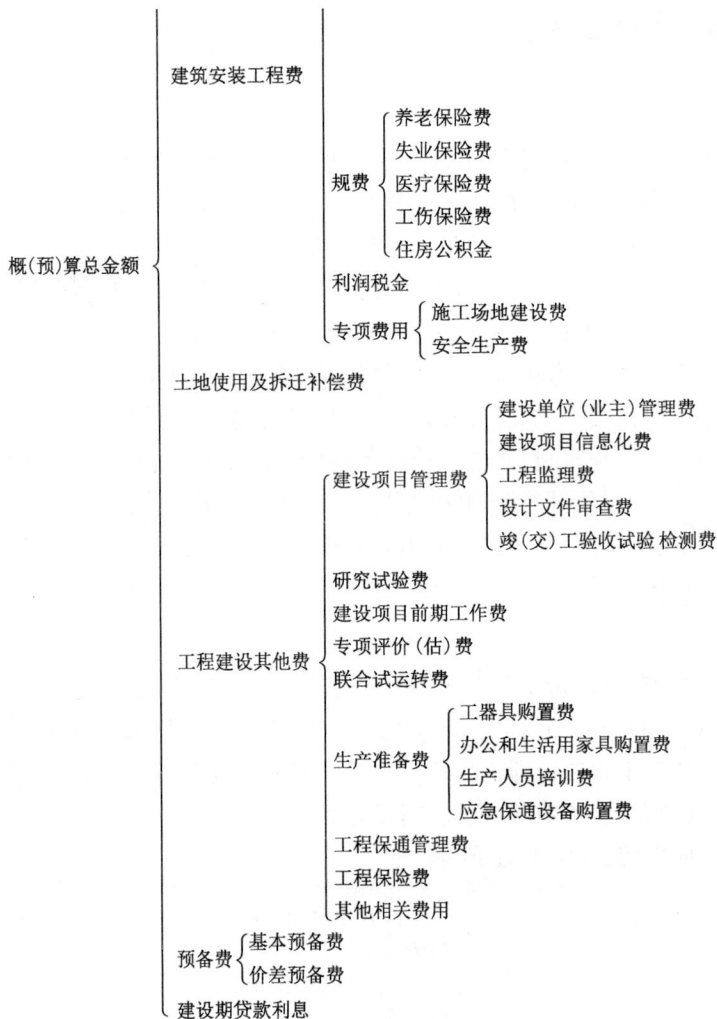

图 10-1　公路工程造价组成图

第二节　公路工程概预算

一、概预算的编制依据和编制管理

1. 编制依据

公路建设工程的概算、预算文件应依据《公路工程建设项目概算预算编制办法》（JTG 3830—2018）等规定进行编制。

2. 概预算的编制及其管理

工程概算是初步设计文件的重要组成部分,应由项目设计单位负责编制。设计单位进行初步设计时,应根据工程的构成和工程造价管理的有关规定及计价标准编制建设项目工程概算。

工程概算编制必须严格执行国家的方针政策和有关规定,根据工程所在地的建设条件、设计及施工方案,合理选用定额、费用标准和价格等分项编制要素,工程概算应完整、正确、客观、合理地计列建设项目总概算各部分费用项目及内容。

总概算应控制在建设项目工程可行性研究阶段批准的投资总估算允许范围内。

3. 施工图预算的编制及其管理

施工图预算是施工图设计文件的组成部分。进行施工图设计时,应根据设计划分的单位工程编制预算,可根据需要编制建设项目总预算。

施工图预算可由承担设计任务的设计单位编制或委托有相应资质能力的造价咨询机构编制。

预算编制应严格执行有关规定,根据施工图、工程所在地的建设条件和施工组织设计或施工方案等,合理选用定额、确定费用标准和价格等各项要素,客观、准确地反映工程实际情况。

施工图预算宜控制在初步设计概算相应范围之内;总预算费用项目内容,根据需要,可参照总概算工程建设的相关内容。

二、概预算的编制内容

(一)建筑安装工程费

根据交通运输部《公路工程建设项目概算预算编制办法》(JTG 3830—2018)(以下简称《编制办法》)的规定,建筑安装工程费用由直接费、设备购置费、措施费、企业管理费、规费、利润、税金、专项费用等八部分组成。

建筑安装工程费除专项费用外,其他均按"价税分离"计价规则计算,即各项费用均以不含增值税可抵扣进项税额的价格(费率)进行计算,具体要素价格适用增值税税率执行财税部门的相关规定。定额建筑安装工程费用包括定额直接费、定额设备购置费的40%、措施费、企业管理费、规费、利润、税金、专项费用,定额直接费包括定额人工费、定额材料费、定额施工机械使用费。

定额人工费、定额材料费、定额施工机械使用费以及定额设备购置费均按《公路工程预算定额》(JTG/T 3832—2018)附录四"定额人工、材料、设备单价表"及《公路工程机械台班费用定额》(JTG/T 3833—2018)中规定的人工、材料、设备、机械相应基价计算的定额费用计取。

1. 直接费

直接费是指施工过程中耗费的构成工程实体和有助于工程形成的各项费用,包括人工费、材料费、施工机械使用费三部分。直接费是施工企业生产作业直接体现在工程上的费用,即直接使生产资料发生转移而形成预定使用功能所投入的费用。

直接费是建筑安装工程费的主体部分,它的高低直接决定了工程造价的高低。直接费的多少取决于设计质量、施工方法、估算指标、概(预)算定额、工程所在地的人工工日单价、材料预算价格、机械台班单价等因素。计算步骤如下:

第一，将工程项目按要求分解成分项工程，并计算各分项工程的工程量。

第二，查阅、套用指标或定额项目表中各分项工程的人工、材料、机械定额消耗量。

第三，根据分项工程的工程量大小和指标或定额的规定计算出各分项工程的人工、材料、机械消耗量。

第四，用人工工日单价、材料预算单价和机械台班单价计算出各分项工程的人工费、材料费、机械使用费。

（1）人工费计算

人工费是指列入估算指标、概算、预算定额的直接从事建筑安装工程施工的生产工人开支的各项费用。但材料采购及保管人员，驾驶施工机械、运输工具的工人，材料到达工地以前的搬运、装卸工人等人员的工资以及由企业管理费（施工管理）支付工资的人员工资，不应计入人工费。

人工费以指标、概算预算定额单位工日数乘以综合工日单价，按式（10-1）计算：

人工费 $= \sum$（分项工程数量 × 相应项目指标、定额单位工日数 × 综合工日单价）（10-1）

人工费费用的范围包括：

①计时工资或计件工资。指按计时工资标准和工作时间或对已做工作按计件单价支付给个人的劳动报酬。

②津贴、补贴。指为了补偿职工特殊或额外的劳动消耗和因其他特殊原因支付给个人的津贴，以及为了保证职工工资水平不受物价影响支付给个人的物价补贴。如流动工资津贴、特殊地区施工津贴、高温（寒）作业临时津贴、高空津贴等。

③特殊情况下支付的工资。指根据国家法律、法规和政策规定，因病、工伤、产假、计划生育假、婚丧假、事假、探亲假、定期休假、停工学习、执行国家或社会义务等原因按计时工资标准或计件工资标准的一定比例支付的工资。

（2）材料费计算

材料费是指施工过程中耗用的构成工程实体的原材料、辅助材料、构配件、零件、半成品、成品等，按工程所在地的材料价格计算的费用。

材料费在建筑安装工程中占主要地位，其比重达40%左右，因此，准确计算材料费对估概预算工作质量有重要意义。具体按式（10-2）计算：

材料费 $= \sum$（分项工程数量 × 相应项目指标、定额单位材料消耗量 × 材料预算价格）

$$（10-2）$$

式（10-2）中，分项工程数量同前，指标、定额材料消耗量由指标或定额查得，只是要注意：任何一个分项工程其材料消耗的种类、品质都有差别，各种材料的品质要求由设计规定。这两项内容和工作都比较简单，关键的是材料预算价格的计算。下面重点介绍材料预算价格的计算方法。

材料预算价格由材料原价、运杂费、场外运输损耗、采购及保管费组成。材料预算价格按式（10-3）计算：

材料预算价格 =（材料原价 + 运杂费）×（1 + 场外运输损耗率）×

（1 + 采购及保管费率）- 包装品回收价值　　　　（10-3）

上式中各项内容的规定与计算如下：

——材料原价:各种材料原价按以下规定计算。①外购材料:外购材料价格参照本行政区域交通运输主管部门发布的价格或按调查的市场价格进行综合取定。②自采材料:自采的砂、石、黏土等,按定额中开采单价加辅助生产间接费和矿产资源税(如有)计算。在概(预)算编制工作中,应通过"自采材料料场价格计算表"进行计算。辅助生产间接费指施工单位自行开采加工的砂、石等自采材料及施工单位自办的人工、机械装卸和运输的间接费。辅助生产间接费按定额人工费的3%计。该项费用并入材料预算单价内构成材料费,不直接出现在概(预)算中。

高原地区施工单位的辅助生产,可按高原地区施工增加费费率,以定额人工费与施工机械费之和为基数计算高原地区施工增加费(其中,人工采集、加工材料,人工装卸、运输材料按土方费率计算;机械采集、加工材料按机械石方费率计算;机械装卸、运输材料按运输费率计算)。辅助生产高原地区施工增加费不作为辅助生产间接费计算基数。

材料供应价格是材料预算价格最主要的组成部分,应进行仔细的调查和分析,按实计取。

——运杂费:指材料自供应地点至工地仓库(施工地点存放材料的地方)的费用,包括装卸费、运费,如果发生,还应计囤存费及其他杂费,如过磅、标签、支撑加固、路桥通行等费用。

材料运杂费在材料预算价格中占有很大的比重,其运输费用高与低,与材料供应地和运输方式的选择有密切的关系。材料供应地一经确定,运输方式、运距也就随之确定了。材料供应地的选择要综合考虑可供量、供应价格、运输条件及运距长短等因素,进行经济比较后确定,以达到降低材料预算价格和工程造价的目的。

——场外运输损耗:有些材料在正常的运输过程中会发生损耗,这部分损耗应摊入材料单价内。

——采购及保管费:指在组织采购、供应和保管材料过程中,所需要的各项费用及工地仓库的材料储存损耗。

材料采购及保管费以材料的原价加运杂费及场外运输损耗的合计数为基数,乘以采购及保管费费率计算。

(3)施工机械使用费计算

施工机械使用费指列入估算指标、概算、预算定额的工程机械和工程仪器、仪表台班数量,按相应的施工机械台班费用定额计算的施工机械使用费和小型机具使用费。按式(10-4)计算:

$$施工机械使用费 = (分项工程数量 \times 相应项目指标、定额单位机械台班消耗量 \times$$
$$机械台班单价) + 小型机具使用费 \tag{10-4}$$

其中:

——分项工程数量:同前。

——定额机械台班消耗量:由指标或定额直接查得完成一定数量单位的分项工程指标、定额所规定消耗的机械种类和台班数量。

——机械台班单价:机械台班预算价格应按《公路工程机械台班费用定额》(JTG/T 3833—2018)计算,机械台班单价由不变费用和可变费用组成。不变费用包括折旧费、检修费、维护费、安拆辅助费等;可变费用包括机上人员人工费、动力燃料费、车船税。可变费用中的人工工日数及动力物资消耗量,应以机械台班费用定额中的数值为准。台班人工费工日单价同生产工人人工费单价。动力燃料费用则按材料费的计算规定计算。车船税，如需交纳时，应根据各省（自治区、直辖市）及国务院有关部门的规定计算。各种机械台班单价通过"施工机械台班单价计算表"计算。

工程仪器仪表使用费是指机电工程施工作业所发生的仪器仪表使用费，以施工仪器仪表台班耗用量乘以施工仪器仪表台班单价计算。工程仪器仪表台班预算价格应按《公路工程机械台班费用定额》（JTG/T 3833—2018）计算。台班人工费工日单价同生产工人人工费单价。动力燃料费用则按材料费的计算规定计算。

——小型机具使用费：从指标或定额中查出相应项目指标或定额单位所规定的消耗费用与分项工程数量相乘即可。

（4）定额直接费计算

定额直接费是计算措施费、企业管理费等费用的基数。定额直接费在做初步方案的经济比较时发挥作用，也是评价不同工艺、方法的造价水平的参考依据。

定额直接费是指完成定额规定单位的分项工程量所需消耗的工人费、材料费、机械使用费的合计值。其中人工费、材料费按《公路工程预算定额》（JTG/T 3832—2018）附录四"定额人工、材料、设备单价表"计算，施工机械使用费按《公路工程机械台班费用定额》（JTG/T 3833—2018）中的定额基价计算。

2. 设备购置费

设备购置费指为满足公路初期运营、管理需要购置的构成固定资产标准的设备和虽低于固定资产标准但属于设计明确列入设备清单的设备的费用，包括渡口设备，隧道照明、消防、通风的动力设备，公路收费、监控、通信、路网运行监测、供配电及照明设备等。

（1）设备购置费应由列出计划购置的清单（包括设备的规格、型号、数量），以设备预算价计入。

（2）设备购置费包括设备原价、运杂费、运输保险费、采购及保管费，各种税费按编制期有关部门规定计算。

（3）需要安装的设备，按建筑安装工程费的有关规定计算设备的安装工程费。设备与材料的划分标准见《公路工程建设项目概算预算编制办法》（JTG 3830—2018）附录 C。

3. 措施费

措施费包括冬季施工增加费、雨季施工增加费、夜间施工增加费、特殊地区施工增加费、行车干扰工程施工增加费、施工辅助费、工地转移费等七项，分别以定额人工费和定额施工机械使用费之和或定额直接费为基数按费率取费计算。

（1）措施费的取费费率

措施费的取费费率需按工程类别来计取，包括后面的企业管理费的计算也必须按以下工程类别来取。其工程类别划分如下：

——土方：指人工及机械施工的土方工程、路基掺灰、路基换填及台背回填。

——石方：指人工及机械施工的石方工程。

——运输：指汽车、拖拉机、机动翻斗车、船舶等运送土石方、路面基层和面层混合料、水泥混凝土及预制构件、绿化苗木等。

——路面:指路面所有结构层工程、路面附属工程、便道以及特殊路基处理工程(不含特殊路基处理中的圬工构造物)。

——隧道:指隧道土建工程(不含隧道的钢材及钢结构)。

——构造物Ⅰ:指砍树挖根、拆除工程、排水、防护、特殊路基处理中的圬工构造物、涵洞、交通安全设施、拌和站(楼)安拆工程、便桥、便涵、临时电力和电信设施、临时轨道、临时码头、绿化工程等工程。

——构造物Ⅱ:指小桥、中桥、大桥、特大桥工程。

——构造物Ⅲ:指商品水泥混凝土的浇筑、商品沥青混合料和各类商品稳定土混合料的铺筑、外购混凝土构件、设备安装工程等。

——技术复杂大桥:指钢管拱桥、斜拉桥、悬索桥、单孔跨径在120m以上(含120m)和基础水深在10m以上(含10m)的大桥主桥部分的基础、下部和上部工程(不含桥梁的钢材及钢结构)。

——钢材及钢结构:指所有工程的钢材及钢结构等工程。

购买的路基填料、绿化苗木、商品水泥混凝土、商品沥青混凝土和各类稳定土混合料、外购混凝土构件不作为措施费及企业管理费的计算基数。

(2)冬季施工增加费

冬季施工增加费指按照公路工程施工及验收规范所规定的冬季施工要求,为保证工程质量和安全生产所需采取的防寒保温设施、工效降低和机械作业率降低以及技术操作过程的改变等所增加的有关费用。

——冬季施工增加费的内容包括:因冬季施工所需增加的一切人工、机械与材料的支出。施工机械所需修建的暖棚(包括拆、移),增加其他保温设备购置费用。因施工组织设计确定,需增加的一切保温、加温等有关支出。清除工作地点的冰雪等与冬季施工有关的其他各项费用。

——冬季施工增加费计算方法:冬季施工增加费的计算方法,是根据各类工程的特点,规定各气温区的取费标准。为了简化计算手续,采用全年平均摊销的方法,即不论是否在冬季施工,均按规定的取费标准计取冬季施工增加费:一条路线穿过两个以上的气温区时,可分段计算或按各区的工程量比例求得全线的平均增加率,计算冬季施工增加费。

——冬季施工增加费计算基数及费率:冬季施工增加费以各类工程的定额人工费和定额施工机械使用费之和为基数,按工程所在地的气温区选用相应的费率计算。

(3)雨季施工增加费

雨季施工增加费指雨季期间施工为保证工程质量和安全生产所需采取的防雨、排水、防潮和防护措施、工效降低和机械作业率降低以及技术操作过程的改变等,所需增加的有关费用。

——雨季施工增加费的内容包括:因雨季施工所需增加的工、料、机费用的支出,包括工作效率的降低及易被雨水冲毁的工程所增加的清理坍塌基坑和堵塞排水沟、填补路基边坡冲沟等工作内容。路基土方工程的开挖和运输,因雨季施工(非土壤中水影响)而引起的黏附工具、降低工效所增加的费用。因防止雨水必须采取的挖临时排水沟、防止基坑坍塌所需的支撑、挡板等防护措施费用。材料因受潮、受湿的损耗费用。增加防雨、防潮设备的费用。因河水高涨致使工作困难等其他有关雨季施工所需增加的费用。

——雨季施工增加费计算方法：雨季施工增加费的计算方法，是将全国划分为若干雨量区和雨季期，并根据各类工程的特点规定各雨量区及各雨季期的取费标准。为了简化计算手续，采用全年平均摊销的方法，即不论是否在雨季施工，均按规定的取费标准计取雨季施工增加费。一条路线通过不同的雨量区和雨季期时，应分别计算雨季施工增加费或按工程量比例求得平均的增加率，计算全线雨季施工增加费。

——雨季施工增加费计算基数及费率：雨季施工增加费以各类工程的定额人工费和定额施工机械使用费之和为基数，按工程所在地的雨量区、雨季期选用相应的费率计算。

（4）夜间施工增加费

夜间施工增加费指根据设计、施工技术规范和合理的施工组织要求，必须在夜间施工或必须昼夜连续施工而发生的夜班补助费、夜间施工降效、施工照明设备摊销及照明用电等费用。夜间施工增加费以夜间施工工程项目的定额人工费与定额施工机械使用费之和为基数，选用相应的费率计算。

（5）特殊地区施工增加费

特殊地区施工增加费包括高原地区施工增加费、风沙地区施工增加费和沿海地区施工增加费等三项。

——高原地区施工增加费：高原地区施工增加费指在海拔 2000m 以上地区施工，由于受气候、气压的影响，致使人工、机械效率降低而增加的费用。一条路线通过两个以上（含两个）不同的海拔分区时，应分别计算高原地区施工增加费或按工程量比例求得平均的增加率，计算全线高原地区施工增加费。高原地区施工增加费以各类工程的定额人工费与定额施工机械使用费之和为基数，选用相应的费率计算。

——风沙地区施工增加费：风沙地区施工增加费指在沙漠地区施工时，由于受风沙影响，按照施工及验收规范的要求，为保证工程质量和安全生产而增加的有关费用。内容包括防风、防沙及气候影响的措施费，人工、机械效率降低增加的费用，以及积沙、风蚀的清理修复等费用。

一条路线通过两个以上不同的风沙区时，按路线长度经过不同的风沙区加权计算项目全线风沙地区施工增加费。风沙地区施工增加费以各类工程的定额人工费与定额施工机械使用费之和为基数，根据工程所在地的风沙区划及类别，选用相应的费率计算。

——沿海地区施工增加费：沿海地区施工增加费指工程项目在沿海地区受海风、海浪和潮汐的影响，致使人工、机械效率降低等所需增加的费用。本项费用，由沿海各省份省级交通运输主管部门制定具体的适用范围（地区）。沿海地区施工增加费以各类工程的定额人工费与定额施工机械使用费之和为基数，选用相应的费率计算。

（6）行车干扰工程施工增加费

行车干扰工程施工增加费指由于边施工边维持通车，受行车干扰的影响，致使人工、机械效率降低而增加的费用。该费用以受行车影响部分的工程项目的定额人工费和定额施工机械使用费之和为基数，选用相应的费率计算。

（7）施工辅助费

施工辅助费包括生产工具用具使用费、检验试验费和工程定位复测、工程点交、场地清理等费用。

生产工具用具使用费指施工所需不属于固定资产的生产工具、检验、试验用具及仪器、仪表等的购置、摊销和维修费,以及支付给生产工人自备工具的补贴费。

检验试验费指施工企业对建筑材料、构件和建筑安装工程进行一般鉴定、检查所发生的费用,包括自设试验室进行试验所耗用的材料和化学药品的费用,以及技术革新和研究试验费。但不包括新结构、新材料的试验费和建设单位要求对具有出厂合格证明的材料进行检验、对构件破坏性试验及其他特殊要求检验的费用。

高填方和软基沉降监测、高边坡稳定监测、桥梁施工监测、隧道施工监控量测、超前地质预报等施工监控费含在施工辅助费中,不得另行计算。

施工辅助费以各类工程的定额直接费为基数,按相应的费率计算。

(8)工地转移费

工地转移费指施工企业迁至新工地的搬迁费用,其内容包括:施工单位职工及随职工迁移的家属向新工地转移的车费、家具行李费、途中住宿费、行程补助费、杂费等。公物、工具、施工设备器材、施工机械的运杂费,以及外租机械的往返费及施工机械、设备、公物、工具的转移费等。非固定工人进退场的费用。工地转移费以及各类工程的定额人工费与定额施工机械使用费之和为基数,选用相应的费率计算。

4.企业管理费

企业管理费由基本费用、主副食运费补贴、职工探亲路费、职工取暖补贴和财务费用五项组成。

(1)基本费用

基本费用指建筑安装企业组织施工生产和经营管理所需的费用,包括:

管理人员工资:管理人员的基本工资、绩效工资、津贴补贴及特殊情况下支付的工资以及缴纳的养老、医疗、失业、工伤保险费和住房公积金等。

办公费:企业管理办公用的文具、纸张、账表、印刷、通信、网络、书报、办公软件、会议、水电、烧水和集体取暖降温(包括现场临时宿舍取暖降温)用煤(电、气)等费用。

差旅交通费:职工因公出差、调动工作的差旅费、住勤补助费,市内交通费和误餐补助费,劳动力招募费,职工退休、退职一次性路费,工伤人员就医路费以及管理部门使用的交通工具的油料、燃料等费用。

固定资产使用费:管理部门及附属生产单位使用的属于固定资产的房屋、设备等的折旧、大修、维修或租赁费等。

工具用具使用费:企业管理使用的不属于固定资产的工具、器具、家具、交通工具和检验、试验、测绘、消防用具等的购置、维修和摊销费。

劳动保险费:企业支付的离退休职工的易地安家补助费、职工退职金、6个月以上的病假人员工资、职工死亡丧葬补助费、抚恤费、按规定支付给离休干部的各项经费。

职工福利费:按国家规定标准计提的职工福利费。

劳动保护费:企业按国家有关部门规定发放的劳动保护用品的购置费及修理费、防暑降温费、在有碍身体健康环境中施工的保健费用等。

工会经费:企业根据《中华人民共和国工会法》的规定,按全部职工工资总额比例计提的工会经费。

职工教育经费：按职工工资总额的规定比例计提，企业为职工进行专业技术和职业技能培训，专业技术人员继续教育、职工职业技能鉴定、职业资格认定以及根据需要对职工进行各类文化教育所发生的费用，不含职工安全教育、培训费用。

保险费：企业财产保险、管理用及生产用车辆等保险费用及人身意外伤害险的费用。

工程排污费：施工现场按规定缴纳的排污费用。

税金：企业按规定缴纳的城市维护建设税、教育费附加、地方教育附加、房产税、车船使用税、土地使用税、印花税等。

其他：上述项目以外的其他必要的费用支出，包括技术转让费、技术开发费、竣（交）工文件编制费、招投标费、业务招待费、绿化费、广告费、公证费、定额测定费、法律顾问费、审计费、咨询费以及施工标准化、规范化、精细化管理等费用。

基本费用以各类工程的定额直接费为基数，按相应的费率的计算。

（2）主副食运费补贴

主副食运费补贴指施工企业在远离城镇及乡村的野外施工购买生活必需品所增加的费用。该费用以各类工程的定额直接费为基数，按相应的费率计算。

（3）职工探亲路费

职工探亲路费指按照有关规定发放给施工企业职工在探亲期间发生的往返交通费和途中住宿费等费用。该费用以各类工程的定额直接费为基数，按相应的费率计算。

（4）职工取暖补贴

职工取暖补贴指按规定发放给施工企业职工的冬季取暖费和为职工在施工现场设置的临时取暖设施的费用。该费用以各类工程的定额直接费为基数，按工程所在地的气温区选用表相应的费率计算。

（5）财务费用

财务费用指施工企业为筹集资金提供投标担保、预付款担保、履约担保、职工工资支付担保等所发生的各种费用。包括企业经营期间发生的短期贷款利息净支出、汇兑净损失、调剂外汇手续费、金融机构手续费，以及企业筹集资金发生的其他财务费用。财务费用以各类工程的定额直接费为基数，按相应的费率计算。

5. 规费

规费指按法律、法规、规章、规程规定施工企业必须缴纳的费用，包括：

（1）养老保险费：施工企业按规定标准为职工缴纳的基本养老保险费。

（2）失业保险费：施工企业按规定标准为职工缴纳的失业保险费。

（3）医疗保险费：施工企业按规定标准为职工缴纳的医疗保险费（含生育保险费）。

（4）工伤保险费：施工企业按规定标准为职工缴纳的工伤保险费。

（5）住房公积金：施工企业按规定标准为职工缴纳的住房公积金。

各项规费以各类工程的人工费（含施工机械人工费）之和为基数，按国家或工程所在地法律、法规、规章、规程规定的标准计算。

6. 利润

利润指施工企业完成所承包的工程获得的盈利。按定额直接费及措施费、企业管理费之

和的 7.42% 计算,按式(10-5)计算:

$$利润 = (定额直接费 + 措施费 + 企业管理费) \times 7.42\% \tag{10-5}$$

7. 税金

税金指国家税法规定应计入建筑安装工程造价的增值税销项税额,按式(10-6)计算:

$$税金 = (直接费 + 设备购置费 + 措施费 + 企业管理费 + 规费 + 利润) \times$$
$$建筑业增值税税率 \tag{10-6}$$

8. 专项费用

专项费用包括施工场地建设费和安全生产费。

(1)施工场地建设费

按照工地建设标准化要求进行承包人驻地、工地试验室建设,钢筋集中加工、混合料集中拌制、构件集中预制等所需的办公、生活居住房屋(包括职工家属房屋及探亲房屋),公用房屋(如广播室、文体活动室、医疗室)和生产用房屋(如仓库、加工厂、加工棚、发电站、空压机站、停机棚、值班室等)等费用。

包括场区平整(山岭重丘区的土石方工程除外)、场地硬化、排水、绿化、标志、污水处理设施、围墙隔离设施等的费用,不包括钢筋加工的机械设备、混合料拌和设备及安拆、预制构件台座、预应力张拉设备、起重及养护设备,以及概(预)算定额中临时工程的费用。

包括以上范围内的各种临时工作便道(包括汽车、人力车道)、人行便道,工地临时用水、用电的水管支线和电线支线,临时构筑物(如水井、水塔等)、其他小型临时设施等的搭设或租赁、维修、拆除、清理的费用;但不包括红线范围内贯通便道、进出场的临时道路、保通便道。

工地试验室所发生的属于固定资产的试验设备和仪器等折旧、维修或租赁费用。

施工扬尘污染防治措施费:指裸露的施工场地覆盖防尘网,施工便道和施工场地洒水或喷洒抑尘剂,运输车辆的苫盖和冲洗、环境敏感区设置围挡,防尘标识设置,环境监控与检测等所需的费用。

文明施工、职工健康生活的费用。

施工场地建设费以施工场地计费基数,按相应的费率,以累进方法计算。施工场地计费基数为定额建筑安装工程费减去专项费用。施工场地建设费先按式(10-7)计算施工场地计费基数,然后按式(10-8)计算施工场地建设费:

$$施工场地计费基数 = 定额直接费 + 措施费 + 企业管理费 + 规费 + 利润 + 税金 \tag{10-7}$$
$$施工场地建设费 = 施工场地计费基数 \times 累进费率 \tag{10-8}$$

(2)安全生产费

安全生产费包括完善、改造和维护安全设施设备费用,配备、维护、保养应急救援器材、设备费用,开展重大危险源和事故隐患评估和整改费用,安全生产检查、评价、咨询费用,配备和更新现场作业人员安全防护用品支出,安全生产宣传、教育、培训费用,安全设施及特种设备检测检验费用,施工安全风险评估、应急演练等有关工作及其他与安全生产直接相关的费用。

安全生产费按建筑安装工程费乘以安全生产费费率计算。

综上所述,建筑安装工程费各项费用计算方法见表 10-1。

建筑安装工程费各项费用计算方法 表 10-1

序号	项目	说明及计算式
（一）	定额直接费	$\sum$人工消耗量×人工基价 + $\sum$（材料消耗量×材料基价 + 机械台班消耗量×机械台班单价）
（二）	定额设备购置费	$\sum$设备购置数量×设备基价
（三）	直接费	$\sum$人工消耗量×人工单价 + $\sum$（材料消耗量×材料预算单价 + 机械台班消耗量×机械台班预算单价）
（四）	设备购置费	$\sum$设备购置数量×预算基价
（五）	措施费	（一）×施工辅助费费率 + 定额人工费和定额施工机械使用费之和×其余措施费综合费率
（六）	企业管理费	（一）×企业管理费综合费率
（七）	规费	各类工程人工费（含施工机械人工费）×规费综合费率
（八）	利润	[（一）+（五）+（六）]×7.42%
（九）	税金	[（三）+（四）+（五）+（六）+（七）+（八）]×建筑业增值税税率
（十）	专项费用	
	施工场地建设费	[（一）+（五）+（六）+（七）+（八）+（九）]×累进费率
	安全生产费	建筑安装工程费（不含安全生产费本身）×安全生产费费率（≥1.5%）
（十一）	定额建筑安装工程费	（一）+（二）×40% +（五）+（六）+（七）+（八）+（九）+（十）
（十二）	建筑工程工程费	（三）+（四）+（五）+（六）+（七）+（八）+（九）+（十）

（二）土地使用及拆迁补偿费

1.土地使用及拆迁补偿费组成

土地使用及拆迁补偿费包含永久占地费、临时占地费、拆迁补偿费、水土保持补偿费和其他费用。

（1）永久占地费

永久占地费包括土地补偿费、征用耕地安置补助费、耕地开垦费、森林植被恢复费、失地农民养老保险费。

土地补偿费包括征地补偿费、被征用土地上的青苗补偿费，征用城市郊区的菜地等缴纳的菜地开发建设基金，耕地占用税，用地图编制费及勘界费等。

征用耕地安置补助费指征用耕地需要安置农业人口的补助费。

耕地开垦费指公路建设项目占用耕地的，应由建设项目法人（业主）负责补充耕地所发生的费用；没有条件开垦或者开垦的耕地不符合要求的，按规定缴纳耕地开垦费。公路建设项目发生跨省域补充耕地国家统筹的，应执行《国务院办公厅关于印发跨省域补充耕地国家统筹管理办法和城乡建设用地增减挂钩节余指标跨省域调剂管理办法的通知》（国办发〔2018〕16号）的规定；发生省内跨区域补充耕地的，执行本省相关规定。

森林植被恢复费指公路建设项目需要占用、征用林地的，经县级以上林业主管部门审核同意或批准，建设项目法人（业主）单位按照省级人民政府有关规定向县级以上林业主管部门预缴的森林植被恢复费。

失地农民养老保险费指根据国家规定为保障依法被征地农民养老而缴纳的保险费用。失地农民养老保险费按项目所在地省级人民政府的相关规定进行计算。

（2）临时占地费

临时占地费包括临时征地使用费、复耕费。

临时征地使用费指为满足施工所需的承包人驻地、预制厂、拌和厂、仓库、加工厂（棚）、堆料场、取弃土场、进出场便道、便桥等所有的临时用地及其附着物的补充费用。

复耕费指临时占用的耕地、鱼塘等，在工程交工后将其恢复到原有标准所发生的费用。

（3）拆迁补偿费

拆迁补偿费指征用或占用土地地上、地下的房屋及附属构筑物，公用设施、文物等的拆除、发掘及迁建补偿费，拆迁管理费等。

（4）水土保持补偿费

水土保持补偿费根据国家相关法律、法规规定缴纳。

（5）其他费用

其他费用指国务院行政主管部门及省级人民政府规定的与征地拆迁相关的费用。

2. 土地使用费及拆迁补偿费计算方法

（1）土地征用及拆迁补偿费应根据工程可行性研究报告或设计文件确定的建设工程用地和临时用地面积及其附着物的情况，以及实际发生的费用项目，按国家有关规定及工程所在地的省（自治区、直辖市）颁布的有关规定和标准计算。

（2）森林植被恢复费应根据审批单位批准的建设工程占用林地的类型及面积，按国家有关规定及工程所在省（自治区、直辖市）颁布的有关规定和标准计算。

（3）当与原有的电力电信设施、管线、水利工程、铁路及铁路设施互相干扰时，应与有关部门联系，商定合理的解决方案和补偿金额，也可由这些部门按规定编制费用以确定补偿金额。

（4）水土保持补偿费按各省（自治区、直辖市）制定的水土保持补偿费收费标准进行计算。

（三）工程建设其他费

工程建设其他费包括建设项目管理费、研究试验费、建设项目前期工作费、专项评价（估）费、联合试运转费、生产准备费、工程保通管理费、工程保险费、其他费用等九项费用。

1. 建设项目管理费

建设项目管理费包括建设单位（业主）管理费、建设项目信息化费、工程监理费、设计文件审查费和竣（交）工验收试验检测费。其中，建设单位（业主）管理费、建设项目信息化费和工程监理费均为实施建设项目管理的费用，可根据建设单位（业主）、施工、监理单位所实际承担的工作内容和工作量统筹使用。

（1）建设单位（业主）管理费

建设单位（业主）管理费指建设单位（业主）为建设项目的立项、筹建、建设、竣（交）工验收、总结等工作所发生的费用。

建设单位（业主）管理费内容包括：工作人员的工资、工资性补贴、施工现场津贴，社会保障费用（基本养老、基本医疗、失业、工伤保险）、住房公积金、职工福利费、工会经费、劳动保护费、办公费、会议费、差旅交通费、固定资产使用费（包括办公及生活房屋折旧、维修或租赁费，车辆折旧、维修、使用或租赁费，通信设备购置费、使用费，测量、试验设备仪器折旧、维修或租赁费，其他设备折旧、维修或租赁费等）、零星固定资产购置费、招募生产工人费、技术图书资料费、职工教育培训经费、招标管理费、合同契约公证费、法律顾问费、咨询费、建设单位的临时设施费、完工清理费、竣（交）工验收费[含其他行业或部门要求的竣工验收费用、建设单位负责的竣（交）工文件编制费]、各种税费（包括房产税、车船使用税、印花税等），对建设项目前期工作、项目实施及竣工决算等全过程进行审计所发生的审计费用，境内外融资费用（不含建设期贷款利息）、业务招待费及工程质量、安全生产管理费和其他管理性开支。

建设单位（业主）管理费计算：建设单位（业主）管理费以定额建筑安装工程费为基数，按规定的费率，以累进办法计算。

双洞长度超过5000m的独立隧道，水深大于15m、跨径大于或等于400m的斜拉桥和跨径大于或等于800m的悬索桥等独立特大型桥梁工程的建设单位（业主）管理费按规定的费率乘以1.3计算；海上工程[指由于风浪影响，工程施工期（不包括封冻期）全年月平均工作日少于15天的工程]的建设单位（业主）管理费按规定的费率乘以1.2的系数计算。

（2）项目建设信息化费

项目建设信息化费指建设单位（业主）和各参建单位用于建设项目的质量、安全、进度、费用等方面的信息化建设、运维及各种税费等费用，包括建设项目全寿命周期的建筑信息模型（BIM）等相关费用。

建设项目信息化费以定额建筑安装工程费为基数，按规定的费率，以累进办法计算。

（3）工程监理费

工程监理费指建设单位（业主）委托具有监理资格的单位，按照施工监理规范进行全面的监督和管理所发生的费用。

工程监理费内容包括：工作人员的基本工资、加班工资、工资性津贴、施工现场津贴、社会保障费用（基本养老、基本医疗、失业、工伤保险）、住房公积金、职工福利费、工会经费、劳动保护费、办公费、会议费、差旅交通费，办公、试验规定资产使用费（包括办公及生活房屋折旧、维修或租赁费，车辆折旧、维修、使用或租赁费，通信设备购置、使用费，测量、试验、检测设备仪器折旧、维修或租赁费，其他设备折旧、维修或租赁费等）、零星固定资产购置费、招募生产工人费、技术图书资料费、职工教育经费、投标费用，合同契约公证费、法律顾问费、咨询费、业务招待费、财务费用、监理单位的临时设施费、完工清理费、竣（交）工验收费、各种税费、安全生产管理费和其他管理性开支。

工程监理费以定额建筑安装工程费为基数，按表10-2规定的费率，以累进办法计算。

工程监理费费率表   表10-2

定额建筑安装工程费（万元）	费率（%）	算例（万元）	
		定额建筑安装工程费	工程监理费
500及以下	3.00	500	$500 \times 3\% = 15$
500~1000	2.40	1000	$15 + (1000 - 500) \times 2.4\% = 27$
1000~5000	2.10	5000	$27 + (5000 - 1000) \times 2.1\% = 111$

续上表

定额建筑安装工程费 （万元）	费率 （%）	算例（万元）	
		定额建筑安装工程费	工程监理费
5000～10000	1.94	10000	$111 + (10000 - 5000) \times 1.94\% = 208$
10000～30000	1.87	30000	$208 + (30000 - 10000) \times 1.87\% = 582$
30000～50000	1.83	50000	$582 + (50000 - 30000) \times 1.83\% = 948$
50000～100000	1.78	100000	$948 + (100000 - 50000) \times 1.78\% = 1838$
100000～150000	1.72	150000	$1838 + (150000 - 100000) \times 1.72\% = 2698$
150000～200000	1.64	200000	$2698 + (200000 - 150000) \times 1.64\% = 3518$
200000～300000	1.55	300000	$3518 + (300000 - 200000) \times 1.55\% = 5068$
300000～400000	1.49	400000	$5068 + (400000 - 300000) \times 1.49\% = 6558$
400000～600000	1.45	600000	$6558 + (600000 - 400000) \times 1.45\% = 9458$
600000～800000	1.42	800000	$9458 + (800000 - 600000) \times 1.42\% = 12298$
800000～1000000	1.37	1000000	$12298 + (1000000 - 800000) \times 1.37\% = 15038$
1000000 以上	1.33	1200000	$15038 + (1200000 - 1000000) \times 1.33\% = 17698$

（4）设计文件审查费

设计文件审查费指在项目审批前,建设单位(业主)为保证勘察设计工作的质量,组织有关专家或委托有资质的单位,对提交的建设项目可行性研究报告和勘察设计文件进行审查所需要的相关费用。建设项目若有地质勘察监理,费用在此项目开支;建设项目若有设计咨询(或设计监理、设计双院制),其费用在此项目内开支。

设计文件审查费以定额建筑安装工程费为基数,按规定的费率,以累进办法计算。

（5）工程竣(交)工验收试验检测费

工程竣(交)工验收试验检测费指在公路建设项目竣(交)工验收前,由建设单位(业主)或工程质量监督机构委托有资质的公路工程质量检测单位按照有关规定对建设项目的工程质量进行检测并出具检测意见,以及进行桥梁动(静)载试验或其他特殊检测等所需的费用。

工程竣(交)工验收试验检测费按规定计算。道路工程按主线路基长度计算,桥梁工程以主线桥梁、分离式立交、匝道桥的长度之和进行计算,隧道按单洞长度计算。

道路工程,高速公路、一级公路按四车道计算,二级及二级以下公路按两车道计算,每增加一个车道,较固定的费用增加10%。桥梁和隧道工程,按双向四车道计算,每增加一个车道费用增加15%,二级及二级以下公路的桥隧工程按规定费用的40%计算。

2. 研究试验费

研究试验费指按项目特点和有关规定,在建设过程中必须进行的研究和试验所需费用,以及支付科技成果、专利、先进技术的一次性技术转让费。不包括:应由前期工作费(为建设项目提供或验证设计数据、资料等专题研究)开支的项目;应由科技三项费用(即新产品试制费、中间试验费和重要科学研究补助费)开支的项目;应由施工辅助费开支的施工企业对建筑材料、构件和建筑物进行一般鉴定、检查所发生的费用及技术革新研究试验费。

计算方法:按设计提出的研究试验内容和要求进行编制。

3. 建设项目前期工作费

建设项目前期工作费指委托勘察设计单位、咨询单位对建设项目进行可行性研究、工程勘察设计，以及设计、监理、施工招标文件及招标标底或造价控制值文件编制时，按规定应支付的费用。包括：

（1）编制项目建议书（或预可行性研究报告）、可行性研究报告、投资估算，以及相应的勘察、设计等所需的费用。

（2）通过风洞试验、地震动参数、索塔足尺模型试验、桥墩局部冲刷试验、桩基承载力试验等为建设项目提供或验证设计数据所需的专题研究费用。

（3）初步设计和施工图设计的勘察费、设计费，概（预）算及调整概算编制费用等。

（4）设计、监理、施工招标文件及招标标底（或造价控制值或清单预算）文件编制费等。

计算方法：建设项目前期工作费以定额建筑安装工程费为基数，按规定的费率，以累进办法计算。

4. 专项评价（估）费

专项评价（估）费系依据国家法律、法规规定进行评价（评估）、咨询，按规定应支付的费用。该费用包括环境影响评价费、水土保持评估费、地震安全性评价费、地质灾害危险性评价费、压覆重要矿床评估费、文物勘察费、通航论证费、行洪论证（评估）费、使用林地可行性研究报告编制费、用地预审报告编制费、项目风险评估费、节能评估费和社会风险评估费、放射性影响评估费、规划选址意见书编制等费用。

（1）项目建议书投资估算。项目建议书投资估算的专项评价（估）费按《公路工程建设项目投资估算编制办法》（JTG 3820—2018）附录 H 规定的费率，以定额建筑安装工程费为基数进行计算。

（2）工程可行性研究报告投资估算、概预算。工程可行性研究报告投资估算、概预算的专项评价（估）费计算方法为：依据委托合同，或参照类似工程已发生的费用进行计列。

5. 联合试运转费

联合试运转费指建设项目的机电工程，按照有关规定标准，需要进行整套设备带负荷联合试运转所需的全部费用，不包括应由设备安装工程中开支的调试费用。

费用内容包括：联合试运转期间所需的材料、燃料和动力的消耗，机械和检测设备使用费，工具用具和低值易耗品费，参加联合试运转人员工资及其他费用等。

联合试运转费以定额建筑安装工程费总额为基数，按 0.04% 的费率计算。

6. 生产准备费

生产准备费指建设项目保证新建、改（扩）建项目交付使用后满足正常的运行、管理发生的工器具购置、办公和生活用家具购置、生产人员培训、应急保通设备购置等费用。

7. 工程保通管理费

工程保通管理费指新建或改（扩）建工程需边施工边维持通车或通航的建设项目，为保证公（铁）路运营安全、船舶航行安全及施工安全而进行交通（公路、航道、铁路）管制、交通（铁路）与船舶疏导所需的和媒体、公告等宣传费用及协管人员经费等。工程保通管理费应按设计需要进行计列。涉水项目施工期通航安全保障费用计算方法按《公路工程建设项目概算预算编制办法》(JTG 3830—2018)附录 G 计算。

8. 工程保险费

工程保险费指在合同执行期内,施工企业按合同条款要求办理保险的费用,包括建筑工程一切险和第三方责任险。

(1)建筑工程一切险是为永久工程、临时工程和设备及已运至施工工地用于永久工程的材料和设备所投的保险。

(2)第三方责任险是对因实施合同工程而造成的财产(本工程除外)损失或损害,或人员(业主和承包人雇员除外)的死亡或伤残所负责进行的保险。

工程保险费以建筑安装工程费(不含设备费)为基数,按 0.4% 的费率计算。

9. 其他费用

其他费用指国务院行政主管部门及省级人民政府规定的其他与公路建设相关的费用,按其相关规定计算。

(四)预备费

预备费由基本预备费和价差预备费两部分组成。

1. 基本预备费

基本预备费是指在初步设计和概算、施工图设计和施工图预算中难以预料的工程和费用。

(1)基本预备费费用组成

在进行工程可行性研究、初步设计(技术设计)、施工图设计和施工过程中,在批准的项目建议书、工程可行性研究和投资估算、初步设计和概算范围内所增加的工程费用。

在设备订货时,由于规格、型号改变的价差,材料货源变更、运输距离或方式的改变以及因规格不同而代换使用等原因发生的价差。

在项目主管部门组织竣(交)工验收时,验收委员会(或小组)为鉴定工程质量必须开挖和修复隐蔽工程的费用。

(2)计算方法

基本预备费以建筑安装工程费、土地使用及拆迁补偿费、工程建设其他费之和为基数,按下列费率计算:项目建议书投资估算按 11% 计列。工程可行性研究报告投资估算按 9% 计列。设计概算按 5% 计列。修正概算按 4% 计列。施工图预算按 3% 计列。

2. 价差预备费

价差预备费系指设计文件编制年至工程交工年期间,建筑安装工程费中的人工费、材料费、设备费、机械使用费、措施费、企业管理费等由于政策、价格变化可能发生上浮而预留的费用,及外资贷款汇率变动部分的费用。

(1)价差预备费以建筑安装工程费总额为基数,按设计文件编制年始至建设项目工程交工年终的年数和年工程造价增长率计算。

(2)年工程造价增长率按有关部门公布的工程投资价格指数计算。

(3)设计文件编制至工程交工在 1 年以内的工程,不列此项费用。

（五）建设期贷款利息

建设期贷款利息指工程项目使用的贷款部分在建设期内应计取的贷款利息,包括各种金融机构贷款、建设债券和外汇贷款等的利息。

第三节　公路工程竣工决算

一、竣工决算的分类

1.竣工决算的含义

建设项目竣工决算是以实物数量和货币指标为计量单位,综合反映建设项目从筹建开始到项目竣工交付使用为止的全部建设费用、建设成果和财务情况的总结性文件,是竣工验收报告的重要组成部分。

建设单位编制的竣工决算报告在审计部门提出审计意见后方可组织竣工验收,没有编制竣工决算的工程项目不得进行竣工验收。竣工决算报告应在竣工验收委员会审查同意后的3个月内报出。

按照国家关于基本建设项目竣工验收的规定,所有的新建、扩建、改建和恢复项目竣工后都要编制竣工决算。

2.竣工决算的分类

根据建设项目投资与规模,分为中央级项目、地方级项目两大类。

中央级项目又分为大、中型项目和小型项目。大、中型基本建设项目竣工财务决算,经主管部门审核后报财政部审批。小型项目,属国家确定的重点项目,其竣工财务决算经主管部门审核后报财政部审批,或由财政部授权主管部门审批,其他项目竣工财务决算报主管部门审批。地方级项目、基本建设项目竣工财务决算的报批,由各省、自治区、直辖市、计划单列市财政厅（局）确定。

二、竣工决算的编制依据

根据财政部有关规定,基本建设项目竣工决算的依据主要包括:可行性研究报告、初步设计文件、概算调整及其批准文件;招投标文件;历年投资计划;经财政部门审核批准的项目预算;承包合同、工程结算等有关资料;有关的财务核算制度、办法;其他有关资料。

三、竣工决算的编制步骤

根据有关规定,竣工决算报告应当按项目类型（大中型、小型）编制,发包人负责编制的竣工决算报告需提交竣工验收委员会审查,未经竣工委员会审查的竣工决算报告不能作为正式报告上报。通过竣工验收委员会审查的竣工决算报告作为资产移交、财务处理并结束有关待处理事宜的依据。

编制竣工决算,一般可按如下步骤进行:

(1)收集整理和分析有关文件、资料;

(2)清理各项账务、债务和结余物质;

(3)核实工程变动情况;

(4)填写竣工决算报表;

(5)编写竣工决算说明书;

(6)做好工程造价对比分析;

(7)清理、装订好竣工图;

(8)报送主管部门审查。

四、竣工决算报告的组成

1.竣工决算报告的封面

(1)"主管部门"填写需上报竣工决算报告的主管部门或单位。

(2)"建设项目名称"填写报批前的项目初步设计文件中注明的项目名称。

(3)"建设项目类别"是指"大中型"或"小型"。

(4)"建设性质"是指建设项目属于新建、扩建、续建等内容。

(5)"级别"是指中央级或地方级的建设项目。

2.竣工平面示意图

为了满足竣工验收和竣工决算的需要,应绘制能反映竣工工程全部内容的工程设计平面示意图。平面示意图按经过施工实际修改后的工程设计平面图绘制。

3.竣工决算报告的说明书

竣工决算报告说明书总体反映竣工工程建设成果和经验,是全面考核分析工程投资与造价的书面总结,其主要内容包括:

(1)工程项目概况及组织管理情况。

(2)工程建设过程和工程管理工作中的重大事件、经验教训。

(3)工程投资支出和财务管理工作的基本情况(包括主要会计事项处理原则,财产物资清理及债权债务清偿情况,基建结余资金,基建收入等的上交分配情况,主要技术经济指标的分析、计算情况等)。

(4)工程遗留问题等。

4.竣工决算表格

(1)竣工决算审批表(交建竣1表)。

(2)工程概况专用表。包括公路建设项目工程概况表(交建竣2-1表);桥梁隧道建设项目工程概况表(交建竣2-2表);内河航运建设项目工程概况表(交建竣2-3表);港口(码头)建设项目工程概况表(交建竣2-4表);其他建设项目工程概况表(交建竣2-5表)。

(3)财务通用表。包括建设项目竣工财务决算总表(交建竣3-1表);资金来源情况表(交建竣3-2表);待核销基建支出及转出投资明细表(交建竣3-3表);工程造价和概算执行情况表(交建竣 4 表)；外资使用情况表(交建竣 5 表)；基本建设项目交付使用资产总表(交建竣 6-1表)；基本建设项目交付使用资产明细表(交建竣 6-2 表)。

第四节　公路工程量清单

一、工程量清单组成

工程量清单应该有统一的工程项目编码、项目名称、计量单位、工程内容、项目特征(工程量计算规则)等。

工程量清单由说明、工程量清单表、计日工明细表、暂估价表、工程量清单汇总表和工程量清单单价分析表等组成。

1. 工程量清单说明

工程量清单应与招标文件中的投标人须知、通用合同条款、专用合同条款、工程量计量规则、技术规范及图纸等一起阅读和理解。

工程量清单中所列工程数量是估算的或设计的预计数量，仅作为投标报价的共同基础，不能作为最终结算与支付的依据。实际支付应按实际完成的工程量，由承包人按工程量清单计量规则规定的计量方法，以监理人认可的尺寸、断面计量，按中标工程量清单的单价和总额价计算支付金额；或者根据具体情况，按合同条款第15.4 款的规定，按监理人确定的单价或总额价计算支付金额。

工程量清单中各章的工程子目的范围与计量，应与工程量清单计量规则、技术规范中的范围、计量与支付条款结合起来理解或解释。

工程量清单中所列工程量的变动，丝毫不会降低或影响合同条款的效力，也不免除承包人按规定的标准进行施工和修复缺陷的责任。当图纸与工程量清单所列数量不一致时，以工程量清单所列数量作为报价的依据。

2. 投标报价说明

工程量清单中的每一工程子目须填入单价或价格，且只允许有一个报价。工程量清单中有标价的单价和总额价项目均已包括了为实施和完成合同工程所需的劳务、材料、机械、质检(自检)、安装、缺陷修复、管理、保险、税费、利润等费用，以及合同明示或暗示的所有责任、义务和一般风险。

工程量清单中没有填入单价或总额价的子目，其费用应视为已分摊在工程量清单的其他相关子目的单价或价格之中，承包人必须按监理人指令完成工程量清单中未填入单价或价格的工程子目，但不能得到结算与支付。

承包人用于合同工程的各类装备的提供、运输、维护、拆卸、拼装等支付的费用，已经包括在工程量清单的单价与总额价之中。

3. 计日工说明

在招标时，计日工的劳务、材料、机械由招标人(或发包人)列出正常的估计数量，投标人报出单价,计算出计日工总额后列入工程量清单汇总表中并进入评标价。工程中标实施时,未经监理人书面指令,任何工程不得按计日工施工;接到监理人按计日工施工的书面指令,承包人也不得拒绝。计日工不参与调价。

计日工劳务的工资的工时,应从工人到达施工现场并开始从事指定的工作算起,到返回原出发地点为止,扣去用餐和休息的时间。只有直接从事指定工作且能胜任该工作的工人才能计工,随同工人一起做工的班长应计算在内,但不包括领工(工长)和其他质检管理人员。

二、公路工程的工程量清单表

《公路工程标准施工招标文件》(2018 年版·第三册)"第八章　工程量清单计量规则"中规定的工程量清单表分为 7 章,即第 100 章总则,第 200 章路基,第 300 章路面,第 400 章桥梁、涵洞,第 500 章隧道,第 600 章安全设施及预埋管线,第 700 章绿化及环境保护设施。

工程量清单汇总表是将各章的工程子目表及计日工明细表进行汇总,加上暂列金额而得出该项目的总报价。工程量清单汇总表格式见表 10-3。材料、工程设备、专业工程暂估价已包括在清单合计中,不应重复计入投标报价;暂列金额的设置不宜超过工程量清单第 100 章 ~ 700 章合计金额的 10%。

投标报价汇总表

(工程项目名称)合同段

表 10-3

序号	章次	科目名称	金额(元)
1	第 100 章	总则	
2	第 200 章	路基	
3	第 300 章	路面	
4	第 400 章	桥梁、涵洞	
5	第 500 章	隧道	
6	第 600 章	安全设施及预埋管线	
7	第 700 章	绿化及环境保护设施	
8	第 100 章 ~700 章清单合计		
9	已包含在清单合计中的"材料、工程设备、专业工程"暂估价合计		
10	清单合计减去"材料、工程设备、专业工程"暂估价合计(即 8 − 9 = 10)		
11	计日工合计		
12	暂列金额(不含计日工总额)		
13	投标报价(8 + 11 + 12) = 13		

第 100 章总则的工程量清单,如表 10-4 所示。从表中可见,安全生产费、施工环保费、施工标准化费用、竣工文件编制费用等均属于清单支付项目。

工程量清单（第100章 总则） 表10-4

子目号	子目名称	单位	数量	单价	合价
	清单 第100章 总则				
101	通则				
101-1	保险费				
-a	按合同条款规定,提供建筑工程一切险	总额			
-b	按合同条款规定,提供第三者责任险	总额			
102	工程管理				
102-1	竣工文件	总额			
102-2	施工环保费	总额			
102-3	安全生产费	总额			
102-4	信息化系统(暂估价)	总额			
103	临时工程与实施				
103-1	临时道路建设、养护与拆除(包括原有道路的养护)	总额			
103-2	临时占地	总额			
103-3	临时供电设施架设、维护与拆除	总额			
103-4	电信设施的提供、维护与拆除	总额			
103-5	临时供水与排污设施	总额			
104	承包人驻地建设				
104-1	承包人驻地建设	总额			
105	施工标准化				
105-1	施工驻地	总额			
105-2	工地试验室	总额			
105-3	拌和站	总额			
105-4	钢筋加工场	总额			
105-5	预制场	总额			
105-6	仓储存放地	总额			
105-7	各场(厂)区、作业区连接道路及施工主便道	总额			

第五节 公路工程量清单计量规则

《公路工程标准施工招标文件》(2018年版)明确将"第八章 工程量清单计量规则"编入《公路工程标准施工招标文件》(2018年版·第三册),便于查阅和使用。"使用说明"的第十一条明确规定:第七章"技术规范"和第八章"工程量清单计量规则"应由招标人根据《公路工程标准施工招标文件》(2018年版)、招标项目的特点和实际需要编制。

公路工程的工程量清单计量规则主要包括:工程量清单计量规则的说明,第100章总则、第200章路基工程、第300章路面工程、第400章桥梁工程、第500章隧道工程、第600章安全设施及预埋管线、第700章绿化及环境保护设施的计量规则。

一、计量规则的说明

1. 一般要求

(1)公路工程的计量规则应按照《公路工程标准施工招标文件》(2018年版·第三册)的规定执行。

(2)所有工程项目,除个别注明者外,均采用我国法定的计量单位,即国际单位及国际单位制导出的辅助单位进行计量。

(3)规则的计量与支付,应与合同条款、工程量清单以及图纸同时阅读,工程量清单中的支付项目号和本规则的章节编号是一致的。

(4)任何工程项目的计量,均应按本规则规定或监理人书面指示进行。

(5)按合同提供的材料数量和完成的工程数量所采用的测量与计算方法,应符合本规则规定。所有这些方法,应经监理人批准或指示。承包人应提供一切计量设备和条件,并保证其设备精度符合要求。

(6)除非监理人另有准许,一切计量工作都应在监理人在场情况下,由承包人测量、记录。有承包人签名的计量记录原本,应提交给监理人审查和保存。

(7)工程量应由承包人计算,由监理人审核。工程量计算的副本应提交给监理人并由监理人保存。

(8)除合同特殊约定单独计量之外,全部必需的模板、脚手架、装备、机具、螺栓、垫圈和钢制件等其他材料,应包括在工程量清单中所列的有关支付项目中,均不单独计量。

(9)除监理人另有批准外,凡超过图纸所示的面积或体积,都不予计量与支付。

(10)承包人应严格标准计量基础工作和材料采购检验工作。沥青混凝土、沥青碎石、水泥混凝土、高强度等级水泥砂浆的施工现场必须使用电子计量设备称重。因不符合计量规定引发质量问题,所发生的费用由承包人承担。

(11)第104节"承包人驻地建设"与第105节"施工标准化"属选择性工程子目,由发包人根据工程项目管理实际情况选择使用或同时使用。

2. 质量

(1)凡以质量计量或以质量作为配合比设计的材料,都应在精确与批准的磅秤上,由称职合格的人员在监理人指定或批准的地点进行称重。

(2)称重计量时应满足以下条件:监理人在场;称重记录;载明包装材料、支撑装置、垫块、捆束物等质量的说明书在称重前提交给监理人作为依据。

(3)钢筋、钢板或型钢计量时,应按图纸或其他资料标示的尺寸和净长计算。搭接接头、接头套筒、焊接材料、下脚料和固定、定位架立钢筋等,不予另行计量。钢筋、钢板或型钢应以千克计量,四舍五入,不计小数。钢筋、钢板或型钢存在理论单位质量与实际单位质量的差异而引起材料质量与数量不相匹配的情况,计量时不予考虑。

(4)金属材料的质量不得包括施工需要加放或使用的灰浆、楔块、填缝料、垫衬物、油料、接缝料、焊条、涂敷料等的质量。

（5）承运按质量计量材料的货车,应每天在监理人指定的时间和地点称出空车质量,每辆货车还应标示清晰易辨的标记。

（6）对有规定标准的项目,例如钢筋、金属线、钢板、型钢、管材等,均有规定的规格、质量、截面尺寸等指标,这类指标应视为通常的质量或尺寸;除非引用规范中的允许偏差值加以控制,否则可用制造商的允许偏差。

3. 面积

除非另有规定,计算面积时,其长、宽应按图纸所示尺寸线或按监理人指示计量。对于面积在 $1m^2$ 以下的固定物（如检查井等）不予扣除。

4. 结构物

（1）结构物应按图纸所示净尺寸线,或根据监理人指示修改的尺寸线计量。

（2）水泥混凝土的计量应按监理人认可的并已完工工程的净尺寸计算,钢筋的体积不扣除,倒角不超过 $0.15m \times 0.15m$ 时不扣除,体积不超过 $0.03m^3$ 的开孔及开口不扣除,面积不超过 $0.15m \times 0.15m$ 的填角部分也不增加。

（3）所有以米（m）计量的结构物（如管涵等）,除非图纸另有表示,应按平行于该结构物位置的基面或基础的中心方向计量。

5. 土方

（1）土方体积可采用平均断面面积法计算,但与似棱体公式计算结果比较,如果误差超过 $\pm5\%$ 时,监理人可指示采用似棱体公式。

（2）各种不同类别的挖方与填方计量,应以图纸所示界线为限,而且应在批准的横断面图上标明。

（3）用于填方的土方量,应按压实后的纵断面高程和路床面为准来计量。承包人报价时,应考虑在挖方或运输过程中引起的体积差。

（4）在现场钉桩后 56 天内,承包人应将设计和进场复测的土方横断面图连同土方的面积与体积计算表一并提交监理人批准。所有横断面图都应标有图题框,其大小由监理人指定。一旦横断面图得到最后批准,承包人应交给监理人原版图及三份复制图。

6. 运输车辆体积

（1）用体积计量的材料,应以经监理人批准的车辆装运,并在运到地点进行计量。

（2）用于体积运输的车辆,其车厢的形状和尺寸应使其容量能够容易而准确地测定并应保证精确度。每辆车都应有明显标记。每车所运材料的体积应于事前由监理人与承包人相互达成书面协议。

（3）所有车辆都应装载成水平容积高度,车辆到达送货点时,监理人可以要求将其装载物重新整平,对超过定量运送的材料将不支付。运量达不到定量的车辆,应被拒绝或按监理人确定减少的体积接收。根据监理人的指示,承包人应在货物交付点,随机将一车材料刮平,在刮平后如发现货车运送的材料少于定量时,从前一车起所有运到的材料的计量都按同样比率减为目前的车载量。

7. 质量与体积换算

（1）如承包人提出要求并得到监理人的书面批准,已规定要用立方米（m^3）计量的材料可以称重,并将此质量换算为立方米(m³)计量。

(2)将质量计量换算为体积计量的换算系数应由监理人确定,并应在此种计量方法使用之前征得承包人的同意。

8.沥青和水泥

(1)沥青和水泥应以千克为单位计量。

(2)如用货车或其他运输工具装运沥青材料,可以按经过检定的质量或体积计算沥青材料的数量,但要对漏失量或泡沫进行校正。

(3)水泥可以以袋作为计量的依据,但一袋的标准应为50kg。散装水泥应称重计量。

9.成套的结构单元

如规定的计量单位是一成套的结构物或结构单元(实际上就是按"总额"或称"一次支付"计的工程子目),该单元应包括了所有必需的设备、配件和附属物及相关作业。

10.标准制品项目

(1)如规定采用标准制品(如护栏、钢丝、钢板、轧制型材、管子等),而这类项目又是以标准规格(单位质量、截面尺寸等)标识的,则这种标识可以作为计量的标准。

(2)除非所采用标准制品的允许误差比规范的允许误差要求更严格,否则,生产厂确立的制造允许误差不予认可。

二、第100章"总则"的计量规则

保险、竣工文件、施工环保费、安全生产费、信息化系统(暂估价)、临时工程与设施(包括临时道路修建、养护与拆除,临时占地,临时供电设施架设、维护与拆除,电信设施的提供、维修与拆除,临时供水与排污设施)、承包人驻地建设和施工标准化等主要工程内容均以总额为单位计量。具体计算,参照技术规范包括的工程内容进行。其中,安全生产费按投标价的1.5%(若招标人公布了最高投标限价,按最高投标限价的1.5%计算),以总额为单位计量。

三、第200章"路基工程"的计量规则

路基工程的工程内容主要包括场地清理,挖方路基,填方路基,特殊地区路基处理,路基整修,坡面排水,护坡、护面墙,挡土墙,锚杆、锚碇板挡土墙,加筋土挡土墙,喷射混凝土和喷浆边坡防护,预应力锚索边坡加固,抗滑桩,河道防护等。

(一)场地清理

1.清理与掘除

清理现场的工程量应依据图纸所示位置及范围(路基范围以外临时工程用地清场等除外),按路基开挖线或填筑边线之间的水平投影面积,以平方米(m²)为单位计量。

清理现场工程内容包括:灌木、竹林、胸径小于10cm树木的砍伐及挖根,清除场地表面0~30cm范围内的垃圾、废料、表土(腐殖土)、石头、草皮,与清理现场有关的一切挖方、坑穴的回填、整平、压实,适用材料的装卸、移运、堆放及非适用材料的移运处理,现场清理。

砍伐树木和挖除树根的工程量可依据图纸所示路基范围内胸径 10cm 以上（含 10cm）的树木,按实际砍伐或挖除树根数量以棵为单位计量。

砍伐树木的工程内容包括:砍伐,截锯,装卸、移运至指定地点堆放,场地清理等。

挖除树根的工程内容包括:挖除树根,装卸、移运至指定地点堆放,场地清理等。

2. 挖除旧路面

挖除旧路面的工程量应按不同的路面结构类型,如沥青路面、水泥混凝土路面等的水平面积,同时考虑挖除厚度,以立方米（m³）为单位计量。

工程内容包括:挖除,装卸、移运处理,场地清理、平整。

3. 拆除结构物

拆除钢筋混凝土、混凝土、砖、石及其他砌体等圬工工程量应依据图纸所示位置,拆除路基范围内原有的不同类型的结构物,包括钢筋混凝土结构、混凝土结构、砖、石及其他砌体结构的体积,以立方米（m³）为单位计量。

拆除圬工工程内容包括:挖除,装卸、移运处理,场地清理、平整。

拆除金属结构物应依据图纸所示位置,拆除路基范围内原有的金属结构,以千克为单位计量。金属回收须按合同有关约定办理。

拆除金属结构物工程内容包括:切割、挖除,装卸、移运、堆放,场地清理、平整。

4. 植物移栽

在植物移栽工程中,工程量应依据图纸所示位置,起挖路基范围内原有的乔（灌）木或草皮并移栽,移栽各类乔（灌）木时按成活的数量以棵为单位计量,移栽草皮时按成活的草皮面积以平方米（m²）为单位计量。

工程内容包括:起挖,植物保护、装卸、运输,坑（穴）开挖,种植,支撑,养护,场地清理。

（二）挖方路基

1. 挖土、石方

路基挖方工程和改河、改渠、改路挖方工程中,挖土、石方工程量应依据图纸所示地面线、路基设计横断面图、路基土石比例,采用平均断面面积法计算,如图 10-2 所示,包括边沟、排水沟、截水沟的土、石方,按照天然密实体积（土方）或天然体积（石方）以立方米（m³）为单位计量。需注意,路床顶面以下挖松深 300mm 再压实作为挖土方的附属工作,不另行计量。取弃土场的绿化、防护工程、排水设施在相应章节内计量。

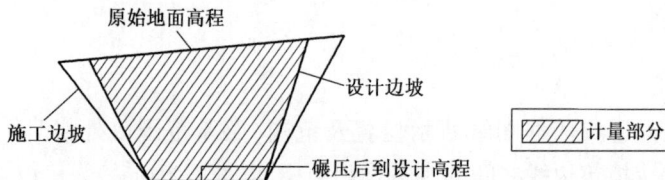

图 10-2　路基挖方计量示意图

挖土方工程内容包括:石方爆破、挖、装、运输、卸车、填料分埋、弃土整形、压实,施工排水处理,边坡整修、路床顶面凿平或填平压实、路床清理。

挖石方工程内容包括:石方爆破,挖除、装载、运输、卸车,填料分埋、弃土整形、压实,施工排水处理,边坡整修,路床顶面凿平或填平压实、路床清理。

2.挖除非适用材料(不含淤泥、岩盐、冻土)

路基挖方工程和改河、改渠、改路挖方工程中,挖除此类材料时应依据图纸所示位置,挖除路基范围内非适用材料(不含淤泥、岩盐、冻土),以立方米(m³)为单位计量工程量。取弃土场的绿化、防护工程、排水设施在相应章节内计量。

工程内容包括:施工排水处理,挖除、装载、运输、卸车、堆放,现场清理。

3.挖淤泥

路基挖方工程和改河、改渠、改路挖方工程中,挖淤泥应依据图纸所示位置,以立方米(m³)为单位计量工程量。取弃土场的绿化、防护工程、排水设施在相应章节内计量。

工程内容包括:施工排水处理,挖除、装载、运输、卸车、堆放,现场清理。

4.挖岩盐、冻土

路基挖方工程和改河、改渠、改路挖方工程中,挖岩盐、冻土的工程量应依据图纸所示地面线、路基设计横断面图、路基土石比例,按平均断面面积法计算,按照天然体积以立方米(m³)为单位计量。取弃土场的绿化、防护工程、排水设施在相应章节内计量。

挖岩盐工程内容包括:石方爆破或机械开挖,挖、装、运输、卸车,填料分埋,施工排水处理,路床顶面岩盐破碎、润洒饱和卤水、碾压整平、路床清理。

挖冻土工程内容包括:爆破或机械开挖,挖除、装卸、运输、卸车、堆放,施工排水处理,现场清理。

(三)填方路基

1.利用土、石方或土石混填

路基填筑工程或改河、改渠、改路填筑工程中,利用土、石方时应依据图纸所示地面线、路基设计横断面图,按平均断面面积法计算压实的体积,以立方米(m³)为单位计量,如图 10-3所示。

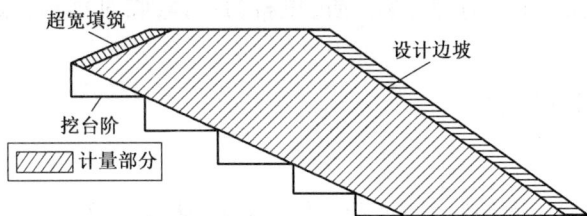

图 10-3　路基填方计量示意图

当填料中石料含量小于30%时,应按利用土方算。

当填料中石料含量大于70%时,应按利用石方算。

当填料中石料含量大于30%且小于70%时,应按利用土石混填算。

填前压实、地面下沉增加的填方量按填料来源计量。需注意的是,满足施工需要,预留路基宽度宽填的填方量不另行计量。

利用土方填筑工程内容包括：基底翻松、压实、挖台阶，临时排水、翻晒，分层摊铺、洒水、压实、刷坡，整形。

利用石方填筑工程内容包括：基底翻松、压实、挖台阶，临时排水、翻晒、边坡码砌、分层摊铺，小石块（或石屑）填缝、找补、洒水、压实，整形。

利用土石混填工程内容包括：基底翻松、压实、挖台阶，临时排水、翻晒、边坡码砌、分层摊铺、洒水、压实、刷坡，整形。

2. 借土填方、粉煤灰及矿渣路堤、吹填砂路堤

路基填筑工程或改河、改渠、改路填筑工程中，借土填方时依据图纸所示地面线、路基设计横断面图，按平均断面面积法计算压实的体积，以立方米（m³）为单位计量。地面下沉增加的填方量按填料来源计量。为满足施工需要，预留路基宽度宽填的填方量作为路基填筑的附属工作，不另行计量。借土场绿化、防护工程、排水设施、临时用地则在相应章节内计量。

借土填方工程内容包括：借土场场地清理、清除不适用材料，简易便道、基底翻松、压实、挖台阶，挖、装、运输、卸车，分层摊铺、洒水、压实、刷坡，施工排水处理，整形。

粉煤灰及矿渣路堤工程内容包括：材料选择，基底翻松、压实、挖台阶，挖、装、运输、卸车，分层摊铺、洒水、压实、土质护坡，施工排水处理，整形。

吹填砂路堤工程内容包括：吹砂设备安设，吹填，施工排水处理（排水沟、反滤层设置），封闭及整形。

3. EPS（聚苯乙烯泡沫）路堤

路基填筑工程或改河、改渠、改路填筑工程中，EPS 路堤工程量依据图纸所示，按铺筑的EPS 体积，以立方米（m³）为单位计量。

工程内容包括：下承层处理、铺设垫层、EPS 块加工及铺装。

4. 结构物台背回填、锥坡及台前溜坡填土

路基填筑工程或改河、改渠、改路填筑工程中，结构物台背回填以及锥坡及台前溜坡填土的工程量应依据图纸所示数量，按照压实的体积，以立方米（m³）为单位计量。须注意的是，结构物台背回填工程中，挡土墙墙背回填不另行计量。

工程内容包括：基底翻松、压实、挖台阶，填料的选择，临时排水，分层摊铺，洒水、压实，整形。

(四) 特殊地区路基处理

1. 软土路基处理

(1) 抛石挤淤、爆炸挤淤应依据图纸所示位置和范围，按照抛石体积的片石数量，以立方米（m³）为单位计量。

抛石挤淤工程内容包括：临时排水，抛填片石，小石块、石屑填塞垫平，重型压路机压实。

爆炸挤淤工程内容包括：超高填石、爆炸设计、布置炸药、爆破、填石、钻探（或物探）检查。

(2) 各类垫层，如砂垫层、碎石垫层等应依据图纸所示位置和断面尺寸，按图示中各类垫层的密实体积，以立方米（m³）为单位计量。需注意因换填而挖除的非适用材料应按挖方路基中挖除非适用材料（不含淤泥、岩盐、冻土）的计量规则进行计量。

工程内容包括:基底清理、临时排水、分层铺筑、分层碾压,灰土垫层还包括石灰购置、运输,碎石垫层包括路基边部片石砌护。

(3)土工合成材料,主要包括反滤土工布、防渗土工膜、土工格栅等工程量,应依据图纸所示位置和规格,按土层中分层铺设各类土工合成材料的累计净面积,以平方米(m²)为单位计量。接缝的重叠面积和边缘的包裹面积不予计量。

工程内容包括:清理下承层、铺设及固定、接缝处理(搭接、缝接、粘接)、边缘处理。

(4)真空预压依据图纸所示的沿密封沟内缘线密封膜覆盖的路基面积,以平方米(m²)为单位计量。

工程内容包括:场地清理及埋设沉降观测设施,铺设砂垫层及密封薄膜,施工密封沟,安装真空设备,抽真空、沉降观测,拆除、清理场地,围堰及临时排水。

(5)超载预压依据图纸所示预压范围(宽度、高度、长度)预压后体积,以立方米(m³)为单位计量。

工程内容包括:场地清理及埋设沉降观测设施,指标试验,围堰及临时排水,挖运、堆载、整修及碾压,沉降观测,卸载。

(6)袋装砂井依据图纸所示位置和断面尺寸,按不同直径袋装砂井的长度,以米(m)为单位计量。

工程内容包括:场地清理,(轨道铺、拆)装砂袋,桩机定位,打钢管,下砂袋,拔钢管,起重机(门架)、桩机移位。

(7)塑料排水板依据图纸所示位置和断面尺寸,按图示不同类型的塑料排水板长度,以米(m)为单位计量,但需注意,不计伸入垫层内的塑料排水板长度。

工程内容包括:场地清理,(轨道铺、拆)桩机定位,穿塑料排水板,安桩靴,打拔钢管,剪断排水板,起重机(门架)、桩机移位。

(8)粒料桩工程量依据图纸所示位置和断面尺寸,按图示不同桩径的各类桩的长度,以米(m)为单位计量。

工程内容包括:场地清理、成桩设备安装与就位、成孔、灌砂(碎石)、桩机移位。

(9)加固土桩工程量依据图纸所示位置和断面尺寸,按图示不同桩径的各类桩的长度,以米(m)为单位计量。

粉喷桩工程内容包括:场地清理,钻机安装与就位,钻孔,喷(水泥)粉、搅拌、复喷、二次搅拌,桩机移位。

浆喷桩工程内容包括:场地清理,钻机定位,钻进,上提喷浆,强制搅拌,复搅,提杆出孔,钻机移位。

(10)CFG桩(水泥粉煤灰碎石桩)工程量依据图纸所示位置和断面尺寸,按图示不同桩径的CFG桩的长度,以米(m)为单位计量。

工程内容包括:场地清理、钻机定位、钻进成孔、CFG桩混合料拌制、灌注及拔管、桩头处理、钻机移位。

(11)Y形沉管灌注桩工程量依据图纸所示位置和断面尺寸,按图示不同规格的Y形沉管灌注桩的长度,以米(m)为单位计量。

工程内容包括:场地清理、打桩机定位、沉管、混合料拌制、灌注及拔管、桩头处理、打桩机移位。

（12）薄壁筒型沉管灌注桩工程量依据图纸所示位置和断面尺寸，按图示不同规格的薄壁筒型沉管灌注桩的长度，以米（m）为单位计量。

工程内容包括：场地清理、打桩机定位、沉管、混合料拌制、灌注及拔管、桩头处理、打桩机移位。

（13）静压管桩工程量依据图纸所示位置和断面尺寸，按图示不同规格的静压管桩的长度，以米（m）为单位计量。

工程内容包括：场地清理、管桩制作、静力压桩机定位、压桩、桩身连接、桩头处理、压桩机移位。

（14）强夯及强夯置换。强夯的工程量应依据图纸所示位置和处理面积，按图示路堤底面积，以平方米（m²）为单位计量。强夯置换的工程量应依据图纸所示位置，按图示置换的体积，以立方米（m³）为单位计量。

强夯工程内容包括：场地清理，拦截、排除地表水，防止地表水下渗等防渗措施，强夯处理，路基整形，压实，沉降观测。

强夯置换工程内容包括：场地清理，拦截、排除地表水，防止地表水下渗等防渗措施，挖除材料，铺设置换材料，强夯，路基整形，承载力检测。

2. 红黏土及膨胀土路基处理

红黏土及膨胀土路基处理的工程量应依据图纸所示位置和断面尺寸，按不同掺灰量、水泥量的压实体积，以立方米（m³）为单位计量。对不良填料改良处理，主要有两种处理方式：掺石灰改良处理和掺水泥改良处理。

工程内容包括：原状土开挖、翻松及晾晒，石灰（水泥）消解，掺灰（水泥）拌和。

3. 滑坡处理

滑坡处理的主要工程内容为清除滑坡体，应按照清除滑坡体土方与石方的天然体积分别以立方米（m³）为单位计量。

工程内容包括：地表水引排、防渗、地下水疏导引离，挖除、装载，运输到指定地点堆放，现场清理。

4. 岩溶洞处理

岩溶洞处理主要包含的工程内容为回填，工程量应依据图纸要求的回填材料的密实体积，以立方米（m³）为单位计量。

工程内容包括：清除覆土，炸开顶板，地下水疏导引离，挖除充填物，分层回填，碾压、夯实。

5. 湿陷性黄土路基处理

（1）陷穴处理工程量应按照灌砂和灌水泥砂浆的体积，以立方米（m³）为单位计量。

灌砂工程内容包括：施工排水处理、开挖、灌砂、压实。

灌水泥砂浆工程内容包括：施工排水处理、开挖、水泥砂浆拌制、灌水泥砂浆。

（2）强夯应依据图纸所示位置和处理面积，按图示路堤底面积，以平方米（m²）为单位计量。强夯置换应按图示置换的体积，以立方米（m³）为单位计量。

（3）石灰改良土的工程量依据图纸所示位置和断面尺寸,对不良填料进行掺石灰改良处理,按不同掺灰量的压实体积,以立方米（m^3）为单位计量。

工程内容包括:原状土开挖、翻松及晾晒,石灰消解,掺灰拌和。

（4）灰土桩的工程量应依据图纸所示位置和断面尺寸,按图示不同直径的灰土桩的长度以米（m）为单位计量。

工程内容包括:场地清理,钻机安装与就位,钻孔,喷（水泥）粉、搅拌、复喷、二次搅拌,桩机移位。

6.盐渍土路基处理

（1）对于垫层处理,砂垫层或砂砾垫层的工程量依据图纸所示位置和断面尺寸,按图示砂垫层密实体积或砂砾垫层密实体积,以立方米（m^3）为单位计量。

工程内容包括:基底清理、临时排水、分层铺筑、分层碾压。

（2）若采用土工合成材料,防渗土工膜、土工格栅的工程量应依据图纸所示位置和规格,按土层中分层铺设防渗土工膜的累计净面积,以平方米（m^2）为单位计量。

工程内容包括:清理下承层、铺设及固定、接缝处理（搭接、缝接、黏接）、边缘处理。

7.风积沙路基处理

采用土工合成材料时,土工格栅、土工格室、蜂窝式塑料网的工程量应依据图纸所示位置和规格、型号,按各类材料累计净面积,以平方米（m^2）为单位计量。

8.冻土路基处理

（1）若隔热层采用 XPS（绝热用挤塑苯乙烯泡沫塑料）保温板,工程量应依据图纸所示位置和断面形状、尺寸,按图示粘贴的 XPS 保温板面积,以平方米（m^2）为单位计量。

工程内容包括:备保温板、运输,裁剪保温板,清理粘贴面,涂刷或批刮黏结胶浆,贴到图示墙面或地面。

（2）若隔热层采用通风管,工程量应依据图纸所示位置和断面形状、尺寸,按设置的通风管长度,以米（m）为单位计量。

工程内容包括:基础开挖、通风管制作、通风管安装、回填砂砾、压实。

（3）若隔热层采用热棒,工程量应依据图纸所示位置和尺寸,按图示设置的热棒数量,以根为单位计量。

工程内容包括:场地清理,备水电、材料、机具设备,钻机定位,钻进、成孔,起吊安装热棒,热棒四周灌砂密实,钻进移位。

（五）坡面排水

1.边沟、排水沟、截水沟、跌水与急流槽

（1）浆砌片（块）石或干砌片石的工程量应按浆砌片（块）石或干砌片石的体积,以立方米（m^3）为单位计量。

浆砌片（块）石工程内容包括:场地清理,地基平整夯实,断面补挖,铺设垫层,砂浆拌制,浆砌片（块）石、勾缝、抹面、养护、回填。

干砌片石工程内容包括:场地清理、地基平整夯实、断面补挖、铺设垫层、铺砌片石、回填。

（2）现浇或预制安装混凝土的工程量需按照面尺寸，按照不同强度等级的混凝土浇筑或预制的边沟、排水沟、截水沟、跌水与急流槽的体积，以立方米（m³）为单位计量。

现浇混凝土工程内容包括：场地清理，地基平整夯实，断面补挖，铺设垫层，模板制作、安装、拆除，钢筋制作与安装，混凝土拌和、运输、浇筑、养护，回填。

预制安装混凝土工程内容包括：场地清理，地基平整夯实，断面补挖，铺设垫层，模板制作、安装、拆除，预制件预制、运输、装卸，预制件安装，回填。

（3）预制安装混凝土盖板的工程量需按照不同强度等级混凝土预制的盖板体积，以立方米（m³）为单位计量。

工程内容包括：场地清理，模板制作、安装、拆除，钢筋制作与安装，预制件预制、运输、装卸，预制件安装。

2. 渗沟

渗沟的工程量应根据断面尺寸，分不同类型及规格，按长度以米（m）为单位计量。

工程内容包括：基础开挖、进出水口处理、铺设防渗材料、铺设透水管及泄水管、填料填筑及夯实、设置反滤层、设置封闭层、现场清理。

3. 蒸发池

（1）挖土（石）方的工程量应依据图纸所示地面线、断面尺寸、土石比例，按开挖的天然密实体积，以立方米（m³）为单位计量。

工程内容包括：场地清理，开挖、集中、装运，施工排水处理，弃方处理。

（2）圬工工程量应分不同类型及强度等级，按圬工体积，以立方米（m³）为单位计量。

工程内容包括：场地清理，基础开挖及弃方处理，地基平整夯实，断面补挖，浆砌片石、勾缝、抹面、养护，回填。

4. 涵洞上下游改沟、改渠铺砌

（1）浆砌片石铺砌的工程量应依据图纸所示位置及断面尺寸，按照不同强度等级水泥砂浆铺砌的片石体积，以立方米（m³）为单位计量。

工程内容包括：场地清理，地基平整夯实，沟、渠断面补挖，铺设垫层，砂浆拌制，浆砌片石、勾缝、抹面、养护，回填。

（2）现浇或预制混凝土铺砌的工程量应依据图纸所示位置及断面尺寸，按照不同强度等级的混凝土浇筑或预制的沟、渠铺砌体积，以立方米（m³）为单位计量。

现浇混凝土工程内容包括：场地清理，地基平整夯实，沟、渠断面补挖，铺设垫层，模板制作、安装、拆除，混凝土拌和、运输、浇筑、养护，回填。

预制混凝土铺砌工程内容包括：场地清理，地基平整夯实，沟、渠断面补挖，铺设垫层，模板制作、安装、拆除，预制件预制、运输、装卸，预制件安装，回填。

5. 现浇、预制混凝土坡面排水结构物

混凝土坡面排水结构物的工程量需按照不同强度等级的混凝土浇筑或预制的结构物体积，以立方米（m³）为单位计量。

现浇混凝土工程内容包括：场地清理，地基平整夯实，坡面排水结构物断面补挖，铺设垫层，模板制作、安装、拆除，混凝土拌和、运输、浇筑、养护，回填。

预制混凝土工程内容包括:场地清理,地基平整夯实,坡面排水结构物断面补挖,铺设垫层,模板制作、安装、拆除,预制件预制、运输、装卸,预制件安装,回填。

6. 仰斜式排水孔

钻孔工程量需依据图纸所示位置及孔径,按照不同孔径排水孔长度,以米(m)为单位计量。

排水管及软式透水管的工程量依据图纸所示位置及排水管材质,按照不同孔径排水管长度,以米(m)为单位计量。

钻孔工程内容包括:搭拆脚手架,安拆钻机,布眼、钻孔、清孔,现场清理。

排水管工程内容包括:搭拆脚手架,管体制作、包裹渗水土工布,安装排水管,排水口处理,现场清理。

软式透水管工程内容包括:搭拆脚手架,管体制作、包裹渗水土工布(反滤膜),安装透水管,排水口处理,现场清理。

(六)护坡、护面墙

1. 护坡垫层

护坡垫层的工程量应依据图纸所示位置和密实厚度,按照不同材料类别的垫层体积,以立方米(m³)为单位计量。

工程内容包括:坡面清理、修整,垫层材料铺筑,压实、捣固,弃渣处理。

2. 干砌片石护坡

此类护坡的工程量应依据图纸所示位置和铺砌厚度,以立方米(m³)为单位计量。需注意此清单工程量包含碎落台、护坡平台满铺干砌片石数量,但是需扣除急流槽所占部分。

工程内容包括:清理边坡、坡面夯实、基础开挖、铺砌片石、回填、清理现场。

3. 浆砌片石护坡

(1)满铺浆砌片石护坡工程量需依据图纸所示位置和铺砌厚度、水泥砂浆强度,按照铺砌体积,以立方米(m³)为单位计量,包括碎落台、护坡平台满铺浆砌片石数量,但是需扣除急流槽所占面积。

工程内容包括:清理边坡,坡面夯实,基础开挖,浆砌片石,勾缝、抹面、养护,回填,清理现场。

(2)浆砌骨架护坡工程量除考虑铺砌厚度及水泥砂浆强度外,同时还需考虑骨架形式,按照护坡体体积,以立方米(m³)为单位计量。此工程量同样包括碎落台、护坡平台浆砌骨架数量,但是需扣除急流槽所占面积。

工程内容包括:清理边坡,坡面夯实,基础开挖,浆砌片石,勾缝、抹面、养护,回填,清理现场。

(3)现浇混凝土的工程量须依据图纸所示位置及断面尺寸,按照不同强度等级混凝土浇筑的现浇混凝土体积,以立方米(m³)为单位计量。

工程内容包括:清理边坡,坡面夯实,基础开挖,模板制作、安装、拆除,混凝土拌和、运输、浇筑、养护,回填,清理现场。

4. 混凝土护坡

（1）混凝土满铺护坡和骨架护坡均分现浇和预制两种,工程量须依据图纸所示位置,现浇护坡需同时考虑断面尺寸,预制件护坡需同时考虑构造尺寸,按照不同强度等级混凝土浇筑（或预制件铺砌）的实体体积,以立方米（m³）为单位计量。

现浇混凝土护坡工程内容包括:清理边坡,坡面夯实,基础开挖,模板制作、安装、拆除,混凝土拌和、运输、浇筑、养护,回填,清理现场。

预制混凝土护坡工程内容包括:清理边坡,坡面夯实,基础开挖,预制场建设,预制件预制、运输、装卸,预制件安装,回填,清理现场。

（2）浆砌片石护坡的工程量须依据图纸所示位置和铺砌厚度,按照不同强度等级水泥砂浆砌筑的浆砌片石护坡体积,以立方米（m³）为单位计量。

工程内容包括:清理边坡,坡面夯实,基础开挖,浆砌片石,勾缝、抹面、养护,回填,清理现场。

5. 护面墙

护面墙工程主要分为三种,预制安装混凝土护面墙、现浇混凝土护面墙、浆砌片（块）石护面墙,工程量需依据图纸所示位置及断面尺寸,分别按照不同强度等级混凝土预制件体积、混凝土体积、水泥砂浆砌片（块）石的体积,以立方米（m³）为单位计量,且均不扣除沉降缝、泄水孔、预埋件所占体积。

浆砌片（块）石护面墙工程内容包括:基础开挖,地基平整夯实,废方弃运,边坡清理夯实,浆砌片石,设泄水孔及其滤水层,接缝处理,勾缝、抹面、墙背排水设施设置、填料分层填筑,清理现场。

现浇混凝土护面墙工程内容包括:场地清理,基础开挖,地基平整夯实,废方弃运,边坡清理夯实,模板制作、安装、拆除,混凝土拌和、运输、浇筑、养护,泄水孔及其滤水层、沉降缝设置、墙背排水设施设置、填料分层填筑,清理现场。

预制安装混凝土护面墙工程内容包括:预制场建设,预制件预制、运输、装卸,预制件安装,墙背排水设施设置、填料分层填筑,清理现场。

6. 封面、捶面

封面及捶面的工程量须依据图纸所示位置及断面尺寸,按照不同厚度的封面或捶面的面积,以平方米（m²）为单位计量。

工程内容包括:坡面清理、封（捶）面施工、清理现场。

7. 坡面柔性防护

坡面柔性防护主要分为主动防护系统及被动防护系统两种,工程量须依据图纸所示,按不同类型的防护系统防护的坡面面积,以平方米（m²）为单位计量。

主动防护系统工程内容包括:坡面清理,脚手架安设、拆除、完工清理和保养,支撑绳穿绳、张拉、固定,挂网、网片连接、缝合、固定,钻孔、清孔、套管装拔、锚杆制作、安装、锚固、锚头处理,浆液制备、注浆、养护,网面调整。

被动防护系统工程内容包括:坡面清理,基础及立柱施工,支撑绳穿绳、张拉、固定,挂网、网片连接、缝合、固定,钻孔、清孔、套管装拔、锚杆制作、安装、锚固、锚头处理,浆液制备、注浆、养护,网面调整。

(七)砌石、混凝土挡土墙

1.垫层

挡土墙工程中垫层的工程量应根据垫层密实厚度,按照不同材料的垫层体积,以立方米(m^3)为单位计量。

工程内容包括:基底清理、临时排水、铺筑垫层、夯实。

2.基础

挡土墙基础部分主要为浆砌片(块)石基础或混凝土基础,工程量应依据图纸所示位置和断面尺寸,按图示不同强度等级的水泥砂浆砌石体积或混凝土体积,以立方米(m^3)为单位计量。

浆砌片(块)石基础工程内容包括:基坑开挖、清理、平整、夯实、废方弃运,拌、运砂浆,砌筑、养护、回填。

混凝土基础工程内容包括:基坑开挖、清理、平整、夯实,混凝土制作、运输、浇筑、振捣、养护,回填,清理现场。

3.干砌、砌体、混凝土挡土墙

砌体、干砌、混凝土挡土墙墙体的工程量应依据图纸所示位置和断面尺寸,分别按图示的干砌体积、不同强度等级水泥砂浆砌石、混凝土的体积,以立方米(m^3)为单位计量,且均不扣除沉降缝、泄水孔、预埋件所占体积。

混凝土挡土墙所含的钢筋须依据图纸所示及钢筋表所列钢筋质量以千克(kg)为单位计量,且固定钢筋的材料、定位架立钢筋、钢筋接头、吊装钢筋、钢板、铁丝作为钢筋作业的附属工作,不另行计量。

浆砌片(块)石挡土墙工程内容包括:基坑开挖、清理、平整、夯实,浆砌片(块)石,设泄水孔及其滤水层,接缝处理,勾缝、抹面、墙背排水设施设置、填料分层填筑,清理、废方弃运。

干砌挡土墙工程内容包括:基坑开挖、清理、平整、夯实,砌筑片(块)石,设泄水孔及其滤水层,接缝处理,抹面,墙背排水设施设置、填料分层填筑,清理、废方弃运。

混凝土挡土墙工程内容包括:基坑开挖、清理、平整、夯实、模板制作、安装、拆除,混凝土制作、运输、浇筑、振捣、养护,泄水孔及其滤水层、沉降缝设置、墙背填料分层填筑,清理、废方弃运。

钢筋工程内容包括:钢筋的保护、储存及除锈,钢筋整直、接头,钢筋截断、弯曲,钢筋安设、支撑及固定。

(八)锚杆、锚碇板挡土墙

1.锚杆挡土墙

锚杆挡土墙包括现浇混凝土立柱、预制安装混凝土立柱、预制安装混凝土挡板,工程量均应依据图纸所示位置及断面尺寸,按照不同强度等级混凝土体积,以立方米(m^3)为单位进行计量。

现浇混凝土立柱工程内容包括:基坑开挖、清理、平整、夯实,模板制作、安装、拆除,混凝土制作、运输、浇筑、振捣、养护,锚头制作、防锈及防水封闭,清理现场。

预制安装混凝土立柱工程内容包括：基坑开挖，预制场建设，预制件预制、运输、装卸，预制件安装，锚头制作、防锈及防水封闭，清理现场。

预制安装混凝土挡板工程内容包括：沟槽开挖，预制场建设，预制件预制、运输、装卸，预制件安装，墙背回填及墙背排水系统施工，清理、废方处理。

2. 锚碇板挡土墙

锚碇板挡土墙包括现浇混凝土肋柱、预制安装混凝土肋柱、预制安装混凝土锚碇板，工程量均应依据图纸所示位置及断面尺寸，按照不同强度等级混凝土体积，以立方米（m³）为单位进行计量。

现浇混凝土肋柱工程内容包括：基坑开挖、清理、平整、夯实，模板制作、安装、拆除，混凝土制作、运输、浇筑、振捣、养护，锚头制作、防锈及防水封闭，清理现场。

预制安装混凝土肋柱工程内容包括：基坑开挖，预制场建设，预制件预制、运输、装卸，预制件安装，锚头制作、防锈及防水封闭，清理现场。

预制安装混凝土锚碇板工程内容包括：沟槽开挖，预制场建设，预制件预制、运输、装卸，预制件安装，墙背回填及墙背排水系统施工，清理、废方处理。

3. 现浇墙身混凝土、附属部位混凝土、现浇桩基混凝土

以上挡土墙混凝土工程量均应依据图纸所示位置及断面尺寸，按照不同强度等级混凝土体积，以立方米（m³）为单位进行计量。护壁混凝土作为桩基的附属工作，不另行计量。

现浇墙身混凝土工程内容包括：模板制作、安装、拆除，混凝土拌和、运输、浇筑、养护，墙背回填及墙背排水系统施工，清理现场。

现浇附属部位混凝土工程内容包括：模板制作、安装、拆除，混凝土拌和、运输、浇筑、养护，清理现场。

现浇桩基混凝土工程内容包括：钻孔，模板制作、安装、拆除，护壁及桩身混凝土拌和、运输、浇筑、养护，墙背回填、压实、排水措施施工，清理现场。

4. 锚杆、拉杆

（1）挡土墙中钢筋的工程量应依据图纸所示及钢筋表所列钢筋质量，以千克（kg）为单位计量，且固定钢筋的材料、定位架立钢筋、钢筋接头、吊装钢筋、钢板、铁丝作为钢筋作业的附属工作，不另行计量。

工程内容包括：钢筋的保护、储存及除锈，钢筋整直、接头，钢筋截断、弯曲，钢筋安设、支撑及固定。

（2）在锚杆、锚碇板挡土墙中锚杆及拉杆的工程量均应依据图纸所示位置，按照其设计长度和规格计算质量，以千克（kg）为单位计量。

锚杆工程内容包括：坡面清理、钻孔、制作安放锚杆、灌浆、拉拔试验、锚固、锚头处理。

拉杆工程内容包括：拉杆沟槽开挖，废方弃运，拉杆制作、防锈处理、安装，拉杆与肋柱、锚碇板连接处的防锈处理，锚头制作、防锈处理、防水封闭、养护。

（九）加筋土挡土墙

1. 基础

基础部分主要为浆砌片石基础或混凝土基础，工程量应依据图纸所示位置和断面尺寸，按

图示不同强度等级的水泥砂浆砌石体积或混凝土体积,以立方米(m³)为单位计量。

浆砌片石基础工程内容包括:基坑开挖、清理、平整、夯实、废方弃运,拌、运砂浆,砌筑、养护,回填。

混凝土基础工程内容包括:基坑开挖、清理、平整、夯实,混凝土制作、运输,浇筑,振捣,养护,回填,清理现场。

2.现浇混凝土帽石

现浇混凝土帽石工程量应依据图纸所示断面尺寸,按不同强度等级的混凝土体积,以立方米(m³)为单位计量。

工程内容包括:模板制作、安装、拆除,混凝土拌和、运输,浇筑,养护,清理现场。

3.预制安装混凝土墙面板

预制安装混凝土墙面板工程量应依据图纸所示位置与断面尺寸,按不同强度等级的混凝土体积,以立方米(m³)为单位计量。

工程内容包括:沟槽开挖,预制场建设,预制件预制、运输、装卸,预制件安装,墙背回填(不含路基填料的回填)及墙背排水系统施工,清理现场。

4.加筋带

加筋带分为扁钢带、钢筋混凝土带、塑钢复合带、塑料土工格栅、聚丙烯土工带等。

扁钢带、塑钢复合带、聚丙烯土工带、钢筋的工程量依据图纸所示位置与断面尺寸,以铺设数量换算为质量,以千克(kg)为单位计量。

塑料土工格栅的工程量应依据图纸所示位置和规格、型号,按土层中分层铺设土工格栅的累计净面积,以平方米(m²)为单位计量,但接缝的重叠面积和边缘的包裹面积不予计量。

钢筋混凝土带的工程量应依据图纸所示位置与断面尺寸,按不同强度等级的混凝土体积,以立方米(m³)为单位计量,混凝土中的钢筋作为加筋带的附属工作,不另行计量。

工程内容包括:场地清理、铺设加筋带、填料摊平、分层压实。

5.钢筋

钢筋的工程量应依据图纸所示及钢筋表所列钢筋质量,以千克(kg)为单位计量,固定钢筋的材料、定位架立钢筋、钢筋接头、吊装钢筋、钢板、铁丝作为钢筋作业的附属工作,不另行计量。加筋带中的钢筋不另行计量。

工程内容包括:钢筋的保护、储存及除锈,钢筋整直、接头,钢筋截断、弯曲,钢筋安设、支撑及固定。

(十)边坡防护

1.喷浆防护、喷混凝土防护

(1)挂网土工格栅喷浆防护、挂网锚喷混凝土防护。

边坡各部位进行喷浆防护、喷混凝土防护的工程量应依据图纸所示位置,同时考虑砂浆强度等级或混凝土强度等级,按照不同厚度的喷射防护面积,以平方米(m²)为单位计量。

工程内容包括:岩面清理、设备安装与拆除、水泥砂浆(混凝土)拌制、喷射、养护、沉降缝设置。

（2）铁丝网、钢筋网。

铁丝网、钢筋网工程量依据图纸所示位置，按照设计数量，以千克（kg）为单位计量。因搭接而增加的铁丝网（钢筋网）不予计量。

工程内容包括：清理坡面，铁丝网（钢筋网）安设、支撑、固定。

（3）土工格栅。

土工格栅工程量应依据图纸所示位置和规格、型号，按分层铺设土工格栅的累计净面积，以平方米（m²）为单位计量，但接缝的重叠面积和边缘的包裹面积不予计量。

工程内容包括：清理坡面，铺设，接缝处理（搭接、缝接、粘接）。

（4）锚杆。

锚杆工程量应依据图纸所示位置，按照其设计长度和规格计算质量，以千克（kg）为单位计量。

工程内容包括：清理坡面、钻孔、制作安放锚杆、灌浆。

2. 土钉支护

（1）钻孔注浆钉工程量应按图示不同直径的土钉钻孔桩长度，以米（m）为单位计量。

工程内容包括：清理坡面、钻孔，制作安放土钉钢筋，浆体配制、运输、注浆。

（2）击入钉的工程量应按图示金属击入钉的质量，以千克（kg）为单位计量。

工程内容包括：清理坡面、土钉制作、土钉击入。

（3）钢筋的工程量应依据图纸所示及钢筋表所列钢筋质量，以千克（kg）为单位计量；固定钢筋的材料、定位架立钢筋、钢筋接头、吊装钢筋、钢板、铁丝作为钢筋作业的附属工作，不另行计量；土钉用钢材不予计量。

工程内容包括：钢筋的保护、储存及除锈，钢筋整直、接头，钢筋截断，弯曲，钢筋安设、支撑及固定。

（十一）预应力锚索边坡加固

1. 预应力钢绞线、无黏结预应力钢绞线

预应力钢绞线、无黏结预应力钢绞线的工程量应依据图纸所示位置和钢绞线规格，按照各类锚索锚固端底至锚具外侧的长度，以米（m）为单位计量。

工程内容包括：坡面清理，脚手架安设、拆除、完工清理和保养，钻孔、清孔，锚索成束、支架及导向头制作安装、锚固，浆液制备、注浆、养护，锚头防腐处理、封锚。

2. 锚杆

锚杆，包括钢筋锚杆、预应力钢筋锚杆，工程量应依据图纸所示位置和规格、型号，按照安装的锚杆质量，以千克（kg）为单位计量。

钢筋锚杆工程内容包括：坡面清理，脚手架安设、拆除、完工清理和保养，钻孔、清孔、套管装拔，锚杆制作、安装、锚固、锚头处理，浆液制备、注浆、养护。

预应力钢筋锚杆工程内容包括：坡面清理，脚手架安设、拆除、完工清理和保养，钻孔、清孔、套管装拔，锚杆制作、安装，浆液制备、一次注浆、锚固，张拉、二次注浆。

3. 混凝土框格梁、混凝土锚固板

混凝土框格梁、混凝土锚固板的工程量应依据图纸所示位置及断面尺寸，按照不同强度等级混凝土浇筑体积,以立方米(m³)为单位计量。

工程内容包括:边坡清理,模板制作、安装、拆除,混凝土制作、运输、浇筑、养护,清理现场。

4.钢筋

钢筋的工程量应依据图纸所示及钢筋表所列钢筋质量,以千克(kg)为单位计量。

固定钢筋的材料、定位架立钢筋、钢筋接头、吊装钢筋、钢板、铁丝作为钢筋作业的附属工作,不另行计量。

工程内容包括:钢筋的保护、储存及除锈,钢筋整直、接头,钢筋截断、弯曲,钢筋安设、支撑及固定。

(十二)抗滑桩

1.现浇混凝土桩

混凝土工程量应依据图纸所示位置及断面尺寸,按照不同强度等级混凝土体积,以立方米(m³)为单位计量。护壁混凝土及护壁钢筋为桩基混凝土的附属工作,不另行计量;声测管为现浇混凝土桩的附属工作,不另行计量。

工程内容包括:场地清理,钻孔,模板制作、安装、拆除,护壁及桩身混凝土制作、运输,浇筑、养护,桩的无损检测,清理现场。

2.桩板式抗滑挡墙

(1)挡土板。

挡土板工程量应依据图纸所示位置及断面尺寸,按照不同强度等级混凝土体积,以立方米(m³)为单位计量。

工程内容包括:沟槽开挖,预制场建设,预制件预制、运输、装卸,预制件安装,墙背回填及墙背排水系统施工,清理现场。

(2)钢筋。

钢筋的工程量应依据图纸所示及钢筋表所列钢筋质量,以千克(kg)为单位计量。固定钢筋的材料、定位架立钢筋、钢筋接头、吊装钢筋、钢板、铁丝作为钢筋作业的附属工作,不另行计量。抗滑桩的护壁钢筋不予计量。

工程内容包括:钢筋的保护、储存及除锈,钢筋整直、接头,钢筋截断、弯曲,钢筋安设、支撑及固定。

(十三)河道防护

1.河床铺砌、导流设施

导流设施包括护岸墙、顺坝、丁坝、调水坝、锥坡,河床与导流设施修建所用的浆砌片石、混凝土的工程量均应依据图纸所示位置及断面尺寸,按照不同强度等级水泥砂浆、混凝土铺筑或浇筑的体积,以立方米(m³)为单位计量。

导流设施工程中所含的石笼的工程量应依据图纸所示位置和构造类型、结构尺寸,按照实际铺筑的石笼防护体积,以立方米(m³)为单位计量。

浆砌片石铺砌的工程内容包括:临时排水,基坑开挖,拌、运砂浆,砌筑,养护,清理现场,对于导流设施工程内容还包括围堰。

混凝土铺砌的工程内容包括：临时排水，基坑开挖，模板制作、安装、拆除，混凝土拌和、运输、浇筑、养护，清理现场，对于导流设施工程内容还包括围堰。

石笼工程内容包括：准备材料及补救设施，编制网片、装入块石、封闭成石笼，抛到图纸指定处，石笼间连接牢固。

2. 抛石防护

抛石防护的工程量应依据图纸所示位置和断面尺寸，按照抛填石料体积，以立方米（m^3）为单位计量。

工程内容包括：移船定位、抛填、测量检查。

四、第300章"路面工程"的计量规则

路面工程的工程量计量包括垫层、底基层、基层、沥青透层和黏层、封层和沥青混凝土面层，以及水泥混凝土面板和路肩培土、中央分隔带回填土、土路肩、路缘石等。

（一）垫层

垫层包括碎石垫层、砂砾垫层、水泥稳定土垫层和石灰稳定土垫层，均依据图纸所示压实厚度，按照铺筑的顶面面积，以平方米（m^2）为单位计量。

工程内容包括：检查、清除路基上的浮土、杂物，洒水湿润，拌和、运输、摊铺、整平、整形，洒水、碾压、整修，初期养护。

（二）底基层、基层

底基层、基层的材料包括石灰稳定土、水泥稳定土、石灰粉煤灰稳定土、级配碎（砾）石和沥青稳定碎石。

除各类材料的搭板、埋板下的底基层均依据图纸所示尺寸、范围，按照铺筑体积，以立方米（m^3）为单位计量之外，其他各类材料的底基层、基层，均依据图纸所示压实厚度，按照铺筑的顶面面积，以平方米（m^2）为单位计量，如图10-4所示。

图10-4 路面计量示意图

石灰稳定土、水泥稳定土、石灰粉煤灰稳定土底基层、基层的工程内容包括：检查、清理下承层，洒水，拌和、运输、摊铺，整平、整形，洒水、碾压、初期养护。

级配碎（砾）石底基层、基层的工程内容包括：检查、清理下承层、洒水，铺筑材料拌和、运输、摊铺，整平、整形，洒水、碾压。

沥青稳定碎石基层（ATB）工程内容包括：检查和清理下承层，拌和设备安装、调试、拆除，沥青铺筑材料加热、保温、输送、配运料、矿料加热烘干、拌和、出料，运输、摊铺、压实、成型，接缝，初期养护。

（三）透层和黏层

透层和黏层均依据图纸所示沥青品种、规格、喷油量，按照洒布面积，以平方米（m^2）为单

位计量。

工程内容包括:检查和清扫下承层,材料制备、运输,试洒,沥青洒布车均匀喷洒并检测洒布用量,初期养护。

(四)面层

1. 热拌沥青混合料面层

包括细粒式、中粒式和粗粒式沥青混凝土,均依据图纸所示级配类型及铺筑压实厚度,按照铺筑的顶面面积,以平方米(m²)为单位计量,如图10-4所示。

工程内容包括:检查和清理下承层,拌和设备安装、调试、拆除,沥青加热、保温、输送、配运料、矿料加热烘干、拌和、出料,运输、摊铺、碾压、成型、接缝,初期养护。

2. 沥青表面处治和封层

(1)沥青表面处治,依据图纸所示沥青种类、厚度、喷油量,按照沥青表面处治面积,以平方米(m²)为单位计量。

工程内容包括:检查和清理下承层,安拆除熬油设备,熬油、运油,沥青洒布车洒油,整形、碾压、找补,初期养护。

(2)封层,依据图纸所示沥青种类、厚度,按照封层面积,以平方米(m²)为单位计量。

工程内容包括:检查和清理下承层,试验段施工,专用设备撒布或施工封层,整形、碾压、找补,初期养护。

3. 改性沥青及改性沥青混合料

计量规则同热拌沥青混合料面层。

工程内容包括:检查和清理下承层,拌和设备安装、调试、拆除,改性沥青混合料生产,混合料运输、摊铺、碾压、成型、接缝,初期养护。

4. 水泥混凝土面板

面板依据图纸所示厚度和混凝土强度等级,按照铺筑体积,以立方米(m³)为单位计量。钢筋依据图纸所示水泥混凝土路面钢筋,按图示质量,以千克(kg)为单位计量。因搭接而增加的钢筋作为附属工作,不另行计量。

水泥混凝土面板工程内容包括:检查和清理下承层、洒水湿润,模板制作、架设、安装、修理、拆除,混凝土拌合物配合比设计、配料、拌和、运输、浇筑、振捣、真空吸水、抹平、压纹或刻纹、切缝、灌缝、养护。滑模摊铺机铺筑水泥混凝土面板时,没有真空吸水内容,但应包括摊铺机的运输、安装、就位调试(试铺)和使用、维修、移机、拆卸、移出场地等。

钢筋工程内容包括:钢筋的保护、储存及除锈,钢筋整直、连接,钢筋截断、弯曲,钢筋安设、支承及固定。

(五)路面附属工程

1. 路肩培土、中央分隔带回填土、土路肩加固及路缘石

(1)路肩培土或中央分隔带回填土依据图纸所示断面尺寸,按照压实体积或压实后体积,以立方米(m³)为单位计量。

工程内容包括:挖运土,路基整修、培土、整形,分层填筑压实,培土路肩还包括整修路肩横坡。

(2)现浇混凝土加固土路肩或混凝土预制块加固土路肩和混凝土预制块路缘石依据图纸所示断面尺寸和混凝土强度等级,按照浇筑体积或预制安装体积,以立方米(m³)为单位计量。

现浇混凝土加固土路肩工程内容包括:路基整修,模板制作、安装、拆除、修理、涂脱模剂,混凝土拌和、制备、摊铺、养护。

混凝土预制块加固土路肩工程内容包括:预制场地平整,硬化处理,预制块预制、装运,路基整修,预制块铺砌、勾缝。

混凝土预制块路缘石工程内容包括:预制场地平整,硬化处理,预制块预制、装运,路基整修、基槽开挖及回填,废方弃运,基槽夯实,路缘石铺砌、勾缝,路缘石后背回填夯实。

2. 路面及中央分隔带排水

包括排水管、纵向雨水沟(管)、集水井、中央分隔带渗沟、沥青油毡防水层、路肩排水沟和拦水带。

(1)排水管、纵向雨水沟(管)、中央分隔带渗沟、路肩排水沟和拦水带依据图纸所示位置,分不同类型及规格,按埋设长度或设置长度,以米(m)为单位计量。

排水管工程内容包括:基槽开挖填筑、废方弃运,垫层(基础)铺筑,排水管制作,安放排水管,接头处理,回填、压实,出水口处理。

纵向雨水沟(管)工程内容包括:基槽开挖、废方弃运,垫层(基础)铺筑,模板制作、安装、拆除、修理,钢筋制作与安装,盖板预制与安装,混凝土拌和、运输、浇筑,养护,安放排水管,接头处理,回填、压实,出水口处理。

中央分隔带渗沟工程内容包括:基槽开挖、废方弃运,垫层(基础)铺筑,制管、打孔,安放排水管,接头处理,填碎石、铺设土工布,回填、压实。

路肩排水沟工程内容包括:场地清理,地基平整夯实,排水沟断面补挖,铺设垫层,模板制作、安装、拆除,钢筋制作与安装,混凝土拌和、运输、浇筑,养护,预制件预制(现浇)运输、装卸、安装,回填、清理。

拦水带工程内容包括:混凝土制作、运输、浇筑、振捣、养护、拆模、刷漆,开槽,预制块装运、安装、接缝、防漏处理,沥青混凝土配运料、拌和、运输、摊铺、压实、成型、初期养护,清理。

(2)集水井依据图纸所示位置,分不同类型及规格,按设置的集水井数量,以座为单位计量。

工程内容包括:基坑开挖及废方弃运,地基平整夯实,垫层及基础施工,模板制作、安装、拆除、修理,钢筋制作与安装,混凝土拌和、运输、浇筑、养护,井壁外围回填、夯实。

(3)沥青油毡防水层依据图纸所示位置,按铺设的防水层面积,以平方米(m²)为单位计量。

工程内容包括:下承层清理、喷涂黏结层、铺油毡、接缝处理。

(六) 其他路面

贫混凝土基层、水泥混凝土预制块路面、避险车道制动坡床路面依据图纸所示尺寸、范围、厚度或混凝土强度等级等,分不同材料按照铺筑体积,以立方米(m³)为单位计量。除此之外,其他各类材料路面,均依据图纸所示压实厚度、混凝土强度等级、分不同材料的不同品种和规格,按照铺筑的顶面面积,以平方米(m²)为单位计量。

沥青贯入式碎石路面工程内容包括:检查和清理下承层,主层集料摊铺碾压,沥青洒布车洒油,铺撒嵌缝料,整形、碾压、找补,初期养护。石油沥青贯入式路面还包括安设熬油设备,熬油、运油。

上拌下灌入式沥青碎石路面工程内容包括:检查和清理下承层,安设熬油设备,熬油、运油,下层集料摊铺、整平,沥青洒布车洒油,整形、碾压、找补,上层沥青混合料施工,拌和、运输、摊铺、碾压、整修,初期养护。

贫混凝土基层工程内容包括:检查和清理下承层、洒水,混凝土拌和、运输、摊铺,整平、整形,碾压,设置纵缝、横缝并灌入填缝料,初期养护。

天然砂砾、级配碎(砾)石路面工程内容包括:检查和清理下承层、洒水,摊铺、整平、整形,洒水、碾压、找补。

泥结碎(砾)石路面工程内容包括:清理下承层、洒水,铺筑材料拌和、运输,摊铺、整平、撒嵌缝材料、整形、洒水、碾压、找补,初期养护。

水泥混凝土预制块路面工程内容包括:清理下承层,水泥混凝土预制块制备、养护、运输,找平层水泥砂浆制备、运输、铺筑,人工铺砌预制块、找平,灌注嵌缝砂浆或石屑,初期养护。

砖块、块石路面工程内容包括:清理下承层,砖块(块石)制备、运输,找平层水泥砂浆制备、运输、铺筑,人工铺砌砖块(块石)、找平,灌注嵌缝砂浆或石屑,初期养护。

避险车道工程内容包括:检查和清理下承层、洒水,摊铺、整平、整形、找补。

五、第400章"桥梁、涵洞工程"的计量规则

桥梁、涵洞工程的工程量计量包括通则、模板、拱架和支架、钢筋、基坑开挖及回填、桩基、沉井、混凝土工程、预制件的安装、砌石工程、桥梁支座、桥梁伸缩缝、防水工程、桥面铺装和涵洞工程等。

(一)桥梁工程

1.通则

通则包括:桥梁荷载试验、桥梁施工监控和地质钻探及取样。

(1)桥梁荷载试验依据图纸及桥梁荷载试验委托合同中约定的试验项目,以暂估价形式以总额为单位计量。

工程内容包括:选择有资质的单位签订桥梁荷载试验委托合同,按图纸所示及合同约定的测试项目现场试验,采集数据、分析、编写提交试验报告。

(2)桥梁施工监控依据图纸及桥梁施工监控委托合同中约定的监控量测项目,以暂估价形式以总额为单位计量。

工程内容包括:选择有资质的单位签订桥梁施工监控委托合同,按图纸所示及合同约定的测试项目及量测频率对现场实施监控量测,采集数据、分析、编写提交监控量测报告。

(3)地质钻探及取样是以实际发生的地质钻探及取样试验分不同钻径,以米(m)为单位计量。

工程内容包括：场地清理，钻机安拆、钻探、取样、试验。

2. 钢筋

钢筋包括：基础钢筋（含灌注桩、承台、桩系梁、沉桩、沉井等）、上部结构钢筋、下部结构钢筋和附属结构钢筋。

（1）基础钢筋、上部结构钢筋和下部结构钢筋均依据图纸所示及钢筋表所列钢筋质量，以千克（kg）为单位计量；固定钢筋的材料、定位架立钢筋、钢筋接头、吊装钢筋、钢板、铁丝作为钢筋作业的附属工作，不另行计量。

工程内容包括：钢筋的保护、储存及除锈，钢筋整直、连接，钢筋截断、弯曲，钢筋安设、支承及固定。

（2）附属结构钢筋还包括缘石、人行道、防撞墙、栏杆、桥头搭板、枕梁、抗震挡块、支座垫块等构造物所用钢筋以及伸缩缝预埋的钢筋，均列入本子目计量。

3. 基础工程

（1）基坑挖方及回填。

基坑挖方及回填包括：干处挖土方、水下挖土方、干处挖石方和水下挖石方。

基坑挖方及回填均根据图示，取用底、顶面间平均高度的棱柱体体积，分别按干处、水下及土、石，以立方米（m³）为单位计量；在地下水位以上开挖的为干处挖方；在地下水位以下开挖的为水下挖方；基坑底面、顶面及侧面的确定应符合下列规定，见图10-5。

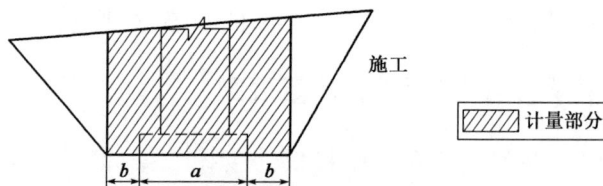

图10-5 基坑计量示意图

①基坑开挖底面：按图纸所示的基底高程线计算。

②基坑开挖顶面：按设计图纸横断面上所标示的原地面线计算。

③基坑开挖侧面：按顶面到底面，以超出基底周边0.5m的竖直面为界，即 $b=0.5\text{m}$。

基坑开挖及回填的工程内容包括：场地清理，围堰、排水，基坑开挖，基坑支护，基坑检查、修整，基坑回填、压实，弃方清运。开挖基坑石方还包括钻爆、出渣。

（2）沉井。

沉井一般是钢筋混凝土沉井。钢筋混凝土沉井包括：井壁混凝土、封底混凝土、填芯混凝土和顶板混凝土。

井壁混凝土、封底混凝土、填芯混凝土和顶板混凝土均依据图纸所示位置及尺寸，按图示混凝土体积分不同强度等级，以立方米（m³）为单位计量。

井壁混凝土工程内容包括：制作场地建设，配、拌、运混凝土，刃脚制作，浇筑、振捣、养护井壁混凝土，浮运、定位、下沉、助沉、接高、拼接，井内土石开挖、弃运。

封底、填芯和顶板混凝土工程内容包括：场地清理，搭拆作业平台，配、拌、运混凝土，浇筑、养护。

（3）钻孔灌注桩和挖孔灌注桩。

钻孔灌注桩和挖孔灌注桩均包括：灌注桩（钻孔、挖孔）、钻取混凝土芯样检测和破坏荷载试验用桩。

①灌注桩依据图纸所示桩长及混凝土强度等级，按照不同桩径的桩长，以米（m）为单位计量，桩长为桩底高程至承台底面或系梁底面高程，见图10-6。

对于与桩连为一体的柱式墩台，如无承台或系梁，则以桩位处原始地面线为分界线，地面线以下部分为灌注桩桩长。若图纸有标示的，按图纸标示为准。施工图设计水深小于2m（含2m）的为陆上钻孔灌注桩；大于2m的为水中钻孔灌注桩。

钻孔灌注桩工程内容包括：安设护筒及设置钻孔平台，钻机安、拆、就位，钻孔、成孔、成孔检查，安装声测管，混凝土制拌、运输、浇筑，破桩头，按"第七章技术规范"405.11的规定进行桩基检测，水中桩基的工程内容还包括搭设水中工作平台、筑岛或围堰、横向便道。

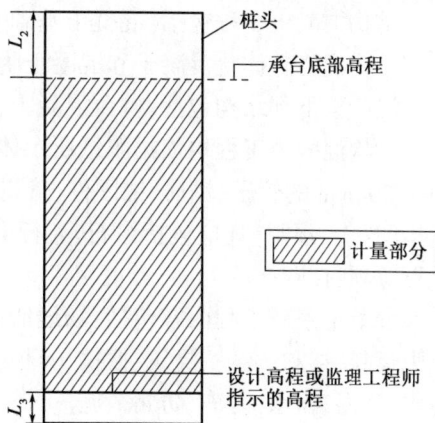

图 10-6　桩基础计量示意图

挖孔灌注桩工程内容包括：设置支撑与护壁，挖孔、清孔、通风、钻探、排水，安装声测管，混凝土制拌、运输、浇筑，破桩头，按"第七章　技术规范"405.11的规定进行桩基检测。

②钻取混凝土芯样检测按实际钻取的混凝土芯样长度，分不同钻径，以米（m）为单位计量；如混凝土质量合格，钻取的芯样给予计量，否则，不予计量。

工程内容包括：场地清理，钻机安拆、钻芯、取样、试验。

③破坏荷载试验用桩依据图纸所示桩长及混凝土强度等级，按照不同桩径的桩长，以米（m）为单位计量。

钻孔灌注桩破坏荷载试验用桩工程内容包括：钻孔平台搭设、筑岛或围堰，钻机安、拆、就位，钻孔、成孔、成孔检查，安装声测管，混凝土制拌、运输、浇筑，破桩头。

挖孔灌注桩破坏荷载试验用桩工程内容包括：设置支撑与护壁，挖孔、清孔、通风、钻探、排水，安装声测管，混凝土制拌、运输、浇筑，破桩头。

（4）沉桩。

沉桩包括：钢筋混凝土沉桩、预应力混凝土沉桩和试桩。均依据图纸所示桩长及混凝土强度等级，按照不同桩径的桩长，以米（m）为单位计量。

工程内容包括：桩的预制、养护、移运、沉入、桩头处理，锤击、射水、接桩。

（5）桩的垂直静荷载试验。

桩的垂直静荷载试验包括：桩的检验荷载试验和桩的破坏荷载试验。

桩的垂直静荷载试验均依据图纸及桩的垂直静荷载试验委托合同，在图纸所示位置现场进行桩的垂直静荷载试验，按实际进行垂直静荷载试验的桩数，分不同的桩径、桩长、混凝土强度等级、垂直静荷载等级，以每一试桩（根）为单位计量。桩的垂直静荷载试验仅指荷载试验工作；桩的工程量在对应工程结构中计量。

工程内容包括：选择有资质的单位签订桩的垂直静荷载试验委托合同，按图纸所示及合同约定的内容现场进行桩的垂直静荷载试验（包括清理场地、搭设试桩工作台、埋设观测设备、加载、卸载、观测），数据采集、分析、编写提交桩的垂直静荷载试验报告。

4. 结构混凝土工程

结构混凝土工程包括：混凝土基础、混凝土下部结构、混凝土上部结构（现浇、预制）、桥梁上部结构现浇整体化混凝土和混凝土附属结构（现浇、预制）。

混凝土下部结构包括：桥台混凝土、桥墩混凝土、盖梁混凝土和台帽混凝土。

结构混凝土工程均依据图纸所示体积，分不同强度等级，以立方米（m³）为单位计量；直径小于200mm的管子、钢筋、锚固件、管道、泄水孔或桩所占混凝土体积不予扣除。混凝土附属结构（现浇、预制）还应包括缘石、人行道、防撞墙、栏杆、护栏、桥头搭板、枕梁、抗震挡块、支座垫石等项目。

混凝土基础工程内容包括：场地清理，搭拆作业平台，安拆套箱或模板，安设预埋件，混凝土配运料、拌和、运输、浇筑、振捣、养护，施工缝、沉降缝设置处理，混凝土的冷却管制作安装，通水、降温，防水、防冻、防腐措施。

混凝土下部构造工程内容包括：场地清理，搭拆作业平台、支架，安拆模板，安设预埋件（包括支座预埋件、防震锚栓及套筒等），混凝土配运料、拌和、运输、浇筑、振捣、养护，防水、防冻、防腐措施，桥台还包括施工缝、沉降缝设置处理。

现浇混凝土上部构造工程内容包括：平整场地，搭拆工作平台，支架搭设、预压与拆除，安拆模板，安设预埋件，混凝土配运料、拌和、运输、浇筑、养护，施工缝、沉降缝设置处理。

预制混凝土上部构造（含附属结构）工程内容包括：搭拆工作平台，安拆模板，安设预埋件（吊环、预埋连接件），混凝土配运料、拌和、运输、浇筑、养护，构件预制、运输、安装。

上部构造现浇整体化混凝土（含附属结构）工程内容包括：工作面清理，搭拆作业平台，安拆支架、模板，混凝土配运料、拌和、运输、浇筑、养护。

5. 预应力混凝土工程

预应力混凝土按施工工艺可分为先张法预应力混凝土和后张法预应力混凝土；按施工方法可分为现浇预应力混凝土上部结构和预制预应力混凝土上部结构。

（1）先张法预应力钢丝、钢绞丝、钢筋均依据图纸所示构件长度计算的预应力钢材质量，分不同材质以千克（kg）为单位计量。除上述计算长度以外的锚固长度及工作长度的预应力钢材列入相应预应力钢材报价之中，不另行计量。

工程内容包括：制作安装预应力钢材，制作安装管道，安装锚具、锚板，张拉，放张，封锚头。

（2）后张法预应力钢丝、钢绞丝、钢筋均按图示两端锚具间的理论长度计算的预应力钢材质量，分不同材质以千克（kg）为单位计量。除上述计算长度以外的锚固长度及工作长度的预应力钢材列入相应预应力钢材报价之中，不另行计量。

工程内容包括：制作安装预应力钢材，制作安装管道，安装锚具、锚板，张拉，压浆，封锚头。

（3）现浇预应力混凝土上部结构和预制预应力混凝土上部结构均依据图纸所示体积分不同强度等级，以立方米（m³）为单位计量；钢筋、钢材所占体积及单个面积在0.03m²以内的孔洞不予扣除。除预制预应力混凝土上部结构，后张法预应力混凝土梁封端混凝土工程量也列入本子目。

现浇预应力混凝土上部结构工程内容包括:平整场地,搭拆工作平台,支架搭设、预压与拆除,安拆模板,混凝土配运料、拌和、运输、浇筑、养护,施工缝、沉降缝设置处理。

预制预应力混凝土上部结构工程内容包括:搭拆工作平台,安拆模板,混凝土配运料、拌和、运输、浇筑、养护,构件预制、运输、安装。

6. 砌石工程

砌石工程包括:浆砌片石、浆砌块石、浆砌料石和浆砌预制混凝土。

砌石工程均依据图纸所示位置及尺寸,按砌筑体积分不同砂浆强度等级,以立方米(m³)为单位计量。

工程内容包括:基础清理,基底检查,选修石料,铺筑基础垫层,搭、拆脚手架,配、拌、运砂浆,砌筑、勾缝、抹面、养护,沉降缝设置。

7. 桥面铺装

桥面铺装包括桥面铺装(混凝土沥青、水泥混凝土)、防水层、桥面排水。

(1)桥面铺装(混凝土沥青、水泥混凝土)依据图纸所示位置、尺寸,按照铺筑体积,以立方米(m³)为单位计量。

沥青混凝土桥面铺装工程内容包括:清理下承层,拌和设备安装、调试、拆除,沥青混合料拌和、运输、摊铺、压实、成型,接缝,初期养护。

水泥混凝土桥面铺装工程内容包括:场地清理,混凝土配运料、拌和、运输、浇筑、振捣、养护,施工缝、沉降缝设置。

(2)防水层包括桥面混凝土表面处理和铺设防水层。桥面混凝土表面处理按图示处理的桥面混凝土表面净面积,以平方米(m²)为单位计量;铺设防水层依据图纸所示位置及尺寸,在桥面铺装前铺设防水材料,按图示铺装净面积分不同材质以平方米(m²)为单位计量。

桥面混凝土表面处理工程内容包括:场地清理,混凝土面板铣刨(喷砂)拉毛,铣刨(喷砂)拉毛后清理、平整。

铺设防水层工程内容包括:场地清理、桥面清洁、铺设防水材料、安拆作业平台、安设排水设施。

(3)桥面排水包括竖、横向集中排水管和桥面边部碎石盲沟。竖、横向集中排水管依据图纸所示位置及尺寸,在桥面安设泄水孔,按图示数量分不同材质、管径计量,铸铁管、钢管以千克(kg)为单位计量,PVC(聚氯乙烯)管以米(m)为单位计量,接头、固定泄水管的金属构件不予计量,铸铁泄水孔为附属工作,不另计量;桥面边部碎石盲沟依据图纸所示位置及尺寸,按照盲沟体积,以立方米(m³)为单位计量。

竖、横向集中排水管工程内容包括:场地清理、安拆作业平台、钻孔安设排水管锚固件、安设排水设施。

桥面边部碎石盲沟工程内容包括:边部切割、清理、盲沟设置。

8. 桥梁支座

桥梁支座包括:板式橡胶支座、盆式支座、隔震橡胶支座和球形支座。

盆式、隔震橡胶和球形支座均依据图纸所示位置及尺寸,按照图纸所示类型及规格,按图示数量分不同型号、支座反力,以个为单位计量;板式橡胶支座按图示体积分不同材质及形状,以立方分米（dm³）为单位计量。

板式橡胶支座、隔震橡胶支座的工程内容包括：清洁整平混凝土表面，砂浆配运料、拌和，接触面抹平，钢板制作与安装，支座定位安装。

盆式支座、球形支座的工程内容包括：清洁整平混凝土表面，砂浆配运料、拌和，接触面抹平，钢板制作与安装，吊装设备安装，支座定位安装，支座焊接固定。

9. 桥梁接缝和伸缩装置

桥梁接缝和伸缩装置包括：橡胶伸缩装置、模数式伸缩装置、梳齿板式伸缩装置和填充式材料装置。

桥梁接缝和伸缩装置均依据图纸所示位置及尺寸，按图示的橡胶条伸缩装置长度、模数式伸缩装置长度、梳齿板式伸缩装置长度和填充式材料伸缩装置长度（包括人行道、缘石、护栏底座与行车道等全部长度），以米（m）为单位计量。

橡胶伸缩装置工程内容包括：切割清理伸缩装置范围内混凝土，设置预埋件，伸缩装置定位、安装。

模数式伸缩装置、梳齿板式伸缩装置的工程内容包括：切割清理伸缩装置范围内混凝土，设置预埋件，伸缩装置定位、安装，混凝土拌和、运输、浇筑、压纹、养护。

填充式材料装置工程内容包括：切割清理伸缩装置范围内混凝土，跨缝板安装，材料填充、养护。

10. 其他

模板、拱架和支架的设计制作、安装、拆卸施工等有关作业作为有关工程的附属工作，均不做计量；预制构件的起吊、运输、装卸、储存和安装，不另行计量；除钢筋及预应力钢筋以外的小型构件的供应、制造、保护和安装，无特殊说明的均不做计量；混凝土和砌体表面的沥青或油毛毡防水层均不做计量。

（二）涵洞（通道）工程

涵洞工程部分包括圆管涵及倒虹吸管涵、盖板涵、箱涵、拱涵等分项工程，基底软基处理的工程量均可参照路基部分的特殊地区路基处理部分的计量规则进行计量。

1. 圆管涵及倒虹吸管涵

圆管涵及倒虹吸管涵包括：单孔钢筋混凝土圆管涵、双孔钢筋混凝土圆管涵和钢筋混凝土圆管倒虹吸管涵。

圆管涵及倒虹吸管涵均依据图纸所示，按不同孔径的涵身长度（进出口端墙外侧间距离）计算，以米（m）为单位计量。

工程内容包括：基坑排水，挖基，基底清理，基座砌筑或浇筑，垫层材料铺筑，钢筋制作安装，预制或现浇钢筋混凝土管，铺涂防水层，安装、接缝，砌筑进出口（端墙、翼墙、八字墙井口），防水、防冻、防腐措施，回填。

2. 盖板涵、箱涵

盖板涵、箱涵包括：钢筋混凝土盖板涵、钢筋混凝土箱涵、钢筋混凝土盖板通道涵和钢筋混凝土箱形通道涵。

盖板涵、箱涵均据图纸所示,按不同跨径的盖板涵、箱涵、盖板通道涵和箱形通道涵长度计算,以米(m)为单位计量。

盖板涵工程内容包括:场地清理,围堰、排水,基坑开挖,基坑支护,基础及涵台施工,施工缝设置、处理,盖板预制、运输、安装,砂浆制作、填缝,防水、防冻、防腐措施,回填,盖板通道涵还包括铺设通道路面,砌筑边沟。

箱涵工程内容包括:围堰、排水,基坑开挖,垫层、基础施工,搭拆作业平台,模板安设、加固、检查,钢筋安设、支撑、固定,混凝土配运料、拌和、运输、浇筑、养护,施工缝设置、处理,防水、防冻、防腐措施,回填,箱形通道涵还包括铺设通道路面,砌筑边沟。

3. 拱涵

拱涵包括拱涵(石拱涵、混凝土拱涵)和拱形通道涵。

(1)石拱涵、混凝土拱涵均依据图纸所示,按不同跨径的石拱涵、混凝土拱涵长度,以米(m)为单位计量。

(2)拱形通道涵包括石拱通道涵和混凝土拱通道涵。均依据图纸所示,按不同跨径的石拱通道涵、混凝土拱通道涵长度,以米(m)为单位计量。

石拱涵工程内容包括:场地清理,围堰、排水,基坑开挖,基坑支护,基础及涵台施工,搭拆作业平台,安拆支架、拱盔,选修石料,配砂浆,砌筑、勾缝、抹面、养护,防水、防冻、防腐措施,回填。石拱通道涵还包括铺设通道路面、砌筑边沟。

混凝土拱涵工程内容包括:场地清理,围堰、排水,基坑开挖,基坑支护,基础及涵台施工,搭拆作业平台,安拆支架、拱盔,配拌运混凝土、浇筑、养护,防水、防冻、防腐措施,回填。混凝土拱通道涵还包括铺设通道路面、砌筑边沟。

六、第 500 章"隧道工程"的计量规则

隧道工程的工程量计量包括通则、洞口与明洞工程、洞身开挖、洞身衬砌、防水与排水、防火与装饰工程、风水电作业及通风防尘、监控量测、洞内机电工程和消防工程等。

隧道工程所涉及的钢筋工程量计量均依据图纸所示及钢筋表所列钢筋质量,以千克(kg)为单位计量;固定钢筋的材料、定位架立钢筋、钢筋接头、吊装钢筋、钢板、铁丝作为钢筋作业的附属工作,不另行计量。

工程内容包括:钢筋的保护、储存及除锈,钢筋整直、连接,钢筋截断、弯曲,钢筋安设、支承及固定。

(一)洞口与明洞工程

1. 洞口、明洞开挖

洞口、明洞开挖依据设计图纸所示位置及尺寸,按图示开挖的体积,不分土、石的种类,只区分为土方和石方,以立方米(m³)为单位计量。

工程内容包括:石方爆破,挖、装、运输、卸车,填料分埋、弃土整形、压实,坡面临时支护及排水,坡面修整。

2. 防水与排水

防水与排水包括:石砌截水沟与排水沟、混凝土沟槽(现浇、预制安装)、预制安装混凝土

沟槽盖板、土工合成材、渗沟和钢筋。

(1)石砌截水沟与排水沟、混凝土沟槽(现浇、预制安装)和预制安装混凝土沟槽盖板均依据图纸所示位置及尺寸,按图示砌体、混凝土、预制安装混凝土体积,分不同强度等级,以立方米(m³)为单位计量。

石砌截水沟、排水沟工程内容包括:沟槽开挖,基底检查,铺设垫层,砂浆拌制,浆砌片石、勾缝、抹面、养护,回填,场地清理。

现浇混凝土沟槽工程内容包括:沟槽开挖,基底检查,铺设垫层,模板制作、安装、拆除,混凝土拌和、运输、浇筑、养护,回填,场地清理。

预制安装混凝土沟槽工程内容包括:沟槽开挖,基底检查,铺设垫层,预制场建设,混凝土沟槽预制、安装,回填,场地清理。

预制安装混凝土沟槽盖板工程内容包括:预制场建设,混凝土沟槽盖板预制、安装,回填。

(2)土工合成材料依据图纸所示的位置及规格,按图示铺设的土工合成材料面积,分不同材质,以平方米(m²)为单位计量;接缝的重叠面积和边缘的包裹面积不予计量。

工程内容包括:场地清理,土工合成材料铺设、固定,接缝处理(搭接、缝接、粘接),边缘处理。

(3)渗沟依据设计图纸所示位置及尺寸,按图示渗沟体积,以立方米(m³)为单位计量。

工程内容包括:开挖渗沟槽、铺设土工材料、铺设渗沟填料、沟槽回填、场地清理。

3. 洞口坡面防护

洞口坡面防护包括:浆砌片石护坡、混凝土护坡(现浇、预制安装、喷射)、护面墙(浆砌、现浇混凝土)、混凝土挡土墙、地表注浆、钢筋、锚杆和防护系统(主动、被动)。

(1)浆砌片石护坡、混凝土护坡(现浇、预制安装、喷射)均依据图纸所示位置及尺寸,按图示砌体、混凝土、预制安装混凝土、喷射混凝土体积,分不同砂浆强度等级,以立方米(m³)为单位计量。

浆砌片石护坡工程内容包括:清理边坡,坡面夯实,基础开挖,铺设垫层,浆砌片石,勾缝、抹面、养护,回填。

现浇混凝土护坡工程内容包括:清理边坡,坡面夯实,基础开挖,模板制作、安装、拆除,混凝土拌和、运输、浇筑、养护,泄水孔及其滤水层、沉降缝设置,回填。

预制安装混凝土护坡工程内容包括:清理边坡、坡面夯实、基础开挖、预制件的预制、预制件安装、回填、清理现场。

喷射混凝土护坡工程内容包括:岩面清理、设备安装与拆除、混凝土拌制、喷射、沉降缝设置、养护。

(2)护面墙(浆砌、现浇混凝土)和混凝土挡土墙均依据图纸所示位置及尺寸,按图示砌体、混凝土体积,分不同砂浆强度等级,以立方米(m³)为单位计量;不扣除沉降缝、泄水孔、预埋件所占体积。

浆砌护面墙工程内容包括:基坑开挖、清理、整平、夯实,浆砌片(块)石,泄水孔及其滤水层,接缝处理,勾缝、抹面,墙背排水设施设置,填料分层填筑,清理,废方弃运。

现浇混凝土护面墙工程内容包括:场地清理,基坑开挖,地基平整夯实,废方弃运,边坡清理夯实,模板制作、安装、拆除,混凝土拌和、运输、浇筑、养护,泄水孔及其滤水层、沉降缝设置,墙背排水设施设置、填料分层填筑,清理现场。

混凝土挡土墙工程内容包括:基坑开挖、清理、整平、夯实,模板制作、安装、拆除,混凝土拌和、运输、浇筑、养护,泄水孔及其滤水层、沉降缝设置,填料分层填筑,清理、弃方处理。

(3)地表注浆依据设计图纸所示注浆量,按浆液体积分不同强度等级及材质,以立方米(m^3)为单位计量。

工程内容包括:场地清理、钻孔、安装注浆管、安拆注浆机、浆液制备、注浆。

(4)锚杆依据设计图纸所示位置及尺寸,按锚杆长度分不同直径,以米(m)为单位计量。

工程内容包括:搭、拆、移作业平台,锚杆及附件制作、运输,布眼、钻孔、清孔,浆液制备、注浆,锚杆就位、顶进、锚固。

(5)防护系统(主动、被动)依据图纸所示,按主动、被动防护系统防护的坡面面积,以平方米(m^2)为单位计量;网片搭接部分作为附属工作,不另行计量。

主动防护系统工程内容包括:坡面清理、脚手架安设、拆除、完工清理和保养,支撑绳穿绳、张拉、固定,挂网、网片连接、缝合、固定,钻孔、清孔、套管装拔、锚杆制作、安装、锚固、锚头处理,浆液制备、注浆、养护,网面调整。

被动防护系统工程内容包括:坡面清理,基础及立柱施工,支撑绳穿绳、张拉、固定,挂网、网片连接、缝合、固定,钻孔、清孔、套管装拔、锚杆制作、安装、锚固、锚头处理,浆液制备、注浆、养护,网面调整。

4. 洞门建筑

洞门建筑包括:现浇混凝土(现浇、预制安装)、浆砌片粗料石(块石)、洞门墙装修、钢筋和隧道铭牌。

(1)现浇混凝土(现浇、预制安装)、浆砌片粗料石(块石)均依据图纸所示位置及尺寸,按图示混凝土、预制安装混凝土、砌体体积,分不同强度等级以立方米(m^3)为单位计量。

现浇混凝土工程内容包括:基坑开挖、清理、整平、夯实,模板制作、安装、拆除,混凝土拌和、运输、浇筑、养护,清理现场。

预制安装混凝土块工程内容包括:基坑开挖、清理、整平、夯实,构件预制,构件安装,设置泄水孔及其滤水层,接缝处理,勾缝、抹面,场地清理。

浆砌片粗料石工程内容包括:基坑开挖、清理、整平、夯实,砌筑,设置泄水孔及其滤水层,接缝处理,勾缝、抹面,场地清理。

(2)洞门墙装修依据设计图纸所示位置及尺寸,按图示装修面积分不同的材质,以平方米(m^2)为单位计量。

工程内容包括:搭拆作业平台,墙面拉毛、清洁、湿润,装修材料加工制作,装修、养护,制作安装隧道铭牌,清理现场。

(3)隧道铭牌依据设计图纸所示位置及规格,按图示每一洞口,以处为单位计量。

工程内容包括:搭拆作业平台、铭牌制作、铭牌安装。

5. 明洞衬砌

明洞衬砌包括:现浇混凝土、钢筋。现浇混凝土依据图纸所示位置及尺寸,按图示混凝土体积分不同强度等级,以立方米(m^3)为单位计量。

工程内容包括：搭拆作业平台，模板制作、安装、拆除，混凝土拌和、运输、浇筑、养护，接缝处理，场地清理。

6.遮光棚（板）

遮光棚（板）依据图纸所示位置及规格，按照不同材质棚板的面积，以平方米（m²）为单位计量。

工程内容包括：安装、拆除工作平台，支架设置，遮光棚（板）制作，遮光棚（板）安装。

7.洞顶回填

防水层、土工合成材料防水层均依据图纸所示位置及规格，按图示铺设防水材料的面积，分不同材质以平方米（m²）为单位计量，接缝的重叠面积和边缘的包裹面积不予计量。

黏土防水层、回填均依据图纸所示的位置及规格，按图示铺设的防水层或回填体积，分不同材质以立方米（m³）为单位计量。

防水层、土工合成材料防水层的工程内容包括：场地清理，防水材料铺设、固定，接缝处理（搭接、缝接、粘接），边缘处理。

黏土防水层、回填的工程内容包括：场地清理，填筑，平整，夯实。

（二）洞身和衬砌工程

1.洞身开挖

洞身开挖包括：洞身开挖和洞身支护。

（1）洞身（不含竖、斜井）、竖井、斜井开挖工程量，均依据图纸所示成洞断面（不计允许超挖值及预留变形量的设计净断面）计算开挖体积，不分围岩级别，只区分为土方和石方，以立方米（m³）为单位计量，其中洞身开挖（不含竖、斜井）含紧急停车带、车行横洞、人行横洞以及设备洞室的开挖。

工程内容包括：钻孔爆破，风、水、电作业及通风防尘，风尘、有害气体、可燃气体量监控及防护，临时支护及临时防排水，装渣、运输、卸车，填料分埋、弃土整形、压实。

（2）洞身支护包括管棚支护、锚杆支护、喷射混凝土支护、钢支架支护和注浆小导管。

①管棚支护包括基础钢管桩、套拱混凝土、孔口管、套拱钢架、钢筋和管棚。

基础钢管桩、孔口管和管棚依据图纸所示位置和断面尺寸，按图示不同规格的钢管桩长度，以米（m）为单位计量。

套拱混凝土依据图纸所示位置及尺寸，按图示混凝土体积分不同强度等级，以立方米（m³）为单位计量。

套拱钢架依据设计图纸所示位置及尺寸，按钢材质量，以千克（kg）为单位计量。钢架纵向连接钢筋作为附属工作，不另行计量，连接钢板、螺栓、螺母、拉杆、垫圈为套拱钢架的附属工作，均不另行计量。

基础钢管桩工程内容包括：场地清理、打桩机定位、沉管、混凝土（水泥浆）拌制、灌注混凝土（水泥浆）、打桩机移位。

套拱混凝土工程内容包括：场地清理，模板制作、安装、拆除，混凝土拌和、运输、浇筑、养护。

孔口管工程内容包括:场地清理,搭拆工作平台,布眼、钻孔、清孔,钢管制作、运输、就位、顶进。

套拱钢架工程内容包括:场地清理、搭拆工作平台、钢架加工及安装、钢架安装、钢架固定。

管棚工程内容包括:场地清理,搭拆工作平台,布眼、钻孔、清孔,钢管制作、运输、就位、顶进,浆液制作、注浆、检查、堵孔。

②注浆小导管依据设计图纸所示位置及尺寸,按钢管长度分不同的规格,以米(m)为单位计量。

工程内容包括:场地清理,搭拆工作平台,布眼、钻孔、清孔,钢管制作、运输、就位、顶进,浆液制作、注浆、检查、堵孔。

③锚杆支护包括砂浆锚杆、药包锚杆、中空注浆锚杆、自进式锚杆和预应力锚杆。均依据设计图纸所示位置及尺寸,按锚杆长度分不同直径,以米(m)为单位计量。

工程内容包括:搭、拆、移作业平台,锚杆及附件制作、运输,布眼、钻孔、清孔,浆液制作、注浆、锚固,锚杆就位、顶进、锚固,药包锚固包括药包浸泡及安装入孔,预应力锚固包括预应力张拉、锚固,二次注浆,封锚。

④喷射混凝土支护包括钢筋网和喷射混凝土。钢筋网依据设计图纸所示位置及尺寸,按图示钢筋网质量,以千克(kg)为单位计量。钢筋网锚固件为钢筋网的附属工作,不另行计量。喷射混凝土依据设计图纸所示位置及尺寸,按图示喷射混凝土体积,分不同强度等级,以立方米(m³)为单位计量。

钢筋网工程内容包括:搭、拆、移作业平台,布眼、钻孔、清孔、安装锚固件,挂网、绑扎、焊接、加固。

喷射混凝土工程内容包括:冲洗岩面,安、拆、移喷射设备,搭、拆、移作业平台,配、拌、运混凝土,上料、喷射、养护。

⑤钢支架支护包括型钢支架和钢筋格栅。均依据设计图纸所示位置及尺寸,按型钢、钢筋质量,以千克(kg)为单位计量。型钢支架、钢筋格栅纵向连接钢筋作为附属工作,不另行计量;连接钢板、螺栓、螺母、拉杆、垫圈为型钢支架、钢筋格栅的附属工作,均不另行计量。

工程内容包括:场地清理,搭拆工作平台,型钢支架(钢筋格栅)加工,型钢支架(钢筋格栅)成型,型钢支架(钢筋格栅)修整、焊接,安装就位、紧固螺栓,型钢支架(钢筋格栅)纵向连接。

2.洞身衬砌

洞身衬砌包括:洞身衬砌、仰拱与铺底混凝土、边沟与电缆沟混凝土、洞室门和洞内路面。

(1)洞身衬砌包括现浇混凝土和钢筋。现浇混凝土依据图纸所示位置及尺寸,按图示混凝土体积分不同强度等级,以立方米(m³)为单位计量。

工程内容包括:场地清理,基底检查,模板制作、安装、拆除,混凝土拌和、运输、浇筑、养护,设置施工缝、沉降缝。

(2)仰拱与铺底混凝土包括现浇混凝土仰拱和现浇混凝土仰拱回填,均依据图纸所示位置及尺寸,按图示混凝土体积分不同强度等级,以立方米(m³)为单位计量。

现浇混凝土仰拱工程内容包括:场地清理,基底检查,模板制作、安装、拆除,混凝土拌和、运输、浇筑、养护,设置施工缝、沉降缝。

现浇混凝土仰拱回填工程内容包括：场地清理，基底检查，混凝土拌和、运输、浇筑、养护。

（3）边沟与电缆沟混凝土包括混凝土沟槽（现浇、预制安装）、预制安装混凝土沟槽盖板、钢筋和铸铁盖板。混凝土沟槽（现浇、预制安装）和预制安装混凝土沟槽盖板均依据图纸所示位置及尺寸，按图示混凝土、预制安装混凝土体积分不同强度等级，以立方米（m³）为单位计量；铸铁盖板按设计图纸所示位置及尺寸，按制作安设铸铁盖板的质量，以千克（kg）为单位计量。

现浇混凝土沟槽工程内容包括：沟槽开挖，基底检查，模板制作、安装、拆除，混凝土拌和、运输、浇筑、养护，设置施工缝、沉降缝。

预制安装混凝土沟槽工程内容包括：沟槽开挖，预制场地建设，模板制作、安装、拆除，构件预制，构件安装，设置施工缝、沉降缝。

预制安装混凝土沟槽盖板工程内容包括：预制场地建设，模板制作、安装、拆除，构件预制、安装。

铸铁盖板工程内容包括：盖板的加工制作及防腐处理、盖板安装。

（4）洞室门按设计图纸所示位置及尺寸，按安装就位的洞室门数量，以个为单位计量。

工程内容包括：洞室门制作、洞室门安装。

（5）洞内路面包括钢筋和现浇混凝土。现浇混凝土依据图纸所示位置及尺寸，按图示混凝土体积分不同强度等级，以立方米（m³）为单位计量。

工程内容包括：基底检查，模板制作、安装、拆除，混凝土拌和、运输、浇筑、养护，接缝处理。

（三）隧道附属工程

1.防水与排水

防水与排水包括：防水与排水、保温。

（1）防水与排水包括金属材料、排水管、防水板、止水带、止水条、涂料防水层和注浆。

①金属材料依据图纸所示位置及规格，按金属材料的质量，分不同材质，以千克（kg）为单位计量。接头、固定、定位材料作为附属工作，均不另行计量。

工程内容包括：金属材料的保护、储存及除锈，材料加工，整直、裁断、弯曲，接头，安设，支承及固定，盖板安装。

②排水管包括钢筋混凝土排水管、PVC排水管、U形排水管和Ω形排水管。均依据设计图纸所示位置，按图示排水管的长度，分不同管径，以米（m）为单位计量。

钢筋混凝土排水管工程内容包括：管材预制，运输，布管，接缝，回填，现场清理。

其他排水管工程内容包括：场地清理，搭拆移作业平台，排水管制作，土工布包裹，绑扎，水管布设，连接，水管定位、锚固。

③防水板和涂料防水层均依据图纸所示位置及规格，按照铺设的不同材质防水板面积、防水层厚度，以平方米（m²）为单位计量。

防水板工程内容包括：场地清理，搭拆移作业平台，基面处理，下料、拼接就位、焊接拉紧、锚固。

涂料防水层工程内容包括：场地清理，搭拆移作业平台，基面拉毛、清洗，涂料制作、运输、喷涂，移动作业平台。

④止水带和止水条均依据图纸所示位置及规格,按照铺设的不同材质、型号止水带长度,以米(m)为单位计量。

止水带工程内容包括:缝隙设置,固定架安装,止水带安装、拉紧、固定,接头粘接。

止水条工程内容包括:预留槽设置,止水条安装、固定止水条,注浆。

⑤注浆包括水泥和水玻璃原液。水泥依据设计图纸位置,按图示掺加的水泥质量,分不同强度等级,以吨(t)为单位计量;水玻璃原液依据设计图纸位置,按图示掺加的水玻璃原液体积,以立方米(m³)为单位计量。

工程内容包括:场地清理,搭拆移作业平台,钻孔,顶进注浆钢管,配、拌、运浆液,压浆、堵孔。

(2)保温包括保温层和洞口排水保温。

①保温层依据图纸所示位置、尺寸及保温材料类型,按图示保温层面积,以平方米(m²)为单位计量。保温板的重叠面积不予计量。

工程内容包括:选备保温板材(聚氨酯板等),保温板下料、拼接、就位、焊接、拉紧、锚固。

②洞口排水保温包括洞口排水沟保温层、保温出水口暗管和保温出水口。洞口排水沟保温层依据图纸所示位置、尺寸及保温材料类型,按图示保温层面积,以平方米(m²)为单位计量,保温板的重叠面积不予计量。保温出水口暗管依据图纸所示位置、材料、尺寸及埋设深度,按图示不同材料的保温出水口暗管长度,以米(m)为单位计量;保温出水口依据图纸所示位置、结构、尺寸,分不同类型,按图示出水口形式,以处为单位计量。

洞口排水沟保温层工程内容包括:选备保温板材(聚氨酯板等),保温板下料、拼接、就位、焊接、拉紧、锚固。

保温出水口暗管工程内容包括:场地清理,开挖管沟,边坡临时防护,铺设垫层,敷设排水管、连接、固定,砌(浇)筑检查井,回填土、覆盖表土护坡。

保温出水口工程内容包括:铲除地表腐殖质及植物,换填渗水性好的土壤,铺设碎石垫层,干砌、堆砌片石,做流水陡坡,出水口覆盖层护坡。

2. 洞内防火涂料和装饰工程

洞内防火涂料和装饰工程包括洞内防火涂料和洞内装饰工程。

(1)洞内防火涂料依据设计图纸所示位置及尺寸,按图示面积分不同喷涂厚度,以平方米(m²)为单位计量。

工程内容包括:场地清理,搭拆移作业平台,基面拉毛、清洗,涂料制作,喷涂。

(2)洞内装饰工程包括墙面装饰、喷涂混凝土专用漆和吊顶。均依据设计图纸所示位置及尺寸,按图示面积分不同材质,以平方米(m²)为单位计量。

墙面装饰工程内容包括:场地清理,搭拆移作业平台,基面拉毛、清洗,砂浆制作,贴面装饰材料,抹平、养护。

喷涂混凝土专用漆工程内容包括:场地清理,搭拆移作业平台,基面拉毛、清洗,涂料制作,喷涂。

吊顶工程内容包括:场地清理,搭拆移作业平台,吊顶骨架安设,吊顶面板安装。

3. 监控量测与地质预报

监控量测包括必测项目和选测项目,均依据图纸所示及《公路隧道施工技术规范》(JTG/T

3660—2020）规定的必测、选测项目进行监控量测，以总额为单位计量。地质预报依据需要预报的距离和内容，分不同的探测手段，以总额为单位计量。

监控量测工程内容包括：选择量测仪器和元件，埋设测试元件，数据采集，数据分析，后续数据分析、处理。

地质预报工程内容包括：按地质预报需要采用合适的探测手段进行探测、地质分析与推断、预报结果及施工建议。

4. 洞内机电设施预埋件和消防设施

洞内机电设施预埋件和消防设施包括预埋件和消防设施。

（1）预埋件依据图纸所示位置和断面尺寸，按照材料表所列的金属结构预埋件质量，以千克（kg）为单位计量。金属结构接头、螺栓、螺母、垫片、固定及定位材料作为金属结构预埋件的附属工作，不另行计量；非金属结构预埋件作为预埋件的附属工作，不另行计量。

工程内容包括：预埋件加工与涂装，预埋件安装、固定，工地涂装。

（2）消防设施包括供水钢管、消防洞室防火门、集水池、蓄水池和泵房。

①供水钢管依据图示要求材料、尺寸，按供水管管道中心线长度，以米（m）为单位计量，不扣除阀门、管件及各种组件所占长度。

工程内容包括：管道路定位、开挖、回填，钢管制作加工、防腐、运输、装卸、安装、就位、除锈、刷油、防腐，接头接续、定位、固定，管道吹扫，水压试验。

②消防洞室防火门依据图示要求，按满足设计功能要求的隧道消防洞室防火门数量，以套为单位计量（包含帘板、导轨、底座、电机、控制器、手动装置）。

工程内容包括：按配置要求提交隧道消防洞室防火门（含附件），防火门及附件搬运、就位，钻孔、螺栓固定，电机测试，安装规定，校位，电缆保护套安装固定，电力电缆连接，控制电缆引出至电缆沟，调试、指标测试。

③集水池依据图示结构、尺寸，按钢筋混凝土集水池数量，以座计量（包含池内检查梯、池顶棚、人孔盖）。

工程内容包括：水池基础土石方开挖，基坑临时支护，临时排水，垫层铺筑、碾压，模板、支架架设、拆除，钢筋加工、安装，混凝土制作浇筑，检查梯制作安装，各管道、管件、仪表的安装配合，堵洞，水池防渗处理，基坑回填，现场清理，弃方处理。

④蓄水池依据图示结构、尺寸，按蓄水池数量，以座为单位计量。

工程内容包括：基坑开挖、混凝土或砂浆制作、基底垫层铺筑、施工排水、模板安设浇筑混凝土或池体砌筑、现场清理、基坑回填、弃方处理。

⑤泵房依据图示规格、功能，按水泵房建筑以座为单位计量（包含泵房防雷接地）。

工程内容包括：配置泵房全部结构、装饰，配电、排水，各种预埋件，场地硬化。

七、第 600 章"安全设施及预埋管线"的计量规则

1. 护栏

（1）混凝土护栏（护墙、立柱）。

①现浇混凝土护栏或预制安装混凝土护栏，依据图纸所示位置和断面尺寸，按图示浇筑或

预制与安装的不同强度的混凝土体积,以立方米(m³)为单位计量;不扣除混凝土沉降缝、泄水孔所占体积;桥上混凝土护栏(护墙、立柱)在410-6现浇混凝土附属结构、410-7预制混凝土附属结构中计量。

现浇混凝土护栏工程内容包括:基槽开挖,铺筑垫层,模板制作、安装、拆除,混凝土制作、运输、浇筑、养护,沉降缝、泄水孔预留,灌缝处理,基坑回填、夯实,清理、弃方处理。

预制安装混凝土护栏工程内容包括:混凝土护栏预制、运输,基槽开挖,铺筑垫层,结合面凿毛,混凝土护栏块安装,接缝处理,基坑回填、夯实,清理、弃方处理。

②现浇混凝土基础,依据图纸所示位置和断面尺寸,按图示浇筑混凝土体积,以立方米(m³)为单位计量。

工程内容包括:基槽开挖、清理,模板制作、安装、拆除,混凝土拌制、运输、浇筑、养护,基坑回填、夯实,清理、弃方处理。

③钢筋,依据图纸所示及钢筋表所列钢筋质量,以千克(kg)为单位计量。固定钢筋的材料、定位架立钢筋、钢筋接头、吊装钢筋、钢板、铁丝作为钢筋作业的附属工作,不另行计量。

工程内容包括:钢筋的保护、储存及除锈,钢筋整直、连接,钢筋截断、弯曲,钢筋安设、支承及固定。

(2)石砌护墙。

石砌护墙,依据图纸所示位置和断面尺寸,按图示各类石砌体积,以立方米(m³)为单位计量;不扣除砌体沉降缝、泄水孔所占体积。

工程内容包括:基槽开挖,铺筑碎(砾)石垫层,砂浆制作、运输,石料清洗,块石修面,砌体砌筑,沉降缝、泄水孔预留,灌缝处理,勾缝、抹面,基坑回填、夯实,清理、弃方处理。

(3)波形梁钢护栏。

波形梁钢护栏包括路侧波形梁钢护栏、中央分隔带波形梁钢护栏和波形梁钢护栏端头。

①路侧波形梁钢护栏和中央分隔带波形梁钢护栏,依据图纸所示位置、防撞等级、构造形式代号,按图示长度,以米(m)为单位计量。

工程内容包括:基础施工(成孔、埋入或预埋套筒或预埋地脚螺栓等),波形梁及其配件安装,场地清理,弃方处理,补涂防腐涂装。

②波形梁钢护栏端头,依据图纸所示位置、断面尺寸,按图示各型号端头数量,以个为单位计量;每个端头的长度为沿路线的长度,参见《公路交通安全设施设计细则》(JTG/T D81—2017)。

工程内容包括:基础开挖,混凝土制备、运输,埋设预埋件、浇筑、养护,安装波形梁钢护栏端头,场地清理,弃方处理,补涂防腐涂装。

(4)缆索护栏。

缆索护栏包括路侧缆索护栏和中央分隔带缆索护栏,两者均依据图纸所示位置和断面尺寸,分不同类型,按图示护栏长度(单柱),以米(m)为单位计量。

工程内容包括:基础开挖,基础施工,缆索及各种匹配件安装,张拉、固定,场地清理,弃方处理,补涂防腐涂装,中央分隔带缆索护栏还包括立柱及支架设置。

(5)中央分隔带活动护栏。

中央分隔带活动护栏包括钢质插拔式、钢质伸缩式和钢管预应力索防撞活动护栏,三者均依据图纸所示位置和断面尺寸,按图示活动护栏长度,以米(m)为单位计量。

钢质插拔式、钢质伸缩式工程内容包括:基础开挖、护栏固定型钢及插口型钢基槽埋设、护栏及其匹配件连接、防盗及开启装置设施安装、表面反射体安装。

钢管预应力索防撞活动护栏工程内容包括:基础开挖,导向板埋设,混凝土拌制、运输、浇筑、养护,基础回填夯实,护栏单元框架匹配件安装,防盗及开启装置设施安装,表面反射体安装。

2. 隔离栅和防落网

(1)隔离栅。

隔离栅包括钢板网隔离栅、编织网隔离栅、焊接网隔离栅和刺钢丝网隔离栅。

各类隔离栅均依据图纸所示位置和断面尺寸,按图示隔离栅沿路线展开长度以米(m)为单位计量;不扣除钢管(型钢)(或混凝土立柱)所占沿路线长度,三角形起讫端按相应沿路线长度的1/2计量。需要注意的是,隔离栅高度指隔离栅上缘网面至地表面的铅直距离。

工程内容包括:沿路线清理,基槽开挖,基础混凝土制作,运输,钢管(型钢)柱埋设,浇筑,振捣,养护,网框、网面安装,隔离栅门制作安装,场地清理,基坑回填,弃方处理,刺钢丝网隔离栅还包括预制场平整、硬化,立柱钢筋(挂钩)制作安装,立柱混凝土浇筑、养护,立柱埋设等。

(2)防落网。

防落网,按图纸设计长度,以米(m)为单位计量。立柱、安装网片的支架,预埋件及紧固件、防雷接地等不另行计量。

工程内容包括:钢管(型钢)柱埋设,网框、网面安装,对防雷接地处理。

3. 道路交通标志

(1)单柱式交通标志、双柱式交通标志、三柱式交通标志、门架式交通标志、单悬臂式交通标志、双悬臂式交通标志、附着式交通标志七类交通标志依据图纸所示位置和断面尺寸,分不同规格的标志板面,按安装就位的标志数量,以个为单位计量。

工程内容包括:基槽开挖,基础施工(钢筋与预埋件安装、混凝土浇筑等),立柱、标志板、门架构件及各种匹配件制作安装,清理,弃方处理。

(2)里程碑、公路界碑、百米桩、防撞桶、锥形桶五类交通标志,依据图纸所示位置和断面尺寸,按图示相关标志数量,以个为单位计量。

里程碑工程内容包括:施工或设置连接件,里程碑制作与安装。

公路界碑工程内容包括:界碑制作,基槽开挖、基槽混凝土浇筑、界碑埋设,基坑回填、夯实,清理、弃方处理。

百米桩工程内容包括:百米桩制作、安装。

防撞桶、锥形桶工程内容包括:防撞桶、锥形桶安设,表面粘贴反光膜。

(3)道路反光镜,依据图纸所示位置,分不同类型的反光镜数量,以个为单位计量。

工程内容包括:基础施工、反光镜安装、场地清理。

4. 道路交通标线

(1)热熔型涂料路面标线、溶剂型涂料路面标线和预成型标线带,依据图纸所示位置和断面尺寸,分不同类型,按图示标线面积,以平方米(m²)为单位计量。

热熔型涂料路面标线工程内容包括:路面清扫、刮涂底油、涂料加热溶解、喷(刮)标线、撒布玻璃珠(反光标线)、初期养护。

溶剂型涂料路面标线工程内容包括:路面清扫、涂料拌和溶解、喷(刮)标线、撒布玻璃珠(反光标线)、初期养护。

预成型标线带工程内容包括:路面清扫、刮涂底油、粘贴标线、初期养护。

(2)突起路标、轮廓标和锥形路标依据图纸所示位置,分不同类型,按图示数量,以个为单位计量。

突起路标工程内容包括:路面清扫、底胶调和、粘贴突起路标、初期养护。

轮廓标工程内容包括:基础施工及连接件设置、轮廓标安装、发光型轮廓标调试。

锥形路标工程内容包括:锥形路标制作与安装。

(3)立面标记,依据图纸所示位置,按图示立面标记,以处为单位计量。减速带依据图纸所示位置,按图示减速带长度,以米(m)为单位计量。铲除原有路面标线,依据图纸所示,按铲除的原有路面标线面积,以平方米(m²)为单位计量。

立面标记工程内容包括:表面清理、刮(涂)标。

减速带工程内容包括:钻孔及锚杆安设、橡胶减速带安装。

铲除原有路面标线工程内容包括:铲除原有标线、清理现场。

5.防眩设施

防眩设施包括防眩板和防眩网。

(1)防眩板依据图纸所示位置和断面尺寸,分不同类型,按图示防眩板数量,以块为单位计量。

(2)防眩网依据图纸所示位置和断面尺寸,分不同类型,按图示防眩网长度,以米(m)为单位计量且不扣除立柱所占长度。

防眩设施工程内容包括:钻孔及螺栓安设、支架安装、防眩板或网的安装、校位。

6.通信和电力管道与预埋(预留)基础

(1)人(手)孔、紧急电话平台依据图纸所示位置和断面尺寸,按图示以个为单位计量。

人(手)孔工程内容包括:基槽开挖,铺筑碎(砾)石垫层,立模,混凝土制作,运输,构造钢筋和穿钉、管道支架、拉力环的加工制作、装卸运输、预埋、浇筑、振捣、养护、拆模,钢筋混凝土上腹盖板预制或现浇的全部工序,井孔口圈和井盖制作安装,基坑回填,夯实,清理,弃方处理。

紧急电话平台工程内容包括:基槽开挖,浆砌片石基础调整,铺筑碎(砾)石垫层,立模,混凝土制作,运输,钢管护栏加工制作、装卸运输、预埋、浇筑、振捣,接地母线预埋,养护,拆模,基坑回填,夯实,清理,弃方处理。

(2)管道工程依据图纸所示位置和断面尺寸,分不同类型及规格,按图示铺设的管道长度,以米(m)为单位计量,且不扣除人孔、手孔所占长度。

工程内容包括:基槽开挖,铺筑细粒土找平层,硅芯管下料铺设,接头接续,定位,编码,包封,人孔和手孔封口,管口保护,土体回填、夯实,过桥管箱支架及管箱安装,清理,弃方处理。

7.收费设施及地下通道

(1)收费亭,依据设计图纸所示位置和尺寸,分不同类型,按图示材料材质制作安装收费亭数量,以个为单位计量。

工程内容包括:收费亭制作、防腐,粘贴反光标识、就位、固定。

(2)收费天棚,依据图示位置和尺寸,按图示材料制作安装的收费天棚平面投影面积,以平方米(m²)为单位计量。

工程内容包括:基础施工,立柱结构制作、架设,天棚支撑系统结构制作、安装、固定,刷防护油漆。

(3)收费岛,依据图纸所示位置和断面尺寸,分不同类型,按图示混凝土收费岛数量,以个为单位计量。

工程内容包括:模板制作、安装、拆除,钢筋制作、安装,混凝土拌和、运输、浇筑、养护,涂料拌制、刮涂底油、喷(刮)标线、初期养护,清理现场。

(4)地下通道,依据图纸所示位置和结构形式及断面尺寸,分不同类型,按地下通道中心量测的洞口间距离,以米(m)为单位计量。

工程内容包括:支架、模板制作、安装、拆除,钢筋制作、安装,混凝土拌和、运输、浇筑、养护,预制梁板、运输、安装,清理现场。

(5)预埋管线或架设管线,依据图纸所示位置和断面尺寸,分不同类型,按图示预埋管线或架设管线长度,以米(m)为单位计量。

工程内容包括:管线支架、运输、安装,管线现场就位、安装、焊接、防腐处理,进出口端封口处理。

八、第 700 章"绿化及环境保护设施"的计量规则

1. 铺设表土

铺设表土包括开挖并铺设表土和铺设利用的表土,二者均依据图纸所示位置和断面尺寸,按开挖并铺设或铺设利用的种植土体积,以立方米(m³)为单位计量。

工程内容包括:填前场地清理、回填种植土、清除杂物、拍实、整平、找坡、沉降后补填,路面清洁保护,场地清理,废弃物装卸运输。

2. 撒播草种和铺植草皮

(1)撒播草种(含喷播),撒播草种及花卉、灌木籽(含喷播),先点播灌木后喷播草种,铺植草皮四者均依据图纸所示位置,按图示种植的面积,以平方米(m²)为单位计量;扣除结构工程和密栽灌木所占面积,不扣除散栽苗木所占面积。

工程内容包括:场地清理、耙细、种植及覆盖,浇水、施肥、除虫、除杂草、修剪、补种,清除垃圾、杂物。先点播灌木后喷播草种,还包括挖坑(穴)槽、灌木点播。

(2)三维土工网植草依据图纸所示位置,按图示种植的面积,以平方米(m²)为单位计量;扣除结构工程面积。

工程内容包括:地表整理、修整坡面,铺设三维土工网及锚钉固定,铺设表土,喷播草种(灌木籽),浇水、施肥、除虫、除杂草、修剪、补种,清除垃圾、杂物。

(3)客土喷播或植生袋依据图纸所示,按照客土喷播的面积或铺设面积,以平方米(m²)为单位计量。

客土喷播工程内容包括：坡面整理,安设锚杆,安设铁丝网(钢丝网),绿化基材制备,喷播绿化基材,浇水、施肥、除虫、除杂草、修剪、补种,清除垃圾、杂物。

植生袋工程内容包括：坡面整理,垫铺碎石,安放植生袋,浇水、施肥、除虫、除杂草、修剪、补种,清除垃圾、杂物。

(4)绿地喷灌管道,依据图纸所示,按敷设的不同管径的管道长度,以米(m)为单位计量。

工程内容包括：开挖与回填,管道敷设,管道连接,闸阀、洒水栓安装,通水及洒水调试。

3.种植乔木、灌木和攀缘植物

人工种植乔木、灌木和攀缘植物,均依据图纸所示位置,按图示种植的不同规格的各类乔木、灌木和攀缘植物数量,以棵为单位计量。

工程内容包括：开挖种植穴(槽),换填种植土,苗木栽植,支撑、浇水、施肥、除虫、除杂草、修剪、补种,场地清理,废弃物装卸运输。

4.植物养护和管理

植物养护和管理包括从绿化植物开始种植到工程缺陷责任期结束的养护和管理。工作并入绿化植物种植的相关子目中,均不另行计量。

5.声屏障

(1)吸、隔声板声屏障,依据图纸所示位置和断面尺寸,分不同类型,按图示吸、隔声板声屏障的长度,以米(m)为单位计量。

工程内容包括：场地清理、基础施工、声屏障制作、声屏障安装。

(2)吸声砖声屏障或砖墙声屏障依据图纸所示位置和断面尺寸,分不同类型,按图示吸声砖或砖墙的体积,以立方米(m^3)为单位计量。基础作为附属工作,不另行计量。

工程内容包括：场地清理、基础施工、砌筑、压顶、装饰装修。

参 考 文 献

[1] 中华人民共和国交通运输部.公路工程技术标准:JTG B01—2014[S].北京:人民交通出版社,2014.

[2] 中华人民共和国交通运输部.公路环境保护设计规范:JTG B04—2010[S].北京:人民交通出版社,2010.

[3] 中华人民共和国交通运输部.公路路线设计规范:JTG D20—2017[S].北京:人民交通出版社股份有限公司,2017.

[4] 中华人民共和国交通运输部.公路桥涵设计通用规范:JTG D60—2015[S].北京:人民交通出版社股份有限公司,2015.

[5] 中华人民共和国交通运输部.公路桥涵地基与基础设计规范:JTG 3363—2019[S].北京:人民交通出版社股份有限公司,2019.

[6] 中华人民共和国交通运输部.公路隧道设计规范 第一册 土建工程:JTG 3370.1—2018[S].北京:人民交通出版社股份有限公司,2018.

[7] 中华人民共和国交通运输部.公路路基设计规范:JTG D30—2015[S].北京:人民交通出版社股份有限公司,2015.

[8] 中华人民共和国交通运输部.公路沥青路面设计规范:JTG D50—2017[S].北京:人民交通出版社股份有限公司,2017.

[9] 中华人民共和国交通运输部.公路水泥混凝土路面设计规范:JTG D40—2011[S].北京:人民交通出版社,2011.

[10] 中华人民共和国交通运输部.公路隧道照明设计细则:JTG/T D70/2-01—2014[S].北京:人民交通出版社股份有限公司,2014.

[11] 中华人民共和国交通运输部.公路隧道通风设计细则:JTG/T D70/2-02—2014[S].北京:人民交通出版社股份有限公司,2014.

[12] 中华人民共和国交通运输部.公路隧道设计规范 第二册 交通工程与附属设施:JTG D70/2—2014[S].北京:人民交通出版社股份有限公司,2014.

[13] 中华人民共和国交通运输部.公路路基施工技术规范:JTG/T 3610—2019[S].北京:人民交通出版社股份有限公司,2019.

[14] 中华人民共和国交通运输部.公路路面基层施工技术细则:JTG/T F20—2015[S].北京:人民交通出版社股份有限公司,2015.

[15] 中华人民共和国交通运输部.公路沥青路面施工技术规范:JTG F40—2004[S].北京:人民交通出版社,2004.

[16] 中华人民共和国交通运输部.公路水泥混凝土路面施工技术细则:JTG F30—2014[S].北京:人民交通出版社,2014.

[17] 中华人民共和国交通运输部.公路桥涵施工技术规范:JTG/T 3650—2020[S].北京:人民交通出版社股份有限公司,2020.

[18] 中华人民共和国交通运输部.公路隧道施工技术规范:JTG/T 3660—2020[S].北京:人

民交通出版社股份有限公司,2020.

[19] 中华人民共和国交通运输部.公路瓦斯隧道设计与施工技术规范:JTG/T 3374—2020 [S].北京:人民交通出版社股份有限公司,2020.

[20] 中华人民共和国交通运输部.公路交通安全设施施工技术规范:JTG/T 3671—2021[S]. 北京:人民交通出版社股份有限公司,2021.

[21] 中华人民共和国交通运输部.公路工程质量检验评定标准 第一册 土建工程:JTG F80/1—2017[S].北京:人民交通出版股份有限公司,2017.

[22] 中华人民共和国交通运输部.公路工程质量检验评定标准 第二册 机电工程:JTG 2182—2020[S].北京:人民交通出版社股份有限公司,2020.

[23] 中华人民共和国交通运输部.公路工程施工监理规范:JTG G10—2016[S].北京:人民交通出版社股份有限公司,2016.

[24] 中华人民共和国交通运输部.公路工程施工安全技术规范:JTG F90—2015[S].北京:人民交通出版社股份有限公司,2015.

[25] 全国交通工程设施(公路)标准化技术委员会.公路交通工程钢构件防腐技术条件:GB/ T 18226—2015[S].北京:中国标准出版社,2015.

[26] 中华人民共和国交通运输部.公路工程标准施工招标文件(2018年版·第一册)[M].北京:人民交通出版社股份有限公司,2018.

[27] 中华人民共和国交通运输部.公路工程标准施工招标文件(2018年版·第二册)[M]. 北京:人民交通出版社股份有限公司,2018.

[28] 中华人民共和国交通运输部.公路工程标准施工招标文件(2018年版·第三册)[M]. 北京:人民交通出版社股份有限公司,2018.

[29] 中华人民共和国交通运输部.公路工程建设项目投资估算编制办法:JTG 3820—2018 [S].北京:人民交通出版社股份有限公司,2018.

[30] 中华人民共和国交通运输部.公路工程建设项目概算预算编制办法:JTG 3830—2018 [S].北京:人民交通出版社股份有限公司,2018.

[31] 中华人民共和国交通运输部.公路工程概算定额:JTG/T 3831—2018[S].北京:人民交通出版社股份有限公司,2018.

[32] 中华人民共和国交通运输部.公路工程预算定额:JTG/T 3832—2018[S].北京:人民交通出版社股份有限公司,2018.

[33] 中华人民共和国交通运输部.公路工程机械台班费用定额:JTG/T 3833—2018[S].北京:人民交通出版社股份有限公司,2018.

[34] 中华人民共和国交通运输部.公路路基路面现场测试规程:JTG 3450—2019[S].北京:人民交通出版社股份有限公司,2020.

[35] 中华人民共和国交通运输部.公路工程水泥及水泥混凝土试验规程:JTG 3420—2020 [S].北京:人民交通出版社股份有限公司,2020.

编　后　记

一、编写依据和编写分册情况

全国监理工程师(交通运输工程)职业资格考试参考用书(以下简称"本套参考书")由交通运输部职业资格中心组织并依据《全国监理工程师职业资格考试交通运输工程专业科目考试大纲(2024 年修订版)》编写而成,目前编写出版了以下 6 册:

(1)《交通运输工程目标控制(基础知识篇)》;

(2)《交通运输工程目标控制(公路工程专业知识篇)》;

(3)《交通运输工程目标控制(水运工程专业知识篇)》;

(4)《交通运输工程监理案例分析(公路工程专业篇)》;

(5)《交通运输工程监理案例分析(水运工程专业篇)》;

(6)《交通运输工程监理相关法规文件汇编(公路工程专业篇)》。

本套参考书可作为有志于从事交通运输工程(公路/水运)监理工作的技术人员的学习用书、备考应试参考书。有更高职业能力提升追求或应试预期的技术人员可进一步学习交通运输部颁发的公路/水运行业的工程施工技术规范(规程、指南)、监理规范,以及质量检验标准、部门规章和规范性文件等。

二、学习和备考的说明

(1)拟从事公路/水运工程监理工作、准备参加全国监理工程师(交通运输工程)职业资格考试的考生,应选择"基础知识篇"和"公路/水运工程专业知识篇"进行学习。进入考场、应试作答之前,应首先阅读考试注意事项,在答题卡/纸的相应位置明确涂选其中的一个专业,并按照涂选专业对应的试卷/题目在对应的答题区域作答。

(2)本套参考书中的《交通运输工程目标控制(基础知识篇)》,可供选择公路/水运工程专业的考生参考使用;《交通运输工程目标控制(公路工程专业知识篇)》《交通运输工程监理案例分析(公路工程专业篇)》《交通运输工程监理相关法规文件汇编(公路工程专业篇)》可供拟选公路工程专业的考生参考使用;《交通运输工程目标控制(水运工程专业知识篇)》《交通运输工程监理案例分析(水运工程专业篇)》可供拟选水运工程专业的考生参考使用。

(3)参加专业科目"目标控制"考试的考生,应学习《交通运输工程目标控制(基础知识篇)》;同时,拟选公路工程专业的考生还应学习《交通运输工程目标控制(公路工程专业知识篇)》《交通运输工程监理相关法规文件汇编(公路工程专业篇)》,拟选水运工程专业的考生还应学习《交通运输工程目标控制(水运工程专业知识篇)》。

(4)参加专业科目"监理案例分析"考试的考生,应学习《交通运输工程目标控制(基础知识篇)》;拟选公路工程专业的考生还应学习《交通运输工程目标控制(公路工程专业知识篇)》《交通运输工程监理案例分析(公路工程专业篇)》《交通运输工程监理相关法规文件汇编(公路工程专业篇)》等专业知识;拟选水运工程专业的考生还应学习《交通运输工程目标控制(水运工程专业知识篇)》《交通运输工程监理案例分析(水运工程专业篇)》等专业知识。另外,还应掌握中国建设监理协会组织编写的《建设工程监理概论》《建设工程合同管理》中的基础知识。

三、其他说明

本套参考书的使用过程中,如发现错误或需要增减的内容,请将修订意见和建议告知交通运输部职业资格中心公路处,以便修订时研用。

编写组

2025 年 1 月